Manual
de Publicação da APA

Nota da Tradução

A presente tradução do *Manual de Publicação da APA* visa apresentar ao leitor de língua portuguesa as regras e recomendações práticas da American Psychological Association para publicação de artigos em seus periódicos e demais publicações em língua inglesa. Assim, a grande maioria dos exemplos apresentados foi mantida como no original, devido a (a) inadequação e (b) impossibilidade de traduzi-los com eficácia. A inadequação (a) refere-se à incoerência de traduzir os exemplos para o português cujo fim seria a publicação em inglês. Consta no manual, por exemplo, que devemos usar iniciais maiúsculas para termos raciais e étnicos, mas em português não se usa iniciais maiúsculas nesses casos. Assim, a tradução entra em contradição direta com a regra que está sendo apresentada. A impossibilidade (b) refere-se ao fato de que boa parte das questões abordadas no presente manual refere-se ao uso da própria linguagem, e tais questões muitas vezes não têm correspondentes na língua portuguesa. Por exemplo, em determinada seção do manual, discute-se as situações em que os autores devem usar os pronomes relativos *who* e *which*, o primeiro sendo usado para referir-se a pessoas, o segundo para referir-se a animais e coisas. Tal distinção não existe em português, pois utiliza-se apenas *que* em ambos os casos. Assim, apresentar apenas a tradução das orações de exemplo seria totalmente ineficaz. Desse modo, optou-se por preservar os exemplos como aparecem no original em inglês, na maioria dos casos acompanhados de tradução separada do texto original por uma barra, a fim de auxiliar o leitor de português pouco familiarizado com a língua inglesa a compreender o significado do que está sendo exposto.

```
A512m   American Psychological Association.
           Manual de publicação da APA : o guia oficial para o estilo
        APA / American Psychological Association ; tradução:
        Daniel Bueno ; revisão técnica: Lia Beatriz de Lucca
        Freitas, Jonathan Richard Henry Tudge. – 7. ed. – Porto
        Alegre : Artmed, 2022.
           xxii, 434 p. : il. ; 25 cm.

           ISBN 978-65-5882-059-8

           1. Pesquisa científica – Psicologia. 2. Trabalho científico
        – Normatização. I. Título.

                                      CDU 159.9:001.891(035)
```

Catalogação na publicação: Karin Lorien Menoncin – CRB 10/2147

SÉTIMA EDIÇÃO
7

Manual
de Publicação da APA

American Psychological Association

O GUIA OFICIAL PARA O ESTILO APA

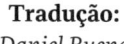

Tradução:
Daniel Bueno

Revisão técnica:
Lia Beatriz de Lucca Freitas
Doutora em Psicologia pela Universidade de São Paulo (USP). Mestre em Educação pela Universidade Federal do Rio Grande do Sul (UFRGS). Professora Titular pela UFRGS. Consultora Acadêmica.

Jonathan Richard Henry Tudge
Doutor em Psicologia do Desenvolvimento pela Cornell University, Estados Unidos. Mestre em Sociologia pela University of Oxford, Inglaterra. Professor Emérito do Departamento de Desenvolvimento Humano e Estudos da Família da University of North Carolina at Greensboro (UNCG), Estados Unidos.

Porto Alegre
2022

Obra originalmente publicada sob o título *Publication Manual of the American Psychological Association, 7th Edition*
ISBN 9781433832154

This Work was originally published in English under the title of Publication Manual of the American Psychological Association, Seventh Edition as a publication of the American Psychological Association in the United States of America.
Copyright © 2019 by the American Psychological Association (APA). The Work has been translated and republished in the Portuguese language by permission of the APA. This translation cannot be republished or reproduced by any third party in any form without express permission of the APA. No part of this publication may be reproduced or distributed in any form or by any means or stored in any database or retrieval system without prior permission of the APA.

Translation Copyright © 2022 by Grupo A Educação S.A.

Gerente editorial: *Letícia Bispo de Lima*

Colaboraram nesta edição:
Coordenadora editorial: *Cláudia Bittencourt*
Capa sobre arte original: *Kaéle Finalizando Ideias*
Preparação de originais: *Paola Araújo de Oliveira*
Editoração: *Kaéle Finalizando Ideias*

Reservados todos os direitos de publicação, em língua portuguesa, ao GRUPO A EDUCAÇÃO S.A.
(Artmed é um selo editorial do GRUPO A EDUCAÇÃO S.A.)
Rua Ernesto Alves, 150 – Bairro Floresta
90220-190 – Porto Alegre – RS
Fone: (51) 3027-7000

SAC 0800 703 3444 – www.grupoa.com.br

É proibida a duplicação ou reprodução deste volume, no todo ou em parte, sob quaisquer formas ou por quaisquer meios (eletrônico, mecânico, gravação, fotocópia, distribuiçãona Web e outros), sem permissão expressa da Editora.

IMPRESSO NO BRASIL
PRINTED IN BRAZIL

4 Estilo de Escrita e Gramática — 111

ESCRITA ACADÊMICA EFICAZ 111
Continuidade e Fluxo 111
Concisão e Clareza 113
GRAMÁTICA E USO 118
Verbos 118
Pronomes 121
Construção de Sentenças 124
Estratégias Para Melhorar sua Escrita 128

5 Diretrizes de Linguagem não Tendenciosa — 133

Diretrizes Gerais Para Reduzir a Tendenciosidade 134
Reduzindo a Tendenciosidade por Tópico 136

6 A Técnica do Estilo — 155

Pontuação 155
Ortografia 164
Uso de Letra Maiúscula 165
Itálico 173
Abreviaturas 175
Números 182
Apresentação de Informações Estatísticas e Matemáticas 185
Apresentação de Equações 195
Listas 195

7 Tabelas e Figuras — 201

Orientações Gerais Para Tabelas e Figuras 201
Tabelas 205
EXEMPLOS DE TABELAS 216
Figuras 231
EXEMPLOS DE FIGURAS 240

8 Obras Referidas no Texto — 259

Diretrizes Gerais Para Citação 259
Trabalhos que Requerem Abordagens Especiais de Citação 264
Citações no Texto 267
Paráfrases e Citações 274

SUMÁRIO

Lista de Tabelas e Figuras   ix
Equipe Editorial e Colaboradores   xiii
Agradecimentos   xv
Introdução   xvii

1   Escrita Acadêmica e Princípios de Publicação   3
Tipos de Artigos e Trabalhos   3
NORMAS ÉTICAS, LEGAIS E PROFISSIONAIS EM PUBLICAÇÕES   10
Assegurando a Precisão das Descobertas Científicas   11
Protegendo os Direitos e o Bem-estar dos Participantes e Sujeitos de Pesquisa   21
Proteção dos Direitos de Propriedade Intelectual   24

2   Elementos e Formato do Trabalho   29
Elementos Necessários   29
Elementos do Trabalho   30
Formato   43
Organização   46
EXEMPLOS DE TRABALHOS   50

3   Normas de Publicação de Artigos Científicos   71
Visão Geral das Normas de Publicação   72
Normas de Publicação Comuns Entre os Delineamentos de Pesquisa   73
Normas de Publicação Para Pesquisa Quantitativa   77
Normas de Publicação Para Pesquisa Qualitativa   93
Normas de Publicação Para Pesquisa de Métodos Mistos   104

9 Lista de Referências — 287
Categorias de Referências   287
Princípios de Itens na Lista de Referências   288
ELEMENTOS DE UMA REFERÊNCIA   291
Autor   291
Data   294
Título   296
Fonte   298
Variações de Referências   306
Formato e Ordem da Lista de Referências   308

10 Exemplos de Referências — 317
Variações de Autor   318
Variações de Data   319
Variações de Título   319
Variações de Fonte   319
Trabalhos Textuais   320
Conjuntos de Dados, *Software* e Testes   341
Mídia Audiovisual   344
Mídia *On-line*   351

11 Referências Jurídicas — 359
Diretrizes Gerais Para Referências Jurídicas   359
Exemplos de Referências Jurídicas   361

12 O Processo de Publicação — 375
Preparação Para Publicação   375
Compreendendo o Processo de Publicação Editorial   380
Preparação do Manuscrito   385
Diretrizes de Direitos Autorais e Permissão   388
Durante e Depois da Publicação   394

Créditos de Tabelas, Figuras e Trabalhos Adaptados   399

Referências   404

Índice   409

LISTA DE TABELAS E FIGURAS

Tabelas

Tabela 2.1	Títulos de Trabalhos Eficazes e Ineficazes	33
Tabela 2.2	Exemplos de linhas de autor e afiliações	34
Tabela 2.3	Formato Para os Cinco Níveis de Título no Estilo APA	48
Tabela 3.1	Normas de Apresentação do Delineamento Quantitativo (JARS–Quant)	77
Tabela 3.2	Normas de Apresentação do Delineamento Qualitativo (JARS–Qual)	94
Tabela 3.3	Normas de Apresentação do Delineamento de Métodos Mistos (JARS–Mixed)	105
Tabela 4.1	Tempos Verbais Recomendados nos Artigos do Estilo APA	119
Tabela 6.1	Guia Para Hifenização de Termos Compostos Temporários	166
Tabela 6.2	Prefixos e Sufixos que Não Exigem Hífen	167
Tabela 6.3	Palavras Compostas que Exigem Hífen	167
Tabela 6.4	Abreviaturas Comuns Para Unidades de Medida	179
Tabela 6.5	Abreviaturas e Símbolos Estatísticos	187
Tabela 7.1	Componentes Básicos de uma Tabela	206
Tabela 7.2	Exemplo de Tabela de Características Demográficas	216
Tabela 7.3	Exemplo de Tabela de Propriedades das Variáveis do Estudo	217
Tabela 7.4	Exemplo de Tabela de Resumo de Metanálise	218
Tabela 7.5	Exemplo de Tabela de Resumo de Delineamento Experimental Complexo	219
Tabela 7.6	Exemplo de Tabela de Estatísticas Descritivas Para as Medidas do Estudo	219
Tabela 7.7	Exemplo de Tabela de Análise de Qui-quadrado	220

Tabela 7.8	Exemplo de Tabela de Resultados de Múltiplos Testes *t*	220
Tabela 7.9	Exemplo de Tabela de Comparações *a Priori* ou *Post Hoc*	221
Tabela 7.10	Exemplo de Tabela de Correlação Para uma Amostra	221
Tabela 7.11	Exemplo de Tabela de Correlação Para Duas Amostras	222
Tabela 7.12	Exemplo de Tabela de Análise de Variância (Opção 1)	222
Tabela 7.13	Exemplo de Tabela de Análise de Variância (Opção 2)	223
Tabela 7.14	Exemplo de Tabela de Análise Fatorial	224
Tabela 7.15	Exemplo de Tabela de Regressão, sem Intervalos de Confiança	225
Tabela 7.16	Exemplo de Tabela de Regressão, com Intervalos de Confiança Entre Colchetes	225
Tabela 7.17	Exemplo de Tabela de Regressão, com Intervalos de Confiança em Colunas Separadas	226
Tabela 7.18	Exemplo de Tabela de Regressão Múltipla Hierárquica	227
Tabela 7.19	Exemplo de Tabela de Comparação de Modelos	227
Tabela 7.20	Exemplo de Tabela de Comparação de Modelos de Múltiplos Níveis	228
Tabela 7.21	Exemplo de Tabela de Comparação de Modelos de Análise Fatorial Confirmatória	229
Tabela 7.22	Exemplo de Tabela Qualitativa com Descrições de Variáveis	229
Tabela 7.23	Exemplo de Tabela Qualitativa Incorporando Dados Quantitativos	230
Tabela 7.24	Exemplo de Tabela de Métodos Mistos	230
Tabela 8.1	Estilos Básicos de Citação no Texto	272
Tabela 8.2	Exemplos de Citações Diretas Feitas no Texto	277
Tabela 9.1	Como Criar uma Referência Quando há Informações Ausentes	290
Tabela 11.1	Principais Diferenças Entre Referências no Estilo APA e Referências Jurídicas	360
Tabela 11.2	Abreviaturas Comuns em Referências Jurídicas	361
Tabela 12.1	Modelos de Atribuição de Direitos Autorais	393
Tabela 12.2	Exemplos de Atribuições de Direitos Autorais Para Tabelas e Figuras Reproduzidas ou Adaptadas	394

Figuras

Figura 2.1	Exemplo de Página de Título Profissional	31
Figura 2.2	Exemplo de Página de Título de Trabalho de Estudante	32
Figura 2.3	Exemplo de Nota do Autor	37

Figura 2.4	Uso de Títulos em um Exemplo de Introdução	48
Figura 2.5	Formato dos Títulos em um Exemplo de Artigo	49
Figura 3.1	Fluxograma das Normas de Apresentação de Pesquisa Quantitativa a Serem Seguidas Conforme o Delineamento do Estudo	82
Figura 7.1	Componentes Básicos de uma Figura	232
Figura 7.2	Exemplo de Gráfico de Barras	240
Figura 7.3	Exemplo de Gráfico de Linhas	241
Figura 7.4	Exemplo de Figura Mostrando o Fluxo de Participantes ao Longo de um Estudo	242
Figura 7.5	Exemplo de Diagrama de Fluxo CONSORT	243
Figura 7.6	Exemplo de Modelo Conceitual	244
Figura 7.7	Exemplo de Modelo de Equação Estrutural	245
Figura 7.8	Exemplo de Figura de Resultados de Análise Fatorial Confirmatória	246
Figura 7.9	Exemplo de Modelo de Percurso	246
Figura 7.10	Exemplo de Figura de Pesquisa Qualitativa	247
Figura 7.11	Exemplo de Figura de Pesquisa de Métodos Mistos	248
Figura 7.12	Exemplo de Ilustração de Situação Experimental	249
Figura 7.13	Exemplo de Ilustração de Estímulos Experimentais	249
Figura 7.14	Exemplo de Mapa	250
Figura 7.15	Exemplo de Gráfico de Dispersão	251
Figura 7.16	Exemplo de Figura de Escala Multidimensional	252
Figura 7.17	Exemplo de Fotografia	253
Figura 7.18	Exemplo de Figura Complexa com Múltiplos Painéis	254
Figura 7.19	Exemplo de Figura de Potencial Relacionado a Evento	255
Figura 7.20	Exemplo de Figura de fMRI	255
Figura 7.21	Exemplo de Apresentação de Material Genético (Mapa Físico)	256
Figura 8.1	Exemplo de um Nível Apropriado de Citação	260
Figura 8.2	Correspondência Entre um Item na Lista de Referências e uma Citação no Texto	267
Figura 8.3	Exemplo de Citações Narrativas Repetidas com Ano Omitido	271
Figura 8.4	Exemplo de uma Longa Paráfrase com uma Única Citação no Texto	275
Figura 8.5	Exemplo de Citações Repetidas Necessárias Para Esclarecer Fontes	276
Figura 8.6	Exemplo de Alterações Feitas em uma Citação Direta	281
Figura 8.7	Exemplo de Citações Omitidas no Final de uma Citação	282

Figura 9.1	Exemplo de Onde Encontrar Informações Para Referência de um Artigo Científico	289
Figura 9.2	Exemplos de Ordem de Trabalhos em uma Lista de Referências	309
Figura 9.3	Exemplo de Bibliografia Comentada	313
Figura 9.4	Uso de Asteriscos Para Indicar Estudos Incluídos em uma Metanálise	314
Figura 12.1	Fluxograma da Progressão do Manuscrito Desde a Submissão até a Publicação	381

EQUIPE EDITORIAL E COLABORADORES

Diretor de Projeto
Emily L. Ayubi

Equipe Estilo APA
Chelsea L. Bromstad Lee
Hayley S. Kamin
Timothy L. McAdoo
Anne T. Woodworth
Ayanna A. Adams

Força-tarefa de Revisão do Manual de Publicação
James Campbell Quick, Chair
Mark Appelbaum
Jacklynn Mary Fitzgerald
Scott Hines
Heidi M. Levitt
Arthur M. Nezu
Pamela Reid

Força-Tarefa do Conselho de Publicações e Comunicações da APA Sobre Normas de Publicação de Artigos Científicos

Grupo de Trabalho da APA Sobre Normas de Apresentação de Pesquisa Quantitativa
Mark Appelbaum, *Chair*
Harris Cooper
Rex B. Kline
Evan Mayo-Wilson

Arthur M. Nezu
Stephen M. Rao
James Campbell Quick, *Publications and Communications Board Liaison*

Grupo de Trabalho da APA Sobre Normas de Apresentação de Pesquisa Qualitativa
Heidi M. Levitt, *Chair*
Michael Bamberg
John W. Creswell
David M. Frost
Ruthellen Josselson
Carola Suárez-Orozco
James Campbell Quick, *Publications and Communications Board Liaison*

Comitês da APA Sobre Linguagem Não Tendenciosa
Comitê Sobre Idade
Walter R. Boot
Brian Carpenter
Erin E. Emery-Tiburcio
Margaret Norris
Patricia A. Parmelee
Maggie L. Syme
Deborah A. DiGilio, *Staff Liaison*
Comitê Sobre Deficiência em Psicologia
Erin E. Andrews

Susan D'Mello
Jennifer J. Duchnick
Dana S. Dunn
John W. Hagen
Poorna Kushalnagar
Eun-Jeong Lee
Erin M. Liebich
Treven Curtis Pickett
Jennifer Reesman
Karrie A. Shogren
Maggie K. Butler, *Staff Liaison*

Comitê Sobre Raça e Etnia
A. Kathleen Burlew
Milton A. Fuentes
Daniel Gaztambide
Scott Graves
Kelli Johnson
Michelle Madore
Sandra Mattar
Helen A. Neville
Don Operario
Wendy Peters
Don Pope-Davis
Tiffany Townsend, *Staff Liaison*
Alberto Figueroa-García, *Staff Liaison*

Comitê Sobre Orientação Sexual e Diversidade de Gênero
Mark Brennan-Ing
Sarah Burgamy
Arlene Noriega
Seth T. Pardo
Julia Z. Benjamin, *American Psychological Association of Graduate Students CSOGD Chair*
Clinton Anderson, *Staff Liaison*
Ron Schlittler, *Staff Liaison*

Comitê Sobre Condição Socioeconômica
Rosario Ceballo
Ramani Durvasula
John Ruiz
Wendy R. Williams
Keyona King-Tsikata, *Staff Liaison*
Maha Khalid, *Staff Liaison*

Comitê Sobre Psicologia da Mulher
Alette Coble-Temple
Paola Michelle Contreras
Sarah L. Cook
Diya Kallivayalil
Shannon Lynch
Charlotte McCloskey
Alayne J. Ormerod
Lauren Stutts
Shari E. Miles-Cohen, *Staff Liaison*
Tanya Burrwell Dozier, *Staff Liaison*

Revisores
Tricia B. Bent-Goodley
Melinda Knight
Rachel Mack
Cynthia Saver
Frank C. Worrell
Jeff Zuckerman

AGRADECIMENTOS

O precursor do *Manual de Publicação da American Psychological Association* (APA) foi publicado em 1929, no *Psychological Bulletin*, como um artigo de sete páginas descrevendo um "padrão de procedimento, para o qual sem dúvida exceções seriam necessárias, mas que poderia ser consultado em caso de dúvida" (Bentley et al., 1929, p. 57). Desde então, o escopo e a extensão do *Manual de Publicação* aumentaram em resposta às necessidades de pesquisadores, estudantes e educadores nas ciências sociais e comportamentais, na assistência à saúde, nas ciências naturais, nas humanidades e em outras áreas; contudo, o espírito das intenções dos autores originais permanece.

Para abordar as mudanças na escrita e na publicação acadêmica desde o lançamento da sexta edição, consultamos muitas entidades profissionais e especialistas (cada um reconhecido individualmente na lista da Equipe Editorial e Colaboradores). Agradecemos aos integrantes da Força-tarefa de Revisão do *Manual de Publicação* por sua visão do manual e por garantir que nossa orientação reflita as melhores práticas atuais. Agradecemos também ao Grupo de Trabalho da APA sobre Normas de Apresentação de Pesquisa Quantitativa por atualizar as normas de publicação de artigos científicos (JARS, do inglês *Journal Article Reporting Standards*) originais para pesquisas quantitativas e ao Grupo de Trabalho para Normas de Apresentação de Pesquisa Qualitativa da APA por seu trabalho inovador no estabelecimento do primeiro conjunto de JARS para pesquisas qualitativas e de método misto no Estilo APA. Somos gratos aos membros dos comitês da Diretoria de Interesse Público da APA e outras entidades de classe que revisaram as diretrizes de linguagem livre de tendenciosidade sobre idade, deficiência, raça e etnia, orientação sexual e diversidade de gênero, e condição socioeconômica. Também somos gratos aos revisores que forneceram perspectivas valiosas enquanto representavam instrução em psicologia, enfermagem, educação, administração, serviço social, ética e escrita.

O importante trabalho da Força-tarefa para Revisão do *Manual de Publicação*, dos grupos de trabalho das JARS, dos comitês de linguagem livre de tendenciosidade da APA e de outros especialistas se baseia nos esforços de grupos anteriores. Assim, também reconhecemos as contribuições significativas das forças-tarefa, grupos de trabalho e membros da equipe da APA que revisaram as edições anteriores deste livro.

Por sua orientação sobre como escrever a respeito de idosos com respeito e dignidade, agradecemos a Nancy Lundebjerg e Dan Trucil da American Geriatrics Society. Por sua contribuição para as seções sobre raça e etnia, agradecemos a Karen Suyemoto da University of Massachusetts Boston. Por suas percepções sobre orientação sexual, gênero e deficiência, agradecemos aos revisores da Campanha de Direitos Humanos: Jay Brown, Katalina Hadfield, Ellen Kahn e Sula Malina. Também agradecemos a Lore M. Dickey, Mira Krishnan e Anneliese A. Singh, membros da Divisão 44 da APA: Society for the Psychology of Sexual Orientation and Gender Diversity, por sua competência na revisão das seções sobre orientação sexual e diversidade de gênero. Por suas sugestões sobre a linguagem relacionada ao uso de substâncias, agradecemos a William W. Stoops da University of Kentucky College of Medicine. Todos eles compartilharam sua sabedoria e paixão por suas comunidades para ajudar as pessoas a escreverem com respeito e inclusão.

Esta edição do *Manual de Publicação* está mais acessível, em grande parte, graças às contribuições entusiásticas, detalhadas e ponderadas da David Berman Communications — especialmente de David Berman, Michael E. Cooper, Hannah Langford Berman e Krisandra Ivings — que ajudaram a refinar nossas recomendações de fontes, títulos, estilo de referência, contraste de cores, entre outros aspectos, para beneficiar todas as pessoas que usarão o manual.

Por sua orientação sobre a apresentação de resultados em tabelas e figuras, agradecemos a Adelheid A. M. Nicol e Penny M. Pexman. Também agradecemos a Gilad Chen, Anne M. Galletta, Roger Giner-Sorolla, Kevin Grimm, Lisa L. Harlow, Wendy Rogers e Nadine Michele Weidman por seus *insights* sobre a publicação. Somos gratos a Steve W. J. Kozlowski, presidente da Open Science and Methodology, por sua competência em ética de replicação e publicação. Por sua valiosa competência em referências jurídicas, agradecemos a David DeMatteo e Kirk Heilbrun da Drexel University.

Agradecemos também aos muitos funcionários e consultores da APA que contribuíram com seus comentários e competência. Essa equipe trabalha na APA Publishing, na Diretoria de Educação, no Escritório Executivo, nos Serviços de Tecnologia da Informação, no Escritório do Conselho Geral, na Diretoria de Interesse Público e na Diretoria de Ciências: Joe Albrecht, Emma All, Ida Audeh, David Becker, Cara Bevington, Martha Boenau, Marla Bonner, Liz Brace, Dan Brachtesende, Dan Brown, Ann Butler, Kerry Cahill, Brenda Carter, Lindsay Childress-Beatty, Alison Cody, Lyndsey Curtis, Chris Detzi, Katie Einhorn, Andy Elkington, Kristine Enderle, Elise Frasier, Rob Fredley, Dana Gittings, Hannah Greenbaum, Rachel Hamilton, Sue Harris, Beth Hatch, Annie Hill, Sue Houston, Shelby Jenkins, Robert Johnson, Lois Jones, Shontay Kincaid, Kristen Knight, Kristin Walker Kniss, Marla Koenigsknecht, David Kofalt, George Kowal, J. J. Larrea, Stefanie Lazer, Katy Lenz, Glynne Leonard, Kathryn Hyde Loomis, Tim Meagher, Jennifer Meidinger, Claire Merenda, Necco McKinley, Debra Naylor, David Nygren, Sangeeta Panicker, Amy Pearson, Steph Pollock, Lee Rennie, Natalie Robinson, Kathleen Sheedy, Jasper Simons, Rose Sokol-Chang, Ann Springer, Elizabeth Stern, Amber Story, Daniya Tamendarova, Nina Tandon, Ron Teeter, Karen Thomas, Jenna Vaccaro, Purvi Vashee, Chi Wang, Jason Wells, Sarah Wiederkehr, Angel Williams, Kimberly Williams, Aaron Wood e Sherry Wynn.

Por fim, agradecemos aos muitos usuários que contribuíram com seus comentários por meio de *e-mails*, *surveys*, entrevistas, grupos focais e redes sociais. Seu *feedback* sobre o que funcionou para vocês e o que mais precisavam do Estilo APA foram inestimáveis na revisão e criação do conteúdo para esta edição.

INTRODUÇÃO

A excelência na escrita é essencial para o sucesso em muitas atividades acadêmicas e profissionais. O Estilo APA é um conjunto de diretrizes para uma comunicação científica clara e precisa que ajuda autores, tanto novos quanto experientes, a alcançar excelência na escrita. Ele é utilizado por milhões de pessoas ao redor do mundo, tanto em psicologia quanto em áreas que vão da enfermagem ao serviço social, das comunicações à educação, da administração à engenharia e outras disciplinas, para a preparação de manuscritos para publicação, bem como para redigir trabalhos de estudantes, dissertações e teses. O *Manual de Publicação da APA* é o recurso consagrado para o Estilo APA, e temos orgulho de apresentar sua sétima edição.

Por que Usar o Estilo APA?

O Estilo APA fornece uma base para uma comunicação acadêmica eficaz, pois ajuda os autores a apresentarem suas ideias de maneira clara, concisa e organizada. A uniformidade e a consistência permitem que os leitores (a) se concentrem mais nas ideias apresentadas do que na formatação e (b) examinem rapidamente os pontos, as descobertas e as fontes fundamentais. As diretrizes de estilo encorajam os autores a divulgar plenamente as informações essenciais e permitem que os leitores prescindam de pequenas distrações, como inconsistências ou omissões na pontuação, uso de letras maiúsculas, citações de referências e apresentação de estatísticas.

Quando o estilo funciona melhor, as ideias fluem logicamente, as fontes são reconhecidas de forma adequada e os artigos são organizados de maneira previsível e consistente. As pessoas são descritas por meio de uma linguagem que afirma seu valor e dignidade. Os autores planejam em conformidade com a ética na pesquisa e relatam detalhes cruciais de seus protocolos de pesquisa para permitir que leitores avaliem as descobertas e outros pesquisadores repliquem os estudos. As tabelas e figuras apresentam os dados de maneira consistente e envolvente.

Quer você use o Estilo APA para uma única aula ou ao longo de sua carreira, nós o incentivamos a reconhecer os benefícios de uma abordagem cuidadosa da escrita. Embora as diretrizes abranjam muitas áreas e necessitem de tempo e prática para serem aprendidas, esperamos que com o tempo elas se tornem automáticas e proporcionem um equilíbrio entre diretividade e flexibilidade.

Estilo APA Para Estudantes

O *Manual de Publicação* tem sido uma fonte consagrada para a escrita acadêmica, e esta edição fornece orientação e ajuda mais direcionadas para estudantes. Qualquer que seja a carreira que sigam, eles podem se beneficiar do domínio da escrita acadêmica como uma forma de desenvolver suas habilidades de pensamento crítico e aprimorar a precisão e a clareza de sua comunicação.

A maioria das diretrizes pode ser aplicada tanto a trabalhos de estudantes quanto a manuscritos profissionais. O manual também apresenta elementos elaborados especificamente para estudantes, incluindo um exemplo de página de título, orientação sobre como citar fontes de sala de aula ou intranet e descrições de tipos comuns de trabalhos de estudantes, tais como bibliografias comentadas, ensaios de reflexão, dissertações e teses. As JARS destinam-se principalmente a autores que buscam publicação, mas podem ser úteis para estudantes envolvidos em projetos de pesquisa.

Utilidade e Acessibilidade

Nós criamos a sétima edição do *Manual de Publicação* tendo em mente as necessidades práticas dos usuários. Nos capítulos, o conteúdo é organizado em seções numeradas para ajudá-los a localizar rapidamente as respostas às suas perguntas. Essa facilidade de navegação e a profundidade de conteúdo implicam que o manual pode ser usado tanto como obra de referência quanto como livro-texto sobre escrita acadêmica.

Esta edição promove acessibilidade para todos, incluindo pessoas com deficiência. Em consulta com especialistas em acessibilidade, garantimos que as diretrizes atendam aos usuários que leem e escrevem trabalhos no Estilo APA por meio de uma variedade de modalidades, incluindo leitores de tela e outras tecnologias de assistência. Por exemplo, apresentamos um formato simplificado para citações no texto com o objetivo de reduzir a carga tanto de leitura quanto de escrita. Fornecemos orientação sobre como usar o contraste adequado nas figuras para atender às Diretrizes de Acessibilidade para Conteúdo *Web* (Web Accessibility Initiative, 2018). Nós também estimulamos o uso de diversas fontes e configurações automáticas em programas de processamento de texto comuns, o que significa que os usuários precisam fazer menos ajustes em seus sistemas para estarem prontos para escrever no Estilo APA. Acima de tudo, nosso objetivo é corroborar as muitas maneiras pelas quais as pessoas se comunicam. Encorajamos os autores a serem conscienciosos e respeitosos tanto para com as pessoas sobre as quais estão escrevendo quanto para com os leitores que se beneficiarão com seu trabalho.

O que Há de Novo na Sétima Edição?

Breves descrições de conteúdo novo e atualizado são fornecidas a seguir, capítulo por capítulo. Para uma visão mais abrangente das alterações de conteúdo, consulte o *site* (em inglês) do Estilo APA (https://apastyle.apa.org).

Capítulo 1: Escrita Acadêmica e Princípios de Publicação

O Capítulo 1 aborda os tipos de trabalhos e a conformidade com a ética na pesquisa.

- As novas orientações abordam artigos quantitativos, qualitativos e de métodos mistos, bem como trabalhos de estudantes, dissertações e teses.

- As informações sobre planejamento e garantia de conformidade com a ética na pesquisa refletem as melhores práticas.
- A orientação sobre compartilhamento de dados, inclusive em pesquisas qualitativas, reflete os padrões de prática aberta.

Capítulo 2: Elementos e Formato do Trabalho

O Capítulo 2 foi elaborado para ajudar os usuários novatos do Estilo APA a selecionar, formatar e organizar os elementos do trabalho.

- A página de título para profissionais foi atualizada e uma nova página de título para estudantes é fornecida.
- Para todos os trabalhos, o formato da linha de autores e afiliação na página de título está alinhado com as normas de publicação.
- A nota do autor inclui mais informações, como códigos ORCID, declaração de conflitos de interesse (ou ausência deles) e informações de registro do estudo.
- O formato do título abreviado foi simplificado para autores profissionais e não é obrigatório para estudantes.
- As especificações de fonte são mais flexíveis para atender à necessidade de acessibilidade.
- Um formato de título para os Níveis 3, 4 e 5 atualizado melhora a legibilidade e auxilia os autores que usam o recurso de estilos de título de seu programa de processamento de texto.
- Dois novos exemplos de trabalhos são fornecidos: um artigo profissional e um trabalho de estudante, com etiquetas para mostrar como elementos específicos aparecem quando implementados.

Capítulo 3: Normas de Publicação de Artigos Científicos

O Capítulo 3 orienta os usuários sobre as JARS e inclui tabelas que descrevem as normas de apresentação de pesquisa quantitativa, qualitativa e de métodos mistos.

- As JARS para pesquisa quantitativa foram significativamente expandidas e atualizadas (ver Appelbaum et al., 2018; Cooper, 2018).
- As JARS atualizadas agora contemplam pesquisas qualitativas e de métodos mistos (ver Levitt, 2019; Levitt et al., 2018).

Capítulo 4: Estilo de Escrita e Gramática

O Capítulo 4 fornece orientação sobre estilo de escrita e gramática.

- O *"they"* singular é endossado, em conformidade com utilização de linguagem inclusiva.
- Orientações mais detalhadas ajudam os autores a evitarem o antropomorfismo.

Capítulo 5: Diretrizes de Linguagem Não Tendenciosa

O Capítulo 5 apresenta diretrizes de linguagem livre de tendenciosidade para encorajar os autores a escreverem sobre pessoas com inclusão e respeito.

- As orientações existentes sobre idade, deficiência, gênero, identidade racial e étnica, e orientação sexual foram atualizadas para refletir as melhores práticas.
- Novas diretrizes são fornecidas sobre a participação em pesquisas, condição socioeconômica e intersetorialidade.

Capítulo 6: A Técnica do Estilo

O Capítulo 6 aborda a técnica do estilo, incluindo pontuação, uso de letras maiúsculas, abreviaturas, números e estatísticas.

- A orientação atualizada responde a uma pergunta comum: use um espaço após um ponto no final de uma frase, a menos que um professor ou editor indique de outra forma.
- A formatação dos exemplos linguísticos mudou; agora, apresentam-se os exemplos entre aspas, e não em itálico, para promover a acessibilidade.
- Ampliou-se a orientação fornecida sobre o uso de iniciais maiúsculas em nomes próprios, cargos, doenças, transtornos e outros.
- As diretrizes para a apresentação de abreviaturas tratam de questões comuns, por exemplo, como incluir uma citação com uma abreviatura.
- As diretrizes para a apresentação de números foram atualizadas para serem uniformes em todo o trabalho (p. ex., não há mais exceção para apresentar números em um resumo).
- Novas orientações são fornecidas sobre como escrever nomes de genes e proteínas.
- Diretrizes atualizadas permitem maior flexibilidade para listas com letras, números e marcadores.

Capítulo 7: Tabelas e Figuras

O Capítulo 7 apresenta orientações sobre a criação de tabelas e figuras.

- Mais de 40 novos exemplos de tabelas e figuras são apresentados, em seções específicas, cobrindo uma variedade de tipos e tópicos de pesquisa.
- A apresentação de tabelas e figuras no texto está mais flexível (seja após a lista de referências, em páginas separadas, seja incluídas no texto).
- A formatação de tabelas e figuras é semelhante, incluindo estilos uniformes para números, títulos e notas.
- O uso acessível de cores nas figuras é abordado.

Capítulo 8: Obras Referidas no Texto

O Capítulo 8 aborda os níveis apropriados de citação, bem como plágio, autoplágio e outras práticas antiéticas de escrita.

- As citações no corpo do texto foram simplificadas: para trabalhos com três ou mais autores, elas são abreviadas com o nome do primeiro autor acrescido de "et al." (exceto onde isso criaria ambiguidade).
- Novas orientações são fornecidas sobre como citar o Conhecimento Tradicional e as Tradições Orais dos povos indígenas, registradas ou não.
- Exemplos de paráfrase demonstram como obter atribuição clara sem exagero de citação.

- Novas diretrizes são fornecidas sobre como formatar citações do discurso dos participantes da pesquisa.

Capítulo 9: Lista de Referências

O Capítulo 9 examina os quatro elementos de um item da lista de referências (autor, data, título e fonte).

- O número de autores incluídos em uma entrada de referência mudou: até 20 autores agora são incluídos antes que os nomes sejam omitidos com reticências.
- A apresentação de identificadores de objetos digitais (DOIs) e URLs foi padronizada. Ambos são apresentados como *hiperlinks*; o rótulo "DOI:" não é mais utilizado e as palavras "Recuperado de" são usadas apenas quando uma data de acesso também é necessária.
- Diretriz atualizada explica quando incluir DOIs e URLs para trabalhos acessados da maioria das bases de dados de pesquisa acadêmica, bem como de bases de dados privados, como ERIC ou UpToDate.
- Novas orientações de formatação são fornecidas para bibliografias comentadas.

Capítulo 10: Exemplos de Referências

O Capítulo 10 fornece mais de 100 exemplos de referências no Estilo APA, cada um com as citações parentéticas e narrativas no corpo do texto.

- Modelos para cada categoria de referência são apresentados.
- As referências foram simplificadas: por exemplo, as referências a artigos científicos sempre incluem o número da edição e as referências a livros agora omitem a localização da editora.
- A abordagem dos materiais audiovisuais foi ampliada, com novos exemplos para vídeos do YouTube, *slides* e notas de aula em PowerPoint, TED Talks e outros.
- Mídias sociais, páginas e *sites* da internet são abordados em novas categorias. Para uniformizar e facilitar a formatação, *blogs* e outras plataformas *on-line* que publicam artigos fazem parte da categoria de periódicos.

Capítulo 11: Referências Jurídicas

O Capítulo 11 apresenta exemplos de referências jurídicas expandidos e atualizados.

- Diretrizes do *The Bluebook: A Uniform System of Citation* continuam sendo a base para referências jurídicas do Estilo APA, com algumas modificações.
- Novos exemplos de referências jurídicas relevantes são fornecidos (p. ex., a Every Student Succeeds Act).

Capítulo 12: O Processo de Publicação

O Capítulo 12 fornece orientação sobre o processo de publicação.

- O novo conteúdo ajuda os pesquisadores em início de carreira a adaptar uma dissertação ou tese para publicação na forma de artigo(s) científico(s), a selecionar uma revista para publicação, a evitar editoras predatórias ou enganosas e a orientar-se na submissão a periódicos.

- A orientação aprimorada sobre o processo de publicação em periódicos reflete os atuais processos e políticas dos quais os autores precisam estar cientes ao preparar um manuscrito para submissão.
- Novas diretrizes abordam como os autores podem compartilhar e promover seu trabalho após a publicação.

Estilo APA *On-line* (em inglês)

O *site* do Estilo APA (https://apastyle.apa.org) é o destino *on-line* mais importante e consagrado das diretrizes. Além de vários recursos gratuitos e ferramentas de instrução, ele contém conteúdo suplementar mencionado ao longo do manual, incluindo exemplos de referência adicionais, exemplos de artigos e orientação sobre o uso de cores de forma eficaz e acessível em figuras.

O *site* das JARS (https://apastyle.apa.org/jars) contém o repositório completo de informações sobre as normas de publicação de artigos científicos para uma ampla gama de delineamentos de pesquisa. Ele está disponível gratuitamente para complementar as informações do Capítulo 3.

O *blog* do Estilo APA (https://apastyle.apa.org/blog) e as contas de mídia social relacionadas continuarão respondendo a perguntas e compartilhando ideias sobre as diretrizes com a publicação da sétima edição, fornecendo informações confiáveis dos integrantes da equipe.

O Academic Writer (https://digitallearning.apa.org/academic-writer) é a ferramenta da APA baseada em nuvem para o ensino e o aprendizado de uma escrita eficaz. Desenvolvido pelos criadores do Estilo APA, ajuda estudantes e autores profissionais a redigir artigos de pesquisa e dominar a aplicação das orientações apresentadas nesta edição.

Notas Para os Usuários

O *Manual de Publicação* refere-se a vários produtos e serviços que não são afiliados à APA, mas que os leitores podem encontrar ou usar durante o processo de pesquisa, redação e publicação. As marcas registradas mencionadas neste manual são propriedade de seus respectivos donos. A inclusão de produtos não pertencentes a APA é apenas para referência e não deve ser interpretada como um endosso ou afiliação entre essa instituição e os proprietários desses produtos e suas respectivas marcas.

Por fim, alguns usuários com olhos de lince perguntaram por que nem todos os aspectos do Estilo APA são aplicados aqui. O manual é uma obra publicada, ao passo que as diretrizes devem ser aplicadas a manuscritos submetidos para publicação ou a trabalhos de estudantes. As considerações para obras publicadas, tais como este livro (p. ex., composição tipográfica, espaçamento entre linhas, extensão, fontes, uso de cores, margens), diferem daquelas de rascunhos de manuscritos ou trabalhos de estudantes e, portanto, precisam desviar da formatação do Estilo APA. Além disso, neste manual — no qual estamos escrevendo sobre escrever — é amiúde necessário distinguir entre texto explicativo e exemplos por meio do uso de fonte, cor e outros elementos de *design*. Sempre que possível, entretanto, nos esforçamos para demonstrar o Estilo APA ao escrever sobre ele e apresentar as informações de uma forma que seja acessível para os inúmeros usuários ao redor do mundo.

1
ESCRITA ACADÊMICA E PRINCÍPIOS DE PUBLICAÇÃO

Sumário

Tipos de Artigos e Trabalhos 3

1.1 Artigos Quantitativos 4
1.2 Artigos Qualitativos 5
1.3 Artigos de Métodos Mistos 6
1.4 Artigos de Replicação 6
1.5 Metanálises Quantitativas e Qualitativas 7
1.6 Artigos de Revisão da Literatura 8
1.7 Artigos Teóricos 8
1.8 Artigos Metodológicos 8
1.9 Outros Tipos de Artigos 8
1.10 Trabalhos de Estudantes, Dissertações e Teses 9

NORMAS ÉTICAS, LEGAIS E PROFISSIONAIS EM PUBLICAÇÕES 10

Assegurando a Precisão das Descobertas Científicas 11

1.11 Planejamento Para Conformidade com a Ética na Pesquisa 11
1.12 Apresentação Ética e Precisa dos Resultados da Pesquisa 11
1.13 Erros, Correções e Retratações Após a Publicação 12
1.14 Retenção e Compartilhamento de Dados 13
1.15 Considerações Adicionais Sobre Compartilhamento de Dados Para Pesquisa Qualitativa 15
1.16 Publicação de Dados Duplicada e em Partes 17
1.17 Implicações de Plágio e Autoplágio 20

Protegendo os Direitos e o Bem-estar dos Participantes e Sujeitos de Pesquisa 21

1.18 Direitos e Bem-estar dos Participantes e Sujeitos de Pesquisa 21
1.19 Protegendo a Confidencialidade 21
1.20 Conflito de Interesses 22

Proteção dos Direitos de Propriedade Intelectual 24

1.21 Crédito de Publicação 24
1.22 Ordem dos Autores 24
1.23 Direitos de Propriedade Intelectual dos Autores Durante a Revisão do Manuscrito 25
1.24 Direitos Autorais Sobre Manuscritos não Publicados 25
1.25 Lista de Conferência de Conformidade com as Normas Éticas 26

1
ESCRITA ACADÊMICA E PRINCÍPIOS DE PUBLICAÇÃO

Uma pesquisa só está completa quando os acadêmicos compartilham seus resultados ou descobertas com a comunidade científica. Embora os pesquisadores possam postar artigos em *sites* de colaboração acadêmica ou em servidores de pré-impressão, ou compartilhá-los informalmente por *e-mail* ou pessoalmente, o meio mais amplamente aceito para comunicação acadêmica formal continua sendo o artigo publicado em um periódico científico revisado por pares. Os periódicos científicos contêm nossa literatura de pesquisa primária e, portanto, servem como repositórios do conhecimento acumulado de uma área.

Os estudantes também são membros importantes da comunidade acadêmica. Embora a maior parte dos trabalhos de estudantes não seja formalmente publicada, ao escreverem trabalhos, os alunos se envolvem em pensamento crítico, autorreflexão ponderada e investigação científica e, assim, se preparam para fazer contribuições singulares para o repositório de conhecimento. A escrita dos estudantes, portanto, merece o mesmo nível de cuidado e atenção a detalhes que se dá à escrita profissional.

Neste capítulo, fornecemos princípios importantes que autores, sejam profissionais sejam estudantes, devem considerar antes de escrever seus artigos ou, em muitos casos, antes de começar uma pesquisa. Iniciamos com apanhados gerais sobre os diferentes tipos de artigos e trabalhos elaborados. Isso é seguido por uma discussão das normas éticas, legais e profissionais de publicação às quais todos os autores de trabalhos acadêmicos, independentemente do tipo de artigo que estejam escrevendo ou de seu nível de experiência, devem atentar e obedecer. Por exemplo, pesquisas realizadas com seres humanos ou animais devem ser aprovadas por um Comitê de Ética em Pesquisa (CEP), por uma Comissão de Ética no Uso de Animais (CEUA) ou por outro comitê de ética. Da mesma forma, um autor que escreve sobre participantes humanos deve proteger sua confidencialidade, seguindo as melhores práticas para compartilhamento de dados. Além disso, qualquer trabalho escrito — desde um trabalho para uma disciplina até um artigo publicado — deve representar uma contribuição original e incluir citações apropriadas do trabalho de outras pessoas. Assim, a escrita e a publicação acadêmicas, em todas as suas formas, estão inerentemente inseridas em um contexto ético e são por ele guiadas.

Tipos de Artigos e Trabalhos

Muitos tipos de trabalhos são publicados em revistas científicas, incluindo artigos e replicações empíricos quantitativos, qualitativos e de métodos mistos. Esses artigos científicos relatam pesquisas *primárias*, ou originais — isto é, que não foram formalmente publicadas anteriormente. Artigos teóricos e artigos metodológicos não apresentam pesquisas, mas descrevem avanços em teorias ou métodos. Artigos científicos que revisam ou sintetizam descobertas de pesquisas primárias incluem revisões de literatura e metanálises quantitativas e qualitativas. Pela compreensão das características dos diferentes tipos de artigos e dos tipos de informação que eles transmitem com mais eficiência, você poderá selecionar qual deles serve para sua pesquisa e seguir as normas apropriadas de publicação (discutidas no Capítulo 3). Estudantes podem escrever os mesmos tipos de artigos que são publicados em periódicos, bem como trabalhos, dissertações e teses não destinados à publicação em revistas (ver Seção 1.10). Exemplos foram incluídos no final do Capítulo 2 e no *site* do Estilo APA (https://apastyle.apa.org).

1.1 Artigos Quantitativos

Em *artigos quantitativos*, os autores relatam pesquisas originais, empíricas e quantitativas. *Pesquisa quantitativa* refere-se a um conjunto de abordagens comumente utilizadas nas ciências sociais e comportamentais, e áreas relacionadas, nas quais os resultados observados são representados numericamente. Os resultados desses estudos normalmente são analisados por meio de métodos (estatísticas, análises de dados e técnicas de modelagem) que se baseiam nas propriedades numéricas do sistema de mensuração. Os estudos de pesquisa quantitativa utilizam uma variedade de delineamentos experimentais e uma gama de técnicas analíticas. Alguns artigos quantitativos apresentam novas hipóteses e análises de dados não consideradas ou abordadas em relatos anteriores. Dentro do artigo, os autores devem descrever os elementos de seu estudo em primeira pessoa (ver Seção 4.16). Os pesquisadores que usam esta abordagem devem seguir as normas de apresentação de artigos científicos quantitativos para relatar suas descobertas (ver Seções 3.5–3.12).

Artigos quantitativos geralmente incluem seções distintas, as quais refletem as etapas do processo de pesquisa e aparecem na seguinte sequência:

- **Introdução:** apresentação do objetivo da investigação, revisão da literatura e declaração explícita das hipóteses que estão sendo exploradas (ver Seção 3.4)
- **Método:** descrição completa de cada etapa da investigação, incluindo detalhes sobre os materiais utilizados e os procedimentos seguidos (que devem ser suficientes para permitir replicação), apresentação completa do delineamento da pesquisa, declarações sobre a proteção de participantes humanos ou animais e consentimento informado e, por fim, descrição (em palavras e/ou uma figura) do fluxo de participantes ao longo do estudo (ver Seção 3.6)
- **Resultados:** análise de dados e relato das descobertas (ver Seção 3.7)
- **Discussão:** um resumo do estudo, incluindo interpretação, limitações e implicações dos resultados (ver Seção 3.8)

Relatos de Múltiplos Estudos. Os autores de artigos quantitativos costumam relatar os resultados de vários estudos conceitualmente relacionados em um manuscrito. Eles devem deixar claros para os leitores a justificativa, a lógica, a ordem e o método de cada investigação. Títulos devem ser usados para identificar cada estudo — por exemplo, "Experimento 1", "Experimento 2", e assim por diante. Esse formato organiza as seções e facilita sua discussão no manuscrito ou em artigos de pesquisas posteriores. Subseções de "Método" e "Resultados" podem aparecer sob o título de cada estudo. Se apropriado, os autores podem incluir uma curta subseção intitulada "Discussão", na qual exploram as implicações dos resultados, ou podem combinar a discussão com a descrição dos resultados sob um título tal como "Resultados e Discussão". Deve-se sempre incluir uma discussão geral que abranja todos os estudos, no final do artigo, a qual com frequência é intitulada "Discussão Geral".

1.2 Artigos Qualitativos

Em *artigos qualitativos,* os autores relatam pesquisas originais, empíricas e qualitativas. *Pesquisa qualitativa* refere-se a práticas científicas utilizadas para gerar conhecimento sobre experiência e/ou ação humana, incluindo processos sociais. As abordagens qualitativas tendem a compartilhar quatro conjuntos de características:

- Os pesquisadores analisam dados que consistem em linguagem natural (ou seja, palavras), observações do pesquisador (p. ex., interações sociais) e/ou expressões dos participantes (p. ex., apresentações artísticas), em vez de coletar dados numéricos e conduzir análises matemáticas. Os relatos tendem a mostrar o desenvolvimento de descobertas qualitativas usando linguagem natural (embora números possam ser usados como adjuvantes na descrição ou exploração dessas descobertas).
- Os pesquisadores costumam usar um processo iterativo de análise em que reexaminam resultados em desdobramento à luz da análise contínua de dados e refinam os resultados iniciais. Dessa forma, o processo de análise é autocorretivo e pode produzir conhecimento original.
- Os pesquisadores recursivamente combinam a investigação com métodos que requerem reflexão sobre como suas próprias perspectivas podem respaldar ou prejudicar o processo de pesquisa e, assim, como seus métodos devem ser mais bem implementados.
- Os pesquisadores tendem a estudar experiências e ações cujos significados podem mudar e evoluir; portanto, eles tendem a ver suas descobertas como situadas no espaço e no tempo, em vez de buscar desenvolver leis que devem permanecer estáveis independentemente do contexto.

Os pesquisadores que usam essa abordagem devem seguir as JARS qualitativas para relatar suas descobertas (ver Seções 3.13–3.17).

Estudos de Caso e Outros Tipos de Artigos Qualitativos. Diversos são os métodos relatados em artigos qualitativos, e a estrutura desses artigos varia conforme a natureza do estudo. Por exemplo, nos *estudos de caso,* os pesquisadores relatam análises ou observações obtidas enquanto trabalham em estreita colaboração com um indivíduo, grupo, comunidade ou organização. Os estudos de caso ilustram um problema em profundidade, indicam uma maneira de resolver um problema e/ou lançam luz sobre pesquisas necessárias, aplicações clínicas ou questões teóricas. Artigos qualitativos também descrevem estudos com vários participantes, grupos, comunidades ou organizações que identificam semelhanças e/ou diferenças entre essas entidades. Pesquisas desse tipo podem ter um foco sistêmico, examinando as formas pelas quais processos sociais, ações ou discursos são estruturados.

Independentemente das abordagens de pesquisa qualitativa utilizadas, ao escrever relatos, os autores devem considerar cuidadosamente o equilíbrio entre fornecer material ilustrativo importante e usar dados confidenciais do participante com responsabilidade (ver Seções 1.18 e 1.19 para mais informações sobre confidencialidade; ver também Seção 1.15). Os relatos qualitativos podem ser organizados temática ou cronologicamente e são apresentados normalmente em um estilo reflexivo, em primeira pessoa, detalhando de que forma os pesquisadores chegaram a perguntas, métodos, resultados e considerações para a área.

1.3 Artigos de Métodos Mistos

Em *artigos de métodos mistos*, os autores relatam pesquisas que combinam abordagens empíricas qualitativas e quantitativas. A pesquisa de métodos mistos não deve ser confundida com a *pesquisa de modelos mistos*, que é um procedimento quantitativo, ou com a *pesquisa multimétodos*, que envolve a utilização de vários métodos da mesma abordagem. A pesquisa de métodos mistos envolve o seguinte:

- descrever os pressupostos filosóficos ou modelos teóricos utilizados para conceber o delineamento do estudo (Creswell, 2015);
- descrever as diferentes metodologias, delineamentos de pesquisa e procedimentos em relação aos objetivos do estudo;
- coletar e analisar dados qualitativos e quantitativos em resposta aos objetivos, perguntas ou hipóteses da pesquisa; e
- integrar intencionalmente os resultados das duas metodologias para gerar novos *insights*.

O pressuposto básico de uma abordagem de métodos mistos é que descobertas qualitativas e resultados quantitativos combinados levam a percepções adicionais não obtidas a partir de resultados qualitativos ou quantitativos isolados (Creswell, 2015; Greene, 2007; Tashakkori & Teddlie, 2010). Uma vez que existem muitas maneiras de delinear um estudo de métodos mistos, a estrutura desses artigos varia de acordo com a especificidade do estudo e o equilíbrio entre as duas metodologias. Os pesquisadores que usam essa abordagem devem seguir as normas de publicação para artigos de métodos mistos para relatar seus resultados (ver Seção 3.18).

1.4 Artigos de Replicação

Em *artigos de replicação*, os autores relatam os resultados de trabalhos que pretendem verificar ou reproduzir os achados de investigações anteriores. O objetivo de um *estudo de replicação* é examinar se as conclusões de um estudo anterior permanecem as mesmas ou semelhantes ante variações na condução do estudo original. Existem formas internas e externas de replicação, mas somente as replicações externas são abordadas nas JARS da APA (ver Seção 3.10). Uma *replicação externa* ocorre quando os pesquisadores obtêm uma nova amostra e duplicam, na medida do possível ou desejável, as características do estudo original. Podem ser usados novo delineamento, novas medidas e/ou métodos de análise de dados para testar se uma descoberta tem generalidade além da situação particular estudada no trabalho original, mas tais variações devem ser claramente especificadas no artigo.

Os pesquisadores que realizam uma replicação externa devem prover informações suficientes para que os leitores determinem se o estudo foi uma replicação direta (exata, literal), uma replicação aproximada ou uma replicação conceitual (do construto). Em uma *replicação direta*, os pesquisadores repetem um estudo coletando dados de uma nova amostra de forma a duplicar tanto quanto possível as condições da investigação anterior. Uma replicação direta é chamada de *replicação exata* ou *replicação literal* quando os pesquisadores usam procedimentos idênticos ao experimento original ou duplicados da forma mais próxima possível (p. ex., com variações apenas na localização do estudo e nos investigadores que o realizam). Essas formas de replicação são úteis para estabelecer que as descobertas do estudo original são confiáveis. Em uma *replicação aproximada* (ou *replicação modificada*), os pesquisadores incorporam procedimentos alternativos e condições adicionais às características do estudo original; tais replicações geralmente contêm o delineamento do estudo original juntamente com algumas características adicionais do estudo. A finalidade de uma replicação aproximada ou modificada pode ser não apenas replicar um estudo, mas determinar se alguns fatores não incluídos na formulação original têm influência no resultado. Em uma *replicação conceitual*, os pesquisadores introduzem técnicas e manipulações diferentes para obter informações teóricas; é possível que nenhuma das características do estudo inicial seja mantida. Os pesquisadores podem usar outros nomes ou descrições das replicações (para uma exploração mais aprofundada deste assunto, ver National Academies of Sciences, Engineering, and Medicine, 2019); as descrições fornecidas nesta seção foram adaptadas do *APA Dictionary of Psychology* (https://dictionary.apa.org).

1.5 Metanálises Quantitativas e Qualitativas

Metanálise refere-se a uma coleção de técnicas em que os pesquisadores usam os resultados de um grupo de estudos relacionados para tirar uma conclusão geral (síntese) com base na pesquisa existente sobre um tópico. Dados individuais de participantes ou sujeitos não são utilizados, porque os dados analisados estão ao nível de estudo.

Assim como as normas de publicação para pesquisas quantitativas e qualitativas variam conforme o delineamento do estudo, as normas para metanálises variam de acordo com as perguntas específicas formuladas no estudo e com as abordagens utilizadas para respondê-las. Uma vez que o estudo é a unidade de entrada para uma metanálise, as investigações incluídas são fornecidas na lista de referências e marcadas com um indicador que mostra que elas fizeram parte da metanálise. Esse indicador distingue estudos incluídos em uma metanálise de outras referências. Por exemplo, em artigos no Estilo APA, as referências usadas em uma metanálise são precedidas por um asterisco (ver Seção 9.52).

Metanálise Quantitativa. Dentro das abordagens quantitativas, as metanálises geralmente estipulam uma técnica na qual estimativas da magnitude do efeito de estudos individuais são as entradas para as análises. A metanálise também é usada para determinar fatores que podem estar relacionados à magnitude do resultado em estudos quantitativos — por exemplo, fatores de delineamento (p. ex., randomizado *versus* não randomizado), fatores demográficos (p. ex., porcentagem da amostra abaixo da linha de pobreza), e assim por diante. Relatos metanalíticos geralmente seguem a mesma estrutura básica dos estudos quantitativos (ver Seção 1.1) e contêm uma introdução e seções de "Método", "Resultados" e "Discussão". Os pesquisadores que usam essa abordagem devem seguir as normas de publicação para metanálises quantitativas (ver Seção 3.12).

Metanálise Qualitativa. Na pesquisa qualitativa, há uma variedade de abordagens para metanálise, incluindo metassíntese qualitativa, metaetnografia, metamétodo e síntese interpretativa crítica. Essas modalidades costumam usar estratégias de análises qualitativas primárias para sintetizar os resultados dos estudos. Metanálises qualitativas podem ser usadas para destacar tendências metodológicas, identificar descobertas e lacunas comuns, desenvolver novos entendimentos e propor direções futuras para uma área de pesquisa. Artigos metanalíticos qualitativos têm uma estrutura semelhante à dos artigos primários qualitativos, com o acréscimo de uma descrição das perspectivas e da posição dos autores dos trabalhos primários incluídos na análise. Metanálises qualitativas não implicam um procedimento único, mas sim uma função agregadora comum às abordagens metanalíticas. Não devem ser confundidas com *revisões quantitativas*, nas quais os autores geram uma descrição narrativa baseada em uma literatura quantitativa. Recomendamos referir-se a esses estudos como *revisões da literatura* ou *revisões narrativas da literatura* para evitar confusão com metanálises qualitativas (ver Seção 1.6). Pesquisadores que utilizam essa abordagem devem seguir as normas de publicação para metanálises qualitativas (ver Seção 3.17).

1.6 Artigos de Revisão da Literatura

Artigos de revisão da literatura (ou *artigos de revisão narrativa da literatura*) fornecem resumos narrativos e avaliações das descobertas ou teorias baseadas na literatura, a qual pode incluir pesquisa qualitativa, quantitativa e/ou de métodos mistos. As revisões da literatura capturam tendências, não empreendem uma metanálise quantitativa ou qualitativa sistemática dos resultados dos estudos iniciais.

Em artigos de revisão da literatura, os autores devem

- definir e esclarecer o problema;
- resumir investigações anteriores para informar os leitores sobre a situação da pesquisa;
- identificar relações, contradições, lacunas e inconsistências na literatura; e
- sugerir os próximos passos para resolver o problema.

Os componentes desse tipo de artigo podem ser organizados de várias formas — por exemplo, agrupando pesquisas com base na semelhança dos conceitos ou teorias de interesse, nas semelhanças metodológicas entre os estudos revisados ou no desenvolvimento histórico da área.

1.7 Artigos Teóricos

Artigos teóricos baseiam-se na literatura existente para fazer a teoria avançar. Apresentam informações empíricas apenas quando fazem a questão teórica que está sendo explicada progredir. Os autores traçam o desenvolvimento de uma teoria para expandir e refinar seus construtos, apresentar uma nova teoria ou analisar uma já existente. Em geral, apontam falhas ou demonstram as vantagens de uma teoria sobre outra. Eles também podem examinar a consistência interna e a validade externa de uma teoria. A ordem das seções em um artigo teórico pode variar.

1.8 Artigos Metodológicos

Artigos metodológicos apresentam novas abordagens para a pesquisa ou prática, modificações de métodos existentes ou discussões sobre análise quantitativa e/ou qualitativa de dados. Estes artigos usam dados empíricos (quantitativos, qualitativos ou ambos) apenas como um meio para ilustrar uma abordagem de pesquisa. Alguns usam dados simulados para demonstrar como os métodos funcionam sob condições variadas (p. ex., tamanhos de amostra diferentes, número de variáveis, nível de não normalidade, tamanho dos coeficientes).

Artigos metodológicos fornecem detalhes suficientes para que os pesquisadores avaliem a aplicabilidade da metodologia e sua viabilidade para o tipo de problema de pesquisa que ela pretende estudar. Além disso, permitem que os leitores comparem os métodos propostos com aqueles em uso corrente. Nesse tipo de artigo, materiais altamente técnicos (p. ex., derivações, provas, geração de dados, código de computador, detalhes extensos de simulações) devem ser apresentados em apêndices ou como materiais suplementares para melhorar a legibilidade geral. Quando informações detalhadas (p. ex., parâmetros usados em uma simulação) são necessárias para que os leitores compreendam os principais pontos que estão sendo levantados, elas devem ser apresentadas ao longo do texto.

1.9 Outros Tipos de Artigos

Outros tipos de artigos publicados incluem comunicações breves, réplicas e comentários sobre artigos publicados anteriormente, resenhas, obituários e cartas ao editor. Os autores devem consultar os editores ou as normas de publicação de cada revista para obter informações específicas sobre esses tipos de materiais.

1.10 Trabalhos de Estudantes, Dissertações e Teses

Embora o *Manual de Publicação* tenha se originado como um guia para autores que buscavam publicação em periódicos acadêmicos, ele foi amplamente adotado por professores, departamentos e instituições que exigem que os alunos usem o Estilo APA ao escrever trabalhos acadêmicos. Os estudantes podem escrever os mesmos tipos de artigos que são publicados profissionalmente (p. ex., artigos de revisão da literatura) ou trabalhos que estão fora desse escopo (p. ex., dissertações, teses, ensaios, ensaios de reflexão, bibliografias comentadas). Da mesma forma, este manual historicamente se dirigiu aos pesquisadores que trabalham na área de psicologia, entretanto, estudantes e pesquisadores usam o Estilo APA em outras áreas e disciplinas, incluindo serviço social, enfermagem, comunicação, educação e administração. Alguns periódicos nessas áreas exigem o Estilo APA e outros não. Outros requisitos específicos ao campo também podem ser aplicáveis (p. ex., enfermeiros podem ter que aderir ao código de ética do enfermeiro e não ao código de ética do psicólogo).

Os **trabalhos de estudantes** comumente escritos na graduação incluem bibliografias comentadas, diversos tipos de ensaios e trabalhos de reflexão. As descrições a seguir geralmente são representativas desses tipos de trabalhos; consulte seu professor ou instituição para obter orientações específicas.

- **Bibliografias comentadas** consistem em itens de listas de referências seguidas por breves descrições do trabalho, denominadas comentários. Os professores geralmente definem a maioria dos requisitos para esses trabalhos, mas muitas diretrizes do Estilo APA também se aplicam (ver Seção 9.51).
- **Ensaios de causa e efeito** relatam como eventos específicos levam a determinados resultados ou defendem uma posição particular. Uma tese clara e forte fornece uma base sólida para este tipo de ensaio. Os parágrafos geralmente são estruturados descrevendo cada causa e seu efeito correspondente, com transições lógicas entre eles.
- **Ensaios comparativos** contrastam dois (ou mais) itens com o objetivo de relacionar aspectos díspares em uma tese central. A estrutura do artigo pode ser organizada para focar no Tópico 1 e depois no Tópico 2, ou os tópicos podem ser entrelaçados.
- **Ensaios expositivos** seguem uma estrutura de vários parágrafos (p. ex., cinco parágrafos) e explicam ou fornecem informações sobre um tópico específico. A estrutura do trabalho inclui uma introdução, o desenvolvimento e uma conclusão. Devem ser fornecidas evidências para reforçar os argumentos apresentados.
- **Ensaios narrativos** comunicam uma história de um ponto de vista claro e incluem começo, meio e fim. Devem ter objetivo e foco claramente definidos e incluir linguagem concisa e evocativa.
- **Ensaios persuasivos** têm como objetivo convencer os leitores a adotar um determinado ponto de vista ou praticar uma determinada ação. Eles apresentam argumentos claros, incluem transições lógicas e têm uma estrutura semelhante à do ensaio expositivo.
- **Resumos** (*Précis*) são textos concisos, nas próprias palavras dos estudantes, de pontos, declarações ou fatos essenciais de uma única obra; a extensão de um resumo geralmente é de cerca de um quarto da extensão do texto original. Sua estrutura inclui uma tese sucinta e seções que refletem as seções do texto original, tais como "Método", "Resultados" e "Discussão".

- **Ensaios de reflexão** resumem uma ou mais obras e descrevem as reações ou reflexões pessoais dos estudantes, inclusive descrevendo como elas os impactaram, relevância para suas vidas, e assim por diante. Esse tipo de trabalho normalmente é curto (p. ex., três páginas) e escrito em primeira pessoa (ver Seção 4.16).

Dissertações ou teses normalmente são exigidas de estudantes de pós-graduação, mas estudantes de graduação envolvidos em projetos de pesquisa podem escrever trabalhos semelhantes. As instituições acadêmicas ou departamentos têm diretrizes detalhadas sobre como formatar e escrever dissertações e teses, e os requisitos e formatos variam conforme a disciplina. Algumas dissertações e teses têm centenas de páginas e contêm revisões completas da literatura e listas de referências exaustivas, ao passo que outras seguem o formato de múltiplos artigos, compostas de vários textos mais curtos relacionados a serem publicados separadamente. Consulte a Seção 12.1 para obter orientação sobre a adaptação de uma dissertação ou tese para um artigo científico.

Conforme mencionado na Introdução, a maioria das orientações apresentadas neste manual pode ser aplicada aos trabalhos de estudantes. Contudo, como o escopo do que constitui um trabalho de estudante é amplo e flexível, e como os alunos apresentam seus trabalhos em suas instituições e não para serem publicados em um periódico da APA, não estipulamos requisitos formais sobre a natureza ou o conteúdo desse tipo de trabalho no Estilo APA. Assim, perguntas sobre a extensão do trabalho, seções obrigatórias, entre outras, devem ser respondidas pelo professor ou instituição que o solicitou. Os alunos devem seguir as diretrizes estabelecidas por seus professores, departamentos e/ou instituições acadêmicas ao escrever trabalhos, inclusive dissertações e teses; esses requisitos podem implicar adaptações ou acréscimos às diretrizes do Estilo APA descritas neste manual. Encorajamos os autores, professores, departamentos e instituições acadêmicas que usam o Estilo APA fora do contexto de publicação em periódicos a adaptá-lo de acordo com suas necessidades.

Normas Éticas, Legais e Profissionais em Publicações

Além de cumprirem as normas específicas para a escrita e publicação, os autores de estudos acadêmicos também devem seguir normas éticas (p. ex., Seção 8, *Research and Publication*, do *Ethical Principles of Psychologists and Code of Conduct* da APA, doravante denominado Código de Ética da APA; APA, 2017a; ver também https://www.apa.org/ethics/code) e normas profissionais mais amplas ao conduzir uma pesquisa. Além disso, os indivíduos envolvidos na realização, na análise ou no relato de qualquer tipo de pesquisa devem ter adquirido habilidades e experiência necessárias para fazê-los com competência (p. ex., Seção 2, *Competence*, do Código de Ética da APA; ver também *Multicultural Guidelines: An Ecological Approach to Context, Identity, and Intersectionality*; APA, 2017b).

Princípios éticos e legais fundamentam todas as pesquisas e trabalhos acadêmicos e visam atingir os seguintes objetivos:

- garantir a precisão das descobertas científicas,
- proteger os direitos e o bem-estar dos participantes e sujeitos da pesquisa e
- proteger os direitos de propriedade intelectual.

Os autores nas ciências sociais e comportamentais trabalham para cumprir esses objetivos e seguir os princípios estabelecidos por suas disciplinas profissionais. A orientação nesta seção é extraída do Código de Ética da APA (APA, 2017a), que se aplica a todos os membros da instituição, independentemente de onde publicam, e contém as normas que tratam de apresentação e publicação de dados científicos. O Código de Ética da APA não é um documento estático — ele é revisado ao longo do tempo para refletir alterações ou mudanças na compreensão e concepção dos princípios da beneficência e não maleficência, fidelidade e responsabilidade, integridade, justiça e respeito da comunidade científica em relação aos avanços na ciência e tecnologia e nas normas culturais em evolução. Versões revisadas ou novas do Código de Ética da APA aparecem no *site* da instituição após a adoção pelo Conselho de Representantes.

Assegurando a Precisão das Descobertas Científicas

1.11 Planejamento Para Conformidade com a Ética na Pesquisa

Independentemente do tipo de artigo, a atenção às questões éticas deve começar muito antes de qualquer manuscrito ser submetido para publicação. Entre as questões a serem cuidadosamente consideradas enquanto a pesquisa está na fase de planejamento estão aquelas relacionadas a aprovação institucional, consentimento informado, falsidade em pesquisa, proteção dos participantes e compartilhamento de dados. A maioria dos periódicos, incluindo os da APA, exige que os autores que enviam um manuscrito para publicação também anexem formulários declarando sua conformidade com normas éticas para pesquisa e publicação, revelando eventuais conflitos de interesse (consulte a Seção 12.13 para mais informações e um *link* para o formulário de conformidade com as normas éticas da APA). Encorajamos todos os autores, quer enviem ou não seus manuscritos para um periódico da APA, a consultar essas fontes sobre ética antes de iniciar seu projeto de pesquisa e em intervalos regulares ao longo do processo. Para garantir que atendam aos padrões éticos, antes de iniciar um projeto de pesquisa, os autores devem entrar em contato com o CEP apropriado, CEUA ou o grupo de revisão ética de sua instituição ou país para obter informações sobre os tipos de pesquisa que requerem aprovação ética, procedimentos para obter essa aprovação, requisitos éticos e de pesquisa, e assim por diante. Ainda, autores não afiliados a uma universidade, hospital ou outra instituição com um CEP devem seguir normas éticas na condução de suas pesquisas e consultar um CEP ou CEUA externo se necessário. Para obter mais informações sobre CEPs, visite o *site* da APA (https://on.apa.org/2FuiPJ1).

Os autores são incentivados a relatar no manuscrito as aprovações institucionais que o estudo recebeu, conforme descrito nas JARS da APA (ver Seções 3.6 e 3.14 e Tabelas 3.1–3.3). Eles também devem estar preparados para responder a possíveis perguntas de editores ou revisores relacionadas a esses problemas durante o processo de revisão (ver Seção 12.13). Como etapa final antes da submissão do manuscrito, os autores devem consultar a lista de conferência de conformidade com as normas éticas na Seção 1.25.

1.12 Apresentação Ética e Precisa dos Resultados da Pesquisa

A essência da ética em todos as apresentações científicas é que os autores relatem os métodos e resultados de seus estudos de forma completa e precisa. Portanto, as questões éticas e profissionais discutidas nesta seção se aplicam igualmente a pesquisa quantitativa, qualitativa e de métodos mistos (consulte o Capítulo 3 para normas de apresentação adicionais).

Os autores não devem fabricar ou falsificar dados (Norma 8.10a do Código de Ética da APA, *Reporting Research Results*). Modificar resultados, inclusive imagens visuais, para sustentar uma teoria ou hipótese e omitir observações problemáticas de um relato para apresentar uma história mais convincente também são proibidos (Norma 5.01b do Código de Ética da APA, *Avoidance of False or Deceptive Statements*). Da mesma forma, representar hipóteses geradas por dados (*post hoc*) como se fossem pré-planejadas é uma violação dos princípios éticos básicos.

A prática de "omitir observações problemáticas" inclui

- seletivamente deixar de apresentar estudos (p. ex., na introdução ou na seção de "Discussão") que, embora metodologicamente corretos e relevantes para a hipótese, teoria ou questão de pesquisa em pauta, tiveram resultados que não respaldam a narrativa preferida (ou seja, que contrastam com os resultados obtidos no estudo em questão);
- seletivamente omitir relatos de manipulações, procedimentos, medidas ou descobertas relevantes dentro de um estudo, por razões semelhantes; e
- seletivamente excluir participantes ou outras observações de dados, sem uma razão metodológica, a fim de obter os resultados desejados.

Para esclarecer as expectativas de apresentação e ajudar a proteger a integridade científica, a APA (assim como outras organizações científicas) emitiu uma série de normas de publicação (Appelbaum et al., 2018; Cooper, 2018; Levitt, 2019; Levitt et al., 2018). Essas diretrizes, discutidas no Capítulo 3, abordam muitos aspectos da apresentação ética de experimentos. Elas incluem expectativas para descrever todas as variáveis medidas, rastrear o fluxo dos participantes em um estudo (com uma figura prototípica ilustrativa; veja a Figura 7.5 na Seção 7.36), para que nenhum deles seja excluído sem menção, e relatar classes especiais de estudos, tais como ensaios clínicos.

As normas de publicação, como o Código de Ética da APA, não são estáticas — mudanças são feitas continuamente para melhorar a forma como os pesquisadores relatam os resultados. Uma das mudanças mais recentes e importantes para a apresentação de pesquisa quantitativa é que as hipóteses agora devem ser elencadas em três grupos: pré-planejada–primária, pré-planejada–secundária e exploratória (*post hoc*). Hipóteses exploratórias são permitidas e não deve haver constrangimento para disfarçá-las como se fossem pré-planejadas. Da mesma forma, autores de pesquisas qualitativas devem descrever suas expectativas de forma transparente no início da pesquisa como parte de seus relatos.

1.13 Erros, Correções e Retratações Após a Publicação

Uma preparação cuidadosa dos manuscritos para publicação é essencial, mas erros ainda podem aparecer no artigo final publicado. Quando os erros são substanciais a ponto de prejudicar a compreensão dos leitores sobre a pesquisa ou sua interpretação dos resultados, os autores são responsáveis pela divulgação pública deles.

Correções. Quando uma correção é necessária, o primeiro passo é informar o editor e a editora (em inglês, *publisher*) da revista para que um aviso de correção formal (errata) seja publicado. O objetivo desse comunicado é corrigir de forma aberta e transparente a base de conhecimento para usuários atuais e futuros das informações no artigo publicado. Uma errata geralmente é anexada ao registro do artigo original nas bases de dados de pesquisa para que os leitores possam vê-la quando acessarem o artigo ou o seu registro em uma base de dados; às vezes, o próprio artigo também pode ser corrigido. Consulte também a Norma 8.10b do Código de Ética da APA, *Reporting Research Results*, bem como a Seção 12.22 deste manual para obter mais informações sobre quando e como escrever uma errata.

Retratações. Ocasionalmente, os problemas com um artigo são tão sérios (p. ex., plágio, fabricação ou falsificação de dados, cálculos ou erros de mensuração que alteram a interpretação dos resultados descobertos tardiamente) que o trabalho inteiro é retratado pelos autores, por sua instituição ou pela editora. Seja qual for o motivo da retratação, a intenção é remover as informações da literatura científica e, assim, evitar o desperdício de tempo e recursos de outros cientistas que podem se basear nos resultados comprometidos ou tentar replicá-los. O artigo retratado ainda pode ficar disponível em bancos de dados; contudo, um aviso de retratação o acompanhará para notificar leitores de seu *status*. Os autores devem evitar citar artigos retratados, a menos que a citação seja essencial; caso o façam, seu registro na lista de referências deve indicar que o artigo foi retratado (visite o *site* https://apastyle.apa.org para um exemplo).

1.14 Retenção e Compartilhamento de Dados

Retenção de Dados. Os autores devem preservar os dados associados a um artigo publicado de acordo com os requisitos institucionais, os requisitos do patrocinador, os acordos com os participantes, e, ao publicar em um periódico da APA, o Código de Ética da APA (Norma 8.14, *Sharing Research Data for Verification*). Ao planejar um estudo e antes de iniciar a coleta de dados, os autores são encorajados a considerar como os dados serão preservados (e compartilhados) e a delinear claramente procedimentos de tratamento de dados no protocolo do estudo submetido a um CEP ou a outro comitê de ética. Durante o processo de consentimento informado, os autores devem descrever aos participantes do estudo os dados que pretendem coletar, armazenar e/ou compartilhar com outros pesquisadores e obter sua aprovação. Em estudos qualitativos, o compartilhamento de dados pode não ser apropriado devido a confidencialidade, consentimento e outras limitações (consulte a Seção 1.15).

Compartilhamento de Dados. O Código de Ética da APA proíbe que os autores ocultem dados de solicitantes qualificados para verificação por meio de reanálise na maioria das circunstâncias (ver Norma 8.14, *Sharing Research Data for Verification*), desde que o sigilo dos participantes seja protegido. O documento permite que psicólogos exijam que um solicitante arque com os eventuais custos associados ao fornecimento dos dados. Cada vez mais, os patrocinadores também estão exigindo que os dados sejam compartilhados em um repositório de acesso aberto ou seguro, ou que um plano de gerenciamento de dados seja estipulado. Os autores que publicam em um periódico da APA são convidados a compartilhar seus dados no portal Open Science Framework (https://osf.io/view/apa/).

Notavelmente, incentivos são oferecidos a pesquisadores que desejam compartilhar seus dados, tais como os Open Sciencs Badges do Center for Open Science. Eles são concedidos para o compartilhamento aberto de *materiais* utilizados por pesquisadores no processo de coleta e análise de dados (p. ex., instruções, estímulos, questionários em branco, manuais de tratamento, *software*, protocolos de entrevista, detalhes de procedimentos, código para modelos matemáticos); *dados originais*, ou seja, registros originais escritos, eletrônicos ou audiovisuais das respostas dos participantes do estudo (p. ex., questionários em papel, transcrições, resultados de análises, notas observacionais, gravações de vídeo); e *dados de análise*, ou seja, a versão processada dos dados originais usados para produzir as análises apresentadas no trabalho.

Compartilhamento Durante a Revisão. Sujeitos às condições e exceções discutidas a seguir, os autores devem compartilhar dados, análises e/ou materiais durante o processo de revisão e publicação se surgirem dúvidas com relação à exatidão do relato. A pedido, devem apresentar os dados brutos ao editor da revista e (se aprovado pelo editor) aos revisores para verificar as análises e os dados apresentados, a fim de avaliar o seu rigor. Se surgirem dúvidas sobre a integridade ou sobre o processamento dos dados originais, os autores também devem compartilhar o acesso com eles, mediante solicitação. Os custos do compartilhamento de dados solicitado durante o processo de revisão devem ser arcados pelos autores. Da mesma forma, os alunos devem estar preparados para fornecer dados brutos para o corpo docente que está revisando sua dissertação, tese ou projeto de pesquisa. O editor de uma revista tem o direito de negar a publicação se os autores se recusarem a compartilhar materiais ou dados solicitados durante o processo de revisão. No caso de trabalhos de estudantes, a recusa em compartilhar materiais ou dados solicitados pode implicar reprovação. Veja a Seção 1.15 para considerações adicionais sobre o compartilhamento do acesso a dados de estudos qualitativos.

Compartilhamento Após a Publicação. Os autores devem disponibilizar os dados após a publicação, sujeitos a condições e exceções, dentro do período de preservação especificado por sua instituição, periódico, patrocinador ou outra agência de fomento. Isso permite que outros profissionais competentes confirmem as análises descritas utilizando os dados que fundamentam as conclusões dos autores ou para testar análises alternativas que abordam as hipóteses do artigo (ver Código de Ética da APA, Norma 8.14a, *Sharing Research Data for Verification,* e Norma 6.01, *Documentation of Professional and Scientific Work and Maintenance of Records*). *Profissionais competentes* são aqueles atualmente responsáveis perante uma instituição de pesquisa ou educacional e que demonstram treinamento e credenciais suficientes para compreender o histórico, os métodos e as análises do estudo. O editor da revista pode ser solicitado a determinar quem se qualifica como profissional competente dado o tema da pesquisa. Consulte a Seção 1.15 para considerações adicionais sobre o compartilhamento de dados de pesquisa qualitativa.

Em geral, os custos adicionais para atender uma solicitação de dados fora das normas gerais de manutenção interna de dados (p. ex., anonimização, transferência de dados, tradução) devem ser avaliados a uma taxa local razoável para os serviços e materiais necessários e arcados pelo solicitante. Se for constatado que os autores não desejam ou não podem compartilhar dados para verificação dentro do período de preservação, o atual editor da revista pode retratar o artigo ou emitir uma Nota de Precaução sobre suas conclusões de acordo com a política da editora.

Às vezes, dados e materiais podem ser solicitados após a publicação para outros fins que não os descritos anteriormente. Qualquer que seja o motivo, para evitar mal-entendidos, é importante que o pesquisador que está solicitando os dados e o pesquisador que os fornece cheguem a um acordo por escrito sobre as condições sob as quais as informações devem ser compartilhadas (ver Código de Ética da APA, Norma 8.14b, *Sharing Research Data for Verification*). Geralmente esse acordo especifica como os dados compartilhados podem ser utilizados (p. ex., para verificação de resultados já publicados, para inclusão em estudos metanalíticos, para análise secundária), quem pode ter acesso a eles (p. ex., apenas o solicitante, o solicitante e subordinados diretos, qualquer pessoa interessada, sem limites para compartilhamento adicional), e como o solicitante os armazenará e os descartará. Além disso, o acordo deve especificar quaisquer limites à divulgação dos resultados de análises realizadas sobre os dados (p. ex., se eles podem ser publicados em apresentações em congressos, relatórios internos, artigos em periódicos ou capítulos de livros) e as expectativas de autoria de publicações baseadas em dados compartilhados. Acordos de compartilhamento devem ser celebrados com a devida consideração do detentor dos direitos autorais (ver Seção 12.20), consentimento dos participantes, requisitos de agências de financiamento, requisitos de CEPs e outros comitês de ética que autorizaram a realização do estudo, bem como regras promulgadas pela instituição do titular dos dados.

Os autores podem escolher ou receber solicitação para compartilhar dados e/ou materiais abertamente, publicando-os na internet. Os editores das revistas podem definir uma política para incentivar o compartilhamento aberto, exigi-lo e/ou solicitar que os autores apresentem a razão pela qual os dados e materiais não podem ser compartilhados (p. ex., risco à privacidade do participante). Um *link* permanente para dados ou materiais a serem compartilhados abertamente deve ser incluído no artigo, como em uma seção de práticas abertas na nota do autor (ver Seção 2.7); a referência para o conjunto de dados também deve ser incluída na lista de referências do artigo (ver Seção 10.9 para saber como citar). Pesquisas financiadas pelo governo federal ou por verbas de pesquisa frequentemente estão sujeitas a requisitos de compartilhamento de dados (ver, p. ex., as políticas de compartilhamento de dados dos National Institutes of Health [s/d]).

Condições e Exceções ao Compartilhamento de Dados. Antes de compartilhar ou postar dados e materiais para qualquer propósito, os pesquisadores devem remover qualquer informação de identificação pessoal ou código que possibilite o restabelecimento de um vínculo com a identidade de qualquer participante. Às vezes, uma combinação única de informações demográficas ou outras informações públicas pode ser usada para estabelecer a identidade de um participante, e essa possibilidade deve ser considerada e evitada. Os pesquisadores devem consultar as políticas relevantes de sua instituição ou país (p. ex., European Union General Data Protection Regulation e Health Insurance Portability and Accountability Act [HIPAA]) para regulamentos e orientações sobre as condições de compartilhamento de dados e desidentificação de informações de saúde protegidas.

Além de proteger o anonimato dos participantes da pesquisa, alguns acordos de exclusividade podem proibir o compartilhamento de dados e materiais (p. ex., informações fornecidas em sigilo por uma entidade empresarial, um esquema de codificação desenvolvido comercialmente pelos autores). Os editores são responsáveis por definir a política de seu periódico sobre a aceitabilidade para publicação de pesquisas baseadas em acordos de exclusividade, uma vez que sua precisão e veracidade não podem ser verificadas da maneira usual. Essa política pode depender da disponibilidade de meios alternativos para satisfazer as preocupações sobre integridade científica. Por exemplo, uma pesquisa que utilize uma escala de personalidade exclusiva pode ser aceitável se o número de pesquisadores qualificados que se subscrevem a ela for suficiente para que se encontre alguém que ajude com uma verificação independente.

1.15 Considerações Adicionais Sobre Compartilhamento de Dados Para Pesquisa Qualitativa

O compartilhamento de dados qualitativos com editores, pares e outros pesquisadores tem diferentes considerações adicionais às descritas na Seção 1.14. O Comitê de Pesquisa com Seres Humanos da APA e vários pesquisadores que fazem pesquisa qualitativa expressaram preocupação sobre o tema (Data Sharing Working Group, 2015; DuBois et al., 2018; Guishard, 2018). Embora ainda não haja um consenso sobre como se orientar em relação a essa questão, esta seção destaca vários pontos que contraindicam ou sugerem alternativas para o compartilhamento de dados.

Apresentação de Dados Brutos em Relatos de Pesquisa. Dados normalmente são reproduzidos em relatos de pesquisa qualitativa. Segmentos de dados (p. ex., citações de entrevistas) são apresentados para exemplificar o processo de análise e para demonstrar a fundamentação das conclusões. Uma vez que essas informações brutas estão disponíveis para exame no texto do artigo, elas fornecem uma base pela qual os leitores, assim como os editores e revisores, podem avaliar (e talvez questionar) a adequação das conclusões alcançadas.

Limitações de Confidencialidade. A obrigação de proteger a confidencialidade dos participantes pode apresentar questões éticas especiais para compartilhamento de dados qualitativos. Por exemplo, informações brutas de um estudo qualitativo envolvendo várias histórias sobre a vida dos participantes podem conter detalhes que são necessários para tornar os dados significativos, mas que podem ser reveladores de maneiras comprometedoras quando triangulados. A pesquisa qualitativa também pode envolver estudos de caso intensivos de pessoas que foram selecionadas devido a seus atributos únicos. Embora os pesquisadores possam tentar mascarar as identidades dos participantes em um manuscrito, pode não ser possível preservar tudo o que é significativo para avaliar uma análise e ao mesmo tempo proteger a confidencialidade dos indivíduos se o conjunto completo de dados for compartilhado. O pesado ônus sobre os pesquisadores de remover todas as informações que podem levar à identificação de um participante é injustificável caso produza um conjunto de dados desprovido de significado. Como resultado, os pesquisadores podem ter de sonegar dados para garantir o anonimato dos participantes (ver McCurdy & Ross, 2018, sobre as complicações às vezes proibitivas deste processo).

Limitações de Consentimento. Deve-se considerar que os indivíduos podem dar consentimento para participar de um estudo para um grupo específico de pesquisadores e não estendê-lo a outras pessoas. Isso pode ser especialmente preocupante para populações vulneráveis. Por exemplo, participantes lésbicas podem consentir que seus dados sejam analisados por pesquisadores que estão em sua comunidade e que buscam apoiar seus direitos, mas esse consentimento pode não se aplicar a outros pesquisadores com motivações diferentes. Da mesma forma, alguns pesquisadores passam anos desenvolvendo relações de confiança para coletar e analisar dados de uma comunidade, e seus membros podem não estender essa confiança a outros grupos de pesquisadores. Na verdade, as comunidades podem ser proprietárias ou coproprietárias dos próprios dados e se recusar a compartilhá-los (DuBois et al., 2018; Tuck & Yang, 2014). Como resultado, a relação entre os pesquisadores e os participantes é um aspecto ético importante, podendo contraindicar o compartilhamento de dados.

Limitações da Perspectiva dos Pesquisadores. Muitos pesquisadores que desenvolvem pesquisas qualitativas consideram sua própria história e perspectivas epistemológicas influências legítimas no processo de investigação. Assim, ao compartilhar dados de pesquisas qualitativas, esses fatores devem ser levados em consideração. A pesquisa pode ser comprometida se os pesquisadores forem imponderados, ou não determinados, ou não explícitos a respeito dessa influência. Contudo, quando estão cientes, podem estender-se deliberadamente sobre as atitudes investigativas (p. ex., agrupamento fenomenológico), experiências pessoais (p. ex., estudo etnográfico), equipes de pesquisa (p. ex., incluindo pesquisadores da comunidade em análise) ou lentes analíticas (p. ex., teorias críticas) que enriquecem suas pesquisas e, assim, aprofundar a acuidade que trazem para a tarefa analítica (Guishard et al., 2018). Esses pesquisadores não necessariamente esperam que editores ou investigadores externos interpretem suas pesquisas da mesma forma ao avaliarem suas análises, pois eles podem não compartilhar suas perspectivas.

Na investigação qualitativa, os pesquisadores são a ferramenta analítica; portanto, aqueles que desenvolveram uma compreensão profunda de um conjunto de dados ou que desenvolveram uma perspectiva para aumentar sua sensibilidade aos dados normalmente estão mais bem sintonizados com nuanças, significados implícitos e conexões sistêmicas. Isso significa que um editor ou pesquisador externo não deve esperar a replicação dos resultados e deve articular um propósito e uma justificativa apropriados para a revisão dos dados compartilhados, antes que eles sejam compartilhados. Além disso, a abordagem de investigação selecionada pode significar compromissos epistemológicos dos pesquisadores e de seus participantes, e esses valores precisam ser considerados e honrados em esforços de compartilhamento de dados. De qualquer forma, uma revisão dos dados precisaria ser conduzida com uma consciência aguda das distintas posições epistemológicas e processos analíticos no seio da pesquisa qualitativa.

1.16 Publicação de Dados Duplicada e em Partes

Os relatos na literatura devem refletir com precisão a independência de iniciativas separadas de pesquisa. Tanto a publicação duplicada quanto a parcial de dados deturpam a quantidade de pesquisa original no repositório do conhecimento científico. A *publicação duplicada* é a publicação dos mesmos dados ou ideias em dois trabalhos separados. A *publicação em partes* é a divisão desnecessária dos resultados de uma iniciativa de pesquisa em múltiplos trabalhos.

Publicação Duplicada. A apresentação falsa de dados como se fossem originais, quando eles já foram publicados anteriormente, é especificamente proibida pelo Código de Ética da APA (Norma 8.13, *Duplicate Publication of Data*). A publicação duplicada distorce a base de conhecimento, por fazer parecer que existem mais informações disponíveis do que realmente há, e desperdiça recursos escassos (páginas nas revistas, tempo e esforços de editores e revisores). A proibição desse tipo de publicação é especialmente imprescindível para o conhecimento acumulado da área. A publicação duplicada pode dar a falsa impressão de que os resultados são mais replicáveis do que realmente são ou de que determinadas conclusões têm mais respaldo do que indicam as evidências cumulativas. Também pode levar a violações dos direitos autorais — os autores podem não ceder os direitos do mesmo material para mais de um editor. Ao enviar um manuscrito para publicação, os autores são obrigados a revelar se o publicaram na internet, em sua totalidade ou em parte substancial, e alguns editores podem considerar tais postagens como publicação prévia.

Exemplos de e Exceções à Publicação Duplicada. Os autores não devem enviar manuscritos que foram publicados, em sua totalidade ou em parte substancial, em outro lugar, incluindo materiais com forma ou conteúdo significativamente semelhantes a seus trabalhos publicados anteriormente. Essa política também se aplica às traduções: os autores não têm permissão para publicar pesquisas em um idioma, traduzi-las e publicá-las novamente. Os autores que estiverem em dúvida sobre o que constitui publicação prévia devem consultar o editor do periódico ao qual estão submetendo seu manuscrito.

A política em relação à publicação duplicada também significa que material idêntico ou coincidente que tenha aparecido em uma publicação que foi oferecida para venda pública, como em anais de congressos ou em um capítulo de livro, não deve ser republicado alhures porque essas fontes são consideradas amplamente acessíveis. Por exemplo, um relato breve é publicado em um periódico da APA com o entendimento de que um artigo extenso não será publicado em outro lugar, porque os relatos breves da APA incluem descrições suficientes da metodologia para permitir a replicação; o relato breve é o registro a ser arquivado do trabalho.

Contudo, há exceções. Manuscritos publicados anteriormente em formato resumido (p. ex., em anais de congressos) ou em um periódico com circulação ou disponibilidade limitada (p. ex., um relatório de um departamento universitário ou de um órgão do governo, uma dissertação) podem ser publicados novamente em um veículo de grande circulação (p. ex., em um periódico). Consulte o editor de um periódico para determinar se um estudo apresentado em uma dissertação ou tese, ou publicado em um repositório de pré-impressão, pode se beneficiar da revisão por pares e publicação na forma de artigo.

Da mesma forma, não se considera publicação duplicada reanalisar dados já publicados à luz de novas teorias ou metodologias, contanto que a reanálise seja claramente indicada como tal e ofereça novas possibilidades de compreensão dos fenômenos em estudo. Esta política também não se aplica a estudos de acompanhamento (*follow-up studies*); por exemplo, os pesquisadores podem primeiramente relatar as descobertas iniciais de um ensaio clínico e posteriormente relatar os resultados de uma avaliação de acompanhamento dois anos após a conclusão do estudo.

Reconhecendo e Citando Trabalhos Anteriores. Às vezes, os autores desejam publicar essencialmente o mesmo material em mais de um veículo para atingir públicos diferentes. Contudo, esse tipo de publicação duplicada raramente se justifica, dada a pronta disponibilidade de trabalhos na internet. Caso os autores considerem justificado, o artigo deve incluir uma referência ao relato original — tanto para informar editores, revisores e leitores quanto para cumprir as obrigações em relação ao detentor dos direitos autorais do trabalho anterior.

Caso seja considerado cientificamente necessário reapresentar material já publicado — por exemplo, para relatar novas análises ou conceber uma nova pesquisa que dá seguimento a um trabalho prévio do laboratório dos autores —, as seguintes condições devem ser atendidas:

1. A quantidade de material duplicado deve ser pequena em relação à extensão total do texto.
2. Os autores devem reconhecer de maneira explícita, em nota do autor e em outras seções pertinentes (p. ex., "Método", "Resultados"), que as informações já foram publicadas, e o trabalho anterior deve ser citado.
3. A atribuição de direitos autorais deve ser informada para todas as tabelas e figuras reproduzidas ou adaptadas, podendo ser necessário solicitar permissão do detentor dos direitos autorais (ver Seções 12.14–12.18).
4. O trabalho original deve ser citado de forma clara e precisa na lista de referências (ver também a discussão sobre autoplágio nas Seções 1.17 e 8.3).

Quando o trabalho original tem múltiplos autores e a autoria do novo trabalho não é idêntica, todos os autores do trabalho original devem fornecer permissão de direitos autorais (ver Seção 12.20) e receber alguma forma de reconhecimento (p. ex., em uma nota do autor, ver Seção 2.7) por suas contribuições.

Publicação em Partes. Os autores são obrigados a apresentar o trabalho com parcimônia e da maneira mais completa possível dentro dos limites de espaço de artigos científicos. Dados que podem ser combinados adequadamente dentro de um único artigo devem ser apresentados juntos para maximizar a comunicação efetiva.

A publicação por partes, ou fragmentada, dos resultados de pesquisa pode ser enganosa caso múltiplos relatos pareçam representar instâncias independentes de coleta ou análises de dados; isso pode resultar em distorção da literatura científica, especialmente em revisões ou metanálises. A publicação fragmentada de diversos relatos dos resultados de um único estudo é, portanto, indesejável, a menos que haja uma razão clara para isso. Pode ser muito difícil determinar se existe uma razão válida, por isso, os autores que submetem manuscritos com base em estudos ou dados apresentados em outros trabalhos publicados ou submetidos devem informar o editor do periódico sobre a fonte e a extensão da sobreposição, devendo detalhar como o artigo submetido acrescenta algo aos relatos anteriores. É uma questão de apreciação editorial determinar se a publicação de dois ou mais relatos baseados na mesma pesquisa ou em pesquisas intimamente relacionadas constitui publicação fragmentada ou não.

Publicações Múltiplas de Projetos Longitudinais de Larga Escala e Pesquisas Qualitativas de Métodos Mistos. Há momentos em que é necessário e apropriado publicar múltiplos artigos. Os projetos multidisciplinares geralmente abordam diversos tópicos e respondem a diferentes perguntas; consequentemente, publicar os resultados em um único artigo pode ser inapropriado. Da mesma forma, pesquisadores às vezes delineiam estudos com o objetivo de abordar questões teóricas distintas usando os mesmos instrumentos; se forem escritos como artigos de pesquisa separados, cada artigo deve fazer uma contribuição própria e não coincidir substancialmente com os outros ou com material publicado anteriormente. Desde o início da coleta de dados, os pesquisadores devem considerar como as informações serão apresentadas (p. ex., em um ou em vários artigos). Embora novas questões de pesquisa ou análises possam surgir durante o processo de análise dos dados, os pesquisadores não devem vasculhá-los com o único propósito de extrair estudos adicionais. Ainda que todos os artigos derivem do mesmo projeto geral, as seções de "Introdução", "Resultados" e "Discussão" de cada relato seriam únicas, e pelo menos alguns aspectos da seção de "Métodos" também seriam inéditos.

Estudos longitudinais ou em larga escala são outro exemplo de quando múltiplas publicações são apropriadas porque os dados em momentos diferentes trazem contribuições científicas independentes. Além disso, conhecimentos úteis devem ser disponibilizados o mais rápido possível, o que não acontece se a publicação for adiada até que todos os estudos sejam concluídos.

Múltiplos trabalhos podem ser necessários em algumas pesquisas qualitativas e de métodos mistos quando a coleta e a análise de dados qualitativos produzem um volume de resultados que não é apropriado para publicação em um único artigo — por exemplo, quando investigadores realizam entrevistas para explorar questões que têm finalidades distintas e são significativas para áreas da literatura e problemas diferentes. Com estudos de métodos mistos, os autores podem publicar múltiplos artigos, como um estudo qualitativo, um estudo quantitativo e um estudo geral de métodos mistos, cada um enfocando novos *insights* com base nas descobertas em todos os métodos.

Quando os autores produzem múltiplos artigos a partir de estudos desse tipo, eles são obrigados a citar relatos anteriores sobre o projeto para ajudar os leitores a compreender o trabalho de maneira precisa. Por exemplo, nos primeiros anos de um estudo longitudinal, pode-se citar todas as publicações prévias desse estudo. Para um estudo célebre ou um estudo longitudinal de longo prazo, pode-se citar a publicação original, uma síntese mais recente e artigos anteriores que enfocaram as mesmas questões científicas, ou questões semelhantes, abordadas no relato atual. É útil fazer distinção entre conjuntos de dados completos e conjuntos de dados ainda em coleta. Não é necessário repetir na íntegra a descrição do delineamento e da metodologia de relatos anteriores — os autores podem encaminhar o leitor a uma publicação anterior que contenha as informações detalhadas. Contudo, é importante prover informações suficientes para que os leitores avaliem o relato atual. Também é importante deixar claro o grau de sobreposição da amostra em múltiplos artigos de estudos amplos. Mais uma vez, os autores devem informar e consultar o editor antes da submissão de um manuscrito deste tipo.

É uma questão de apreciação editorial determinar se a publicação de dois ou mais relatos baseados na mesma pesquisa ou em investigações intimamente relacionadas constitui publicação fragmentada ou não, assim como determinar se o manuscrito atende a outros critérios de publicação. Os autores devem indicar no manuscrito todos os trabalhos anteriores relacionados ao estudo, incluindo-os na lista de referências e citando-os no texto (ver seção anterior sobre como reconhecer e citar trabalhos anteriores). Ao enviar o manuscrito, os autores devem informar o editor do periódico, em uma carta de apresentação, sobre quaisquer trabalhos semelhantes já publicados, aceitos para publicação ou submetidos para consideração simultânea no mesmo periódico ou alhures. O editor pode, então, fazer uma avaliação fundamentada sobre se o manuscrito submetido inclui novas informações que mereçam consideração. Se as identidades dos autores forem mascaradas para revisão, as referências a trabalhos anteriores também devem ser ocultadas até depois do processo de revisão.

Caso durante o processo de revisão ou de produção descubra-se que um manuscrito viola as políticas de publicação duplicada ou fragmentada e os autores deixaram de informar o editor sobre a possível violação, ele pode ser recusado sem maior consideração. Caso essa violação seja constatada após a publicação em um periódico da APA, uma medida apropriada, como retratação da editora ou aviso de publicação duplicada, pode ser tomada.

Republicação de um Artigo Como Capítulo de Livro. Artigos de revista às vezes são adaptados para publicação como capítulos de livros. Os autores têm a responsabilidade de revelar aos leitores que partes do novo trabalho foram publicadas anteriormente e citar e referenciar a fonte. Se os direitos autorais são propriedade de uma editora ou outra pessoa, deve-se obter permissão para reimprimir ou adaptar o trabalho e incluir uma atribuição de direitos autorais no capítulo (ver Seções 12.14–12.18).

1.17 Implicações de Plágio e Autoplágio

Plágio é o ato de apresentar palavras, ideias ou imagens de outra pessoa como se fossem de sua autoria, negando-se o devido crédito aos autores. Deliberado ou não, o plágio viola as normas éticas do mundo acadêmico (ver Código de Ética da APA, Norma 8.11, *Plagiarism*) e tem efeitos profundos na vida real. Os autores que tentam publicar trabalhos plagiados enfrentam rejeição da publicação, assim como eventual sanção por entidades profissionais, censura em seu local de trabalho e/ou exclusão do direito de solicitar financiamento federal. Os estudantes que apresentam um trabalho plagiado podem ter rebaixamento de nota, bem como possível censura de um conselho de honra seja de estudantes seja da universidade, suspensão ou expulsão. *Autoplágio* é o ato de apresentar seu próprio trabalho publicado anteriormente como original, enganando os leitores e aumentando falsamente o número de publicações sobre um tema. Como o plágio, o autoplágio é antiético. Para saber mais sobre o que constitui plágio e autoplágio, e como evitá-los, consulte as Seções 8.2 e 8.3.

Protegendo os Direitos e o Bem-estar dos Participantes e Sujeitos de Pesquisa

1.18 Direitos e Bem-estar dos Participantes e Sujeitos de Pesquisa

O Código de Ética da APA (Seções 3 e 8) especifica os padrões que os psicólogos devem seguir na condução de pesquisas com participantes humanos e animais. Tanto os seres humanos quanto os animais participantes de pesquisa têm direito a um tratamento ético e humano. A pesquisa com participantes humanos envolve direitos adicionais e proteções de bem-estar. Por exemplo, os pesquisadores são obrigados a

- obter consentimento informado, assentimento ou permissão, conforme apropriado, usando linguagem que seja razoavelmente compreendida pelos participantes da pesquisa;
- evitar ou minimizar a exposição dos participantes a
    - dano físico, emocional ou psicológico;
    - relações de exploração;
    - influência indevida com base no *status*, poder ou autoridade dos pesquisadores;
    - incentivos excessivos ou inadequados para participar; e
    - procedimentos de simulação injustificados ou esclarecimentos indevidamente postergados; e
- tomar medidas adequadas para evitar o acesso não autorizado ou a divulgação dos dados dos participantes para o público ou outros pesquisadores não especificados no consentimento informado (p. ex., obter acordo escrito para compartilhamento de dados da pesquisa).

Animais devem ser tratados com humanidade e sob condições salubres durante sua permanência em centros de pesquisa. O protocolo para pesquisa com animais deve ser revisado por uma Comissão de Ética no Uso de Animais (CEUA) antes de ser conduzido, a fim de garantir que os procedimentos sejam adequados e humanos (APA, 2012a).

Os pesquisadores que são membros da APA, independentemente da área, são obrigados a atestar que seguiram as normas éticas como uma precondição para publicar seus artigos na maioria dos periódicos, inclusive nos periódicos da APA (consulte a Seção 12.13). Encorajamos os autores a incluir em seus manuscritos declarações de que suas pesquisas seguiram as normas éticas e institucionais, como descrito nas JARS da APA no Capítulo 3. Por exemplo, se os participantes da pesquisa consentiram em ter suas informações de identificação divulgadas (p. ex., seus nomes), os autores devem indicar isso na seção de "Métodos". O não cumprimento dessas normas pode ser motivo para recusar a publicação de um manuscrito ou retratar um artigo publicado.

1.19 Protegendo a Confidencialidade

Quando descrevem suas pesquisas, os autores estão proibidos de revelar "informações sigilosas que possam identificar seus clientes/pacientes, alunos, participantes de pesquisa, organizações ou outros usuários de seus serviços" (Código de Ética da APA, Norma 4.07, *Use of Confidential Information for Didactic or Other Purposes*), a menos que eles deem consentimento documentado para revelar suas identidades. Os requisitos exatos para a documentação variam conforme a natureza do consentimento obtido e do tipo de estudo.

Em estudos de caso, às vezes pode ser difícil manter o sigilo. Por exemplo, o pesquisador pode obter o consentimento por escrito do sujeito do relato para publicar o estudo. Deve-se ter cuidado para não explorar a pessoa — por exemplo, quando o pesquisador tem autoridade de supervisão, de avaliação ou de outro tipo sobre ela, como no caso de um cliente, paciente, estudante, empregado ou organização consulente (ver Código de Ética da APA, Norma 3.08, *Exploitative Relationships*, e Norma 3.05, *Multiple Relationships*).

Em alguns tipos de pesquisa qualitativa (p. ex., pesquisa-ação participativa, autoetnografia), os participantes podem ser investigadores e autores, o que significa que serão pessoalmente identificáveis. Eles devem manter o controle sobre quais informações a seu respeito são apresentadas no relato (consulte a Seção 1.15 para mais informações sobre o compartilhamento de dados de pesquisa qualitativa).

Estratégias Para Disfarçar o Material de Identificação. Os pesquisadores podem proteger a confidencialidade disfarçando alguns aspectos dos dados para que nem o sujeito nem terceiros (p. ex., familiares, empregadores) possam ser identificados. Quatro principais estratégias são empregadas: (a) alterar características específicas, (b) limitar a descrição de características específicas, (c) ofuscar detalhes do caso pelo acréscimo de material extrínseco e (d) usar descrições compostas. O disfarce de informações identificadoras deve ser feito com cuidado, porque é essencial não alterar as variáveis de forma a levar os leitores a tirarem falsas conclusões (Sweeney et al., 2015). Por exemplo, alterar o gênero de uma pessoa em um caso que ilustra uma promissora terapia para trauma de violência sexual pode comprometer seu valor educativo se esse aspecto tiver desempenhado um papel significativo no tratamento. Detalhes pessoais devem ser omitidos somente se não forem essenciais para o fenômeno descrito. Entretanto, a confidencialidade jamais deve ser sacrificada por motivo de precisão clínica ou científica. Relatos nos quais não é possível disfarçar adequadamente informações que possam identificar o sujeito não devem ser submetidos à publicação. Para exemplos de como incorporar material de caso no texto (p. ex., citações de participantes de pesquisa), consulte a Seção 8.36.

Desidentificação de Dados. Etapas extras podem ser necessárias para proteger o sigilo dos participantes ao trabalhar com conjuntos de dados que contêm múltiplos tipos de informações ou dados de saúde protegidos. O *site* da HIPAA fornece orientação sobre a desidentificação de dados (https://www.hhs.gov/hipaa/for-professionals/privacy/special-topics/de-identification/index.html). Também foram desenvolvidos métodos para desidentificar vários tipos de dados; veja, por exemplo, o trabalho do Data Privacy Lab (https://dataprivacylab.org/projects/index.html).

1.20 Conflito de Interesses

No Código de Ética da APA (Norma 3.06, *Conflict of Interest*), define-se *conflito de interesses* como aquele que envolve "interesses ou relacionamentos pessoais, científicos, profissionais, jurídicos, financeiros ou de outros tipos" que podem prejudicar a conduta profissional ou causar danos às pessoas com as quais um profissional interage (ver também Seções 2.7 e 12.13). Assim, quando há conflito de interesses nas publicações, as principais preocupações são o comprometimento da objetividade, tanto na realização quanto na avaliação da pesquisa, e o potencial dano ou exploração dos participantes.

Interesse do Autor. Em todas as disciplinas científicas, presume-se que as comunicações profissionais baseiam-se em interpretações objetivas e imparciais de evidências. Por exemplo, os interesses econômicos e comerciais do autor por produtos ou serviços utilizados ou discutidos em um manuscrito podem influenciar sua capacidade de coletar evidências e interpretá-las com fidelidade. Embora a presença de tais interesses não constitua necessariamente um conflito de interesses propriamente dito, a integridade da área requer a revelação aberta e honesta dessas possíveis influências quando elas existem. De modo geral, a conduta mais segura e transparente é declarar em uma nota do autor as atividades e os relacionamentos que, aos olhos dos outros, poderiam ser vistos como um conflito de interesses, mesmo que o autor não creia que exista tendenciosidade.

Saber se um interesse é significativo depende de circunstâncias individuais e não pode ser definido por uma quantidade limítrofe. Participações em uma empresa por meio de um fundo mútuo normalmente não são suficientes para justificar uma declaração, ao passo que salários, verbas de pesquisa, honorários de consultoria e investimentos pessoais em ações devem ser declarados. A participação em um conselho diretor ou qualquer outro vínculo com uma entidade que esteja ligada de alguma forma ao projeto de pesquisa também devem ser cuidadosamente considerados para possível declaração.

Além de revelar possíveis influências que possam levar os autores a favorecer certos resultados, deve-se cogitar revelar circunstâncias que poderiam influenciá-los contra um produto, serviço, estabelecimento ou pessoa. Por exemplo, ter interesse nos direitos autorais ou em *royalties* de um teste psicológico ou protocolo de avaliação concorrente poderia ser considerado possível fonte de tendenciosidade negativa contra outro instrumento de avaliação (American Educational Research Association et al., 2014).

Interesses do Editor e do Revisor. Para editores e revisores que avaliam um determinado manuscrito para publicação, os conflitos de interesse são definidos de modo mais geral do que os interesses econômicos e geralmente são tratados por desqualificação e não por revelação. É responsabilidade dos editores e revisores reconhecer seus conflitos de interesse, revelá-los para a pessoa que lhes passou o manuscrito e recusar a solicitação ou pedir ao solicitante que tome uma decisão.

Para editores e revisores, os conflitos de interesse podem ser econômicos, conforme descrito anteriormente para autores. Se o tópico principal de um artigo tem implicações diretas para um interesse comercial do editor ou revisor, ele deve recusar o pedido de revisão. Quaisquer outros conflitos econômicos que afetem a revisão devem ser resolvidos pela pessoa que submeteu o manuscrito.

Os conflitos de interesse para editores e revisores também podem assumir a forma de relações pessoais. Ter um vínculo familiar, relacionamento conjugal, amizade íntima ou conexão romântica com um autor geralmente é visto como um conflito de interesses. As relações profissionais também podem constituir um conflito de interesses se, por exemplo, um dos autores for coautor, colaborador anterior ou atual, aluno ou orientador de doutorado anterior, ou atual colega do editor ou do revisor. Editores-chefes devem definir uma política para seu periódico sobre se os conflitos baseados em colaboração se aplicam a toda a vida ou prescrevem após um tempo. Se um editor ou revisor adivinhar a identidade de um autor anonimizado, e há potencial para um conflito pessoal, ele deve informar o solicitante.

Embora diferenças de opinião científica ou política possam influenciar a avaliação de um manuscrito, é impraticável definir qualquer acordo ou desacordo baseado em opinião como constituindo um conflito de interesses impeditivo. Contudo, se um editor ou revisor constatar que seu ponto de vista é fundamentalmente oposto à lógica ou à abordagem de um manuscrito, ele deve avisar o solicitante. Por sua vez, os editores devem buscar a opinião de revisores com uma variedade de posições ao avaliar um manuscrito reconhecidamente controverso.

Proteção dos Direitos de Propriedade Intelectual

1.21 Crédito de Publicação

A autoria é reservada para pessoas que fazem uma contribuição substancial e aceitam a responsabilidade por um trabalho publicado. Indivíduos devem receber crédito de autoria apenas por trabalhos que executaram ou para os quais contribuíram substancialmente (Código de Ética da APA, Norma 8.12a, *Publication Credit*). A autoria abrange, portanto, não apenas as pessoas que redigem o texto, mas também aquelas que fizeram contribuições científicas substanciais para um estudo, as quais podem incluir a formulação do problema ou hipótese, a estruturação do delineamento experimental do estudo, a organização e condução da análise, ou a interpretação dos resultados e descobertas. Aqueles que assim contribuem são listados como autores. Contribuições menores, que não constituem autoria, podem ser reconhecidas na nota do autor (ver Seção 2.7; ver também uma taxonomia de autoria nas ciências naturais chamada CRediT em https://casrai.org/credit). Contribuições menores podem incluir funções auxiliares, como projetar ou construir o equipamento do estudo, sugerir ou aconselhar sobre a análise, coletar ou inserir os dados, modificar ou estruturar um programa de computador, recrutar participantes e obter animais. Conduzir observações de rotina ou diagnósticos para uso em estudos não constitui autoria. Combinações dessas (e outras) tarefas, entretanto, podem justificar autoria.

Os colaboradores devem decidir quais tarefas são necessárias para concluir o projeto, como o trabalho será dividido, quais atividades ou combinação de tarefas merecem crédito de autoria e em que nível ele será dado (primeiro autor, segundo autor, etc.) com a maior antecedência possível. É possível reavaliar o crédito e a ordem de autoria caso as contribuições de cada autor mudem no decorrer do projeto (e sua publicação). Isso é especialmente verdadeiro em colaborações professor–aluno, quando os estudantes precisam de mais supervisão do que originalmente previsto, quando análises adicionais são necessárias além do escopo do atual nível de treinamento do estudante ou quando o nível de contribuição do estudante excede o que foi inicialmente estabelecido.

Quando um manuscrito é aceito para publicação, cada pessoa listada na linha de autores deve confirmar por escrito que ela: (a) concorda em ser autora, (b) aprova a ordem de autoria apresentada na linha de autores e (c) aceita as responsabilidades de autoria.

1.22 Ordem dos Autores

Autores Profissionais. Os autores são responsáveis por determinar a autoria e por especificar a ordem em que dois ou mais nomes aparecem na linha de autores. A autoria principal e a ordem dos créditos devem refletir com precisão as contribuições relativas das pessoas envolvidas (Código de Ética da APA, Norma 8.12b, *Publication Credit*). O *status* relativo (p. ex., chefe de departamento, professor auxiliar, estudante) não deve determinar a ordem de autoria. A regra geral é que o nome do principal colaborador apareça primeiro, com os nomes subsequentes aparecendo em ordem decrescente de contribuição. Em alguns casos, outro colaborador principal aparece por último. Essas convenções podem variar de área para área e de periódico para periódico. Autores iniciantes são aconselhados a entrar em contato com o editor do periódico para o qual estão submetendo um manuscrito para orientação. Se os autores desempenharam papéis idênticos na pesquisa e publicação de seu estudo, eles podem indicar isso na nota do autor (ver Seção 2.7).

Colaborações Profissional–Estudante. Uma vez que o trabalho de doutorado deve resultar em uma contribuição independente e original do aluno para a área, exceto em raras circunstâncias, ele deve ser listado como autor principal de qualquer artigo com vários autores que for substancialmente baseado em seu trabalho (Código de Ética da APA, Norma 8.12, *Publication Credit*). Exceções incomuns para a primeira autoria de doutorandos podem ocorrer quando a tese é publicada como parte de uma coletânea de estudos envolvendo outros pesquisadores ou quando o trabalho em um manuscrito final foi realizado substancialmente por um coautor. Se os estudantes merecem a autoria principal em artigos baseados em uma pesquisa de nível de mestrado ou de outro tipo de pesquisa anterior ao doutorado dependerá de suas contribuições específicas para a pesquisa. Quando mestrandos fazem uma contribuição primordial para um estudo, eles devem figurar como primeiro autor. Estudantes também podem colaborar com um membro do corpo docente em um projeto originado por este como uma forma de adquirir habilidades para fazer uma contribuição científica primordial em sua dissertação de mestrado. Nesses casos, a autoria deve ser determinada conforme as contribuições relativas do aluno e do membro do corpo docente para o projeto (Fisher, 2017).

Trabalhos de Estudantes. Quando estudantes contribuem igualmente para um projeto de grupo que será submetido a um professor (não para publicação), eles podem colocar seus nomes em qualquer ordem na linha de autores (p. ex., em ordem alfabética, em ordem alfabética reversa).

1.23 Direitos de Propriedade Intelectual dos Autores Durante a Revisão do Manuscrito

A revisão editorial de um manuscrito requer que os editores e revisores circulem e discutam o trabalho. Durante o processo de revisão, o manuscrito é um documento confidencial e privilegiado. Editores e revisores não podem, sem autorização explícita dos autores, citar um manuscrito em revisão ou distribuir cópias dele para terceiros, inclusive alunos de pós-graduação ou pós-doutorandos, para qualquer propósito que não a revisão editorial (Código de Ética da APA, Norma 8.15, *Reviewers*; consulte a Seção 12.7 para uma discussão detalhada sobre o processo de revisão por pares). Caso um revisor deseje consultar um colega sobre algum aspecto do manuscrito, ele deve solicitar permissão do editor antes. As editoras (*publishers*) têm políticas diferentes sobre o funcionamento do processo de revisão, e os revisores devem consultar o editor em caso de dúvida. Além disso, editores e revisores não podem usar o material de um manuscrito não publicado para promover o seu próprio trabalho ou o de outros sem autorização dos autores.

1.24 Direitos Autorais Sobre Manuscritos não Publicados[*]

Os autores são protegidos por estatuto federal contra o uso não autorizado de seus manuscritos não publicados. Sob a Copyright Act of 1976 (Título 17 do *United States Code*), um trabalho não publicado tem direitos protegidos "automaticamente desde o momento em que o(s) autor(es) cria(m) o trabalho original" (US Copyright Office, 2017, p. 1), referindo-se ao momento em que um trabalho passa a existir em qualquer forma tangível — por exemplo, digitado em uma página. Até cederem formalmente os direitos autorais (ver Seção 12.20), os autores detêm os direitos autorais de um manuscrito não publicado; todos os direitos exclusivos do detentor dos direitos autorais de um trabalho publicado também são devidos aos autores de um trabalho não publicado. Para assegurar a proteção de direitos autorais,

---

[*] N. de T. Para conhecer a lei que dispõe sobre direitos autorais no Brasil, acesse http://www.planalto.gov.br/ccivil_03/leis/l9610.htm

os editores incluem um aviso de direitos autorais em todos os trabalhos publicados (p. ex., *Copyright* [ano] de [nome do detentor dos direitos autorais]). O informe não precisa aparecer em trabalhos não publicados, entretanto, recomenda-se que os autores incluam um aviso de *copyright* em todos eles, publicados ou não. O registro de direitos autorais (p. ex., junto ao EUA Copyright Office, em https://www.copyright.gov/registration/) fornece uma evidência pública e normalmente é um pré-requisito para qualquer ação jurídica.

1.25 Lista de Conferência de Conformidade com as Normas Éticas

A lista de conferência a seguir fornece orientação geral para assegurar a conformidade com requisitos éticos.

Lista de Conferência de Conformidade com as Normas Éticas

☐ Você obteve autorização por escrito para uso de instrumentos, procedimentos ou dados não publicados que outros pesquisadores poderiam considerar seus (proprietários)?

☐ Você citou corretamente todos os trabalhos publicados, não publicados, ideias e criações de outras pessoas apresentados em seu manuscrito? Você garantiu as autorizações necessárias e atribuições de direitos autorais por escrito para itens que as exigem?

☐ Você declarou a revisão de um CEP ou CEUA de seu(s) estudo(s) na seção "Método" do seu manuscrito?

☐ Você está preparado para responder a perguntas do(a) editor(a) sobre os procedimentos de consentimento informado, assentimento e/ou esclarecimento sobre simulação que utilizou?

☐ Se o seu estudo envolveu animais, você está preparado para responder a perguntas do(a) editor(a) sobre cuidado e tratamento humanitário deles?

☐ Todos os autores revisaram o manuscrito e concordaram sobre a responsabilidade por seu conteúdo?

☐ Você protegeu adequadamente o anonimato dos participantes da pesquisa, dos clientes/pacientes, organizações, terceiros ou outras pessoas que foram fontes das informações apresentadas no manuscrito?

☐ Você divulgou ou compartilhou dados de participantes somente conforme o acordo especificado no consentimento informado para seu estudo?

☐ Se o seu estudo foi um ensaio clínico e foi registrado, você informou seu registro na nota do autor e no texto?

2
ELEMENTOS E FORMATO DO TRABALHO

Sumário

Elementos Necessários 29

    2.1 Elementos Exigidos em um Trabalho Profissional   29
    2.2 Elementos Necessários em um Trabalho de Estudante   29

Elementos do Trabalho 30

    2.3 Página de Título   30
    2.4 Título   31
    2.5 Nome do Autor (Linha de Autores)   32
    2.6 Afiliação do Autor   33
    2.7 Nota do Autor   35
    2.8 Título Abreviado   37
    2.9 Resumo   38
    2.10 Palavras-chave   38
    2.11 Texto (Corpo)   38
    2.12 Lista de Referências   39
    2.13 Notas de Rodapé   39
    2.14 Apêndices   40
    2.15 Materiais Complementares   41

Formato 43

    2.16 Importância do Formato   43
    2.17 Ordem das Páginas   43
    2.18 Cabeçalho   43
    2.19 Fonte   43
    2.20 Caracteres Especiais   44
    2.21 Espaçamento Entrelinhas   44
    2.22 Margens   45
    2.23 Alinhamento dos Parágrafos   45
    2.24 Recuo de Parágrafo   45
    2.25 Extensão do Trabalho   46

Organização 46

    2.26 Princípios de Organização   46
    2.27 Níveis de Título   47
    2.28 Nomes de Seção   48

Exemplos de Trabalhos 50

2
ELEMENTOS E FORMATO DO TRABALHO

A consistência na ordem, na estrutura e no formato dos elementos do trabalho permite que os leitores se concentrem no conteúdo do texto, em vez de na sua apresentação. É essencial seguir as diretrizes do Estilo APA para obter consistência na apresentação dos elementos do texto e elaborar um trabalho acadêmico eficaz.

Neste capítulo, fornecemos um apanhado dos elementos de um trabalho escrito, incluindo sua estrutura, formato e organização. De modo geral, essas diretrizes se aplicam a qualquer trabalho no Estilo APA e podem ser especialmente úteis para estudantes ou pesquisadores não familiarizados com ele. Para pesquisadores que estejam preparando manuscritos para publicação, diretrizes mais detalhadas sobre normas de publicação de artigos científicos (JARS) para estudos quantitativos, qualitativos e de métodos mistos são discutidas no Capítulo 3. Estudantes podem encontrar orientação sobre dissertações e teses nas Seções 1.10 e 12.1. Exemplos de trabalhos no Estilo APA foram incluídos no final deste capítulo; exemplos adicionais estão disponíveis no *site* (https://apastyle.apa.org).

Elementos Necessários

2.1 Elementos Exigidos em um Trabalho Profissional

Conforme sua natureza, os elementos de um trabalho aparecem em várias combinações. Manuscritos submetidos para publicação (consulte as Seções 1.1–1.9) sempre devem incluir uma página de título (ver Seção 2.3), que contém o título do artigo (ver Seção 2.4), os nomes dos autores e afiliações (consulte as Seções 2.5 e 2.6) e a nota do autor (consulte a Seção 2.7); cabeçalhos de página com títulos abreviados e números de página (consulte as Seções 2.8 e 2.18); um resumo (consulte a Seção 2.9); o texto (consulte a Seção 2.11); e uma lista de referências (consulte a Seção 2.12). Os artigos também podem incluir palavras-chave (consulte a Seção 2.10), notas de rodapé (ver Seção 2.13), tabelas (ver Capítulo 7), figuras (ver Capítulo 7), apêndices (ver Seção 2.14) e/ou materiais complementares (consulte a Seção 2.15). Autores em busca de publicação devem consultar as instruções ou as diretrizes de submissão do periódico para eventuais exigências que sejam diferentes ou se somem às especificadas pelo Estilo APA.

2.2 Elementos Necessários em um Trabalho de Estudante

Trabalhos de estudantes (p. ex., ensaios narrativos, ensaios de reflexão, artigos de revisão da literatura; ver Seção 1.10) geralmente incluem, no mínimo, uma página de título (consulte as Seções 2.3–2.6), números de página (consulte a Seção 2.18), o texto (consulte a Seção 2.11) e uma lista de referências (consulte a Seção 2.12). Eles também podem conter tabelas (ver Capítulo 7), figuras (ver Capítulo 7) e/ou apêndices (ver Seção 2.14). Trabalhos de estudantes normalmente não incluem título abreviado, nota do autor ou resumo, a menos que especificamente solicitado pelo docente ou instituição, e têm uma versão da página de título específica (consulte a Seção 2.3).

Elementos do Trabalho

2.3 Página de Título

Uma página de título é necessária para todos os trabalhos no Estilo APA, e existem versões profissionais e para estudantes.

Página de Título Profissional. A página de título profissional (ver Figura 2.1) inclui os seguintes elementos:

- título do artigo (ver Seção 2.4);
- nome de cada autor (linha de autores; consulte a Seção 1.22 para determinação da ordem de autoria e a Seção 2.5 para formatação dela);
- afiliação de cada autor (ver Seção 2.6);
- nota do autor (consulte a Seção 2.7);
- título abreviado (também incluído em todas as páginas; consulte a Seção 2.8) e
- números de página (também incluídos em todas as páginas; consulte a Seção 2.18).

Consulte a seção indicada para cada elemento para obter instruções de formatação.

Página de Título Para o Estudante. Os alunos devem seguir as orientações do docente ou instituição para determinar qual formato de página de título é mais apropriado. Se não indicado de outra forma, deve conter os seguintes elementos (ver Figura 2.2):

- título do trabalho (ver Seção 2.4);
- nome de cada autor (linha de autores; consulte a Seção 1.22 para determinação da ordem de autoria e a Seção 2.5 para formatação dela);
- afiliação de cada autor — normalmente a universidade frequentada (incluindo o nome de qualquer departamento ou divisão; consulte a Seção 2.6);
- número e nome do curso para o qual o trabalho está sendo submetido (use o formato mostrado em materiais institucionais; p. ex., PSY204, PSYC 4301, NURS 303);
- nome do professor (verifique com ele a forma preferida; p. ex., Dr. Hülya F. Akış; Professor Levin; Kwame Osei, PhD; Mariam Sherzai, RN);
- data de entrega do trabalho, escrita no formato de dia, mês e ano usado em seu país (geralmente Novembro 4, 2020, ou 4 de Novembro de 2020; recomendamos escrever o mês por extenso, embora 2020-11-04 seja o formato utilizado em países que usam o sistema internacional); e
- números de página (incluídos em todas as páginas; consulte a Seção 2.18).

Consulte as seções de título, linha de autores, afiliação e números de página para obter instruções de formatação para esses elementos. Coloque o número e o nome da disciplina, o nome do professor e a data de entrega do trabalho em linhas separadas, centralizadas e nessa ordem, abaixo da afiliação (consulte a Seção 2.21 para mais informações sobre espaçamento entre linhas).

Elementos e Formato do Trabalho   31

Figura 2.1 Exemplo de Página de Título Profissional

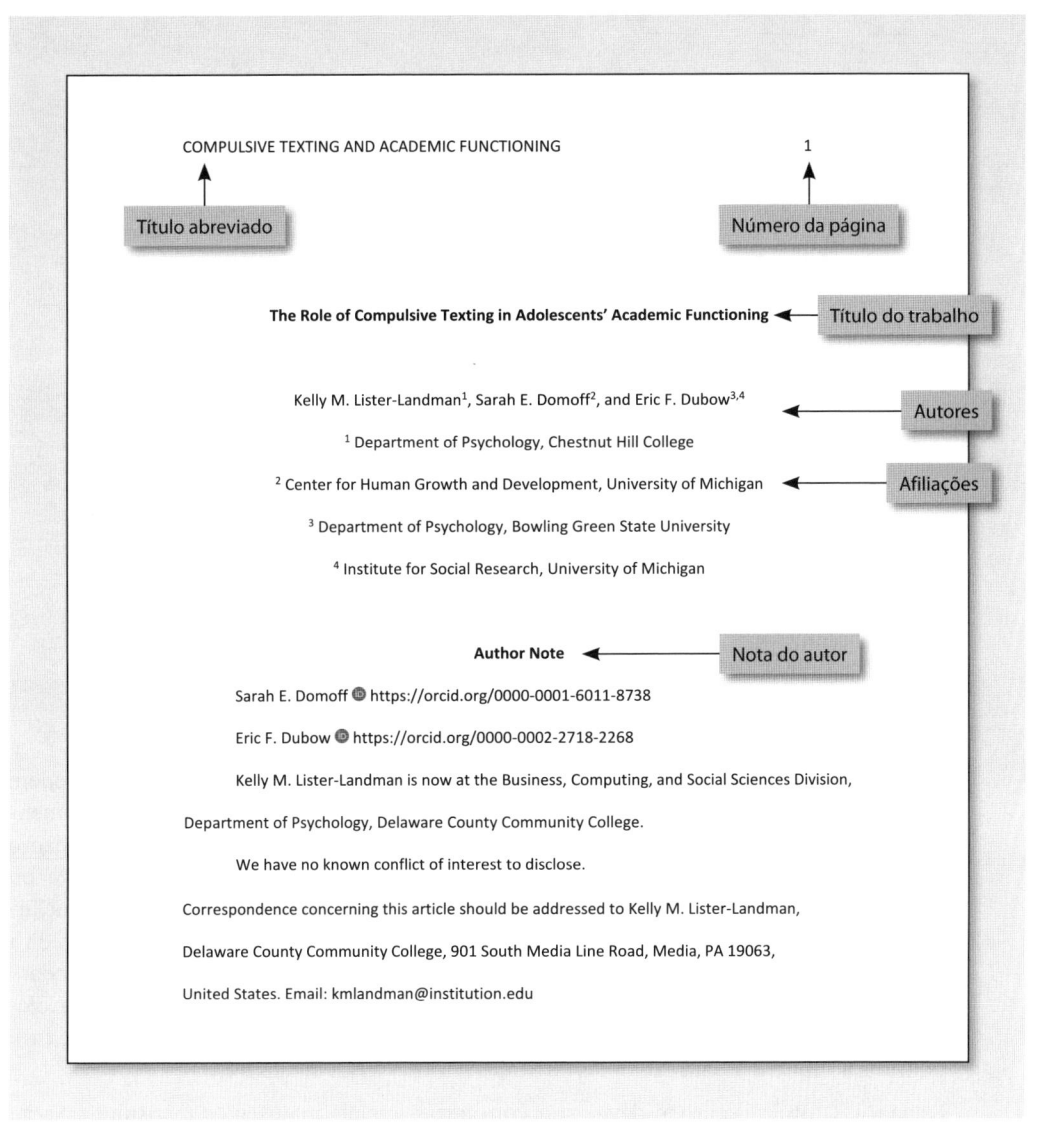

```
COMPULSIVE TEXTING AND ACADEMIC FUNCTIONING                    1
  ↑                                                            ↑
[Título abreviado]                                    [Número da página]


        The Role of Compulsive Texting in Adolescents' Academic Functioning ← [Título do trabalho]


               Kelly M. Lister-Landman[1], Sarah E. Domoff[2], and Eric F. Dubow[3,4]  ← [Autores]

                      [1] Department of Psychology, Chestnut Hill College

                   [2] Center for Human Growth and Development, University of Michigan  ← [Afiliações]

                      [3] Department of Psychology, Bowling Green State University

                      [4] Institute for Social Research, University of Michigan


                                    Author Note  ← [Nota do autor]

       Sarah E. Domoff  https://orcid.org/0000-0001-6011-8738

       Eric F. Dubow  https://orcid.org/0000-0002-2718-2268

       Kelly M. Lister-Landman is now at the Business, Computing, and Social Sciences Division,

Department of Psychology, Delaware County Community College.

       We have no known conflict of interest to disclose.

Correspondence concerning this article should be addressed to Kelly M. Lister-Landman,

Delaware County Community College, 901 South Media Line Road, Media, PA 19063,

United States. Email: kmlandman@institution.edu
```

2.4 Título

O *título* deve resumir a ideia principal do texto de forma simples e, se possível, de maneira envolvente para os leitores. Para artigos de pesquisa, ele deve ser uma declaração concisa do principal tópico e identificar as variáveis ou questões teóricas sob investigação e a relação entre elas. Embora não haja um limite prescrito para a extensão dos títulos no Estilo APA, os autores são incentivados a mantê-los focados e sucintos. Pesquisas mostraram uma associação entre títulos simples e concisos e um maior número de *downloads* e citações de artigos (Hallock & Dillner, 2016; Jamali & Nikzad, 2011).

Inclua termos essenciais para aumentar a chance de os leitores encontrarem seu trabalho durante uma busca e para ajudar no resumo e indexação em bancos de dados caso ele seja pu-

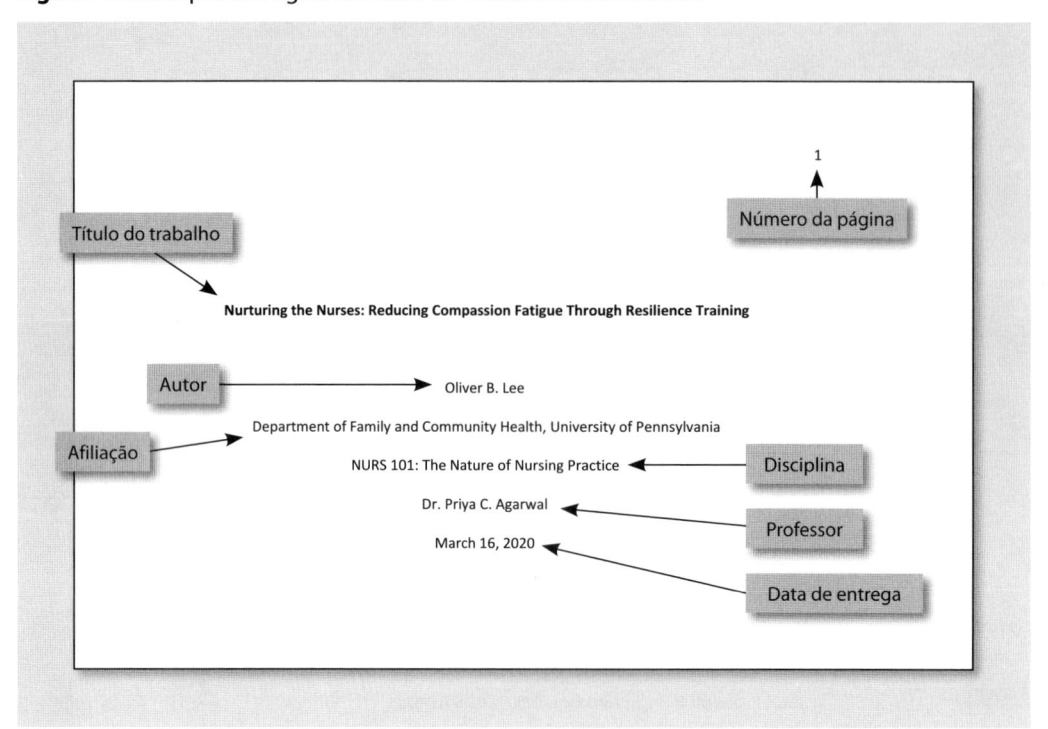

Figura 2.2 Exemplo de Página de Título de Trabalho de Estudante

```
                                                                    1
                                                          ┌──────────────────┐
                                                          │ Número da página │
                                                          └──────────────────┘
   ┌───────────────┐
   │Título do trabalho│
   └───────────────┘
           └──▶ Nurturing the Nurses: Reducing Compassion Fatigue Through Resilience Training

           ┌───────┐
           │ Autor │────────▶ Oliver B. Lee
           └───────┘
                         Department of Family and Community Health, University of Pennsylvania
   ┌──────────┐
   │ Afiliação│─────▶      NURS 101: The Nature of Nursing Practice  ◀──┐ ┌────────────┐
   └──────────┘                                                          │ │ Disciplina │
                                     Dr. Priya C. Agarwal  ◀──────────┐  │ └────────────┘
                                                                      │  │ ┌───────────┐
                                        March 16, 2020  ◀──────────┐  └──┤ │ Professor │
                                                                   │     │ └───────────┘
                                                                   │     │ ┌──────────────────┐
                                                                   └─────┴─│ Data de entrega  │
                                                                           └──────────────────┘
```

blicado. Evite palavras sem finalidade — elas aumentam o comprimento do título e podem desorientar os indexadores. Por exemplo, as palavras "método" e "resultados" normalmente não aparecem em um título, nem expressões como "um estudo de" ou "uma investigação experimental de". Ocasionalmente, expressões como "síntese de pesquisa", "metanálise" ou "estudo de fMRI" transmitem informações importantes para potenciais leitores e são incluídas no título. Evite usar abreviaturas — a utilização de todos os termos por extenso ajuda a garantir uma indexação correta e completa do artigo e permite que os leitores compreendam mais prontamente o seu significado. Quando o título inclui o nome de um animal, por exemplo, "rato", insira também o nome científico em itálico e entre parênteses (*Rattus norvegicus*). Consulte a Tabela 2.1 para exemplos de títulos eficazes *versus* ineficazes.

Formato. O título do artigo deve estar com letras iniciais maiúsculas (consulte a Seção 6.17), em negrito, centralizado e posicionado na metade superior da página (p. ex., três ou quatro linhas abaixo da margem superior da página). Desloque o título para cima para acomodar uma nota do autor mais longa, caso necessário. Se ele for maior que uma linha, o título principal e o subtítulo podem ser separados em linhas com espaço duplo, se desejado. Observe que o título do artigo também aparece no topo da primeira página do texto (ver Seções 2.11 e 2.28).

2.5 Nome do Autor (Linha de Autores)

Cada artigo inclui o nome do autor ou autores — a *linha de autores*. A forma indicada para apresentação é o primeiro nome, inicial(is) do(s) nome(s) do meio e sobrenome, reduzindo-se, assim, a probabilidade de enganos de identidade (p. ex., que autores com o mesmo nome e sobrenome sejam a mesma pessoa). Para ajudar pesquisadores e bibliotecários,

Tabela 2.1 Títulos de Trabalhos Eficazes e Ineficazes		
Título eficaz	**Título ineficaz**	**Argumento**
Efeito da Depressão na Decisão de Participar de um Estudo Clínico	Estudo do Efeito da Depressão na Decisão de Participar de um Ensaio Clínico	Mais direto: Palavras desnecessárias foram suprimidas.
Por que e Quando a Hierarquia Afeta a Eficácia da Equipe: Uma Integração Metanalítica	Hierarquia e Eficácia da Equipe	Mais preciso: A relação entre as variáveis foi esclarecida; o tipo de pesquisa (metanálise) foi especificado.
Fechando os Olhos para Seguir seu Coração: Evitando Informações para Proteger uma Preferência Intuitiva Forte	Fechando seus Olhos para Seguir seu Coração	Mais informativo: Um título criativo foi equilibrado com um subtítulo significativo.

quando possível, use a mesma forma de seu nome para publicação ao longo de sua carreira (p. ex., não use a inicial do nome do meio em um trabalho e a omita em outro). Determinar se, por exemplo, Marisol G. Rodríguez é a mesma pessoa que M. G. Rodríguez pode ser difícil, especialmente quando as citações abrangem vários anos e as afiliações institucionais mudam. Caso você mude de nome durante sua carreira, apresente seu novo nome também de maneira uniforme. Omita todos os títulos profissionais (p. ex., Dr., Professor) e graus ou licenças acadêmicas (p. ex., PhD, EdD, MD, MA, RN, MSW, LCSW) da linha de autores.

Formato. Escreva a linha de autores na página de título depois do título do artigo. Inclua uma linha em branco com espaço duplo entre o título do artigo e a linha de autores. Siga as seguintes diretrizes para formatação:

- Se o trabalho tiver um autor, escreva o nome dele, centralizado e em fonte padrão (ou seja, não negrito, não itálico).
- Se o trabalho tiver múltiplos autores, ordene os nomes deles de acordo com suas contribuições. Escreva todos na mesma linha (passando para linhas adicionais, se necessário), centralizados e em fonte padrão. Para dois autores, separe os nomes com "e" (*and*); para três ou mais autores, separe os nomes com vírgulas e inclua "e" (*and*) antes do último nome.
- Para nomes com sufixos, separe o sufixo do resto do nome com um espaço, não com vírgula (p. ex., Roland J. Thorpe Jr.).

Consulte a Tabela 2.2 para exemplos de como configurar linha de autores e afiliações.

2.6 Afiliação do Autor

A *afiliação* identifica onde os autores trabalharam (ou estudaram, no caso de estudantes) quando a produção foi realizada, o que geralmente é uma universidade ou outra instituição. Indique uma afiliação dupla somente se duas instituições contribuíram com suporte financeiro significativo para o estudo. Não inclua mais de duas afiliações por autor. Se a afiliação mudou desde que o trabalho foi concluído, indique a atual na nota do autor (ver Seção 2.7). Siga estas diretrizes para apresentar afiliações:

- Afiliações acadêmicas (p. ex., universidades, hospitais-escola filiados a uma universidade) devem incluir o nome do departamento ou divisão e o nome da instituição, separados por vírgula. Não é necessário incluir a localização, a menos que ela faça parte do nome da instituição.

Tabela 2.2 Exemplos de linhas de autor e afiliações	
Variante	Exemplo
Um autor, uma afiliação	Maggie C. Leonard Department of Psychology, George Mason University
Um autor, duas afiliações	Andrew K. Jones-Willoughby School of Psychology, University of Sydney Center for Behavioral Neuroscience, American University
Um autor, sem afiliação institucional	Isabel de Vries Rochester, New York, United States
Dois autores, mesma afiliação	Mackenzie J. Clement and Talia R. Cummings College of Nursing, Michigan State University
Dois autores, diferentes afiliações	Wilhelm T. Weber[1] and Latasha P. Jackson[2] [1] Max Planck Institute for Human Development, Berlin, Germany [2] College of Education, University of Georgia
Três ou mais autores, mesma afiliação	Madina Wahab, DeAndre L. Washington Jr., and Julian H. Lee School of Public Health, University of California, Berkeley
Três ou mais autores, diferentes afiliações	Savannah C. St. John[1], Fen-Lei Chang[2,3], and Carlos O. Vásquez III[1] [1] Educational Testing Service, Princeton, New Jersey, United States [2] MRC Cognition and Brain Sciences Unit, Cambridge, England [3] Department of Psychology, University of Cambridge

- Afiliações institucionais não acadêmicas (p. ex., hospitais não filiados a uma universidade, laboratórios independentes, outras organizações) devem incluir o nome do departamento ou divisão, o nome da instituição e sua localização, separados por vírgulas.
- Autores que trabalham em clínicas particulares ou que não têm afiliação institucional devem indicar sua localização.
- Ao indicar uma localização (como para instituições não acadêmicas e clínicas privadas), indique a cidade, o estado, a província ou o território, conforme aplicável, e o país. Utilize os nomes do estado, província e território por extenso.

Formato. O formato da afiliação depende do número de autores e se diferentes pessoas têm afiliações distintas, como segue. Indique-as em uma nova linha abaixo da linha de autores. Coloque as diferentes afiliações em linhas separadas. Não adicione linhas em branco entre elas ou entre a linha de autores e a primeira afiliação. Consulte a Tabela 2.2 para exemplos de como apresentar a linha de autores e as afiliações.

Todos os Autores Compartilham Uma Afiliação. Se o trabalho tem um autor com uma afiliação, ou se todos os autores compartilham uma afiliação, esta deve estar centralizada e em fonte padrão em uma linha separada, logo abaixo da linha de autores. Não utilize um algarismo sobrescrito.

Todos os Autores Compartilham Duas Afiliações. Se o trabalho tem um autor com duas afiliações, ou se todos os autores compartilham as mesmas duas afiliações, cada afiliação deve estar centralizada e em fonte padrão em uma linha separada, logo abaixo da linha de autores. Não utilize algarismos sobrescritos.

Múltiplos Autores com Diferentes Afiliações. Se o trabalho tem dois ou mais autores com diferentes afiliações (mesmo que em departamentos diferentes da mesma universidade), use algarismos arábicos sobrescritos para conectar os nomes deles às respectivas afiliações. As afiliações devem figurar na ordem em que os autores aparecem; por exemplo, para um trabalho com dois autores com afiliações diferentes, indique primeiro a afiliação do primeiro autor, seguida pela afiliação do segundo autor, cada uma devendo estar centralizada e em fonte padrão em linhas separadas, logo abaixo da linha de autores. Coloque o algarismo 1 sobrescrito logo após o sobrenome do primeiro autor, sem espaço entre o nome e o algarismo (quando um trabalho tem três ou mais autores e, portanto, vírgulas aparecem após os nomes dos autores, coloque o algarismo logo após o sobrenome e antes da vírgula). Depois, coloque um algarismo 1 sobrescrito antes da afiliação correspondente (com um espaço entre o algarismo e o início da afiliação). Repita esse processo para o segundo autor utilizando o algarismo 2 (e assim por diante).

Se alguns autores, mas não todos, compartilham uma afiliação, indique-a uma vez e reutilize o numeral sobrescrito na linha de autores. Identifique os autores com duas afiliações na linha de autores, separando os algarismos sobrescritos apropriados com uma vírgula sobrescrita e um espaço.

Se o trabalho tiver apenas um autor, ou se houver vários autores mas todos compartilharem a mesma ou duas afiliações, então algarismos sobrescritos não são utilizados.

Entidade como Autor. Quando a autoria é de uma entidade (p. ex., forças-tarefa, grupos de trabalho, organizações), algarismos sobrescritos não costumam ser utilizados porque o grupo é essencialmente sua própria afiliação.

2.7 Nota do Autor

Uma *nota do autor* apresenta informações adicionais sobre os autores, registro do estudo, compartilhamento de dados, declarações de isenção ou relativas a conflito de interesses, além de indicar o suporte ou financiamento da pesquisa. Ela também fornece uma forma de contato para leitores interessados. Trabalhos de estudantes normalmente não incluem esse elemento.

Organize a nota do autor em parágrafos separados; se um parágrafo não se aplica ao seu manuscrito, omita-o da nota do autor. Além disso, os requisitos descritos a seguir se aplicam a manuscritos submetidos a periódicos da APA; outras editoras (*publishers*) podem ter orientações diferentes (p. ex., alguns periódicos exigem que os autores apresentem declarações e agradecimentos em uma página separada no final do manuscrito e não na nota do autor).

Primeiro Parágrafo: Códigos ORCID. Os autores podem incluir seu código de identificação ORCID (iD), caso tenham um (consulte o *site* https://orcid.org/ para mais informações). Esses códigos ajudam aqueles que mudaram de nome ou que compartilham o mesmo nome a garantir que suas publicações lhes sejam corretamente atribuídas. Indique o nome do autor, o símbolo ORCID iD e o URL completo do código, listando cada pessoa em uma linha separada com recuo. O símbolo iD deve ser incluído no *link*, por recomendação do ORCID.

Josiah S. Carberry ⓘD https://orcid.org/0000-0002-1825-0097
Sofia Maria Hernandez Garcia ⓘD https://orcid.org/0000-0001-5727-2427

Inclua apenas aqueles que têm ORCID. Se nenhum autor tiver, omita esse parágrafo.

Segundo Parágrafo: Mudanças de Afiliação. Identifique mudanças na afiliação do autor subsequentes à data do estudo. Use as seguintes palavras: "[Nome do autor] is now at (está agora no/na) [afiliação]". Esse parágrafo também pode ser usado para indicar o óbito de um autor.

Terceiro Parágrafo: Declarações e Agradecimentos. Se as declarações e os agradecimentos forem curtos, combine-os em um parágrafo; se forem longos, separe-os em diversos parágrafos.

Registro do Estudo. Se o estudo foi registrado, indique o nome do registro e o número de entrada do documento na nota do autor. Ensaios clínicos e metanálises costumam ser registrados. Por exemplo, escreva "Este estudo foi registrado junto ao ClinicalTrials.gov (Identificador NCT998877)." Para mais informações sobre as informações de registro do estudo no que se refere às JARS, consulte a Seção 3.9.

Práticas Abertas e Compartilhamento de Dados. Se os dados e/ou materiais do estudo forem compartilhados abertamente como parte da publicação do trabalho (ver também Seção 1.14), reconheça isso na nota do autor. Cite o conjunto de dados na nota do autor e inclua a referência para ele na lista de referências (consulte a Seção 10.9).

Divulgação de Relatórios Relacionados e Conflitos de Interesse. Se o artigo for baseado em dados usados em um relato publicado anteriormente (p. ex., estudo longitudinal), tese de doutorado ou apresentação em congresso, aponte essas informações e inclua uma citação no texto. Por exemplo, escreva "Este artigo é baseado em dados publicados em Pulaski (2017)" ou "Este artigo se baseia na tese apresentada por Graham (2018)" e inclua uma entrada para Pulaski (2017) ou Graham (2018) na lista de referências. Reconheça também a publicação de relatos relacionados (p. ex., na mesma base de dados). Além disso, indique nesse parágrafo se algum autor tem um possível ou declarado conflito de interesses (p. ex., posse de ações em uma empresa que fabrica uma substância usada no estudo); caso contrário, declare que não existe conflito de interesses. Caso seu empregador ou organização patrocinadora exija uma nota de isenção declarando, por exemplo, que a pesquisa descrita não reflete as opiniões daquela organização, ela deve ser apontada no parágrafo, seguindo o formato ou as palavras indicados pelo solicitante.

Agradecimentos por Verbas de Pesquisa ou Outro Apoio Financeiro. Informações completas e precisas sobre o financiamento do artigo devem ser incluídas na nota do autor. Indique os nomes de todas as agências de financiamento, números e/ou nomes de verbas, bolsas ou prêmios, destinatários de financiamento e investigadores principais (se houver) da pesquisa financiada. Não preceda os números das verbas com "No." ou "#" (p. ex., escreva "Recebemos financiamento da verba A-123 da National Science Foundation" ou "A verba A-123 da National Science Foundation financiou este trabalho", e não "Grant No. A-123" ou "Grant #A-123"). Depois, agradeça aos colegas que ajudaram na realização do estudo ou fizeram uma análise crítica do manuscrito mas que não são autores do trabalho. Pode-se agradecer aos participantes do estudo por contribuições excepcionais, se desejado. A seguir, agradeça por qualquer ajuda pessoal, como na preparação ou edição do manuscrito. Conclua o parágrafo explicando eventuais acordos especiais relativos à autoria, tais como se os autores contribuíram igualmente para o estudo. Não agradeça às pessoas rotineiramente envolvidas na revisão e aceitação de manuscritos, tais como colegas revisores ou editores, editores associados e editores consultivos do periódico ao qual você está submetendo o trabalho. Se você quiser agradecer por uma ideia específica sugerida por um revisor ou editor, faça-o em uma nota de rodapé no texto em que a ideia é discutida.

Quarto Parágrafo: Informações de Contato. O autor para correspondência responde a perguntas sobre o trabalho depois de publicado e assegura que todos os dados sejam preservados pelo período adequado. Qualquer autor pode ser responsável por isso. Informe o nome e o endereço completos do autor para correspondência, com os dados separados por vírgula e um ponto após o endereço. Depois, informe o *e-mail*, sem ponto depois dele. Use o seguinte formato:

> Correspondence concerning this article should be addressed to (A correspondência relativa a este artigo deve ser enviada para) [nome do autor], [endereço completo]. *E-mail*: author@institution.edu

Formato. Coloque a nota do autor na metade inferior da página de título, abaixo do título, da linha de autores e da afiliação. Deixe pelo menos uma linha em branco entre a afiliação e a designação da nota do autor. Centralize o título "Nota do Autor" (em negrito). Recue cada parágrafo da nota do autor e alinhe os parágrafos à esquerda. Embora os parágrafos da nota do autor sejam nomeados nesta seção para ajudar a explicá-los, não faça exatamente dessa forma em seu trabalho. Veja a Figura 2.3 para um exemplo de nota do autor.

2.8 Título Abreviado

O *título abreviado* é uma versão mais curta do título do artigo, a qual aparece no topo de cada página para identificá-lo para os leitores, especialmente os de uma cópia impressa. Títulos abreviados são exigidos apenas para manuscritos submetidos para publicação, não sendo obrigatórios para trabalhos de estudantes, a menos que o professor ou a instituição os solicite. Assim, o cabeçalho de um trabalho inclui apenas o número da página.

Os autores devem fornecer o título abreviado em vez de deixar essa tarefa para a editora (*publisher*), pois eles são mais aptos a selecionar as palavras mais importantes. O título abreviado não precisa consistir nas mesmas palavras na mesma ordem do título; em vez disso, a ideia do título deve ser transmitida de forma abreviada. Por exemplo, um artigo intitulado "Noites inquietas: a latência de sono aumenta e a qualidade do sono diminui com a ingestão de cafeína" poderia ter um título abreviado "REDUÇÕES NA EFICIÊNCIA DO SONO INDUZIDAS POR CAFEÍNA".

O título abreviado deve conter no máximo 50 caracteres, incluindo letras, pontuação e espaços entre palavras. Se o título já tiver 50 caracteres ou menos, ele pode ser usado como título abreviado. Evite usar abreviaturas no título abreviado; contudo, o símbolo comercial (&) pode ser usado no lugar de "e" (*and*), se desejado.

Figura 2.3 Exemplo de Nota do Autor

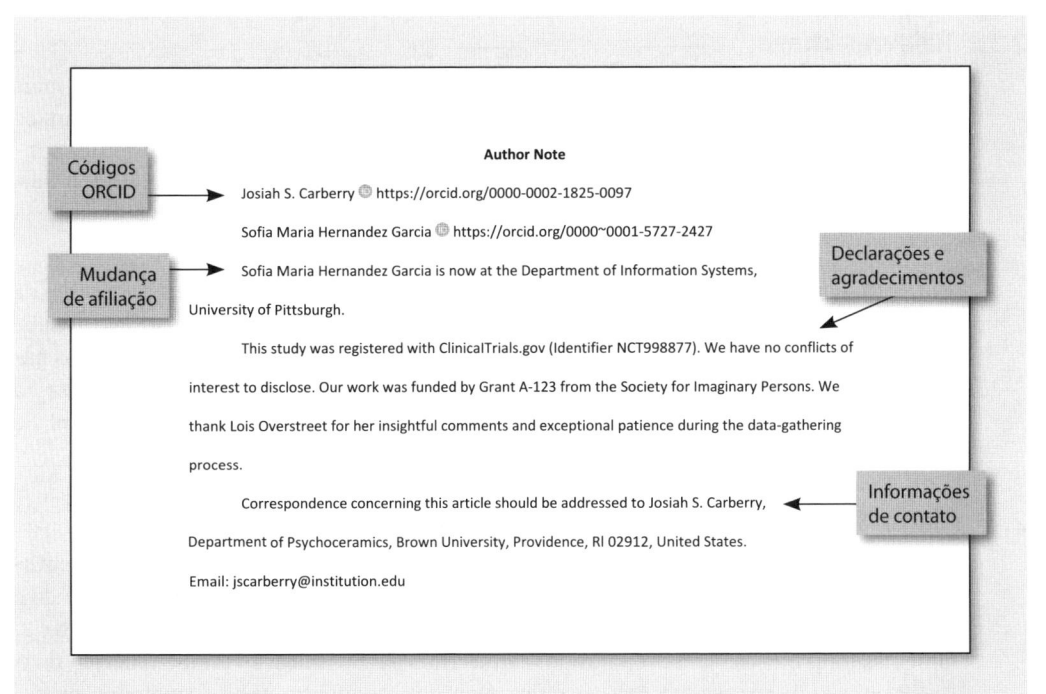

Author Note

Códigos ORCID → Josiah S. Carberry https://orcid.org/0000-0002-1825-0097

Sofia Maria Hernandez Garcia https://orcid.org/0000~0001-5727-2427

Mudança de afiliação → Sofia Maria Hernandez Garcia is now at the Department of Information Systems, University of Pittsburgh.

Declarações e agradecimentos

This study was registered with ClinicalTrials.gov (Identifier NCT998877). We have no conflicts of interest to disclose. Our work was funded by Grant A-123 from the Society for Imaginary Persons. We thank Lois Overstreet for her insightful comments and exceptional patience during the data-gathering process.

Correspondence concerning this article should be addressed to Josiah S. Carberry, Department of Psychoceramics, Brown University, Providence, RI 02912, United States.

Email: jscarberry@institution.edu

Informações de contato

Formato. Escreva o título abreviado no cabeçalho da página, alinhado à esquerda, todo em letras maiúsculas, do lado oposto ao número da página alinhado à direita. Use o mesmo título abreviado em todas as páginas, inclusive na página do título; não inclua a designação "Título abreviado" (consulte os exemplos de artigos no final deste capítulo).

2.9 Resumo

Um *abstract*, ou resumo, é uma síntese breve e abrangente do conteúdo do trabalho. Autores de artigos para publicação devem seguir as normas de apresentação de resumos apresentadas na Seção 3.3. A maioria dos periódicos acadêmicos exige um resumo. Para instruções específicas, consulte as diretrizes para autores ou o *site* do periódico para o qual você pretende enviar seu artigo. Por exemplo, alguns publicam uma declaração de importância pública, a qual sintetiza o significado do estudo para o público em geral, juntamente com o resumo. Resumos não costumam ser exigidos para trabalhos de estudantes, a menos que solicitados pelo professor ou instituição.

Formato. Os resumos normalmente são limitados a não mais do que 250 palavras. Se você estiver submetendo um trabalho para publicação, verifique as instruções do periódico quanto aos requisitos de extensão e formatação, que podem ser diferentes dos utilizados pelos periódicos da APA. Coloque o resumo em uma página separada após a página de título (ou seja, na página 2). Escreva o título da seção "Abstract" (Resumo) com letra inicial maiúscula, em negrito, centralizado na parte superior da página, e coloque o resumo abaixo dele.

Os resumos podem aparecer em formato de parágrafo único — sem recuo da primeira linha —, ou estruturado — também em parágrafo único sem recuo, mas com subtítulos para identificação das seções (p. ex., "Objetivo", "Método", "Resultados", "Conclusões"). Use os títulos e a formatação prescritos pelo periódico para o qual você está enviando seu manuscrito (p. ex., as revistas da APA usam negrito e itálico para os títulos).

2.10 Palavras-chave

Palavras-chave são termos, expressões ou acrônimos que descrevem os aspectos mais importantes do trabalho. Elas são usadas para indexação em bases de dados e ajudam os leitores a encontrar seu trabalho durante uma busca nessas bases. Para manuscritos submetidos a periódicos da APA, indique de três a cinco palavras-chave que descrevam o conteúdo. Elas não são necessárias para trabalhos de estudantes, a menos que solicitadas pelo professor ou instituição.

Formato. Escreva "*Palavras-chave:*" (em itálico) uma linha abaixo do resumo, com recuo de 0,5 in. (1,27 cm), como um parágrafo normal, seguido pelos termos em minúsculas (use iniciais maiúsculas em nomes próprios; consulte a Seção 6.14), separados por vírgulas. As palavras-chave podem ser listadas em qualquer ordem. Não use ponto final ou outra pontuação após a última palavra-chave (veja o exemplo de artigo profissional no final deste capítulo). Se as palavras-chave chegarem a uma segunda linha, esta não deve ser recuada.

2.11 Texto (Corpo)

O *texto*, ou corpo do trabalho, contém a principal contribuição dos autores para a literatura. Tanto autores profissionais como estudantes devem seguir as diretrizes de conteúdo e formatação descritas neste capítulo e os princípios de citação descritos nos Capítulos 8 e 9; pesquisadores que estejam preparando manuscritos para publicação também devem revisar as normas de apresentação de pesquisa quantitativa, qualitativa ou de métodos mistos, conforme apropriado, descritas no Capítulo 3. Para obter orientação sobre o conteúdo de vários tipos de trabalhos, consulte as Seções 1.1–1.10.

O texto pode ser organizado de várias maneiras, e isso geralmente depende do tipo de trabalho (consulte também as Seções 1.1–1.10). A maioria dos textos inclui uma introdução que aborda a importância do trabalho, o contextualiza dentro da literatura existente e declara seus objetivos. Além da introdução, o trabalho deve incluir parágrafos ou seções explicando suas principais premissas. Existem muitos formatos possíveis para o restante do texto; por exemplo, um artigo de pesquisa quantitativa geralmente inclui seções chamadas "Método", "Resultados" e "Discussão", ao passo que um artigo de pesquisa qualitativa pode incluir uma seção chamada "Descobertas", em vez de "Resultados", ou pode ter títulos de seção totalmente diferentes, dependendo da natureza da investigação. Um trabalho de estudante curto (p. ex., um ensaio de reflexão) pode não ter títulos de seção ou pode ter seções com títulos diferentes dos descritos neste manual. Consulte a Seção 2.26 para obter mais informações sobre organização.

Formato. O texto deve começar em uma nova página após a página de título e resumo (se o artigo inclui um resumo). Na primeira linha da primeira página do texto, escreva o título do artigo com letras iniciais maiúsculas, negrito e centralizado. O texto deve ser alinhado à esquerda, parágrafos com espaçamento duplo, com a primeira linha de cada parágrafo recuada por uma tecla tab (0,5 in.; consulte as Seções 2.23 e 2.24). Use títulos conforme necessário e apropriado dentro do texto para separar as seções e refletir a estrutura organizacional do conteúdo (ver Seções 2.26 e 2.27). Não inicie uma nova página nem adicione uma quebra de linha extra quando há um novo título; cada seção deve ser seguida pela próxima sem pausa.

2.12 Lista de Referências

A *lista de referências* fornece uma maneira confiável de localizar os trabalhos que os autores citam para reconhecer estudos anteriores. As referências são usadas para documentar e fundamentar afirmações feitas sobre a literatura, assim como os dados são usados no trabalho para apoiar interpretações e conclusões. As referências citadas não precisam ser exaustivas, mas devem ser suficientes para respaldar a necessidade de sua pesquisa e permitir aos leitores situá-la no contexto das investigações e teorizações anteriores. Para obter orientação detalhada sobre como citar fontes no texto e preparar a lista de referências, consulte os Capítulos 8 e 9, respectivamente.

Formato. Inicie a lista de referências em uma nova página após o texto e antes de tabelas, figuras e/ou apêndices. Identifique a lista de referências como "Referências", com inicial maiúscula, em negrito e centralizada. Todos os itens da lista de referências devem estar em espaço duplo (dentro e entre as referências). Use um recuo deslocado para todas as referências, o que significa que a primeira linha de cada referência é alinhada à esquerda e as linhas subsequentes são recuadas em 0,5 in. (1,27 cm). Use a função de formatação de parágrafo do seu programa de processamento de texto para aplicar automaticamente o recuo deslocado. Quanto à ordem dos trabalhos na lista de referências, consulte as Seções 9.44–9.49.

2.13 Notas de Rodapé

Uma *nota de rodapé* é uma nota breve que fornece conteúdo adicional ou atribuição de direitos autorais. Qualquer tipo de trabalho pode incluir notas de rodapé.

Notas de Rodapé de Conteúdo. As notas de rodapé de conteúdo complementam ou aprimoram informações substantivas no texto, e não devem incluir dados complicados, irrelevantes ou não essenciais. Como podem distrair os leitores, devem ser incluídas somente se fortalecerem a discussão. Uma nota de rodapé de conteúdo deve transmitir apenas uma ideia; caso você se veja criando parágrafos ou exibindo equações ao redigir uma nota de rodapé, então é provável que o texto principal ou um apêndice seja um local mais adequado para apresentar as informações. Uma alternativa é indicar em uma pequena nota de rodapé que o material suplementar está disponível *on-line* (consulte a Seção 2.15). Na maioria dos casos, os autores incorporam melhor uma ideia a um artigo apresentando informações importantes no texto, não em uma nota de rodapé.

Atribuição de Direitos Autorais. Quando os autores reproduzem citações longas e/ou itens de testes ou escalas, uma atribuição de direitos autorais geralmente é exigida e deve ser apresentada em uma nota de rodapé. Uma tabela ou figura reproduzida também requer uma atribuição de direitos autorais, mas ela aparece em uma nota junto à tabela ou figura. Mais instruções sobre como obter licença para reproduzir um material e a forma adequada de atribuir os direitos autorais aparecem nas Seções 12.14–12.18.

Numeração e Formato das Chamadas de Nota de Rodapé. Numere todas as notas de rodapé consecutivamente na ordem em que suas chamadas aparecem no texto com algarismos arábicos sobrescritos. As chamadas para notas de rodapé devem ser sobrescritas, assim,[1] após qualquer sinal de pontuação, exceto travessão. Uma nota de rodapé que aparece com um travessão — como este[2] — sempre precede o travessão. (A chamada fica dentro de parênteses de fechamento caso se aplique apenas ao conteúdo entre parênteses, assim.[3]) Não coloque um espaço antes da chamada de nota de rodapé no texto. Não coloque chamadas de notas de rodapé em títulos. Para se referir novamente a uma nota de rodapé depois que ela já foi chamada, identifique-a no texto pelo número (p. ex., escreva "ver nota de rodapé 3"); não repita a chamada ou toda a nota de rodapé.

Coloque cada nota de rodapé na parte inferior da página em que ela é discutida usando a função específica do seu programa de processamento de texto (veja o exemplo de artigo profissional no final deste capítulo). De maneira alternativa, as notas de rodapé podem ser colocadas em ordem consecutiva em uma página após as referências. Nesse caso, coloque o título da seção "Notas de Rodapé" em negrito, centralizado na parte superior da página. Em seguida, escreva as notas de rodapé como parágrafos recuados com espaçamento duplo que começam com um número de nota de rodapé sobrescrito, e coloque um espaço entre o número da nota e o texto que segue. Certifique-se de que o número de chamada corresponde ao número que aparece com o texto da nota.

2.14 Apêndices

Às vezes, os autores desejam incluir algum material que complementa o conteúdo do trabalho mas distrairia o leitor ou seria inapropriado no corpo do artigo. Em geral esse tipo de material pode ser apresentado em um *apêndice*, que é incluído nas versões impressa e eletrônica do artigo, ou em *materiais complementares* (consulte a Seção 2.15), que ficam disponíveis apenas *on-line* em um arquivo mantido pela editora (*publisher*).

Só inclua um apêndice se ele ajudar os leitores a compreender, avaliar ou replicar o estudo ou argumento teórico que está sendo apresentado. Certifique-se de que foram seguidas todas as normas éticas relevantes para os materiais colocados nos apêndices, incluindo atribuição de direitos autorais, apresentação precisa de dados e proteção de participantes humanos (p. ex., as normas que se aplicam a imagens ou vídeos de pessoas que possam ser identificadas; consulte as Seções 1.18 e 12.17).

De maneira geral, um apêndice é apropriado para materiais relativamente curtos e facilmente apresentados em formato impresso. Alguns exemplos de material adequado para um apêndice são (a) listas de materiais de estímulo (p. ex., usados em pesquisas psicolinguísticas); (b) instruções aos participantes; (c) testes, escalas ou inventários desenvolvidos para o estudo relatado; (d) descrições detalhadas de equipamentos complexos; (e) descrições demográficas detalhadas das subpopulações no estudo; e (f) outros itens detalhados ou complexos descritos no Capítulo 3. Trabalhos de estudantes podem incluir apêndices.

Formato. Inicie cada apêndice em uma página separada após as referências, notas de rodapé, tabelas e figuras. Dê a cada apêndice um nome e um título. Se o trabalho tiver apenas um apêndice, rotule-o como "Apêndice"; se tiver mais de um, identifique cada um deles com uma letra maiúscula (p. ex., "Apêndice A", "Apêndice B") na ordem em que são mencionados no texto. Cada apêndice deve ser mencionado (chamado) por seu nome pelo menos uma vez no texto (p. ex., "consulte o Apêndice A"). O título do apêndice deve descrever seu conteúdo. Coloque o nome e o título do apêndice em negrito e centralizados em linhas separadas no topo da página em que o apêndice se inicia. Use letras iniciais maiúsculas (consulte a Seção 6.17) para o nome e o título.

O apêndice pode ser composto por texto, tabelas, figuras ou uma combinação deles. Se um apêndice contém texto, escreva os parágrafos com recuos iguais aos do corpo do artigo. Caso um apêndice de texto contenha tabelas, figuras, notas de rodapé e/ou equações, atribua a cada uma delas um número precedido pela letra do apêndice em que aparece (p. ex., a Tabela A1 é a primeira tabela no Apêndice A ou de um único apêndice não identificado com uma letra; a Equação B1 é a primeira equação do Apêndice B; a Figura C2 é a segunda figura do Apêndice C). Em um único apêndice de texto, que não é identificado com uma letra, preceda todos os números de tabelas, figuras, notas de rodapé e equações com a letra "A" para distingui-los das do texto principal. Todas as tabelas e figuras de um apêndice de texto devem ser mencionadas no apêndice e numeradas em ordem de menção. As tabelas e figuras de um texto no apêndice devem ser inseridas no texto, conforme descrito na Seção 7.6.

Se um apêndice consiste em apenas uma tabela ou figura, então o nome do apêndice toma o lugar do número da tabela ou figura, e o título do apêndice substitui o título da tabela ou figura. Portanto, se o Apêndice B é composto apenas de uma tabela, esta é referida como Apêndice B e não como Tabela B1. Da mesma forma, se o Apêndice C apresentar apenas uma figura, esta é referida como Apêndice C e não como Figura C1. Se múltiplas tabelas e/ou figuras (mas nenhum texto) compuserem um apêndice, nomeie e intitule o apêndice e também as tabelas e/ou figuras (p. ex., as Tabelas D1 e D2 compõem o Apêndice D).

2.15 Materiais Complementares

Os *materiais complementares* de um artigo científico são publicados apenas *on-line*. Eles enriquecem a experiência e compreensão do conteúdo do artigo. A publicação apenas *on-line* tende a ser apropriada para materiais que são mais úteis quando disponíveis para *download* e para materiais que não são facilmente apresentados em formato impresso. Trabalhos de estudantes não costumam incluir esse tipo de material.

Alguns exemplos de conteúdo fornecido como material complementar são

- clipes de vídeo, áudio ou animações
- códigos de programação extensos

- detalhes de modelos matemáticos ou computacionais
- tabelas grandes
- protocolos de intervenção detalhados
- descrições aprofundadas de metodologia
- figuras coloridas ou outras imagens (consulte a Seção 7.26)
- modelos e planilhas imprimíveis
- arquivos de dados (p. ex., gerados usando SPSS ou outro *software*)

Os materiais complementares devem incluir informações suficientes para que seu conteúdo seja interpretável quando acompanhado do texto publicado. Também tenha em mente as diretrizes de acessibilidade atinentes a materiais *on-line* ou interativos para garantir que seus arquivos não apenas possam ser abertos, mas também sejam acessíveis a todos os leitores.[1] Conjuntos de dados completos devem ser disponibilizados, conforme apropriado, em repositórios, arquivos *on-line* (consulte a Seção 10.9 para obter o formato de referência) ou materiais complementares. Veja as Seções 1.14 e 1.15 para mais informações sobre retenção e compartilhamento de dados.

Como esse conteúdo pode ser útil para a área, a APA e muitas outras editoras (*publishers*) possibilitam fornecer materiais complementares para um amplo público publicando-os *on-line* e disponibilizando um *link* para o artigo publicado. Esses arquivos (como apêndices) tornam-se parte do registro básico do periódico e não podem ser expandidos, alterados ou excluídos. Como tal, materiais para inclusão, como materiais complementares, devem ser apresentados em formatos amplamente acessíveis. Recomendamos verificar com a editora (*publisher*) do periódico os tipos de arquivo preferenciais e eventuais limitações.

Formatos de arquivo menos amplamente utilizados, incluindo TeX, LaTeX, qualquer *scripting* do lado do cliente ou do servidor (p. ex., Java, CGI), arquivos executáveis e aplicativos, são aceitáveis, mas podem ser menos úteis ao leitor que não tem acesso a programas especializados. Devido ao risco de baixar vírus ou *malware* embutidos, muitos tipos de arquivos incomuns ou executáveis podem ser bloqueados por *firewalls* e programas de proteção contra vírus, administradores de sistema ou usuários. Portanto, não recomendamos o uso desses arquivos, a menos que eles sejam essenciais para a compreensão ou uso de seu material (p. ex., a sintaxe de um artigo metodológico, como uma macro SPSS, pode ser salva com uma extensão SPS para que possa ser usada diretamente por outros pesquisadores). Descreva resumidamente os materiais complementares no texto ou em uma nota de rodapé, conforme apropriado (consulte a Seção 2.13).

A maioria dos periódicos submete os materiais complementares à revisão por pares e exige que eles sejam enviados com o manuscrito inicial. Uma vez aceitos, costumam ser publicados sem edição, formatação ou composição. Nos periódicos da APA, um *link* para os materiais complementares aparece no artigo publicado e conduz os leitores a uma página de destino que inclui uma citação bibliográfica, um *link* para o artigo publicado e uma declaração de contexto, bem como um *link* para cada arquivo complementar (veja um exemplo de página de destino em https://on.apa.org/2CmDGd6). Outros periódicos podem incluir *links* no artigo que abrem diretamente os arquivos complementares. Veja o Capítulo 3 para mais detalhes sobre a função desses materiais nas JARS. Visite o *site* da APA (https://on.apa.org/2Qo7OhX) para obter informações adicionais sobre materiais complementares.

---

[1] As Diretrizes de Acessibilidade de Conteúdo da Web (WCAG) descrevem como tornar conteúdo *on-line* acessível a pessoas com deficiência (Web Accessibility Initiative, 2018).

Formato

2.16 Importância do Formato

Use as orientações nesta seção para formatar todos os trabalhos no Estilo APA. A apresentação visual de um trabalho pode favorecê-lo ou prejudicá-lo. Um artigo bem elaborado incentiva editores e revisores, bem como professores, no caso de trabalhos de estudantes, a ver o trabalho dos autores como profissional. Em contrapartida, falhas técnicas podem levar revisores ou professores a interpretar mal o conteúdo ou a questionar a experiência dos autores ou sua atenção a detalhes, e estudantes podem receber uma nota baixa por conta de erros de formatação. Para manuscritos submetidos para publicação, as editoras (*publishers*) utilizarão o seu arquivo de processamento de texto para produzir a versão impressa do seu artigo, por isso é importante formatá-lo corretamente.

2.17 Ordem das Páginas

Organize as páginas do trabalho na seguinte ordem:

- página de título (página 1)
- resumo (inicie em uma nova página após a página de título)
- texto (inicie em uma nova página após o resumo, ou após a página de título caso o artigo não contenha um resumo)
- referências (inicie em uma nova página após o final do texto)
- notas de rodapé (inicie em uma nova página após as referências)
- tabelas (inicie cada uma em uma nova página após as notas de rodapé)
- figuras (inicie cada uma em uma nova página após as tabelas)
- apêndices (inicie cada um em uma nova página após as tabelas e/ou figuras)

O Estilo APA fornece opções para a exibição de notas de rodapé, tabelas e figuras. Notas de rodapé podem aparecer no rodapé da página em que foram mencionadas pela primeira vez (consulte a Seção 2.13) ou em uma página separada depois das referências. Tabelas e figuras podem ser inseridas no texto depois de terem sido mencionadas ou ser exibidas em uma página separada depois das notas de rodapé (ou depois das referências, caso não haja uma página de notas de rodapé; consulte a Seção 7.6).

2.18 Cabeçalho

Todos os artigos devem conter o número da página, alinhado à direita, no cabeçalho de cada página. Use a função de numeração automática de páginas de seu programa de processamento de texto; não digite os números manualmente. A página de título é a página número 1.

Os manuscritos submetidos para publicação devem conter o título abreviado (ver Seção 2.8) no cabeçalho, além do número da página. Quando ambos os elementos aparecem, o título abreviado deve estar alinhado à esquerda e o número da página à direita. Trabalhos de estudantes só necessitam conter o número da página no cabeçalho, a menos que o professor ou instituição também exija um título abreviado.

2.19 Fonte

Os artigos no Estilo APA devem ser escritos em uma fonte acessível a todos os usuários. Historicamente, deu-se preferência a fontes sem serifa para trabalhos *on-line* e fontes com serifa para trabalhos impressos. Entretanto, as modernas resoluções de tela geralmente acomodam qualquer tipo de fonte, e pessoas que usam as tecnologias de acessibilidade podem ajustar as configurações de fonte às suas preferências. Assim, uma variedade de fontes é permitida no Estilo APA; também confira com sua editora (*publisher*), professor ou instituição quaisquer requisitos relativos à fonte.

Use a mesma fonte em todo o texto do artigo. As opções incluem

- fontes sem serifa, como Calibri de 11 pontos, Arial de 11 pontos ou Lucida Sans Unicode de 10 pontos ou
- fontes com serifa, como Times New Roman de 12 pontos, Georgia de 11 pontos ou Computer Modern normal (10 pontos; a última é a fonte padrão para LaTeX).

Recomendamos essas fontes porque são legíveis, amplamente disponíveis e incluem caracteres especiais, como símbolos matemáticos e letras gregas.

Um trabalho no Estilo APA pode conter outras fontes ou tamanhos de fonte nas seguintes circunstâncias:

- Nas figuras, use uma fonte sem serifa com tamanho entre 8 e 14 pontos.
- Ao apresentar código de programação, use uma fonte monoespaçada, como a Lucida Console de 10 pontos ou Courier New de 10 pontos.
- Ao apresentar uma nota de rodapé na página, as configurações automáticas de seu programa de processamento de texto são aceitáveis (p. ex., fonte de 10 pontos com espaçamento de linha simples).

Uma vez que diferentes fontes ocupam diferentes espaços na página, recomendamos a contagem de palavras em vez da contagem de páginas para medir a extensão do trabalho (consulte a Seção 2.25). Visite o *site* do Estilo APA (https://apastyle.apa.org) para mais discussões sobre fontes e tipografia acessível.

2.20 Caracteres Especiais

Caracteres especiais são letras acentuadas e outros sinais diacríticos, letras gregas, sinais matemáticos e símbolos. Digite caracteres especiais usando as funções de caracteres especiais do seu programa de processamento de texto ou um *plug-in*, como o MathType. Os caracteres indisponíveis devem ser apresentados como imagens. Para obter mais informações sobre letras gregas e símbolos matemáticos, consulte as Seções 6.44 e 6.45.

2.21 Espaçamento Entrelinhas

Use espaço duplo em todo o trabalho, incluindo a página de título, o resumo, o texto, os títulos, as citações em bloco, a lista de referências, as notas de tabelas e figuras e os apêndices, com as seguintes exceções:

- **página de título:** Os elementos da página de título têm espaço duplo e uma linha em branco adicional com espaço duplo aparece entre o título e a linha de autores. Pelo menos uma linha em branco com espaço duplo também aparece entre a afiliação final e qualquer nota do autor (ver Figura 2.1).
- **corpo de tabela e dísticos de figura:** O corpo da tabela (células) e os dísticos de uma figura podem ter espaço simples, espaço de um e meio ou espaço duplo, dependendo de qual formato cria a apresentação mais eficaz dos dados. Caso o texto apareça na mesma página que uma tabela ou figura, insira uma linha em branco com espaço duplo entre o texto e a tabela ou figura (para obter mais informações sobre a inserção desses elementos, consulte a Seção 7.6).

- **notas de rodapé:** Aquelas que aparecem na parte inferior da página em que são chamadas devem ser espaçadas e formatadas com as configurações automáticas do seu programa de processamento de texto. As notas de rodapé que aparecem na página após as referências devem ser formatadas como parágrafos de texto normais, ou seja, recuadas e com espaço duplo.
- **equações:** É permitido aplicar espaço triplo ou quádruplo em circunstâncias especiais, como antes e depois de uma equação exibida.

Não é necessário adicionar linhas em branco antes ou depois dos subtítulos, mesmo que fiquem no final de uma página. Não adicione espaçamento extra entre parágrafos.

2.22 Margens

Use margens de 1 in. (2,54 cm) em todos os lados (superior, inferior, esquerdo e direito) da página. Esse é o padrão na maioria dos programas de processamento de texto. Dissertações e teses podem ter requisitos diferentes para propósitos de encadernação (p. ex., margens esquerdas de 1,5 in.).

2.23 Alinhamento dos Parágrafos

Alinhe o texto à esquerda e deixe a margem direita irregular (desalinhada). Não use justificação, a qual ajusta o espaçamento entre as palavras para que todas as linhas tenham o mesmo comprimento (niveladas com as margens). Não use a função de hifenização nem divida manualmente as palavras no final de uma linha. Não insira quebras de linha manualmente em DOIs ou URLs longos; entretanto, quebras aplicadas automaticamente por um programa de processamento de texto são permitidas.

2.24 Recuo de Parágrafo

Recue a primeira linha de cada parágrafo em 0,5 in. (1,27 cm). Para consistência, use a tecla tab ou a função de formatação automática de parágrafo de seu programa de processamento de texto. As configurações automáticas na maioria programas de processamento de texto são aceitáveis. As linhas restantes do parágrafo devem ficar alinhadas à esquerda.

As exceções a esses requisitos são as seguintes:

- Para artigos profissionais, o título (em negrito), a linha de autores e as afiliações na página de título devem ser centralizados (ver Figura 2.1).
- Para trabalhos de estudantes, o título (em negrito), a linha de autores, as afiliações, o número e o nome da disciplina, o professor e a data de entrega devem ser centralizados (ver Figura 2.2).
- Os títulos das seções devem ser centralizados e em negrito (consulte a Seção 2.28).
- A primeira linha do resumo deve ser alinhada à esquerda, sem recuo (consulte a Seção 2.9).
- A totalidade de uma citação em bloco deve ser recuada 0,5 in. a partir da margem esquerda. Caso o bloco de citação abranja mais de um parágrafo, a primeira linha do segundo e demais parágrafos deve ter um recuo adicional de 0,5 in., de modo que as primeiras linhas sejam recuadas em um total de 1 in. (consulte a Seção 8.27).
- Os títulos de Nível 1 devem ser centralizados (e em negrito), e os títulos de Níveis 2 e 3 devem ser alinhados à esquerda (e em negrito ou negrito itálico, respectivamente; consulte a Seção 2.27).

- Números de tabelas e figuras (Seções 7.10 e 7.24, respectivamente), títulos (Seções 7.11 e 7.25) e notas (Seções 7.14 e 7.28) devem ser alinhados à esquerda.
- Os itens da lista de referência devem ter um recuo deslocado de 0,5 in. (consulte a Seção 2.12).
- Os nomes e títulos dos apêndices devem ser centralizados e em negrito (consulte a Seção 2.14).

2.25 Extensão do Trabalho

Os periódicos diferem na extensão média dos artigos que publicam, por isso, consulte as instruções para os autores para determinar a extensão apropriada para o tipo de artigo que você está submetendo. A extensão para trabalhos de estudantes é determinada pelas diretrizes da tarefa.

Se um trabalho exceder o limite máximo de extensão, abrevie-o expressando as ideias de forma clara e direta, restringindo a discussão ao problema específico sob investigação, excluindo ou combinando apresentações de dados, eliminando repetições entre seções e escrevendo na voz ativa. Para orientação sobre como melhorar a extensão de frases e parágrafos, consulte a Seção 4.6. Um artigo profissional que ainda seja longo demais pode ter de ser dividido em dois ou mais trabalhos, cada um com um foco mais específico (no entanto, consulte a Seção 1.16 sobre publicação em partes).

Os limites de extensão de um trabalho podem ser especificados por contagem de páginas ou de palavras. Recomendamos a contagem de palavras porque fontes diferentes têm tamanhos ligeiramente diferentes e podem produzir variações no número de páginas. De modo geral, para determinar a contagem de páginas, conte todas elas, incluindo a página de título e a lista de referências. Da mesma forma, para determinar a contagem de palavras, conte cada palavra do início ao fim, incluindo todas as citações, itens de referências, tabelas, figuras (exceto dísticos, que não podem ser capturados pela contagem de palavras) e apêndices. As configurações automáticas de contagem de palavras de seu programa de processamento de texto são aceitáveis para determinar esse número. Não conte o texto no cabeçalho da página (ou seja, título abreviado e/ou números de página), nem adicione manualmente qualquer palavra dentro de figuras para a contagem de palavras (essas palavras geralmente não são incluídas no sistema automático de contagem de palavras em programas como Microsoft Word, Academic Writer ou Google Docs). Caso o periódico ao qual você está submetendo o trabalho tenha especificações diferentes para determinar o número de páginas ou de palavras, siga essas instruções.

Organização

2.26 Princípios de Organização

Na escrita acadêmica, uma estrutura organizacional adequada é a chave para uma comunicação clara, precisa e lógica. Antes de começar a escrever, considere a melhor extensão para seu trabalho e a estrutura mais sensata para seus resultados. Organizar seus pensamentos de forma lógica ao nível de sentenças e parágrafos também fortalecerá o impacto da sua escrita.

Os títulos em um documento identificam o tópico ou a finalidade do conteúdo de cada seção. Ajudam os leitores a se familiarizar com a forma como o conteúdo está organizado, permitindo-lhes encontrar facilmente as informações que procuram. Devem ser sucintos, mas longos o suficiente para descrever o conteúdo (veja os modelos de trabalhos no final deste capítulo para exemplos de títulos eficazes). Títulos concisos ajudam os leitores a antecipar pontos-chave e a rastrear o desenvolvimento de seu argumento. Títulos bem formatados e claramente redigidos auxiliam os leitores visuais e não visuais de todos os níveis de habilidade. Eles devem ser claramente distinguíveis do texto. Para uma discussão mais aprofundada sobre como criar e usar títulos (e textos relacionados) de maneira eficaz para todos (incluindo os usuários de tecnologias de acessibilidade), visite o *site* do Estilo APA (https://apastyle.apa.org).

Existem cinco níveis possíveis de título no Estilo APA (consulte a Seção 2.27), e todos os tópicos de igual importância devem ter o mesmo nível. Por exemplo, em um trabalho com múltiplos experimentos, os títulos das seções de "Método" e "Resultados" para o Experimento 1 devem ser do mesmo nível que os títulos para as seções de "Método" e "Resultados" do Experimento 2, com redação semelhante. Em um trabalho com um único experimento, as seções de "Método", "Resultados" e "Discussão" devem ter o mesmo nível de título. Evite usar apenas um título de subseção dentro de uma seção, como em um resumo de tópicos; use pelo menos dois títulos de subseção dentro de uma seção, ou não use nenhum (p. ex., em um resumo, uma seção numerada com um algarismo romano seria dividida pelo menos em subseções A e B ou nenhuma subseção; uma subseção A não poderia ser usada sozinha).

2.27 Níveis de Título

Os títulos do Estilo APA têm cinco níveis possíveis: os de Nível 1 são usados para seções de nível superior ou principais, os de Nível 2 são subseções do Nível 1, e assim por diante. Independentemente do número de níveis de subtítulo dentro de uma seção, sua estrutura segue a mesma progressão descendente. Cada seção se inicia com o nível de título mais alto, mesmo que tenha menos níveis de subtítulos do que outra. Por exemplo, em um trabalho com títulos de "Método", "Resultados" e "Discussão" de Nível 1, as seções de "Método" e "Resultados" podem ter cada uma dois níveis de subtítulo (Níveis 2 e 3), e a seção de "Discussão" pode ter apenas um nível de subtítulo (Nível 2). Assim, haveria três níveis de títulos para o artigo em geral.

Títulos na Introdução. Uma vez que os primeiros parágrafos de um artigo são entendidos como introdutórios, o título "Introdução" não é necessário; o título do artigo no topo da primeira página do texto atua como Nível 1 (ver Figura 2.4). Para subseções dentro da introdução, use títulos de Nível 2 para o primeiro nível de subseção, Nível 3 para subseções de quaisquer títulos de Nível 2, e assim por diante. Depois da introdução (quer ela inclua títulos ou não), use um título de Nível 1 para a próxima seção do artigo (p. ex., "Método").

Número de Títulos em um Trabalho. O número de níveis necessários para um trabalho depende de sua extensão e complexidade, mas em média são três. Se apenas um nível de título for necessário, use o Nível 1, se dois níveis forem necessários, use os Níveis 1 e 2, se três níveis forem necessários, use os Níveis 1, 2 e 3, e assim por diante. Use apenas o número de títulos necessários para diferenciar seções distintas; trabalhos de estudantes curtos podem não exigir título algum. Não marque os títulos com números ou letras.[2]

Formato. A Tabela 2.3 mostra como formatar cada nível de título, a Figura 2.4 demonstra o uso de títulos na introdução, e a Figura 2.5 lista todos os títulos usados de forma correta em um exemplo de trabalho. Os exemplos de trabalhos no final deste capítulo também mostram o uso contextualizado de títulos.

---

[2] As seções e os títulos do *Manual de Publicação* são numerados para auxiliar na indexação e na indicação de referências.

Tabela 2.3 Formato Para os Cinco Níveis de Título no Estilo APA

Nível	Formato
1	**Título Centralizado, em Negrito, com Iniciais Maiúsculas** Texto inicia como um novo parágrafo.
2	**Título Alinhado à Esquerda, em Negrito, com Iniciais Maiúsculas** Texto inicia como um novo parágrafo.
3	***Título Alinhado à Esquerda, em Negrito e Itálico, com Iniciais Maiúsculas*** Texto inicia como um novo parágrafo.
4	**Título Recuado à Direita, em Negrito, com Iniciais Maiúsculas, Terminando com Ponto.** Texto inicia na mesma linha e continua como um parágrafo normal.
5	***Título Recuado à Direita, em Negrito e Itálico, com Iniciais Maiúsculas, Terminando com Ponto.*** Texto inicia na mesma linha e continua como um parágrafo normal.

Nota. Em títulos, a maioria das palavras é grafada com iniciais maiúsculas (ver Seção 6.17).

Figura 2.4 Uso de Títulos em um Exemplo de Introdução

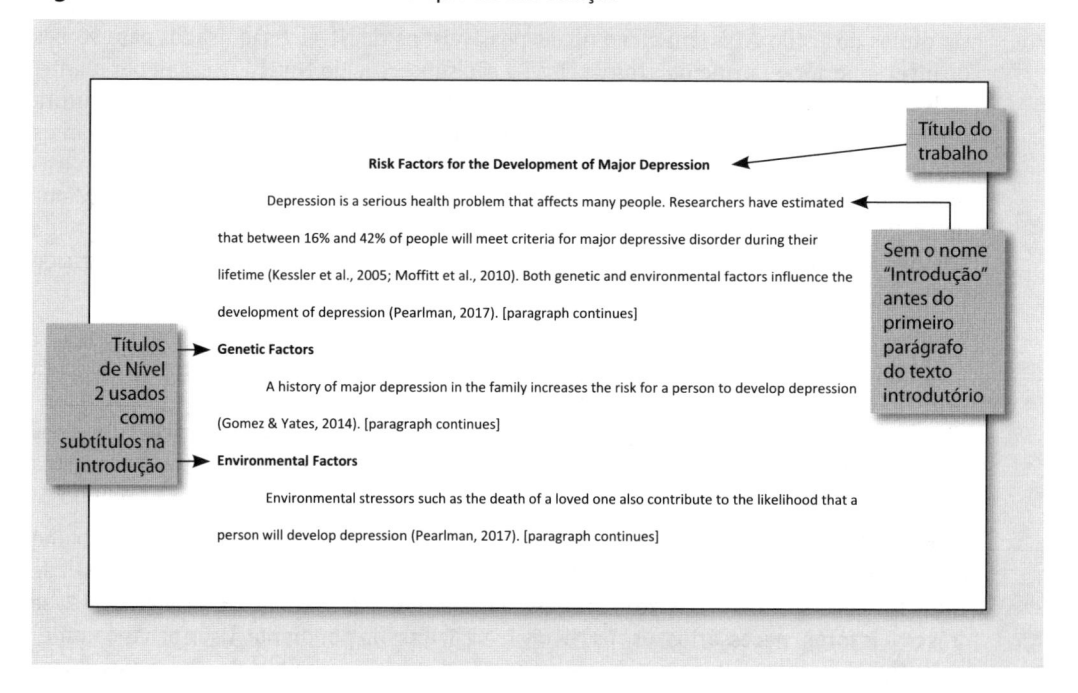

> **Risk Factors for the Development of Major Depression** ← Título do trabalho
>
> Depression is a serious health problem that affects many people. Researchers have estimated that between 16% and 42% of people will meet criteria for major depressive disorder during their lifetime (Kessler et al., 2005; Moffitt et al., 2010). Both genetic and environmental factors influence the development of depression (Pearlman, 2017). [paragraph continues]
>
> **Genetic Factors**
>
> A history of major depression in the family increases the risk for a person to develop depression (Gomez & Yates, 2014). [paragraph continues]
>
> **Environmental Factors**
>
> Environmental stressors such as the death of a loved one also contribute to the likelihood that a person will develop depression (Pearlman, 2017). [paragraph continues]

Títulos de Nível 2 usados como subtítulos na introdução

Sem o nome "Introdução" antes do primeiro parágrafo do texto introdutório

2.28 Nomes de Seção

Os nomes das seções incluem "Nota do Autor", "Resumo", título do artigo no topo da primeira página do texto, "Referências", "Notas de Rodapé" e "Apêndice A" (e outros nomes de apêndice). Coloque-os em uma linha separada no topo da página em que a seção começa, em negrito e centralizados.

Figura 2.5 Formato dos Títulos em um Exemplo de Artigo

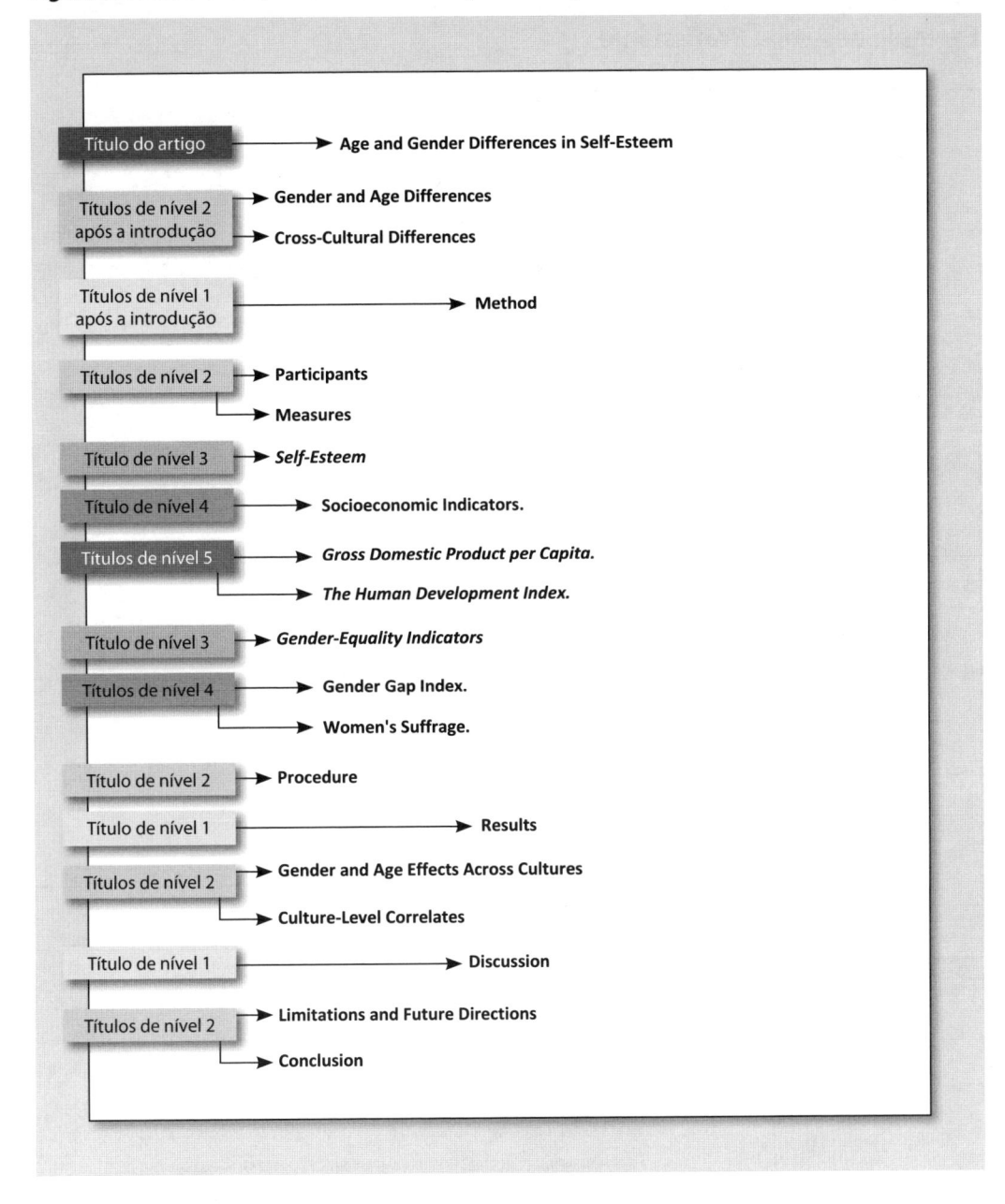

Título do artigo	Age and Gender Differences in Self-Esteem
Títulos de nível 2 após a introdução	Gender and Age Differences
	Cross-Cultural Differences
Títulos de nível 1 após a introdução	Method
Títulos de nível 2	Participants
	Measures
Título de nível 3	*Self-Esteem*
Título de nível 4	Socioeconomic Indicators.
Títulos de nível 5	*Gross Domestic Product per Capita.*
	The Human Development Index.
Título de nível 3	*Gender-Equality Indicators*
Títulos de nível 4	Gender Gap Index.
	Women's Suffrage.
Título de nível 2	Procedure
Título de nível 1	Results
Títulos de nível 2	Gender and Age Effects Across Cultures
	Culture-Level Correlates
Título de nível 1	Discussion
Títulos de nível 2	Limitations and Future Directions
	Conclusion

Exemplos de Trabalhos
Exemplo de Artigo Profissional

COMPARISON OF STUDENT EVALUATIONS OF TEACHING   1

Comparison of Student Evaluations of Teaching With Online and Paper-Based Administration

Claudia J. Stanny[1] and James E. Arruda[2]

[1] Center for University Teaching, Learning, and Assessment, University of West Florida

[2] Department of Psychology, University of West Florida

[página de título profissional, 2.3]

Author Note

Data collection and preliminary analysis were sponsored by the Office of the Provost and the Student Assessment of Instruction Task Force. Portions of these findings were presented as a poster at the 2016 National Institute on the Teaching of Psychology, St. Pete Beach, Florida, United States. We have no conflicts of interest to disclose.

Correspondence concerning this article should be addressed to Claudia J. Stanny, Center for University Teaching, Learning, and Assessment, University of West Florida, Building 53, 11000 University Parkway, Pensacola, FL 32514, United States. Email: cstanny@institution.edu

---

COMPARISON OF STUDENT EVALUATIONS OF TEACHING   2

Abstract

[resumo, 2.9, rótulos de seção, 2.28]

When institutions administer student evaluations of teaching (SETs) online, response rates are lower relative to paper-based administration. We analyzed average SET scores from 364 courses taught during the fall term in 3 consecutive years to determine whether administering SET forms online for all courses in the 3rd year changed the response rate or the average SET score. To control for instructor characteristics, we based the data analysis on courses for which the same instructor taught the course in each of three successive fall terms. Response rates for face-to-face classes declined when SET administration occurred only online. Although average SET scores were reliably lower in Year 3 than in the previous 2 years, the magnitude of this change was minimal (0.11 on a five-item Likert-like scale). We discuss practical implications of these findings for interpretation of SETs and the role of SETs in the evaluation of teaching quality.

Keywords: college teaching, student evaluations of teaching, online administration, response rate, assessment

[palavras-chave, 2.10]

Exemplo de Artigo Profissional *(continuação)*

COMPARISON OF STUDENT EVALUATIONS OF TEACHING   3 ← *título abreviado, 2.8*

Comparison of Student Evaluations of Teaching With Online and Paper-Based Administration ← *título, 2.4, Tabela 2.1*

    Student ratings and evaluations of instruction have a long history as sources of information about teaching quality (Berk, 2013). Student evaluations of teaching (SETs) often play a significant role in high-stakes decisions about hiring, promotion, tenure, and teaching awards. As a result, researchers have examined the psychometric properties of SETs and the possible impact of variables such as race, gender, age, course difficulty, and grading practices on average student ratings (Griffin et al., 2014; Nulty, 2008; Spooren et al., 2013). They have also examined how decision makers evaluate SET scores (Boysen, 2015a, 2015b; Boysen et al., 2014; Dewar, 2011). In the last 20 years, considerable attention has been directed toward the consequences of administering SETs online (Morrison, 2011; Stowell et al., 2012) because low response rates may have implications for how decision makers should interpret SETs.

citação parentética de um trabalho com um autor, 8.17
citação parentética de múltiplos trabalhos, 8.12
citação parentética para trabalhos com o mesmo autor e a mesma data, 8.19

Online Administration of Student Evaluations ← *título de Nível 2 na introdução, 2.27, Tabela 2.3, Figura 2.4*

COMPARISON OF STUDENT EVALUATIONS OF TEACHING   4

students do not write comments on paper-based forms), oran instructor might remain present during SET administration (Avery et al., 2006).

    In-class, paper-based administration creates social expectations that might motivate students to complete SETs. In contrast, students who are concerned about confidentiality or do not understand how instructors and institutions use SET findings to improve teaching might ignore requests to complete an online SET (Dommeyer et al., 2002). Instructors in turn worry that low response rates will reduce the validity of the findings if students who do not complete an SET differ in significant ways from students who do (Stowell et al., 2012). For example, students who do not attend class regularly often miss class the day that SETs are administered. However, all students (including nonattending students) can complete the forms when they are administered online. Faculty also fear that SET findings based on a low-response sample will be dominated by students in extreme categories (e.g., students with grudges, students with extremely favorable attitudes), who may be particularly motivated to complete online SETs, and therefore that SET findings will inadequately represent the voice of average students (Reiner & Arnold, 2010).

Effects of Format on Response Rates and Student Evaluation Scores ← *título de Nível 2 na introdução, 2.27, Tabela 2.3, Figura 2.4*

    The potential for biased SET findings associated with low response rates has been examined in the published literature. In findings that run contrary to faculty fears that online SETs might be dominated by low-performing students, Avery et al. (2006) found that students with higher grade-point averages (GPAs) were more likely to complete online evaluations. Likewise, Jaquett et al. (2017) reported that students who had positive experiences in their classes (including receiving the grade they expected to earn) were more likely to submit course evaluations.

citação narrativa, 8.11; paráfrase, 8.23

    Institutions can expect lower response rates when they administer SETs online (Avery et al., 2006; Dommeyer et al., 2002; Morrison, 2011; Nulty, 2008; Reiner & Arnold, 2010; Stowell et al., 2012; Venette et al., 2010). However, most researchers have found that the mean SET rating does not change

Exemplo de Artigo Profissional (*continuação*)

COMPARISON OF STUDENT EVALUATIONS OF TEACHING 5

significantly when they compare SETs administered on paper with those completed online. These findings have been replicated in multiple settings using a variety of research methods (Avery et al., 2006; Dommeyer et al., 2004; Morrison, 2011; Stowell et al., 2012; Venette et al., 2010).

    Exceptions to this pattern of minimal or nonsignificant differences in average SET scores appeared in Nowell et al. (2010) and Morrison (2011), who examined a sample of 29 business courses. Both studies reported lower average scores when SETs were administered online. However, they also found that SET scores for individual items varied more within an instructor when SETs were administered online versus on paper. Students who completed SETs on paper tended to record the same response for all questions, whereas students who completed the forms online tended to respond differently to different questions. Both research groups argued that scores obtained online might not be directly comparable to scores obtained through paper-based forms. They advised that institutions administer SETs entirely online or entirely on paper to ensure consistent, comparable evaluations across faculty.

    Each university presents a unique environment and culture that could influence how seriously students take SETs and how they respond to decisions to administer SETs online. Although a few large-scale studies of the impact of online administration exist (Reiner & Arnold, 2010; Risquez et al., 2015), a local replication answers questions about characteristics unique to that institution and generates evidence about the generalizability of existing findings.

Purpose of the Present Study

    In the present study we examined patterns of responses for online and paper-based SET scores at a midsized, regional, comprehensive university in the United States. We posed two questions: First, does the response rate or the average SET score change when an institution administers SET forms online instead of on paper? Second, what is the minimal response rate required to produce stable average SET scores for an instructor? Whereas much earlier research relied on small samples often

---

Anotações (margem esquerda):
- citação parentética de múltiplos trabalhos, 8.12
- citação narrativa usada para parafrasear métodos de dois estudos, 8.23
- paráfrase longa, 8.24
- título de Nível 2 na introdução, 2.27, Tabela 2.3, Figura 2.4

Exemplo de Artigo Profissional *(continuação)*

COMPARISON OF STUDENT EVALUATIONS OF TEACHING 6

limited to a single academic department, we gathered SET data on a large sample of courses ($N = 364$) that included instructors from all colleges and all course levels over 3 years. We controlled for individual differences in instructors by limiting the sample to courses taught by the same instructor in all 3 years. The university offers nearly 30% of course sections online in any given term, and these courses have always administered online SETs. This allowed us to examine the combined effects of changing the method of delivery for SETs (paper-based to online) for traditional classes and changing from a mixed method of administering SETs (paper for traditional classes and online for online classes in the first 2 years of data gathered) to uniform use of online forms for all classes in the final year of data collection.

Method

[título de Nível 1 após introdução, 2.27, Tabela 2.3, Figura 2.5]

Sample

[título de Nível 2, 2.27, Tabela 2.3, Figura 2.5]

Response rates and evaluation ratings were retrieved from archived course evaluation data. The archive of SET data did not include information about personal characteristics of the instructor (gender, age, or years of teaching experience), and students were not provided with any systematic incentive to complete the paper or o[nline...] ratings for 364 courses t[...] (2012, 2013, and 2014).

The sample incl[uded...] instructors (30%) taught[...]

[título de Nível 2, 2.27, Tabela 2.3, Figura 2.5]

provided data on one c[ourse...] courses, and 105 (29%) p[...] face-to-face and online c[...]

COMPARISON OF STUDENT EVALUATIONS OF TEACHING 7

beginning undergraduate level (1st- and 2nd-year students), 205 courses (56%) at the advanced undergraduate level (3rd- and 4th-year students), and 52 courses (14%) at the graduate level.

Instrument

The course evaluation instrument was a set of 18 items developed by the state university system. The first eight items were designed to measure the quality of the instructor, concluding with a global rating of instructor quality (Item 8: "Overall assessment of instructor"). The remaining items asked students to evaluate components of the course, concluding with a global rating of course organization (Item 18: "Overall, I would rate the course organization"). No formal data on the psychometric properties of the items are available, although all items have obvious face validity.

Students were asked to rate each instructor as *poor* (0), *fair* (1), *good* (2), *very good* (3), or *excellent* (4) in response to each item. Evaluation ratings were subsequently calculated for each course and instructor. A median rating was computed when an instructor taught more than one section of a course during a term.

[itálico usado para os pontos de uma escala, 6.22]

The institution limited our access to SET data for the 3 years of data requested. We obtained scores for Item 8 ("Overall assessment of instructor") for all 3 years but could obtain scores for Item 18 ("Overall, I would rate the course organization") only for Year 3. We computed the correlation between scores on Item 8 and Item 18 (from course data recorded in the 3rd year only) to estimate the internal consistency of the evaluation instrument. These two items, which serve as composite summaries of preceding items (Item 8 for Items 1–7 and Item 18 for Items 9–17), were strongly related, $r(362) = .92$. Feistauer and Richter (2016) also reported strong correlations between global items in a large analysis of SET responses.

[meia-risca (en dash) usada em um intervalo numérico, 6.6]

[estatísticas apresentadas no texto, 6.43]

Design

[título de Nível 2, 2.27, Tabela 2.3, Figura 2.5]

This study took advantage of a natural experiment created when the university decided to administer all course evaluations online. We requested SET data for the fall semesters for 2 years

Exemplo de Artigo Profissional (continuação)

COMPARISON OF STUDENT EVALUATIONS OF TEACHING 8

preceding the change, when students completed paper-based SET forms for face-to-face courses and online SET forms for online courses, and data for the fall semester of the implementation year, when students completed online SET forms for all courses. We used a 2 × 3 × 3 factorial design in which course delivery method (face to face and online) and course level (beginning undergraduate, advanced undergraduate, and graduate) were between-subjects factors and evaluation year (Year 1: 2012, Year 2: 2013, and Year 3: 2014) was a repeated-measures factor. The dependent measures were the response rate (measured as a percentage of class enrollment) and the rating for Item 8 ("Overall assessment of instructor").

Data analysis was limited to scores on Item 8 because the institution agreed to release data on this one item only. Data for scores on Item 18 were made available for SET forms administered in Year 3 to address questions about variation in responses across items. The strong correlation between scores on Item 8 and scores on Item 18 suggested that Item 8 could be used as a surrogate for all the items. These two items were of particular interest because faculty, department chairs, and review committees frequently rely on these two items as stand-alone indicators of teaching quality for annual evaluations and tenure and promotion reviews.

Results

Response Rates

Response rates are presented in Table 1. The findings indicate that response rates for face-to-face courses were much higher than for online courses, but only when face-to-face course evaluations were administered in the classroom. In the Year 3 administration, when all course evaluations were administered online, response rates for face-to-face courses declined ($M = 47.18\%$, $SD = 20.11$), but were still slightly higher than for online courses ($M = 41.60\%$, $SD = 18.23$). These findings produced a statistically significant interaction between course delivery method and evaluation year, $F(178, 716) =$

- título de Nível 1, 2.27, Tabela 2.3, Figura 2.5
- título de Nível 2, 2.27, Tabela 2.3, Figura 2.5
- chamada de tabela no texto, 7.5; números de tabelas, 7.10
- estatísticas apresentadas no texto, 6.43

Exemplo de Artigo Profissional (continuação)

COMPARISON OF STUDENT EVALUATIONS OF TEACHING 9

101.34, $MSE = 210.61$, $p < .001$.¹ The strength of the overall interaction effect was .22 (η_p^2). Simple main-effects tests revealed statistically significant differences in the response rates for face-to-face courses and online courses for each of the 3 observation years.² The greatest differences occurred during Year 1 ($p < .001$) and Year 2 ($p < .001$), when evaluations were administered on paper in the classroom for all face-to-face courses and online for all online courses. Although the difference in response rate between face-to-face and online courses during the Year 3 administration was statistically reliable (when both face-to-to-face and online courses were evaluated with online surveys), the effect was small ($\eta_p^2 = .02$). Thus, there was minimal difference in response rate between face-to-face and online courses when evaluations were administered online for all courses. No other factors or interactions included in the analysis were statistically reliable.

Evaluation Ratings

The same 2 × 3 × 3 analysis of variance model was used to evaluate mean SET ratings. This analysis produced two statistically significant main effects. The first main effect involved evaluation year, $F(1.86, 716) = 3.44$, $MSE = 0.18$, $p = .03$ ($\eta_p^2 = .01$; see Footnote 1). Evaluation ratings associated with the Year 3 administration ($M = 3.26$, $SD = 0.60$) were significantly lower than the evaluation ratings associated with both the Year 1 ($M = 3.35$, $SD = 0.53$) and Year 2 ($M = 3.38$, $SD = 0.54$) administrations. Thus, all courses received lower SET scores in Year 3, regardless of course delivery method and course level. However, the size of this effect was small (the largest difference in mean rating was 0.11 on a five-item scale).

---

¹ A Greenhouse–Geisser adjustment of the degrees of freedom was performed in anticipation of a sphericity assumption violation.
² A test of the homogeneity of variance assumption revealed no statistically significant difference in response rate variance between the two delivery modes for the 1st, 2nd, and 3rd years.

10

, 358) = 23.51, $MSE =$

received significantly

valuation year and

cally reliable.

Stability of Ratings

The scatterplot presented in Figure 1 illustrates the relation between SET scores and response rate. Although the correlation between SET scores and response rate was small and not statistically significant, $r(362) = .07$, visual inspection of the plot of SET scores suggests that SET ratings became less variable as response rate increased. We conducted Levene's test to evaluate the variability of SET scores above and below the 60% response rate, which several researchers have recommended as an acceptable threshold for response rates (Berk, 2012, 2013; Nulty, 2008). The variability of scores above and below the 60% threshold was not statistically reliable, $F(1, 362) = 1.53$, $p = .22$.

Discussion

Online administration of SETs in this study was associated with lower response rates, yet it is curious that online courses experienced a 10% increase in response rate when all courses were evaluated with online forms in Year 3. Online courses had suffered from chronically low response rates in previous years, when face-to-face classes continued to use paper-based forms. The benefit to response rates observed for online courses when all SET forms were administered online might be attributed to increased communications that encouraged students to complete the online course

Exemplo de Artigo Profissional (continuação)

COMPARISON OF STUDENT EVALUATIONS OF TEACHING

Although the average SET rating was significantly lower in Year 3 than in the previous 2 years, the magnitude of the numeric difference was small (differences ranged from 0.08 to 0.11, based on a 0–4 Likert-like scale). This difference is similar to the differences Risquez et al. (2015) reported for SET scores after statistically adjusting for the influence of several potential confounding variables. A substantial literature has discussed the appropriate and inappropriate interpretation of SET ratings (Berk, 2013; Boysen, 2015a, 2015b; Boysen et al., 2014; Dewar, 2011; Stark & Freishtat, 2014). [citação parentética de múltiplos trabalhos, 8.12]

Faculty have often raised concerns about the potential variability of SET scores due to low response rates and thus small sample sizes. However, our analysis indicated that classes with high response rates produced equally variable SET scores as did classes with low response rates. Reviewers should take extra care when they interpret SET scores. Decision makers often ignore questions about whether means derived from small samples accurately represent the population mean (Tversky & Kahneman, 1971). Reviewers frequently treat all numeric differences as if they were equally meaningful as measures of true differences and give them credibility even after receiving explicit warnings that these differences are not meaningful (Boysen, 2015a, 2015b). [citação parentética de um trabalho com dois autores, 8.17]

Because low response rates produce small sample sizes, we expected that the SET scores based on smaller class samples (i.e., courses with low response rates) would be more variable than those based on larger class samples (i.e., courses with high response rates). Although researchers have recommended that response rates reach the criterion of 60%–80% when SET data will be used for high-stakes decisions (Berk, 2012, 2013; Nulty, 2008), our findings did not indicate a significant reduction in SET score variability with higher response rates. [símbolo de porcentagem repetido em um intervalo, 6.44]

Implications for Practice [título de Nível 2, 2.27, Tabela 2.3, Figura 2.5]

Improving SET Response Rates [título de Nível 3, 2.27, Tabela 2.3, Figura 2.5]

When decision makers use SET data to make high-stakes decisions (faculty hires, annual evaluations, tenure, promotions, teaching awards), institutions would be wise to take steps to ensure

Exemplo de Artigo Profissional (continuação)

COMPARISON OF STUDENT EVALUATIONS OF TEACHING   12

that SETs have acceptable response rates. Researchers have discussed effective strategies to improve response rates for SETs (Nulty, 2008; see also Berk, 2013; Dommeyer et al., 2004; Jaquett et al., 2016). These strategies include offering empirically validated incentives, creating high-quality technical systems with good human factors characteristics, and promoting an institutional culture that clearly supports the use of SET data and other information to improve the quality of teaching and learning. Programs and instructors must discuss why information from SETs is important for decision-making and provide students with tangible evidence of how SET information guides decisions about curriculum improvement. The institution should provide students with compelling evidence that the administration system protects the confidentiality of their responses.

citação "ver também", 8.12

Evaluating SET Scores

título de Nível 3, 2.27, Tabela 2.3, Figura 2.5

In addition to ensuring adequate response rates on SETs, decision makers should demand multiple sources of evidence about teaching quality (Buller, 2012). High-stakes decisions should never rely exclusively on numeric data from SETs. Reviewers often treat SET ratings as a surrogate for a measure of the impact an instructor has on student learning. However, a recent meta-analysis (Uttl et al., 2017) questioned whether SET scores have any relation to student learning. Reviewers need evidence in addition to SET ratings to evaluate teaching, such as evidence of the instructor's disciplinary content expertise, skill with classroom management, ability to engage learners with lectures or other activities, impact on student learning, or success with efforts to modify and improve courses and teaching strategies (Berk, 2013; Stark & Freishtat, 2014). As with other forms of assessment, any one measure may be limited in terms of the quality of information it provides. Therefore, multiple measures are more informative than one.

citação parentética de um trabalho com um autor, 8.17

citação parentética de dois trabalhos, 8.12

A portfolio of evidence include summaries of cla assignments and exams

COMPARISON OF STUDENT EVALUATIONS OF TEACHING   13

samples of student work. Course syllabi can identify intended learning outcomes; describe instructional strategies that reflect the rigor of the course (required assignments and grading practices); and provide other information about course content, design, instructional strategies, and instructor interactions with students (Palmer et al., 2014; Stanny et al., 2015).

Conclusion

título de Nível 2, 2.27, Tabela 2.3, Figura 2.5

Psychology has a long history of devising creative strategies to measure the "unmeasurable," whether the targeted variable is a mental process, an attitude, or the quality of teaching (e.g., Webb et al., 1966). In addition, psychologists have documented various heuristics and biases that contribute to the misinterpretation of quantitative data (Gilovich et al., 2002), including SET scores (Boysen, 2015a, 2015b; Boysen et al., 2014). These skills enable psychologists to offer multiple solutions to the challenge posed by the need to objectively evaluate the quality of teaching and the impact of teaching on student learning.

aspas usadas para indicar comentário irônico, 6.7

Online administration of SET forms presents multiple desirable features, including rapid feedback to instructors, economy, and support for environmental sustainability. However, institutions should adopt implementation procedures that do not undermine the usefulness of the data gathered. Moreover, institutions should be wary of emphasizing procedures that produce high response rates only to lull faculty into believing that SET data can be the primary (or only) metric used for high-stakes

Exemplo de Artigo Profissional (continuação)

COMPARISON OF STUDENT EVALUATIONS OF TEACHING 14

References

Avery, R. J., Bryant, W. K., Mathios, A., Kang, H., & Bell, D. (2006). Electronic course evaluations: Does an online delivery system influence student evaluations? *The Journal of Economic Education, 37*(1), 21–37. https://doi.org/10.3200/JECE.37.1.21-37

Berk, R. A. (2012). Top 20 strategies to increase the online response rates of student rating scales. *International Journal of Technology in Teaching and Learning, 8*(2), 98–107.

Berk, R. A. (2013). *Top 10 flashpoints in student ratings and the evaluation of teaching*. Stylus.

Boysen, G. A. (2015a). Preventing the overinterpretation of small mean differences in student evaluations of teaching: An evaluation of warning effectiveness. *Scholarship of Teaching and Learning in Psychology, 1*(4), 269–282. https://doi.org/10.1037/stl0000042

Boysen, G. A. (2015b). Significant interpretation of small mean differences in student evaluations of teaching despite explicit warning to avoid overinterpretation. *Scholarship of Teaching and Learning in Psychology, 1*(2), 150–162. https://doi.org/10.1037/stl0000017

Boysen, G. A., Kelly, T. J., Raesly, H. N., & Casner, R. W. (2014). The (mis)interpretation of teaching evaluations by college faculty and administrators. *Assessment & Evaluation in Higher Education, 39*(6), 641–656. https://doi.org/10.1080/02602938.2013.860950

Buller, J. L. (2012). *Best practices in faculty evaluation: A practical guide for academic leaders*. Jossey-Bass.

Dewar, J. M. (2011). Helping stakeholders understand the limitations of SRT data: Are we doing enough? *Journal of Faculty Development, 25*(3), 40–44.

Dommeyer, C. J., Baum, P., & Hanna, R. W. (2002). College students' attitudes toward methods of collecting teaching evaluations: In-class versus on-line. *Journal of Education for Business, 78*(1), 11–15. https://doi.org/10.1080/08832320209599691

15

student submission of end-of-course evaluations. *Scholarship of Teaching and Learning in Psychology, 2*(1), 49–61. https://doi.org/10.1037/stl0000052

Jaquett, C. M., VanMaaren, V. G., & Williams, R. L. (2017). Course factors that motivate students to submit end-of-course evaluations. *Innovative Higher Education, 42*(1), 19–31. https://doi.org/10.1007/sl0755-016-9368-5

Morrison, R. (2011). A comparison of online versus traditional student end-of-course critiques in resident courses. *Assessment & Evaluation in Higher Education, 36*(6), 627–641. https://doi.org/10.1080/02602931003632399

Nowell, C., Gale, L. R., & Handley, B. (2010). Assessing faculty performance using student evaluations of teaching in an uncontrolled setting. *Assessment & Evaluation in Higher Education, 35*(4), 463–475. https://doi.org/10.1080/02602930902862875

Exemplo de Artigo Profissional (continuação)

COMPARISON OF STUDENT EVALUATIONS OF TEACHING 16

Nulty, D. D. (2008). The adequacy of response rates to online and paper surveys: What can be done? *Assessment & Evaluation in Higher Education, 33*(3), 301–314. https://doi.org/10.1080/02602930701293231

Palmer, M. S., Bach, D. J., & Streifer, A. C. (2014). Measuring the promise: A learning-focused syllabus rubric. *To Improve the Academy: A Journal of Educational Development, 33*(1), 14–36. https://doi.org/10.1002/tia2.20004

Reiner, C. M., & Arnold, K. E. (2010). Online course evaluation: Student and instructor perspectives and assessment potential. *Assessment Update, 22*(2), 8–10. https://doi.org/10.1002/au.222

Risquez, A., Vaughan, E., & Murphy, M. (2015). Online student evaluations of teaching: What are we sacrificing for the affordances of technology? *Assessment & Evaluation in Higher Education, 40*(1), 210–234. https://doi.org/10.1080/02602938.2014.890695 [título terminado com ponto de interrogação, 9.19]

Spooren, P., Brockx, B., & Mortelmans, D. (2013). On the validity of student evaluation of teaching: The state of the art. *Review of Educational Research, 83*(4), 598–642. https://doi.org/10.3102/0034654313496870

Stanny, C. J., Gonzalez, M., & McGowan, B. (2015). Assessing the culture of teaching and learning through a syllabus review. *Assessment & Evaluation in Higher Education, 40*(7), 898–913. https://doi.org/10.1080/02602938.2014.956684

Stark, P. B., & Freishtat, R. (2014). An evaluation of course evaluations. *ScienceOpen Research.* https://doi.org/10.14293/S2199-1006.I.SOR-EDU.AQFRQA.vl

Stowell, J. R., Addison, ...
evaluations of instr...
.org/10.1080/02602...

Tversky, A., & Kahnema...
105–110. https://do...

COMPARISON OF STUDENT EVALUATIONS OF TEACHING 17

Uttl, B., White, C. A., & Gonzalez, D. W. (2017). Meta-analysis of faculty's teaching effectiveness: Student evaluation of teaching ratings and student learning are not related. *Studies in Educational Evaluation, 54,* 22–42. https://doi.org/10.1016/j.stueduc.2016.08.007 [referência de artigo científico sem número de edição, 9.26]

Venette, S., Sellnow, D., & McIntyre, K. (2010). Charting new territory: Assessing the online frontier of student ratings of instruction. *Assessment & Evaluation in Higher Education,* 35(1), 101–115. https://doi.org/10.1080/02602930802618336

Webb, E. J., Campbell, D. T., Schwartz, R. D., & Sechrest, L. (1966). *Unobtrusive measures: Nonreactive research in the social sciences.* Rand McNally.

Exemplo de Artigo Profissional *(continuação)*

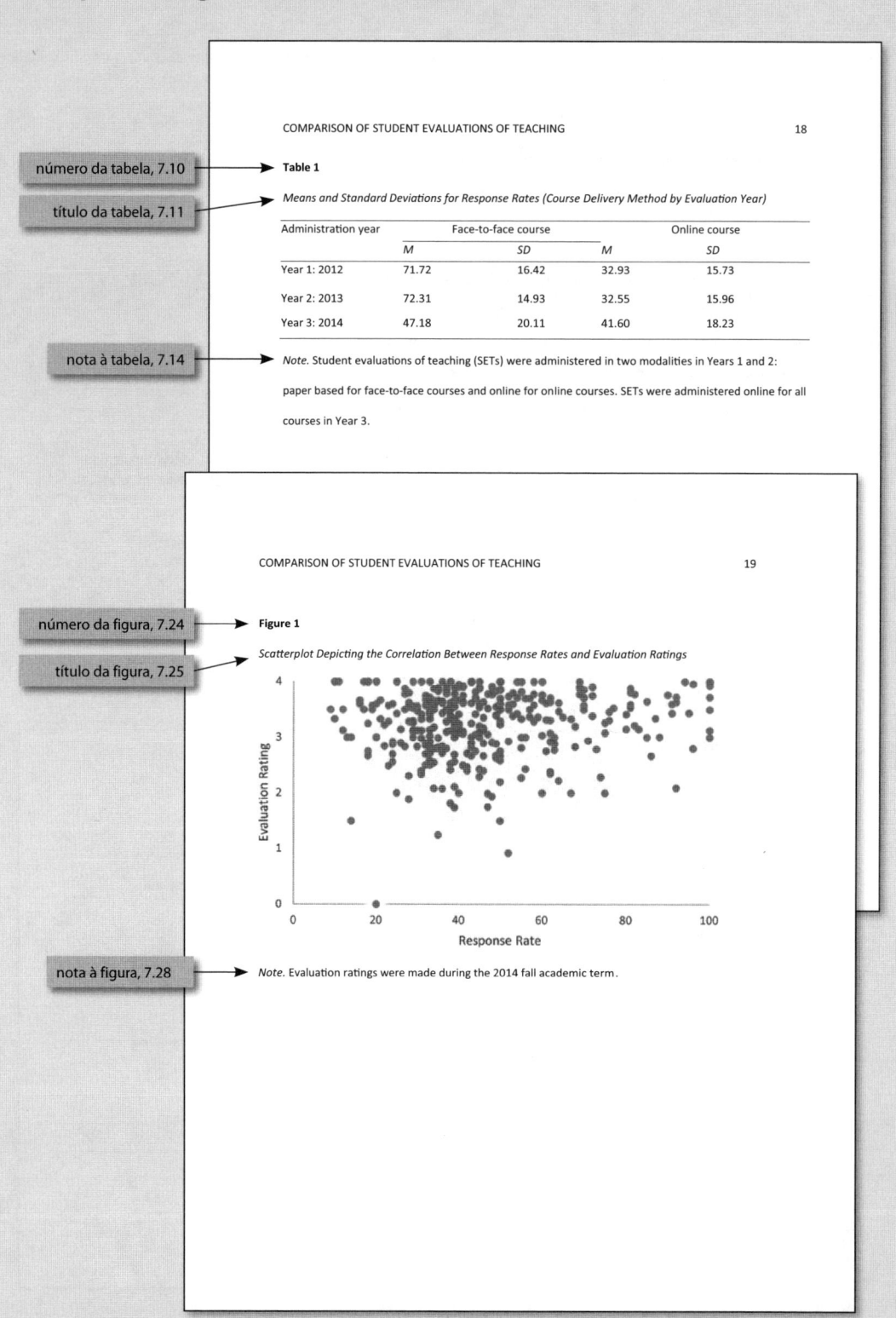

COMPARISON OF STUDENT EVALUATIONS OF TEACHING 18

- número da tabela, 7.10 → **Table 1**
- título da tabela, 7.11 → *Means and Standard Deviations for Response Rates (Course Delivery Method by Evaluation Year)*

Administration year	Face-to-face course		Online course	
	M	SD	M	SD
Year 1: 2012	71.72	16.42	32.93	15.73
Year 2: 2013	72.31	14.93	32.55	15.96
Year 3: 2014	47.18	20.11	41.60	18.23

- nota à tabela, 7.14 → *Note.* Student evaluations of teaching (SETs) were administered in two modalities in Years 1 and 2: paper based for face-to-face courses and online for online courses. SETs were administered online for all courses in Year 3.

COMPARISON OF STUDENT EVALUATIONS OF TEACHING 19

- número da figura, 7.24 → **Figure 1**
- título da figura, 7.25 → *Scatterplot Depicting the Correlation Between Response Rates and Evaluation Ratings*

- nota à figura, 7.28 → *Note.* Evaluation ratings were made during the 2014 fall academic term.

Exemplo de Artigo de Estudante

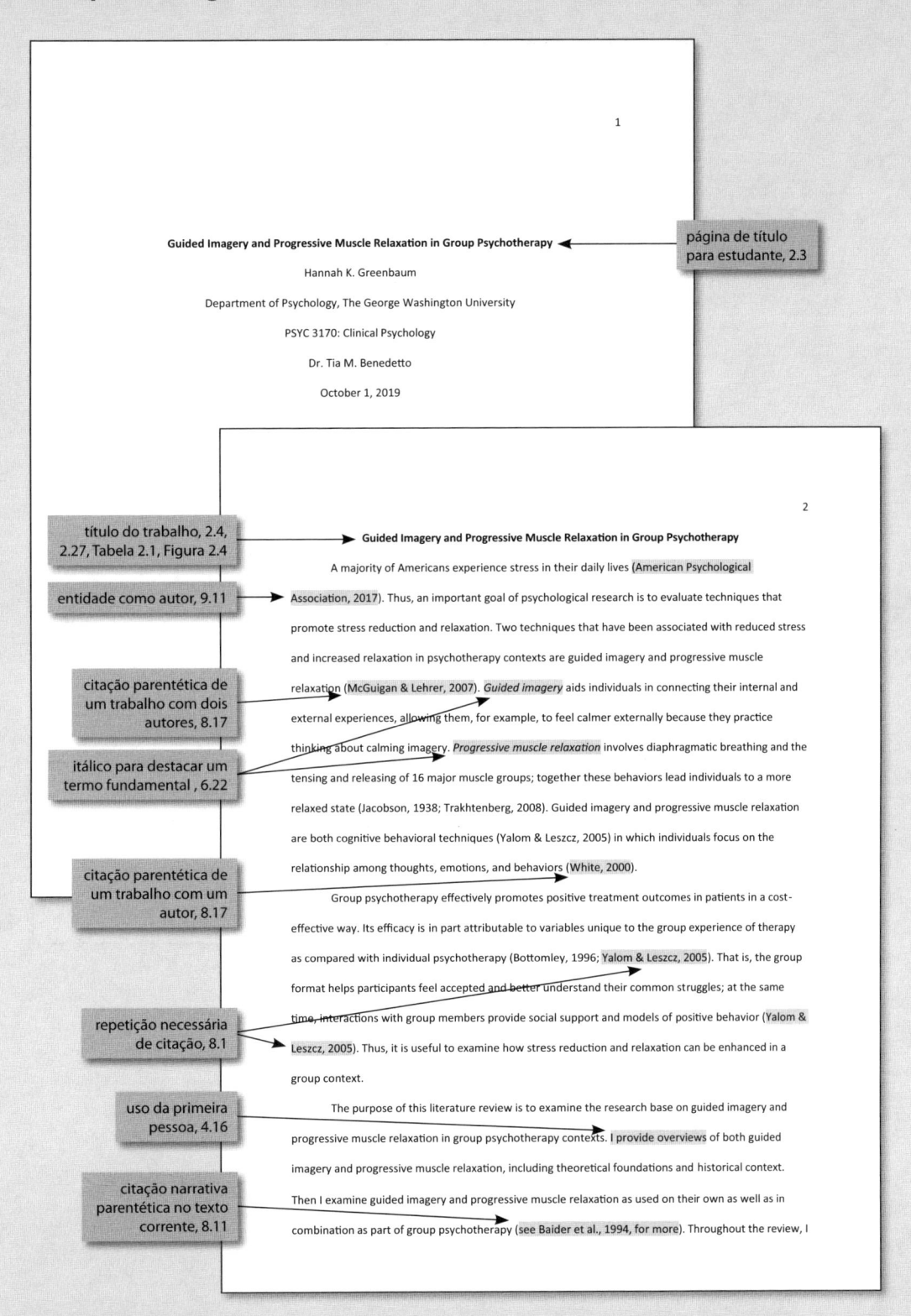

Guided Imagery and Progressive Muscle Relaxation in Group Psychotherapy

Hannah K. Greenbaum

Department of Psychology, The George Washington University

PSYC 3170: Clinical Psychology

Dr. Tia M. Benedetto

October 1, 2019

> página de título para estudante, 2.3

Guided Imagery and Progressive Muscle Relaxation in Group Psychotherapy

A majority of Americans experience stress in their daily lives (American Psychological Association, 2017). Thus, an important goal of psychological research is to evaluate techniques that promote stress reduction and relaxation. Two techniques that have been associated with reduced stress and increased relaxation in psychotherapy contexts are guided imagery and progressive muscle relaxation (McGuigan & Lehrer, 2007). *Guided imagery* aids individuals in connecting their internal and external experiences, allowing them, for example, to feel calmer externally because they practice thinking about calming imagery. *Progressive muscle relaxation* involves diaphragmatic breathing and the tensing and releasing of 16 major muscle groups; together these behaviors lead individuals to a more relaxed state (Jacobson, 1938; Trakhtenberg, 2008). Guided imagery and progressive muscle relaxation are both cognitive behavioral techniques (Yalom & Leszcz, 2005) in which individuals focus on the relationship among thoughts, emotions, and behaviors (White, 2000).

Group psychotherapy effectively promotes positive treatment outcomes in patients in a cost-effective way. Its efficacy is in part attributable to variables unique to the group experience of therapy as compared with individual psychotherapy (Bottomley, 1996; Yalom & Leszcz, 2005). That is, the group format helps participants feel accepted and better understand their common struggles; at the same time, interactions with group members provide social support and models of positive behavior (Yalom & Leszcz, 2005). Thus, it is useful to examine how stress reduction and relaxation can be enhanced in a group context.

The purpose of this literature review is to examine the research base on guided imagery and progressive muscle relaxation in group psychotherapy contexts. I provide overviews of both guided imagery and progressive muscle relaxation, including theoretical foundations and historical context. Then I examine guided imagery and progressive muscle relaxation as used on their own as well as in combination as part of group psychotherapy (see Baider et al., 1994, for more). Throughout the review, I

> - título do trabalho, 2.4, 2.27, Tabela 2.1, Figura 2.4
> - entidade como autor, 9.11
> - citação parentética de um trabalho com dois autores, 8.17
> - itálico para destacar um termo fundamental, 6.22
> - citação parentética de um trabalho com um autor, 8.17
> - repetição necessária de citação, 8.1
> - uso da primeira pessoa, 4.16
> - citação narrativa parentética no texto corrente, 8.11

Exemplo de Artigo de Estudante (continuação)

highlight themes in the research. Finally, I end by pointing out limitations in the existing literature and exploring potential directions for future research.

Guided Imagery

Features of Guided Imagery

Guided imagery involves a person visualizing a mental image and engaging each sense (e.g., sight, smell, touch) in the process. Guided imagery was first examined in a psychological context in the 1960s, when the behavior theorist Joseph Wolpe helped pioneer the use of relaxation techniques such as aversive imagery, exposure, and imaginal flooding in behavior therapy (Achterberg, 1985; Utay & Miller, 2006). Patients learn to relax their bodies in the presence of stimuli that previously distressed them, to the point where further exposure to the stimuli no longer provokes a negative response (Achterberg, 1985).

Contemporary research supports the efficacy of guided imagery interventions for treating medical, psychiatric, and psychological disorders (Utay & Miller, 2006). Guided imagery is typically used to pursue treatment goals such as improved relaxation, sports achievement, and pain reduction. Guided imagery techniques are often paired with breathing techniques and other forms of relaxation, such as mindfulness (see Freebird Meditations, 2012). The evidence is sufficient to call guided imagery an effective, evidence-based treatment for a variety of stress-related psychological concerns (Utay & Miller, 2006).

Guided Imagery in Group Psychotherapy

Guided imagery exercises improve treatment outcomes and prognosis in group psychotherapy contexts (Skovholt & Thoen, 1987). Lange (1982) underscored two such benefits by showing (a) the role of the group psychotherapy leader in facilitating reflection on the guided imagery experience, including difficulties and stuck points, and (b) the benefits achieved by social comparison of guided imagery

Exemplo de Artigo de Estudante (*continuação*)

4

experiences between group members. Teaching techniques and reflecting on the group process are unique components of guided imagery received in a group context (Yalom & Leszcz, 2005).

Empirical research focused on guided imagery interventions supports the efficacy of the technique with a variety of populations within hospital settings, with positive outcomes for individuals diagnosed with depression, anxiety, and eating disorders (Utay & Miller, 2006). Guided imagery and relaxation techniques have even been found to "reduce distress and allow the immune system to function more effectively" (Trakhtenberg, 2008, p. 850). For example, Holden-Lund (1988) examined effects of a guided imagery intervention on surgical stress and wound healing in a group of 24 patients. Patients listened to guided imagery recordings and reported reduced state anxiety, lower cortisol levels following surgery, and less irritation in wound healing compared with a control group. Holden-Lund concluded that the guided imagery recordings contributed to improved surgical recovery. It would be interesting to see how the results might differ if guided imagery was practiced continually in a group context.

Guided imagery has also been shown to reduce stress, length of hospital stay, and symptoms related to medical and psychological conditions (Scherwitz et al., 2005). For example, Ball et al. (2003) conducted guided imagery in a group psychotherapy format with 11 children (ages 5–18) experiencing recurrent abdominal pa[...]
psychotherapy sessions [...]
diaries and parent and [...]
pain. Despite a small sa[...]
that guided imagery in a[...]

- citação curta, 8.25, 8.26
- citação narrativa repetida com omissão do ano, 8.16
- citações com "et al." para trabalhos com três ou mais autores, 8.17

5

met once in a group to learn guided imagery and then practiced guided imagery individually on their own (see Menzies et al., 2014, for more). Thus, it is unknown whether guided imagery would have different effects if implemented on an ongoing basis in group psychotherapy.

Progressive Muscle Relaxation

Features of Progressive Muscle Relaxation

Progressive muscle relaxation involves diaphragmatic or deep breathing and the tensing and releasing of muscles in the body (Jacobson, 1938). Edmund Jacobson developed progressive muscle relaxation in 1929 (as cited in Peterson et al., 2011) and directed participants to practice progressive muscle relaxation several times a week for a year. After examining progressive muscle relaxation as an intervention for stress or anxiety, Joseph Wolpe (1960; as cited in Peterson et al., 2011) theorized that relaxation was a promising treatment. In 1973, Bernstein and Borkovec created a manual for helping professionals to teach their clients progressive muscle relaxation, thereby bringing progressive muscle relaxation into the fold of interventions used in cognitive behavior therapy. In its current state, progressive muscle relaxation is often paired with relaxation training and described within a relaxation framework (see Freebird Meditations, 2012, for more).

Research on the use of progressive muscle relaxation for stress reduction has demonstrated the efficacy of the method (McGuigan & Lehrer, 2007). As clients learn how to tense and release different muscle groups, the physical relaxation achieved then influences psychological processes (McCallie et al., 2006). For example, progressive muscle relaxation can help alleviate tension headaches, insomnia, pain, and irritable bowel syndrome. This research demonstrates that relaxing the body can also help relax the mind and lead to physical benefits.

Progressive Muscle Relaxation in Group Psychotherapy

- título de Nível 1, 2.27, Tabela 2.3, Figura 2.5
- título de Nível 2, 2.27, Tabela 2.3, Figura 2.5
- citação de fonte secundária, 8.6
- citação narrativa com o ano na narrativa, 8.11
- citação "para mais", 8.11

Exemplo de Artigo de Estudante (continuação)

settings to reduce stress and physical symptoms (Peterson et al., 2011). For example, the U.S. Department of Veterans Affairs integrates progressive muscle relaxation into therapy skills groups (Hardy, 2017). The goal is for group members to practice progressive muscle relaxation throughout their inpatient stay and then continue the practice at home to promote ongoing relief of symptoms (Yalom & Leszcz, 2005).

> [paráfrase longa, 8.24]

Yu (2004) examined the effects of multimodal progressive muscle relaxation on psychological distress in 121 elderly patients with heart failure. Participants were randomized into experimental and control groups. The experimental group received biweekly group sessions on progressive muscle relaxation, as well as tape-directed self-practice and a revision workshop. The control group received follow-up phone calls as a placebo. Results indicated that the experimental group exhibited significant improvement in reports of psychological distress compared with the control group. Although this study incorporated a multimodal form of progressive muscle relaxation, the experimental group met biweekly in a group format; thus, the results may be applicable to group psychotherapy.

Progressive muscle relaxation has also been examined as a stress-reduction intervention with large groups, albeit not therapy groups. Rausch et al. (2006) exposed a group of 387 college students to

> [abreviatura de tempo, 6.28]

20 min of either meditation, progressive muscle relaxation, or waiting as a control condition. Students

> [citação em bloco, 8.25, 8.27]

exposed to meditation and progressive muscle relaxation recovered more quickly from subsequent stressors than did students in the control condition. Rausch et al. (2006) concluded the following:

> A mere 20 min of these group interventions was effective in reducing anxiety to normal levels … merely 10 min of the interventions allowed [the high-anxiety group] to recover from the stressor. Thus, brief interventions of meditation and progressive muscle relaxation may be effective for those with clinical levels of anxiety and for stress recovery when exposed to brief, transitory stressors. (p. 287)

Thus, even small amou[nts] anxiety.

Guided Imagery and Pr[...]

Combinations [...] muscle relaxation, have [...] group psychotherapy co[...] existence of immediate and long-term positive effects of guided imagery and progressive muscle relaxation delivered in group psychotherapy (Baider et al., 1994). For example, Cohen and Fried (2007)

> [citação narrativa, 8.11, parafraseando, 8.23]

examined the effect of group psychotherapy on 114 women diagnosed with breast cancer. The researchers randomly assigned participants to three groups: (a) a control group, (b) a relaxation psychotherapy group that received guided imagery and progressive muscle relaxation interventions, or (c) a cognitive behavioral therapy group. Participants reported less psychological distress in both intervention groups compared with the control group, and participants in the relaxation psychotherapy group reported reduced symptoms related to sleep and fatigue. The researchers concluded that relaxation training using guided imagery and progressive muscle relaxation in group psychotherapy is effective for relieving distress in women diagnosed with breast cancer. These results further support the utility of guided imagery and progressive muscle relaxation within the group psychotherapy modality.

Conclusion

> [título de Nível 1, 2.27, Tabela 2.3, Figura 2.5]

Limitations of Existing Research

Research on the use of guided imagery and progressive muscle relaxation to achieve stress

Exemplo de Artigo de Estudante *(continuação)*

8

usually expected to practice the techniques by themselves (see Menzies et al., 2014). Future research should address how these relaxation techniques can assist people in diverse groups and how the impact of relaxation techniques may be amplified if treatments are delivered in the group setting over time.

Future research should also examine differences in inpatient versus outpatient psychotherapy groups as well as structured versus unstructured groups. The majority of research on the use of guided imagery and progressive muscle relaxation with psychotherapy groups has used unstructured inpatient groups (e.g., groups in a hospital setting). However, inpatient and outpatient groups are distinct, as are structured versus unstructured groups, and each format offers potential advantages and limitations (Yalom & Leszcz, 2005). For example, an advantage of an unstructured group is that the group leader can reflect the group process and focus on the "here and now," which may improve the efficacy of the relaxation techniques (Yalom & Leszcz, 2005). However, research also has supported the efficacy of structured psychotherapy groups for patients with a variety of medical, psychiatric, and psychological disorders (Hashim & Zainol, 2015; see also Baider et al., 1994; Cohen & Fried, 2007). Empirical research ← citação "ver também", 8.12
assessing these interventions is limited, and further research is recommended.

Directions for Future Research ← título de Nível 2, 2.27, Tabela 2.3, Figura 2.5

There are additional considerations when interpreting the results of previous studies and planning for future studies of these techniques. For example, a lack of control groups and small sample sizes have contributed to low statistical power and limited the generalizability of findings. Although the current data support the efficacy of psychotherapy groups that integrate guided imagery and progressive muscle relaxation, further research with control groups and larger samples would bolster confidence in the effica participants over time, attrition. These factors rates and changes in me

9

participation (L. Plum, personal communication, March 17, 2019). Despite these challenges, continued research examining guided imagery and progressive muscle relaxation interventions within group psychotherapy is warranted (Scherwitz et al., 2005). The results thus far are promising, and further investigation has the potential to make relaxation techniques that can improve people's lives more effective and widely available.

comunicação pessoal, 8.9

Exemplo de Artigo de Estudante *(continuação)*

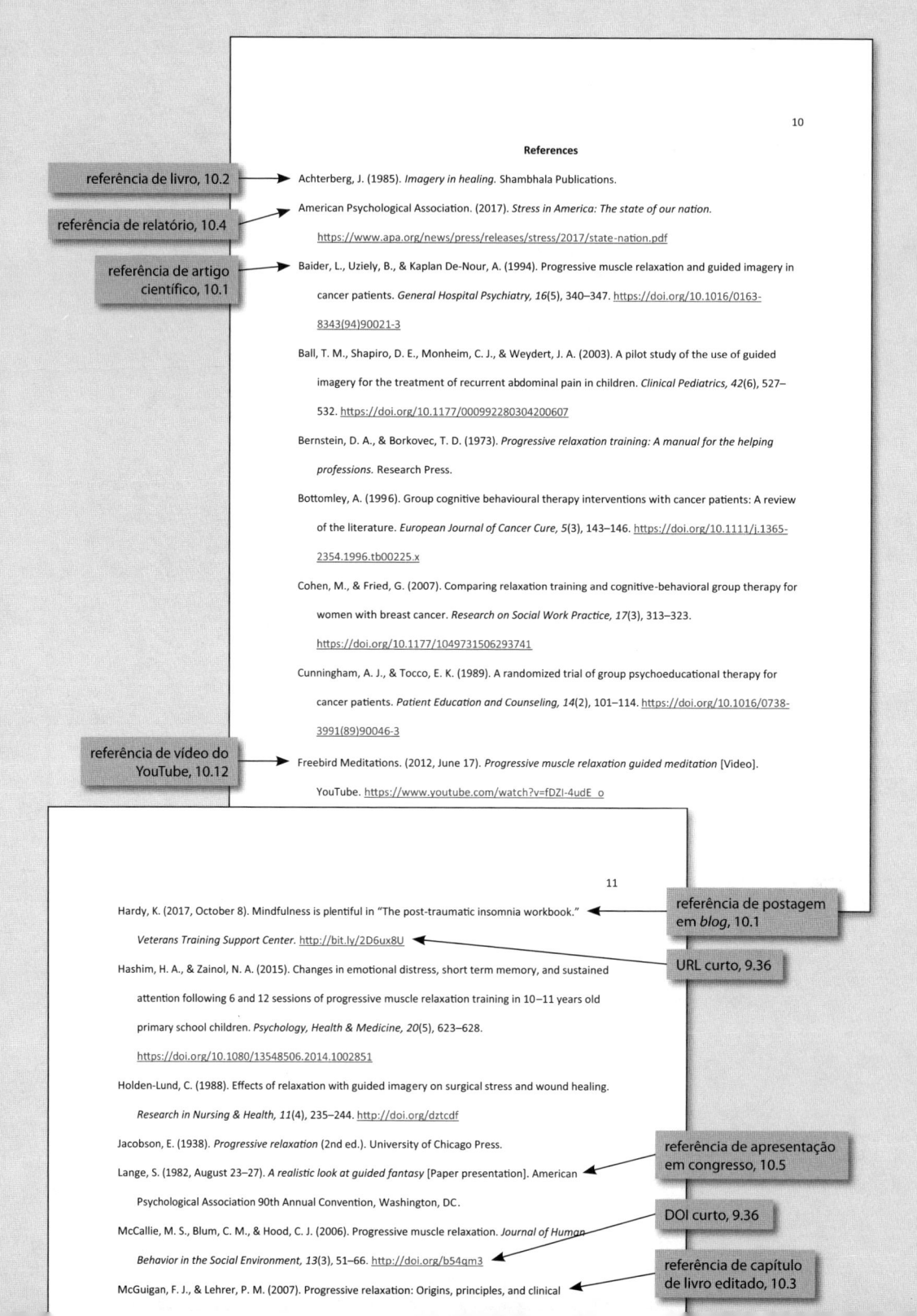

10

References

[referência de livro, 10.2] → Achterberg, J. (1985). *Imagery in healing*. Shambhala Publications.

[referência de relatório, 10.4] → American Psychological Association. (2017). *Stress in America: The state of our nation.*
https://www.apa.org/news/press/releases/stress/2017/state-nation.pdf

[referência de artigo científico, 10.1] → Baider, L., Uziely, B., & Kaplan De-Nour, A. (1994). Progressive muscle relaxation and guided imagery in cancer patients. *General Hospital Psychiatry, 16*(5), 340–347. https://doi.org/10.1016/0163-8343(94)90021-3

Ball, T. M., Shapiro, D. E., Monheim, C. J., & Weydert, J. A. (2003). A pilot study of the use of guided imagery for the treatment of recurrent abdominal pain in children. *Clinical Pediatrics, 42*(6), 527–532. https://doi.org/10.1177/000992280304200607

Bernstein, D. A., & Borkovec, T. D. (1973). *Progressive relaxation training: A manual for the helping professions*. Research Press.

Bottomley, A. (1996). Group cognitive behavioural therapy interventions with cancer patients: A review of the literature. *European Journal of Cancer Cure, 5*(3), 143–146. https://doi.org/10.1111/j.1365-2354.1996.tb00225.x

Cohen, M., & Fried, G. (2007). Comparing relaxation training and cognitive-behavioral group therapy for women with breast cancer. *Research on Social Work Practice, 17*(3), 313–323. https://doi.org/10.1177/1049731506293741

Cunningham, A. J., & Tocco, E. K. (1989). A randomized trial of group psychoeducational therapy for cancer patients. *Patient Education and Counseling, 14*(2), 101–114. https://doi.org/10.1016/0738-3991(89)90046-3

[referência de vídeo do YouTube, 10.12] → Freebird Meditations. (2012, June 17). *Progressive muscle relaxation guided meditation* [Video]. YouTube. https://www.youtube.com/watch?v=fDZI-4udE_o

11

Hardy, K. (2017, October 8). Mindfulness is plentiful in "The post-traumatic insomnia workbook." ← [referência de postagem em *blog*, 10.1]
Veterans Training Support Center. http://bit.ly/2D6ux8U ← [URL curto, 9.36]

Hashim, H. A., & Zainol, N. A. (2015). Changes in emotional distress, short term memory, and sustained attention following 6 and 12 sessions of progressive muscle relaxation training in 10–11 years old primary school children. *Psychology, Health & Medicine, 20*(5), 623–628. https://doi.org/10.1080/13548506.2014.1002851

Holden-Lund, C. (1988). Effects of relaxation with guided imagery on surgical stress and wound healing. *Research in Nursing & Health, 11*(4), 235–244. http://doi.org/dztcdf

Jacobson, E. (1938). *Progressive relaxation* (2nd ed.). University of Chicago Press.

Lange, S. (1982, August 23–27). *A realistic look at guided fantasy* [Paper presentation]. American ← [referência de apresentação em congresso, 10.5]
Psychological Association 90th Annual Convention, Washington, DC.

McCallie, M. S., Blum, C. M., & Hood, C. J. (2006). Progressive muscle relaxation. *Journal of Human Behavior in the Social Environment, 13*(3), 51–66. http://doi.org/b54qm3 ← [DOI curto, 9.36]

McGuigan, F. J., & Lehrer, P. M. (2007). Progressive relaxation: Origins, principles, and clinical ← [referência de capítulo de livro editado, 10.3]

Exemplo de Artigo de Estudante *(continuação)*

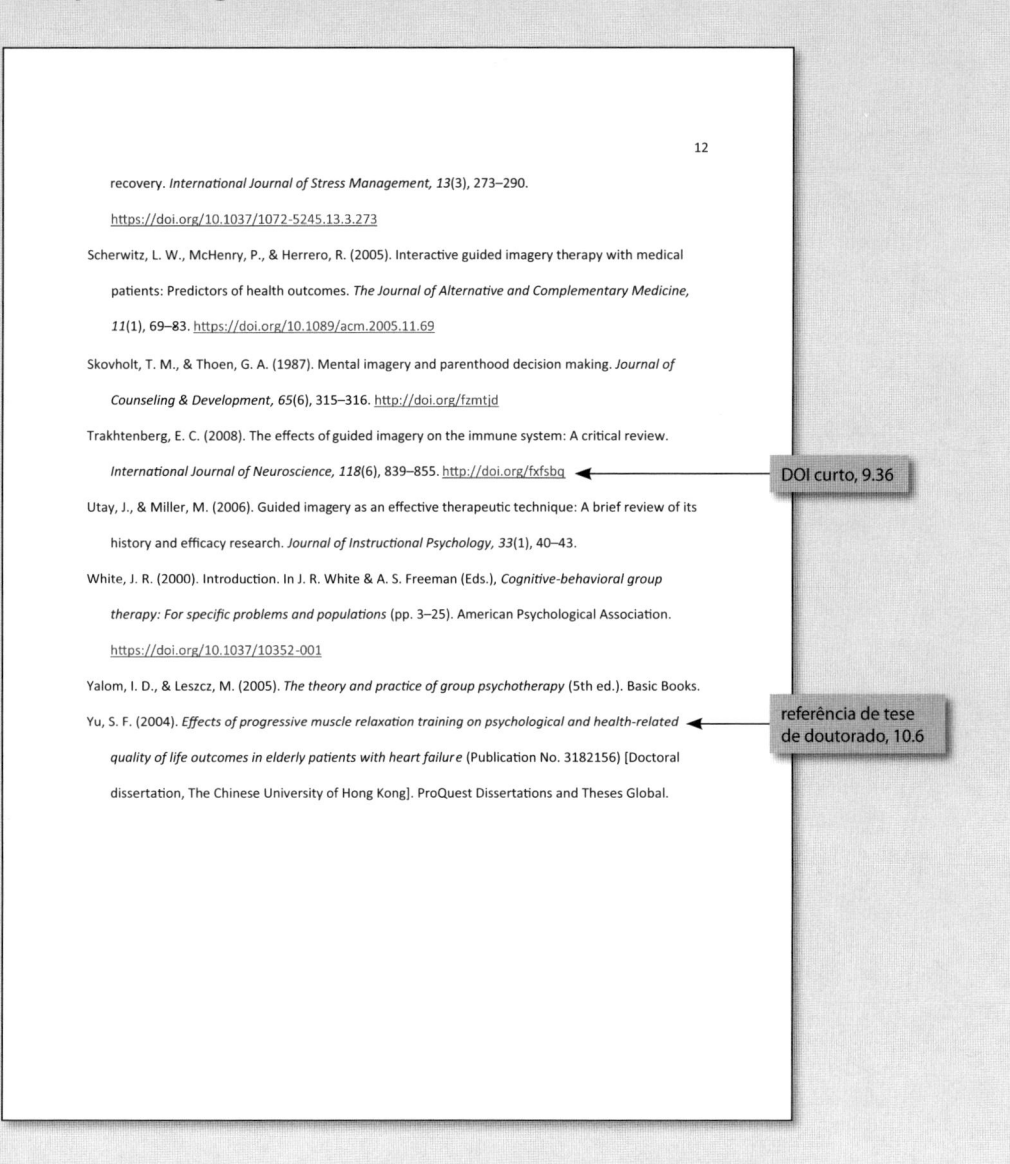

12

recovery. *International Journal of Stress Management, 13*(3), 273–290.

https://doi.org/10.1037/1072-5245.13.3.273

Scherwitz, L. W., McHenry, P., & Herrero, R. (2005). Interactive guided imagery therapy with medical patients: Predictors of health outcomes. *The Journal of Alternative and Complementary Medicine, 11*(1), 69–83. https://doi.org/10.1089/acm.2005.11.69

Skovholt, T. M., & Thoen, G. A. (1987). Mental imagery and parenthood decision making. *Journal of Counseling & Development, 65*(6), 315–316. http://doi.org/fzmtjd

Trakhtenberg, E. C. (2008). The effects of guided imagery on the immune system: A critical review. *International Journal of Neuroscience, 118*(6), 839–855. http://doi.org/fxfsbq ← DOI curto, 9.36

Utay, J., & Miller, M. (2006). Guided imagery as an effective therapeutic technique: A brief review of its history and efficacy research. *Journal of Instructional Psychology, 33*(1), 40–43.

White, J. R. (2000). Introduction. In J. R. White & A. S. Freeman (Eds.), *Cognitive-behavioral group therapy: For specific problems and populations* (pp. 3–25). American Psychological Association.

https://doi.org/10.1037/10352-001

Yalom, I. D., & Leszcz, M. (2005). *The theory and practice of group psychotherapy* (5th ed.). Basic Books.

Yu, S. F. (2004). *Effects of progressive muscle relaxation training on psychological and health-related quality of life outcomes in elderly patients with heart failure* (Publication No. 3182156) [Doctoral dissertation, The Chinese University of Hong Kong]. ProQuest Dissertations and Theses Global. ← referência de tese de doutorado, 10.6

3
NORMAS DE PUBLICAÇÃO DE ARTIGOS CIENTÍFICOS

Sumário

Visão Geral das Normas de Publicação 72

   3.1 Aplicação dos Princípios das Normas de Publicação de Artigos Científicos 72

   3.2 Terminologia Utilizada nas Normas de Publicação de Artigos Científicos 72

Normas de Publicação Comuns Entre os Delineamentos de Pesquisa 73

   3.3 Normas Para Resumo 73

   3.4 Normas Para Introdução 75

Normas de Publicação Para Pesquisa Quantitativa 77

   3.5 Expectativas Básicas Para Apresentação de Pesquisa Quantitativa 77

   3.6 Normas Para Método Quantitativo 82

   3.7 Normas Para Resultados Quantitativos 86

   3.8 Normas Para Discussão Quantitativa 89

   3.9 Normas de Publicação Adicionais Para Estudos Experimentais e Não Experimentais Típicos 90

   3.10 Normas de Publicação Para Delineamentos Especiais 91

   3.11 Normas Para Abordagens Analíticas 92

   3.12 Normas Para Metanálise Quantitativa 93

Normas de Publicação Para Pesquisa Qualitativa 93

   3.13 Expectativas Básicas Para Apresentação de Pesquisa Qualitativa 93

   3.14 Normas Para Método Qualitativo 94

   3.15 Normas Para Descobertas ou Resultados Qualitativos 102

   3.16 Normas Para Discussão Qualitativa 103

   3.17 Normas Para Metanálise Qualitativa 104

Normas de Publicação Para Pesquisa de Métodos Mistos 104

   3.18 Expectativas Básicas Para Apresentação de Pesquisa de Métodos Mistos 104

3
NORMAS DE PUBLICAÇÃO DE ARTIGOS CIENTÍFICOS

Este capítulo orienta os leitores a um conjunto especializado de diretrizes desenvolvidas pela APA, conhecido como *normas de publicação de artigos científicos*, ou JARS (do inglês journal article reporting standards). Essas normas fornecem orientações aos autores sobre quais informações devem ser incluídas, no mínimo, em artigos científicos. Utilizando as JARS, os autores podem tornar suas pesquisas mais claras, precisas e transparentes para os leitores. Escrever com clareza e relatar pesquisas de uma forma que seja mais fácil de compreender ajuda a garantir o rigor científico e a integridade metodológica, além de melhorar a qualidade dos estudos publicados. Embora as normas de publicação estejam intimamente relacionadas com a forma como os estudos são delineados e conduzidos, elas não prescrevem como delineá-los ou executá-los e não são dependentes do tema ou do periódico no qual podem ser publicados. Normas de publicação abrangentes e uniformes tornam mais fácil comparar pesquisas, compreender as implicações de cada estudo e permitir que técnicas de metanálise sejam executadas de maneira mais eficiente. Administradores de políticas e práticas também enfatizam a importância de compreender como uma pesquisa foi conduzida e o que foi descoberto.

Este capítulo contém orientações práticas para os autores que usarão as JARS ao relatar suas pesquisas — principalmente aqueles que buscam publicação profissional, bem como estudantes de graduação ou pós-graduação que estão colaborando em projetos de pesquisa. As normas para resumo e introdução também podem ser úteis para estudantes de graduação que estão escrevendo trabalhos de pesquisa menos complexos (consulte as Seções 3.3 e 3.4). Observe que as informações disponíveis sobre as JARS são substanciais e detalhadas; este capítulo é apenas uma introdução. O *site* Estilo APA JARS (https://apastyle.apa.org/jars) contém uma grande variedade de recursos (*links* para muitos deles aparecem ao longo deste capítulo). As JARS também podem sofrer revisões e expansões no futuro, à medida que são desenvolvidas novas normas; quaisquer alterações serão contempladas no *site*. As seções a seguir discutem a aplicação dos princípios das JARS, incluindo por que existem normas e como elas evoluíram, a terminologia usada para discuti-las, com um *link* para um glossário no *site* das JARS, as normas para resumos e introduções que se aplicam a todos os tipos de artigos de pesquisa e normas específicas para pesquisas quantitativas, qualitativas e de métodos mistos.

Visão Geral das Normas de Publicação

3.1 Aplicação dos Princípios das Normas de Publicação de Artigos Científicos

Ao adotar e seguir as JARS em seus artigos, os pesquisadores

- ajudam os leitores a compreender plenamente a pesquisa que está sendo descrita e tirar conclusões válidas do trabalho,
- permitem que revisores e editores avaliem adequadamente o valor científico dos manuscritos submetidos para publicação,
- permitem que futuros pesquisadores repliquem a pesquisa relatada,
- promovem a transparência (para saber mais sobre a ética da transparência nas JARS, consulte https://apastyle.apa.org/jars/transparency) e
- aumentam a qualidade da pesquisa publicada.

No seio dessas diretrizes, contudo, existe flexibilidade em relação a como as normas são aplicadas em diferentes tipos de estudos. As diretrizes sobre onde incluir informações recomendadas nas JARS são, na maioria dos casos, flexíveis (exceto as que devem constar na página de título, no resumo ou na nota do autor; consulte as Tabelas 3.1–3.3). De modo geral, qualquer informação necessária para compreender e interpretar o estudo deve constar no artigo científico, e os dados que podem ser necessários para replicação podem ser incluídos em materiais complementares disponíveis *on-line* com poucas barreiras para os leitores. Os autores devem consultar os editores do periódico para resolver questões sobre quais informações incluir e onde incluí-las, mantendo a legibilidade do artigo como uma consideração primordial. Revisores e editores são encorajados a aprender a reconhecer se as JARS foram atendidas, independentemente do estilo retórico da apresentação da pesquisa.

As normas de publicação estão evoluindo para refletir as necessidades da comunidade científica. As JARS originais, publicadas na *American Psychologist* (APA Publications and Communications Board Working Group on Journal Article Reporting Standards, 2008), bem como na sexta edição do *Manual de Publicação* (APA, 2010), abordaram apenas pesquisas quantitativas. As JARS atualizadas, publicadas em 2018 (ver Appelbaum et al., 2018; Levitt et al., 2018), expandem os tipos de pesquisa quantitativa (JARS–Quant) abordados e incluem normas de publicação para pesquisa qualitativa (JARS–Qual) e de métodos mistos (JARS–Mixed). À medida que as abordagens de pesquisa continuam evoluindo, os autores devem usar essas normas como suporte para a publicação de pesquisas, mas não devem permitir que elas restrinjam o desenvolvimento de novos métodos.

3.2 Terminologia Utilizada nas Normas de Publicação de Artigos Científicos

Os pesquisadores usam muitos métodos e estratégias para atingir seus objetivos de pesquisa, e as diretrizes das JARS foram desenvolvidas para facilitar a apresentação de estudos em uma série de tradições (Appelbaum et al., 2018; Levitt et al., 2018). Esses métodos se enquadram em tradições de métodos quantitativos (Seções 1.1 e 3.5–3.8), qualitativos (Seções 1.2 e 3.13–3.16) ou mistos (Seções 1.3 e 3.18). Há também normas especializadas para determinadas metodologias quantitativas (ver Seções 3.9–3.12) e qualitativas (ver Seção 3.17), como metanálises.

Dada essa diversidade, os termos usados neste capítulo podem não ser familiares para alguns leitores. Visite o *site* das JARS (https://apastyle.apa.org/jars/glossary) para um glossário de termos relacionados, incluindo "approaches to inquiry" (abordagens de investigação),"data-analytic strategies" (estratégias de análise de dados), "data-collection strategies" (estratégias de coleta de dados), "methodological integrity" (integridade metodológica), "research design" (delineamento de pesquisa) e "trustworthiness" (confiabilidade). Uma vez que os pesquisadores nem sempre concordam sobre a terminologia, encorajamos os autores a traduzir os termos de modo que reflitam suas abordagens preferenciais, tendo o cuidado de defini-los para os leitores. Reconhecemos que nossa linguagem inevitavelmente tem implicações filosóficas (p. ex., os pesquisadores "descobrem", "compreendem" ou "coconstroem" achados?). Também encorajamos revisores e editores a encarar nossos termos como espaços reservados que podem ser utilmente diversificados pelos autores para refletir os valores de suas tradições de pesquisa.

Normas de Publicação Comuns Entre os Delineamentos de Pesquisa

Muitos aspectos do processo científico são comuns entre abordagens quantitativas, qualitativas e de métodos mistos. Esta seção analisa as normas de publicação que coincidem consideravelmente quanto aos dois elementos iniciais dos artigos científicos, o resumo e a introdução. Apresentamos as JARS comuns para essas duas seções, assim como algumas características distintivas para cada abordagem. Para descrições e orientações de formatação para título, apresentação e afiliação institucional dos autores, nota do autor, título abreviado, resumo, palavras-chave, texto (corpo), lista de referências, notas de rodapé, apêndices e materiais complementares, consulte o Capítulo 2 (Seções 2.4–2.15).

3.3 Normas Para Resumo

Um *abstract* (ou resumo) é uma síntese breve e abrangente do conteúdo do artigo. Um resumo bem elaborado pode ser o parágrafo mais importante de um trabalho. Muitas pessoas travam seu primeiro contato com um artigo lendo o título e o resumo, geralmente em comparação com vários outros, enquanto realizam uma pesquisa bibliográfica. Os leitores frequentemente decidem com base no resumo se devem ler o artigo inteiro. Por isso, ele precisa ser denso de informações. Incorporando termos essenciais ao resumo, você aumenta a possibilidade de que os leitores encontrem o artigo. Esta seção aborda as qualidades de um bom resumo e as normas para o que incluir nos resumos de diferentes tipos de artigos (consulte as Seções 1.1–1.10). Requisitos para a extensão do resumo e instruções sobre sua formatação são apresentados na Seção 2.9.

Qualidades de um Bom Resumo. Um bom resumo é

- **preciso:** Certifique-se de que o resumo reflete corretamente a finalidade e o conteúdo do artigo. Não inclua informações que não aparecem no corpo do trabalho. Se o estudo amplia ou replica pesquisas anteriores, mencione o trabalho relevante com uma citação de autor e data.
- **não avaliativo:** Relate em vez de avaliar; não acrescente ou comente sobre o que está no corpo do trabalho.
- **coerente e legível:** Escreva em linguagem clara e deliberada. Use verbos em vez de seus substantivos equivalentes e a voz ativa em vez de passiva (p. ex., "investigamos" em vez

de "uma investigação de", "apresentamos os resultados" em vez de "os resultados são apresentados"; veja a Seção 4.13). Use o tempo presente para descrever conclusões extraídas ou resultados com aplicabilidade continuada; use o pretérito para descrever variáveis específicas manipuladas ou resultados medidos. Para apresentar informações estatísticas ou matemáticas, consulte as Seções 6.40–6.48 para os formatos apropriados.

- **conciso:** Seja breve. Cada frase deve ser informativa ao máximo, especialmente a sentença principal. Inicie o resumo com os pontos mais importantes. Não desperdice espaço repetindo o título. Inclua apenas os quatro ou cinco conceitos, descobertas ou implicações mais importantes. Use as palavras específicas que você acha que seu público usará em suas buscas.

Artigos Empíricos. O resumo de um artigo empírico (de método quantitativo, qualitativo ou misto; consulte as Seções 1.1–1.3) deve descrever o seguinte:

- o problema sob investigação, em uma frase, se possível; ao apresentar análises quantitativas, indique as principais hipóteses, questões ou teorias sob investigação
- os participantes ou as fontes de dados, especificando características pertinentes (p. ex., para pesquisa com animais, indique gênero e espécie); os participantes serão descritos mais detalhadamente no corpo do trabalho
- características essenciais do método de estudo, incluindo
    - delineamento da pesquisa (p. ex., experimental, observacional, qualitativa, métodos mistos)
    - estratégia analítica (p. ex., etnografia, análise fatorial)
    - procedimentos de coleta de dados
    - tamanho da amostra (normalmente para análises quantitativas) ou descrição do volume de observações ou número de participantes (normalmente para análises qualitativas)
    - materiais ou medidas principais utilizadas
    - uma declaração sobre se o estudo é uma análise de dados secundários
- descobertas básicas, incluindo
    - tamanhos de efeito e intervalos de confiança, além de níveis de significância estatística quando possível (para análises quantitativas)
    - as principais descobertas em relação às características contextuais centrais (para métodos qualitativos)
- conclusões e implicações ou aplicações dos resultados da pesquisa

Artigos de Replicação. O resumo de um artigo de replicação (ver Seção 1.4) deve descrever o seguinte:

- tipo de replicação que está sendo descrita (p. ex., direta [exata, literal], aproximada, conceitual [construto])
- escopo da replicação em detalhes
- estudo ou estudos originais que estão sendo replicados
- conclusões gerais alcançadas

Metanálises Quantitativas ou Qualitativas. O resumo de uma metanálise quantitativa ou qualitativa (consulte a Seção 1.5) deve descrever o seguinte:

- problemas, questões ou hipóteses de pesquisa sob investigação
- características para a inclusão de estudos, incluindo
  - variáveis independentes, variáveis dependentes e delineamentos de estudo elegíveis (para metanálises quantitativas)
  - critérios de elegibilidade em termos de tópico de estudo e delineamento de pesquisa (para metanálises qualitativas)
- métodos de síntese, incluindo metamétodos estatísticos ou qualitativos usados para sintetizar ou comparar estudos e métodos específicos usados para integrar estudos
- principais resultados, incluindo
  - o número de estudos, de participantes, de observações ou de dados fontes, e suas características importantes (para todos os estudos)
  - os tamanhos de efeito mais importantes e os moderadores importantes desses tamanhos de efeito (para análises quantitativas)
  - as descobertas mais importantes em seu contexto (para análises qualitativas)
- conclusões (incluindo limitações)
- implicações para a teoria, políticas e/ou práticas

Artigos de Revisão da Literatura. O resumo de um artigo de revisão da literatura (também chamado de *artigo de revisão narrativa da literatura*; consulte a Seção 1.6) deve descrever o conteúdo relevante que está sendo revisado, incluindo o seguinte:

- escopo da literatura examinada (p. ex., periódicos, livros, resumos não publicados) e o número de itens incluídos
- período de tempo coberto (p. ex., intervalo de anos)
- conclusões gerais alcançadas

Artigos Teóricos. O resumo de um artigo teórico (ver Seção 1.7) deve descrever o seguinte:

- como a teoria ou modelo funciona e/ou os princípios nos quais ela se baseia
- quais fenômenos a teoria ou modelo explica e os vínculos com os resultados empíricos

Artigos Metodológicos. O resumo de um artigo metodológico (ver Seção 1.8) deve descrever o seguinte:

- classe geral, características essenciais e gama de aplicações dos métodos, metodologias ou crenças epistemológicas discutidos
- características essenciais das abordagens descritas, como robustez ou eficiência de potência no caso de procedimentos estatísticos, ou integridade e confiabilidade metodológica no caso de métodos qualitativos

3.4 Normas Para Introdução

O corpo de um artigo sempre inicia com uma *introdução*. Ela contém uma descrição sucinta dos problemas relatados, seus antecedentes históricos e os objetivos do estudo.

Contextualize a Importância do Problema. A introdução situa as questões que estão sendo estudadas. Considere as várias questões envolvidas e seus efeitos em outros resultados (p. ex., os efeitos da leitura compartilhada de contos de fadas no aprendizado de vocabulário das crianças). Esse enquadramento pode ser em termos de teoria psicológica fundamental, aplicação potencial incluindo usos terapêuticos, subsídios para políticas públicas, e assim por diante. A delimitação adequada ajuda a definir as expectativas dos leitores sobre o que o relato incluirá ou não.

Antecedentes Históricos. Revise a literatura de forma sucinta para transmitir aos leitores o escopo do problema, seu contexto e suas implicações teóricas ou práticas. Esclareça quais elementos do seu trabalho foram anteriormente submetidos a investigações e como ele se difere de relatos anteriores. Descreva questões, debates e abordagens teóricas básicas e esclareça as barreiras, lacunas de conhecimento ou necessidades práticas. A inclusão desses elementos mostrará como seu trabalho se baseia de maneira útil no que já foi realizado na área.

Articule Metas de Estudo. Estabeleça e delimite claramente as metas, os objetivos e/ou finalidades de seu estudo. Explicite de que forma seu delineamento se ajusta a eles. Descreva os objetivos de forma que a adequação dos métodos utilizados fique clara.

Metas Quantitativas. Em um artigo quantitativo, a introdução deve identificar hipóteses principais e secundárias, assim como eventuais hipóteses exploratórias, especificando como elas derivam das ideias discutidas em pesquisas anteriores e se as hipóteses exploratórias foram derivadas como resultado de análises planejadas ou não planejadas.

Metas Qualitativas. Em um artigo qualitativo, a introdução pode conter exemplos de casos, narrativas pessoais, vinhetas ou outros materiais ilustrativos. Ela deve descrever seu(s) objetivo(s) de pesquisa e a abordagem de investigação. Exemplos de objetivos de pesquisa qualitativa incluem desenvolver teoria, hipóteses e entendimentos profundos (p. ex., Hill, 2012; Stiles, 1993), examinar o desenvolvimento de um construto social (p. ex., Neimeyer et al., 2008), abordar injustiças sociais (p. ex., Fine, 2013) e elucidar práticas sociais discursivas — isto é, a forma como comunicações interpessoais e públicas são colocadas em prática (p. ex., Parker, 2015). A expressão *abordagens de investigação* refere-se aos pressupostos filosóficos que fundamentam as tradições ou estratégias de pesquisa — por exemplo, as crenças epistemológicas, a visão de mundo, o paradigma, as estratégias ou as tradições científicas dos pesquisadores (Creswell & Poth, 2018; Morrow, 2005; Ponterotto, 2005). Por exemplo, você pode indicar que sua abordagem ou abordagens de investigação são construtivistas, críticas, descritivas, feministas, interpretativas, pós-modernas, pós-positivistas, pragmáticas ou psicanalíticas. Observe que os pesquisadores podem definir essas filosofias de forma diferente, e algumas pesquisas qualitativas são mais pragmáticas e orientadas a perguntas do que teóricas. Você também pode descrever sua abordagem de investigação na seção de "Método" (consulte a Seção 3.14).

Metas Para Métodos Mistos. Em um artigo de métodos mistos ou multimetodológico, a introdução deve descrever os objetivos de todos os componentes, a razão para serem apresentados em um estudo e a justificativa para a ordem em que são dispostos (ver Seção 3.18). Em todos os casos, esclareça como as questões ou hipóteses em exame levaram ao delineamento de pesquisa para atender aos objetivos do estudo.

Metas Para Outros Tipos de Trabalhos. As introduções para outros tipos de trabalhos seguem princípios semelhantes e articulam a motivação específica para o estudo. Por exemplo, um estudo de replicação conduzido como uma pesquisa quantitativa teria uma introdução que segue os princípios desse tipo de investigação, mas que enfatiza a necessidade de replicar determinado estudo ou conjunto de estudos, bem como os métodos utilizados para realizar a replicação desejada.

Normas de Publicação Para Pesquisa Quantitativa

3.5 Expectativas Básicas Para Apresentação de Pesquisa Quantitativa

Enquanto as normas de apresentação de informações no resumo e na introdução de um artigo são comuns a todos os tipos de pesquisa (ver Seções 3.3 e 3.4), existem diretrizes específicas para artigos de pesquisa quantitativa, incluindo as seções de "Método", "Resultados" e "Discussão" (ver Seções 3.6–3.8). Observe que essa é uma separação conceitual, mas, na prática, as informações especificadas nesses três conjuntos de normas podem ser misturadas em diversas seções do trabalho para otimizar a legibilidade. As normas específicas para pesquisa qualitativa e de métodos mistos são apresentadas nas Seções 3.13–3.17 e 3.18, respectivamente.

As expectativas básicas para relatar pesquisas quantitativas são apresentadas na Tabela 3.1.[1] Nela estão descritas as normas mínimas de apresentação que se aplicam a todas as pesquisas de base quantitativa. Tabelas adicionais descrevem outras características de apresentação acrescentadas devido a características específicas de delineamento ou de resultados. Consulte a Figura 3.1 para determinar quais tabelas utilizar para sua

Tabela 3.1 Normas de Apresentação do Delineamento Quantitativo (JARS–Quant)

Título e Página de Título

Título

- Identifique as principais variáveis e questões teóricas sob investigação e as relações entre elas.
- Identifique as populações estudadas.

Nota do Autor

- Reconheça e explique circunstâncias especiais, incluindo
  - informações de registro, se o estudo foi registrado
  - uso de dados que aparecem também em publicações anteriores
  - apresentação prévia dos dados fundamentais em teses ou trabalhos em congressos
  - fontes de financiamento ou outro suporte
  - relações ou afiliações que podem ser percebidas como conflitos de interesse
  - afiliação anterior (ou atual) dos autores se diferem do local onde o estudo foi conduzido
  - informações de contato do autor para correspondência
  - informações adicionais importantes para o leitor que podem não ser incluídas de forma adequada em outras seções do artigo

Resumo

Objetivos

- Apresente o problema sob investigação, incluindo as principais hipóteses.

Participantes

- Descreva os sujeitos (pesquisa com animais) ou participantes (pesquisa com seres humanos), especificando suas características pertinentes ao estudo; em pesquisas com animais, indique gênero e espécie. Os participantes são descritos com mais detalhes no corpo do artigo.

(Continuação)

---

[1] As tabelas e a figura neste capítulo também podem ser encontradas no *site* das JARS (https://apastyle.apa.org/jars), nas diretrizes para delineamentos de pesquisa de métodos quantitativos, qualitativos e mistos, com numeração diferenciada. O *site* das JARS apresenta tabelas adicionais para outros delineamentos de pesquisa, incluindo delineamentos experimentais (p. ex., ensaios clínicos), não experimentais (p. ex., observacional) e especiais (p. ex., longitudinais) para os autores usarem em suas pesquisas.

Tabela 3.1 Normas de Apresentação do Delineamento Quantitativo (JARS–Quant) *(Continuação)*

Método do Estudo

- Relate o método do estudo, incluindo
    - o delineamento da pesquisa (p. ex., experimento, estudo observacional)
    - tamanho da amostra
    - materiais usados (p. ex., instrumentos, aparelhos)
    - instrumentos de mensuração
    - procedimentos de coleta de dados, incluindo uma breve descrição de eventuais fontes de dados secundários. Indique se o estudo foi uma análise de dados secundários.

Resultados

- Descreva os resultados, incluindo magnitudes de efeito e intervalos de confiança ou níveis de significância estatística.

Conclusões

- Indique as conclusões, não somente os resultados, e descreva as implicações ou aplicações.

Introdução

Problema

- Apresente a importância do problema, incluindo implicações teóricas ou práticas.

Revisão de Estudos Relevantes

- Faça uma revisão sucinta dos estudos relevantes, incluindo
    - relação com a pesquisa anterior
    - diferenças entre o relato atual e os anteriores caso alguns aspectos deste estudo tenham sido relatados anteriormente

Hipóteses, Metas e Objetivos

- Estabeleça hipóteses, metas e objetivos específicos, incluindo
    - teorias ou outros meios utilizados para derivar hipóteses
    - hipóteses primárias e secundárias
    - outras análises planejadas
- Explique de que forma as hipóteses e o delineamento da pesquisa se relacionam.

Método

Inclusão e Exclusão

- Descreva os critérios de inclusão e exclusão, englobando restrições baseadas em características demográficas.

Características dos Participantes

- Descreva as principais características demográficas (p. ex., idade, sexo, etnia, condição socioeconômica) e aspectos específicos relacionados a tópicos importantes (p. ex., nível de desempenho em estudos de intervenções educacionais).
- No caso de pesquisa com animais, indique o gênero, a espécie e o número da cepa ou outra identificação específica, como o nome e a localização do fornecedor e a designação do estoque. Indique o número de animais e seu sexo, idade, peso e condição fisiológica, *status* de modificação genética, genótipo, estado imunológico, tratamentos ou testes prévios e procedimentos anteriores aos quais eles podem ter sido submetidos.

Procedimentos de Amostragem

- Descreva os procedimentos de seleção dos participantes, incluindo
    - método de amostragem se um plano de amostragem sistemático foi implementado
    - porcentagem da amostra abordada que realmente participou
    - se ocorreu autosseleção para o estudo (por indivíduos ou por unidades, como escolas ou clínicas)

(Continuação)

Tabela 3.1 Normas de Apresentação do Delineamento Quantitativo (JARS–Quant) *(Continuação)*

Procedimentos de Amostragem *(continuação)*

- Caracterize os ambientes e locais onde os dados foram coletados, bem como as datas de coleta.
- Especifique acordos e pagamentos feitos aos participantes.
- Descreva aprovação do CEP ou CEUA, padrões éticos atendidos e monitoramento de segurança.

Tamanho, Potência e Precisão da Amostra

- Descreva o tamanho, o poder e a precisão da amostra, incluindo
  - tamanho de amostra planejado
  - tamanho de amostra alcançado, se diferente do tamanho de amostra planejado
  - determinação do tamanho da amostra, incluindo
    ▷ análise de potência, ou métodos usados para determinar a precisão das estimativas dos parâmetros
    ▷ explicação de análises interinas e regras de interrupção empregadas

Medidas e Covariáveis

- Defina todas as medidas primárias e secundárias e covariáveis, incluindo medidas coletadas mas não incluídas no relato.

Coleta de Dados

- Apresente os métodos utilizados para coletar dados.

Qualidade das Mensurações

- Descreva os métodos utilizados para aumentar a qualidade das mensurações, incluindo
  - treinamento e confiabilidade das pessoas que coletaram os dados
  - uso de múltiplas observações

Instrumentos

- Forneça informações sobre instrumentos validados ou *ad hoc* criados para estudos individuais (p. ex., propriedades psicométricas e biométricas).

Mascaramento

- Esclareça se os participantes, as pessoas que administraram as manipulações experimentais e as que avaliaram os resultados tinham conhecimento das condições de distribuição.
- Se houve mascaramento, descreva como ele foi realizado e se e como seu sucesso foi avaliado.

Análises Psicométricas

- Estime e descreva os coeficientes de confiabilidade para os escores analisados (ou seja, a amostra), se possível. Apresente as estimativas de validade convergente e discriminante, quando relevante.
- Descreva estimativas relacionadas à confiabilidade das medidas, incluindo
  - confiabilidade entre avaliadores para medidas e classificações pontuadas subjetivamente
  - coeficientes de teste-reteste em estudos longitudinais em que o intervalo de reteste corresponde ao cronograma de mensuração utilizado no estudo
  - coeficientes de consistência interna para escalas compostas em que esses índices são apropriados para compreender a natureza dos instrumentos utilizados no estudo
- Apresente as características demográficas básicas de outras amostras caso relate os coeficientes de confiabilidade ou de validade dessas amostras, como os descritos em manuais de teste ou em informações de normatização do instrumento.

Condições e Delineamento

- Indique se as condições foram manipuladas ou observadas naturalmente. Relate o tipo de delineamento de acordo com as tabelas JARS–Quant:
  - manipulação experimental com randomização de participantes
    ▷ Tabela 2 e Módulo A.

(Continuação)

Tabela 3.1 Normas de Apresentação do Delineamento Quantitativo (JARS–Quant) *(Continuação)*

Condições e Delineamento *(continuação)*

- manipulação experimental sem randomização
  ▷ Tabela 2 e Módulo B
- ensaio clínico com randomização
  ▷ Tabela 2 e Módulos A e C
- ensaio clínico sem randomização
  ▷ Tabela 2 e Módulos B e C
- delineamento não experimental (ou seja, sem manipulação experimental): delineamento observacional, delineamento epidemiológico, história natural, e assim por diante (delineamentos de grupo único ou comparações de múltiplos grupos)
  ▷ Tabela 3
- delineamento longitudinal
  ▷ Tabela 4
- estudos $N = 1$
  ▷ Tabela 5
- replicações
  ▷ Tabela 6
- Relate o nome comum dado a delineamentos não contemplados atualmente pelas JARS–Quant.

Diagnóstico de Dados

- Descreva diagnósticos de dados planejados, incluindo
  - critérios para exclusão pós-coleta de dados de participantes, se houver
  - critérios para decidir quando inferir dados ausentes e métodos usados para sua imputação
  - definição e processamento de dados estatísticos discrepantes
  - análises de distribuições de dados
  - transformações de dados a serem usados, se houver

Estratégia Analítica

- Relate a estratégia analítica para estatísticas inferenciais e proteção contra erro em todos os experimentos
  - hipóteses primárias
  - hipóteses secundárias
  - hipóteses exploratórias

Resultados

Fluxo de Participantes

- Caracterize o fluxo de participantes, incluindo
  - número total de participantes em cada grupo, em cada fase do estudo
  - fluxo de participantes em cada fase do estudo (inclua uma figura que o represente, quando possível; ver Figura 7.5)

Recrutamento

- Indique datas que definam os períodos de recrutamento e medidas repetidas ou acompanhamento.

Estatística e Análise de Dados

- Forneça informações detalhando os métodos estatísticos e analíticos de dados utilizados, incluindo
  - dados ausentes
    ▷ frequência ou porcentagens de dados ausentes
    ▷ evidências empíricas e/ou argumentos teóricos para as causas da ausência de dados — por exemplo, ausentes de modo totalmente aleatório (MCAR), ausentes aleatoriamente (MAR), ou não ausentes aleatoriamente (MNAR)
    ▷ métodos realmente utilizados para abordar dados ausentes, se houver

(Continuação)

Tabela 3.1 Normas de Apresentação do Delineamento Quantitativo (JARS–Quant) *(Continuação)*

Estatística e Análise de Dados *(continuação)*

- descrições de cada resultado primário e secundário, incluindo a amostra total e cada subgrupo, contendo o número de casos, as médias em células, os desvios padrão e outras medidas que caracterizam os dados utilizados
- estatísticas inferenciais, incluindo
  ▷ resultados de todos os testes inferenciais realizados, incluindo valores *p* exatos caso métodos de teste de significância da hipótese nula (NHST) tenham sido utilizados, e relatando o conjunto de estatísticas mínimas suficiente (p. ex., *dfs*, efeito quadrado médio [MS], erro *MS*) necessário para construir os testes
  ▷ estimativas de magnitude do efeito e intervalos de confiança sobre as estimativas que correspondem a cada teste inferencial realizado, quando possível
  ▷ diferenciação clara entre hipóteses primárias e seus testes/estimativas, hipóteses secundárias e seus testes/estimativas e hipóteses exploratórias e seus testes/estimativas
- análises de dados complexos — por exemplo, análises de modelagem de equações estruturais (ver Tabela 7 no *site* das JARS), modelos lineares hierárquicos, análise fatorial, análises multivariadas, e assim por diante, incluindo
  ▷ detalhes dos modelos estimados
  ▷ matriz ou matrizes de variância–covariância (ou correlação) associadas
  ▷ identificação do *software* estatístico usado para executar as análises (p. ex., SAS PROC GLM ou pacote R específico)
- problemas de estimativa (p. ex., falha de convergência, espaços de solução ruins), diagnóstico de regressão ou anomalias analíticas que foram detectadas e soluções para esses problemas
- outras análises de dados realizadas, incluindo análises ajustadas, se realizadas, indicando as planejadas e as não planejadas (embora não necessariamente ao nível de minúcia das análises primárias)
• Descreva problemas com suposições estatísticas e/ou distribuições de dados que poderiam afetar a validade dos resultados.

Discussão

Confirmação de Hipóteses Originais

• Apresente uma asserção de confirmação ou não confirmação para todas as hipóteses, sejam primárias ou secundárias, incluindo
  - distinção por hipóteses primárias e secundárias
  - discussão das implicações das análises exploratórias tanto em termos de conclusões fundamentais como de taxas de erro que podem não estar controladas

Similaridade de Resultados

• Discuta semelhanças e diferenças entre os resultados relatados e o trabalho de outros pesquisadores.

Interpretação

• Apresente uma interpretação dos resultados, levando em consideração
  - fontes de potencial tendenciosidade e ameaças a validade interna e estatística
  - imprecisão dos protocolos de mensuração
  - número total de testes ou sobreposição entre eles
  - adequação dos tamanhos da amostra e validade de amostragem

Generalizabilidade

• Discuta a generalizabilidade (validade externa) dos resultados, levando em consideração
  - população-alvo (validade de amostragem)
  - outras questões contextuais (ambiente, mensuração, tempo, validade ecológica)

Implicações

• Discuta as implicações para futuras pesquisas, programas ou políticas.

Figura 3.1 Fluxograma das Normas de Apresentação de Pesquisa Quantitativa a Serem Seguidas Conforme o Delineamento do Estudo

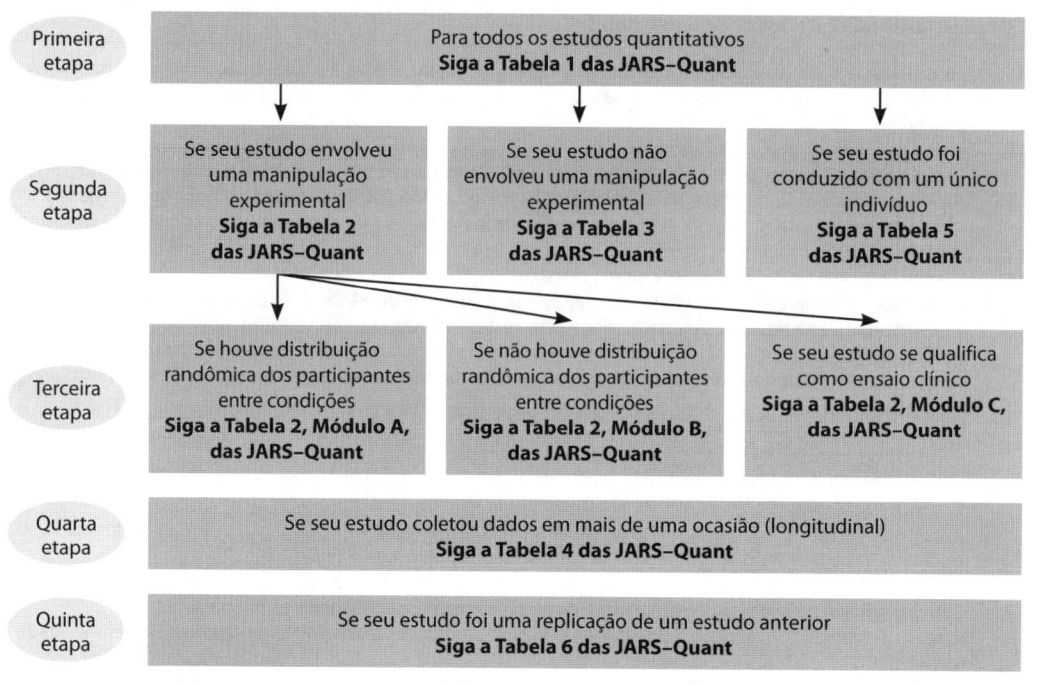

Primeira etapa	Para todos os estudos quantitativos **Siga a Tabela 1 das JARS–Quant**		
Segunda etapa	Se seu estudo envolveu uma manipulação experimental **Siga a Tabela 2 das JARS–Quant**	Se seu estudo não envolveu uma manipulação experimental **Siga a Tabela 3 das JARS–Quant**	Se seu estudo foi conduzido com um único indivíduo **Siga a Tabela 5 das JARS–Quant**
Terceira etapa	Se houve distribuição randômica dos participantes entre condições **Siga a Tabela 2, Módulo A, das JARS–Quant**	Se não houve distribuição randômica dos participantes entre condições **Siga a Tabela 2, Módulo B, das JARS–Quant**	Se seu estudo se qualifica como ensaio clínico **Siga a Tabela 2, Módulo C, das JARS–Quant**
Quarta etapa	Se seu estudo coletou dados em mais de uma ocasião (longitudinal) **Siga a Tabela 4 das JARS–Quant**		
Quinta etapa	Se seu estudo foi uma replicação de um estudo anterior **Siga a Tabela 6 das JARS–Quant**		

Nota. JARS–Quant = normas de publicação de artigos científicos quantitativos. Para mais informações, visite o *site* das JARS do Estilo APA (https://apastyle.apa.org/jars).

pesquisa quantitativa e para *links* de todas as tabelas no *site* das JARS (uma vez que este capítulo é somente uma orientação para as normas, apenas a tabela quantitativa principal é apresentada aqui). Todo estudo empírico deve incluir características da Tabela 3.1, além de elementos de ao menos uma tabela adicional. O conteúdo da Tabela 3.1 por si só não é suficiente como uma descrição das normas de apresentação para estudos quantitativos. Consulte as Seções 3.9–3.12 para explicações de cada tabela adicional.

3.6 Normas Para Método Quantitativo

A seção de "Método" de um artigo fornece a maioria das informações que os leitores precisam para compreender o que foi feito na execução de um estudo empírico, bem como o que é essencial para a replicação da pesquisa, embora o conceito de replicação possa depender da sua natureza. Em geral, informações básicas necessárias para compreender os resultados devem aparecer no artigo principal, enquanto outras informações metodológicas (p. ex., descrições detalhadas de procedimentos) podem aparecer em materiais complementares. A legibilidade do trabalho resultante deve fazer parte da decisão sobre onde o material será por fim inserido. Detalhes de quais conteúdos precisam ser apresentados na seção de "Método" de um artigo quantitativo são apresentados na Tabela 3.1 e devem ser usados em conjunto com as Tabelas 2 a 9 das JARS–Quant disponíveis no *site* das JARS (https://apastyle.apa.org/jars/quantitative).

Características dos Participantes (Sujeitos). A identificação adequada dos participantes da pesquisa é fundamental para a ciência e a prática da psicologia, especialmente para generalizar descobertas, comparar replicações e usar as evidências em sínteses de pesquisa e análises de dados secundários.

Detalhe as principais características demográficas da amostra, como idade, sexo, grupo étnico e/ou racial, nível de instrução, condição socioeconômica, geracional ou de imigração, existência de deficiência, orientação sexual, identidade de gênero e preferência de idioma, bem como características de tópicos específicos importantes (p. ex., nível de desempenho em estudos de intervenções educacionais). Como regra, descreva os grupos da forma mais específica possível, enfatizando as características que podem ter influência na interpretação dos resultados. As particularidades dos participantes podem ser importantes para compreender a natureza da amostra e o grau em que os resultados podem ser generalizados. O exemplo a seguir é uma caracterização útil de uma amostra:

> The second group included 40 cisgender women between the ages of 20 and 30 years ($M = 24.2$, $DP = 2.1$, $Mdn = 25.1$), all of whom had emigrated from El Salvador; had at least 12 years of education; had been permanente residentes of the United States for at least 10 yeasr; and lived in Washington, DC. / O segundo grupo incluiu 40 mulheres cisgênero com idades entre 20 e 30 anos ($M = 24,2$, $DP = 2,1$, $Mdn = 25,1$), todas emigradas de El Salvador; tinham pelo menos 12 anos de educação; eram residentes permanentes dos Estados Unidos por pelo menos 10 anos; e moravam em Washington, DC.

Para ajudar os leitores a determinar até que ponto os dados podem ser generalizados, pode ser útil identificar subgrupos.

> The Asian participants included 30 Chinese and 45 Vietnamese persons. / Os participantes asiáticos incluíram 30 chineses e 45 vietnamitas.
>
> Among the Latino and Hispanic American men, 20 were Mexican American and 20 were Puerto Rican. / Entre os homens latinos e hispano-americanos, 20 eram americanos mexicanos e 20 eram porto-riquenhos.

Mesmo quando uma característica não é usada na análise dos dados, relatá-la pode dar aos leitores uma compreensão mais completa da amostra e da generalizabilidade dos resultados, e pode mostrar-se útil em estudos metanalíticos que incorporam os resultados do artigo. As descrições das características dos participantes devem ser sensíveis às formas como eles entendem e expressam suas identidades, condições, histórias, e assim por diante. O Capítulo 5 contém mais orientações sobre como escrever sem tendenciosidade.

Quando animais são usados, relate o gênero, a espécie e o número da cepa ou outro identificador específico, como o nome e localização do fornecedor e a designação do estoque. Indique o número de animais e seu sexo, idade, peso e condição fisiológica.

Procedimentos de Amostragem. Descreva os procedimentos utilizados para selecionar participantes, incluindo (a) o método de amostragem, se um plano sistemático foi implementado; (b) a porcentagem da amostra abordada que participou; e (c) se ocorreu autosseleção para o estudo (seja por indivíduos ou por unidades, como escolas ou clínicas) e o número de participantes que se autosselecionaram para a amostra. Relate os critérios de inclusão e exclusão, incluindo qualquer restrição com base nas características demográficas.

Descreva os ambientes e locais em que os dados foram coletados e forneça as datas de coleta como um intervalo geral, incluindo datas de medições repetidas e acompanhamentos. Relate eventuais acordos e pagamentos feitos aos participantes. Indique aprovações de CEP ou CEUA, acordos de conselhos de segurança de dados e outras indicações de conformidade com padrões éticos.

Tamanho, Potência e Precisão da Amostra. Informe o tamanho determinado para a amostra e o número de indivíduos planejado para estar em cada condição, caso condições separadas tenham sido usadas. Indique se a amostra obtida diferiu de modos conhecidos da amostra pretendida. Conclusões e interpretações não devem ir além do que a amostra obtida permitiria. Descreva como o tamanho da amostra foi determinado (p. ex., análise de poder ou de precisão). Caso análise interina e regras de interrupção tenham sido usadas para modificar o tamanho de amostra desejado, descreva a metodologia e os resultados de sua aplicação.

Medidas e Covariáveis. A seção de "Método" deve incluir as definições de todas as medidas de resultados primários e secundários e covariáveis, inclusive medidas coletadas mas não incluídas no relato. Forneça informações sobre os instrumentos utilizados, incluindo suas propriedades psicométricas e biométricas, bem como evidência de validade cultural (consulte a Seção 10.10 para saber como citar *hardwares* e aparelhos, e a Seção 10.11 para saber como citar testes, escalas e inventários).

Coleta de Dados. Descreva os métodos utilizados para coletar dados (p. ex., questionários escritos, entrevistas, observações). Forneça informações sobre algum mascaramento dos participantes da pesquisa (ou seja, se os participantes, os que administraram as manipulações e/ou os que avaliaram os resultados desconheciam as condições para as quais os participantes foram designados), de que forma ele foi realizado e como foi avaliado. Descreva os instrumentos utilizados no estudo, incluindo avaliações padronizadas, equipamentos físicos e protocolos de imagem, em detalhes suficientes para permitir a sua replicação exata.

Qualidade das Mensurações. Descreva os métodos utilizados para melhorar a qualidade das mensurações, incluindo treinamento e confiabilidade de coletores de dados, uso de múltiplos observadores, tradução de materiais de pesquisa e pré-testagem de materiais em populações que não foram incluídas no desenvolvimento inicial dos instrumentos. Preste atenção às propriedades psicométricas da mensuração no contexto de normas de testagem contemporâneas e da amostra que está sendo investigada; relate as características psicométricas dos instrumentos utilizados seguindo os princípios articulados nos *Standards for Educational and Psychological Testing* (American Educational Research Association et al., 2014). Além de características psicométricas para medidas de lápis e papel, indique a confiabilidade entre avaliadores para medidas e classificações pontuadas subjetivamente. Coeficientes de consistência interna podem ser úteis para compreender escalas compostas.

Delineamento da Pesquisa. Especifique o delineamento da pesquisa na seção de "Método". Por exemplo, os participantes foram colocados em condições manipuladas ou foram observados em seu contexto natural? Se múltiplas condições foram criadas, eles foram designados para elas por meio de distribuição randômica ou algum outro mecanismo de seleção? O estudo foi conduzido como um delineamento intersujeitos ou intrassujeito? As normas de apresentação variam com base no delineamento de pesquisa (p. ex., manipulação experimental com randomização, ensaio clínico sem randomização, estudo longitudinal). Consulte a Figura 3.1 para definir quais tabelas do *site* das JARS serão usadas em seu projeto de pesquisa. Veja as Seções 3.9 e 3.10 para um resumo das normas de apresentação específicas para cada delineamento. Consulte a Seção 3.11 para normas para métodos analíticos específicos e a Seção 3.12 para normas para metanálises quantitativas.

Os estudos podem combinar vários tipos, por exemplo, envolvendo manipulação experimental com randomização e repetição de alguns fatores de forma longitudinal. Para estudos atualmente não contemplados pelas JARS, indique o nome comumente usado para esse delineamento. Para mais informações sobre delineamentos de métodos mistos, consulte a Seção 3.18.

Manipulações ou Intervenções Experimentais. Se manipulações ou intervenções experimentais foram utilizadas, descreva seu conteúdo específico. Inclua detalhes de cada condição de estudo, incluindo grupos de controle (se houver), e descreva como e quando as intervenções ou manipulações experimentais foram administradas. Descreva as características essenciais do "tratamento usual" se este for incluído como condição do estudo ou de controle.

Descreva cuidadosamente o conteúdo das intervenções específicas ou manipulações experimentais utilizadas. Com frequência, isso envolve apresentar um breve resumo das instruções dadas aos participantes. Se elas são incomuns, ou se as próprias instruções constituem a manipulação experimental, apresente-as literalmente em um apêndice ou como material complementar. Se a orientação é breve, apresente-a no corpo do texto, caso isso não prejudique a legibilidade do relato.

Relate os métodos de manipulação e de aquisição de dados. Se um aparelho mecânico foi usado para apresentar materiais de estímulo ou para coletar dados, indique o número do modelo e o fabricante (quando importante, como em estudos de neuroimagem), suas principais configurações ou parâmetros (p. ex., configurações de pulso) e sua resolução (p. ex., aplicação de estímulo, precisão de gravação). Tal como ocorre com a descrição da manipulação ou intervenção experimental, esse material pode ser apresentado no corpo do artigo, em um apêndice ou em materiais complementares, conforme apropriado.

Quando relevante — como na administração de intervenções clínicas e educacionais —, os procedimentos também devem conter uma descrição de quem realizou a intervenção, incluindo seus níveis de formação profissional e de treinamento na intervenção específica. Indique o número de administradores da intervenção, bem como a média, o desvio padrão e a amplitude do número de indivíduos ou unidades tratadas por administrador.

Forneça informações sobre (a) o ambiente em que a manipulação ou intervenção foi aplicada, (b) a quantidade pretendida e a duração da exposição a manipulação ou intervenção (ou seja, quantas sessões, episódios ou eventos deveriam ser realizados e quanto tempo eles deveriam durar), (c) o tempo despendido para a aplicação da manipulação ou intervenção de cada unidade (p. ex., se foi concluída em uma sessão, ou, caso os participantes tenham retornado para várias sessões, quanto tempo decorreu entre a primeira e a última) e (d) atividades ou incentivos usados para aumentar a consonância.

Quando um instrumento é traduzido para um idioma diferente daquele em que foi desenvolvido, descreva o método específico de tradução (p. ex., *retroversão*, na qual um texto é traduzido para um idioma e depois retraduzido para o idioma original a fim de garantir que a equivalência seja suficiente para que os resultados possam ser comparados).

Descreva como os participantes foram agrupados durante a aquisição de dados (ou seja, a manipulação ou intervenção foi administrada indivíduo por indivíduo, em pequenos grupos ou em grupos intactos, tais como salas de aula?). Identifique a menor unidade (p. ex., indivíduos, grupos de trabalho, classes) analisada para avaliar efeitos. Caso a unidade utilizada para análise estatística tenha sido diferente daquela usada para aplicar a intervenção ou manipulação (se foi diferente da unidade de randomização), descreva o método analítico usado para levar isso em consideração (p. ex., ajustar as estimativas de erro padrão, usar análise em múltiplos níveis).

Diagnóstico de Dados. Descreva como os dados foram inspecionados após a coleta e, se relevante, as suas modificações. Esses procedimentos podem incluir detecção e processamento de dados discrepantes, transformação de informações com base em distribuições de dados empíricos e tratamento de dados faltantes ou imputação de valores ausentes.

Estratégias Analíticas. Apresente as estratégias analíticas quantitativas (geralmente estatísticas) utilizadas na análise dos dados, tendo o cuidado de descrever as considerações de taxa de erro (p. ex., em todo o experimento, taxa de falsa descoberta). As estratégias analíticas devem ser descritas para hipóteses primárias, secundárias e exploratórias. Hipóteses exploratórias são aquelas sugeridas pelos dados coletados no estudo que está sendo relatado, em oposição às geradas por considerações teóricas ou estudos empíricos relatados anteriormente.

Ao aplicar estatísticas inferenciais, leve a sério as considerações de poder estatístico associadas aos testes de hipóteses. Elas relacionam-se à probabilidade de corretamente rejeitar as hipóteses testadas, considerando-se um determinado nível alfa, magnitude de efeito e tamanho de amostra. Nesse aspecto, indique as evidências de que o estudo tem poder suficiente para detectar efeitos de real interesse. Tenha cuidado ao discutir o papel desempenhado pelo tamanho da amostra em casos nos quais não rejeitar a hipótese nula é desejável (p. ex., quando se deseja argumentar que não existem diferenças), ao testar vários pressupostos subjacentes ao modelo estatístico adotado (p. ex., normalidade, homogeneidade da variância, homogeneidade da regressão) e no ajuste de modelos. De maneira alternativa, use cálculos baseados em uma meta de precisão escolhida (amplitude do intervalo de confiança) para determinar os tamanhos da amostra. Utilize os intervalos de confiança resultantes para justificar as conclusões referentes às magnitudes de efeito.

3.7 Normas Para Resultados Quantitativos

Na seção de "Resultados" de um artigo quantitativo, resuma os dados coletados e os resultados das análises realizadas, conectando-os ao discurso que se seguirá. Relate os dados com detalhamento suficiente para justificar suas conclusões. Mencione todos os resultados relevantes, independentemente de suas hipóteses terem sido confirmadas, incluindo aqueles que contrariam a expectativa; indique magnitudes de efeito pequenas (ou resultados estatisticamente insignificantes) quando a teoria prevê magnitudes de efeito grandes (ou estatisticamente significativas). Não omita resultados incômodos. No espírito do compartilhamento de informações (incentivado pela APA e por outras associações profissionais, e às vezes exigido por agências de financiamento; consulte a Seção 1.14), dados brutos, incluindo características do estudo e magnitudes de efeito individuais usadas em uma metanálise, podem ser disponibilizados como materiais complementares (consulte a Seção 2.15) ou arquivados *on-line* (consulte a Seção 10.9). Entretanto, dados brutos (e pontuações individuais) geralmente não são apresentados no corpo do artigo devido a considerações de extensão. A discussão das implicações dos resultados deve ser reservada para a seção "Discussão".

Fluxo de Participantes. Para delineamentos experimentais e quase-experimentais, deve haver uma descrição do fluxo de participantes (humanos, animais ou unidades, como salas de aula ou alas hospitalares). Apresente o número total de participantes recrutados para o estudo e o número designado para cada grupo. Indique quantos não completaram o experimento ou passaram para outras condições e explique por quê. Indique o número de participantes incluídos nas análises primárias. (Esse número pode diferir do número que completou o estudo porque participantes podem não comparecer ou não completar a mensuração final.) Consulte a Figura 7.5, na Seção 7.36, que exibe o fluxo de participantes em cada etapa de um estudo.

Recrutamento. Indique os períodos de recrutamento e acompanhamento e as principais fontes de participantes, quando apropriado. Se as datas diferirem por grupo, descreva-as para cada um.

Estatística e Análise de Dados. Análises dos dados e apresentação dos resultados dessas análises são aspectos fundamentais da condução da investigação. Uma apresentação exata, imparcial, completa e perspicaz do tratamento analítico dos dados (quantitativos ou qualitativos) deve ser um componente de todos os relatos de pesquisa. Os pesquisadores na área da psicologia usam inúmeras abordagens para a análise de dados, e nenhuma é uniformemente preferencial, desde que o método seja adequado para as questões de pesquisa e para a natureza dos dados coletados. Os métodos utilizados devem dar suporte a seus requisitos analíticos, incluindo robustez a violações dos pressupostos a eles subjacentes, devendo fornecer percepções claras e inequívocas sobre os dados. Ao relatar suas análises estatísticas e de dados, siga a estrutura organizacional sugerida na seção de "Método" (consulte a Seção 3.6): hipóteses primárias, hipóteses secundárias e hipóteses exploratórias. Certifique-se de ter descrito os resultados dos diagnósticos de dados (consulte a Seção 3.6) antes de relatar os resultados vinculados à confirmação ou refutação da hipótese. Discuta as eventuais exclusões, transformações ou decisões de imputação decorrentes do diagnóstico de dados.

Historicamente, os pesquisadores em psicologia fiaram-se muito no teste de significância da hipótese nula (NHST) como ponto de partida para muitas de suas abordagens analíticas. Áreas e editoras (*publishers*) diferentes têm políticas distintas; a APA, por exemplo, enfatiza que o NHST é apenas um ponto de partida e que elementos de apresentação adicionais, como magnitudes de efeito, intervalos de confiança e descrição extensa, são necessários para transmitir o significado mais completo dos resultados (Wilkinson & the Task Force on Statistical Inference, 1999; veja também APA, n.d.,-b). O grau em que um periódico enfatiza o NHST é uma decisão de cada editor. Entretanto, a completa publicação de todas as hipóteses testadas e estimativas de magnitudes de efeito e intervalos de confiança apropriados são as expectativas mínimas para todos os periódicos da APA. Os pesquisadores são sempre responsáveis pela apresentação precisa e responsável dos resultados de seu estudo.

Presuma que o leitor tem um conhecimento profissional dos métodos estatísticos. Não revise conceitos e procedimentos básicos, nem ofereça citações para os procedimentos estatísticos mais comumente usados. Contudo, se houver alguma questão sobre a adequação de um determinado procedimento estatístico, justifique seu uso declarando claramente as evidências que existem para a robustez do procedimento como aplicado.

Dados Ausentes. Dados ausentes podem ter um efeito prejudicial sobre a legitimidade das inferências obtidas por testes estatísticos. É imprescindível que a frequência ou as porcentagens de dados ausentes sejam relatadas juntamente com qualquer evidência empírica e/ou argumentos teóricos para justificar a sua ausência. Dados podem ser descritos como *ausentes de modo totalmente aleatório* (p. ex., quando valores da variável ausente não estão relacionados com a probabilidade de que estejam faltando ou com o valor de qualquer outra variável no conjunto de dados), *ausentes aleatoriamente* (p. ex., quando a probabilidade de faltar um valor em uma variável não está relacionada ao valor ausente em si mas pode estar relacionada a outras variáveis plenamente observadas no conjunto de dados) ou *não ausentes aleatoriamente* (p. ex., quando a probabilidade de observar um dado valor para uma variável está relacionada ao valor ausente em si). Também é importante descrever os métodos para lidar com dados ausentes, caso tenham sido usados (p. ex., múltipla imputação).

Apresentação de Resultados de Testes Estatísticos Inferenciais. Ao relatar os resultados de testes estatísticos inferenciais ou ao prover estimativas dos parâmetros ou magnitudes de efeito, inclua informações suficientes para ajudar o leitor a compreender plenamente as análises realizadas e as possíveis explicações alternativas para seus resultados. Uma vez que cada técnica analítica depende de diferentes aspectos dos dados e de suposições, é impossível especificar o que constitui um "conjunto suficiente de estatísticas" em termos gerais. Entretanto, esse conjunto geralmente inclui, ao menos: tamanhos de amostra por célula, médias das células observadas (ou frequência de casos em cada categoria para uma variável categórica) e desvios padrão das células, ou variância intracélula agrupada. No caso de sistemas analíticos com múltiplas variáveis — como análise multivariada de variância, análises de regressão, modelos de equação estrutural e modelos lineares hierárquicos —, as médias associadas, os tamanhos das amostras e a matriz, ou matrizes de variância–covariância (ou correlação), muitas vezes representam um conjunto suficiente de estatísticas. Às vezes, a quantidade de informações que constituem um conjunto suficiente de estatísticas pode ser extensa — quando este é o caso, elas devem ser apresentadas em um conjunto de dados complementar ou em um apêndice (ver Seções 2.14 e 2.15). Para análises baseadas em amostras muito pequenas (inclusive investigações em que $N=1$, ver Seção 3.10), é possível apresentar o conjunto completo de dados brutos em uma tabela ou figura, contanto que a confidencialidade seja mantida. Seu trabalho se tornará parte do conhecimento cumulativo da área com mais facilidade se você disponibilizar informações estatísticas suficientes para permitir sua inclusão em futuras metanálises.

Para testes estatísticos inferenciais (p. ex., t, F e qui-quadrado), indique a magnitude obtida ou o valor do teste estatístico, os graus de liberdade, a probabilidade de obter um valor tão ou mais extremo do que o obtido (o valor p exato) e o tamanho e direção do efeito. Quando estimativas decimais (p. ex., médias da amostra, coeficientes de regressão) são apresentadas, sempre inclua uma medida associada de variabilidade (precisão), com uma indicação da medida específica utilizada (p. ex., erro padrão).

Inclusão de Intervalos de Confiança. Incluir intervalos de confiança (para estimativas de parâmetros, funções de parâmetros — como diferenças em médias — e magnitudes de efeito) pode ser uma forma extremamente efetiva de relatar resultados. Uma vez que intervalos de confiança combinam informações sobre localização e precisão e podem ser utilizados diretamente para inferir níveis de significância, eles geralmente são a melhor estratégia de apresentação. Em geral, é melhor usar um único nível de confiança, especificado em uma base apriorística (p. ex., um intervalo de confiança de 95% ou 99%), em todo o artigo. Sempre que possível, a discussão e a interpretação de resultados devem se basear em estimativas exatas e de intervalos.

Ao usar técnicas de análise de dados complexas — como modelagem de equações estruturais, técnicas bayesianas, modelagem linear hierárquica, análise fatorial, análise multivariada e abordagens semelhantes —, forneça detalhes dos modelos estimados (consulte a Seção 3.11). Também indique as matrizes de variância–covariância (ou correlação) associadas (geralmente em materiais complementares). Identifique o *software* usado para executar a análise (p. ex., SAS PROC GLM ou um pacote R específico) e as configurações paramétricas usadas na execução das análises (referências não são necessárias para esses programas de *software*). Indique eventuais problemas de estimativa (p. ex., falha de convergência), problemas de diagnóstico de regressão ou anomalias analíticas. Sinalize problemas com suposições estatísticas ou com dados que podem afetar a validade dos resultados.

Magnitudes de Efeito. Para que os leitores apreciem a importância das descobertas de um estudo, é recomendado incluir alguma medida da magnitude do efeito na seção "Resultados". Trata-se de uma estimativa estatística; portanto, sempre que possível, indique o intervalo de confiança para cada uma, a fim de indicar a sua precisão. Magnitudes de efeito podem ser expressas nas unidades originais (p. ex., o número médio de questões respondidas corretamente; quilogramas por mês para uma curva de regressão) e muitas vezes são mais facilmente compreendidas quando apresentadas dessa forma. Também é útil relatar uma magnitude de efeito em alguma forma padronizada, livre de unidade ou de escala (p. ex., valor d de Cohen) ou peso de regressão padronizado. Indicadores de magnitude de efeito com múltiplos graus de liberdade são menos úteis que indicadores de magnitude de efeito que decompõem testes de múltiplos graus de liberdade em magnitudes de efeito relevantes com um grau de liberdade, especialmente quando esses são resultados que esclarecem a discussão. O princípio geral a ser seguido é fornecer ao leitor informações suficientes para avaliar a magnitude do efeito observado.

Estudos com Manipulações Experimentais ou Intervenções. Em estudos que relatam os resultados de manipulações experimentais ou intervenções, esclareça se a análise foi por intenção de tratar. Ou seja, todos os participantes foram designados para condições incluídas na análise de dados, independentemente de terem, de fato, recebido a intervenção, ou somente os que completaram a intervenção satisfatoriamente foram incluídos? Apresente a fundamentação para a escolha.

Análises Auxiliares. Descreva outras análises realizadas, incluindo as de subgrupos e as ajustadas, indicando aquelas que foram pré-especificadas e aquelas que foram exploratórias (embora não necessariamente no nível de minúcia das análises primárias). Considere a apresentação dos resultados detalhados em materiais complementares. Discuta as eventuais implicações das análises auxiliares para taxas de erro estatístico.

Dados de Linha de Base. Certifique-se de que características demográficas e/ou clínicas de base de cada grupo sejam apresentadas.

Eventos Adversos. Se intervenções foram estudadas, pormenorize todos os eventos adversos importantes (com consequências graves) e/ou efeitos colaterais em cada grupo de intervenção. Se nenhum ocorreu, mencione isso também.

3.8 Normas Para Discussão Quantitativa

Depois de apresentar os resultados, você está em condições de avaliar e interpretar as suas implicações, especialmente em relação às hipóteses originais. Na seção de "Discussão" de um trabalho quantitativo, examine, interprete e qualifique os resultados e extraia inferências e conclusões deles. No caso de estudos empíricos, deve haver uma relação estreita entre os resultados relatados e sua discussão. Enfatize consequências teóricas ou práticas dos resultados. Quando a discussão é relativamente breve e direta, você pode combiná-la com a seção de "Resultados", criando uma seção chamada "Resultados e Discussão". Se um manuscrito apresenta vários estudos, discuta os resultados na ordem em que eles foram apresentados.

Abra a seção de "Discussão" enunciando claramente se houve confirmação ou não para todas as hipóteses, distinguidas por primárias e secundárias. No caso de resultados ambíguos, explique por que eles são julgados dessa forma. Discuta as implicações das análises exploratórias em termos tanto de resultados substantivos como de taxas de erro que podem não estar controladas.

Semelhanças e diferenças entre seus resultados e o trabalho de outras pessoas (caso existam) devem ser usadas para contextualizar, confirmar e esclarecer suas conclusões. Não se limite a reformular e repetir pontos já explicados; cada nova oração deve contribuir para sua interpretação e para que os leitores compreendam o problema.

Limitações e Qualidades. A interpretação dos resultados deve considerar (a) as fontes de possível tendenciosidade e outras ameaças à validade interna, (b) a imprecisão das medidas, (c) o número global de testes ou de sobreposição entre eles, (d) a adequação dos tamanhos de amostra e validade da amostragem e (e) outras limitações ou fraquezas do estudo. Se houve uma intervenção ou manipulação, discuta se ela foi bem-sucedida e observe o mecanismo pelo qual ela deveria funcionar (p. ex., rotas causais e/ou mecanismos alternativos). Discuta a fidelidade com a qual a intervenção ou manipulação foi implementada, e descreva os obstáculos responsáveis pela eventual falta de fidelidade. Reconheça as limitações de sua pesquisa e aborde explicações alternativas dos resultados. Discuta a generalizabilidade, ou validade externa, das descobertas, levando em conta diferenças entre a população-alvo e a amostra acessada. Para intervenções, discuta características que a tornam mais ou menos aplicável às circunstâncias não incluídas no estudo, quais resultados foram medidos e como isso foi feito (em relação a outras medidas que poderiam ter sido usadas), a quantidade de tempo até a mensuração (entre o fim da intervenção e a mensuração dos resultados), incentivos, taxas de conformidade e ambientes específicos, bem como outras questões contextuais.

Implicações do Estudo. Conclua a seção de "Discussão" com um comentário fundamentado e justificável sobre a importância dos resultados obtidos. Essa seção de conclusão pode ser breve ou extensa, desde que seja rigorosamente fundamentada, autônoma e não exagerada. Na conclusão, você pode retornar à discussão sobre por que o problema é importante (como exposto na introdução), quais questões mais amplas (aquelas que transcendem às particularidades da subárea) poderiam depender dos achados e quais proposições são confirmadas ou refutadas pela extrapolação desses resultados a essas questões mais abrangentes.

Você também pode considerar as seguintes perguntas:

- Quais são os significados teórico, clínico ou prático dos resultados, e qual é a base para essas interpretações?
- Se os resultados são válidos e replicáveis, quais fenômenos psicológicos da vida real poderiam ser explicados ou exemplificados por eles?
- Que aplicações são justificadas com base nessa pesquisa?
- Quais problemas continuam sem resolução ou adquirem uma nova forma em função desses resultados?

As respostas para essas questões são a essência da contribuição de seu estudo e são o motivo pelo qual leitores dentro e fora de sua área de especialização devem atentar para os resultados. Os leitores devem receber respostas claras, inequívocas e diretas.

3.9 Normas de Publicação Adicionais Para Estudos Experimentais e Não Experimentais Típicos

Conforme mencionado na Seção 3.5, as normas de publicação descritas na Tabela 3.1 se aplicam a todos os estudos. Normas adicionais são válidas devido a determinadas características de delineamento ou afirmações empíricas, como em estudos com delineamentos experimentais (p. ex., com designação randômica e não randômica, ensaios clínicos) e não experimentais. Consulte a Figura 3.1 para saber quais diretrizes devem ser utilizadas para sua pesquisa e *links* para as normas associadas no *site* das JARS.

Estudos com Distribuição Randômica. Descreva a unidade de randomização e os procedimentos usados para gerar as distribuições. Observe quando salas de aula, por exemplo, são a unidade de randomização, ainda que a coleta de dados seja feita individualmente a partir de alunos. Indique a unidade de randomização também na análise dos resultados. Descreva as estipulações de mascaramento utilizadas para garantir a qualidade do processo de randomização.

Estudos com Distribuição Não Randômica. Descreva a unidade de distribuição e o método (regras) usado para designar a unidade à condição, incluindo detalhes de restrições de designação, como bloqueio, estratificação, e assim por diante. Apresente os procedimentos usados para minimizar o viés de seleção, como pareamento ou pareamento por escore de propensão.

Ensaios Clínicos. No contexto das JARS, um *ensaio clínico* ou um *ensaio clínico randomizado* é uma investigação que avalia os efeitos de uma ou mais intervenções relacionadas à saúde

(p. ex., psicoterapia, medicação) sobre os resultados de saúde, designando prospectivamente pessoas para condições experimentais. Conforme utilizado aqui, um ensaio clínico é um subconjunto de uma classe de estudos denominada "estudos de controle randomizado", e normas de publicação para ensaios clínicos também se aplicam a estudos de controle randomizado. Como a maioria dos ensaios clínicos é de estudos experimentais com distribuição randomizada, todas as normas de apresentação para esse tipo de material também são válidas. Apresente informações sobre o aspecto clínico experimental do estudo. Se ele tiver sido registrado (p. ex., em ClinicalTrials.gov), indique o número na nota do autor na página de título (ver Seção 2.7) e no texto. Na seção de "Método", detalhe as considerações do local caso o estudo tenha sido realizado em múltiplos locais. Garanta o acesso ao protocolo do estudo; se ele for uma comparação com um tratamento "padrão" atual, descreva esse tratamento em detalhes suficientes para que ele possa ser replicado com precisão em qualquer pesquisa de acompanhamento ou replicação. Descreva o conselho de segurança e monitoramento de dados e as regras de interrupção, se usadas. Se houve um acompanhamento, apresente a justificativa para a duração do período de acompanhamento.

Delineamentos Não Experimentais. Estudos não experimentais (nos quais nenhuma variável é manipulada) às vezes são chamados, entre outras formas, de "observacionais", "correlacionais" ou "de história natural". Seu objetivo é observar, descrever, classificar ou analisar relações que ocorrem naturalmente entre variáveis de interesse. De modo geral, descreva o delineamento do estudo, os métodos de seleção e amostragem dos participantes (p. ex., prospectivo, retrospectivo, caso-controle, coorte, coorte sequencial) e as fontes de dados. Defina todas as variáveis e descreva a comparabilidade de avaliação entre grupos naturais. Indique como preditores, confundidores* e modificadores de efeito foram incluídos na análise. Discuta as limitações potenciais do estudo conforme for relevante (p. ex., a possibilidade de confundimento não medido).

3.10 Normas de Publicação Para Delineamentos Especiais

Estudos com alguns delineamentos especiais (p. ex., longitudinais, de caso único, replicação) têm normas específicas de apresentação. Consulte a Figura 3.1 para saber quais diretrizes devem ser usadas para sua pesquisa, incluindo estudos com delineamentos especiais e *links* para as normas associadas no *site* das JARS.

Estudos Longitudinais. Envolvem a observação dos mesmos indivíduos usando o mesmo conjunto de medidas (ou atributos) em diversos momentos ou ocasiões. Essa múltipla estrutura observacional pode ser combinada com outros delineamentos de pesquisa, inclusive aqueles com e sem manipulações experimentais, ensaios clínicos randomizados ou qualquer outro tipo de estudo. As normas de publicação para estudos longitudinais devem combinar aquelas que se aplicam à estrutura básica subjacente da pesquisa com aquelas específicas para um estudo longitudinal.

Assim, além das informações determinadas pela estrutura subjacente, forneça informações sobre os aspectos longitudinais do estudo. Por exemplo, descreva os métodos de recrutamento e preservação da amostra, incluindo desgaste em cada fase de coleta de dados e como se lidou com informações ausentes. Descreva as mudanças contextuais (p. ex., uma grande recessão econômica), bem como as alterações nos equipamentos e instrumentos que ocorreram ao longo do estudo (p. ex., uma mudança de nível de uma medida de

---

* N. de R.T. Em inglês, *confounders*: referem-se a variáveis que podem influenciar os resultados de um estudo e, portanto, devem ser consideradas na análise dos dados.

desempenho escolar). Como os estudos longitudinais costumam ser relatados de forma segmentada, indique onde qualquer parte dos dados foi publicada anteriormente e o grau de sobreposição com o presente relato (consulte a Seção 1.16).

Estudos de Caso Único. Esses estudos ($N=1$) assumem diversas formas, entretanto, sua característica essencial é que a unidade é uma entidade única (geralmente uma pessoa). Em alguns estudos $N=1$, vários resultados individuais são descritos e a sua consistência pode ser um ponto central da discussão. Contudo, nenhum estudo desse tipo combina os resultados de vários casos (p. ex., calculando médias).

Descreva o tipo de delineamento (p. ex., retirada–reversão, linha de base múltipla, tratamentos alternados–simultâneos, mudança de critério), suas fases e sequência de fases quando houve uso de uma ou mais manipulações. Indique se e como a randomização foi utilizada. Para cada participante, descreva a sequência realmente concluída e os resultados dele, incluindo dados brutos para comportamentos-alvo e outros achados.

Artigos de Replicação. Para esse tipo de trabalho (consulte a Seção 1.4), indique o tipo de replicação (p. ex., direta [exata, literal], aproximada, conceitual [construto]) e compare o estudo original e o que está sendo relatado, a fim de que os leitores possam avaliar em que medida pode haver fatores que contribuiriam para eventuais diferenças entre as conclusões do estudo original e os resultados da replicação. Compare procedimentos de recrutamento, características demográficas dos participantes, equipamentos e instrumentos, incluindo *hardware* e medidas "*soft*" (p. ex., questionários, entrevistas, testes psicológicos), modificações feitas nas medidas (p. ex., tradução ou retroversão), características psicométricas dos escores analisados, além de informantes e métodos de administração (p. ex., impresso ou *on-line*). Descreva os resultados dos mesmos métodos analíticos (manipulações estatísticas ou quantitativas de outro tipo) utilizados no estudo original, bem como resultados de análises adicionais ou diferentes. Relate detalhadamente as regras (p. ex., comparação de magnitudes de efeito) utilizadas para decidir em que medida os resultados originais foram replicados no novo estudo que está sendo relatado.

3.11 Normas Para Abordagens Analíticas

Embora as normas de publicação geralmente sejam associadas a delineamentos de pesquisa inteiros, alguns procedimentos quantitativos (p. ex., modelagem por equações estruturais, técnicas bayesianas) são complexos e sujeitos a tanta variação interna que informações adicionais (além de apenas o nome da técnica e alguns parâmetros) devem ser descritas para que os leitores compreendam a análise. Alguns pesquisadores podem precisar de informações extras para avaliar as conclusões dos autores ou replicar a análise com seus próprios dados. As normas para modelagem por equações estruturais e técnicas bayesianas estão no *site* das JARS (https://apastyle.apa.org/jars/quantitative).

Modelagem por Equações Estruturais. Trata-se de uma família de técnicas estatísticas que envolve a especificação de um modelo estrutural ou de mensuração. A análise envolve etapas que estimam os efeitos representados no modelo (parâmetros) e avaliam a extensão da correspondência entre o modelo e os dados. Essas normas são complexas e exigem uma descrição abrangente da preparação de dados, especificação do modelo inicial, estimativa, avaliação do ajuste do modelo, nova especificação do modelo e relato dos resultados.

Técnicas Bayesianas. São procedimentos estatísticos inferenciais em que se estimam parâmetros de uma distribuição subjacente com base na distribuição observada. Essas normas são complexas e atendem às necessidades dessa abordagem analítica, incluindo como especificar o modelo, descrever e plotar as distribuições, descrever o cálculo do modelo, relatar fatores de Bayes e a média do modelo bayesiano.

3.12 Normas Para Metanálise Quantitativa

Metanálises quantitativas (ver Seção 1.5) possuem normas de publicação específicas que estão disponíveis na íntegra no *site* das JARS (https://apastyle.apa.org/jars/quant-table-9.pdf). Essas diretrizes são específicas para metanálises, mas podem facilmente ser generalizadas para outras abordagens de síntese de pesquisa quantitativa. Uma característica das metanálises que as torna diferentes (em termos de demanda de apresentação) de outros tipos de estudo é que as unidades de análise são relatos de pesquisas — geralmente artigos publicados ou arquivados. As principais características dos estudos incluídos são estimativas numéricas das magnitudes de efeito dos fenômenos de interesse. As normas de apresentação para metanálises quantitativas são complexas e incluem como descrever a seleção dos estudos, os critérios de inclusão e exclusão e a coleta de dados, além de como resumi-los e suas características (p. ex., por meio de tabelas e figuras; consulte a Tabela 7.4 na Seção 7.21 para um exemplo de tabela de resumos de metanálise).

Normas de Publicação Para Pesquisa Qualitativa

3.13 Expectativas Básicas Para Apresentação de Pesquisa Qualitativa

Ainda que as normas para apresentar informações no resumo e na introdução de um trabalho sejam comuns a todos os tipos de pesquisa (ver Seções 3.3 e 3.4), existem diretrizes específicas para artigos de pesquisa qualitativa, incluindo seções de "Método" (Seção 3.14), "Descobertas" ou "Resultados" (Seção 3.15) e "Discussão" (Seção 3.16). Normas específicas para métodos de pesquisa quantitativos e mistos são apresentadas nas Seções 3.5–3.12 e 3.18, respectivamente.

As expectativas básicas para relatar pesquisas qualitativas são apresentadas na Tabela 3.2. A tabela adicional no *site* das JARS descreve as normas de apresentação para metanálises qualitativas (ver Seção 3.17). Existem muitos procedimentos e métodos qualitativos, bem como muitos delineamentos e abordagens de investigação em que elas podem ser inseridas. Por isso, todos os elementos descritos na Tabela 3.2 e as orientações nas Seções 3.14 a 3.16 podem não ser apropriados para todos os estudos qualitativos.

Os autores devem decidir como as seções serão organizadas dentro do contexto de seu estudo. Por exemplo, os pesquisadores podem combinar as seções de "Resultados" e "Discussão" por não acharem possível separar uma determinada descoberta de seu significado interpretado em um contexto mais amplo. Também podem usar títulos que reflitam os valores de sua tradição (como "Descobertas" em vez de "Resultados") e omitir aqueles que não o fazem. Contanto que as informações necessárias estejam presentes, o artigo não precisa ser segmentado nas mesmas seções e subseções que um artigo quantitativo.

Os artigos qualitativos podem parecer diferentes dos quantitativos porque tendem a ser mais longos, o que se deve às seguintes características centrais: (a) em vez de se referirem a análises estatísticas, os pesquisadores devem incluir justificativas e descrições de procedimentos detalhadas que expliquem como um método analítico foi selecionado, aplicado e adaptado para cada questão ou contexto específico; (b) os pesquisadores devem incluir uma discussão de seus próprios antecedentes e crenças e como os administraram ao longo do estudo; e (c) os pesquisadores devem mostrar como modificaram os dados brutos para desenvolver descobertas adicionando materiais citados ou outra evidência demonstrativa a sua apresentação de resultados. Uma vez que os artigos qualitativos precisam ser mais extensos para fornecer as informações necessárias que sustentem uma revisão adequada, as limitações de tamanho devem ser mais flexíveis do que aquelas para artigos quantitativos, os quais podem não precisar incluir tais informações. Quando os limites de página do periódico entram em conflito com a extensão de um artigo qualitativo, os autores devem trabalhar com os editores para chegar a uma solução que permita uma revisão adequada do trabalho.

3.14 Normas Para Método Qualitativo

A seção de "Método" de um artigo qualitativo inclui os seguintes tipos de informações (ver também Tabela 3.2).

Tabela 3.2 Normas de Apresentação do Delineamento Qualitativo (JARS–Qual)

Página de Título

Título

- Identifique as principais questões/tópicos sob consideração.

Nota do Autor

- Indique as fontes de financiamento ou contribuintes.
- Indique os conflitos de interesse, se houver.

Resumo

- Apresente o problema/questão/objetivos sob investigação.
- Indique o delineamento do estudo, incluindo os tipos de participantes ou fontes de dados, a estratégia analítica, os principais resultados/descobertas e as principais implicações/significados.
- Identifique cinco palavras-chave.

Orientações Para Autores
– Considere incluir ao menos uma palavra-chave que descreva o método e outra que descreva os tipos de participantes ou fenômenos sob investigação.
– Considere descrever sua abordagem de investigação quando isso facilitar o processo de revisão e a inteligibilidade do trabalho. Contudo, caso ele não tenha por base uma abordagem de investigação específica ou se seria muito complicado explicá-la dentro do limite de palavras disponível, não é aconselhável fornecer uma explicação sobre esse ponto no resumo.

Introdução

Descrição do Problema ou Questão de Pesquisa

- Delimite o problema ou pergunta e seu contexto.
- Revise, analise criticamente e sintetize a literatura pertinente para identificar as principais questões/debates/referenciais teóricos na literatura relevante para esclarecer barreiras, lacunas de conhecimento ou necessidades práticas.

Orientação Para Revisores
– A introdução pode incluir exemplos de casos, narrativas pessoais, vinhetas ou outros materiais ilustrativos.

Objetivos/Finalidade do Estudo/Metas de Pesquisa

- Apresente a(s) finalidade(s)/objetivo(s)/meta(s) do estudo.
- Indique o público-alvo, se específico.
- Justifique a adequação do delineamento utilizado para investigar o fim/objetivo (p. ex., construção de teoria, explicativa, desenvolvimento da compreensão, ação social, descrição, destaque de práticas sociais).
- Descreva a abordagem de investigação, caso isso esclareça os objetivos e a fundamentação da pesquisa (p. ex., descritiva, interpretativa, feminista, psicanalítica, pós-positivista, crítica, pós-moderna, abordagens construtivistas ou pragmáticas).

Orientação Para Autores
– Se relevante para os objetivos, explique a relação da análise atual com artigos/publicações anteriores.

Orientação Para Revisores
– Os estudos qualitativos muitas vezes precisam ser legitimamente divididos em múltiplos manuscritos devido às limitações de espaço para artigo científicos, mas cada um deve ter um foco distinto.
– Os estudos qualitativos tendem a não identificar hipóteses, mas sim questões e objetivos de pesquisa.

(Continuação)

Tabela 3.2 Normas de Apresentação do Delineamento Qualitativo (JARS–Qual) *(Continuação)*

Método

Visão Geral do Delineamento de Pesquisa

- Resuma o delineamento da pesquisa, incluindo estratégias de coleta de dados, estratégias de análise de dados e, se esclarecedoras, abordagens de investigação (p. ex., descritiva, interpretativa, feminista, psicanalítica, pós--positivista, crítica, pós-moderna, construtivista ou pragmática).
- Justifique o delineamento escolhido.

Orientação Para Revisores
- As seções de "Método" podem ser escritas em formato cronológico ou narrativo.
- Embora os autores forneçam uma descrição do método que outros investigadores devem ser capazes de seguir, não é necessário que outros pesquisadores cheguem às mesmas conclusões, mas que a descrição do método os leve a conclusões com um grau semelhante de integridade metodológica.
- Às vezes, os elementos podem ser relevantes para múltiplas seções e os autores precisam organizar o que pertence a cada subseção a fim de descrever o método de forma coerente e reduzir a redundância. Por exemplo, um apanhado geral e a exposição dos objetivos podem ser apresentados em uma seção.
- Os processos de pesquisa qualitativa costumam ser iterativos e não lineares, podendo evoluir durante o processo de investigação e deslocar-se entre a coleta e a análise de dados em múltiplos formatos. Consequentemente, as seções de coleta e análise de dados podem ser combinadas.
- Pelas razões expostas anteriormente e porque os métodos qualitativos muitas vezes são adaptados e combinados de forma criativa, exigindo descrição detalhada e justificativa, uma seção típica de "Método" qualitativa normalmente é mais longa do que uma seção típica de "Método" quantitativa.

Participantes do Estudo ou Fontes de Dados

DESCRIÇÃO DO PESQUISADOR
- Relate as experiências dos pesquisadores na abordagem do estudo, enfatizando seus conhecimentos dos fenômenos (p. ex., entrevistadores, analistas ou equipe de pesquisa).
- Descreva como os conhecimentos prévios dos fenômenos em estudo foram gerenciados e/ou influenciaram a pesquisa (p. ex., aumentando, limitando ou estruturando a coleta e a análise de dados).

Orientação Para Autores
- Conhecimentos prévios relevantes para a análise podem incluir, mas não estão limitados a, descrições das características demográficas/culturais dos pesquisadores, credenciais, experiência com os fenômenos, treinamento, valores e/ou decisões na seleção de arquivos ou materiais para analisar.

Orientação Para Revisores
- Os pesquisadores diferem quanto à extensão da autodescrição reflexiva nos relatos. Pode ser que, sem orientação, não consigam estimar a profundidade da descrição desejada pelos revisores.

PARTICIPANTES OU OUTRAS FONTES DE DADOS
- Indique o número de participantes/documentos/eventos analisados.
- Forneça as informações demográficas/culturais, perspectivas dos participantes ou características das fontes de informações que podem influenciar os dados coletados.
- Descreva as fontes de dados existentes, se relevantes (p. ex., jornais, internet, arquivos).
- Forneça informações de repositórios para dados compartilhados abertamente, se adequado.
- Apresente pesquisas em arquivos ou o processo de localização de dados para análises, se adequado.

RELACIONAMENTO PESQUISADOR–PARTICIPANTE
- Descreva as relações e interações entre pesquisadores e participantes relevantes e que tenham qualquer impacto no processo de pesquisa (p. ex., relacionamentos anteriores, considerações éticas relevantes referentes a relacionamentos anteriores).

Recrutamento de Participantes

PROCESSO DE RECRUTAMENTO
- Especifique o processo de recrutamento (p. ex., pessoalmente, telefone, correio, *e-mail*) e qualquer protocolo utilizado.
- Descreva incentivos ou compensações e indique garantia de processos éticos de coleta de dados e de consentimento conforme relevante (o que pode incluir aprovação do CEP, adaptações para populações vulneráveis e monitoramento de segurança).

(Continuação)

Tabela 3.2 Normas de Apresentação do Delineamento Qualitativo (JARS–Qual) *(Continuação)*

Recrutamento de Participantes *(Continuação)*

- Explique o processo pelo qual o número de participantes foi determinado em relação ao delineamento do estudo.
- Indique eventuais mudanças nos números provenientes de desgaste e o número final de participantes/fontes (se relevante, taxas de recusa ou razões para abandono).
- Justifique a decisão de interromper a coleta de dados (p. ex., saturação).
- Indique o objetivo do estudo apresentado aos participantes, caso haja diferença em relação ao objetivo declarado.

Orientação Para Autores/Revisores
- A ordem dos processos de recrutamento e de seleção e seus conteúdos podem ser determinados em função da abordagem metodológica dos autores. Alguns irão determinar um processo de seleção e depois desenvolver um método de recrutamento com base nesses critérios. Outros irão desenvolver um processo de recrutamento e depois selecionarão os participantes de maneira responsiva em relação às descobertas em andamento.

Orientação Para Revisores
- Não existe um número mínimo de participantes estipulado para um estudo qualitativo, mas os autores devem justificar sua escolha.

SELEÇÃO DE PARTICIPANTES
- Descreva o processo de seleção de participantes/fonte de dados (p. ex., métodos de amostragem intencional, como variação máxima, métodos de amostragem por conveniência, como seleção bola de neve, amostragem teórica e amostragem de diversidade) e critérios de inclusão/exclusão.
- Apresente o contexto geral para o estudo (quando e onde os dados foram coletados).
- Se sua seleção de participantes for de um conjunto de dados arquivados, descreva o processo de recrutamento e seleção desse conjunto de dados, bem como as decisões pertinentes para essa escolha.

Orientação Para Autores
- Uma asserção pode esclarecer como o número de participantes se enquadra nas práticas do delineamento em questão, reconhecendo que a transferibilidade dos resultados da pesquisa qualitativa para outros contextos se baseia no desenvolvimento de conhecimentos profundos e contextualizados que podem ser aplicados pelos leitores, em vez de estimativas quantitativas de erro e generalizações para as populações.

Orientação Para Autores/Revisores
- A ordem dos processos de recrutamento e de seleção e seus conteúdos podem ser determinados em função da abordagem metodológica dos autores. Alguns irão determinar um processo de seleção e posteriormente desenvolver um método de recrutamento com base nesses critérios. Outros irão desenvolver um processo de recrutamento e depois selecionarão os participantes de maneira responsiva em relação às descobertas em andamento.

Coleta de Dados

PROCEDIMENTOS DE COLETA OU IDENTIFICAÇÃO DE DADOS
- Indique a forma de coleta dos dados (p. ex., entrevistas, questionários, mídia, observação).
- Descreva as origens ou a evolução do protocolo de coleta de dados.
- Relate alterações na estratégia de coleta de dados em resposta às descobertas em andamento ou à fundamentação do estudo.
- Caracterize o processo de seleção ou coleta de dados (p. ex., presença de outras pessoas na ocasião, número de vezes que os dados foram coletados, duração da coleta, contexto).
- Indique a extensão do envolvimento (p. ex., profundidade do envolvimento, intensidade temporal).
- Para entrevistas e estudos escritos, indique a média e o intervalo de tempo de duração nos processos de coleta de dados (p. ex., as entrevistas duraram de 75 a 110 min, com uma duração média de 90 min por entrevista).
- Elucide a gestão ou o uso da reflexividade no processo de coleta de dados, caso necessário.
- Descreva as perguntas feitas na coleta de dados: conteúdo e formato (p. ex., abertas ou fechadas) das questões principais.

Orientações Para Revisores
- Os pesquisadores podem utilizar termos para a coleta de dados que sejam coerentes com sua abordagem e processo de pesquisa, como "identificação de dados", "coleta de dados" ou "seleção de dados". Contudo, as descrições devem ser feitas com termos acessíveis aos leitores.

(Continuação)

Tabela 3.2 Normas de Apresentação do Delineamento Qualitativo (JARS–Qual) *(Continuação)*

Coleta de Dados *(Continuação)*
- Pode não ser útil reproduzir todas as perguntas feitas em uma entrevista, especialmente no caso de entrevistas não estruturadas ou semiestruturadas, pois elas são adaptadas ao conteúdo de cada entrevista.

REGISTRO E TRANSFORMAÇÃO DE DADOS
- Identifique os métodos de registro de áudio/visual de dados, notas de campo ou processos de transcrição utilizados.

Análise

ESTRATÉGIAS DE ANÁLISE DE DADOS
- Descreva os métodos e procedimentos utilizados e sua finalidade/objetivo.
- Explique detalhadamente o processo de análise, incluindo alguma discussão dos procedimentos (p. ex., codificação, análise temática) seguindo um princípio de transparência.
- Apresente codificadores ou analistas e seu treinamento, caso ainda não tenham sido descritos na seção de descrição do pesquisador (p. ex., seleção de codificador, grupos de colaboração).
- Identifique se as categorias de codificação foram obtidas a partir das análises ou foram desenvolvidas *a priori*.
- Aponte as unidades de análise (p. ex., transcrição inteira, unidade, texto) e como elas foram formadas, se adequado.
- Descreva o processo que levou a um esquema analítico, se adequado (p. ex., se um esquema foi desenvolvido antes ou durante a análise ou a qualquer momento).
- Forneça ilustrações e descrições do desenvolvimento do esquema analítico, se adequado.
- Indique o *software*, se utilizado.

Orientação Para Autores
— Indique fundamentos que elucidem as escolhas analíticas ante os objetivos do estudo.

Orientação Para Revisores
— Os pesquisadores podem utilizar termos para a análise de dados que sejam coerentes com sua abordagem e processo de pesquisa, como "interpretação", "unitização", "análise eidética" e "codificação". Contudo, as descrições devem ser feitas com termos que sejam acessíveis aos leitores.

INTEGRIDADE METODOLÓGICA
- Demonstre que as afirmações feitas a partir da análise se justificam e produziram resultados com integridade metodológica. Os procedimentos que contribuem para a integridade metodológica (fidelidade e utilidade) normalmente são descritos nas seções pertinentes de um artigo, mas podem ser abordados em uma seção separada quando o detalhamento ou ênfase for útil. Questões de integridade metodológica incluem:
  — Avaliar a *adequação* dos dados em termos da capacidade de capturar as formas de diversidade mais relevantes para a pergunta, objetivos de pesquisa e abordagem de investigação.
  — Descrever como as *perspectivas dos pesquisadores* foram gerenciadas na coleta e análise de dados (p. ex., para limitar seu efeito, estruturar a análise).
  — Demonstrar que as conclusões são *baseadas* nas evidências (p. ex., usando citações, excertos ou descrições do envolvimento dos pesquisadores na coleta de dados).
  — Evidenciar que as contribuições são *perspicazes* e *significativas* (p. ex., em relação à literatura atual e ao objetivo do estudo).
  — Fornecer informações *contextuais* relevantes para as descobertas (p. ex., ambiente do estudo, informações sobre os participantes, inclusão da pergunta feita na entrevista antes do excerto, conforme necessário).
  — Apresentar as descobertas de maneira *coerente*, de modo a dar sentido às contradições ou às evidências refutatórias nos dados (p. ex., reconciliar discrepâncias, descrever por que pode haver um conflito nas descobertas).
- Demonstre *consistência* em relação aos processos analíticos (p. ex., os analistas podem usar demonstrações das análises para reforçar a consistência, descrever como desenvolveram uma perspectiva estável, confiabilidade entre avaliadores, consenso) ou descreva razões para inconsistências, conforme relevante (p. ex., mudança de codificadores no meio da análise, interrupção no processo analítico). E se alterações na integridade metodológica foram feitas por razões éticas, explique quais foram e quais ajustes foram feitos.
- Descreva como o suporte aos argumentos foi complementado por verificações adicionadas à análise qualitativa. Exemplos de verificações complementares que podem fortalecer a pesquisa podem incluir
  — transcrições ou dados coletados devolvidos aos participantes para *feedback*

(Continuação)

Tabela 3.2 Normas de Apresentação do Delineamento Qualitativo (JARS-Qual) *(Continuação)*
Análise *(Continuação)*

- triangulação entre múltiplas fontes de informação, descobertas ou investigadores
- verificações da profundidade da entrevista ou solicitações do entrevistador
- processos de consenso ou auditoria
- verificações de membros ou *feedback* dos participantes sobre as descobertas
- exibições ou matrizes de dados
- descrição detalhada em profundidade, exemplos de casos ou ilustrações
- métodos estruturados de reflexividade do pesquisador (p. ex., envio de memorandos, notas de campo, diários, livros de registro, *bracketing**)
- verificações da utilidade das descobertas para responder ao problema do estudo (p. ex., avaliar se uma solução funcionou)

Orientação Para Revisores
- A pesquisa não precisa usar todas ou alguma das verificações (pois o rigor se baseia fundamentalmente no processo iterativo de análises qualitativas, que inerentemente inclui verificações dentro das análises iterativas em evolução e autocorretivas), mas seu uso pode aumentar a integridade metodológica. As abordagens de investigação têm tradições diferentes em termos de uso de verificações e quais delas são mais valorizadas.
- Relate os resultados da pesquisa (p. ex., temas, categorias, narrativas), o significado e as interpretações que o pesquisador derivou a partir da análise dos dados.
- Demonstre o processo analítico de obtenção de resultados (p. ex., citações, excertos de dados).

Descobertas/Resultados

Subseções de Descobertas/Resultados

- Apresente os resultados da pesquisa de forma compatível com o delineamento do estudo.
- Inclua ilustrações de síntese (p. ex., diagramas, tabelas, modelos), se útil na organização e transmissão das descobertas, bem como fotografias ou *links* para vídeos.

Orientações Para Autores
- Resultados apresentados de maneira artística (p. ex., um *link* para uma apresentação de teatro) também devem incluir as informações exigidas nas normas de publicação que respaldem a apresentação da pesquisa.
- Use citações ou excertos para realçar a descrição dos dados (p. ex., descrição densa, evocativa, notas de campo, excertos de texto), mas eles não devem substituir a descrição dos resultados da análise.

Orientações Para Revisores
- A seção de "Descobertas" tende a ser mais longa do que em artigos quantitativos devido à retórica demonstrativa necessária para permitir a avaliação do procedimento analítico.
- Dependendo da abordagem de investigação, pode-se combinar os resultados e a discussão ou utilizar um estilo discursivo personalizado para retratar o envolvimento dos pesquisadores na análise.
- As descobertas podem ou não incluir informações quantificadas, dependendo das metas, das características e da abordagem do estudo.

Discussão

Subseções da Discussão

- Destaque as contribuições principais e seu significado para o avanço do conhecimento da disciplina.
- Descreva os tipos de contribuições feitas pelas descobertas (p. ex., desafiando, desenvolvendo e confirmando pesquisas ou teorias anteriores) e como elas podem ser mais bem utilizadas.
- Identifique semelhanças e diferenças com teorias e resultados de pesquisas anteriores.
- Reflita sobre explicações alternativas das descobertas.
- Identifique aspectos favoráveis e limitações do estudo (p. ex., considere como a qualidade, a fonte ou os tipos de dados ou processos analíticos podem reforçar ou enfraquecer sua integridade metodológica).
- Descreva os limites do escopo de transferibilidade (p. ex., o que os leitores devem ter em mente quando utilizarem as descobertas em outros contextos).
- Reavalie os eventuais dilemas éticos ou desafios encontrados e faça sugestões para futuros pesquisadores.
- Considere as implicações para futuros estudos, políticas ou práticas.

(Continuação)

---

* N. de R.T. *Bracketing* é um processo por meio do qual o pesquisador busca deixar de lado pressuposições, preconceitos, etc., a fim de evitar possíveis vieses prejudiciais à investigação do fenômeno.

Tabela 3.2 Normas de Apresentação do Delineamento Qualitativo (JARS–Qual) *(Continuação)*
Subseções da Discussão *(Continuação)*
Orientação Para Revisores – As descrições podem levar a múltiplas soluções — e não apenas a uma única solução. Muitas abordagens qualitativas sustentam que pode haver mais de um conjunto válido e útil de resultados a partir de um determinado grupo de dados.

Visão Geral do Delineamento da Pesquisa. O primeiro parágrafo da seção de "Método" de um artigo qualitativo resume o delineamento da pesquisa. Pode mencionar as estratégias de coleta de dados, as estratégias analíticas e as abordagens de investigação, além de fornecer uma breve justificativa para o delineamento selecionado caso isso não tenha sido descrito na seção de objetivos da introdução (ver Seção 3.4).

Descrição do Pesquisador. Para situar a investigação nas expectativas, identidades e posições dos pesquisadores (p. ex., entrevistadores, analistas, equipe de pesquisa), descreva os antecedentes deles na abordagem do estudo, enfatizando seus conhecimentos prévios dos fenômenos sob investigação. Descrições relevantes podem incluir (mas não se limitam a) suas características demográficas, culturais e/ou identitárias, credenciais, experiência com os fenômenos em estudo, treinamento, valores ou decisões na seleção de arquivos ou material para analisar. Relate como conhecimentos prévios dos fenômenos em estudo foram gerenciados e/ou como influenciaram a pesquisa (p. ex., aperfeiçoando, limitando ou estruturando a coleta e análise de dados).

Participantes ou Outras Fontes de Dados. Ao descrever participantes ou fontes de dados, relate o seguinte: número de participantes, documentos ou eventos analisados, informações demográficas ou culturais relevantes para o tópico de pesquisa, e perspectivas dos participantes e características das fontes de dados relacionadas ao estudo. Se pertinente, descreva as fontes de dados (p. ex., jornais, internet, arquivos) e indique informações sobre repositórios de dados para informações compartilhadas abertamente. Descreva também os processos envolvidos na realização de buscas em arquivos ou na localização de dados para análise.

Os pesquisadores devem descrever as características dos participantes (listadas na Seção 3.6) e os fatores do histórico pessoal (p. ex., idade, exposição a trauma, histórico de abuso, histórico de abuso de substâncias, história da família, história geográfica) relevantes para os contextos e tópicos específicos de sua pesquisa (ver Morse, 2008). Certas características exercem influência em muitas esferas da vida e devem constar na maioria dos relatos de pesquisa — nos Estados Unidos, por exemplo, isso normalmente inclui idade, sexo, raça, etnia e condição socioeconômica, mas outras características também podem ser altamente relevantes para uma determinada questão e contexto de pesquisa (p. ex., orientação sexual, *status* de imigração, deficiência). As descrições das particularidades dos participantes devem ser sensíveis a eles e ao modo como entendem e expressam suas identidades, condições, histórias, e assim por diante. O Capítulo 5 contém mais orientações sobre como escrever sobre as características dos participantes sem tendenciosidade.

Além das características e fatores de história pessoal dos participantes, outros aspectos inerentes a um estudo podem influenciar a experiência de um determinado fenômeno (p. ex., orientação psicoterápica em pesquisa sobre psicoterapeutas, filiação a partidos políticos em um estudo sobre crenças econômicas), e, por isso, é importante descrevê-los. A decisão de quais aspectos dos participantes devem ser descritos pode se basear em uma revisão de estudos anteriores, na experiência dos pesquisadores com um fenômeno, em entrevistas-piloto, nos objetivos do estudo, na dinâmica contextual e nos dados empíricos que são analisados à medida que é feita a coleta de dados. Dessa forma, considerações quanto ao que relatar podem ter uma orientação experiencial, teórica e empírica.

Relações Pesquisador–Participante. Para aumentar a transparência, descreva as relações e interações entre pesquisadores e participantes que são relevantes e tenham qualquer impacto no processo de pesquisa (p. ex., relacionamentos anteriores ao estudo, considerações éticas referentes a relacionamentos anteriores). Como relacionamentos existentes podem ser úteis (p. ex., por aumentar a confiança e facilitar a divulgação) ou prejudiciais (p. ex., por diminuir a confiança e inibir a divulgação), a dinâmica específica das relações deve ser considerada e relatada.

Recrutamento de Participantes. Não há um número mínimo de participantes para um estudo qualitativo (ver Levitt et al., 2017, para uma discussão sobre a adequação dos dados em pesquisas qualitativas). Os autores devem apresentar uma justificativa para o número de participantes escolhido, muitas vezes à luz do método ou da abordagem de investigação utilizada. Alguns estudos se iniciam com o recrutamento de participantes e depois com a seleção daqueles que respondem. Outros, com a seleção de um tipo de *pool* de participantes e depois com o recrutamento a partir dele. O conteúdo das seções de "Método" deve ser ordenado para refletir o processo do estudo. Especificamente, a seleção de participantes pode seguir o recrutamento de sujeitos ou vice-versa; assim, a discussão sobre o número de participantes provavelmente será colocada logo a seguir do processo que veio em segundo lugar.

Processo de Recrutamento. Relate o método de recrutamento (p. ex., pessoalmente, telefone, correio, *e-mail*) e os protocolos utilizados, e descreva de que modo você comunicou o objetivo do estudo aos participantes, especialmente se houver diferença em relação à finalidade declarada nos objetivos da pesquisa (ver Seção 3.4). Por exemplo, os pesquisadores podem descrever um objetivo de estudo mais amplo para os participantes (p. ex., explorar a experiência dos participantes de estarem em liberdade condicional), mas depois focar sua análise em apenas um aspecto (p. ex., as relações entre os participantes e os oficiais de liberdade condicional). Forneça detalhes sobre incentivos ou compensações dados aos participantes e declare processos éticos relevantes de coleta de dados e consentimento, potencialmente descrevendo a aprovação do CEP, adaptações para populações vulneráveis ou práticas de monitoramento de segurança. Apresente o processo de determinação do número de participantes em relação ao delineamento do estudo (p. ex., abordagens de investigação, estratégias de coleta de dados e de análise de dados). Qualquer alteração nesse número por meio de desgaste (p. ex., taxas de recusa, razões para abandono) e o número final de participantes ou fontes deve ser informada, assim como a justificativa para decisões de interromper a coleta de dados (p. ex., saturação).

Seleção de Participantes. Para descrever como os participantes foram selecionados a partir de um grupo identificado, explique os critérios de inclusão e/ou exclusão, bem como o processo utilizado. Esse processo de seleção pode consistir em métodos de amostragem intencional, como variação máxima, métodos de amostragem por conveniência, como seleção bola de neve, amostragem teórica ou amostragem de diversidade. Descreva o contexto geral para o seu estudo (p. ex., quando e onde os dados foram coletados). Se você selecionou participantes a partir de um conjunto de dados arquivados, relate os processos de recrutamento e seleção para esse conjunto de informações e quaisquer decisões que os afetaram.

Coleta de Dados. Os pesquisadores podem empregar termos para a coleta de dados que são coerentes com sua abordagem e processo de pesquisa, como "identificação", "coleta" ou "seleção" de informações. Contudo, as descrições devem ser apresentadas em termos que sejam acessíveis aos leitores.

Procedimentos de Coleta ou Identificação de Dados. Além de descrever a forma de coleta dos dados (p. ex., entrevistas, questionários, mídia, observação), indique alterações nas estratégias empregadas (p. ex., em resposta às descobertas graduais ou aos fundamentos do estudo). Pode não ser útil reproduzir todas as perguntas feitas em uma entrevista, especialmente no caso de entrevistas não estruturadas ou semiestruturadas nas quais as questões são adaptadas ao conteúdo de cada entrevista. Porém, o conteúdo das perguntas centrais ou norteadoras deve ser comunicado, e o seu formato pode ser descrito (p. ex., questões abertas, paráfrases neutras, instruções escritas). Descreva o processo de seleção ou coleta de dados (p. ex., se outras pessoas estavam presentes quando os dados foram coletados, número de vezes que os dados foram coletados, duração da coleta, contexto). Comunique a extensão do envolvimento dos pesquisadores (p. ex., profundidade de engajamento, intensidade temporal da coleta de dados). Descreva a gestão ou uso de reflexividade no processo de coleta de dados quando isso esclarece o estudo.

Registro e Transformação de Dados. Identifique como os dados foram registrados para análise e explique se e como foram transformados. Isso pode incluir uma declaração sobre métodos de registro de áudio ou visual, notas de campo ou transcrição.

Análise. Os dois principais tópicos a relatar na descrição das análises qualitativas são a análise de dados e o estabelecimento da integridade metodológica. Os pesquisadores podem usar termos para a análise de dados que sejam coerentes com sua abordagem e processo de pesquisa (p. ex., "interpretação", "unitização", "análise eidética", "codificação"). Contudo, as descrições devem ser feitas com termos que sejam acessíveis aos leitores.

Estratégias de Análise de Dados. Descreva os métodos e procedimentos de análise de dados e o propósito ou objetivo para o qual foram utilizados. Explique detalhadamente o processo de análise. Descreva o processo que levou a uma abordagem analítica (p. ex., se um conjunto de categorias de codificação foi desenvolvido antes ou durante a análise, se as descobertas surgiram de um processo indutivo de análise; veja o glossário no *site* das JARS em https://apastyle.apa.org/jars/glossary). Além disso, inclua uma discussão de procedimentos analíticos (p. ex., codificação, análise temática) e uma descrição dos codificadores ou analistas e seu treinamento, caso ainda não tenham sido descritos na seção de descrição do pesquisador. Nessa descrição, identifique as unidades de análise (p. ex., transcrição inteira, unidade, texto) e como elas foram formadas, se aplicável. Indique se alguma categoria ou código emergiu das análises ou foi desenvolvida *a priori* e descreva o processo utilizado em cada caso. Forneça ilustrações e descrições de seu desenvolvimento, se relevante. Indique o *software*, se utilizado.

Integridade Metodológica. Destaque os procedimentos que contribuem para a integridade metodológica em todo o artigo ou resuma os pontos centrais em uma seção separada na seção de "Método" quando detalhamento ou ênfase seria útil (para mais informações sobre integridade metodológica, consulte Levitt et al., 2017, e o glossário no *site* das JARS em https://apastyle.apa.org/jars/glossary).

Demonstre que as afirmações feitas a partir da análise são justificadas. Destaque os principais recursos de integridade metodológica da seguinte forma:

- **adequação:** Avalie a adequação dos dados em termos de sua capacidade de capturar formas de diversidade mais relevantes para as questões, os objetivos e a abordagem da pesquisa.

- **perspectivas dos pesquisadores:** Descreva como as perspectivas dos pesquisadores foram gerenciadas tanto na coleta quanto na análise de dados (p. ex., para limitar seu efeito na coleta de dados, para estruturar a análise).
- **fundamentação:** Demonstre que as descobertas estão fundamentadas em evidências (p. ex., usando citações, excertos ou descrições do envolvimento dos pesquisadores na coleta de dados).
- **significância:** Demonstre que as contribuições são perspicazes e significativas (p. ex., em relação à literatura atual e aos objetivos do estudo).
- **contexto:** Forneça informações contextuais relevantes para as descobertas (p. ex., cenário do estudo, informações sobre os participantes; apresente a pergunta da entrevista feita antes de um excerto, conforme necessário).
- **coerência:** Apresente os resultados de maneira coerente, que dê sentido às contradições ou evidências refutatórias nos dados (p. ex., concilie discrepâncias, descreva por que pode haver um conflito nos resultados).
- **consistência:** Conforme relevante, comente sobre a consistência em relação aos processos de análise, especialmente diante de mudanças nas condições ou contextos (p. ex., use demonstrações de análises para reforçar a consistência ou para descrever o desenvolvimento de uma perspectiva estável, como pela utilização de confiabilidade ou consenso entre avaliadores), ou descreva respostas a inconsistências (p. ex., troca de codificadores no meio da análise, interrupção no processo de análise).

O suporte para afirmações de integridade metodológica pode ser complementado por quaisquer verificações adicionadas à análise qualitativa. As abordagens de investigação têm tradições diferentes em termos de uso de verificações, e os pesquisadores não precisam utilizar todas ou alguma delas, mas seu uso pode aumentar a integridade metodológica de um estudo. Eis alguns exemplos de verificações suplementares que podem fortalecer a pesquisa:

- transcrições ou dados devolvidos aos participantes para *feedback*;
- triangulação entre múltiplas fontes de informação, descobertas ou investigadores;
- verificações da profundidade da entrevista ou das solicitações do entrevistador;
- processos de consenso ou auditoria;
- verificações de membros ou *feedback* dos participantes sobre os resultados;
- exibições ou matrizes de dados;
- descrição detalhada em profundidade, exemplos de casos e ilustrações;
- métodos estruturados de reflexividade do pesquisador (p. ex., memorandos, notas de campo, livros de registro, diários, *bracketing*);
- verificações da utilidade das descobertas para responder ao problema do estudo (p. ex., avaliar se uma solução funcionou).

3.15 Normas Para Descobertas ou Resultados Qualitativos

Em artigos de pesquisa qualitativa, as descobertas podem incluir informações quantificadas ou não, dependendo dos objetivos do estudo, da abordagem de investigação e das características do estudo. Observe que é possível utilizar o título "Descobertas" em vez de "Resultados".

Descrições Tanto do Desenvolvimento das Descobertas Quanto das Próprias Descobertas. Descreva as descobertas da pesquisa (p. ex., temas, categorias, narrativas) e o significado e os conhecimentos que os pesquisadores derivaram da análise dos dados em relação ao objetivo do estudo. As descrições dos resultados geralmente incluem citações, evidências ou excertos que demonstram o processo de análise de dados e de obtenção de resultados (p. ex., descrição densa e evocativa, notas de campo, excertos de texto). Contudo, elas não devem substituir a descrição dos resultados da análise. Em vez disso, equilibre essas ilustrações com descrições de texto que deixem claros os significados extraídos de citações ou excertos e como eles respondem à questão do estudo.

Compatibilidade com o Delineamento do Estudo. Os resultados devem ser apresentados de modo compatível com o delineamento da pesquisa. Por exemplo, as descobertas de um estudo de teoria fundamentada podem ser descritas usando categorias organizadas de forma hierárquica e marcadas por divisões distintas, ao passo que as descobertas de um estudo etnográfico podem ser escritas em formato narrativo cronológico. Além disso, as descobertas devem ser escritas em um estilo que seja coerente com a abordagem de investigação utilizada.

Representações das Descobertas. Os resultados qualitativos podem ser apresentados de várias maneiras. Ilustrações (p. ex., diagramas, tabelas, modelos; consulte o Capítulo 7) podem ser utilizadas para organizar e comunicar as descobertas, bem como fotografias ou *links* para vídeos (consulte as Seções 2.15 e 7.30). Contudo, descobertas apresentadas de maneira artística (p. ex., *link* para uma apresentação de teatro) também devem incluir as informações exigidas nas normas de publicação que contribuem para a apresentação da pesquisa e uma descrição que esclareça o processo analítico e os significados extraídos delas.

3.16 Normas Para Discussão Qualitativa

O objetivo de uma seção de "Discussão" qualitativa é comunicar as contribuições do estudo em relação à literatura prévia e aos seus objetivos. Nesse processo, as interpretações dos resultados são descritas de forma a considerar as limitações do estudo e a fornecer explicações alternativas plausíveis. A seção de "Discussão" informa as aplicações de suas descobertas e indica direções para futuros investigadores. Se você apresentar diversos estudos, discuta os resultados na ordem em que eles são apresentados no artigo.

Interpretando o Significado de suas Descobertas. Em vez de simplesmente reafirmar os resultados, uma boa seção de "Discussão" desenvolve a compreensão dos leitores sobre os problemas em questão. Para esse propósito, descreva as contribuições centrais de sua pesquisa e sua importância para o avanço do conhecimento da área. Identificar semelhanças e diferenças em relação a teorias e resultados de pesquisas anteriores vai ajudar nesse processo. Descreva de que forma as descobertas contribuem (p. ex., desenvolvendo, desafiando ou reforçando pesquisas ou teorias anteriores) e como os resultados podem ser mais bem utilizados. Reflita sobre explicações alternativas dos resultados para esclarecer os pontos favoráveis e desfavoráveis da argumentação que você escolheu. Um determinado conjunto de dados pode gerar mais do que um grupo válido ou útil de descobertas. O fato de haver mais de uma possível interpretação não é considerado uma desvantagem porque os pesquisadores podem priorizar diferentes processos ou perspectivas; contudo, as conclusões devem permanecer fundamentadas na análise empírica dos dados.

Limitações e Qualidades. Inclua uma subseção para identificar os pontos fortes e as limitações do estudo (p. ex., considere como a qualidade, a fonte ou os tipos de dados ou processos analíticos podem reforçar ou enfraquecer a integridade, a confiabilidade ou a validade metodológica). Descreva os limites do escopo de generalizabilidade ou transferibilidade (p. ex., questões que os leitores devem considerar ao usar as descobertas em outros contextos).

Implicações do Estudo. Indique aos leitores como suas descobertas podem ser usadas e suas implicações. Você pode delinear questões de pesquisa emergentes, percepções teóricas, novos entendimentos ou delineamentos metodológicos que beneficiam a conceituação, a implementação, a revisão ou a apresentação de estudos futuros. Além disso, as implicações para as políticas, para a prática clínica e para a defesa de direitos podem ser indicadas para auxiliar os leitores na implementação de suas descobertas.

3.17 Normas Para Metanálise Qualitativa

As metanálises qualitativas (ver Seção 1.5) possuem normas de publicação exclusivas que estão disponíveis na íntegra no *site* das JARS (https://apastyle.apa.org/jars/qual-table-2.pdf). Duas características destacadas nesta seção são a descrição do processo agregativo e a descrição da contextualidade.

Descrevendo o Processo Agregativo. A integridade metodológica dos resultados de metanálises repousa em grande parte no quanto aqueles que realizam a análise são capazes de detalhar e justificar as escolhas que fizeram dos estudos a revisar e o processo que realizaram para ponderar e integrar os resultados das pesquisas. Os autores de metanálises amiúde agregam estudos qualitativos de múltiplas abordagens metodológicas ou teóricas, devendo comunicar as abordagens revisadas, bem como sua própria abordagem para a análise de dados secundários. A metanálise qualitativa envolve a combinação interpretativa de descobertas temáticas, não uma reanálise de dados primários. Suas formas variam em um *continuum*, desde a avaliação de como descobertas replicam ou não umas às outras até a organização das descobertas interpretadas em descrições narrativas que relacionam os estudos entre si. Os autores desse tipo de investigação aumentam sua fidelidade aos resultados quando consideram as contradições e ambiguidades dentro e entre os estudos.

Descrevendo a Posição dos Autores. Outro fator que distingue metanálises qualitativas de análises qualitativas primárias é que muitas vezes elas incluem um exame da posição dos autores dos estudos primários revisados (p. ex., as perspectivas dos pesquisadores primários, bem como suas posições e contextos sociais e o reflexo dessas perspectivas em seus estudos). A posição dos autores pode ser considerada na seção de "Descobertas" ou de "Discussão" e apresentada narrativamente ou em tabelas para simplificar a exposição das tendências. Consulte a tabela *on-line* para obter informações completas sobre como apresentar metanálises qualitativas.

Normas de Publicação Para Pesquisa de Métodos Mistos

3.18 Expectativas Básicas Para Apresentação de Pesquisa de Métodos Mistos

Enquanto as normas de apresentação de informações no resumo e na introdução de um artigo são comuns a todos os tipos de pesquisa (ver Seções 3.3 e 3.4), existem diretrizes específicas para artigos de pesquisa de métodos mistos, cujas expectativas básicas são apresentadas na Tabela 3.3. Normas específicas para pesquisas quantitativas e qualitativas são apresentadas nas Seções 3.5 a 3.12 e 3.13 a 3.17, respectivamente.

Tabela 3.3 Normas de Apresentação do Delineamento de Métodos Mistos (JARS–Mixed)

Página de Título

Título

- Consulte as Normas JARS–Quant e JARS–Qual (Tabelas 3.1 e 3.2).

    Orientações Para Autores
    – Evite usar palavras de acepção qualitativa (p. ex., "explorar", "entender") ou quantitativa (p. ex., "determinantes", "correlatos"), porque os métodos mistos estão no ponto intermediário entre os dois tipos de pesquisa.
    – Mencione os métodos mistos, qualitativos e quantitativos utilizados.

Nota do Autor

- Consulte as Normas JARS–Quant e JARS–Qual (Tabelas 3.1 e 3.2).

Resumo

- Consulte as Normas JARS–Quant e JARS–Qual (Tabelas 3.1 e 3.2).
- Indique o delineamento de métodos mistos, incluindo tipos de participantes ou fontes de dados, estratégia analítica, principais resultados/descobertas e principais implicações/significados.

    Orientações Para Autores
    – Especifique o tipo de delineamento de métodos mistos utilizado. Leia a nota na seção de Visão Geral do Delineamento da Pesquisa desta tabela.
    – Deve haver uma palavra-chave que descreva o tipo de delineamento de métodos mistos e uma palavra-chave que descreva o problema abordado.
    – Descreva sua(s) abordagem(ns) de investigação e, se relevante, de que forma elas se combinam, caso esta descrição facilite o processo de revisão e a inteligibilidade do seu artigo. Contudo, se o seu trabalho não tem uma abordagem de investigação específica ou se seria muito complicado explicá-la no espaço disponível, não é aconselhável apresentar uma explicação sobre esse ponto no resumo.

Introdução

Descrição dos Problemas/Questões de Pesquisa

- Consulte as Normas JARS–Quant e JARS–Qual (Tabelas 3.1 e 3.2).

    Orientação Para Autores
    – Esta seção pode apresentar barreiras na literatura que sugerem a necessidade de dados qualitativos e quantitativos.

    Orientação Para Revisores
    – A teoria ou estrutura conceitual utilizada em métodos mistos varia de acordo com o delineamento ou com os procedimentos de métodos mistos utilizados. A teoria pode ser usada de maneira indutiva ou dedutiva (ou ambas) na pesquisa de métodos mistos.

Objetivos/Finalidade do Estudo/Metas de Pesquisa

- Consulte as Normas JARS–Quant e JARS–Qual (Tabelas 3.1 e 3.2).
- Indique três tipos de objetivos/finalidades/metas de pesquisa: qualitativo, quantitativo e de métodos mistos. Ordene-os para refletir o tipo de delineamento de métodos mistos utilizado.
- Descreva de que forma as abordagens de investigação foram combinadas, a fim de elucidar os objetivos e a fundamentação dos métodos mistos (p. ex., abordagens descritivas, interpretativas, feministas, psicanalíticas, pós-positivistas, críticas, pós-modernas, construtivistas ou pragmáticas).

    Orientação Para Revisores
    – Um objetivo, finalidade ou meta de métodos mistos pode não ser familiar aos revisores. Eles descrevem os resultados a serem obtidos com a utilização do tipo de delineamento de métodos mistos onde ocorre a "mistura" ou integração (p. ex., o objetivo é explicar os resultados da pesquisa quantitativa com entrevistas qualitativas em um delineamento sequencial explicativo). Por exemplo, o objetivo de uma fase qualitativa poderia ser o desenvolvimento de um modelo conceitual, o objetivo de uma fase quantitativa poderia ser a testagem de hipóteses com base nesse modelo, e o objetivo da fase de métodos mistos poderia ser gerar suporte integrado para uma teoria baseada em evidências quantitativas e qualitativas.

(Continuação)

Tabela 3.3 Normas de Apresentação do Delineamento de Métodos Mistos (JARS–Mixed) *(Continuação)*

Método

Visão Geral do Delineamento da Pesquisa

- Consulte as Normas JARS–Quant e JARS–Qual (Tabelas 3.1 e 3.2).
- Explique por que a pesquisa de métodos mistos é apropriada como metodologia, dados os objetivos do trabalho.
- Identifique e defina o tipo de delineamento de métodos mistos utilizado.
- Indique as abordagens qualitativa e quantitativa utilizadas no delineamento de métodos mistos (p. ex., etnografia, experimento randomizado).
- Se múltiplas abordagens de investigação foram combinadas, descreva como isso foi feito e justifique (p. ex., descritiva, interpretativa, feminista, psicanalítica, pós-positivista, crítica, pós-moderna, construtivista ou pragmática) de maneira a elucidar o método misto usado.
- Forneça uma fundamentação ou justificativa para a necessidade de coletar dados qualitativos e quantitativos e o valor agregado de integrar os resultados (descobertas) dos dois conjuntos.

  Orientações Para Revisores
  – Como a pesquisa de métodos mistos é uma metodologia relativamente nova, é útil fornecer uma definição a partir de uma das principais referências da área.
  – A pesquisa de métodos mistos envolve procedimentos rigorosos, tanto qualitativos quanto quantitativos. Reporte-se às normas qualitativas e quantitativas para detalhes de rigor.
  – Um dos tópicos mais amplamente discutidos na literatura de métodos mistos é o de delineamentos de pesquisa. Não existe um delineamento de métodos mistos genérico, mas sim múltiplos tipos. Os básicos, os principais incluem delineamento convergente, delineamento sequencial explicativo e delineamento sequencial exploratório. Embora os nomes e tipos de delineamentos possam diferir entre os autores de métodos mistos, um entendimento comum é que os procedimentos para a realização de um estudo desse tipo podem variar de um projeto para outro. Além disso, esses procedimentos podem ser expandidos ligando métodos mistos a outros delineamentos (p. ex., um estudo de métodos mistos com intervenção ou ensaio experimental), a teorias ou pontos de vista (p. ex., um estudo de métodos mistos feminista), ou a outras metodologias (p. ex., um estudo de métodos mistos com pesquisa de ação participante).

PARTICIPANTES OU OUTRAS FONTES DE DADOS

- Consulte as Normas JARS–Quant e JARS–Qual (Tabelas 3.1 e 3.2).
- Quando os dados são coletados de múltiplas fontes, identifique claramente as qualitativas e as quantitativas (p. ex., participantes, texto), suas características e a relação entre os conjuntos de dados, se houver (p. ex., um delineamento incorporado).
- Indique as fontes de dados na ordem dos procedimentos utilizados no tipo de delineamento (p. ex., primeiro fontes qualitativas em um projeto sequencial exploratório, seguidas por fontes quantitativas), caso um projeto sequencial tenha sido usado no estudo de métodos mistos.

  Orientações Para Autores
  – Uma vez que os dados são coletados de múltiplas fontes, descrições separadas das amostras são necessárias quando elas diferem. Uma tabela de fontes qualitativas e quantitativas é útil e pode indicar o tipo dos dados, de quem e quando foram coletados. Essa tabela também pode especificar os objetivos do estudo/questões de pesquisa para cada fonte de dados e os resultados previstos do estudo. Na pesquisa de métodos mistos, essa tabela é frequentemente chamada de "matriz de implementação".
  – Em vez de descrever os dados representados em números ou palavras, é melhor descrevê-los como informação aberta (p. ex., entrevistas qualitativas) e fechada (p. ex., instrumentos quantitativos).

DESCRIÇÃO DO PESQUISADOR

- Consulte as Normas JARS–Qual (Tabela 3.2).

  Orientação Para Autores
  – Uma vez que a pesquisa de métodos mistos inclui investigação qualitativa, a qual costuma incluir reflexividade, recomendamos afirmações sobre como os conhecimentos prévios dos pesquisadores a influenciam.

  Orientação Para Revisores
  – Em uma publicação, é útil estabelecer as experiências dos pesquisadores (ou das equipes) com estudos qualitativos e quantitativos como pré-requisito para a realização de uma pesquisa de métodos mistos.

(Continuação)

Tabela 3.3 Normas de Apresentação do Delineamento de Métodos Mistos (JARS–Mixed) *(Continuação)*

Recrutamento de Participantes

AMOSTRAGEM OU SELEÇÃO DE PARTICIPANTES
- Consulte as Normas JARS–Quant e JARS–Qual (Tabelas 3.1 e 3.2).
- Descreva as amostragens qualitativa e quantitativa em seções separadas.
- Relacione a ordem das seções aos procedimentos utilizados no tipo de delineamento de métodos mistos.

RECRUTAMENTO DE PARTICIPANTES
- Consulte as Normas JARS–Quant e JARS–Qual (Tabelas 3.1 e 3.2).
- Discuta a estratégia de recrutamento para pesquisas qualitativas e quantitativas separadamente.

Coleta de Dados

PROCEDIMENTOS DE COLETA/IDENTIFICAÇÃO DE DADOS
- Consulte as Normas JARS–Quant e JARS–Qual (Tabelas 3.1 e 3.2).

REGISTRANDO E TRANSFORMANDO OS DADOS
- Consulte as Normas JARS–Qual (Tabela 3.2).

Análise de Dados

- Consulte as Normas JARS–Quant e JARS–Qual (Tabelas 3.1 e 3.2).
- Dedique seções separadas à análise de dados qualitativos, à análise de dados quantitativos e à análise de métodos mistos. A análise de métodos mistos indica como os resultados quantitativos e qualitativos foram "misturados" ou integrados conforme o delineamento utilizado (p. ex., fundidos em um delineamento convergente, conectados em delineamentos sequenciais explicativos e em delineamentos sequenciais exploratórios).

Validade, Confiabilidade e Integridade Metodológica

- Consulte as Normas JARS–Quant e JARS–Qual (Tabelas 3.1 e 3.2).
- Indique a integridade metodológica, a validade e confiabilidade quantitativa e a validade ou legitimidade do método misto. Avaliações adicionais da integridade de métodos mistos também são indicadas para mostrar a qualidade do processo de pesquisa e as inferências obtidas a partir da interseção dos dados quantitativos e qualitativos.

Descobertas/Resultados

Subseções de Descobertas/Resultados

- Consulte as Normas JARS–Quant e JARS–Qual (Tabelas 3.1 e 3.2).
- Explique como os resultados qualitativos e quantitativos foram "misturados" ou integrados (p. ex., discussão; tabela de apresentações conjuntas; gráficos; transformação de dados em que uma forma é convertida em outra, como texto, códigos ou temas qualitativos convertidos em contagens ou variáveis quantitativas).

  Orientação Para Autores
  – Na pesquisa de métodos mistos, a seção "Descobertas" geralmente inclui seções de descobertas qualitativas, resultados quantitativos e resultados de métodos mistos. Essa seção deve espelhar o tipo de delineamento de métodos mistos em termos de sequência (ou seja, se a vertente quantitativa ou a qualitativa aparece primeiro; se ambas foram reunidas ao mesmo tempo, a ordem de sua apresentação não importa).

  Orientação Para Revisores
  – Nas seções de "Resultados" de métodos mistos (ou na seção de "Discussão" que as segue), os autores comunicam sua análise por meio de tabelas ou gráficos de "apresentação conjunta" que enfileiram resultados qualitativos (p. ex., temas) em relação a resultados quantitativos (p. ex., dados categóricos ou contínuos). Isso permite que os pesquisadores comparem diretamente os resultados ou vejam como eles diferem entre as duas vertentes.

(Continuação)

Tabela 3.3 Normas de Apresentação do Delineamento de Métodos Mistos (JARS–Mixed) *(Continuação)*
Discussão
Subseções da Discussão
• Consulte as Normas JARS–Quant e JARS–Qual (Tabelas 3.1 e 3.2). ***Orientação Para Autores*** – Em geral, a seção "Discussão", assim como as de "Método" e "Descobertas/Resultados", espelha a sequência de procedimentos utilizada no tipo de delineamento de métodos mistos. Ela também se reflete nas implicações das descobertas integradas dos dois métodos.

Nota. JARS–Qual = normas de publicação de artigos científicos qualitativos; JARS–Quant = normas de publicação de artigos científicos quantitativos.

A suposição inerente da pesquisa de métodos mistos é que a combinação de descobertas qualitativas e resultados quantitativos leva a percepções adicionais não obtidas a partir de resultados qualitativos ou quantitativos isolados (Creswell, 2015; Greene, 2007; Tashakkori & Teddlie, 2010). Na pesquisa de métodos mistos, a integração criteriosa dos achados proporciona uma compreensão mais profunda dos dados e *insights* aprimorados. Além disso, os autores podem fazer múltiplas publicações a partir de um único estudo de métodos mistos, tais como um artigo de estudo qualitativo, um artigo de estudo quantitativo e um artigo de síntese de métodos mistos.

Incorporando Normas Quantitativas e Qualitativas. O uso cuidadoso e robusto de métodos mistos exige que os pesquisadores atendam às normas metodológicas tanto da pesquisa quantitativa quanto da pesquisa qualitativa nas fases de concepção, implementação e apresentação dos relatos. Para esse fim, vários delineamentos de métodos mistos surgiram na literatura (Creswell & Plano Clark, 2017), os quais ajudam a informar os procedimentos utilizados na apresentação dos estudos (p. ex., delineamentos convergente, exploratório sequencial e sequencial explicativo). Em geral, normas adicionais de métodos mistos também precisam ser atendidas. Os autores podem usar seu critério na apresentação da sequência de estudos, mas são encorajados a apresentá-los de uma forma que mostre uma progressão lógica da narrativa, bem como uma trilha de auditoria (Merriam & Tisdell, 2016).

Refletindo Sobre os Ganhos da Integração. As normas para delineamentos de métodos mistos enfatizam a necessidade não apenas de apresentar os aspectos qualitativos e quantitativos da pesquisa, mas também de descrever sua integração em todas as seções do artigo. Tais diretrizes auxiliam os autores na descrição da combinação dos dois métodos, ressaltando tanto como eles contribuem para os objetivos da pesquisa quanto como realçam um ao outro a fim de fornecer maior profundidade de compreensão.

4
ESTILO DE ESCRITA E GRAMÁTICA

Sumário

ESCRITA ACADÊMICA EFICAZ 111
Continuidade e Fluxo 111
    4.1 Importância da Continuidade e do Fluxo   111
    4.2 Transições   112
    4.3 Sequências de Substantivos   112

Concisão e Clareza 113
    4.4 A Importância da Concisão e da Clareza   113
    4.5 Verbosidade e Redundância   114
    4.6 Extensão de Frases e Parágrafos   115
    4.7 Tom   115
    4.8 Contrações e Coloquialismos   116
    4.9 Jargão   116
    4.10 Comparações Lógicas   117
    4.11 Antropomorfismo   117

GRAMÁTICA E USO 118
Verbos 118
    4.12 Tempo Verbal   118
    4.13 Voz Ativa e Voz Passiva   118
    4.14 Modo   119
    4.15 Concordância Entre Sujeito e Verbo   120

Pronomes 121
    4.16 Pronomes de Primeira ou de Terceira Pessoa   121
    4.17 "We" (Nós) Editorial   121
    4.18 "They" Como Pronome Singular   121
    4.19 Pronomes Para Pessoas e Animais ("Who" ou "That")   123
    4.20 Pronomes Como Sujeitos e Objetos ("Who" ou "Whom")   123
    4.21 Pronomes em Orações Restritivas e Não Restritivas ("That" ou "Which")   124

Construção de Sentenças 124
    4.22 Conjunções Subordinadas   124
    4.23 Modificadores Mal Posicionados e Soltos   125
    4.24 Construção Paralela   126

Estratégias Para Melhorar sua Escrita 128
    4.25 Ler Para Aprender Pelo Exemplo   128
    4.26 Escrever a Partir de um Esboço   128
    4.27 Reler o Rascunho   128
    4.28 Buscar Ajuda de Colegas   128
    4.29 Trabalhar com Revisores de Texto e Centros de Redação   129
    4.30 Revisar um Trabalho   129

4
ESTILO DE ESCRITA E GRAMÁTICA

O principal objetivo da escrita acadêmica é a comunicação clara, o que podemos alcançar se apresentarmos as ideias de maneira ordenada e concisa. O estabelecimento de um tom que transmita os pontos essenciais de seu trabalho de forma interessante irá envolver os leitores e comunicar suas ideias de maneira efetiva. A escolha de palavras claras e precisas e a estrutura frasal também contribuem para a criação de um trabalho relevante e impactante.

Neste capítulo, fornecemos orientação sobre como alcançar as quatro qualidades de uma escrita acadêmica eficaz: continuidade, fluxo, concisão e clareza. Depois, apresentamos regras gerais de gramática e uso da linguagem, e estratégias sugeridas para melhorar sua escrita.

Escrita Acadêmica Eficaz

Ser capaz de comunicar ideias de forma clara e sucinta é uma receita de sucesso para todos que escrevem, sejam eles estudantes entregando trabalhos para seu professor ou profissionais submetendo manuscritos para publicação. A escrita acadêmica eficaz equilibra continuidade e fluxo com concisão e clareza. Ao implementar as técnicas e os princípios descritos nas Seções 4.1 a 4.11, os autores irão melhorar esses aspectos de sua comunicação e tornar-se comunicadores mais eficazes.

Continuidade e Fluxo

4.1 Importância da Continuidade e do Fluxo

A escrita eficaz é caracterizada pela *continuidade*, a consistência lógica da expressão em todo o trabalho escrito, e pelo *fluxo*, a cadência suave de palavras e sentenças. Inconsistências, contradições, omissões e irrelevâncias em seu estilo de escrita e apresentação de ideias podem fazer seus argumentos parecerem menos convincentes. Um trabalho que carece de continuidade e fluxo pode parecer desorganizado ou confuso, e os detalhes podem parecer incompletos ou inconsistentes. Os leitores vão compreender melhor suas ideias se você tiver por meta a continuidade nas palavras, nos conceitos e no desenvolvimento temático desde a frase de abertura até a conclusão. Explique as relações entre as ideias de forma clara e apresente-as em uma ordem lógica para melhorar a legibilidade do seu trabalho.

4.2 Transições

Para melhorar a continuidade e o fluxo em sua escrita, verifique as transições entre as frases, parágrafos e ideias para garantir que o texto seja suave e claro, em vez de deselegante ou desarticulado. Ao editá-lo, utilize dispositivos de transição adicionais para torná-lo menos instável. Um texto que parece instável ou desarticulado pode indicar que você abandonou um argumento ou tema prematuramente — em vez disso, considere ampliar a discussão.

Os sinais de pontuação contribuem para a continuidade e o fluxo ao sinalizar as transições e demonstrar relações entre ideias. Eles também refletem pausas, inflexões, subordinação e ritmo normalmente ouvidos na fala. Utilize toda a gama de sinais de pontuação, mas não abuse nem subutilize apenas um tipo, como vírgulas ou travessões: o uso excessivo pode incomodar os leitores, ao passo que a subutilização pode causar confusão. Em vez disso, utilize a pontuação para reforçar o significado.

Da mesma forma, palavras e frases de transição ajudam a manter o fluxo de ideias, especialmente quando o material é complexo ou abstrato. Por exemplo, utilizar um pronome que se refere a um substantivo na frase anterior não apenas serve como uma transição, mas também evita a repetição. Certifique-se de que o referente é inequívoco. Outras palavras e expressões de transição incluem as seguintes:

- conetivos de tempo, por exemplo: "then" (então), "next" (a seguir), "after" (depois), "while" (enquanto), "since" (desde)
- conetivos de causa e efeito, por exemplo: "therefore" (portanto), "consequently" (consequentemente), "as a result" (como resultado)
- conetivos de adição, por exemplo: "in addition" (adicionalmente), "moreover" (ademais), "furthermore" (além disso), "similarly" (de forma semelhante)
- conetivos de contraste, por exemplo: "but" (mas), "conversely" (inversamente), "however" (contudo), "although" (embora)

Use advérbios de modo criterioso como palavras introdutórias ou de transição (p. ex., "certainly" [certamente], "consequently" [consequentemente], "conversely" [inversamente], "fortunately" [felizmente], "importantly" [de maneira importante], "interestingly" [curiosamente], "more importantly" [de forma mais importante], "regrettably" [lamentavelmente] e "similarly" [de forma semelhante]). Como o uso excessivo de advérbios é comum, avalie se a introdução ou transição é necessária. Por exemplo, tanto "importantly" (de maneira importante) quanto "interestingly" (curiosamente) podem muitas vezes ser reposicionados para realçar a mensagem de uma frase ou simplesmente ser omitidos sem que haja perda de significado.

4.3 Sequências de Substantivos

Sequências de substantivos, isto é, vários substantivos colocados um após o outro para modificar um substantivo final, podem confundir os leitores e forçá-los a indagar como as palavras se relacionam umas com as outras. Ainda que o uso habilidoso de hifenização possa esclarecer as relações entre as palavras, muitas vezes a melhor opção é deslindar a sequência. Isso pode ser feito transferindo-se o substantivo final mais para o início da sequência e mostrando-se as relações entre os outros substantivos por meio de verbos e preposições. Por exemplo, "culturally sensitive qualitative interview techniques" (técnicas de entrevista qualitativa culturalmente sensíveis) pode ser reescrita na forma de "culturally sensitive techniques for qualitative interviews" (técnicas culturalmente sensíveis para entrevistas qualitativas). Observe as seguintes sequências de substantivos de difícil interpretação e como elas poderiam ser mais bem estruturadas:

Sequência de substantivos	Melhor estrutura frasal
skinfold test body fat percentage examination / exame da porcentagem de gordura corporal por teste de pregas cutâneas	• a caliper examination to determine body fat percentage / um exame de paquímetro para determinar o percentual de gordura corporal • a skinfold test to determine body fat percentage / um teste de dobras cutâneas para determinar o percentual de gordura corporal • determination of body fat percentage using calipers to measure skinfold thickness / determinação do percentual de gordura corporal utilizando paquímetro para medir a espessura de dobras cutâneas
preliminary online collegiate instructional methods survey results / resultados preliminares da pesquisa de métodos instrucionais universitários on-line	• preliminary results of an online survey of collegiate instructional methods / resultados preliminares de uma pesquisa *on-line* de métodos instrucionais universitários • preliminary results of an online survey to assess college students' preferred instructional methods / resultados preliminares de uma pesquisa *on-line* para avaliar os métodos preferidos por estudantes universitários

Concisão e Clareza

4.4 A Importância da Concisão e da Clareza

Diga apenas o que precisa ser dito em seu texto: o autor que é mais conciso — isto é, mais econômico com as palavras — escreve um artigo mais legível. Autores em busca de publicação e estudantes que redigem trabalhos acadêmicos aumentam suas chances de sucesso quando escrevem de modo conciso. Da mesma forma, uma escrita clara e precisa é mais exata e transparente. Quando combinadas, concisão e clareza na escrita garantem que os leitores entenderão o que você quis dizer.

Alguns autores podem recear que se escreverem de maneira concisa seus artigos ficarão muito curtos. Entretanto, adicionar material extrínseco ou trivial para aumentar a extensão de seu trabalho diluirá seu foco e significado e não aumentará suas chances de publicação ou de receber uma nota favorável. Caso o seu trabalho esteja curto demais quando escrito de forma concisa, talvez seja preciso desenvolver melhor suas ideias e temas para agregar conteúdo.

Sempre que possível, restrinja a linguagem para eliminar a verbosidade, a redundância (consulte a Seção 4.5), as evasivas, o uso excessivo da voz passiva, os circunlóquios e a prosa mal construída. Abrevie ou elimine descrições excessivamente detalhadas de equipamentos ou aparelhos, participantes ou procedimentos (além das exigidas nas normas de publicação de artigos científicos; consulte o Capítulo 3), elaborações em torno do óbvio e observações ou apartes irrelevantes. Informações que aumentariam demais a extensão do trabalho e não são essenciais para a compreensão da pesquisa — mas que seriam úteis para um subconjunto de leitores — podem ser colocadas, quando apropriado, em materiais complementares (ver Seção 2.15).

Palavras e frases curtas são mais fáceis de entender do que palavras e frases longas (consulte a Seção 4.6). Um termo técnico longo, contudo, pode ser mais preciso do que várias palavras curtas, e os termos técnicos estão intimamente ligados aos relatos científicos. No entanto, um artigo com excesso de jargão ou terminologia familiar a apenas alguns especialistas não contribui suficientemente para a literatura porque seu significado é ofuscado (consulte a Seção 4.9). Em vez disso, os termos técnicos em um artigo devem ser facilmente compreendidos por leitores de diferentes disciplinas ou então definidos para leitores que podem não estar familiarizados com eles.

A escrita concisa também deve ser clara. Escolha as palavras deliberadamente, certificando-se de que cada uma significa exatamente o que você pretende. Por exemplo, em um estilo informal, "feel" (achar) pode ser amplamente utilizado no lugar de "think" (pensar) ou "believe" (acreditar), mas no estilo acadêmico, essa liberdade na escolha de palavras não é aceita. Da mesma forma, usar uma palavra com vários significados pode causar confusão. Por exemplo, alguns autores usam "significant" (significativo) como sinônimo de "important" (importante), enquanto outros a utilizam apenas no contexto de testes de significância estatística; certifique-se de que o sentido pretendido fique claro. Escolha palavras e frases com cuidado e especifique o significado se houver potencial para ambiguidade.

Caso você utilize uma palavra ou locução várias vezes, faça-o de forma regular (p. ex., não alterne entre "participants in the music condition" [participantes na condição de música] e "participants who heard the music while completing the task" [participantes que ouviam música enquanto completavam a tarefa] — escolha uma e utilize-a de maneira regular). Alguns autores usam sinônimos ou sinônimos aproximados deliberadamente para evitar a repetição de uma palavra ou expressão. A intenção é louvável, mas, na prática, seu uso pode levar à imprecisão: ao empregar sinônimos, você pode sugerir involuntariamente uma diferença sutil. Portanto, utilize-os com cautela.

A escolha do vocabulário reveste-se de especial importância ao falarmos sobre pessoas que pertencem a grupos específicos, como em uma seção de "Método". Atente para os descritores que você utiliza, certificando-se de que eles sejam precisos e consoantes com a atual terminologia preferencial e estejam de acordo com a forma como as pessoas sobre as quais você está escrevendo se descrevem. Você jamais deve utilizar linguagem tendenciosa, pejorativa ou degradante (consulte o Capítulo 5 para obter orientações sobre o uso de linguagem não tendenciosa).

Esforce-se para obter um tom e uma linguagem profissionais (consulte as Seções 4.7–4.9). Evite aliteração pesada, rima, expressões poéticas e clichês. Utilize metáforas com moderação — embora possam ajudar a simplificar ideias complicadas, também podem distrair ou confundir. Evite metáforas mistas (p. ex., "a theory representing one branch of a growing body of evidence" [uma teoria que representa um ramo de um crescente corpo de evidências]) e palavras com significados ambíguos ou indesejáveis (p. ex., "outstanding" [excepcional ou pendente] para "remaining" [pendente]), que podem distrair ou enganar o leitor. Use expressões figuradas com moderação e expressões pitorescas com cuidado, uma vez que podem estar sujeitas a interpretações e até a diferenças culturais, geralmente não contribuindo para a compreensão de todos os possíveis leitores. Em vez disso, faça comparações diretas e lógicas (ver Seção 4.10) e atribua claramente as ações (ver Seção 4.11).

4.5 Verbosidade e Redundância

A verbosidade pode impedir a compreensão dos leitores, forçando-os a examinar palavras desnecessárias para decifrar suas ideias. O palavreado em excesso transforma-se em adornos e escrita rebuscada, o que é inadequado ao estilo científico. Considere os seguintes exemplos de linguagem verborrágica e concisa:

Verborrágica	Concisa
at the present time / no momento presente	now / agora
for the purpose of / com o propósito de	for, to / para
there were several students who completed / houve vários alunos que executaram	several students completed / vários alunos concluíram

Enquanto *verbosidade* se refere ao uso de mais palavras do que o necessário, *redundância* significa usar múltiplas palavras com o mesmo significado. Autores costumam usar linguagem redundante para serem enfáticos. Em vez disso, use a estrutura frasal para transmitir ênfase, por exemplo, colocando as palavras a serem enfatizadas no início ou no final de uma frase. Quando possível e apropriado para o contexto, use a voz ativa (consulte a Seção 4.13) para reduzir a verbosidade e a redundância. Nos exemplos a seguir, as palavras destacadas são redundantes e devem ser suprimidas:

they were **both** alike / eles eram ambos semelhantes

a **sum** total / uma soma total

four **different** groups saw / quatro grupos diferentes viram

were **exactly** the same as / eram exatamente os mesmos que

absolutely essential / absolutamente essencial

has been **previously** found / foi anteriormente descoberto

small **in size** / pequeno em tamanho

one and the same / um e o mesmo

in **close** proximity to / em íntima proximidade de

completely unanimous / completamente unânimes

positioned **very** close / posicionados muito próximos

period of time / período de tempo

summarize **briefly** / resumir brevemente

the reason is because / a razão é porque

4.6 Extensão de Frases e Parágrafos

Não há extensão mínima ou máxima de sentenças no Estilo APA. Contudo, o uso excessivo de frases simples e curtas produz uma prosa truncada, e o uso excessivo de frases longas e complexas resulta em uma linguagem difícil, às vezes incompreensível. Sentenças de extensão variada ajudam a manter o interesse e a compreensão do leitor. Quando os conceitos envolvidos exigem frases longas, os componentes devem seguir uma ordem lógica. Evite incluir várias ideias em uma única sentença; em vez disso, subdivida-a em outras mais curtas. Sentenças declarativas com palavras simples e comuns geralmente são melhores.

Recomendações semelhantes se aplicam à extensão dos parágrafos. Parágrafos de uma única sentença são deselegantes e devem ser usados com pouca frequência. Parágrafos muito extensos (ou seja, mais do que uma página de um manuscrito digitado em espaço duplo) correm o risco de perder a atenção dos leitores. Um novo parágrafo sinaliza uma mudança para uma nova ideia e oferece uma pausa para os leitores — uma chance de assimilar uma etapa no desenvolvimento conceitual antes de iniciar outra. Procure um (ou mais de um) ponto lógico para dividir um parágrafo longo ou reorganize o material.

4.7 Tom

Embora a escrita científica seja diferente na forma e no conteúdo da escrita criativa ou literária, ela não precisa carecer de estilo ou ser enfadonha. Ao escrever um trabalho acadêmico, não se esqueça de que a prosa científica e a escrita criativa ou literária servem a propósitos diferentes. Recursos que costumam ser usados na escrita criativa — por exemplo, criar ambiguidade, introduzir o inesperado, omitir o esperado e repentinamente mudar de assunto, tempo verbal ou pessoa — não atendem ao objetivo de comunicação clara na escrita científica. Da mesma forma, recursos ou ornamentos que atraem a atenção para palavras e sons, e não para as ideias, são inadequados na escrita científica.

Assim, ao descrever sua pesquisa, apresente as ideias e os resultados de maneira objetiva e direta, ao mesmo tempo visando um estilo interessante e atraente — por exemplo, desenvolvendo plenamente uma ideia ou conceito (ver Seção 4.2), fazendo escolhas de vocabulário que refletem o seu envolvimento com o problema (ver Seção 4.4) e variando a extensão de frases e parágrafos (consulte a Seção 4.6). Use uma linguagem que transmita profissionalismo e formalidade (ver Seção 4.8). Por exemplo, a escrita científica com frequência contrasta as posições de diferentes pesquisadores, e essas diferenças devem ser apresentadas de modo profissional, não combativo: afirmar que "Gerard (2019) não abordou" é aceitável, ao passo que "Gerard (2019) ignorou totalmente", não.

Um modo de obter o tom certo é imaginar um leitor específico a quem você pretende se dirigir e escrever de modo a informá-lo e persuadi-lo. Por exemplo, ele pode ser um pesquisador em uma área relacionada que está tentando ficar a par da literatura mas não está familiarizado com o jargão ou com as perspectivas de quem trabalha em sua área. O que facilitaria a compreensão desse leitor e sua apreciação da importância do trabalho que você está fazendo?

4.8 Contrações e Coloquialismos

Evite usar contrações e coloquialismos, os quais prejudicam o tom profissional da escrita acadêmica. *Contrações* — formas abreviadas de uma ou duas palavras nas quais um apóstrofo é usado no lugar de letras omitidas — geralmente não aparecem na escrita acadêmica porque transmitem um tom informal. Para evitá-las e melhorar sua escrita, avalie cuidadosamente palavras com apóstrofos. Exceto nos casos indicados, substitua uma palavra como "can't" (não pode) por "cannot". Use apóstrofos para indicar posse (p. ex., "the student's work" [o trabalho do aluno]), mas lembre-se de que os pronomes possessivos não incluem apóstrofos (p. ex., escreva "its purpose was" [seu objetivo era] e não "it's purpose was"). Entretanto, contrações podem ser adequadamente usadas em algumas circunstâncias, como ao reproduzir uma citação direta que contém uma contração (p. ex., ao citar a fala de um participante da pesquisa, não altere o uso de "let's go" [vamos lá] por "let us go"), ao referir-se a uma contração como um exemplo linguístico (p. ex., ao discutir a confusão entre "who's" [quem é] e "whose" [de quem]) ou ao referir-se a uma expressão idiomática ou a um ditado comum que contém uma contração (p. ex., "you can't take it with you" [você não pode levar isso com você]).

Da mesma forma, evite *coloquialismos*, que são expressões informais usadas na fala e na escrita cotidiana (p. ex., "to write up" [escrever] em vez de "to report" [relatar], "gonna" [vai] em vez de "going to"). Essas expressões frequentemente dispersam o significado, como no caso de aproximações de quantidade — "quite a large part" (uma parte bastante grande), "practically all" (praticamente todos) e "very few" (muito poucos) são interpretadas de modo distinto por diferentes leitores ou em diferentes contextos. As aproximações enfraquecem os enunciados, especialmente aqueles que descrevem observações empíricas. Em seu lugar, use uma linguagem precisa e acadêmica.

4.9 Jargão

Jargão é uma terminologia especializada que não é familiar para quem está fora de um grupo específico. O seu uso excessivo, mesmo em artigos em que esse vocabulário é pertinente, dificulta a compreensão. O jargão também pode ser eufemístico se substituído por um termo familiar (p. ex., "period of economic adjustment" [período de ajuste econômico] em vez de "recession" [recessão]), e você deve evitá-lo. O jargão burocrático tem sido amplamente divulgado, mas o jargão acadêmico ou científico também pode irritar os leitores, dificultar a comunicação e desperdiçar espaço. Certifique-se de que a linguagem que você usa permite que os leitores entendam sua escrita, mesmo que eles não sejam especialistas em sua área, e defina quaisquer termos especializados que são essenciais para o seu tópico na primeira vez que os menciona.

4.10 Comparações Lógicas

Certifique-se de que as comparações que você faz são expressas de maneira clara e lógica. Comparações ambíguas ou ilógicas resultam da omissão de palavras-chave ou da ausência de paralelismo na estrutura (ver Seção 4.24). Considere, por exemplo, "Twelve-year-olds were more likely to play with age peers than 6-year-olds" (Crianças de 12 anos eram mais propensas a brincar com pares da sua idade do que crianças de 6 anos). Essa frase significa que as crianças de 12 anos eram mais propensas do que as crianças de 6 anos a brincar com seus pares? Ou significa que as crianças de 12 anos eram mais propensas a brincar com seus pares e menos propensas a brincar com crianças de 6 anos? Ocorre ambiguidade quando o paralelismo é esquecido em nome da brevidade, como em "The responses of transgender participants were more positive than cisgender participants" (As respostas dos participantes transgêneros foram mais positivas do que participantes cisgêneros). Uma maneira correta de escrever esta frase seria "The responses of transgender participants were more positive than those of cisgender participants" (As respostas dos participantes transgêneros foram mais positivas do que as dos participantes cisgêneros). O cuidado com a boa estrutura frasal e com a escolha de palavras reduz as chances de ocorrência desse tipo de ambiguidade.

4.11 Antropomorfismo

Não atribua características humanas a animais ou fontes inanimadas — isso se chama antropomorfismo.

Correto	Incorreto	Justificativa
Pairs of rats (cage mates) were allowed to forage together. / Permitiu-se que pares de ratos (parceiros de gaiola) buscassem alimento juntos.	Rat couples (cage mates) were allowed to forage together. / Permitiu-se que casais de ratos (parceiros de gaiola) buscassem alimento juntos.	"Casais de ratos" implica um paralelo errôneo entre casais românticos humanos e pares de ratos.
The theory addresses / A teoria aborda	The theory concludes / A teoria conclui	Uma teoria pode abordar, indicar ou apresentar, mas são os pesquisadores (não a própria teoria) que concluem.

Emparelhe verbos ativos com atores humanos (p. ex., escreva "we extrapolated the rate of change" [extrapolamos a taxa de variação] em vez de "the study extrapolated the rate of change" [o estudo extrapolou a taxa de variação]). Entretanto, muitas construções aceitáveis em uso generalizado não constituem antropomorfismo porque não impedem a compreensão nem induzem o leitor ao erro. Ao descrever o conteúdo de diferentes seções de um artigo, você pode escrever, por exemplo, "this section addresses" (esta seção aborda) ou "the chapter focuses on" (o capítulo enfoca), bem como "in this section we address" (nesta seção abordamos) ou "in this chapter, we focus on" (neste capítulo, enfocamos) (consulte a Seção 6.3 para uso de vírgula com orações introdutórias). Da mesma forma, ao descrever os resultados de um estudo, você pode escrever "the results suggest" (os resultados sugerem), "the data provide" (os dados fornecem), "the research contributes" (a pesquisa contribui), "the study found" (o estudo constatou), e assim por diante.

Determinar o que constitui antropomorfismo pode ser difícil e até mesmo estudiosos ilustres podem discordar. Em casos ambíguos, recomendamos que os autores priorizem o princípio de comunicação clara em sua escolha de palavras e estrutura frasal.

Gramática e Uso

Erros gramaticais e frases mal construídas distraem os leitores, introduzem ambiguidades e impedem a comunicação clara. Os exemplos nesta seção representam erros gramaticais comuns e de uso da linguagem que ocorrem com frequência em artigos submetidos a editores de periódicos e professores do meio acadêmico.

Verbos

4.12 Tempo Verbal*

Os verbos são comunicadores vigorosos e diretos. O pretérito é apropriado para expressar uma ação ou condição que ocorreu em um momento específico e definido no passado, como ao discutir o trabalho de outro pesquisador. O presente perfeito é apropriado para expressar uma ação ou condição passada que não ocorreu em um momento específico e definido, ou para descrever uma ação iniciada no passado e que se estende ao presente.

Use os tempos verbais de forma regular, garantindo, assim, a fluência de expressão. Mudanças repentinas e desnecessárias no tempo verbal dentro do mesmo parágrafo ou em parágrafos contíguos podem confundir os leitores. Use os tempos verbais mostrados na Tabela 4.1 para relatar informações nas diversas seções de um artigo.

4.13 Voz Ativa e Voz Passiva

A *voz* descreve a relação entre um verbo e o sujeito e o objeto associado a ele. Na *voz ativa*, o sujeito de uma frase é apresentado primeiro, seguido pelo verbo e depois pelo objeto do verbo (p. ex., "students completed surveys" [os alunos responderam a pesquisas]). Na *voz passiva*, o objeto do verbo é apresentado primeiro, seguido pelo verbo ("usually a form of 'to be' + past participle + the word 'by'" [geralmente uma forma de "ser" + particípio passado + a palavra "por/pelo(a)(s)"]) e, por último, o sujeito (p. ex., "surveys were completed by students" [pesquisas foram respondidas pelos alunos]); às vezes, o sujeito é totalmente omitido, resultando em confusão sobre quem está executando a ação.

Escolha a voz verbal com cuidado. As duas vozes são permitidas no Estilo APA, mas muitos autores abusam da voz passiva. Use a voz ativa tanto quanto possível para criar frases diretas, claras e concisas. Por exemplo, utilize-a para descrever as ações de participantes e outros envolvidos em seu estudo (ver Seção 5.6), como em "the patients took the medication orally" (os pacientes tomaram a medicação por via oral), e não "the medication was taken orally by the patients" (a medicação foi tomada por via oral pelos pacientes).

---

* N. de R.T. Estas orientações referem-se aos tempos verbais da língua inglesa e nem sempre se encontram correspondências exatas na língua portuguesa.

Tabela 4.1 Tempos Verbais Recomendados nos Artigos do Estilo APA

Seção	Tempo verbal recomendado	Exemplo
Revisão da literatura (ou sempre que estiver discutindo o trabalho de outros pesquisadores)	Pretérito	Quinn (2020) presented / Quinn (2020) apresentou
	Presente perfeito	Since then, many investigators have used / Desde então, muitos investigadores usaram
Método Descrição do procedimento	Pretérito	Participants completed a survey / Os participantes responderam a uma pesquisa
	Presente perfeito	Others have used similar approaches / Outros autores usaram abordagens semelhantes
Apresentação dos resultados	Pretérito	Results were nonsignificant / Os resultados não foram significativos Scores increased / Os escores aumentaram Hypotheses were supported / As hipóteses foram confirmadas
Discussão das implicações dos resultados	Presente	The results indicate / Os resultados indicam
Apresentação das conclusões, limitações, futuras direções, e assim por diante	Presente	We conclude / Concluímos Limitations of the study are / As limitações do estudo são

A voz passiva é aceitável na escrita expositiva ao focar no objeto ou receptor de uma ação e não em seu agente. Por exemplo, uma descrição da configuração experimental na seção de "Método" poderia dizer "the speakers were attached to either side of the chair" (os alto-falantes estavam acoplados em ambos os lados da cadeira), o que enfatiza adequadamente a posição dos alto-falantes, não quem os colocou. Da mesma forma, "the tests were gathered promptly" (os testes foram recolhidos imediatamente) enfatiza a importância dos testes e sua oportuna coleta. Quando for importante saber quem executou a ação, use a voz ativa.

4.14 Modo

O *modo* se refere à forma verbal que os autores usam para expressar sua atitude em relação ao que estão dizendo (p. ex., se eles acreditam no que estão dizendo ou se apenas gostariam que fosse verdade). Use o modo indicativo para fazer enunciados factuais (p. ex., "we addressed" [nós abordamos], "the findings demonstrate" [os resultados demonstram]). Use o modo subjuntivo apenas para descrever condições que se opõem aos fatos ou são improváveis; não o utilize para descrever condições ou contingências simples.

Correto	Incorreto	Justificativa
If the campus were larger, we would have had access to more participants. / Se os *campi* fossem maiores, teríamos tido acesso a mais participantes.	If the campus was larger, we would have had access to more participants. / Se os *campi* eram maiores, teríamos tido acesso a mais participantes.	Os *campi* não são realmente maiores; o autor está apenas declarando que gostaria que eles fossem assim.

Use a palavra "would" com cuidado. Ela pode ser usada no modo indicativo com o significado de habitualmente, como em "The child would walk about the classroom" (A criança costumava andar pela sala de aula), ou no modo condicional para expressar uma condição de ação, como em "We would sign the letter if we could" (Nós assinaríamos a carta se pudéssemos). Não use "would" para tergiversar; por exemplo, substitua "it would appear that" (pareceria que) por "it appears that" (parece que).

4.15 Concordância Entre Sujeito e Verbo*

Um verbo deve concordar em número (ou seja, singular ou plural; consulte a Seção 6.11) com seu sujeito, mesmo que locuções interpostas iniciem com palavras do tipo "together with" (juntamente com), "including" (incluindo), "plus" (mais) e "as well as" (bem como).

Correto: The percentage of correct responses, as well as the speed of the responses, increases with practice. / O percentual de respostas corretas, bem como sua rapidez, aumenta com a prática.

Incorreto: The percentage of correct responses, as well as the speed of the responses, increase with practice. / O percentual de respostas corretas, bem como sua rapidez, aumentam com a prática.

Substantivos Coletivos. Substantivos coletivos (p. ex., "series" [série], "set" [conjunto], "faculty" [corpo docente], "pair" [par], "social media" [redes sociais]) podem referir-se a vários indivíduos ou a uma única unidade. Se a ação do verbo se aplica ao grupo como um todo, trate o substantivo como singular e use o verbo no singular. Se a ação do verbo se aplica a membros do grupo como indivíduos, trate o substantivo como plural e use o verbo no plural. O contexto (sua ênfase) determina se a ação se aplica ao grupo ou aos indivíduos.

Contexto singular: The number of people in the state is growing. / O número de pessoas no estado está crescendo.

A pair of animals was in each cage. / Um par de animais ficou em cada gaiola.

Contexto plural: A number of people are watching. / Várias pessoas estão assistindo.

A pair of animals were then yoked. / Um par de animais foi então emparelhado.

Uso de "None" (Nenhum/a). O pronome sujeito "none" (nenhum/a) pode ser singular ou plural. Quando ele acompanha um substantivo no singular, o verbo deve ficar no singular; quando o substantivo estiver no plural, o verbo deve ficar no plural.

Contexto singular: None of the information was correct. / Nenhuma das informações estava correta.

Contexto plural: None of the children were finished in the time allotted. / Nenhuma das crianças terminou no tempo alocado.

Sujeitos Compostos Unidos por "Or" (Ou) ou "Nor" (Nem). Quando um sujeito composto é formado por um substantivo no singular e um substantivo no plural ligados por "or" (ou) ou "nor" (nem), o verbo concorda com o substantivo que estiver mais próximo dele.

Correto: Neither the participants nor the confederate was in the room. / Nem os participantes nem o aliado estava na sala.

Neither the confederate nor the participants were in the room. / Nem o aliado nem os participantes estavam na sala.

Incorreto: Neither the participants nor the confederate were in the room. / Nem os participantes nem o aliado estavam na sala.

---

* N. de R.T. As regras e os exemplos desta seção dizem respeito à língua inglesa e nem sempre se encontram correspondências exatas na língua portuguesa.

Pronomes

4.16 Pronomes de Primeira ou de Terceira Pessoa

Os pronomes substituem os substantivos e cada um deve se referir claramente ao seu antecedente. Para evitar ambiguidade na atribuição, use a primeira pessoa, e não a terceira, ao descrever o trabalho que você realizou como parte de sua pesquisa e para expressar suas opiniões. Se estiver escrevendo um trabalho em que você é o único autor, use o pronome "I" (eu), e não "we" (nós), para se referir a si mesmo se não houver coautores (consulte também a Seção 4.17). Se estiver escrevendo um artigo em coautoria, use o pronome "we" (nós). Não se refira a você ou a seus coautores na terceira pessoa como "the author(s)" (o[s] autor[es]) ou "the reseacher(s)" (o[s] pesquisador[es]).

Entretanto, use a terceira pessoa para referir-se à contribuição específica de um determinado coautor em um artigo com múltiplos autores. No exemplo a seguir, Sonia J. Cousteau é uma das autoras do artigo:

> We assessed children's language abilities. Sonia J. Cousteau, who is a speech-language pathologist, trained all testes. / Avaliamos as habilidades linguísticas das crianças. Sonia J. Cousteau, que é fonoaudióloga, treinou todos os avaliadores.

Lembre-se de que se você citar os nomes dos coautores em seu manuscrito, pode ser necessário retirá-los cada vez que aparecerem caso o artigo seja submetido a uma revisão cega (veja Seção 12.7).

4.17 "We" (Nós) Editorial

Não use "we" (nós) para se referir às pessoas em geral, como em "We live on the same planet, but we rarely truly understand each other" (Nós vivemos no mesmo planeta, mas raramente compreendemos verdadeiramente um ao outro); esse uso é chamado de *"we" (nós) editorial*. É especialmente importante evitá-lo em artigos com múltiplos autores porque os leitores podem não entender se você está se referindo a todas as pessoas, a membros de seu(s) grupo(s) profissional(is) ou a você e seus coautores. Utilize um substantivo mais específico ou esclareça de quem se trata.

> **Correto:** Psychological researchers typically study decision making in a laboratory setting. / Os pesquisadores da psicologia geralmente estudam as tomadas de decisão em um ambiente de laboratório.
>
> **Incorreto:** We typically study decision making in a laboratory setting. / Nós geralmente estudamos as tomadas de decisão em um ambiente de laboratório.

Algumas alternativas para "we" são "people" (pessoas), "humans" (seres humanos), "researchers" (pesquisadores), "psychologists" (psicólogos), "nurses" (enfermeiros), e assim por diante. Contudo, "we" (nós) é um pronome apropriado e útil depois que um referente específico foi estabelecido.

> **Correto:** As nurses, we tend to rely on... / Como enfermeiros, nós tendemos a confiar em...
>
> **Incorreto:** We tend to rely on... / Nós tendemos a confiar em...

4.18 "They" Como Pronome Singular

Os autores devem sempre usar o "they" (eles/elas) singular para referir-se a uma pessoa que utiliza esse pronome para referir-se a si mesma (consulte a Seção 5.5 para obter mais informações sobre gênero e uso de pronomes). Também use "they" como um pronome genérico da terceira pessoa do singular para referir-se a uma pessoa cujo gênero é desconhecido ou irrelevante para o contexto em questão. Embora esse uso já tenha sido desencorajado na escrita acadêmica, muitos ativistas e editores (*publishers*) atualmente o aceitam e o endossam, incluindo o *Merriam-Webster Dictionary* (Merriam-Webster, n.d.-b). O uso do "they" como pronome singular é inclusivo de todas as pessoas, ajuda a evitar que os autores façam suposições sobre gênero e faz parte do Estilo APA.

Ao empregar "they" como pronome singular, utilize as formas "they", "them", "their", "theirs" e "themselves". A variante "themself" também é aceitável porque o referente é claramente singular, embora "themselves" seja atualmente o uso mais comum. Exemplos de uso correto do "they" singular são os seguintes:

> Each participant turned in their questionnaire. / Cada participante entregou seu questionário.
>
> Jamie shared their experiences as a genderqueer person. / Jamie compartilhou suas experiências como pessoa de gênero *queer*.
>
> A child should learn to play by themselves [or themself] as well as with friends. / Uma criança deve aprender a brincar sozinha [ou consigo mesma] e também com os amigos.
>
> Rowan, a transgender person, helped themselves [or themself] to the free coffee. / Rowan, uma pessoa transgênera, serviu-se de café gratuito.

Não use "he" (ele) ou "she" (ela) isoladamente como pronome genérico de terceira pessoa. Use "he or she" (ele ou ela) e "she or he" (ela ou ele) com moderação, e certifique-se de que esses pronomes correspondam aos pronomes das pessoas que estão sendo descritas; se você não conhece os pronomes usados pelas pessoas que estão sendo descritas, use "they" ou reformule a frase. Não use as formas combinadas "(s)he" e "s/he" nem alterne "he" e "she" (a menos que você saiba que uma pessoa usa essas formas); essas escolhas podem ter implicações não intencionais. Para uma discussão mais aprofundada sobre gênero e uso de pronomes, consulte a Seção 5.5.

Lembre-se de que em geral existem muitas maneiras possíveis de escrever uma frase. Se o "they" singular como pronome genérico de terceira pessoa parece estranho ou perturbador, tente uma das seguintes estratégias para reformular a frase.

Estratégia	Gênero neutro	Tendenciosidade de gênero
Reformulação da frase	When an individual attends psychotherapy, that person can improve emotional regulation. / Quando um indivíduo faz psicoterapia, essa pessoa pode aperfeiçoar a regulação emocional. Therapy can help an individual improve emotional regulation. / A terapia pode ajudar um indivíduo a aperfeiçoar a regulação emocional.	When an individual attends psychotherapy, she can improve emotional regulation. / Quando um indivíduo faz psicoterapia, ela pode aperfeiçoar a regulação emocional.
Emprego de substantivos ou pronomes plurais	Therapists who are too much like their clients can lose their objectivity. / Os terapeutas que são muito parecidos com seus clientes podem perder sua objetividade.	A therapist who is too much like his client can lose his objectivity. / Um terapeuta que é muito parecido com seu cliente pode perder sua objetividade.
Substituição do pronome por artigo	A researcher must apply for the grant by September 1. / O pesquisador deve solicitar a verba até primeiro de setembro.	A researcher must apply for his grant by September 1. / O pesquisador deve solicitar sua verba até primeiro de setembro.

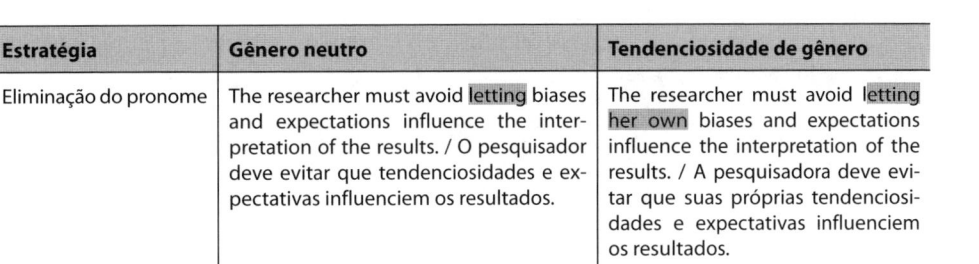

Estratégia	Gênero neutro	Tendenciosidade de gênero
Eliminação do pronome	The researcher must avoid letting biases and expectations influence the interpretation of the results. / O pesquisador deve evitar que tendenciosidades e expectativas influenciem os resultados.	The researcher must avoid letting her own biases and expectations influence the interpretation of the results. / A pesquisadora deve evitar que suas próprias tendenciosidades e expectativas influenciem os resultados.

4.19 Pronomes Para Pessoas e Animais ("Who" ou "That")

Os pronomes relativos introduzem orações subordinadas vinculadas a substantivos. Use o pronome relativo "who" para seres humanos e os pronomes relativos "that" ou "which" para animais (p. ex., ratos, chimpanzés) e objetos inanimados.

> **Correto:** The students who completed the task. / Os alunos que concluíram a tarefa.
>
> **Correto:** The instructions that were included. / As instruções que foram incluídas.
>
> **Incorreto:** The students that completed the task. / Os alunos que concluíram a tarefa.

Use pronomes neutros para referir-se a animais (p. ex., "the dog … it"). Contudo, é aceitável usar pronomes de gênero se o animal foi nomeado e seu sexo é conhecido, como no seguinte exemplo:

> The chimps were tested daily. Sheba was tested unrestrained in an open testing area, which was her usual context for training and testing. / Os chimpanzés foram testados diariamente. Sheba foi testada sem amarras em uma área aberta para testes, a qual era o contexto habitual em que ela era treinada e testada.

4.20 Pronomes Como Sujeitos e Objetos ("Who" ou "Whom")

Os pronomes relativos podem ser sujeito ou objeto de verbos ou preposições. Use "who" como sujeito de um verbo e "whom" como objeto de um verbo ou preposição. É possível determinar se um pronome é sujeito ou objeto de um verbo invertendo a oração subordinada e utilizando um pronome pessoal. Se for possível substituir o pronome relativo por "he", "she" ou "they", então "who" é o pronome correto. Nos exemplos a seguir, "who" e seu pronome pessoal substituto são destacados para mostrar as substituições. A frase com substituição é uma forma de verificar se a frase original está correta.

Uso de "who"	Frase original	Frase com substituição
Correto	The participants who passed the exam were given course credit. / Os participantes que passaram no exame receberam os créditos da disciplina.	They passed the exam and were given course credit. / Eles passaram no exame e receberam os créditos da disciplina.
Incorreto	Eligible participants were mothers, each of who had a child under the age of 21 with cancer. / Os participantes elegíveis eram mães, cada uma delas tinha um(a) filho(a) com menos de 21 anos com câncer.	Eligible participants were mothers; each of they had a child under the age of 21 with cancer. / Os participantes elegíveis eram mães, cada uma delas tinha um(a) filho(a) menor de 21 anos com câncer.

Da mesma forma, se for possível substituir o pronome relativo por "him", "her" ou "them", então "whom" é correto.

Uso de "whom"	Frase original	Frase com substituição
Correto	Eligible participants were mothers, each of whom had a child under the age of 21 with cancer. / Os participantes elegíveis eram mães, cada uma das quais tinha um filho menor de 21 anos com câncer.	Eligible participants were mothers; each of them had a child under the age of 21 with cancer. / Os participantes elegíveis eram mães; cada uma delas tinha um filho menor de 21 anos com câncer.
Incorreto	The participants whom passed the exam were given course credit. / Os participantes que passaram no exame receberam crédito na disciplina.	Them passed the exam and were given course credit. / Eles passaram no exame e receberam crédito na disciplina.

4.21 Pronomes em Orações Restritivas e Não Restritivas ("That" ou "Which")

Pronomes relativos (p. ex., "who", "whom", "that", "which") introduzem um elemento que é subordinado à oração principal, e essa oração subordinada pode ser restritiva ou não restritiva.

Orações restritivas — também chamadas de cláusula "that" — são essenciais para o significado da frase. As orações restritivas não são isoladas com vírgulas.

> Therapist self-disclosure that conflicts with the patient's story might hinder the therapeutic process. / A autorrevelação do terapeuta que entra em conflito com a história do paciente pode dificultar o processo terapêutico.

No exemplo, somente a autorrevelação que entra em conflito com a história do paciente, nem toda autorrevelação, pode dificultar o processo terapêutico.

Orações não restritivas — também chamadas de cláusula "which" — acrescentam mais informações à frase, mas não são essenciais para seu significado. As orações não restritivas são isoladas com vírgulas.

> All interviews were conducted at participants' offices, which provided suitable privacy to secure participants' anonymity. / Todas as entrevistas foram realizadas nos escritórios dos participantes, o que proporcionou privacidade adequada para assegurar seu anonimato.

No exemplo, todas as entrevistas foram realizadas nos escritórios, e todos os escritórios forneceram privacidade adequada.

Embora alguns autores usem "which" tanto para orações restritivas como para orações não restritivas, o Estilo APA reserva "which" para orações não restritivas e "that" para orações restritivas. Essa diferenciação ajudará a tornar sua escrita clara e precisa.

Construção de Sentenças

4.22 Conjunções Subordinadas

As conjunções subordinadas (p. ex., "since" [desde], "while" [enquanto], "although" [embora], "because" [porque], "whereas" [enquanto]), como os pronomes relativos (ver Seções 4.19–4.21), introduzem orações subordinadas. Selecione essas conjunções com cuidado; intercambiar conjunções com mais de um significado pode reduzir a precisão de sua escrita. Embora alguns autores usem "while" (enquanto/ao mesmo tempo que) e "since" (desde) quando não se referem estritamente ao tempo, restringir o uso dessas conjunções a seus significados temporais pode ser útil para os leitores.

"While" (Enquanto) *Versus* **"Although" (Embora), "Despite" (Apesar), "And" (E) ou "But" (Mas).** Utilize "while" para vincular eventos que ocorrem simultaneamente.

> Individual goal striving in late adulthood may enrich life while reducing stagnation and boredom. / O empenho por objetivos individuais na terceira idade pode enriquecer a vida, ao mesmo tempo que reduz a estagnação e o tédio.

Em outros casos, use "although", "despite", "and" ou "but".

> *Preciso:* Although goal progress predicted well-being for all genders, the associations tended to be stronger for women. / Embora o progresso dos objetivos previsse o bem-estar de todos os gêneros, as associações tenderam a ser mais fortes para as mulheres.

> Goal progress predicted well-being for all genders, but the associations tended to be stronger for women. / O progresso dos objetivos previa o bem-estar de todos os gêneros, mas as associações tenderam a ser mais fortes para as mulheres.

> *Impreciso:* While goal progress predicted well-being for all genders, the associations tended to be stronger for women. / Enquanto o progresso dos objetivos previa o bem-estar de todos os gêneros, as associações tenderam a ser mais fortes para as mulheres.

"Since" (Desde) *Versus* **"Because" (Porque).** Nos casos em que o significado de "since" é ambíguo (podendo significar "desde um momento no passado" ou "uma vez que"), substitua-o por "because". Se o significado não for ambíguo, é aceitável usar "since" ou "because" com o sentido de "because".

> *Preciso:* Participants were leaving because the light turned green. / Os participantes estavam saindo porque o sinal ficou verde.

> *Impreciso:* Participants were leaving since the light turned green. / Os participantes estavam saindo desde que o sinal ficou verde.

4.23 Modificadores Mal Posicionados e Soltos

Um adjetivo ou advérbio, quer seja uma única palavra ou uma locução, deve referir-se claramente à palavra que modifica. A presença de modificadores sem referentes claros pode dificultar a compreensão lógica de uma frase.

Modificadores Mal Posicionados. Devido a sua posição em uma frase, modificadores mal posicionados mudam uma palavra de forma ambígua ou ilógica. Elimine-os colocando um adjetivo ou um advérbio o mais próximo possível da palavra que ele modifica.

Correto	Incorreto	Justificativa
Using this procedure, the investigator tested the participants. / Usando este procedimento, o investigador testou os participantes. The investigator tested the participants who were using the procedure. / O investigador testou os participantes que estavam usando este procedimento.	The investigator tested the participants using this procedure. / O investigador testou os participantes usando este procedimento.	A sentença incorreta não deixa claro se o investigador ou os participantes usaram este procedimento.
On the basis of this assumption, we developed a model. / Com base nesta suposição, desenvolvemos um modelo. Based on this assumption, the model... / Baseado nesta suposição, o modelo...)	Based on this assumption, we developed a model. / Baseado nesta suposição, nós desenvolvemos um modelo.	A construção incorreta diz que "nós estamos baseados nessa suposição".

Muitos autores posicionam erroneamente a palavra "only" (apenas). Coloque-a ao lado da palavra ou frase que ela modifica.

Correto	Incorreto	Justificativa
These data provide only a partial answer. / Esses dados fornecem apenas uma resposta parcial.	These data only provide a partial answer. / Esses dados apenas fornecem uma resposta parcial.	A resposta é parcial, não o ato de prové-la.

Também existem modificadores cujo posicionamento ambíguo torna difícil saber se eles se referem à locução que vem antes ou depois.

Correto	Incorreto	Justificativa
My comprehension is improved when I read slowly. / Minha compreensão melhora quando eu leio lentamente.	Reading books slowly improves my comprehension. / Ler livros lentamente melhora minha compreensão.	Não fica claro se a leitura ou a melhora é lenta.

Modificadores Soltos. Modificadores soltos não têm um referente na sentença. Muitos deles resultam do uso da voz passiva (consulte a Seção 4.13) e você pode evitá-los escrevendo na voz ativa.

Correto	Incorreto	Justificativa
Using this procedure, I tested the participants. / Usando este procedimento, eu testei os participantes.	The participants were tested using this procedure. / Os participantes foram testados usando este procedimento.	Fui eu, e não os participantes, quem usou o procedimento.
Armitage and Martinez (2017) found that the treatment group performed better, a result congruent with those of other studies. / Armitage e Martinez (2017) constataram que o grupo tratado teve melhor desempenho, um resultado congruente com os de outros estudos.	Congruent with other studies, Armitage and Martinez (2017) found that the treatment group performed better. / Congruente com outros estudos, Armitage e Martinez (2017) constataram que o grupo tratado teve melhor desempenho.	O resultado, não Armitage e Martinez, é congruente.

4.24 Construção Paralela

Para melhorar a compreensão dos leitores, apresente ideias paralelas de maneira coordenada. Use estruturas paralelas em sentenças compostas, séries e listas (consulte as Seções 6.49–6.52), e em cabeçalhos de tabelas (consulte a Seção 7.12).

Repetição de Elementos Paralelos. Certifique-se de que todos os elementos do paralelismo estejam presentes antes e depois da conjunção coordenativa (p. ex., "and" [e], "but" [mas], "or" [ou], "nor" [nem]). Por exemplo, se a primeira parte da oração for introduzida por "that" (que), a segunda parte da oração também deve sê-lo. Quando uma oração tem duas partes (e não três ou mais), não use vírgula ou ponto e vírgula antes da conjunção.

Correto: Ford (2020) found that homework is positively related to achievement and that the association is stronger in middle and high school than in elementary school. / Ford (2020) descobriu que o dever de casa está positivamente relacionado ao desempenho e que a associação é mais forte nos anos finais do ensino fundamental e no ensino médio do que nos anos iniciais do ensino fundamental.

Incorreto: Ford (2020) found that homework is positively related to achievement, and that the association is stronger in middle and high school than in elementary school. / Ford (2020) descobriu que o dever de casa está positivamente relacionado ao desempenho, e que a associação é mais forte nos anos finais do ensino fundamental e no ensino médio do que nos anos iniciais do ensino fundamental.

Conjunções Coordenativas Usadas aos Pares. Com conjunções coordenativas usadas aos pares ("between . . . and" [entre . . . e], "both . . . and" [tanto . . . quanto . . .], "neither . . . nor" [nem . . . nem], "either . . . or" [ou . . . ou], "not only . . . but also" [não apenas . . . mas também]), coloque a primeira conjunção imediatamente antes da primeira parte do paralelismo.

"Between" (Entre) e "And" (E)

Correto: We recorded the difference between the performance of participants who completed the first task and the performance of those who completed the second task. / Registramos a diferença entre o desempenho dos participantes que concluíram a primeira tarefa e o desempenho daqueles que concluíram a segunda tarefa.

Incorreto: We recorded the difference between the performance of participants who completed the first task and the second task. / Registramos a diferença entre o desempenho dos indivíduos que concluíram a primeira tarefa e a segunda tarefa.

Correto: between 2.5 and 4.0 years old / entre 2,5 e 4 anos de idade

Incorreto: between 2.5-4.0 years old / entre 2,5–4 anos de idade

"Both" (Tanto) e "And" (Quanto)

Correto: The names were difficult both to pronounce and to spell. / Os nomes eram difíceis tanto de pronunciar quanto de escrever.

Incorreto: The names were difficult both to pronounce as well as to spell. / Os nomes eram difíceis tanto de pronunciar bem como de escrever.

Nunca use "both" (tanto) com "as well as" (bem como): a construção resultante é redundante.

"Neither" (Nem) e "Nor" (Nem); "Either" (Ou) e "Or" (Ou)

Correto: Neither the responses to the auditory stimuli nor the responses to the tactile stimuli were repeated. / Nem as respostas aos estímulos auditivos, nem as respostas aos estímulos táteis se repetiram.

Incorreto: Neither the responses to the auditory stimuli nor to the tactile stimuli were repeated. / Nem as respostas aos estímulos auditivos, nem aos estímulos táteis se repetiram.

Correto: The respondents either gave the worst answer or gave the best answer. / Os respondentes ou deram a pior resposta ou deram a melhor resposta.

Correto: The respondents gave either the worst answer or the best answer. / Os respondentes deram ou a pior resposta ou a melhor resposta.

Incorreto: The respondents either gave the worst answer or the best answer. / Os respondentes ou deram a pior resposta ou a melhor resposta.

"Not Only" (Não Apenas); "But Also" (Mas Também)

Correto: It is surprising not only that pencil-and-paper scores predicted this result but also that all other predictors were less accurate. / É surpreendente não apenas que os testes de lápis e papel previram este resultado, mas também que todos os outros preditores foram menos precisos.

Incorreto: It is not only surprising that pencil-and-paper scores predicted this result but also that all other predictors were less accurate. / Não é apenas surpreendente que os testes de lápis e papel previram este resultado, mas também que todos os outros preditores foram menos precisos.

Elementos de uma Série. Os elementos de uma série também devem ser paralelos.

Correto: The participants were told to make themselves comfortable, to read the instructions and to ask about anything they did not understand. / Pediu-se aos participantes que ficassem à vontade, lessem as instruções e perguntassem caso tivessem dúvidas.

Incorreto: The participants were told to make themselves comfortable, to read the instructions, and that they should ask about anything they did not understand. / Pediu-se aos participantes que ficassem à vontade, lessem as instruções e para perguntar caso tivessem dúvidas.

Estratégias Para Melhorar sua Escrita

Escrever bem é uma habilidade que se aprende com a prática. Nesta seção, recomendamos estratégias para melhorar sua escrita. Essas estratégias podem ajudar tanto profissionais a preparar manuscritos para submissão a periódicos como estudantes a produzir trabalhos acadêmicos.

4.25 Ler Para Aprender Pelo Exemplo

A leitura é uma das práticas mais eficazes para melhorar a escrita porque ela permite aprender por meio do exemplo. Um estudante cuja tarefa seja escrever uma revisão da literatura, por exemplo, se beneficiaria da leitura de outras revisões da literatura (incluindo as seções de revisão da literatura de trabalhos mais longos) para observar as diversas maneiras pelas quais as informações podem ser organizadas e discutidas. Da mesma forma, um autor que precisa apresentar informações estatísticas complexas em uma tabela se beneficiaria ao ver como outros autores organizaram informações semelhantes em suas tabelas. Uma leitura cuidadosa em sua área de estudo irá ajudá-lo a aprender não apenas sobre novos desenvolvimentos nesse campo, mas também sobre maneiras eficazes de transmitir informações por escrito.

4.26 Escrever a Partir de um Esboço

Escrever a partir de um esboço garante que o fluxo de seu artigo reflita a lógica de sua pesquisa ou de suas ideias. A criação e uso de um esboço ajuda a identificar as ideias principais, definir as ideias subordinadas, focar sua escrita, evitar digressões tangenciais e encontrar omissões. O esboço também permite designar os títulos e subtítulos (consulte as Seções 2.26 e 2.27 para mais princípios de organização e níveis de título). Os esboços podem assumir várias formas, incluindo o formato tradicional com uma lista de títulos em algarismos romanos ou um mapa conceitual.

4.27 Reler o Rascunho

A releitura do seu próprio trabalho depois de deixá-lo de lado por algumas horas ou dias permite que você o considere de uma nova perspectiva. O passo adicional de ler seu artigo em voz alta pode revelar falhas que você deixou passar e ajudar a incrementar o tom e o estilo de sua escrita. Você também pode experimentar ler as seções do seu artigo na ordem inversa — da conclusão para a introdução — a fim de garantir que os argumentos tenham sido apresentados adequadamente. Reserve bastante tempo à escrita para beneficiar-se dessas estratégias.

4.28 Buscar Ajuda de Colegas

Depois de reler seu rascunho, dê uma cópia revisada a um colega — de preferência alguém que já tenha publicado ou estudado em uma área relacionada mas não está familiarizado com seu trabalho — para uma análise crítica. Melhor ainda, obtenha análises críticas de dois colegas e você terá uma prévia do processo de revisão de um periódico. Os estudantes também são incentivados a solicitar um *feedback* de seu professor e pares.

4.29 Trabalhar com Revisores de Texto e Centros de Redação

Alguns autores, especialmente os iniciantes e aqueles que não escrevem em sua língua nativa, podem se beneficiar de ajuda extra com a escrita. Eles podem contratar um profissional para revisar e corrigir seus trabalhos. Um revisor pode ajudar com o uso idiomático da linguagem, organização e outras áreas. Recomendamos enfaticamente a procura desses serviços para autores que costumam enfrentar dificuldades para conseguir publicar seus trabalhos ou estudantes que gostariam de ter mais êxito nas disciplinas cursadas. Os estudantes devem verificar as políticas de integridade acadêmica de suas instituições para saber quais tipos de assistência são aceitáveis.

4.30 Revisar um Trabalho

Revisar um rascunho até que ele se torne um trabalho refinado exige tempo e esforço. Os autores devem desenvolver um plano de revisão, partindo do quadro geral e passando aos detalhes. Considere as seguintes questões gerais ao revisar seu trabalho:

- A ideia ou tese central de seu artigo está clara? Os argumentos decorrem logicamente da tese?
- As informações estão bem organizadas?
- Para estudantes, o rascunho atende aos parâmetros da tarefa? Se há critérios de avaliação para a tarefa, o trabalho aborda cada elemento previsto nesses critérios?
- Para autores que pretendem publicar, o rascunho se ajusta aos requisitos de estilo e formatação do periódico (consulte as Seções 12.2–12.4)?

No nível dos detalhes, verifique a gramática e o uso correto da linguagem nas sentenças (consulte as Seções 4.12–4.24). Verifique também se há erros de ortografia e gramática utilizando essas funções do seu programa de processamento de texto. Embora um corretor ortográfico eletrônico não possa substituir uma revisão cuidadosa (pois palavras escritas corretamente podem ser empregadas de forma incorreta), ele diminui as chances de que erros tipográficos persistam no artigo publicado ou no trabalho enviado. A APA utiliza o *Merriam-Webster's Dictionary* e o *APA Dictionary of Psychology* como referências para ortografia (para obter informações adicionais sobre ortografia, consulte as Seções 6.11 e 6.12). As funções de verificação gramatical são úteis para identificar estruturas frasais problemáticas. Contudo, tenha em mente que a gramática é complexa e, portanto, os verificadores gramaticais não são infalíveis.

Embora o *Manual de Publicação* aborde muitos aspectos da gramática e do uso da linguagem, ele se concentra nas áreas que são mais problemáticas para autores de trabalhos acadêmicos. Para questões gramaticais não abordadas aqui, consulte uma referência gramatical confiável.

5
DIRETRIZES DE LINGUAGEM NÃO TENDENCIOSA

Sumário

Diretrizes Gerais Para Reduzir a Tendenciosidade 134
   5.1 Descreva Com Nível Adequado de Especificidade   134
   5.2 Seja Sensível às Denominações   135

Reduzindo a Tendenciosidade por Tópico 136
   5.3 Idade   136
   5.4 Deficiência   138
   5.5 Gênero   140
   5.6 Participação em Pesquisas   143
   5.7 Identidade Racial e Étnica   144
   5.8 Orientação Sexual   148
   5.9 Condição Socioeconômica   150
   5.10 Interseccionalidade   151

5
DIRETRIZES DE LINGUAGEM NÃO TENDENCIOSA

Os autores devem se esforçar para usar uma linguagem que não seja *tendenciosa*, isto é, que não contenha avaliações implícitas ou irrelevantes sobre o grupo ou grupos sobre os quais estão escrevendo. Como organização, a APA está comprometida tanto com o avanço da ciência quanto com o justo tratamento de indivíduos e grupos. Esses princípios exigem que os autores e estudantes que usam o Estilo APA evitem perpetuar atitudes degradantes em sua escrita. É inaceitável o uso de construções que possam implicar crenças preconceituosas ou perpetuar suposições tendenciosas contra pessoas com base em idade, deficiência, gênero, participação em pesquisa, identidade racial ou étnica, orientação sexual, condição socioeconômica ou alguma combinação desses ou outros aspectos pessoais (p. ex., estado civil, *status* de imigração, religião). Em vez disso, os autores devem usar uma linguagem afirmativa e inclusiva.

A prática cultural há muito existente pode exercer uma forte influência até mesmo sobre o autor mais consciencioso. Assim como você aprendeu a verificar a ortografia, a gramática e a verbosidade do que escreve, acostume-se a reler seu trabalho para verificar se existem ideias preconcebidas sobre grupos de pessoas. Peça a integrantes dos grupos sobre os quais você está escrevendo que leiam e comentem sobre o seu material, ou consulte entidades de classe para determinar a terminologia apropriada. Se você trabalha diretamente com os participantes, pergunte que termos eles usam para se descrever. O idioma muda com o tempo, sendo importante usar os termos que os indivíduos e/ou comunidades usam para descrever a si mesmos, suas experiências e suas práticas.

Algumas tentativas de seguir as diretrizes deste capítulo podem resultar em verbosidade ou em prosa inadequada. Portanto, é necessário bom senso — não se trata de regras rígidas. Se sua escrita refletir respeito por seus participantes e leitores, e se você escrever com adequada especificidade e precisão, estará contribuindo para o objetivo de uma comunicação exata e não tendenciosa. As diretrizes gerais para escrever sem tendenciosidade expostas neste capítulo se aplicam a uma série de questões e incluem diretrizes endereçadas a tópicos específicos, como idade, deficiência, gênero, participação em pesquisas, raça e etnia, orientação sexual, condição socioeconômica e interseccionalidade. Exemplos adicionais de linguagem neutra podem ser encontrados no *site* do Estilo APA (https://apastyle.apa.org).

Diretrizes Gerais Para Reduzir a Tendenciosidade

5.1 Descreva Com Nível Adequado de Especificidade

A precisão é essencial na escrita acadêmica; ao referir-se a uma pessoa ou pessoas, escolha palavras exatas, claras e livres de tendenciosidade ou conotações pejorativas. O viés, como a linguagem imprecisa ou pouco clara, pode ser uma forma de imprecisão. Por exemplo, usar a palavra "man" (homem) para se referir a todos os seres humanos não é tão preciso ou inclusivo quanto usar os termos "individuals" (indivíduos), "people" (povo) ou "persons" (pessoas).

Concentre-se nas Características Relevantes. Esteja atento para descrever apenas características relevantes. Embora seja possível descrever sem tendenciosidade a idade, a deficiência, a identidade de gênero, a participação em pesquisas, a identidade racial e étnica, a orientação sexual, a condição socioeconômica ou outra característica de uma pessoa, nem sempre é necessário incluir todas essas informações em seu relato (para uma discussão mais detalhada sobre as características dos participantes que devem ser descritas em estudos quantitativos e qualitativos, consulte as Seções 3.6 e 3.14, respectivamente). Por exemplo, você provavelmente não mencionaria a orientação sexual dos participantes em um estudo sobre cognição porque essa característica não é relevante para o tema; contudo, provavelmente mencionaria o gênero dos participantes em um estudo sobre ameaça de estereótipo porque essa característica é relevante para o exame da ameaça de estereótipo. Além disso, pode haver várias características relevantes a serem discutidas — quando esse for o caso, descreva de que forma elas se cruzam (consulte a Seção 5.10).

Reconheça as Diferenças Relevantes que de Fato Existem. Escrever sem tendenciosidade inclui não apenas reconhecer que diferenças devem ser mencionadas somente quando relevantes, mas também reconhecer diferenças relevantes quando elas de fato existem. Avalie cuidadosamente o significado da palavra "diferença" em relação à população-alvo, não ao grupo dominante. Por exemplo, um pesquisador que deseja generalizar os resultados do estudo para pessoas em geral, ou para estudantes em geral, deve avaliar e relatar se a amostra estudada é diferente da população-alvo e, em caso afirmativo, descrever em que aspecto ela é diferente.

Seja Adequadamente Específico. Depois de determinar as características a descrever, escolha termos que sejam adequadamente específicos, os quais dependerão da questão de pesquisa e do estado atual do conhecimento na área. Não mencione características gratuitamente; contudo, na dúvida, seja mais específico em vez de menos específico, pois é mais fácil agregar dados do que desagregá-los. Considere o nível adequado de especificidade no início do processo de pesquisa (p. ex., durante o delineamento do estudo), pois pode não ser viável coletar mais dados depois que ela estiver em andamento ou concluída. O uso de termos específicos melhora a capacidade dos leitores de compreender a generalizabilidade dos resultados e a capacidade de outros pesquisadores de usar os dados em uma metanálise ou replicação.

Exemplos de Especificidade por Tópico. A seguir, apresentamos exemplos de linguagem específica para os tópicos contemplados pelas diretrizes de linguagem não tendenciosa. Reiteramos que a escolha adequada dependerá da situação, e esses exemplos representam apenas algumas das opções possíveis.

- Ao escrever sobre idade, idades exatas ou faixas etárias (p. ex., 15–18 anos, 65–80 anos) são mais específicas do que categorias amplas (p. ex., menores de 18 anos, maiores de 65 anos; consulte a Seção 5.3). Também inclua a média e a mediana da idade para aumentar a especificidade do relato.

- Ao escrever sobre deficiência, nomes de condições (p. ex., doença de Alzheimer) são mais específicos do que categorias de condições (p. ex., tipos de demência) ou referências gerais, como "pessoas com deficiência" (ver Seção 5.4).
- Ao escrever sobre identidade de gênero, descritores com modificadores (p. ex., mulheres cisgêneras, mulheres trans) são mais específicos do que descritores sem modificadores (p. ex., mulheres) ou termos gerais de gênero neutro (p. ex., pessoas, indivíduos; consulte a Seção 5.5 para diferenciar gênero e sexo).
- Ao escrever sobre pessoas que participaram da pesquisa, termos que indicam o contexto do estudo (p. ex., pacientes, participantes, clientes) são mais específicos do que termos gerais (p. ex., pessoas, crianças, mulheres; consulte a Seção 5.6).
- Ao escrever sobre grupos raciais ou étnicos, a nação ou região de origem (p., ex., americanos chineses, americanos mexicanos) é mais específica do que uma origem generalizada (p. ex., ásio-americanos, latino-americanos; consulte a Seção 5.7).
- Ao escrever sobre orientação sexual, os nomes das orientações das pessoas (p. ex., lésbicas, homens homossexuais, bissexuais, heterossexuais) são mais específicos do que nomes de grupos amplos (p. ex., *gays*; consulte a Seção 5.8).
- Ao escrever sobre condição socioeconômica, faixas de renda ou designações específicas (p. ex., abaixo do limite federal de pobreza para uma família de quatro pessoas) são mais específicas do que denominações gerais (p. ex., baixa renda; consulte a Seção 5.9).

5.2 Seja Sensível às Denominações

Respeite a linguagem que as pessoas usam para se descrever — chame-as como elas chamam a si mesmas. Aceite que o idioma muda com o tempo e que indivíduos dentro do mesmo grupo às vezes discordam sobre as designações que usam. Faça um esforço para determinar o que é adequado para seu estudo ou artigo, especialmente quando essas designações são debatidas nos grupos. Você pode ter de perguntar a seus participantes quais designações eles usam e/ou consultar entidades de classe que os representam para pesquisar o problema caso não esteja trabalhando diretamente com essas comunidades. Contudo, observe que alguns indivíduos podem usar termos pejorativos ou linguagem estigmatizante para se referirem a si próprios. Os pesquisadores devem ter muito cuidado antes de repetir essa linguagem porque isso pode propagar esse estigma (consulte as Seções 5.3 e 5.4 para obter mais informações sobre o uso de linguagem estigmatizante em relação a idade e deficiência, respectivamente).

Reconheça a Humanidade das Pessoas. Escolha denominações com sensibilidade, garantindo que a individualidade e a humanidade das pessoas sejam respeitadas. Evite usar adjetivos como substantivos para designar as pessoas (p. ex., "the gays" [os *gays*], "the poor" [os pobres]) ou termos que igualem as pessoas à sua condição (p. ex., "amnesiacs" [amnésicos], "schizophrenics" [esquizofrênicos], "the learning disabled" [deficientes de aprendizagem], "drug users" [usuários de drogas]). Em vez disso, use formas adjetivas (p. ex., homens homossexuais, idosos) ou substantivos com locuções descritivas (p. ex., pessoas que vivem na pobreza, pessoas com dificuldades de aprendizagem, pessoas que usam drogas). Alguns grupos (p. ex., "the Deaf" [os Surdos]) optaram por usar um nome com inicial maiúscula para identificar e promover um senso de unidade e comunidade (Solomon, 2012); utilize o nome que a comunidade usa, mesmo quando ele é adjetivo (observe, contudo, que nem todas as pessoas que têm perda auditiva se identificam como Surdas). Em particular, o uso de rótulos no que se refere a deficiência está evoluindo, e as pessoas podem discordar sobre a abordagem preferencial. Ao escrever sobre deficiência, as formas que incluem primeiro a pessoa (p. ex., "a person with paraplegia" [uma pessoa com paraplegia] em vez de "a paraplegic" [um paraplégico]), a identidade (p. ex., "an autistic person" [uma pessoa autista] em vez de "a person with autism" [uma pessoa com autismo]), ou ambas, podem ser aceitáveis, dependendo do grupo sobre o qual você está escrevendo (consulte a Seção 5.4).

Forneça Definições Operacionais e Denominações. Se você fornecer definições operacionais de grupos no início de seu artigo (p. ex., "os participantes com pontuação mínima de X na escala Y constituíram o grupo verbal alto, e aqueles com pontuação abaixo de X constituíram o grupo verbal baixo"), a melhor prática é descrever os participantes a partir daí nos termos das medidas usadas para classificá-los (p. ex., "o contraste para o grupo verbal alto foi estatisticamente significativo"), desde que não sejam inadequados. Uma denominação pejorativa jamais deve ser utilizada. Abreviaturas para grupos geralmente sacrificam a clareza e podem ser problemáticos: "LDs" ou "LD group"* para descrever pessoas com dificuldades específicas de aprendizagem é problemático; "HVAs" para "high verbal ability group" (grupo de alta habilidade verbal) é difícil de decifrar. "Group A" não é problemático, mas também não é descritivo. Em vez disso, certifique-se de que as denominações operacionais dos grupos sejam claras e adequadas (p. ex., "group with dysgraphia" [grupo com disgrafia]).

Evite Falsas Hierarquias. Tenha cuidado ao comparar grupos. Ocorre tendenciosidade quando os autores usam um grupo (muitas vezes o grupo ao qual pertencem) como padrão segundo o qual os outros são julgados (p. ex., usar cidadãos dos Estados Unidos como padrão sem especificar por que esse grupo foi escolhido). Por exemplo, o uso de "normal" pode levar os leitores a fazer a comparação com "anormal", estigmatizando indivíduos com diferenças. Da mesma forma, contrastar lésbicas com "o público em geral" ou com "mulheres normais" as retrata como marginais à sociedade. Grupos de comparação mais adequados para lésbicas podem ser indivíduos heterossexuais, mulheres heterossexuais ou homens homossexuais. Use designações paralelas para os grupos, especialmente ao apresentar informações raciais e étnicas (ver Seção 5.7).

Esteja ciente de que a ordem de apresentação dos grupos sociais pode implicar que o primeiro é a norma ou padrão e que os subsequentes são anormais ou desviantes. Então, as locuções "homens e mulheres" e "americanos brancos e minorias raciais" refletem sutilmente o domínio percebido de homens e pessoas brancas sobre os outros grupos (além disso, listar grupos de minorias raciais é preferível a escrever sobre minorias raciais em geral; consulte a Seção 5.7). Da mesma forma, ao apresentar dados de grupos, colocar os socialmente dominantes, como homens e pessoas brancas, no lado esquerdo de um gráfico ou no topo de uma tabela também pode sugerir que eles são o padrão universal (Hegarty & Buechel, 2006). Ao referir-se a vários grupos, considere cuidadosamente a ordem de apresentação. Não os apresente em ordem de domínio social automaticamente, em vez disso, considere opções como ordem alfabética ou ordem por tamanho da amostra. Para facilitar a compreensão, liste os grupos na mesma ordem de forma regular em todo o trabalho.

Reduzindo a Tendenciosidade por Tópico

5.3 Idade

A idade deve ser relatada como parte da descrição dos participantes na seção de "Método". Seja específico ao indicar faixas etárias, médias e medianas (consulte também a Seção 5.1).

---

* N. de R.T. Em inglês, *learning disorder group*.

Evite definições abertas como "menores de 18 anos" ou "maiores de 65 anos", a menos que esteja se referindo, por exemplo, a amplos critérios de elegibilidade do estudo.

Termos para Grupos de Diferentes Idades. Termos diferentes são usados para indivíduos de diferentes idades, e as expressões costumam ter gênero (consulte a Seção 5.5). Utilize as palavras que as pessoas usam para se autodescrever, quer essas categorias de gênero sejam binárias (menino–menina ou homem–mulher) ou descritivas e possivelmente não binárias (transgênero, gênero *queer*, agênero ou gênero fluido).

- Para um indivíduo de qualquer idade, os termos adequados são "person" (pessoa), "individual" (indivíduo), e assim por diante. Em geral, evite usar "males" (machos) e "females" (fêmeas) como substantivos; em seu lugar, use "men" (homens) e "women" (mulheres) ou outras palavras apropriadas para a idade (consulte a Seção 5.5). "Males" e "females" são adequados quando os grupos incluem indivíduos de uma ampla faixa etária (p. ex., "males" para descrever um grupo que inclui meninos e homens).

- Para um indivíduo de 12 anos ou menos, os termos adequados são "infant" (bebê ou criança muito pequena), "child" (criança), "girl" (menina), "boy" (menino), "transgender girl" (menina transgênera), "transgender boy" (menino transgênero), "gender fluid child" (criança de gênero fluido), e assim por diante.

- Para um indivíduo de 13 a 17 anos,* os termos adequados são "adolescent" (adolescente), "young person" (jovem), "youth" (jovem), "young woman" (mulher jovem), "young man" (homem jovem), "female adolescent" (adolescente do sexo feminino), "male adolescent" (adolescente do sexo masculino), "agender adolescent" (adolescente agênero), e assim por diante.

- Para um indivíduo de 18 anos ou mais, os termos adequados são "adult" (adulto), "woman" (mulher), "man" (homem), "transgender man" (homem transgênero), "trans man" (homem trans), "transgender woman" (mulher transgênera), "trans woman" (mulher trans), "genderqueer adult" (adulto de gênero *queer*), "cisgender adult" (adulto cisgênero), e assim por diante.

Termos para Idosos. Os idosos são um subgrupo dos adultos e suas faixas etárias podem ser descritas com adjetivos. Na primeira referência a um grupo de idosos, seja o mais específico possível, incluindo a faixa etária, a idade média e a idade mediana, quando disponíveis. Termos como "older persons" (pessoas idosas), "older people" (pessoas idosas), "older adults" (adultos idosos), "older patients" (pacientes idosos), "older individuals" (indivíduos idosos), "persons 65 years and older" (pessoas de 65 anos ou mais) e "the older population" (a população mais idosa) são preferenciais. Evite usar termos como "seniors" (seniores), "elderly" (velhos), "the aged" (de idade), "aging dependents" (dependentes em função da idade) e outros semelhantes porque eles remetem a um estereótipo e sugerem que os membros do grupo não fazem parte da sociedade e são uma comunidade separada (ver Lundebjerg et al., 2017; Sweetland et al., 2017). Não use esses termos estigmatizantes em sua pesquisa, mesmo que os participantes os utilizem para se referir a si próprios (ver Seção 5.4 para orientações semelhantes sobre deficiência). Da mesma forma, evite atitudes negativistas e fatalistas em relação ao envelhecimento, tais como a idade ser um obstáculo a ser superado (Lindland et al., 2015). Não use "senile" (senil), um termo obsoleto sem significado consensual. Use "dementia" (demência) em vez de "senility" (senilidade) e

---

* N. de R.T. No Brasil, o Estatuto da Criança e do Adolescente (ECA) considera a faixa etária dos 12 até os 18 anos de idade como adolescência.

especifique o tipo de demência quando conhecido (p. ex., demência por doença de Alzheimer). Assegure que sua linguagem transmita que o envelhecimento é uma parte normal da experiência humana e se distingue de doença e transtorno.

Os gerontologistas podem usar combinações de palavras para grupos de idade mais avançada (p. ex., "young-old" [jovem-velho], "old-old" [velho-velho], "oldest old" [velhos mais velhos]); indique as idades específicas desses grupos ao apresentá-los em seu artigo e utilize os nomes dos grupos apenas como adjetivos, não como substantivos (p. ex., refira-se a "young-old individuals" [indivíduo jovem-velho], não "the young-old" [o jovem-velho]). Ao comparar adultos mais velhos com adultos de outras idades, descreva aquela outra faixa etária especificamente (p. ex., "young adults" [jovens adultos] *versus* "older adults" [adultos velhos], "middle-aged adults" [adultos de meia-idade] *versus* "older adults" [adultos velhos]). Você pode usar descritores de decênios específicos, se desejar (p. ex., octogenário, centenário). Descritores geracionais, como "baby boomers", "Gen X", "millennials", "centennials", "Gen Z", e assim por diante, devem ser usados apenas na discussão de estudos relacionados ao tema das gerações. Para mais informações sobre como escrever sobre idade, consulte "Guidelines for the Evaluation of Dementia and Age-Related Cognitive Change" (APA, 2012c) e "Guidelines for Psychological Practice With Older Adults" (APA, 2014).

5.4 Deficiência

Deficiência é um termo amplo que é definido tanto de forma jurídica quanto cientificamente e abrange deficiências físicas, psicológicas, intelectuais e socioemocionais (World Health Organization, 2001, 2011). Os membros de alguns grupos de pessoas com deficiência — efetivamente, subculturas dentro da cultura mais ampla da deficiência — têm maneiras particulares de se referirem a si mesmos que prefeririam que fossem adotadas pelos outros. Quando você utiliza as opções de linguagem adotadas por grupos de deficientes físicos, você respeita suas preferências. Por exemplo, alguns indivíduos Surdos preferem ser chamados de "Deaf" (Surdos; com inicial maiúscula) a ser chamados de "people with hearing loss" (pessoas com deficiência auditiva) ou "people who are deaf" (pessoas que são surdas) (Dunn & Andrews, 2015). Da mesma forma, use "hard of hearing" (com deficiência auditiva) em vez de "hearing-impaired" (deficiente auditivo). Respeitar a preferência do grupo não é apenas um sinal de consciência profissional e respeito por qualquer grupo de deficiência, mas também uma forma de solidariedade.

A linguagem a ser utilizada no que se refere à deficiência está evoluindo. O princípio geral no uso de linguagem para deficiência é manter a integridade (o valor e a dignidade) de todos os indivíduos como seres humanos. Os autores que escrevem sobre deficiência são encorajados a usar termos e descrições que honrem e também expliquem as perspectivas da pessoa e da identidade em primeiro lugar. A linguagem deve ser escolhida com o entendimento de que a preferência expressa das pessoas com deficiência em relação à identificação suplanta questões de estilo.

Linguagem da Pessoa em Primeiro Lugar. Neste caso, enfatiza-se a pessoa, não sua deficiência ou condição crônica (p. ex., "person with paraplegia" [pessoa com paraplegia] e "a youth with epilepsy" [um jovem com epilepsia], em vez de "a paraplegic" [um paraplégico] ou "an epileptic" [um epiléptico]). Esse princípio também se aplica a grupos de pessoas (p. ex., use "people with substance use disorders" [pessoas com transtornos por uso de substância] ou "people with intellectual disabilities" [pessoas com deficiência intelectual], em vez de "substance abusers" [usuários de drogas] ou "the mentally retarded" [os retardados mentais]; University of Kansas, Research and Training Center on Independent Living, 2013).

Linguagem da Identidade em Primeiro Lugar. Neste caso, a deficiência torna-se o foco, o que permite que o indivíduo reivindique a deficiência e escolha sua identidade em vez de permitir que outros (p. ex., autores, educadores, pesquisadores) a designem ou escolham termos com implicações negativas (Brown, 2011/n.d.; Brueggemann, 2013; Dunn & Andrews, 2015). Essa linguagem costuma ser utilizada como expressão de orgulho cultural e recuperação de uma deficiência que no passado conferia uma identidade negativa. Permite construções como "blind person" (pessoa cega), "autistic person" (pessoa autista) e "amputee" (amputado), ao passo que, na linguagem da pessoa em primeiro lugar, as construções seriam "person who is blind" (pessoa que é cega), "person with autism" (pessoa com autismo) e "person with an amputation" (pessoa com amputação).

Escolhendo Entre a Linguagem que Prioriza a Pessoa e a Linguagem que Prioriza a Identidade. As duas abordagens visam respeitar as pessoas com deficiência e, de modo geral, são boas escolhas. É permitido usar qualquer uma delas ou misturá-las, a menos, ou até que você saiba, que um grupo tenha uma clara preferência por uma delas; nesse caso, você deve utilizar a abordagem preferida (Dunn & Andrews, n.d.). Misturar essas linguagens pode ajudar a evitar a repetição incômoda de "pessoa com...", sendo também um modo de mudar a forma como autores e leitores consideram a deficiência e as pessoas em comunidades de deficientes específicas. Na verdade, o nível de integração da identidade de deficiência pode ser uma maneira eficaz de descobrir a linguagem preferida pelas pessoas sobre as quais você está escrevendo. Aqueles que aceitam sua deficiência como parte de sua identidade cultural e/ou pessoal são mais propensos a preferir a linguagem que prioriza a identidade (Dunn & Andrews, 2015). Se você não tiver certeza de qual abordagem usar, procure orientação de entidades de classe ou outras partes interessadas (ver, p. ex., Brown, 2011/n.d). Se você está trabalhando diretamente com os participantes, utilize a linguagem que eles usam para se descrever.

Relevância da Menção de uma Deficiência. A natureza de uma deficiência deve ser indicada quando for relevante. Por exemplo, se uma amostra incluiu pessoas com lesões na medula espinal e pessoas com autismo — dois grupos diferentes com deficiência —, então faz sentido mencionar a presença delas. Dentro de cada grupo, pode haver heterogeneidade adicional que deve, sob algumas circunstâncias, ser expressada (p. ex., diferentes níveis de lesão da medula espinal, diferentes níveis de severidade dos sintomas do transtorno do espectro autista).

Terminologia Negativa e Condescendente. Evite uma linguagem que use metáforas pictóricas ou termos negativistas que implicam restrição (p. ex., "wheelchair bound" [preso a uma cadeira de rodas] ou "confined to a wheelchair" [confinado a uma cadeira de rodas], em vez disso, use "wheelchair user" [usuário de cadeira de rodas, ou cadeirante]); e que use rótulos excessivos e negativos (p. ex., "AIDS victim" [vítima de AIDS], "brain damaged" [com danos cerebrais], em vez disso, use "person with AIDS" [pessoa com AIDS] ou "person with a traumatic brain injury" [pessoa com traumatismo craniencefálico]). Evite termos que possam ser considerados insultos (p. ex., "cripple" [aleijado], "invalid" [inválido], "nuts" [maluco], "alcoholic" [alcoólatra], "meth addict" [viciado em metanfetamina]), em vez disso, use termos como "person with a physical disability" (pessoa com deficiência física), "person with a mental illness" (pessoa com uma doença mental), "person with alcohol use disorder" (pessoa com transtorno por uso de álcool) ou "person with substance use disorder" (pessoa com transtorno por uso de substâncias), ou seja mais específico (p. ex., "person with schizophrenia" [pessoa com esquizofrenia]). Designações como "high functioning" (com alto funcionamento) ou "low functioning" (com baixo funcionamento) são problemáticas e ineficazes para descrever as nuanças da experiência de um indivíduo com deficiência de desenvolvimento e/ou intelectual; em vez disso, especifique suas qualidades e fraquezas. Tal como ocorre com outros grupos diversos, indivíduos que estão dentro da cultura da deficiência podem usar termos negativos e condescendentes uns com os outros, mas não é adequado que uma pessoa de fora (pessoa sem deficiência) os utilize.

Evite eufemismos condescendentes ao descrever pessoas com deficiência (p. ex., "special needs" [necessidades especiais], "physically challenged" [fisicamente desafiado], "handi-capable"*). Muitas pessoas com deficiência consideram esses termos paternalistas e inadequados. Ao escrever sobre populações ou participantes com deficiência, enfatize tanto capacidades como dificuldades, para evitar reduzi-los a um "pacote de deficiências" (Rappaport, 1977). Refira-se aos indivíduos com deficiência como "patients" (pacientes) ou "clients" (clientes) no contexto de um estabelecimento de saúde (ver Seção 5.6).

5.5 Gênero

O gênero oferece uma camada adicional de especificidade ao interpretarmos padrões ou fenômenos do comportamento humano. Contudo, os termos relacionados a gênero e sexo costumam se mesclar, tornando a precisão essencial para escrever sobre o tema sem tendenciosidade. A linguagem relacionada à identidade de gênero e à orientação sexual também evoluiu rapidamente, sendo importante utilizar os termos que as pessoas usam para descrever a si mesmas (Singh, 2017; para saber como determinar os termos adequados, consulte a Seção 5.2; para uma lista de termos e definições, ver APA, n.d.-a).

Gênero *Versus* Sexo. *Gênero* se refere a atitudes, sentimentos e comportamentos que uma determinada cultura associa ao sexo biológico de uma pessoa (APA, 2012b). Trata-se de uma construção social e uma identidade social. Use o termo "gender" (gênero) ao se referir a pessoas como grupos sociais. Por exemplo, ao indicar os gêneros dos participantes na seção de "Método", escreva algo assim: "Aproximadamente 60% dos participantes se identificaram como mulheres cisgêneras, 35% como homens cisgêneros, 3% como mulheres transexuais, 1% como homens transexuais e 1% como não binários". *Sexo* se refere à designação sexual biológica; use a palavra "sex" (sexo) quando a distinção biológica da atribuição sexual (p. ex., o sexo atribuído no nascimento) é predominante. Usar "gênero" em vez de "sexo" também evita a ambiguidade sobre "sexo" significar ou não "comportamento sexual". Em alguns casos, pode não haver uma distinção clara entre fatores biológicos e aculturativos, e, assim, uma discussão sobre sexo e gênero seria adequada. Por exemplo, no estudo da orientação sexual (ver Seção 5.8), pesquisadores continuam investigando até que ponto a sexualidade ou orientação sexual — atração por sexo, gênero, ou alguma combinação de ambos — é um fenômeno biológico e/ou aculturativo.

Identidade de Gênero. Descreve a percepção psicológica que uma pessoa tem de seu gênero. Muitas pessoas descrevem a *identidade de gênero* como um sentimento profundo inerente de ser um menino, um homem ou um macho; uma menina, uma mulher ou uma fêmea; ou um gênero não binário (p. ex., *queer*, não conforme, neutro, agênero, fluido) que pode corresponder ou não ao sexo atribuído no nascimento, ao gênero presumido com base na atribuição sexual, ou aos caracteres sexuais primários ou secundários (APA, 2015a). A identidade de gênero se aplica a todas as pessoas e não é uma característica apenas de indivíduos transexuais ou com inconformidade de gênero. Identidade de gênero é diferente

---

* N. de R.T. Esta palavra não existe; é um jogo de palavras. Seria como dizer, por exemplo, que uma pessoa tem uma des-vantagem ou é in-capaz. No entanto, essas traduções não captam adequadamente o sentido do texto original.

de orientação sexual (ver Seção 5.8), assim, elas não devem ser confundidas (p. ex., um homem transgênero homossexual tem uma identidade de gênero masculina e uma orientação sexual homossexual, uma mulher cisgênera heterossexual tem uma identidade de gênero feminina e uma orientação sexual heterossexual).

Descrições de Gênero. Os autores são fortemente encorajados a designar explicitamente informações sobre as identidades de gênero dos participantes que compõem suas amostras (p. ex., se são transgêneros, cisgêneros ou outras identidades de gênero) em vez de pressupor identidades cisgêneras. *Cisgênero* se refere a indivíduos cujo sexo atribuído no nascimento se alinha com sua identidade de gênero (APA, 2015a). *Cisgenerismo* ou *cissexismo* se referem à crença de que ser cisgênero é normativo, como indicado pela suposição de que os indivíduos são cisgêneros, a menos que especificado de outra forma (ambos os termos estão em uso). O *generismo* se refere à crença de que existem apenas dois gêneros e que eles são automaticamente vinculados ao sexo atribuído no nascimento (American Psychological Association of Graduate Students, 2015).

Pessoas Transgêneras e com Inconformidade de Gênero. A palavra *transgênero* é usada como adjetivo para se referir a pessoas cuja identidade, expressão e/ou papel de gênero não se conformam com o que é culturalmente associado ao sexo atribuído no nascimento. Algumas pessoas transgêneras têm um gênero binário, como homem ou mulher, mas outras têm um gênero que se situa fora desse binário, como gênero fluido ou não binário. Indivíduos cujo gênero diverge de presunções baseadas no sexo que lhe foi atribuído ao nascer podem usar termos diferentes de "transgênero" para descrever seu gênero, incluindo "não conforme", "*queer*", "não binário", "criativo", "agênero" ou "dois-espíritos", para citar alguns. (Observe que "dois-espíritos" é um termo específico para comunidades indígenas e nativas norte-americanas.) *Transfobia* e *transnegatividade* denotam atitudes discriminatórias para com indivíduos transgêneros. Diversos termos de identidade são utilizados por pessoas transgêneras e em não conformidade de gênero, sendo "TGNC" ("transgender and gender-nonconforming" [pessoas transgêneras e com inconformidade de gênero]) uma sigla abrangente de uso consensual nos Estados Unidos. Esses termos costumam ser usados de uma maneira que prioriza a identidade (p. ex., "transgender people" [pessoas transgêneras)], "TGNC people" [pessoas TGNC]). Entretanto, existe certa variação nessa área — por exemplo, médicos costumam referir-se a indivíduos de acordo com a identidade (autoidentificada) ou descrever *variação, expansividade* ou *diversidade de gênero* em vez de *inconformidade de gênero* ou *gênero não binário*. Certifique-se de usar denominações de identidade que estejam de acordo com as identidades declaradas das pessoas que você está descrevendo e defina claramente como isso está sendo feito em sua escrita.

Atribuição de Sexo. Os termos "birth sex" (sexo no nascimento), "natal sex" (sexo ao nascer), "tranny" e "transvestite" (travesti) são considerados depreciativos por estudiosos do assunto, por muitos indivíduos que se identificam como transgêneros, de gênero não conforme ou não binário, e por pessoas que apresentam diversidade de gênero. Portanto, devem ser evitados. Além disso, "sexo no nascimento" e "sexo ao nascer" implicam que o sexo é uma característica imutável sem influência sociocultural. É mais adequado usar "assigned sex" (sexo atribuído) ou "sex assigned at birth" (sexo atribuído no nascimento), pois descrevem funcionalmente a atribuição de um termo sexual (frequentemente binário masculino ou feminino; contudo, "intersex" [intersexual] é uma atribuição precisa para algumas pessoas) com base na observação da genitália e/ou na determinação de cromossomos e estruturas anatômicas do corpo no nascimento, o que é necessariamente interpretado dentro de um contexto sociocultural. O termo "transsexual" (transexual) está bastante desatualizado, mas algumas pessoas se identificam com ele, devendo ser empregado apenas para quem especificamente o reivindique.

Gênero e Uso de Nomes. Refira-se a todas as pessoas, incluindo as transgêneras, pelo nome que elas usam para se referirem a si mesmas, que pode ser diferente de seu nome civil ou do nome em sua certidão de nascimento, tendo em mente as disposições de respeito ao sigilo (ver Seções 1.18 e 1.19; veja também a Seção 1.15 para confidencialidade em pesquisas qualitativas). Da mesma forma, para reduzir a possibilidade de tendenciosidade estereotípica e evitar ambiguidade, utilize nomes específicos para identificar pessoas ou grupos de pessoas (p. ex., mulheres, homens, homens transgêneros, homens trans, mulheres transgêneras, mulheres trans, mulheres cisgêneras, homens cisgêneros, pessoas de gênero fluido). Use "male" (masculino) e "female" (feminino) como adjetivos (p. ex., "a male participant" [um participante do sexo masculino], "a female experimenter" [uma experimentadora do sexo feminino]) quando apropriado e relevante. Use feminino e masculino como substantivos apenas quando a faixa etária é ampla ou ambígua ou para identificar a atribuição de sexo de uma pessoa transgênera no nascimento (p. ex., "person assigned female at birth" [pessoa designada como mulher no nascimento] está correto, não "person assigned girl at birth" [pessoa designada como menina ao nascer]). Em outros casos, evite usar masculino e feminino como substantivos e, em vez disso, use substantivos específicos para pessoas de diferentes idades (p. ex., "women" [mulheres]), conforme descrito na Seção 5.3.

Para se referir a todos os seres humanos, utilize termos como "individuals" (indivíduos), "people" ou "persons" (pessoas), em vez de "man" (homem) ou "mankind" (humanidade), para ser exato e inclusivo. Evite terminações que façam distinções de gênero em títulos ocupacionais (p. ex., use "police officer" em vez de "policeman"), pois elas podem ser ambíguas e implicar incorretamente que todas as pessoas no grupo se identificam com um gênero. Em seu lugar, use um termo de gênero neutro, se possível (p. ex., "homemaker" em vez de "housewife"). Se você utilizar fontes que incluem o substantivo "man" (homem) genérico, o pronome "he" (ele) genérico ou títulos ocupacionais antiquados, esclareça o contexto histórico em que foram usados (para mais detalhes, consulte o *site* do Estilo APA em https://apastyle.apa.org).

Gênero e Uso de Pronomes.[*] O uso de pronomes requer especificidade e cuidado por parte do autor. Não se refira aos pronomes que as pessoas transgêneras e de gênero não conforme usam como "pronomes preferidos" porque isso implica uma escolha sobre o gênero. Utilize as expressões "pronomes identificados", "pronomes autoidentificados" ou simplesmente "pronomes". Ao escrever sobre um indivíduo conhecido, use os pronomes identificados dessa pessoa. Algumas pessoas podem alternar entre "he" (ele) e "she" (ela) ou entre "he and/or she" (ele e/ou ela) e "they" como pronome singular, ao passo que outras não usam pronome algum e utilizam seus nomes no lugar de pronomes. Refira-se a uma pessoa transgênera usando uma linguagem adequada para o gênero dela, independentemente do sexo atribuído no nascimento — por exemplo, utilize "he" (ele), "him" (dele) e "his" (seu) em referência a um homem transgênero que indica o uso desses pronomes.

Pode ocorrer tendenciosidade sexista quando os pronomes são usados descuidadamente, por exemplo, quando o pronome "ele" é usado para se referir a todas as pessoas, quando um pronome não neutro é usado exclusivamente para definir papéis por sexo (p. ex., "the nurse... she" [... ela]), ou quando "ele" e "ela" são alternados como se fossem termos genéricos. Constatou-se que pronomes associados a um gênero específico induzem os leitores a pensar em indivíduos desse gênero, mesmo quando o objetivo é ser genérico (Gastil, 1990;

---

[*] N. de R.T. Alguns exemplos desta seção dizem respeito à língua inglesa e nem sempre se encontram correspondências exatas na língua portuguesa.

Moulton et al., 1978). Além disso, a exposição a uma linguagem específica de gênero em um contexto profissional foi associada a um menor senso de pertencimento, motivação reduzida e desidentificação profissional para indivíduos que não se identificam com aquele gênero (Stout & Dasgupta, 2011). A utilização do "they" singular reduz a tendenciosidade no modo como os leitores percebem os indivíduos referidos no texto e, assim, ajuda a garantir que os leitores não se sintam excluídos.

Evite usar combinações como "he or she", "she or he", "he/she" e "(s)he" como alternativas para o "they" singular, pois tais construções implicam uma natureza exclusivamente binária do gênero e excluem indivíduos que não usam esses pronomes. Essas formas também podem parecer estranhas e perturbadoras, especialmente com a repetição. Entretanto, as combinações "he or she" ou "she or he" (mas não as combinações com barras ou parênteses) podem ser usadas com moderação se todas as pessoas mencionadas pelos pronomes utilizam esses termos. Para obter mais orientações e exemplos de como usar o "they" singular, consulte a Seção 4.18.

Termos que Implicam Binários. Evite referir-se a um sexo ou gênero como "opposite sex" (sexo oposto) ou "opposite gender" (gênero oposto) — a maneira adequada pode ser "another sex" (outro sexo) ou "another gender" (outro gênero). A palavra "oposto" implica fortes diferenças entre dois sexos ou gêneros, contudo, existem mais semelhanças do que diferenças entre pessoas de gêneros ou sexos diferentes (ver, p. ex., Zell et al., 2015). Como observado anteriormente, alguns indivíduos não se identificam com nenhum gênero binário, e essas expressões ignoram a existência de indivíduos que apresentam distúrbios ou diferenças no desenvolvimento sexual ou que são intersexuais (para obter mais informações, consulte Accord Alliance, n.d.; APA, 2015a; Blackless et al., 2000; Intersex Society of North America, n.d.). Para descrever sujeitos em um relacionamento (p. ex., casais românticos, pessoas em relacionamentos poliamorosos), utilize as expressões "mixed gender" (gênero misto) ou "mixed sex" (sexo misto) quando os parceiros têm gêneros ou sexos diferentes, em vez de "sexo oposto" ou "gênero oposto"; utilize as expressões "same gender" (do mesmo gênero) ou "same sex" (do mesmo sexo) quando os parceiros têm o mesmo gênero ou sexo.

5.6 Participação em Pesquisas

As pessoas participam de pesquisas em uma variedade de ambientes, incluindo laboratórios, lares, escolas, empresas, clínicas e hospitais. Termos específicos são usados em certos contextos. Ao escrever sobre pessoas que participam de pesquisas, termos descritivos como "college students" (estudantes universitários), "children" (crianças) ou "respondents" (respondentes), bem como os termos mais gerais "participants" (participantes) e "subjects" (sujeitos) são aceitáveis. "Subjects" e "sample" (amostra) também são habituais ao se discutir condições estatísticas e delineamentos experimentais consagrados (p. ex., "within-subjects design", "between-subjects design", "sample-size-adjusted Bayesian information criterion" [critério de informação bayesiano ajustado pelo tamanho da amostra], "between-samples estimate of the variance" [estimativa de variância entre amostras]).

Utilize o termo "patient" (paciente) para descrever um indivíduo com um diagnóstico de transtorno mental, problema comportamental e/ou doença médica que está recebendo serviços de um profissional da saúde (p. ex., psicólogo, médico ou enfermeiro). Essa linguagem condiz com a utilizada no sistema de saúde e promove a percepção de que os psicólogos fazem parte da cultura de cuidados de saúde integrados e interprofissionais e estão consistentemente incorporados a ela. Contudo, em ambientes acadêmicos, empresariais, escolares ou outros, o termo "client" (cliente; ou algum outro) pode ser preferido em vez de "paciente". Em todos os contextos, respeite as preferências individuais e/ou culturais expressas pelos usuários de serviços psicológicos e suas famílias ao escolher a linguagem para descrever esses indivíduos, famílias ou populações (para mais informações, veja *APA Resolution for the Use of the Term Patient*; APA, 2018).

Também é importante reconhecer a diferença entre um *caso*, que é a ocorrência de um transtorno ou doença, e a *pessoa* que é acometida pelo transtorno ou doença e está recebendo atendimento de um profissional da saúde. Por exemplo, escrever "manic-depressive cases were treated" (casos maníaco-depressivos foram tratados) é problemático; se a frase for reformulada como "the people with bipolar disorder were treated" (as pessoas com transtorno bipolar foram tratadas), os sujeitos são diferenciados do transtorno. Da mesma forma, no contexto médico, evite as expressões "patient management" (gerenciamento do paciente) e "patient placement" (colocação do paciente); na maioria dos casos, o tratamento, não o paciente, é gerenciado; algumas alternativas são "coordination of care" (coordenação de cuidados), "supportive services" (serviços de apoio) e "assistance" (assistência).

Termos clínicos gerais, como "borderline" (limítrofe) e "at risk" (em risco) devem ser adequadamente explicados quando utilizados. Evite usá-los em sentido amplo (p. ex., "the diagnosis was borderline" [o diagnóstico foi limítrofe], "at-risk students" [estudantes em risco]) porque isso obscurece o significado clínico ou psicométrico específico dos termos. Por exemplo, "o diagnóstico foi limítrofe" em um contexto de testagem neuropsicológica e psicométrica pode ser esclarecido para especificar uma pontuação em um teste ou instrumento específico (p. ex., "standard scores between 70 and 80 are considered psychometrically borderline, or between the low average and mildly impaired ranges, indicating a risk for a diagnosis of X" [pontuações padrão entre 70 e 80 são consideradas psicometricamente limítrofes, ou entre as faixas de média baixa e levemente comprometida, indicando um risco para o diagnóstico de X]), ao passo que em um contexto de diagnóstico, "o diagnóstico foi limítrofe" pode ser esclarecido para especificar um diagnóstico (p. ex., "borderline personality disorder" [transtorno da personalidade *borderline*]). Ao utilizar a expressão "em risco", especifique quem está em risco e a natureza desse risco (p. ex., "adolescents who use substances are at risk for early school dropout" [adolescentes que usam substâncias estão em risco de evasão escolar precoce]).

Em diferentes contextos, escreva sobre as pessoas que participaram de seu trabalho de forma a reconhecer suas contribuições e influência. A estrutura da sentença desempenha um papel fundamental nesse reconhecimento, assim como o uso de linguagem profissional (ver Seção 4.7). Utilize a voz ativa para descrever suas ações e as ações dos participantes (ver Seção 4.13); a voz passiva sugere que os indivíduos são objeto das ações em vez de agentes (p. ex., "the subjects completed the trial" [os sujeitos concluíram a tarefa] e "we collected data from the participants" [coletamos dados dos participantes] são preferíveis a "the trial was completed by the subjects" [a tarefa foi concluída pelos sujeitos] e "the participants were run" [os participantes tiveram seus dados coletados]). Evite o termo "failed" (fracassaram; como em "eight participants failed to complete the Rorschach test" [oito participantes fracassaram em concluir o teste de Rorschach]), porque isso pode implicar uma falha pessoal em vez de um resultado da pesquisa; "did not complete" [não concluíram] é uma escolha mais neutra (Knatterud, 1991). Essas escolhas ajudarão a garantir respeito pelas pessoas sobre as quais você está escrevendo.

5.7   Identidade Racial e Étnica

Os termos usados para designar grupos raciais e étnicos continuam mudando com o tempo. Um dos motivos para isso é simplesmente a preferência pessoal — as denominações são tão variadas quanto as pessoas a que se referem. Outro motivo é que as denominações podem ficar obsoletas com o tempo e ter conotações negativas. Ao descrever grupos raciais e étnicos, seja adequadamente específico e sensível a questões de rotulação (consulte as Seções 5.1 e 5.2).

Raça refere-se a diferenças físicas que grupos e culturas consideram socialmente significativas. Por exemplo, as pessoas podem identificar sua raça como aborígine, americana africana ou negra, asiática, americana europeia ou branca, americana indígena, havaiana indígena ou das Ilhas do Pacífico, Māori ou alguma outra. Já *etnia* refere-se a características culturais compartilhadas, como idioma, ancestralidade, práticas e crenças. Por exemplo, as pessoas podem se identificar como latinas ou de outra etnia. Deixe claro se você está se referindo a um grupo racial ou étnico. Raça é uma construção social que não é universal, portanto, deve-se ter cuidado para não impor rótulos raciais aos grupos étnicos. Sempre que possível, use os termos raciais e/ou étnicos que os próprios participantes utilizam. Certifique-se de que as categorias raciais e étnicas que você usa sejam o mais claras e específicas possíveis. Por exemplo, em vez de categorizar os participantes como ásio-americanos ou hispano-americanos, você poderia usar nomes mais específicos que identificam sua nação ou região de origem, como americano japonês ou americano cubano. Use designações comumente aceitas (p. ex., categorias censitárias), sendo ao mesmo tempo sensível à denominação preferida pelos participantes.

Ortografia e Uso de Maiúsculas para Termos Raciais e Étnicos. Em inglês, grupos raciais e étnicos são denominados por nomes próprios e iniciais maiúsculas. Portanto, use "Black" (negro) e "White" (branco) em vez de "black" e "white" (não use cores para se referir a outros grupos, pois é considerado pejorativo). Da mesma forma, em inglês, use iniciais maiúsculas em termos como "Native American" (indígena americano), "Hispanic" (hispânico), e assim por diante. "Indigenous" (indígenas) e "Aboriginal" (aborígines) sempre devem ser grafados com iniciais maiúsculas, assim como "Indigenous People" (pessoas indígenas) ou "Aboriginal People" (pessoas aborígenes) quando se referem a um grupo específico (p. ex., "the Indigenous Peoples of Canada" [os povos indígenas do Canadá]), mas use inicial minúscula para "people" ao descrever indivíduos que são indígenas ou aborígines (p. ex., "the authors were all Indigenous people but belonged to different nations" [os autores eram todos pessoas indígenas, mas pertenciam a nações diferentes]).

Não use hifens em nomes com mais de uma palavra, mesmo que eles funcionem como modificadores de unidade (p. ex., escreva "Asian American participants" [participantes americanos asiáticos] e não "Asian-American participants" [participantes americanos-asiáticos]). Se as pessoas pertencem a múltiplos grupos raciais ou étnicos, os nomes dos grupos específicos são escritos com iniciais maiúsculas, mas os termos "multiracial" (multirracial), "biracial" (birracial), "multi-ethnic" (multiétnico), e assim por diante, são grafados em letras minúsculas.

Termos para Grupos Específicos. As designações para grupos étnicos e raciais específicos são descritas a seguir. Esses grupos frequentemente são incluídos em estudos publicados nos periódicos da APA; os exemplos oferecidos não são exaustivos, mas ilustram algumas das complexidades da designação.

Pessoas de Origem Africana. Ao escrever sobre pessoas de descendência africana, vários fatores permeiam os termos adequados a serem usados. Os afrodescendentes têm origens culturais, histórias e experiências familiares muito variadas. Alguns serão das ilhas do Caribe, da América Latina, de várias regiões nos Estados Unidos, de países na África ou de outro lugar. Alguns norte-americanos de descendência africana preferem o termo "Black" (negro), e outros "African American" (americanos africanos), sendo ambos aceitáveis. Contudo, "African

American" não deve ser usado como um termo genérico para pessoas de descendência africana de todo o mundo porque obscurece outras etnias ou origens nacionais, como nigerianos, quenianos, jamaicanos ou bahamenses; nesses casos, use "Black". Os termos "Negro" e "Afro-American" estão desatualizados, portanto, seu uso geralmente é inadequado nos Estados Unidos.

Pessoas de Origem Asiática. Ao escrever sobre pessoas de descendência asiática da Ásia, o termo "Asian" (asiático) é adequado; para pessoas de descendência asiática dos Estados Unidos ou Canadá, os termos adequados são "Asian American" (americano asiático) e "Asian Canadian" (canadense asiático), respectivamente. É problemático agrupar "Asian" e "Asian American" como se fossem sinônimos, pois isso reforça a ideia de que os americanos asiáticos são estrangeiros perpétuos. O termo "Asian" refere-se aos asiáticos na Ásia, não nos Estados Unidos, e não deve ser usado para denominar americanos asiáticos. O termo "Oriental" é mais antigo e usado principalmente para se referir a objetos culturais, como tapetes, sendo pejorativo quando usado em referência a pessoas. Para oferecer mais especificidade, "Asian origin" (origem asiática) pode ser dividida regionalmente, por exemplo, em "South Asia" (sul da Ásia, incluindo a maior parte da Índia e países como Afeganistão, Paquistão, Bangladesh e Nepal), "Southeast Asia" (sudeste da Ásia, incluindo as partes orientais da Índia e países como Vietnã, Camboja, Tailândia, Indonésia e Filipinas) e "East Asia" (leste da Ásia, incluindo países como China, Vietnã, Japão, Coreia do Sul, Coreia do Norte e Taiwan). Os termos correspondentes (p. ex., "East Asian" [do leste asiático) podem ser usados, entretanto, indique a nação ou região de origem específica quando possível.

Pessoas de Origem Europeia. Ao escrever sobre pessoas de descendência europeia, os termos "White" (branco) e "European American" (americano europeu) são aceitáveis. Ajuste o último termo conforme necessário para a localização, por exemplo, "European" (europeu), "European American" (americano europeu) e "European Australian" (australiano europeu) para pessoas de descendência europeia que vivem na Europa, nos Estados Unidos e na Austrália, respectivamente. O uso do termo "Caucasian" (caucasiano) como alternativa para "White" (branco) ou "European" (europeu) é desencorajado porque se originou como uma forma de classificar os brancos como uma raça que se comparava favoravelmente com outras. Como em todas as discussões sobre raça e etnia, é preferível ser mais específico em relação à origem regional (p. ex., do sul da Europa, escandinavo) ou nacional (p. ex., italiano, irlandês, sueco, francês, polonês) quando possível.

Povos Indígenas ao Redor do Mundo. Ao escrever sobre povos indígenas, use os nomes pelos quais eles chamam a si mesmos. De modo geral, refira-se a um grupo indígena como "people" (povo) ou "nation" (nação), e não como "tribe" (tribo).

- Na América do Norte, os termos coletivos "Native American" (americanos nativos) e "Native North American" (norte-americanos nativos) são aceitáveis (e podem ser preferenciais a "American Indian" (indígena americano). "Indian" (indiano) geralmente se refere a pessoas da Índia. Especifique a nação ou povo, se possível (p. ex., Cherokee, Navajo, Sioux).

- Os indígenas havaianos podem ser identificados como "Native American" (americanos nativos), "Hawaiian Native" (nativos havaianos), "Indigenous Peoples of the Hawaiian Islands" (povos indígenas das Ilhas Havaianas) e/ou "Pacific Islander" (das Ilhas do Pacífico).

- No Canadá, refira-se aos povos indígenas coletivamente como "Indigenous Peoples" (povos indígenas) ou "Aboriginal Peoples" (povos aborígenes) (*International Journal of Indigenous Health*, n.d.); especifique a nação ou povo, se possível (p. ex., povo das Primeiras Nações do Canadá, povo das Primeiras Nações, Métis, Inuit).

- No Alasca, os povos indígenas podem ser identificados como "Alaska Natives" (nativos do Alasca). Os povos indígenas do Alasca, do Canadá, da Sibéria e da Groenlândia podem ser identificados como uma nação específica (p. ex., Inuit, Iñupiat). Evite o termo "Eskimo" (esquimó) porque ele pode ser considerado pejorativo.
- Na América Latina e no Caribe, refira-se aos povos indígenas coletivamente como "Indigenous Peoples" (povos indígenas) e, se possível, pelo nome (p. ex., Quechua, Aymara, Taíno, Nahuatl).
- Na Austrália, os povos indígenas podem ser identificados como "Aboriginal People" (povos aborígenes) ou "Aboriginal Australians" (australianos aborígenes) e "Torres Strait Islander People" (povo das Ilhas do Estreito de Torres) ou "Torres Strait Island Australians" (australianos das Ilhas do Estreito de Torres). Refira-se a grupos específicos quando as pessoas usam esses termos para se referirem a si mesmas (p. ex., Anangu Pitjantjatjara, Arrernte).
- Na Nova Zelândia, os povos indígenas podem se identificar como "Māori" ou "Māori People" (povo Māori) (a ortografia adequada inclui o macro diacrítico sobre o "a").

Para obter informações sobre como citar o Conhecimento Tradicional ou as Tradições Orais dos povos indígenas, bem como o emprego de iniciais maiúsculas em termos relacionados a povos indígenas, consulte a Seção 8.9.

Pessoas com Origem no Oriente Médio. Ao escrever sobre pessoas com origem no Oriente Médio e Norte da África (MENA, do inglês "Middle Eastern and North African"), indique a nação de origem (p. ex., Irã, Iraque, Egito, Líbano, Israel) quando possível. Em alguns casos, pessoas de descendência MENA que afirmam ser descendentes de árabes e residem nos Estados Unidos podem ser referidas como "Arab Americans" (americanos árabes). Em todos os casos, é melhor permitir que os indivíduos se autoidentifiquem.

Pessoas de Etnia Hispânica ou Latina. Ao escrever sobre pessoas que se identificam como hispânicas, latino-americanas (ou Latinx, etc.), chicanas ou outra designação relacionada, os autores devem consultar os participantes para determinar a escolha adequada. Observe que "Hispanic" (hispânico) não é necessariamente um termo universal, e as denominações "hispânico" e "latino" têm conotações diferentes. O termo "latino" (e suas formas relacionadas) pode ser preferido pelos oriundos da América Latina, incluindo o Brasil. Alguns usam a palavra "hispânico" para se referir a quem fala espanhol; no entanto, nem todo país na América Latina fala espanhol (p. ex., no Brasil, o idioma oficial é o português). A palavra "latino" tem dois gêneros (ou seja, "latino" é masculino e "latina" é feminino); atualmente, o uso da palavra "latin@" com significado tanto de latino como de latina é amplamente aceito. "Latinx" também pode ser usado como um termo de gênero neutro ou não binário que inclui todos os gêneros. Existem razões convincentes para usar qualquer um dos termos "Latino", "Latina", "Latino/a", "Latino@" e/ou "Latinx" (ver de Onís, 2017), e vários grupos defendem o uso das diferentes formas.

Use os termos que os participantes utilizam. Contudo, se você não está trabalhando diretamente com a população em questão, mas ela é um foco de sua pesquisa, pode ser útil explicar por que você escolheu determinado termo ou escolher uma denominação mais abrangente, como "Latinx". Em geral, é preferível indicar uma nação ou região de origem (p. ex., boliviano, salvadorenho ou costa-riquenho é mais específico do que latino, latinx, latino-americano ou hispânico).

Comparações Paralelas Entre Grupos. Designações não paralelas (p. ex., "African Americans and Whites" [americanos africanos e brancos], "Asian Americans and Black Americans" [americanos asiáticos e americanos negros]) devem ser evitadas porque um grupo é descrito pela cor e o outro não. Em vez disso, use "Blacks and Whites" (negros e brancos) ou "African Americans and European Americans" (americanos africanos e americanos europeus) para o primeiro exemplo, e "Asian Americans and African Americans" (americanos asiáticos e americanos africanos) para o segundo. Não use a expressão "White Americans and racial minorities" (americanos brancos e minorias raciais); a rica diversidade dentro das minorias raciais é minimizada quando comparada com "americanos brancos".

Evitando o Essencialismo. A linguagem que essencializa ou reifica a raça é fortemente desencorajada e geralmente é considerada imprópria. Por exemplo, expressões como "the Black race" (a raça negra) e "the White race" (a raça branca) são essencialistas por natureza, retratam grupos humanos de maneira monolítica e frequentemente perpetuam estereótipos.

Escrevendo sobre "Minorias". Para se referir a grupos raciais e étnicos não brancos coletivamente, use termos como "underrepresented groups" (grupos sub-representados) em vez de "minorities" (minorias). O uso de "minoria" pode ser visto de forma pejorativa porque geralmente é equiparado a ser inferior, oprimido ou deficiente em comparação com a maioria (ou seja, pessoas brancas). Em vez disso, um *grupo minoritário* é um subgrupo populacional com características étnicas, raciais, sociais, religiosas ou de outro tipo diferentes daquelas da maioria da população, embora a relevância desse termo esteja mudando conforme muda a demografia da população (APA, 2015a). Se for necessária uma distinção entre o grupo racial dominante e grupos raciais não dominantes, utilize um modificador (p. ex., "ethnic" [étnico], "racial") junto à palavra "minority" (minoria) (p. ex., minoria étnica, minoria racial, minoria étnico-racial). Quando possível, indique o nome específico do grupo ou grupos aos quais você está se referindo.

Não presuma que os membros de grupos minoritários são "underprivileged" (desfavorecidos), que significa possuidor de menos dinheiro, educação, recursos, entre outros, em relação a outras pessoas em uma sociedade e pode referir-se a indivíduos ou subgrupos de qualquer grupo racial ou étnico. Expressões como "economically marginalized" (economicamente marginalizados) e "economically exploited" (economicamente explorados) também podem ser usadas no lugar de "underprivileged". Sempre que possível, utilize termos mais específicos (p. ex., "schools with majority Black populations that are underfunded" [escolas com populações majoritariamente negras que são carentes de recursos]) ou refira-se a discriminação ou opressão sistemática como um todo.

5.8 Orientação Sexual

A *orientação sexual* é uma parte da identidade individual que inclui "a atração sexual e emocional de uma pessoa por outra e o comportamento e/ou afiliação social que pode resultar dessa atração" (APA, 2015a, p. 862). Use a expressão "sexual orientation" (orientação sexual) em vez de "sexual preference" (preferência sexual), "sexual identity" (identidade sexual) ou "sexual orientation identity" (identidade de orientação sexual). Todas as pessoas escolhem seus parceiros independentemente de sua orientação sexual, entretanto, a orientação em si não é uma escolha.

A orientação sexual pode ser conceituada, em primeiro lugar, pelo grau de atração sexual e emocional que uma pessoa sente — alguns termos paralelos são "sexual" (sexual), "demisexual" (demissexual; ou "gray-asexual" ou "gray-A") e "asexual" (assexual) (consulte The Assexual Visibility & Education Network, n.d). Uma pessoa que se identifica como sexual sente atração sexual e emocional por alguns ou todos os tipos de pessoas, uma pessoa que se identifica como demissexual sente atração sexual apenas no contexto de uma forte conexão emocional com outra pessoa, e uma pessoa que se identifica como assexual não experimenta atração sexual ou tem pouco interesse no comportamento sexual (ver APA, 2015b).

Em segundo lugar, a orientação sexual pode ser conceituada como a existência de uma direção. Para indivíduos que se identificam como sexuais ou demissexuais, sua atração pode ser direcionada a pessoas que são de gênero semelhante, de gênero diferente, e assim por diante. Ou seja, a orientação sexual indica a direcionalidade de gênero da atração, mesmo que ela seja muito abrangente (p. ex., não binária). Assim, uma pessoa pode sentir atração por homens, mulheres, ambos, nenhum dos dois, masculinidade, feminilidade e/ou pessoas que têm outras identidades de gênero, tais como *queer* ou andrógina; ou um indivíduo pode sentir uma atração que não se baseia em uma identidade de gênero percebida ou conhecida.

Vocabulário para Orientação Sexual. Alguns exemplos de orientação sexual são "lesbian" (lésbicas), "gay" (homossexual), "heterosexual" (heterossexual), "straight" (hétero), "asexual" (assexual), "bisexual" (bissexual), "queer", "polysexual" (polissexual) e "pansexual" (também denominado multissexual e onissexual). Por exemplo, uma pessoa que se identifica como lésbica pode descrever-se como uma mulher (identidade de gênero) que sente atração por mulheres (orientação sexual) — a designação de orientação sexual "lésbica" baseia-se na identidade de gênero percebida ou conhecida da outra pessoa. Contudo, alguém que se identifica como pansexual pode descrever sua atração por pessoas como algo que inclui a identidade de gênero mas não é determinado ou delineado por ela. Observe que essas definições estão evoluindo e que a autoidentificação é o melhor critério, quando possível.

Use o termo genérico "sexual and gender minorities" (minorias sexuais e de gênero) para referir-se a múltiplos grupos sexuais e/ou de gênero minoritários ou escreva sobre "sexual orientation and gender diversity" (orientação sexual e diversidade de gênero) — esses termos são usados pelo Office on Sexual Orientation and Gender Diversity at APA e pelo Sexual & Gender Minority Research Office at the National Institutes of Health. Abreviaturas como LGBTQ, LGBTQ+, LGBTQIA e LGBTQIA+ também podem ser usadas para referir-se a múltiplos grupos. A forma "LGBT" é considerada obsoleta, mas não há consenso sobre qual abreviatura deve ser usada, que inclua ou vá além de LGBTQ. Caso você utilize a abreviatura LGBTQ (ou outra a ela relacionada), defina-a (consulte a Seção 6.25) e certifique-se de que ela é representativa dos grupos sobre os quais você está escrevendo. Seja específico sobre eles (p. ex., não use LGBTQ e abreviaturas a ela relacionadas para escrever sobre a legislação que afeta principalmente as pessoas trans, em vez disso, especifique o grupo impactado). Entretanto, em caso de dúvida, use um dos termos genéricos em vez de uma abreviatura potencialmente imprecisa.

Ao usar termos específicos para orientações, defina-os se houver ambiguidade. Por exemplo, o adjetivo *gay* pode ser interpretado de maneira mais ampla, para incluir todos os gêneros, ou de maneira mais restrita, para incluir apenas homens, então defina *gay* quando usar esse termo em seu trabalho, ou utilize a expressão homens *gays* para esclarecer a quem você se refere. Por convenção, o termo "lésbicas" é adequado para ser usado como sinônimo de "mulheres lésbicas", mas deve-se dizer "homens *gays*" ou "pessoas *gays*", não apenas *gays*.

Termos Imprecisos ou Pejorativos. Evite os termos "homosexual" (homossexual) e "homosexuality" (homossexualidade). Em seu lugar, use expressões específicas que priorizam a identidade para descrever a orientação sexual das pessoas (p. ex., "bisexual people" [pessoas bissexuais], "queer people" [pessoas *queer*]). Esses termos específicos referem-se principalmente às identidades e a cultura e comunidades que se desenvolveram entre pessoas que compartilham essas identidades. É impreciso restringi-las ao termo homossexual.

Além disso, "homossexualidade" foi e continua sendo associada a estereótipos negativos, à patologia e à redução das identidades das pessoas ao seu comportamento sexual. "*Homoprejudice*" (preconceito homossexual), "*biprejudice*" (preconceito bissexual), "*homonegativity*" (homonegatividade), entre outros, são termos usados para denotar atitudes preconceituosas e discriminatórias em relação a lésbicas, homossexuais masculinos, bissexuais ou outras minorias sexuais. "*Heterosexism*" (heterossexismo) se refere à crença de que a heterossexualidade é normativa, conforme indicado na suposição de que os indivíduos são heterossexuais salvo especificação em contrário (American Psychological Association of Graduate Students, 2015). Os termos "straight" e "heterosexual" são aceitáveis quando se referem a pessoas que sentem atração por indivíduos de outro gênero, sendo que o primeiro pode ajudar a afastar o léxico de uma dicotomia de heterossexual e homossexual. Para obter mais informações sobre orientação sexual, consulte "Guidelines for Psychological Practice with Transgender and Gender Nonconforming People" (APA, 2015a).

5.9 Condição Socioeconômica

A *condição socioeconômica* (CSE) abrange não apenas a renda, mas também o grau de instrução, o prestígio ocupacional e as percepções subjetivas de *status* e classe social. A CSE engloba atributos de qualidade de vida e oportunidades oferecidas às pessoas na sociedade, sendo um preditor consistente de uma ampla gama de resultados psicológicos. Assim, a CSE deve ser informada como parte da descrição dos participantes na seção de "Método". Por ser complexa, não é indexada de forma semelhante em todos os estudos. Desse modo, uma terminologia precisa que descreva adequadamente um nível de especificidade e sensibilidade é essencial para minimizar a tendenciosidade na linguagem em torno da CSE (para uma discussão, ver Diemer et al., 2013).

Relatando a Condição Socioeconômica. Ao relatar a CSE, forneça o máximo possível de informações detalhadas sobre renda, educação e ocupações ou circunstâncias de emprego das pessoas. Por exemplo, ao referir-se a "low-income participants" (participantes de baixa renda) ou "high-income participants" (participantes de alta renda), indique se as rendas descritas levam em consideração o tamanho da família, ou forneça informações sobre a relação entre renda familiar e indicadores federais de pobreza. Além disso, a CSE pode ser descrita fornecendo-se informações relacionadas a condições ambientais e contextuais específicas, tais como situação de moradia dos participantes (p. ex., alugar um imóvel, ser proprietário de um imóvel, residir em habitação subsidiada) e características do bairro, como renda familiar média, percentual de desemprego, ou proporção de estudantes que se qualificam para almoço grátis ou a preço reduzido em escolas locais.

Termos Pejorativos ou Estereotipados. Evite usar termos amplos, pejorativos e generalizantes para discutir a CSE. Especificamente, conotações negativas estão associadas a termos como "homeless" (moradores de rua), "inner city" (centro da cidade), "ghetto" (gueto), "the projects" (conjuntos habitacionais), "poverty stricken" (afetado pela pobreza) e "welfare reliant" (dependente da assistência social). Em vez disso, use uma linguagem específica que priorize a pessoa, como "mothers who receive TANF benefits" (mães beneficiárias do TANF; em inglês, "Temporary Assistance for Needy Families" é o termo adequado para o atual programa de previdência social nos Estados Unidos), em vez de "welfare mothers" (mães sob assistência social). Ao discutir pessoas sem moradia noturna fixa, regular ou adequada, use linguagem específica que aborde a qualidade, a falta ou o tempo sem moradia, não se elas consideram sua moradia um lar. Ou seja, use uma linguagem como "people experiencing homelessness" (pessoas em situação de rua), "people who are homeless" (pessoas que não têm moradia) e "people in emergency shelter" (pessoas em abrigos de emergência) ou "people in transitional housing" (pessoas em habitação provisória), em vez de chamá-las de "homeless" (moradores de rua).

É importante observar que termos de CSE como "low-income" (de baixa renda) e "poor" (pobre) historicamente serviram como descritores implícitos para pessoas de minorias raciais e/ou étnicas. Assim, é fundamental que os autores incluam descritores raciais e/ou étnicos nas categorias de CSE — por exemplo, "This sample includes low-income and middle-income Puerto Rican fathers" (Esta amostra inclui pais porto-riquenhos de baixa e média rendas). Vieses implícitos em torno da CSE e condição ocupacional podem resultar em uma linguagem baseada em déficit que culpa os indivíduos por sua situação ocupacional, educacional ou econômica (p. ex., "attendant economic deficits" [déficits econômicos concomitantes]) em vez de reconhecer um contexto social mais amplo que influencia as circunstâncias individuais. A linguagem baseada em déficit também se concentra na carência das pessoas, não no que elas possuem. Em vez de rotulá-las como "high school dropouts" (pessoas que abandonaram o ensino médio), "being poorly educated" (com pouca escolaridade) ou "having little education" (com baixo nível de instrução), forneça descritores mais sensíveis e específicos, como "people who do not have a high school diploma or equivalent" (pessoas que não concluíram o ensino médio ou equivalente). De modo alternativo, adotando uma perspectiva baseada nas qualidades, os autores podem escrever sobre "people who have a grade school education" (pessoas com educação básica). Da mesma forma, em vez de escrever sobre um "achievement gap" (lacuna de desempenho), escreva sobre uma "opportunity gap" (lacuna de oportunidade) para enfatizar como o contexto em que as pessoas vivem afeta suas oportunidades e tem efeitos sobre suas vidas.

5.10 Interseccionalidade

Ao escreverem sobre características pessoais, os autores devem ser sensíveis à *interseccionalidade* — isto é, a forma como os indivíduos são formados e se identificam com uma ampla gama de contextos culturais, estruturais, sociobiológicos, econômicos e sociais (Howard & Renfrow, 2014). A interseccionalidade é um paradigma que aborda as múltiplas dimensões dos sistemas identitários e sociais à medida que eles se entrecruzam e se relacionam com a desigualdade, tais como racismo, sexismo, heterossexismo, etarismo e classismo, entre outras variáveis (APA, 2017b). Assim, os indivíduos estão inseridos em uma gama de grupos sociais cujas desigualdades estruturais podem resultar em identidades marginalizadas.

Como as pessoas são únicas, muitas identidades são possíveis. À guisa de exemplo de um grupo com uma identidade interseccional, mulheres lésbicas negras podem ter semelhanças e diferenças com outros grupos oprimidos nos significados que são atribuídos às suas múltiplas posicionalidades. Mulheres negras podem se identificar com as experiências opressivas e discriminatórias das mulheres brancas, bem como com as dos homens negros. Ao mesmo tempo, as experiências das mulheres lésbicas negras podem não ser equivalentes às desses outros grupos. Elas podem sofrer discriminação como uma resposta a sua raça, gênero e/ou orientação sexual. Assim, sua experiência não reflete necessariamente a soma das opressões de racismo, sexismo e heteronormatividade (ou seja, raça + sexo + heterossexismo), mas sim suas identidades e localizações sociais únicas como mulheres lésbicas negras que não são baseadas ou determinadas pelas perspectivas de mulheres brancas ou de homens negros (Bowleg, 2008; Crenshaw, 1989). Ou seja, ainda que tanto as mulheres negras quanto as brancas sejam mulheres, e que tanto as mulheres negras como os homens negros sejam negros, isso não significa que as perspectivas e as experiências dos segundos grupos são iguais ou relacionadas às das mulheres lésbicas negras.

As identidades interseccionais também incluem experiências de contextos privilegiados que se cruzam com às de opressão. Por exemplo, uma mulher imigrante do Laos com deficiência pode ter uma sensação de segurança e privilégio por conta de seu *status* de imigração legal nos Estados Unidos, mas pode sofrer discriminação e falta de acesso a recursos apropriados dentro e fora de sua família e comunidade étnica em função de sua deficiência. Um adolescente americano judeu pode experimentar o privilégio decorrente de ser visto como branco, mas pode ser alvo de calúnias antissemitas na escola e nas redes sociais por conta de suas crenças religiosas. Esses exemplos ilustram como as perspectivas são moldadas pela multiplicidade de identidades e contextos aos quais um indivíduo pertence, alguns oprimidos e alguns privilegiados. Aspectos identitários como raça, gênero e classe podem ser oprimidos ou privilegiados de maneiras diferentes em contextos variados, podendo resultar em experiências múltiplas que interagem dinamicamente para moldar as experiências, vantagens e desvantagens de um indivíduo ao longo do tempo e do espaço. As intersecções de múltiplas identidades transformam os aspectos oprimidos e privilegiados das identidades sobrepostas, entrelaçadas, de cada pessoa.

Para abordar a interseccionalidade em um trabalho, identifique as características relevantes dos indivíduos e dos grupos aos quais eles pertencem (p. ex., condição de capacidade e/ou deficiência, idade, gênero, identidade de gênero, geração, experiências passadas e presentes de marginalização, *status* de imigração, idioma, nacionalidade, raça e/ou etnia, religião ou espiritualidade, orientação sexual, classe social e condição socioeconômica, entre outras variáveis), e descreva como suas características e as dos grupos aos quais pertencem se entrecruzam de maneiras relevantes para o estudo. Relate os dados dos participantes para cada grupo usando termos específicos, conforme descrito nas Seções 5.3 a 5.9. Por exemplo, ao descrever participantes em termos de raça e gênero, escreva "20 participants were African American women, 15 participants were European American women, 23 participants were African American men, and 18 participants were European American men (all participants were cisgender)" (20 participantes eram mulheres americanas africanas, 15 participantes eram mulheres americanas europeias, 23 participantes eram homens americanos africanos e 18 participantes eram homens americanos europeus [todos os participantes eram cisgêneros]) em vez de "35 participants were women and 41 were men; 43 were African American and 33 were European American" (35 participantes eram mulheres e 41 eram homens; 43 eram americanos africanos e 33 americanos europeus). Relatar as características dos participantes dessa forma ajuda os leitores a compreenderem o número de grupos compostos por indivíduos com as mesmas características. Da mesma forma, ao relatar e interpretar os resultados, observe o impacto das intersecções nas descobertas, em vez de presumir que uma característica é responsável pelo que você encontrou. Para mais discussões sobre interseccionalidade, consulte *Multicultural Guidelines: An Ecological Approach to Context, Identity, and Intersectionality* (APA, 2017b).

6
A TÉCNICA DO ESTILO

Sumário

Pontuação 155
- 6.1 Espaçamento Depois dos Sinais de Pontuação   155
- 6.2 Ponto   156
- 6.3 Vírgula   156
- 6.4 Ponto e Vírgula   158
- 6.5 Dois-pontos   158
- 6.6 Travessão   159
- 6.7 Aspas   159
- 6.8 Parênteses   161
- 6.9 Colchetes   162
- 6.10 Barra   163

Ortografia 164
- 6.11 Ortografia Preferencial   164
- 6.12 Hifenização   164

Uso de Letra Maiúscula 165
- 6.13 Palavras que Iniciam uma Oração   165
- 6.14 Nomes Próprios e Nomes Comerciais   168
- 6.15 Títulos e Cargos Profissionais   169
- 6.16 Doenças, Transtornos, Terapias, Teorias e Termos Relacionados   169
- 6.17 Títulos de Obras e Demais Títulos Dentro de Trabalhos   170
- 6.18 Títulos de Testes e Medidas   171
- 6.19 Substantivos Seguidos de Algarismos ou Letras   172
- 6.20 Nomes de Condições ou Grupos de um Experimento   172
- 6.21 Nomes de Fatores, Variáveis e Efeitos   172

Itálico 173
- 6.22 Uso de Itálico   173
- 6.23 Itálico Inverso   175

Abreviaturas 175
- 6.24 Uso de Abreviaturas   175
- 6.25 Definição das Abreviaturas   176
- 6.26 Formato das Abreviaturas   177
- 6.27 Abreviaturas de Unidades de Medida   177
- 6.28 Abreviaturas de Tempo   180
- 6.29 Abreviaturas Latinas   180
- 6.30 Abreviaturas de Componentes Químicos   180
- 6.31 Abreviaturas de Nomes de Genes e Proteínas   181

Números 182
- 6.32 Números Expressos em Algarismos   182
- 6.33 Números Expressos em Palavras   183
- 6.34 Combinação de Algarismos e Palavras Para Expressar Números   183
- 6.35 Números Ordinais   184
- 6.36 Frações Decimais   184
- 6.37 Numerais Romanos   185
- 6.38 Vírgulas em Números   185
- 6.39 Plural de Números   185

Apresentação de Informações Estatísticas e Matemáticas 185
- 6.40 Seleção de Modos Eficientes de Apresentação   185
- 6.41 Referências Para Estatísticas   186
- 6.42 Fórmulas   186
- 6.43 Estatísticas no Texto   186
- 6.44 Símbolos e Abreviaturas Estatísticas   187
- 6.45 Espaçamento, Alinhamento e Pontuação Para Estatísticas   194

Apresentação de Equações 195
- 6.46 Equações no Texto   195
- 6.47 Apresentação de Equações   195
- 6.48 Preparando Informações Estatísticas e Matemáticas Para Publicação   195

Listas 195
- 6.49 Orientações Para Listas   195
- 6.50 Listas com Letras   196
- 6.51 Listas Numeradas   196
- 6.52 Listas com Marcadores   197

6
A TÉCNICA DO ESTILO

O *estilo* refere-se às diretrizes para garantir uma comunicação e uma apresentação claras e regulares em trabalhos escritos. O Estilo APA, conforme descrito neste *Manual de Publicação*, fornece orientações para a escrita de artigos acadêmicos. Editores (*publishers*) e professores geralmente exigem que autores e estudantes sigam diretrizes de estilo específicas para evitar inconsistências entre e dentro de artigos publicados em periódicos, capítulos de livros e trabalhos acadêmicos. Por exemplo, sem essas orientações, os autores podem usar as grafias "health care", "health-care" e "healthcare" (cuidados de saúde) indistintamente em um trabalho. Embora seu significado seja o mesmo e a escolha de um estilo em vez de outro possa parecer arbitrária (neste caso, "health care", com um espaço e sem hífen, é o Estilo da APA), essas variações podem distrair ou confundir os leitores.

Neste capítulo, fornecemos diretrizes de estilo essenciais para a escrita acadêmica, incluindo pontuação, ortografia, uso de letras maiúsculas, uso de itálicos, abreviaturas, números, expressões estatísticas e matemáticas, e listas. Essas orientações amiúde coincidem com boas práticas de redação. Entretanto, não apresentamos regras gramaticais gerais explicadas em manuais de redação, que são de fácil acesso, nem exemplos de gramática ou uso de linguagem com pouca importância para os manuscritos submetidos para publicação em periódicos que usam o Estilo APA. A maioria dos manuais de estilo apresenta regras semelhantes entre si; quando há divergência, o *Manual de Publicação* é a fonte mais indicada para artigos ou publicações no Estilo APA.

Pontuação

A pontuação estabelece a cadência de uma frase, informando ao leitor onde fazer uma pausa (vírgula, ponto e vírgula, dois-pontos), parar (ponto e ponto de interrogação) ou fazer um aparte (travessão, parênteses e colchetes). A pontuação de uma frase geralmente denota uma pausa no pensamento; diferentes tipos de pontuação indicam diferentes tipos e durações das pausas.

6.1 Espaçamento Depois dos Sinais de Pontuação

Insira um espaço depois de:

- pontos ou outros sinais de pontuação no fim de uma frase
- vírgula, dois-pontos e ponto e vírgula
- pontos que separam as partes de um item na lista de referências (ver Seção 9.5)
- pontos das iniciais em nomes de pessoas (M. P. Clark)

Não insira um espaço nos seguintes casos:

- depois dos pontos internos em abreviaturas (p. ex., a.m., i.e., U.S.)
- depois de pontos em siglas para ocultar a identidade dos participantes de um estudo (F.I.M.)
- em volta de dois-pontos em frações (1:4)

> *Nota*: Recomendamos usar um espaço depois do ponto ou outro sinal de pontuação no final de uma frase; entretanto, siga as diretrizes de seu editor (*publisher*) ou professor caso eles tenham requisitos diferentes.

6.2 Ponto

Use um ponto ou pontos nos seguintes casos:

- para concluir uma frase completa
- em iniciais de nomes (Bazerman, M. H.)
- nas abreviaturas de "United States" e "United Kingdom" quando utilizadas como adjetivos (U.S. Navy; não é necessário abreviar esses termos)
- em siglas para ocultar a identidade dos participantes de um estudo (F.I.M.)
- em abreviaturas latinas (a.m., cf., e.g., i.e., p.m., vs.)
- em abreviaturas de referências (Vol. 1, 2nd ed., p. 6, paras. 11–12, F. Supp.)
- em designações de eras (B.C.E., C.E., B.C., A.D.; ver Seção 9.42)
- para concluir cada elemento dentro de uma referência (exceto DOIs e URLs; ver Seção 9.5)

Não use pontos nos seguintes casos:

- em abreviaturas de nomes de estados, províncias ou territórios (NY; CA; Washington, DC; BC; ON; NSW)
- em abreviaturas e acrônimos em letras maiúsculas (APA, NDA, NIMH, IQ)
- em abreviaturas de graus acadêmicos (PhD, PsyD, EdD, MD, MA, RN, MSW, LCSW, etc.; ver Seção 2.5)
- em abreviaturas de vias de injeção de substâncias, por exemplo, medicamentos (icv, im, ip, iv, sc)
- em abreviaturas de medição no sistema métrico e não métrico (cm, hr, kg, min, ml, s)

> *Nota*: A abreviatura de *inch* ou *inches* (in.) leva um ponto porque sem ponto ela poderia ser mal interpretada.

- depois de URLs no texto (ver Seção 8.22); coloque URLs no meio da frase ou entre parênteses para evitar que a sentença termine com uma URL
- depois de DOIs ou URLs na lista de referências (ver Seção 9.35)

6.3 Vírgula

Use vírgula nos seguintes casos:

- entre elementos em uma série de três ou mais itens, inclusive antes do elemento final (ver também Seção 6.49); esta última vírgula é chamada de *vírgula serial* ou *vírgula Oxford*

Correto: height, width, and depth / altura, largura, e profundidade
Incorreto: height, width and depth / altura, largura e profundidade

- depois de uma oração introdutória (se for curta, a vírgula depois dela é opcional)

    After the nurses administered the medication, patients rated their pain. / Depois que as enfermeiras administraram a medicação, os pacientes classificaram sua dor.

    in this section, we discuss / nesta seção, discutimos

    ou

    in this section we discuss / nesta seção discutimos

- para isolar uma oração subordinada dispensável ou não restritiva (ver Seção 4.21) — isto é, uma oração que enfeita outra, cuja remoção não afetaria a estrutura gramatical e o significado da oração principal

    Strong fearful faces, which are rarely seen in everyday life, convey intense expression of negative emoticons. / Fortes semblantes de medo, que raramente são vistos na vida cotidiana, transmitem intensa expressão de emoções negativas.

- para isolar estatísticas no texto que já contêm parênteses, para evitar parênteses contíguos

    Sleep amount was not significantly different between the three groups (nap: $M = 7.48$ hr, $SD = 1.99$; wake: $M = 8.13$ hr, $SD = 1.22$; nap + wake: $M = 7.25$ hr, $SD = 0.76$), $F(2, 71) = 2.32$, $p = .11$. / A quantidade de sono não foi significativamente diferente entre os três grupos (cochilo: $M = 7,48$ h, $SD = 1,99$; vigília: $M = 8,13$ h, $SD = 1,22$; cochilo + vigília: $M = 7,25$ h, $SD = 0,76$), $F(2, 71) = 2,32$, $p = 0,11$.

    There was a main effect of group on corrected recognition, $F(2, 71) = 3.38$, $p < .04$, $\eta_p^2 = .087$. / Houve um efeito principal de grupo no reconhecimento corrigido, $F(2, 71) = 3,38$, $p < 0,04$, $\eta_p^2 = 0,087$.

- para separar duas orações independentes unidas por uma conjunção

    Facial expressions were presented, and different photo models were chosen randomly. / Expressões faciais foram apresentadas, e diferentes modelos fotográficos foram escolhidos aleatoriamente.

- para isolar o ano em datas exatas no texto e em uma data de acesso (ver Seção 9.16); contudo, quando somente o mês e o ano aparecem no texto, não use vírgula

    Retrieved April 24, 2020, from / Recuperado em 24 de abril, 2020, de
    in April 2020 / em abril de 2020

- para isolar o ano em chamadas de citações entre parênteses

    (Bergen-Abramoff, 2018)
    (Horowitz, 2019, discovered…) / (Horowitz, 2019, descobriu…)

- para separar grupos de três dígitos na maioria dos milhares (1,000) ou mais (ver a Seção 6.38 para exceções)

Não use vírgula nos seguintes casos:

- antes de uma oração principal ou restritiva (ver Seção 4.21), porque a remoção do trecho alteraria seu significado

    Adolescents who spent a small amount of time on electronic communication activities were happier than those who spent no time on such activities. / Adolescentes que dedicavam pouco tempo a atividades de comunicação eletrônica eram mais felizes que aqueles que não dedicavam tempo a essas atividades.

- entre duas partes de um predicado composto

Correto: Participants rated the items and completed a demographic questionnaire. / Os participantes avaliaram os itens e preencheram o questionário demográfico.

Incorreto: Participants rated the items, and completed a demographic questionnaire. / Os participantes avaliaram os itens, e preencheram o questionário demográfico.

- para separar partes de uma medida

    7 years 4 months / 7 anos 4 meses

    2 min 35 s

    5 ft 10 in.

6.4 Ponto e Vírgula

Use ponto e vírgula nos seguintes casos:

- para separar duas orações independentes que não são relacionadas por uma conjunção

    Students received course credit for participation; community members received $10. / Os estudantes receberam créditos da disciplina pela participação; membros da comunidade receberam 10 dólares.

- para separar duas orações independentes ligadas por um advérbio conjuntivo, como "however" (no entanto), "therefore" (portanto) ou "nevertheless" (contudo)

    The children studied the vocabulary words; however, they had difficulties with recall. / As crianças estudaram as palavras; no entanto tiveram dificuldades para recordá-las.

- para separar elementos em uma série que já contém vírgulas (ver Seção 6.49)

    The color groups were red, yellow, and blue; orange, green, and purple; or black, gray, and brown. / Os grupos de cores eram vermelho, amarelo e azul; laranja, verde e roxo; ou preto, cinza e marrom.

- para separar múltiplas citações entre parênteses (ver Seção 8.12)

    (Gaddis, 2018; Lai et al., 2016; Williams & Peng, 2019)

- para separar diferentes tipos de informações dentro dos mesmos parênteses, para evitar parênteses em sequência

    (n = 33; Fu & Ginsburg, 2020)

- para separar estatísticas que já contêm vírgulas

    (age, M = 34.5 years, 95% CI [29.4, 39.6]; years of education, M = 10.4 [8.7, 12.1]; and weekly income, M = $612 [522, 702]). / (idade, M = 34,5 anos; 95% CI [29,4; 39,6]; anos de estudo, M = 10,4 [8,7; 12,1]; e renda semanal, M = $612 [522, 702]).

6.5 Dois-pontos

Use dois-pontos nos seguintes casos:

- entre uma oração introdutória sintaticamente completa (que poderia ser independente, inclusive como sentença imperativa) e uma locução ou oração final que ilustra, prolonga ou amplia a ideia precedente (se a oração que segue os dois-pontos for uma oração completa, ela deverá começar com letra maiúscula; ver Seção 6.13)

    There are three main patterns of mother–infant attachment: secure, avoidant, and resistant/ambivalent (Ainsworth et al., 1978). / Existem três padrões principais de apego mãe–bebê: seguro, evitativo e resistente/ambivalente (Ainsworth et al., 1978).

    Yang et al. (2019) confirmed the finding: Test performance depended on preparation. / Yang et al. (2019) confirmaram a descoberta: o desempenho no teste depende da preparação.

- em razões e proporções

    The proportion of salt to water was 1:8. / A proporção de sal para água era de 1:8.

Não use dois-pontos no seguinte caso:

- depois de uma introdução que não é uma oração independente ou sentença completa

    The formula is $r_i = a_i + e$. / A fórmula é $r_i = a_i + e$.

    Target behaviors included eating, sleeping, and socializing. / Os comportamentos-alvo incluíam comer, dormir e socializar.

    The participants were asked to / Os participantes eram solicitados a

    - rank the 15 items, / classificar os 15 itens,
    - explain their choices, and / explicar suas escolhas e
    - close their notebooks when finished. / fechar seus cadernos ao terminar.

6.6 Travessão

Dois tipos de traço são utilizados no Estilo APA: o *em dash* (*long dash*) [travessão] e o *en dash* (*midsized dash*) [meia-risca]. Eles são diferentes de hifens (ver Seção 6.12) e de sinais de subtração (ver Seção 6.45).

Travessão. Use-o para isolar um elemento adicionado que amplia ou faz uma digressão da oração principal. O uso excessivo de travessão prejudica o fluxo do material, portanto, use-o criteriosamente. Não use um espaço antes ou depois dele. Os programas de processamento de texto podem ser configurados para converter automaticamente dois hifens sucessivos em um travessão. (Ver Seção 6.17 para uso de letra maiúscula depois de travessão em títulos.)

Social adjustment—but not academic adjustment—was associated with extraversion. / O ajustamento social—mas não o ajustamento acadêmico—foi associado com extroversão.

Meia-risca. É maior e mais fina do que um hífen, mas menor do que um travessão. Utilize-a entre palavras de igual importância em um adjetivo composto e para indicar um intervalo numérico, como um intervalo de páginas ou datas. Não use espaço antes ou depois. Os programas de processamento de texto têm opções para inserir uma meia-risca.

author–date citation / citação autor–data

Sydney–Los Angeles flight / voo Sydney–Los Angeles

pp. 4–7

50%–60%

Em geral utiliza-se um hífen, e não uma meia-risca, em uma abreviatura que contém traços, como a de um teste ou escala (p. ex., MMPI-2), ou um manual diagnóstico (*DSM-5*, *CID-11*; ver Seção 6.25).

6.7 Aspas

Esta seção aborda como usar aspas que não em citações diretas de uma fonte (ver Seções 8.25–8.36). Aspas aparecem com frequência com outros sinais de pontuação. Coloque vírgulas e pontos dentro das aspas finais, e outros sinais de pontuação (p. ex., dois-pontos, ponto e vírgula, reticências) fora delas.

Use aspas duplas nos seguintes casos:

- para referir-se a uma letra, palavra, locução ou sentença como exemplo linguístico ou como ela mesma the letter "m" / a letra "m"

the singular "they" / "eles" singular

answered "yes" or "no" / responda "sim" ou "não"

Instead of referring to someone as a "defective child," talk about a "child with a congenital disability" or a "child with a birth impairment." / Em vez de referir-se a alguém como uma "criança defeituosa", fale sobre uma "criança com uma deficiência congênita" ou uma "criança com uma deficiência de nascença".

Students wrote "I promise to uphold the honor code" at the top of the test page. / Os alunos escreveram "Eu prometo respeitar o código de honra" no início da folha da prova.

- para apresentar estímulos no texto (listas longas de estímulos podem ser mais bem apresentadas em uma tabela, em que não é necessário usar aspas)

  The stimulus words were "garden," "laundry," "briefcase," and "salary." / As palavras de estímulo foram "jardim", "lavanderia", "pasta" e "salário".

  Nota: Alguns editores (*publishers*) preferem itálicos para a apresentação de estímulos, entre outros; consulte as diretrizes de preparação de manuscritos ou o editor do periódico para o formato preferido.

- para reproduzir itens de testes ou instruções literais para participantes (se as instruções forem longas, apresente-as em um apêndice ou isole-as do texto em formato de bloco, sem aspas; ver Seções 2.14 e 8.27)

  The first item was "How tired do you feel after a long day at work?" / O primeiro item foi "Quão cansado você se sente após um longo dia de trabalho?"

  Participants read, "You can write as much as you like when answering the questions." / Os participantes leem, "Você pode escrever o quanto quiser ao responder às perguntas."

- para introduzir uma palavra ou locução usada como comentário irônico, uma gíria ou uma expressão inventada; use aspas somente na primeira vez que a palavra ou locução aparece, não em ocorrências subsequentes

Primeira ocorrência	*Ocorrência subsequente*
considered "normal" behavior / comportamento considerado "normal"	normal behavior / comportamento normal
called a "friendly link" / chamado "*link*" amigável"	a friendly link / um *link* amigável

- para introduzir um nome; depois que ele já foi utilizado uma vez, não use aspas para ocorrências subsequentes

  The image label changed from "spiderweb" to "dartboard." The spiderweb and dartboard labels... / O nome da imagem mudou de "teia de aranha" para "alvo de dardos". Os nomes teia de aranha e alvo de dardos...

- para destacar o título de um artigo em um periódico ou de um capítulo de um livro, quando mencionados no texto ou em uma atribuição de direitos autorais (não use aspas para artigos ou capítulos de livros incluídos na lista de referências)

  No texto:
  Oerlemans and Bakker's (2018) article, "Motivating Job Characteristics and Happiness at Work: A Multilevel Perspective," described... / O artigo de Oerlemans e Bakker (2018), "Motivating Job Characteristics and Happiness at Work: A Multilevel Perspective", descreve...

Na lista de referências:
Oerlemans, W. G. M., & Bakker, A. B. (2018). Motivating job characteristics and happiness at work: A multilevel perspective. *Journal of Applied Psychology, 103*(11), 1230–1241. https://doi.org/10.1037/apl0000318

Em uma atribuição de direitos autorais:
Adapted from "Motivating Job Characteristics and Happiness at Work: A Multilevel Perspective," by W. G. M. Oerlemans and A. B. Bakker, 2018, *Journal of Applied Psychology, 103*(11), p. 1236 (https://doi.org/10.1037/apl0000318). Copyright 2018 by the American Psychological Association.

Não use aspas duplas nos seguintes casos:

- para destacar um termo ou locução-chave (p. ex., em torno de um termo para o qual você irá apresentar uma definição); use itálico (ver Seção 6.22)
- para identificar os limites de uma escala; use itálico (ver Seção 6.22)
- para referir-se a um algarismo, porque o significado é suficientemente claro sem as aspas

    The numeral 2 was displayed onscreen. / O número 2 foi exibido na tela.

- para tergiversar ou minimizar o significado (não é necessário usar pontuação com essas expressões)

    Correto: The teacher rewarded the class with tokens. / O professor recompensou a classe com fichas.
    Incorreto: The teacher "rewarded" the class with tokens. / O professor "recompensou" a classe com fichas.

6.8 Parênteses

Use parênteses nos seguintes casos:

- para separar elementos estruturalmente independentes

    The patterns were statistically significant (see Figure 5). / Os padrões foram estatisticamente significativos (ver a Figura 5).

- para isolar chamadas de citações no texto (ver Seção 8.11)

    Barnes and Spreitzer (2019) described / Barnes e Spreitzer (2019) descreveram
    (Proctor & Hoffmann, 2016)

- para introduzir uma abreviatura no texto (ver também Seção 6.25)

    galvanic skin response (GSR) / resposta galvânica da pele (GSR)
    Child Report of Parental Behavior Inventory (CRPBI; Schaefer, 1965)

- para isolar letras que identificam itens em uma lista dentro de uma frase ou parágrafo (ver também Seção 6.50)

    The subject areas included (a) synonyms associated with cultural interactions, (b) descriptors for ethnic group membership, and (c) psychological symptoms and outcomes associated with bicultural adaptation. / As áreas abordadas incluíam (a) sinônimos associados a interações culturais, (b) descritores de filiação a grupos étnicos e (c) sintomas e efeitos psicológicos associados à adaptação bicultural.

- para agrupar expressões matemáticas (ver também Seções 6.9 e 4.46)

    $(k - 1)/(g - 2)$

- para isolar números que identificam fórmulas e equações apresentadas.

    $$M_j = \alpha M_{j-1} + f_j + g_j * g_j' \qquad (1)$$

- para isolar valores estatísticos que ainda não contêm parênteses

  was statistically significant ($p = .031$) / foi estatisticamente significativo ($p = 0,031$)

- para isolar graus de liberdade

  $t(75) = 2.19$

  $F(2, 116) = 3.71$

> *Nota:* (Quando uma frase completa é colocada entre parênteses, desta forma, coloque a pontuação final dentro dos parênteses.) Se apenas parte de uma frase estiver entre parênteses, coloque a pontuação fora dos parênteses (assim).

Não use parênteses nos seguintes casos:

- para isolar uma parte do texto que já está entre parênteses. Use colchetes para evitar parênteses contíguos

  (Beck Depression Inventory [BDI]; Beck et al., 1996)

- para isolar valores estatísticos que já contêm parênteses; use uma vírgula antes da estatística para evitar parênteses contíguos

  were significantly different, $F(4, 132) = 13.62$, $p < .001$. / eram significativamente diferentes, $F(4, 132) = 13,62$, $p < 0,001$.

- para isolar informações parentéticas sucessivas; coloque-as em um único par de parênteses, separadas com ponto e vírgula

  Correto: (e.g., flow; Csikszentmihalyi, 2014) / (p. ex., fluxo; Csikszentmihalyi, 2014)

  Incorreto: (e.g., flow) (Csikszentmihalyi, 2014) / (p. ex., fluxo) (Csikszentmihalyi, 2014)

6.9 Colchetes

Use colchetes nos seguintes casos:

- para isolar uma parte do texto que já está entre parênteses

  (The results for the control group [$n = 8$] are also presented in Figure 2.) / (Os resultados para o grupo-controle [$n = 8$] também são apresentados na Figura 2.)

- para isolar abreviaturas quando o termo abreviado aparece entre parênteses

  (Minnesota Multiphasic Personality Inventory–2 [MMPI–2]; Butcher et al., 2001)

- para isolar os valores limítrofes de um intervalo de confiança

  95% CIs [–7.2, 4.3], [9.2, 12.4], and [–1.2,–0.5]

- para isolar comentários inseridos em uma citação feitos por outra pessoa que não o autor original (ver também Seção 8.31)

  Schofield et al. (2016) found that "these types of [warm and accepting] parenting behaviors are positively associated with healthy child and adolescent adjustment" (p. 615). / Schofield *et al.* (2016) descobriram que "esses tipos de comportamento parental [afetuosos e acolhedores] são positivamente associados à adaptação saudável da criança e do adolescente" (p. 615).

- para isolar uma descrição da modalidade de alguns trabalhos (p. ex., formatos fora da literatura acadêmica típica revisada entre pares; ver Seção 9.21) em um item na lista de referências

Não use colchetes nos seguintes casos:

- para isolar estatísticas que já incluem parênteses

    Correto: in the first study, $F(1, 32) = 4.37, p = .045$. / no primeiro estudo $F(1, 32) = 4,37, p = 0,045$.
    Incorreto: in the first study $(F[1, 32] = 4.37, p = .045)$.
    Incorreto: in the first study $[F(1, 32) = 4.37, p = .045]$.

> *Nota*: Em conteúdo matemático, o uso de colchetes e parênteses é inverso; isto é, os parênteses aparecem dentro dos colchetes (ver Seção 6.46).

- em torno do ano em uma citação narrativa, quando a sentença que contém a citação narrativa aparece entre parênteses, use vírgulas (ver Seção 8.11)

    Correto: (as Gregory, 2020, concluded…) / (como Gregory, 2020, concluiu…)
    Incorreto: (as Gregory [2020] concluded…) / (como Gregory [2020] concluiu…)

6.10 Barra

Use uma barra nos seguintes casos:

- para esclarecer uma comparação em um adjetivo composto, especialmente quando um dos elementos é um composto hifenizado (de modo alternativo, use uma meia-risca, ver Seção 6.6)

    the classification/similarity-judgment condition / a condição de julgamento classificação/similaridade

    hits/false-alarms comparison / comparação de ocorrências/alarmes falsos

    test/retest reliability, test–retest reliability / confiabilidade teste/reteste, confiabilidade teste–reteste

- para especificar uma de duas possibilidades

    and/or (e/ou; utilize moderadamente)
    Latino/a

- para separar numerador de denominador

    X/Y

- para separar unidades de medida acompanhadas de um valor numérico (ver Seção 6.27); caso nenhum valor numérico apareça com a unidade de medida, use a palavra "per" (por)

    0.5 deg/s
    7.4 mg/kg
    cost per square meter / custo por metro quadrado

- para isolar fonemas

    /o/

- em citações de obras traduzidas, reimpressas ou republicadas no texto (ver Seção 9.41)

    Freud (1923/1961)

Não use barra nos seguintes casos:

- mais de uma vez para expressar unidades compostas; use pontos centrais e parênteses, conforme necessário, para evitar ambiguidade

    Correto: nmol · hr^{-1} · mg^{-1}
    Incorreto: nmol/hr/m

- quando uma locução seria mais clara

Correto: Each child handed the toy to their parent or guardian. / Cada criança entregava o brinquedo para seu pai ou guardião.

Incorreto: Each child handed the toy to their parent/guardian. / Cada criança entregava o brinquedo para seu pai/guardião.

Ortografia

6.11 Ortografia Preferencial

A ortografia em trabalhos no Estilo APA deve conformar-se ao *Merriam-Webster.com Dictionary* (https://www.merriam-webster.com/). As ortografias de termos psicológicos devem conformar-se ao *APA Dictionary of Psychology* (https://dictionary.apa.org/). Se uma palavra aparece com grafia diferente nesses dois dicionários, siga o *APA Dictionary of Psychology*. Se uma palavra não consta em nenhum deles, consulte uma edição completa do dicionário *Webster* (ver https://unabridged.merriam-webster.com). Caso o dicionário ofereça uma opção entre ortografias, adote uma delas e a utilize de forma regular em todo o seu trabalho.

A forma plural de algumas palavras de origem latina ou grega pode ser problemática (especialmente as que terminam com a letra "a"). A seguir apresenta-se uma lista da ortografia preferencial de alguns dos plurais mais comuns.

Singular:	appendix	criterion	curriculum	datum	phenomenon
Plural:	appendices	criteria	curricula	data	phenomena

Lembre-se de que substantivos no plural exigem verbos no plural.

Correto: The data indicate / Os dados indicam

Incorreto: The data indicates / Os dados indica

Em geral, em inglês, o possessivo de um nome próprio no singular é formado adicionando-se um apóstrofo e um "s" (p. ex., "Milner's theory"). Essa regra também se aplica quando o nome termina em "s" (p. ex., "Descartes's philosophy", "James's work").

As grafias de termos relacionados à tecnologia evoluem ao longo do tempo. Use as seguintes grafias para algumas palavras comuns em trabalhos no Estilo APA:

email	ebook	ereader	database
data set	smartphone	internet	intranet
Wi-Fi	website	webpage	the web
home page	username	login page (mas "log in" quando usado como verbo)	emoji (o plural pode ser "emoji" ou "emojis")

6.12 Hifenização

As palavras compostas — aquelas formadas por duas ou mais palavras — assumem muitas formas. Podem ser escritas como (a) duas palavras separadas (abertas), (b) uma palavra hifenizada ou (c) uma única palavra. Palavras compostas muitas vezes são introduzidas na linguagem como palavras separadas ou hifenizadas; à medida que se tornam mais comuns, tendem a fundir-se em uma só. Por exemplo, em inglês, "data base" tornou-se "database" e "e-mail" tornou-se "email". O dicionário é um excelente guia para escolher a forma adequada. Quando uma palavra composta pode ser encontrada no dicionário, seu uso está estabelecido e ela é considerada um composto permanente (p. ex., "health care" [cuidados de saúde], "self-esteem" [autoestima], "caregiver" [cuidador]). De modo geral, siga a hifenização apresentada no dicionário para compostos permanentes (p. ex., escreva "health care" sem hífen, mesmo em uma locução como "health care setting"); ajuste a hifenização somente para impedir equívocos. Os dicionários nem sempre são unânimes sobre como um composto deve ser escrito (separado, hifenizado ou contínuo); a Seção 6.11 especifica os dicionários a serem consultados para trabalhos no Estilo APA.

Há um outro tipo de composto — o composto temporário — que é formado por duas ou mais palavras que aparecem juntas, talvez apenas em um determinado texto, para expressar um pensamento. Compostos temporários geralmente ainda não figuram no dicionário. Para determinar como hifenizá-los, siga estas orientações:

- Se um composto temporário pode ser mal interpretado ou expressa um único pensamento, use hífen, especialmente quando ele aparece como um adjetivo antes de um substantivo. Em caso de dúvida, use um hífen para obter maior clareza. "Adolescents resided in two parent homes" (Os adolescentes residiam em duas casas dos pais) pode significar que dois lares serviram como residência ou que cada adolescente vivia com ambos os pais; o hífen em "two-parent homes" especifica o segundo significado.

- Se o composto está posposto ao substantivo que modifica, não use um hífen porque, em quase todos os casos, a locução é suficientemente clara sem ele. Consulte a Tabela 6.1 para mais exemplos de uso de hífen em compostos temporários.

  t-test results   *mas*   results of t tests
  same-sex children   *mas*   children of the same sex

- Escreva a maioria das palavras formadas com prefixos e sufixos como uma palavra única sem hífen. Consulte a Tabela 6.2 para exemplos de prefixos e sufixos em inglês que não requerem hifens; veja a Tabela 6.3 para exemplos de palavras prefixadas e sufixadas que, em inglês, exigem hifens. O mesmo sufixo pode ser hifenizado em alguns casos e não em outros (p. ex., "nationwide" [em todo o país] e "worldwide" [em todo o mundo] comparado com "industry-wide" [em toda a indústria]).

- Quando dois ou mais modificadores compostos têm uma base comum, ela às vezes é omitida em todos os modificadores exceto no último, mas os hifens são mantidos. Deixe um espaço depois do hífen quando a base tiver sido omitida, a menos que haja pontuação depois do hífen.

  long- and short-term memory / memória de longo e curto prazo
  2-, 3-, and 10-min trials / tentativas de 2, 3 e 10 min

Uso de Letra Maiúscula

O Estilo APA é um estilo "baixo", o que significa que as palavras são grafadas em caixa baixa a menos que haja uma orientação específica para usar letras maiúsculas, como descrito nas seções a seguir.

6.13 Palavras que Iniciam uma Oração

Use letra inicial maiúscula:

- na primeira palavra de uma oração completa
- na primeira palavra depois de dois-pontos se estes forem seguidos por uma oração completa

  The statement was emphatic: Further research is needed. / A afirmação foi enfática: Mais pesquisas são necessárias.

Tabela 6.1 Guia Para Hifenização de Termos Compostos Temporários

Parâmetro gramatical	Exemplo
Hifenize	
Um composto com um particípio quando ele precede o termo que modifica	decision-making behavior water-deprived animals Canadian-born actor
Uma locução usada como adjetivo quando ela precede o termo que modifica	trial-by-trial analysis to-be-recalled items one-on-one interviews
Um composto formado por adjetivo e substantivo quando ele precede o termo que modifica	high-anxiety group middle-class families low-frequency words
Um composto cujo primeiro elemento é um número e que precede o termo que modifica	six-trial problem 12th-grade students 16-min interval
Uma fração usada como adjetivo	two-thirds majority
Não hifenize	
Um composto posposto ao termo que modifica	behavior related to decision making students in the 12th grade a majority of two thirds
Um composto que inclui um advérbio terminado em "-ly"	widely used test relatively homogeneous sample randomly assigned participants
Um composto que inclui um adjetivo comparativo ou superlativo	better written paper less informed interviewers higher order learning highest scoring students
Termos químicos	sodium chloride solution amino acid compound
Expressões em latim usadas como adjetivos ou advérbios	a posteriori test post hoc comparisons were fed ad lib (mas hifenize a forma adjetiva: ad-lib feeding)
Um modificador cujo segundo elemento é uma letra ou algarismo	Group B participants Type II error Trial 1 performance
Frações usadas como substantivos	one third of the participants

Tabela 6.2 Prefixos e Sufixos que Não Exigem Hífen

Prefixo ou sufixo	Exemplo	Prefixo ou sufixo	Exemplo
able	retrievable	mid	midterm
after	aftercare	mini	minisession
anti	antisocial	multi	multimethod
bi	bilingual	non	nonsignificant
cede/sede/ceed	intercede	over	oversampling
co	covariate	phobia	agoraphobia
cyber	cyberwarfare	post	posttest
equi	equimax	pre	preexperimental
extra	extracurricular	pseudo	pseudoscience
gram	cardiogram	quasi	quasiperiodic
infra	infrared	re	reevaluate
inter	intersex	semi	semidarkness
like	wavelike	socio	socioeconomic
macro	macrocosm	sub	subtest
mega	megawatt	super	superordinate
meta	metaethnography	supra	supraliminal
meter	nanometer	un	unbiased
micro	microcosm	under	underdeveloped

Nota. Todavia, use hífen em "meta-analysis" e "quasi-experimental".

Tabela 6.3 Palavras Compostas que Exigem Hífen

Ocorrência	Exemplo
Compostos nos quais a palavra de base é • grafada com letra maiúscula	pro-Freudian Likert-type Stroop-like
• um número	post-1997
• uma abreviatura	pre-UCS trial
• mais de uma palavra	non-achievement-oriented students
Todos os compostos com "self-", quer sejam adjetivos ou substantivos[a]	self-report technique the test was self-spaced self-esteem
Palavras que poderiam ser mal interpretadas	re-pair (pair again) re-form (forma again) un-ionized (not ionized)
Palavras em que o prefixo termina e a palavra de base se inicia com "a", "i" ou "o"[b]	meta-analysis anti-intellectual co-occur

[a] Com exceção de "self psychology".
[b] Compostos com "pre" e "re" não são hifenizados com palavras de base que se iniciam com "e" (p. ex., "preexisting", "reexamine").

Não use letra inicial maiúscula em:

- um nome pessoal cuja inicial é uma letra minúscula quando o nome inicia uma oração; alternativamente, reformule a frase

   …after the test, van de Vijver et al. (2019) concluded / …após o teste, van de Vijver et al. (2019) concluíram

- um nome próprio (que não seja um nome de pessoa) que se inicia com uma letra minúscula (p. ex., iPAD, eBay) ou um termo estatístico em caixa baixa (p. ex., "*t* test", "*p* value") quando ele inicia uma oração (ver Seção 6.26); reformule a frase para evitar iniciá-la com uma letra minúscula.

6.14 Nomes Próprios e Nomes Comerciais

Use inicial maiúscula em:

- nomes próprios e adjetivos usados como nomes próprios
- nomes de grupos raciais e étnicos (ver também Seção 5.7)

   We interviewed 25 Black women living in rural Louisiana. / Nós entrevistamos 25 mulheres negras que vivem na zonal rural da Louisiana.

- nomes de departamentos universitários, instituições acadêmicas e disciplinas acadêmicas

Use letra inicial maiúscula	Não use letra inicial maiúscula
Department of Psychology, San Francisco State University	a psychology department, a university / um departamento de psicologia, uma universidade
Psychology 101	a psychology course / um curso de psicologia
Science of Nursing Practice	a nursing course / um curso de enfermagem

- marcas e nomes comerciais (em geral, não inclua o símbolo de *copyright* ou marca comercial depois de um nome ou marca comercial usado em um trabalho acadêmico; entretanto, tais símbolos podem ser incluídos em materiais comerciais e mercadológicos)

Use letra inicial maiúscula	Não use letra inicial maiúscula
APA Style	a writing style / um estilo de escrita
Zoloft	sertraline (generic name for Zoloft) / sertralina (nome genérico do Zoloft)
iPhone, Android phone	smartphone
Wi-Fi	wireless, hotspot

Não use letra inicial maiúscula no seguintes casos:

- adjetivos que funcionam como nome próprio e que têm um significado comum (consulte um dicionário para orientação; ver Seção 6.11), exceto para nomes pessoais dentro desses termos

   eustachian tube / tromba de eustáquio

   cesarean section / cesariana

   mas

   Freudian slip / lapso freudiano

Wilks's lambda / lambda de Wilks
Euclidean geometry / geometria euclidiana

6.15 Títulos e Cargos Profissionais

Use letra inicial maiúscula em título ou cargo profissional quando ele precede o nome (títulos não são usados na linha dos autores; ver Seção 2.5):

President Lincoln was elected in 1860. / O Presidente Lincoln foi eleito em 1860.

Executive Director of Marketing Carolina Espinoza led the meeting. / A Diretora Executiva de Marketing Carolina Espinoza liderou a reunião.

Dr. Aisha Singh, Dr. Singh

Registered Nurse Paul T. Lo, Nurse Lo / Enfermeiro Registrado Paul T. Lo, Enfermeiro Lo

Não use letra inicial maiúscula em título ou cargo profissional quando o título está posposto ao nome ou refere-se a um cargo em geral:

Abraham Lincoln was president of the United States. / Abraham Lincoln foi presidente dos Estados Unidos.

Carolina Espinoza, executive director of marketing, led the meeting. / Carolina Espinoza, diretora executiva de marketing, liderou a reunião.

president, vice president, chief executive officer, executive director, manager / presidente, vice-presidente, diretor executivo, gerente

professor, instructor, faculty, dean / professor, instrutor, docente, diretor

psychologist, psychiatrist, counselor, social worker / psicólogo, psiquiatra, consultor, assistente social

physician, doctor, physician assistant / médico, doutor, médico assistente

nurse, registered nurse, advanced practice nurse / enfermeiro, enfermeiro registrado, enfermeira de práticas avançadas

6.16 Doenças, Transtornos, Terapias, Teorias e Termos Relacionados

Não use letra inicial maiúscula nos seguintes casos:

- doenças e transtornos

    autism spectrum disorder / transtorno do espectro autista
    major depression / depressão maior
    diabetes
    leukemia / leucemia

- terapias e tratamentos

    cognitive behavior therapy / terapia cognitivo-comportamental
    applied behavior analysis / análise do comportamento aplicada
    immunotherapy / imunoterapia
    cataract surgery / cirurgia de catarata

- teorias, conceitos, hipóteses, princípios, modelos e procedimentos estatísticos

    object permanence / permanência do objeto
    associative learning model / modelo de aprendizagem associativa
    psychoanalytic theory / teoria psicanalítica
    theory of mind / teoria da mente
    law of effect / lei do efeito
    two-group t test / t-teste de dois grupos

Entretanto, use letra inicial maiúscula em todos os nomes de pessoa que fazem parte das denominações de doenças, transtornos, terapias, tratamentos, teorias, conceitos, hipóteses, princípios, modelos e procedimentos estatísticos.

Alzheimer's disease / doença de Alzheimer

non-Hodgkin's lymphoma / linfoma não Hodgkin

Freudian theory / teoria freudiana

Down syndrome / síndrome de Down

Maslow's hierarchy of needs / hierarquia de necessidades de Maslow

Pavlovian conditioning / condicionamento pavloviano

6.17 Títulos de Obras e Demais Títulos Dentro de Trabalhos

O Estilo APA usa dois formatos para títulos de obras e demais títulos dentro de trabalhos: formato título, em caixa alta, e formato sentença, em caixa baixa. No *formato título*, as palavras principais são grafadas com letra inicial maiúscula. No *formato sentença*, a maioria das palavras é grafada com letras minúsculas. Substantivos, verbos (incluindo verbos de ligação), adjetivos, advérbios, pronomes e todas as palavras de quatro letras ou mais são considerados palavras principais. Conjunções curtas (ou seja, de três letras ou menos), preposições curtas e todos os artigos são considerados palavras menores.

Formato Título. Neste formato, use letra inicial maiúscula nas seguintes palavras de um título ou cabeçalho:

- a primeira palavra, mesmo uma palavra menor, como "The"
- a primeira palavra de um subtítulo, mesmo que seja uma palavra menor
- a primeira palavra depois de dois-pontos, travessão ou pontuação final em um título, mesmo que seja uma palavra menor
- palavras principais, incluindo a segunda parte das palavras principais hifenizadas (p. ex., escreva "Self-Report", não "Self-report")
- palavras de quatro letras ou mais (p. ex., "With", "Between", "From")

Grafe com minúsculas apenas palavras de três letras ou menos em um título ou cabeçalho (exceto a primeira palavra em um título ou subtítulo ou a primeira palavra após dois-pontos, travessão ou pontuação final em um título):

- conjunções curtas (p. ex., "and", "as", "but", "for", "if", "nor", "or", "so", "yet")
- artigos ("a", "an", "the")
- preposições curtas (p. ex., "as", "at", "by", "for", "in", "of", "off", "on", "per", "to", "up", "via")

Quando Usar Caixa Alta. Use o formato título nos seguintes casos:

- em títulos de artigos, livros, relatórios e outras obras citadas no texto

    In the book *Bilingualism Across the Lifespan: Factors Moderating Language Proficiency*

    In the article "Media Influences on Self-Stigma of Seeking Psychological Services: The Importance of Media Portrayals and Person Perception"

- em títulos de testes ou medidas, incluindo subescalas (ver Seção 6.18)

    Wechsler Adult Intelligence Scale

    WAIS-IV Verbal Comprehension Index

- em todos os títulos dentro de um trabalho (Níveis 1–5; consulte a Seção 2.27)
- no título do seu próprio artigo e das seções e subseções dentro dele

    the Data Analyses section / a seção Análise de Dados

- títulos de periódicos (que também aparecem em itálico)

Journal of Experimental Psychology: Learning, Memory, and Cognition

The Washington Post

- em títulos de tabelas (que também aparecem em itálico; ver Seção 7.11)
- em títulos de figuras (também em itálico), nomes de eixos (p. ex., em um gráfico) e legendas (ver Seções 7.25–7.27)

Formato Sentença. Neste formato, coloque a maioria das palavras em minúsculas no título ou cabeçalho. Use letra inicial maiúscula apenas nas seguintes palavras:

- na primeira palavra do título ou cabeçalho
- na primeira palavra de um subtítulo
- na primeira palavra depois de dois-pontos, travessão ou pontuação final em um título
- substantivos seguidos de algarismos ou letras
- nomes próprios

Quando Usar Caixa Baixa. Use o formato sentença nos seguintes casos:

- em títulos de artigos, livros, relatórios, páginas da *web* e outros trabalhos nos itens da lista de referências, mesmo se maiúsculas e minúsculas foram usadas no trabalho original (consulte também a Seção 9.19)

   Golden, A. R., Griffin, C. B., Metzger, I. W., & Cooper, S. M. (2018). School racial climate and academic outcomes in African American adolescents: The protective role of peers. *Journal of Black Psychology, 44*(1), 47–73. https://doi.org/10.1177/0095798417736685

   Mena, J. A., & Quina, K. (Eds.). (2019). *Integrating multiculturalism and intersectionality into the psychology curriculum: Strategies for instructors.* American Psychological Association. https://doi.org/10.1037/0000137-000

- em cabeçalhos, entradas e notas das colunas de uma tabela (ver Seções 7.12–7.14)
- em notas de figuras (ver Seção 7.28)

> *Nota*: As palavras na imagem de uma figura (ver Seção 7.26) podem aparecer em caixa alta ou em caixa baixa. Nesses casos, siga as mesmas diretrizes usadas no texto.

6.18 Títulos de Testes e Medidas

Use iniciais maiúsculas em títulos de testes e medidas e suas subescalas, publicados e não publicados. Não use inicial maiúscula em palavras como "test" (teste) e "scale" (escala), a menos que elas façam parte do título do teste ou subescala. Ver Seção 10.11 para mais orientações sobre o uso de itálicos com títulos de testes e medidas.

   Thematic Apperception Test
   Minnesota Multiphasic Personality Inventory–2
   MMPI-2 Depression scale
   Stroop Color–Word Interference Test
   the authors' Mood Adjective Checklist
   SF–36 Physical Functioning scale

Não use inicial maiúscula em títulos de testes ou medidas abreviados, inexatos ou genéricos.

   a vocabulary test / um teste de vocabulário   Stroop-like color test / teste de cor tipo Stroop

6.19 Substantivos Seguidos de Algarismos ou Letras

Grafe com inicial maiúscula substantivos seguidos de algarismos ou letras que indicam um lugar específico em uma série.

Figure 3 / Figura 3
Appendix B / Apêndice B
Footnote 2 / Nota de Rodapé 2
Trials 5 and 6 / Ensaios 5 e 6
Grant AG11214 / Auxílio de Pesquisa AG11214

Table 1, Row 2, Column 6 / Tabela 1, Linha 2, Coluna 6
Research Question 3 / Questão de Pesquisa 3
Days 7–9 / Dias 7–9
Part 4 / Parte 4
Chapter 8 / Capítulo 8

Exceção: Não use inicial maiúscula nas palavras "page" (página) ou "paragraph" (parágrafo) antes de um algarismo, de acordo com a prática tradicional.

page 2 / página 2
paragraph 4 / parágrafo 4

Não use inicial maiúscula nos seguintes casos:

- nas palavras "numeral" (número) ou "letter" (letra) quando se referem a um algarismo ou letra em si, porque eles não indicam um lugar em uma série além de números inteiros ou alfabeto

    the numeral 7 / o número 7
    the letter "a" / a letra "a"

- substantivos que precedem uma variável

    trial n and item x / tentativa n e item x

    mas

    Trial 3 and Item b / Tentativa 3 e Item b (O número e a letra não são variáveis.)

- nomes de genes e proteínas que incluem algarismos ou letras

    nuclear receptor subfamily 3, group C, member 1 / subfamília 3 do receptor nuclear, grupo C, membro 1

6.20 Nomes de Condições ou Grupos de um Experimento

Não use inicial maiúscula em nomes de condições ou grupos de um experimento.

the experimental and control groups / os grupos experimental e controle
participants were assigned to information and no-information conditions / os participantes foram desinados às condições de informação e de não informação

mas

Conditions A and B / Condições A e B (ver Seção 6.19)

6.21 Nomes de Fatores, Variáveis e Efeitos

Use inicial maiúscula nos nomes das variáveis derivadas em uma análise fatorial ou de componentes principais. As palavras "factor" (fatorial) e "component" (componente) não são grafadas com inicial maiúscula, a menos que sejam seguidas por um algarismo (ver Seção 6.19).

Big Five personality factors of Extraversion, Agreeableness, Openness to Experience, Conscientiousness, and Neuroticism / Cinco Grandes fatores de personalidade de Extroversão, Amabilidade, Abertura à Experiência, Consciência e Neuroticismo

Mealtime Behavior (Factor 4) / Comportamento na Hora das Refeições (Fator 4)

Efeitos ou variáveis só devem ser grafados com inicial maiúscula quando aparecem com sinais de multiplicação. (Tenha cuidado para não usar o termo fator quando o que você quer dizer é efeito ou variável, p. ex., em uma interação ou análise de variância.)

small age effect / pequeno efeito da idade

sex, age, and weight variables / variáveis de sexo, idade e peso

mas

Sex × Age × Weight interaction / interação Sexo × Idade × Peso

3 × 3 × 2 (Groups × Trials × Responses) design / *design* 3 × 3 × 2 (Grupos × Tentativas × Respostas)

2 (methods) × 2 (item types) / 2 (métodos) × 2 (tipos de itens)

Itálico

6.22 Uso de Itálico

Use itálicos nos seguintes casos:

- em palavras ou expressões-chave, frequentemente acompanhadas por uma definição

    Mindfulness is defined as "the act of noticing new things, a process that promotes flexible responding to the demands of the environment" (Pagnini et al., 2016, p. 91). / *Mindfulness* é definido como "o ato de perceber coisas novas, um processo que promove uma resposta flexível às demandas do meio" (Pagnini et al., 2016, p. 91).

    > *Nota:* Use itálico para um termo ou frase apenas uma vez, quando é mais apropriado para chamar a atenção dos leitores; alhures, o termo deve ser grafado com tipo padrão (não itálico). Por exemplo, se uma palavra é usada em um título e depois definida no texto a seguir, coloque o termo em itálico como parte da definição, e não no título.

- em títulos de livros, matérias, páginas da *web* e outros trabalhos independentes (ver Seção 9.19)

    Concise Guide to APA Style

- em títulos de periódicos (ver Seção 9.25)

    Cultural Diversity & Ethnic Minority Psychology

- gêneros, espécies e variedades

    Cebus apella

- letras usadas como símbolos estatísticos ou variáveis algébricas

    Cohen's d = 0.084

    $a/b = c/d$

    MSE

- em alguns resultados de testes e escalas

    Rorschach scores: $F+\%$, Z / escores Rorschach: : $F+\%$, Z

    MMPI-2 scales: Hs, Pd / escalas MMPI-2: Hs, Pd

- em números de volume de periódicos em listas de referências

    Neuropsychology, *30*(5), 525–531

- nos limites de uma escala (mas não o número associado)

ranged from 1 (*poor*) to 5 (*excellent*) / variou de 1 (*ruim*) a 5 (*excelente*)

rated using a Likert scale (1 = *strongly disagree* to 5 = *strongly agree*) / avaliado usando uma escala Likert (1 = *discordo totalmente* a 5 = *concordo totalmente*)

- no primeiro uso de uma palavra, expressão ou abreviatura de outro idioma quando os leitores podem não estar familiarizados com ela; no entanto, se o termo consta em um dicionário do idioma no qual você está escrevendo (ver Seção 6.11), não use itálico
- símbolos de genes (ver Seção 6.31)

    NR3C1

Não use itálico nos seguintes casos:

- em títulos de séries de livros (p. ex., "the Harry Potter series" [a série Harry Potter])
- no sinal de pontuação depois de uma palavra ou frase em itálico

    What is *plurality*? / O que é *pluralidade*?

> *Nota:* Coloque em itálico um sinal de pontuação que faça parte de um elemento em itálico, como dois-pontos, vírgula ou ponto de interrogação no título de um livro, título de periódico ou cabeçalho.
>
> Miles and Sweet's (2017) book *Chicken or Egg: Who Comes First?* addressed… / O livro de Miles e Sweet (2017) *Chicken or Egg: Who Comes First?* direcionado…

- na pontuação entre os elementos de um item na lista de referências (p. ex., a vírgula após um número de volume e de edição, o ponto após o título de um livro)
- em palavras, expressões e abreviaturas de origem estrangeira que aparecem em um dicionário do idioma em que você está escrevendo (ver Seção 6.11)

a posteriori	et al.	a priori	per se
ad lib	vis-à-vis	fait accompli	mens rea
force majeure	zeitgeist		

- em termos químicos

    NaCl, LSD

- em termos trigonométricos

    sin, tan, log

- em subscritos não estatísticos para símbolos estatísticos ou expressões matemáticas

    F_{max}

    $S_A + S_B$

- em letras gregas

    β, α, χ^2

- em letras usadas como abreviaturas

    reaction time (RT) / tempo de reação (TR)

- em nomes de genes e proteínas de genes (ver Seção 6.31)

    glucocorticoid receptor gene, GR protein / gene receptor de glicocorticoide, proteína GR

- apenas para ênfase

Incorreto: It is important to bear in mind that *this* process is *not* proposed as a *stage* theory of development. / É importante ter em mente que *este* processo *não* é proposto como uma teoria de *estágios* do desenvolvimento.

> *Nota:* O uso de itálicos para ênfase é aceitável se de outra forma ela se perde ou o conteúdo pode ser mal interpretado; em geral, entretanto, use a sintaxe para destacar. Consulte a Seção 8.31 para saber como enfatizar o material citado. Itálico e negrito podem ser usados para dar ênfase em tabelas, dependendo dos requisitos do periódico (p. ex., para mostrar cargas fatoriais de um determinado tamanho; consulte a Tabela 7.14 na Seção 7.21).

6.23 Itálico Inverso

Quando palavras que normalmente estariam em itálico aparecem dentro de um texto que já está em itálico, elas devem ser grafadas no tipo padrão (não itálico), conhecido como *itálico inverso*. Por exemplo, quando o título de um livro contém o título de outro livro, use o tipo padrão para o título dentro do título. No texto, use formato título nos dois títulos; nos itens da lista de referências, use formato sentença nos dois títulos. No exemplo a seguir, Marinelli e Mayer escreveram um livro sobre o livro de Freud *A Interpretação dos Sonhos*; o título do livro de Marinelli e Mayer está em itálico, e o título do livro de Freud dentro dele está escrito no tipo padrão.

No texto:

In *Dreaming by the Book: Freud's* The Interpretation of Dreams *and the History of the Psychoanalytic Movement,* Marinelli and Mayer (2003) explored... / Em *Dreaming by the Book: Freud's* The Interpretation of Dreams *and the History of the Psychoanalytic Movement,* Marinelli e Mayer (2003) exploraram...

Na lista de referências:

Marinelli, L., & Mayer, A. (2003). *Dreaming by the book: Freud's* The interpretation of dreams *and the history of the psychoanalytic movement*. Other Press.

Abreviaturas

Uma *abreviatura* é uma forma reduzida de uma palavra ou locução; as abreviaturas de locuções geralmente são formadas pela primeira letra de cada palavra que as compõe (ou seja, um acrônimo). Para maximizar a clareza, use-as moderadamente e leve em conta a familiaridade dos leitores com elas.

6.24 Uso de Abreviaturas

Embora as abreviaturas possam ser úteis para termos técnicos longos na escrita acadêmica, a comunicação muitas vezes é prejudicada em vez de facilitada caso elas não sejam familiares aos leitores. De modo geral, use uma abreviatura se ela for convencional e os leitores estiverem mais familiarizados com ela do que com a forma completa, e se ela economizar espaço considerável e evitar repetição incômoda. Por exemplo, as abreviaturas "L" para "large" (grande) e "S" para "small" (pequena) em um artigo que descreve as diferentes sequências de recompensa (LLSS ou LSLS) seriam eficazes e facilmente compreendidas. Em outro artigo, entretanto, escrever sobre a "L reward" (recompensa G) e a "S reward" (recompensa P) seria desnecessário e confuso. Na maioria dos casos, abreviar nomes de grupos experimentais é ineficaz porque as abreviaturas não são suficientemente informativas ou facilmente reconhecíveis, podendo até ser mais incômodas à leitura do que as palavras por extenso. Pelo mesmo motivo, não use as abreviaturas "S", "E" e "O" para sujeito, experimentador e observador no texto.

Uso Excessivo. Às vezes, o espaço economizado pelo uso de abreviaturas não se justifica pelo tempo necessário para que os leitores dominem o significado, como no exemplo a seguir:

> The advantage of the LH was clear from the RT data, which reflected high FP and FN rates for the RH. / A vantagem da ME ficou clara a partir dos dados de TR, os quais refletiam altas taxas FP e FN para a MD.

Sem abreviaturas, o trecho ficaria assim:

> The advantage of the left hand was clear from the reaction time data, which reflected high false-positive and false-negative rates for the right hand. / A vantagem da mão esquerda ficou clara a partir dos dados de tempo de reação, os quais refletiam altas taxas de falso-positivos e falso-negativos para a mão direita.

Embora não haja um limite absoluto para o uso de abreviaturas, geralmente é mais fácil entender um texto quando a maioria de suas palavras é grafada por extenso do que quando ele é sobrecarregado de abreviaturas.

Uso Insuficiente. De modo geral, caso você abrevie um termo, use a abreviatura pelo menos três vezes em um artigo. Se você usar a abreviatura apenas uma ou duas vezes, os leitores podem ter dificuldade em lembrar o que ela significa, portanto, escrever o termo por extenso a cada menção facilita a compreensão. Entretanto, uma abreviatura padrão para um termo longo e familiar é mais clara e mais concisa, mesmo se for usada menos de três vezes.

6.25 Definição das Abreviaturas

Em trabalhos escritos no Estilo APA, não defina abreviaturas que estão registradas no dicionário (p. ex., AIDS, QI). Também não defina abreviaturas de medição (ver Seção 6.27), abreviaturas de tempo (ver Seção 6.28), abreviaturas latinas (ver Seção 6.29) ou muitas abreviaturas estatísticas (ver Seção 6.44). Defina todas as outras, mesmo aquelas que podem ser familiares para seus leitores (p. ex., RT para "reaction time" [tempo de reação] ou ANOVA para "analysis of variance" [análise de variância]; consulte também a Seção 6.24). Depois de definir uma abreviatura, use apenas ela — não alterne entre grafar o nome por extenso e abreviá-lo.

Definição no Texto. Ao mencionar pela primeira vez no texto um termo que deseja abreviar, apresente sua versão completa e a abreviatura.

- Quando a versão completa de um termo aparecer pela primeira vez em um título, não defina a abreviatura no título, mas na próxima vez que a versão completa for mencionada. Use abreviaturas nos títulos somente se elas tiverem sido definidas anteriormente no texto ou se constarem como termos no dicionário.

- Quando a versão completa de um termo aparecer pela primeira vez em uma frase no texto, coloque a abreviatura entre parênteses depois dela.

    attention-deficit/hyperactivity disorder (ADHD) / transtorno de déficit de atenção/hiperatividade (TDAH)

- Quando a versão completa de um termo aparecer pela primeira vez em um texto entre parênteses, coloque a abreviatura entre colchetes depois dela. Não use parênteses contíguos.

    (i.e., attention-deficit/hyperactivity disorder [ADHD]) / (i.e., transtorno de déficit de atenção/hiperatividade [TDAH])

- Se uma citação acompanhar uma abreviatura, inclua a citação após a abreviatura, separada por ponto e vírgula. Não use parênteses contíguos ou consecutivos.

Beck Depression Inventory–II (BDI-II; Beck et al., 1996)

(Beck Depression Inventory–II [BDI-II]; Beck et al., 1996)

Definição em Tabelas e Figuras. Defina as abreviaturas usadas em tabelas e figuras dentro de cada tabela e figura, mesmo que elas já tenham sido definidas no texto. A abreviatura pode aparecer entre parênteses após a primeira menção do termo na tabela ou figura, inclusive no título, em uma nota geral ou na legenda. Se uma abreviatura for usada em várias tabelas e figuras, defina-a em cada uma delas. Não defina abreviaturas que não aparecem em uma tabela ou figura. Não defina ou escreva por extenso abreviaturas padrão de unidades de medida e estatísticas em uma tabela ou figura (consulte as Seções 6.44 e 7.15).

6.26 Formato das Abreviaturas

Formas Plurais. Para formar o plural da maioria das abreviaturas, acrescente um "s" em letra minúscula, sem apóstrofo.

QIs   DOIs   URLs   Eds.   vols.   Ms   ps   ns   ESs

> *Nota:* Para formar o plural da abreviatura de página ("p."), usada nas referências, escreva "pp." Não acrescente um "s" para formar o plural de abreviaturas de unidades de medida.
>
> 3 cm (não 3 cms)   24 h (não 24 hrs)

Abreviaturas no Início de uma Oração. Nunca comece uma frase com uma abreviatura em letra minúscula (p. ex., lb) ou com um símbolo que aparece isoladamente (p. ex., α). Comece uma oração com um símbolo ligado a uma palavra (p. ex., β-Endorfina) somente quando necessário para evitar uma escrita indireta e confusa. Quando um composto químico inicia uma sentença, use inicial maiúscula na primeira letra da palavra à qual o símbolo está ligado; mantenha os prefixos de localização, descrição ou posição (letras gregas, itálicas, versaletes e numerais).

No meio do texto:
L-methionine / L-metionina
N, N'-dimethylurea / N, N'-dimetilurea
γ-hydroxy-β-aminobutyric acid / ácido γ-hidroxi-
-β-aminobutírico

No início da frase:
L-Methionine
N, N'-Dimethylurea
γ-Hydroxy-β-aminobutyric acid

6.27 Abreviaturas de Unidades de Medida

Metrificação. A APA usa o sistema métrico em seus periódicos. Se você usou instrumentos que registram medições em unidades não métricas, apresente as unidades não métricas seguidas pelas equivalentes métricas vigentes entre parênteses.

Medição feita em unidades métricas:
The rods were spaced 19 mm apart. / O espaço entre as hastes era de 19 mm.

Medição feita em unidades não métricas com um equivalente métrico arredondado:
The rod was 3 ft (0.91 m) long. / A haste tinha 3 pés [0,91 m] de comprimento.

Apresentação. Escreva por extenso os nomes completos das unidades de medida que não estejam acompanhadas por valores numéricos.

several kilograms / vários quilos   age in years / idade em anos
duration of hours / duração em horas   centimeters / centímetros

Use abreviaturas e símbolos para unidades de medida acompanhadas por valores numéricos; não coloque símbolos ou abreviaturas de unidades no plural.

    4 cm   30 kg   12 min   18 hr / 18 h   22 °C

Também use abreviatura ou símbolo em cabeçalhos de colunas e linhas de tabelas para economizar espaço, mesmo que o termo apareça sem um valor numérico.

    lag   in   ms

Não defina ou explique abreviaturas de unidades de medida, mesmo na primeira vez que forem usadas. Consulte a Tabela 6.4 para ver uma lista de abreviaturas para unidades de medida comuns (para símbolos estatísticos e abreviaturas, incluindo porcentagens e símbolos monetários, consulte Seção 6.44).

Letras Maiúsculas e Ortografia. Na maioria dos casos, use letras minúsculas para os símbolos (p. ex., kg), mesmo em texto grafado com maiúsculas. Entretanto, existem as seguintes exceções:

* Os símbolos derivados do nome de uma pessoa geralmente incluem letras maiúsculas (p. ex., Gy).
* Os símbolos para prefixos que representam potências de 10 geralmente são escritos em letras maiúsculas: exa (E), peta (P), tera (T), giga (G) e mega (M).
* Use o símbolo "L" para litro quando ele estiver sozinho (p. ex., 5 L, 0,3 mg/L) porque um "l" minúsculo pode ser interpretado incorretamente como o algarismo 1 (use "l" minúsculo para frações de um litro: 5 ml, 9 ng/dl).

Não use ponto final depois de um símbolo, exceto no final de uma oração. Uma exceção é incluir um ponto depois da abreviatura de "inch" (in.), a qual poderia ser mal interpretada sem o ponto.

Use um espaço entre um símbolo e o número ao qual ele se refere (p. ex., graus, minutos e segundos), com exceção da medida dos ângulos.

    4.5 m   6 hr /6 h   12 °C   mas   45° angle/ ângulo de 45°

Unidades de Medida Repetidas. Não repita unidades de medida abreviadas ao expressar múltiplos valores.

    16–30 kHz   0.3, 1.5 e 3.0 mg/dl

Ao relatar estatísticas relacionadas, como médias e desvios padrão, relate a unidade com a estatística principal, mas não a repita para a(s) estatística(s) relacionada(s) quando a unidade permanecer a mesma.

    Correto: (M = 8.7 years, SD = 2.3) / (M = 8,7 anos, SD = 2,3)
    Incorreto: (M = 8.7 years, SD = 2.3 years) / (M = 8,7 anos, SD = 2,3 anos)

Unidades Compostas. Use um ponto centralizado entre os símbolos de um termo composto formado pela multiplicação de unidades.

    Pa · s

Use um espaço entre os nomes completos das unidades de uma unidade composta formada pela multiplicação das unidades, não um ponto centralizado.

    pascal second /pascal segundo

Tabela 6.4 Abreviaturas Comuns Para Unidades de Medida

Abreviatura	Unidade de medida	Abreviatura	Unidade de medida
A	ampere	m	meter / metro
Å	angstrom	µg	microgram / micrograma
AC	alternating current / corrente alternada	µm	micrometer / micrômetro
Bq	becquerel	mA	milliampere / miliampere
°C	degrees Celsius / graus Celsius	mEq	milliequivalent / miliequivalente
cc	cubic centimeter / centímetro cúbico	meV	million electron volts / milhões de elétron volts
cd	candela	mg	milligram / miligrama
Ci	curie	mi	milea / milha
cm	centimeter / centímetro	ml	milliliter / mililitro
cps	cycles per second / ciclos por segundo	mm	millimeter / milímetro
dB	decibel (escala específica)	mM	millimolar / milimolar
DC	direct current / direção da corrente	mmHg	millimeters of mercury / milímetros de mercúrio
deg/s	degrees per second / graus por segundo	mmol	millimole / milimol
dl	deciliter / decilitro	mol	mole / mol
F	farad	mol wt	molecular weight / peso molecular
°F	degrees Fahrenheit[a] / graus Fahrenheit	mph	miles per hour[a] / milhas por hora
ft	foot[a] / pés	MΩ	megohm / megaohm
g	gram / grama	N	newton
g	gravity / gravidade	ng	nanogram / nanograma
Gy	gray	nmol	nanomole / nanomol
H	henry	Ω	ohm
Hz	hertz	oz	ounce[a] / onça
in.	inch[a] / polegada	Pa	pascal
IU	international unit / unidade internacional	ppm	partees per million / partes por milhão
J	joule	psi	pounds per square inch[a] / libra por polegada quadrada
K	kelvin	rpm	revolutions per minute / rotações por minute
kg	kilogram / quilograma	S	siemens
km	kilometer / quilômetro	Sv	sievert
km/h	kilometers per hour / quilômetros por hora	T	tesla
kW	kilowatt	V	volt
L	liter / litro	W	watt
lb	pound[a] / libra	Wb	weber
lm	lumen / lúmen	yd	yard[a] / jarda
lx	lux		

Nota. Estas abreviaturas não precisam ser definidas quando são usadas em um trabalho.
[a] Inclua a unidade métrica equivalente entre parênteses quando utilizar unidades não métricas.

6.28 Abreviaturas de Tempo

Para evitar equívocos, não abrevie as palavras "day" (dia), "week" (semana), "month" (mês) e "year" (ano), mesmo que elas estejam acompanhadas de valores numéricos. Abrevie as palavras "hour" (hora), "minute" (minuto), "second" (segundo), "millisecond" (milissegundo), "nanosecond" (nanossegundo) e outras frações do segundo quando elas estão acompanhadas por valores numéricos.

Termo	Abreviatura	Exemplo
hour / hora	hr / h	6 hr / 6 h
minute / minute	min	30 min
second /segundo	s	5 s
millisecond/ milissegundo	ms	2.65 ms / 2,65 ms
nanosecond / nanosegundo	ns	90 ns

6.29 Abreviaturas Latinas

Use as seguintes abreviaturas latinas somente entre parênteses; na narrativa, use a tradução do termo latino. Em ambos os casos, pontue como se a abreviatura aparecesse por extenso no idioma em que você está escrevendo.

Abreviatura latina	Tradução
cf.	compare / confira
e.g., / p.ex.,	for example, / por exemplo,
, etc.	, and so forth / , e outras coisas
i.e.,	that is, / isto é,
viz.,	namely, / nomeadamente,
vs.	versus or against / *versus* ou contra

Exceções: Use a abreviatura "v." (de *versus*) no título ou nome de casos judiciais na lista de referências e em todas as chamadas de citações no texto (ver Seção 11.4). Use a abreviatura latina "et al." (que significa "e outros") tanto nas citações narrativas quanto em citações entre parênteses (ver Seção 8.17). A abreviatura "ibid." não é usada no Estilo APA.

6.30 Abreviaturas de Componentes Químicos

Os compostos químicos podem ser expressos pelo nome comum ou por sua denominação química. Se você preferir usar o nome comum, escreva a denominação química entre parênteses aos citá-los pela primeira vez. Evite expressar os compostos com fórmulas químicas, uma vez que elas geralmente são menos informativas para os leitores e têm grande possibilidade de serem digitadas ou impressas incorretamente (p. ex., "aspirina" ou "ácido salicílico", não "$C_9H_8O_4$"). Se as denominações dos compostos incluem letras gregas, as conserve como símbolos, e não as escreva por extenso (p. ex., "β-caroteno", e não "betacaroteno"). Se a denominação de um composto que contém uma letra grega aparece no início de uma oração, use letra inicial maiúscula na palavra à qual o símbolo está ligado (ver Seção 6.26).

As denominações longas de compostos orgânicos costumam ser abreviadas. Se a abreviatura figura como verbete em um dicionário (ver Seção 6.25; p. ex., "NADP", de "nicotinamide adenine dinucleotide phosphate" [fosfato de dinucleotídeo de adenina e nicotinamida]), você não precisa escrevê-la por extenso na primeira menção.

Concentrações. Se você expressar uma solução como concentração percentual em vez de como concentração molar, especifique o percentual como uma razão de peso por volume (wt/vol), razão de volume (vol/vol) ou como razão de peso (wt/wt) de soluto por solvente. Quanto mais alta a concentração, mais ambígua a expressão como percentual. A especificação da razão é particularmente necessária para concentrações de álcool, glicose e sacarose. A especificação do sal também é essencial para uma descrição precisa de d-anfetamina HCl ou d-anfetamina SO_4 (a expressão do nome químico em combinação com uma fórmula é aceitável neste caso).

> 12% (vol/vol) ethyl alcohol solution / solução de álcool etílico
>
> 1% (wt/vol) saccharin solution / solução de sacarina

Vias de Administração. Você pode abreviar uma via de administração quando estiver acompanhada de uma combinação de número e unidade. Não use pontos com as abreviaturas das vias de administração: icv = intracerebral ventricular, im = intramuscular, ip = intraperitoneal, iv = intravenosa, sc = subcutânea, e assim por diante.

> anesthetized with sodium pentobarbital (90 mg/kg ip) / anestesiado com sódio pentobarbital (90 mg/kg ip)
>
> two subcutaneous injections (*not* sc injections) / duas injeções subcutâneas (*não* injeções sc)

6.31 Abreviaturas de Nomes de Genes e Proteínas

Escrever sobre genes pode ser desafiador. Cada gene tem um nome completo e um símbolo oficial, determinados pelo HUGO Gene Nomenclature Committee, que descreve sua função ou localização e, muitas vezes, a proteína que ele produz. Use as denominações de genes que constam em bancos de dados de genes, como os do National Center for Biotechnology Information (https://www.ncbi.nlm.nih.gov/gene) e do HUGO Gene Nomenclature Committee (https://www.genenames.org/). Como as denominações dos genes são específicas dos organismos (p. ex., humano, camundongo), use um banco de dados apropriado. Além disso, o mesmo gene pode ser conhecido por um "cognome" (ou denominação científica, informal e/ou histórica alternativa). Por exemplo, o gene do receptor de glicocorticoide, que está altamente implicado na resposta ao estresse, tem a denominação oficial "nuclear receptor subfamily 3, group C, member 1" (subfamília 3 do receptor nuclear, grupo C, membro 1), tem o símbolo oficial *NR3C1* e produz proteínas GR; ele também é comumente conhecido como "glucocorticoid receptor" (receptor de glicocorticoide), abreviado como "GR". Se um gene é conhecido por mais de um nome ou símbolo, selecione uma apresentação e use-a de maneira regular. Na primeira vez que você menciona um gene em seu trabalho, é possível indicar a outra denominação e/ou símbolo pelo qual ele é conhecido para alertar os leitores que podem não estar familiarizados com a denominação escolhida. Indique também se você está se referindo ao gene ou à sua proteína e use a terminologia adequada (p. ex., use "expression" [expressão] ao discutir genes e "levels" [níveis] ao discutir proteínas).

Não coloque em itálico os nomes dos genes escritos por extenso (p. ex., "corticotropin-releasing hormone" (hormônio liberador de corticotropina) e das proteínas do gene (p. ex., CRH). Contudo, coloque os símbolos do gene em itálico (p. ex., *CRH*). Não é necessário abreviar o nome completo de um gene e usar seu símbolo; siga as orientações da Seção 6.24 caso esteja considerando usar a abreviatura de um gene. Para uma discussão mais aprofundada sobre nomes de genes e formatação, consulte Wain et al. (2002) e o International Committee on Standardized Genetic Nomenclature for Mice and Rat Genome and Nomenclature Committee (2018).

Números

De modo geral, use algarismos para expressar números iguais ou maiores que 10 e palavras para expressar números menores que 10. Considere cada caso individualmente para seguir esta regra geral ou aplicar uma exceção.

6.32 Números Expressos em Algarismos

Use algarismos para expressar:

- números iguais ou superiores a 10 em todo o trabalho (para exceções, ver Seções 6.13–6.34) e números cardinais e ordinais (ver Seção 6.35)

    15th trial / 15ª tentativa   200 participants / 200 participantes
    13 lists / 13 listas   10th-grade students / alunos do 10º ano
    12 models / 12 modelos   105 stimulus words / 105 palavras de estímulo

- números que precedem imediatamente uma unidade de medida

    a 5-mg dose / uma dose de 5 mg   with 10.5 cm of / com 10,5 cm de

- números que representam funções estatísticas ou matemáticas, números fracionais ou decimais, porcentagens, relações, e percentis e quartis

    multiplied by 5 / multiplicado por 5   3 times as many / 3 vezes mais
    0.33 of the sample / 0,33 da amostra   more than 5% / mais de 5%
    a ratio of 16:1 / uma proporção de 16:1   the 5th percentile / o 5º percentil

- números que representam tempo, datas, idades, escores e pontos em uma escala, quantidades exatas de dinheiro e numerais como numerais

    5 days / 5 dias   about 8 months / cerca de 8 meses
    4 decades / 4 décadas   was 2 years old / tinha 2 anos de idade
    12:30 a.m.   scored 4 on a 7-point scale / marcou 4 em uma escala de 7 pontos
    1 hr 34 min / 1 h 34 min
    2-year-olds / 2 anos de idade   the numeral 6 on the keyboard / o número 6 no teclado
    ages 65-70 years / idades 65-70 anos
                                              approximately 3 years ago / aproximadamente 3 anos atrás
                                              received $5 in compensation / recebeu $5 de compensação

- números que indicam um lugar específico em uma série numerada e partes de livros e tabelas (o substantivo que precede o número também leva inicial maiúscula quando indica um lugar específico em uma série; ver Seção 6.19); entretanto, quando o número precede o substantivo, aplicam-se as regras usuais para números

Número depois de um substantivo	Número antes de um substantivo
Year 1 / Ano 1	the 1st year / o 1º ano
Grade 4, Grade 10 / Ano 4, Ano 10	the fourth grade, the 10th grade / o quarto ano, o 10º ano
Items 3 and 5 / Itens 3 e 5	the third and fifth items / o terceiro e o quinto itens
Question 2 / Questão 2	the second question / a segunda questão
Table 2, Figure 5 / Tabela 2, Figura 5	the second table, the fifth figure / a segunda tabela, a quinta figura
Column 8, Row 7 / Coluna 8, Linha 7	the eighth column, the seventh row / a oitava coluna, a sétima linha
Chapter 1, Chapter 12 / Capítulo 1, Capítulo 12	the first chapter, the 12th chapter / o primeiro capítulo, o 12º capítulo

Exceções: Não use inicial maiúscula nas abreviaturas de páginas ou parágrafos, mesmo quando elas são seguidas por um algarismo (p. ex., p. 3, pp. 2–5, para. 9, paras. 1–4).

6.33 Números Expressos em Palavras

Use palavras para expressar:

- números zero a nove (exceto como descrito nas Seções 6.32 e 6.34) no texto, inclusive no "Resumo"
- qualquer número que inicie uma sentença, título ou cabeçalho (quando possível, reformule a oração para evitar iniciá-la com um número)

   Forty-eight percent of the sample showed an increase; 2% showed no change. / Quarenta e oito por cento da amostra mostraram um aumento; 2% não mostraram alteração.
   Twelve students improved, and 12 students did not improve. / Doze alunos melhoraram, e 12 alunos não melhoraram.

- frações comuns

   one fifth of the class / um quinto da turma   two-thirds majority / maioria de dois terços

- uso universalmente aceito

   Twelve Apostles / os Doze Apóstolos   Five Pilars of Islam / os Cinco Pilares do Islamismo

6.34 Combinação de Algarismos e Palavras Para Expressar Números

Use uma combinação de algarismos e palavras para expressar modificadores adjacentes.

   2 two-way interactions / 2 interações bidirecionais   ten 7-point scales / dez escalas de 7 pontos

Contudo, se isso dificultar a leitura, considere reformular a oração.

6.35 Números Ordinais

Trate os números ordinais da mesma forma que os cardinais.

Ordinal	Base cardinal
second-order factor / fator de segunda ordem	two orders / duas ordens
fourth grade, 10th grade / quarto ano, 10º ano	four grades, 10 grades / quatro anos, 10 anos
first item of the 75th trial / primeiro item da 75ª tentativa	one item, 75 trials / um item, 75 tentativas
first and third groups / primeiro e terceiro grupos	one group, three groups / um grupo, três grupos
3rd year / 3º ano	3 years / 3 anos

Os sufixos de números ordinais podem ser apresentados com ou sem sobrescritos (p. ex., "4th ou 4th"), mas mantenha a regularidade ao longo do trabalho.

6.36 Frações Decimais

Use um zero antes do ponto decimal* com números menores que 1 quando a quantidade pode ser maior que 1.

$t(20) = 0.86$ $F(1, 27) = 0.57$
Cohen's $d = 0.70$ 0.48 cm

Não use um zero antes de uma fração decimal quando o número não pode ser maior que 1 (p. ex., correlações, proporções e níveis de significância estatística).

$r(24) = -.43, p = .28$

O número de casas decimais na descrição dos resultados dos experimentos e das manipulações analíticas dos dados deve obedecer o seguinte princípio: arredondar o máximo possível, mas manter em mente o uso prospectivo e a precisão estatística. Em geral, um número com poucos dígitos decimais é mais fácil de compreender do que um com mais dígitos, por isso, é melhor arredondar para duas casas decimais ou reescalar a medida (nesse caso, os tamanhos do efeito devem ser apresentados na mesma unidade). Por exemplo, uma diferença em distâncias que deve ser colocada em quatro decimais quando a escala é em metros pode ser mais bem ilustrada com a conversão para milímetros, que requereria apenas poucos dígitos decimais para ilustrar a mesma diferença.

Quando estão adequadamente escalados, a maioria dos dados pode ser efetivamente apresentada com dois dígitos decimais de precisão. Apresente as correlações, proporções e estatísticas inferenciais, tais como t, F e qui-quadrado, com dois decimais. Ao exibir dados medidos em escalas com apenas números inteiros (como ocorre com muitos questionários), indique as médias e os desvios padrão com uma casa decimal (como medidas de grupo, elas são mais estáveis do que escores individuais). Apresente valores de p exatos (p. ex., $p = .031$) com duas casas decimais. Contudo, valores de p menores que .001 devem ser apresentados no formato $p < .001$. A tradição de apresentar valores de p no formato $p < .10$, $p < .05$, $p < .01$, etc., era adequada na época em que só havia um número limitado de tabelas de valores críticos. Entretanto, em tabelas, a notação "$p <$" pode ser necessária por motivos de clareza (ver Seção 7.14). Para orientação sobre os

---

* N. de R.T. No Brasil, há periódicos científicos que, embora adotem o Estilo APA, usam uma vírgula, em vez de um ponto, a qual é sempre precedida por zero.

tipos de estatísticas a apresentar em seu trabalho, consulte as normas de apresentação para métodos e resultados quantitativos (Seções 3.6 e 3.7).

6.37 Numerais Romanos

Se os numerais romanos forem parte de uma terminologia estabelecida, não os substitua por números arábicos — por exemplo, use "Type II error" (erro Tipo II), não "Type 2 error" (erro Tipo 2). Use numerais arábicos para seriação comum (p. ex., "Step 1" [Passo 1], "Experiment 2" [Experimento 2], "Study 3" [Estudo 3]).

6.38 Vírgulas em Números

Use vírgulas entre grupos de três dígitos na maioria dos milhares ou números maiores.* Eis algumas exceções:

Categoria	Exemplo de exceção
números de páginas	página 1029
dígitos binários	00110010
números seriais	290466960
graus de temperatura	3414 °C
designações de frequência acústica	2000 Hz
graus de liberdade	$F(24, 1000)$

6.39 Plural de Números

Para formar os plurais dos números, quer expressos em algarismos ou em palavras, acrescente apenas "s" ou "es", sem apóstrofo.

    twos and sixes / dois e seis   the 1960s / os 1960s   30s and 40s / 30s e 40s

Apresentação de Informações Estatísticas e Matemáticas

O Estilo APA para a apresentação de informações estatísticas e matemáticas reflete (a) os padrões de forma e conteúdo adotados na área e (b) as exigências de comunicação clara. O *Manual de Publicação* aborda somente os padrões de apresentação, não fornecendo orientações sobre como escolher estatísticas, conduzir análises ou interpretar resultados. Se necessário, consulte uma obra de estatística ou um estatístico para auxílio.

6.40 Seleção de Modos Eficientes de Apresentação

Informações estatísticas e matemáticas podem ser apresentadas no texto, em tabelas e/ou em figuras. Para decidir qual abordagem adotar, siga as seguintes regras gerais:

- Se você precisa apresentar três ou menos números, primeiro tente usar uma frase.
- Se você precisa apresentar quatro a 20 números, primeiro tente usar uma tabela.
- Se você precisa apresentar mais de 20 números, primeiro tente usar uma figura.

---

* N. de R.T. No Brasil, há periódicos científicos que, embora adotem o Estilo APA, usam pontos, em vez de vírgulas, nesses casos.

Escolha o modo de apresentação que otimize a compreensão dos dados pelos leitores. Pode ser mais adequado incluir apresentações detalhadas que permitam uma compreensão mais minuciosa de um conjunto de dados em materiais complementares (ver Seção 2.15) do que na versão impressa de um artigo. Entretanto, os editores publicam tabelas e figuras a seu critério, podendo também solicitar novas tabelas e figuras.

6.41 Referências Para Estatísticas

Não apresente uma referência bibliográfica para estatísticas de uso comum (p. ex., "Cohen's *d*"); essa convenção se aplica à maioria das estatísticas usadas em artigos científicos. Faça referência quando (a) estatísticas menos comuns forem usadas, (b) uma estatística for usada de maneira não convencional ou controversa ou (c) a própria estatística é o foco do trabalho.

6.42 Fórmulas

Não apresente uma fórmula estatística de uso comum; faça-o quando a expressão estatística ou matemática for nova, rara ou essencial ao trabalho. A apresentação de equações é descrita nas Seções 6.46 e 6.47.

6.43 Estatísticas no Texto

Ao apresentar estatísticas de inferência (p. ex., testes t, testes F, testes de qui-quadrado e as magnitudes de efeito e intervalos de confiança associados), inclua informações suficientes para permitir que os leitores compreendam perfeitamente as análises conduzidas. Os dados apresentados, preferencialmente no texto, mas possivelmente em materiais complementares conforme o tamanho dos bancos de dados, devem permitir que os leitores confirmem as análises básicas descritas (p. ex., médias, desvios padrão, tamanhos das amostras e correlações) e também que aqueles mais interessados possam fazer algumas estimativas de magnitude de efeito e de intervalos de confiança além daquelas apresentadas no artigo. No caso de dados multiníveis, apresente estatísticas descritivas para cada nível de agregação. O que constitui informações suficientes depende da abordagem analítica escolhida.

> *Razões* **F:**
>
> For immediate recognition, the omnibus test of the main effect of sentence format was statistically significant, $F(2, 177) = 6.30$, $p = .002$, est $\omega^2 = .07$. / Em termos de reconhecimento imediato, o teste omnibus do principal efeito do formato da sentença foi estatisticamente significativo $F(2, 177) = 6,30$, $p = 0,002$, est $\omega^2 = 0,07$.
>
> *Valores* **t:**
>
> The one-degree-of-freedom contrast of primary interest was significant at the specified $p < .05$ level, $t(117) = 3.51$, $p < .001$, $d = 0.65$, 95% CI [0.35, 0.95]. / O contraste de principal interesse de um grau de liberdade foi significativo no nível $p < 0,05$ especificado, $t(117) = 3,51$, $p < 0,001$, $d = 0,65$, 95% CI [0,35; 0,95].
>
> *Estatísticas de regressão hierárquica e de outros tipos de regressão sequencial:*
>
> High school GPA predicted college mathematics performance, $R^2 = .12$, $F(1, 148) = 20.18$, $p < .001$, 95% CI [.02, .22]. / A MGN no ensino médio previu o desempenho em matemática no ensino superior, $R^2 = 0,12$, $F(1, 148) = 20,18$, $p < 0,001$, 95% CI [0,02; 0,22].

Se apresentar estatísticas descritivas em uma tabela ou figura, não é necessário repeti-las no texto, embora você deva (a) mencionar a tabela em que as estatísticas podem ser encontradas e (b) destacar determinados dados no texto que possam ajudar na interpretação dos resultados.

Ao enumerar uma série de estatísticas similares, certifique-se de que a relação entre elas e seus referentes está clara. Palavras como "respectively" (respectivamente) e "in order" (nessa ordem) podem elucidar essa relação.

> Means (with standards deviations in parenthesis) for Trials 1–4 were 2.43 (0.50), 2.59 (1.21), 2.68 (0.39), and 2.86 (0.12), respectively. / As médias (com desvios padrão entre parênteses) nas Tentativas 1–4 foram 2,43 (0,50), 2,59 (1,21), 2,68 (0,39) e 2,86 (0,12), respectivamente.

Ao apresentar intervalos de confiança, use o formato 95% CI [*LL*, *UL*], em que *LL* é o "lower limit" (limite inferior) e *UL* é o "upper limit" (limite superior). Toda apresentação de um intervalo de confiança deve descrever com clareza o nível de confiança. Contudo, quando intervalos de confiança se repetem em uma série ou no mesmo parágrafo, o nível de confiança (p. ex., 95%) não se alterou e o significado está claro, não é necessário repeti-lo.

> 95% CIs [5.62, 8.31], [–2.43, 4.31], and [–4.29, –3.11], respectively / 95% CI [5,62; 8,31], [–2,43; 4,31] e [–4,29; –3,11], respectivamente

Quando um intervalo de confiança é apresentado depois de uma estimativa por pontos, as unidades de medida não devem ser repetidas.

> *M* = 30.5 cm, 99% CI [18.0; 43.0]

6.44 Símbolos e Abreviaturas Estatísticas

Símbolos e abreviaturas são frequentemente usados para estatísticas (p. ex., "mean" [média] é abreviado como "*M*"). A Tabela 6.5 contém abreviaturas e símbolos estatísticos comuns.

- Não defina símbolos ou abreviaturas que representem estatísticas (p. ex., *M*, *SD*, *F*, *t*, *df*, *p*, *N*, *n*, *OR*, *r*) ou abreviaturas ou símbolos compostos de letras gregas (p. ex., α, β, χ^2) na Tabela 6.5.
- Contudo, defina as outras abreviaturas na Tabela 6.5 (p. ex., AIC, ANOVA, BIC, CFA, CI, NFI, RMSEA, SEM) quando utilizadas em qualquer parte de seu trabalho (consulte as Seções 6.25, 7.14 e 7.15)

Tabela 6.5 Abreviaturas e Símbolos Estatísticos

Abreviatura ou símbolo	Definição em inglês	Tradução da definição
Conjunto de caracteres em inglês		
a	in item response theory, the slope parameter	na teoria de respostas ao item, o parâmetro de inclinação
AIC	Akaike information criterion	critério de informação Akaike
ANCOVA	analysis of covariance	análise da covariância
ANOVA	analysis of variance	análise da variância
AVE	average value explained	valor médio explicado
b, b_i	in regression and multiple regression analyses, estimated values of raw (unstandardized) regression coefficients; in item response theory, the difficulty-severity parameter	nas análises de regressão e de regressão múltipla, valores estimados dos coeficientes de regressão brutos (não padronizados); na teoria de respostas ao item, o parâmetro de dificuldade-severidade

(Continuação)

Tabela 6.5 Abreviaturas e Símbolos Estatísticos (Continuação)

Abreviatura ou símbolo	Definição em inglês	Tradução da definição
b^*, b_i^*	estimated values of standardize regression coefficients in regression and multiple regression analyses	valores estimados de coeficientes de regressão padronizados em análises de regressão e de regressão múltipla
BIC, aBIC	Bayesian information criterion, sample-size adjusted Bayesian information criterion	critério de informação bayesiano, critério de informação bayesiano ajustado ao tamanho de amostra
CAT	computerized adaptive testing	testagem adaptativa computadorizada
CDF	cumulative distribution function	função de distribuição cumulativa
CFA	confirmatory factor analysis	análise fatorial confirmatória
CFI	comparative fit index	índice de ajuste comparativo
CI	confidence interval	intervalo de confiança
d	Cohen's measure of sample effect size for comparing two sample means	medida de Cohen de magnitude de efeito da amostra para comparar duas médias de amostra
d'	discriminability, a measure of sensitivity in signal detection theory	discriminabilidade, uma medida de sensibilidade na teoria de detecção de sinais
df	degrees of freedom	graus de liberdade
DIF	diferential item functioning	funcionamento diferencial do item
EFA	exploratory factor analysis	análise fatorial exploratória
EM	expectation maximization	maximização de expectativas
ES	effect size	magnitude de efeito
f	frequency	frequência
f_e	expected frequency	frequência esperada
f_o	observed frequency	frequência observada
F	F distribution; Fisher's F ratio	distribuição F; razão F de Fisher
$F(v_1, v_2)$	F with v_1 and v_2 degrees of freedom	distribuição com graus de liberdade v_1 e v_2
F_{crit}	critical value for statistical significance in an F test	valor crítico para significância estatística em um teste F
F_{max}	Hartley's test of variance homogeneity	teste de Hartley de homogeneidade da variância
FDR	false discovery rate	taxa de falsa descoberta
FIML	full information maximum likelihood	probabilidade máxima de informação completa
g	Hedge's measure of effect size	medida de Hedge de magnitude do efeito
GFI	goodness-of-fit index	índice de qualidade do ajuste
GLM	generalized linear model	modelo linear generalizado

(Continuação)

Tabela 6.5 Abreviaturas e Símbolos Estatísticos *(Continuação)*

Abreviatura ou símbolo	Definição em inglês	Tradução da definição
GLS	generalized least squares	quadrados mínimos generalizados
H_0	null hypothesis, hypothesis under test	hipótese nula, hipótese sob verificação
H_1 (ou H_a)	alternative hypothesis	hipótese alternativa
HLM	hierarchical linear model(ing)	modelo(amento) linear hierárquico
HSD	Tukey's honestly significant difference	diferença verdadeiramente significativa de Tukey
IRT	item response theory	teoria de respostas ao item
k	coefficient of alienation; number of studies in a meta-analysis; number of levels in an experimental design or individual study	coeficiente de alienação; número de estudos em uma metanálise; número de níveis em um delineamento experimental ou estudo individual
k^2	coefficient of nondetermination	coeficiente de não determinação
KR20	Kuder-Richardson formula	fórmula de Kuder-Richardson
LGC	latent growth curve	curva de crescimento latente
LL	lower limit (as of a CI)	limite inferior (como de um CI)
LR	likelihood ratio	razão de probabilidade
LSD	least significant difference	menor diferença significativa
M (ou *X*)	sample mean, arithmetic average	média da amostra, média aritmética
MANOVA	multivariate analysis of variance	análise multivariada de variância
MANCOVA	multivariate analysis of covariance	análise multivariada de covariância
MCMC	Markov chain Monte Carlo	métodos Markov chain Monte Carlo
Mdn	median	mediana
MLE	maximum likelihood estimator; maximum likelihood estimate	estimativa (estimador) de máxima verossimilhança
MLM	multilevel model(ing)	modelo(amento) multinível
MS	mean square	quadrado médio
MSE	mean square error	erro quadrado médio
n	number of cases (generally in a subsample)	número de casos (em geral em uma subamostra)
N	total number of cases	número total de casos
NFI, NNFI	normed fit index, nonnormed fit index	índice de ajuste normalizado, índice de ajuste não normalizado
ns	not statistically significant	não estatisticamente significativo
OLS	ordinary least squares	quadrados mínimos ordinários
OR	odds ratio	razão de chances

(Continuação)

Tabela 6.5 Abreviaturas e Símbolos Estatísticos *(Continuação)*

Abreviatura ou símbolo	Definição em inglês	Tradução da definição
p	probability; probability of a success in a binary trial	probabilidade; probabilidade de sucesso em um teste binário
p_{rep}	the probability a replication would give as a result with the same sign as the original result	a probabilidade de que uma replicação daria um resultado com o mesmo sinal que o resultado original
PDF	probability density function	função de densidade de probabilidade
q	probability of a failure in a binary trial, $1 - p$	probabilidade de falha em um teste binário, $1 - p$
Q	test of homogeneity of effect sizes	teste de homogeneidade das magnitudes de efeito
r	estimate of the Pearson product-moment correlation coefficient	estimativa do coeficiente de correlação produto-momento de Pearson
$r_{ab.c}$	partial correlation of a and b with the effect of c removed	correlação parcial de a e b com o efeito de c removido
$r_{a(b.c)}$	partial (or semipartial) correlation of a and b with the effect of c removed from b	correlação parcial (ou semiparcial) de a e b com o efeito de c removido de b
r^2	coefficient of determination; measure of strength of relationship; estimate of the Pearson product-moment correlation squared	coeficiente de determinação; medida da força de relação; estimativa da correlação produto-momento de Pearson ao quadrado
r_b	biserial correlation	correlação bisserial
r_{pb}	point biserial correlation	correlação ponto bisserial
r_s	Spearman rank order correlation	correlação da ordem de classificação de Spearman
R	multiple correlation	correlação múltipla
R^2	multiple correlation squared; measure of strength of association	correlação múltipla quadrada; medida de força de associação
RMSEA	Root-mean-square error of approximation	raiz do erro médio quadrático de aproximação
s	sample standard deviation (denominator $\sqrt{n-1}$)	desvio padrão da amostra (denominador $\sqrt{n-1}$)
S	sample variance–covariance matrix	matriz de variância–covariância da amostra
s^2	sample variance (unbiased estimator) – denominator $n - 1$	variância da amostra (estimador imparcial) – denominador $n - 1$
S^2	sample variance (biased) – denominator n	variância da amostra (estimador parcial) – denominador n
SD	standard deviation	desvio padrão
SE	standard error	erro padrão
SEM	standard error of measurement; standard error of the mean	erro padrão de medição; erro padrão da média
SEM	structural equation model(ing)	modelo(agem) de equações estruturais

(Continuação)

Tabela 6.5 Abreviaturas e Símbolos Estatísticos *(Continuação)*

Abreviatura ou símbolo	Definição em inglês	Tradução da definição
SRMR	standardized root-mean-square residual	raiz do erro médio quadrático residual padronizada
SS	sum of squares	soma de quadrados
t	Student's t distribution; a statistical test based on the Student t distribution; the sample value of the t-test statistic	distribuição t de Student; teste estatístico baseado na distribuição Student t; o valor da amostra da estatística do teste t
T^2	Hotelling's multivariate test for the equality of the mean vector in two multivariate populations	teste multivariado de Hotelling para a igualdade do vetor médio em duas populações multivariadas
T_k	generic effect size estimate	estimativa da magnitude de efeito genérico
TLI	Tucker–Lewis index	índice Tucker–Lewis
U	Mann–Whitney test	teste de Mann–Whitney
UL	upper limit (as of a CI)	limite superior (como o de um CI)
V	Pillai–Bartlett multivariate trace criterion; Cramér's measure of association in contingency tables	critério de traço multivariado de Pillai–Bartlett; medida de associação de Cramér para tabelas de contingência
w_k	fixed effects weights	pesos de efeitos fixos
w_{k*}	random effects weights	pesos de efeitos aleatórios
W	Kendall's coefficient of concordance and its estimate	coeficiente de concordância de Kendall e sua estimativa
WLS	weighted least squares	quadrados mínimos pesados
Z	a standardized score; the value of a statistic divided by its standard error	um escore padronizado; o valor de uma estatística dividido por seu erro padrão
Conjunto de caracteres em grego		
α (alfa)	in statistical hypothesis testing, the probability of making a Type I error; Cronbach's index of internal consistency (a form of reliability)	na testagem estatística de hipóteses, a probabilidade de haver um erro do Tipo I; índice de Cronbach da consistência interna (uma forma de confiabilidade)
β (beta)	in statistical hypothesis testing, the probability of making a Type II error (1 – β denotes statistical power); population values of regression coefficients (with appropriate subscripts as needed)	na testagem estatística de hipóteses, a probabilidade de haver um erro do Tipo II (1 – β representa o poder estatístico); os valores populacionais dos coeficientes de regressão (como subscritos apropriados se necessário)
B (beta maiúscula)	in SEM, matrix of regression coefficients among dependent constructs	na modelagem de equações estruturais, matriz de coeficientes de regressão entre construtos dependentes
Γ (gama maiúscula)	Goodman–Kruskal's index of relationship; Γ, matrix of regression coefficients between independent and dependent constructs in SEM	índice de relação de Goodman–Kruskal; Γ, matriz de coeficientes de regressão entre construtos independentes e dependentes na modelagem de equações estruturais

(Continuação)

Tabela 6.5 Abreviaturas e Símbolos Estatísticos (Continuação)

Abreviatura ou símbolo	Definição em inglês	Tradução da definição
δ (delta)	population value of Cohen's effect size; noncentrality parameter in hypothesis testing and noncentral distributions	valor de população da magnitude de efeito de Cohen; parâmetro de não centralidade na testagem de hipótese e de distribuições não centrais
Δ (delta maiúscula)	increment of change	incremento de mudança
ε^2 (épsilon ao quadrado)	measure of strength of relationship in analysis of variance	medida de força de relação em análise de variância
η^2 (eta ao quadrado)	measure of strength of relationship	medida de força de relação
θ_k (teta k)	generic effect size in meta-analysis	tamanho de efeito genérico em metanálise
Θ (teta maiúscula)	Roy's multivariate test criterion; Θ, matrix of covariances among measurement errors in SEM	critério de teste multiavirado de Roy; Θ, matrix de covariância entre os erros de medida em modelagem de equações estruturais
κ (kappa)	Cohen's measure of agreement corrected for chance agreement	medida de concordância de Cohen corrigida para concordância casual
λ (lambda)	element of a factor loading matrix; Goodman–Kruskal measure of predictability	elemento de uma matriz de carga fatorial; medida de previsibilidade de Goodman–Kruskal
Λ (lambda maiúscula)	Wilks's multivariate test criterion; Λ, matrix of factor loadings in SEM	critério de teste multivariado de Wilks; Λ, matriz de cargas fatoriais na modelagem de equações estruturais
μ (mi)	population mean; expected value	média de população; valor esperado
ν (ni)	degrees of freedom	graus de liberdade
ρ (ro)	population product–moment correlation	correlação produto–momento de população
ρ_I (ro I)	population intraclass correlation	correlação intraclasse de população
σ (sigma)	population standard deviation	desvio padrão de população
σ^2 (sigma ao quadrado)	population variance	variância de população
Σ (sigma maiúscula)	population variance–covariance matrix	matriz de variância–covariância de população
τ (tau)	Kendall's rank-order correlation coefficient; Hotelling's multivariate trace criterion	coeficiente de correlação de classificação de Kendall; critério de traço multivariado de Hotelling
ϕ (fi)	standard normal probability density function	função de densidade de probabilidade normal padrão
Φ (fi maiúscula)	measure of association in contingency tables; standard normal cumulative distribution function; Φ, matrix of covariances among independent constructs in SEM	medida de associação para tabelas de contingência; função de distribuição cumulativa normal padrão; Φ, matriz de covariâncias entre construtos independentes em modelagem de equações estruturais

(Continuação)

Tabela 6.5 Abreviaturas e Símbolos Estatísticos (Continuação)		
Abreviatura ou símbolo	**Definição em inglês**	**Tradução da definição**
χ^2 (qui ao quadrado)	the chi-square distribution; a statistical test based on the chi-square distribution; the sample value of the chi-square test statistic	distribuição do qui-quadrado; teste estatístico baseado na distribuição do qui-quadrado; o valor da amostra da estatística do qui-quadrado
Ψ (psi maiúscula)	in statistical hypothesis testing, a statistical contrast; Ψ, matrix of covariances among prediction errors in SEM	na testagem de hipótese estatística, um contraste estatístico; Ψ, matriz ce covariâncias entre erros de predição na modelagem de equações estruturais
ω^2 (ômega ao quadrado)	strength of a statistical relationship	força de uma relação estatística
Símbolos matemáticos		
$|a|$	absolute value of a	valor absoluto de a
Σ (sigma maiúscula)	summation	somatório

Nota. É aceitável usar a forma est(θ) ou $\hat{\theta}$ para indicar um estimador ou estimativa do parâmetro θ.

Alguns termos são usados como abreviaturas e símbolos. Use a abreviatura ao referir-se ao conceito e o símbolo ao especificar um valor numérico. A forma do símbolo geralmente será uma letra não inglesa ou uma letra inglesa em itálico. A maioria das abreviaturas pode ser transformada em símbolo (para uso no relato de estimativas numéricas) simplesmente utilizando itálico.

> *Nota:* Algumas abordagens quantitativas (p. ex., modelagem de equações estruturais) usam vários sistemas de notação, e qualquer um deles é aceitável, desde que seja usado de forma regular. Se você usar um sistema de notação diferente do exibido na Tabela 6.5, identifique-o para os leitores. Não misture sistemas de notação em um mesmo trabalho.

Assim como nos demais aspectos da preparação do trabalho, certifique-se de que não haja ambiguidades que possam levar a erros na produção final, particularmente com símbolos matemáticos e estatísticos, caracteres incomuns e alinhamentos complexos (p. ex., subscritos, sobrescritos). Evite mal-entendidos e correções preparando as informações matemáticas com cuidado.

Símbolos *Versus* Palavras. Em um texto narrativo, use o termo estatístico, não o símbolo. Por exemplo, escreva "the means were" (as médias eram) e não "the *M*s were" (as *M*s eram). Ao usar um termo estatístico em conjunto com um operador matemático, use o símbolo ou a abreviatura. Por exemplo, escreva "(*M* = 7.74)", não "(*mean* = 7.74)".

Símbolos Para Estatísticas Populacionais *Versus* de Amostragem. Os parâmetros populacionais geralmente são representados por letras gregas. A maioria dos estimadores é representada por letras latinas em itálico. Por exemplo, a correlação de população seria representada por ρ, e o estimador seria representado por r; est(ρ) e $\hat{\rho}$ também são aceitáveis. Algumas estatísticas de testes também são expressas por letras latinas em itálico (p. ex., t e F), e algumas são representadas por letras gregas (p. ex., Γ).

Símbolos Para Número de Sujeitos. Use um N maiúsculo em itálico para designar o número de integrantes de uma amostra total (p. ex., $N = 135$). Use um n minúsculo em itálico para designar o número de integrantes em uma porção limitada ou subamostra da amostra total (p. ex., $n = 80$ no grupo de tratamento).

Símbolo de Porcentagem e de Moeda. Use o símbolo de porcentagem e de moeda somente quando precedido por um algarismo; use-os também em títulos de tabelas e em letreiros e legendas de figuras para economizar espaço. Use a palavra "porcentagem" ou o nome da moeda quando não aparecer um numeral. Repita o símbolo para um intervalo de porcentagens ou quantidades de moeda.

> 18%–20%
> determined the percentage / determinou a porcentagem
> $10.50, £10, €9.95, ¥100–¥500
> in Australian dollars, in U.S. dollars / em dólares australianos, em dólares americanos

Tipos Padrão, Negrito e Itálico. Símbolos estatísticos e informações matemáticas em artigos são preparados em três tipos: padrão (romano), **negrito** e *itálico*, também utilizados em textos, tabelas e figuras.

- Use o tipo padrão para letras gregas, subscritos e sobrescritos que funcionam como identificadores (ou seja, não são variáveis como no subscrito "girls" [meninas] no exemplo a seguir) e para abreviaturas que não são variáveis (p. ex., log, GLM, WLS).

    μ_{girls}, α, β_i

- Use negrito para símbolos de vetores e matrizes.

    V, Σ

- Use itálico para todos os outros símbolos estatísticos.

    N, M_x, df, SSE, MSE, t, F

Às vezes, um elemento pode servir tanto como abreviatura quanto como símbolo (p. ex., SD); neste caso, use o tipo que reflita a função do elemento (ver Tabela 6.5).

6.45 Espaçamento, Alinhamento e Pontuação Para Estatísticas

Utilize os espaçamentos nas expressões matemáticas da mesma forma que o faria com palavras: $a+b=c$ é tão difícil de ler quanto *palavrassemespaços*. Em vez disso, digite $a + b = c$. Para um sinal de menos que indica subtração, use um espaço em cada lado do sinal (p. ex., $z - y = x$). Para um sinal de menos que indica um valor negativo, use um espaço antes mas não depois do sinal (p. ex., -8.25).

> *Nota:* Um sinal de menos é um caractere tipográfico diferente de um hífen (ele é mais comprido e ligeiramente mais alto); seu processador de texto tem opções para inserir um sinal de menos em seu trabalho.

Alinhe sinais e símbolos cuidadosamente. Use as teclas de subscrito e sobrescrito de seu processador de texto. Na maioria dos casos, os subscritos precedem sobrescritos (χ_a^2), mas o apóstrofo é colocado ao lado de uma letra ou símbolo (χ'_a). Uma vez que a APA prefere alinhar subscritos e sobrescritos um embaixo do outro ("empilhados") para facilitar a leitura, em vez de colocar um à direita do outro ("escalonados"), se você estiver publicando um artigo que inclui estatísticas em um periódico da APA, seus subscritos e sobrescritos devem ser empilhados quando são digitados. Caso os subscritos e sobrescritos não devam ser empilhados, indique isso em uma carta de apresentação ou no manuscrito.

Apresentação de Equações

Pontue todas as equações, quer estejam na linha do texto ou separadas (i.e., digitadas em outra linha), para que se conformem à sintaxe da oração (ver o ponto seguindo a Equação 3 na Seção 6.47). Caso em seu trabalho digitado haja uma equação que excede a largura da coluna de uma página impressa, indique na versão final do manuscrito aceito onde separações poderiam ser feitas.

6.46 Equações no Texto

Coloque equações curtas e simples, como $a = [(1 + b)/x]^{1/2}$, na linha do texto — para isso, use uma barra inclinada (/). Para evitar ambiguidade quanto à ordem de operações em uma equação, use parênteses, colchetes e chaves (referidos em conjunto como separadores). Use primeiro parênteses para isolar um conteúdo, colchetes para isolar um conteúdo que já está entre parênteses e chaves para isolar um conteúdo que já se encontra entre colchetes e parênteses: primeiro ( ), depois [( )] e finalmente {[( )]}.

As equações colocadas na linha do texto não devem se projetar acima ou abaixo da linha; por exemplo, seria difícil colocar a equação na linha do texto se ela fosse expressa da seguinte forma:

$$a = \sqrt{\frac{1+b}{x}}.$$

Em vez disso, essas equações são exibidas em linha própria (ver Seção 6.47).

6.47 Apresentação de Equações

Equações simples devem ser mostradas caso seja preciso numerá-las para posterior referência. Exiba todas as equações complexas. Numere as equações apresentadas consecutivamente, com o número entre parênteses próximo à margem direita da página.

$$w_j \pm z_{1-\alpha/2} \hat{\sigma}_{wj}. \tag{3}$$

Ao referir-se a equações numeradas, escreva a palavra "equação" inteira (p. ex., "Equation 3" [Equação 3] ou "the third equation" [a terceira equação], e não "Eq. 3").

6.48 Preparando Informações Estatísticas e Matemáticas Para Publicação

Se possível, digite todos os sinais e símbolos de conteúdo matemático. Caso um caractere não possa ser produzido por seu processador de texto, insira-o como uma imagem. Digite separadores (parênteses, colchetes e chaves), letras maiúsculas e minúsculas, pontuação, subscritos e sobrescritos e todos os outros elementos exatamente como você gostaria que eles aparecessem no artigo publicado.

Listas

6.49 Orientações Para Listas

Assim como a estrutura dos títulos alerta os leitores sobre a ordem das ideias em um trabalho, a *seriação* — isto é, listas — ajuda os leitores a compreender um conjunto relacionado de pontos-chave em uma frase ou parágrafo. Em uma série, todos os itens devem ser sintática e conceitualmente paralelos (consulte a Seção 4.24 para uma discussão mais detalhada sobre paralelismo).

Quando uma lista em uma oração contém três ou mais itens, use uma vírgula serial antes do item final (consulte também a Seção 6.3).

> Participants were similar with respect to age, gender, and ethnicity. / Os participantes eram semelhantes em relação a idade, gênero e etnia.

No entanto, se algum item em uma lista de três ou mais itens já contiver vírgulas, use ponto e vírgula em vez de vírgulas entre os itens (ver Seção 6.4).

> We were interested in how students describe their gender identities and expressions; their perceptions of emotional and physical safety on campus, including whether and how such perceptions impact their gender expression; and their perceptions of trans-affirming versus trans-negative reactions among fellow students and faculty. / Estávamos interessados em como os alunos descrevem suas identidades e expressões de gênero; suas percepções de segurança emocional e física no *campus*, incluindo se e como tais percepções impactam sua expressão de gênero; e suas percepções de reações trans-afirmativas *versus* trans-negativas entre colegas e professores.

6.50 Listas com Letras

Em uma frase ou parágrafo narrativo, identifique elementos em uma série com letras minúsculas entre parênteses quando isso ajudar os leitores a compreender os itens separados e paralelos em uma lista complexa. Listas com letras também podem ser usadas para chamar a atenção para os itens — mas não tanta atenção quanto uma lista numerada ou com marcadores. Use vírgulas ou ponto e vírgulas entre os itens, conforme descrito na Seção 6.49.

> Our sample organization used a waterfall model that featured the following sequential stages: (a) requirements analysis, (b) specification, (c) architecture, (d) design, and (e) deployment. / Nossa organização de exemplo usou um modelo em cascata que apresentava os seguintes estágios sequenciais: (a) análise de requisitos, (b) especificação, (c) arquitetura, (d) *design* e (e) implantação.

> We tested three groups: (a) low scorers, who scored fewer than 20 points; (b) moderate scorers, who scored between 20 and 50 points; and (c) high scorers, who scored more than 50 points. / Testamos três grupos: (a) indivíduos que obtiveram pontuações baixas, com menos de 20 pontos; (b) indivíduos que obtiveram pontuações médias, com 20 a 50 pontos; (c) e indivíduos que obtiveram pontuações elevadas, com mais de 50 pontos.

6.51 Listas Numeradas

Use uma lista numerada para exibir frases ou parágrafos completos em uma série (p. ex., conclusões em itens, etapas de um procedimento). Use uma lista com letras ou marcadores, em vez de uma lista numerada, se os itens forem locuções. Use a função de lista numerada de seu processador de texto — isso também recuará a lista automaticamente. Selecione a opção para um algarismo arábico seguido por um ponto, mas não isolado ou seguido por parênteses. Use inicial maiúscula na primeira palavra após o número (e na primeira palavra em qualquer oração subsequente) e conclua cada oração com um ponto ou outra pontuação, conforme apropriado.

> We addressed the following research questions: / Abordamos as seguintes questões de pesquisa:
>
> 1. What research methodologies are used to examine the effects of cultural competency training? / Quais metodologias de pesquisa são usadas para examinar os efeitos do treinamento de competência cultural?
>
> 2. How are psychologists trained to be culturally competent? / Como os psicólogos são treinados para serem culturalmente competentes?

3. How are training outcomes assessed? / Como são avaliados os resultados do treinamento?
4. What are the outcomes of cultural competency training? / Quais são os resultados do treinamento de competência cultural?

6.52 Listas com Marcadores

O uso de uma lista numerada pode conotar uma posição ordinal indesejada ou injustificada (p. ex., cronologia, importância, prioridade) entre os itens. Para obter o mesmo efeito sem essa implicação, use marcadores para identificar os itens na série. Use a função de lista com marcadores de seu processador de texto — isso também recuará a lista automaticamente. Símbolos como pequenos círculos, quadrados, travessões, entre outros, podem ser usados como marcadores. Quando um artigo aceito para publicação é tipograficamente composto, o símbolo do marcador será alterado para o estilo usado pelo periódico.

Itens que São Orações Completas. Caso os itens da lista com marcadores sejam orações completas, inicie cada uma delas com letra maiúscula e conclua com um ponto ou outra pontuação final.

> There are several ways in which psychologists could apply social-media-driven methods to improve their work: / Há várias maneiras pelas quais os psicólogos podem aplicar métodos orientados para a mídia social a fim de aprimorar seu trabalho:
>
> - Social psychologists could use these methods to improve research on emotional experiences. / Os psicólogos sociais podem usar esses métodos para melhorar a pesquisa sobre experiências emocionais.
> - Community psychologists could use these methods to improve population assessment at the city level. / Os psicólogos comunitários podem usar esses métodos para melhorar a avaliação da população no nível da cidade.
> - Clinical psychologists could use these methods to improve assessment or treatment. / Psicólogos clínicos podem usar esses métodos para melhorar a avaliação ou o tratamento.

Itens que São Locuções. Se os itens da lista com marcadores são locuções ou fragmentos de orações (ou seja, não orações completas), inicie cada item com marcadores com uma letra minúscula (para exceções, como nomes próprios, consulte as Seções 6.14–6.21). Existem duas opções para pontuar uma lista com marcadores em que os itens são locuções ou fragmentos.

Locuções sem Pontuação Final. A primeira opção é não usar pontuação após os itens com marcadores (inclusive o último), o que pode ser uma boa solução quando eles são mais curtos e simples.

> Some strategies used by faculty of color in the United States for survival and success on the tenure track include the following: / Algumas estratégias usadas por docentes não brancos nos Estados Unidos para a sobrevivência e o sucesso no caminho da estabilidade no emprego incluem o seguinte:
>
> - learning the rules of the game / aprender as regras do jogo
> - being aware of who possesses power / estar cientes de quem tem poder
> - working doubly hard / trabalhar ainda mais duro
> - emphasizing one's strengths and establishing some authority / enfatizar seus pontos fortes e estabelecer alguma autoridade
> - finding White allies (Lutz et al., 2013; Turner et al., 2011) / encontrar aliados brancos (Lutz et al., 2013; Turner et al., 2011)

Locuções com Pontuação Final. A segunda opção é inserir pontuação depois dos itens com marcadores, como se os marcadores não estivessem lá, seguindo as orientações das Seções

6.3 e 6.4 para uso de vírgula e ponto e vírgula; esta opção é indicada quando os itens são mais longos ou mais complexos.

> Adolescents may crave the opportunities for peer connection that social media affords because it allows them to / Os adolescentes podem ansiar pelas oportunidades de conexão entre pares que a mídia social oferece, porque lhes permite
> - communicate privately with individuals or publicly with a larger audience, / comunicar-se em particular com indivíduos ou publicamente com um público maior,
> - seek affirmation by posting pictures or commentary and receiving likes or comments, / buscar afirmação postando fotos ou comentários e recebendo curtidas ou comentários,
> - see how their numbers of friends and followers compare with those of their peers, and / ver como seu número de amigos e seguidores se compara ao de seus colegas, e
> - monitor who is doing what with whom by seeing how many peers like and comment on their posts and comparing the feedback they get with what others received (Underwood & Ehrenreich, 2017). / monitorar quem está fazendo o que com quem, vendo quantos colegas gostam e comentam sobre suas postagens e comparando o *feedback* que recebem com o que outros receberam (Underwood & Ehrenreich, 2017).

Itens que Contêm Tanto Locuções Como Orações. Quando os itens com marcadores contêm tanto locuções como orações (como em uma lista de definições em um glossário), vários formatos são possíveis, mas a apresentação deve ser consistente e lógica. Uma maneira é colocar a palavra ou locução em letras minúsculas no início do marcador em negrito, seguida por dois pontos. Se o que segue aos dois pontos for um fragmento de oração, coloque a primeira palavra após os dois pontos em minúsculas.

> - **creativity:** the ability to produce or develop original work, theories, techniques, or thoughts. / **criatividade:** a capacidade de produzir ou desenvolver trabalhos, teorias, técnicas ou pensamentos originais.

Use um ponto depois de um fragmento de oração quando uma sentença adicional seguir o fragmento; caso contrário, a pontuação depois do fragmento é opcional.

> - **goal:** the end state toward which a human or nonhuman animal is striving. It can be identified by observing that an organism ceases or changes its behavior upon attaining this state. / **objetivo:** o estado final em direção ao qual um animal humano ou não humano está se empenhando. Ele pode ser identificado observando que um organismo cessa ou muda seu comportamento ao atingi-lo.

Se o que segue os dois pontos for uma oração completa, use inicial maiúscula na primeira palavra após os dois pontos e conclua a frase com um ponto ou outra pontuação final.

> - **problem solving:** Individuals use problem solving to attempt to overcome difficulties, achieve plans that move them from a starting situation to a desired goal, or reach conclusions through the use of higher mental functions, such as reasoning and creative thinking. / **solução de problemas:** Os indivíduos usam a solução de problemas para tentar superar dificuldades, realizar planos que os movam de uma situação inicial para uma meta desejada ou chegar a conclusões por meio do uso de funções mentais superiores, como raciocínio e pensamento criativo.

7
TABELAS E FIGURAS

Sumário

Orientações Gerais Para Tabelas e Figuras 201
- 7.1 Finalidade de Tabelas e Figuras   201
- 7.2 Planejamento e Preparação de Tabelas e Figuras   201
- 7.3 Apresentação Gráfica *Versus* Textual   202
- 7.4 Formatação de Tabelas e Figuras   203
- 7.5 Referindo-se a Tabelas e Figuras no Texto   203
- 7.6 Localização de Tabelas e Figuras   204
- 7.7 Reimpressão ou Adaptação de Tabelas e Figuras   204

Tabelas 205
- 7.8 Princípios de Construção de Tabelas   205
- 7.9 Componentes de uma Tabela   205
- 7.10 Numeração de Tabelas   206
- 7.11 Títulos de Tabelas   207
- 7.12 Cabeçalhos de Tabela   207
- 7.13 Corpo da Tabela   208
- 7.14 Notas em Tabelas   209
- 7.15 Abreviaturas Padrão em Tabelas e Figuras   211
- 7.16 Intervalos de Confiança nas Tabelas   211
- 7.17 Bordas e Sombreamento da Tabela   212
- 7.18 Tabelas Extensas ou Largas   212
- 7.19 Relação Entre Tabelas   212
- 7.20 Lista de Conferência de Tabelas   212
- 7.21 Exemplos de Tabelas   213

Figuras 231
- 7.22 Princípios de Construção de Figuras   231
- 7.23 Componentes de uma Figura   232
- 7.24 Numeração de Figuras   233
- 7.25 Títulos de Figuras   233
- 7.26 Imagens em Figuras   233
- 7.27 Legendas de Figuras   235
- 7.28 Notas de Figuras   235
- 7.29 Relação Entre Figuras   236
- 7.30 Fotografias   236
- 7.31 Considerações Para Dados Eletrofisiológicos, Radiológicos, Genéticos e Biológicos de Outros Tipos   237
- 7.32 Dados Eletrofisiológicos   237
- 7.33 Dados Radiológicos (Imagem)   237
- 7.34 Dados Genéticos   238
- 7.35 Lista de Conferência de Figuras   238
- 7.36 Exemplos de Figuras   239

7
TABELAS E FIGURAS

Tabelas e figuras permitem que os autores apresentem uma grande quantidade de informações com eficiência e tornem seus dados mais compreensíveis. As tabelas geralmente mostram valores numéricos (p. ex., médias e desvios padrão) ou informações textuais (p. ex., listas de palavras de estímulo, respostas dos participantes) dispostos de modo organizado em colunas e linhas. Uma figura pode ser um quadro, um gráfico, uma fotografia, um desenho ou qualquer outra ilustração ou representação não textual. Às vezes, o limite entre tabelas e figuras pode se confundir; em geral, tabelas são caracterizadas por uma estrutura linha–coluna, e qualquer tipo de ilustração ou imagem que não seja uma tabela é considerada uma figura. Neste capítulo, discutimos o propósito de tabelas e figuras, princípios para planejar, elaborar, colocar e reproduzir tabelas e figuras, bem como apresentamos diretrizes para criar e formatar tabelas e figuras no Estilo APA, com exemplos de vários tipos.

Orientações Gerais Para Tabelas e Figuras

7.1 Finalidade de Tabelas e Figuras

A principal finalidade de qualquer tabela ou figura é facilitar a compreensão do trabalho pelos leitores. Por exemplo, tabelas e figuras podem ser usadas para resumir informações (p. ex., um modelo teórico, qualidades de estudos incluídos em uma metanálise), apresentar os resultados da análise de dados exploratórios ou de técnicas de mineração de dados (p. ex., uma análise fatorial), estimar alguma estatística ou função (p. ex., um nomograma), ou compartilhar um conjunto de dados de ensaios experimentais ou clínicos (para mais informações sobre compartilhamento de dados, consulte a Seção 1.14). Embora elas atraiam atenção, não devem ser usadas apenas para decoração em um trabalho acadêmico. Em vez disso, cada tabela e figura deve servir a um propósito.

7.2 Planejamento e Preparação de Tabelas e Figuras

Ao preparar uma tabela ou figura, primeiro determine o propósito da apresentação e sua relativa importância (ver Seção 7.1); depois, selecione um formato que atenda a esse objetivo (consulte as Seções 7.21 e 7.36 para exemplos de tabelas e figuras, respectivamente). Por exemplo, se o intuito é ilustrar um modelo teórico, um gráfico provavelmente é a melhor opção. Às vezes, múltiplas abordagens são possíveis; por exemplo, se o seu objetivo é apresentar as pontuações de grupos, uma tabela permitiria que os leitores vissem os valores exatos de cada um, ao passo que uma figura enfatizaria semelhanças ou diferenças entre eles. Quando possível, use uma forma padrão ou canônica para uma tabela ou figura (exemplos são mostrados nas Seções 7.21 e 7.36).

Elabore tabelas e figuras tendo os leitores em mente. Comunique os resultados de maneira clara e, ao mesmo tempo, crie apresentações visuais atraentes. Prepare tabelas e figuras com o mesmo cuidado dedicado ao texto do trabalho; mudanças no texto frequentemente demandam mudanças em tabelas e figuras, e uma incompatibilidade entre os dados apresentados no texto e em tabelas e figuras pode resultar na necessidade de um aviso de correção para artigos publicados ou em uma nota inferior para trabalhos de estudantes caso o erro não seja corrigido antes da publicação ou entrega, respectivamente. Use os seguintes princípios ao criar tabelas e figuras:

- Nomeie todas as colunas nas tabelas.
- Nomeie todos os elementos em imagens de figura (p. ex., nomeie os eixos de um gráfico).
- Coloque os itens que devem ser comparados um ao lado do outro.
- Coloque nomes ao lado dos elementos que eles estão nomeando.
- Em imagens de figuras, use fontes sem serifa grandes o suficiente para serem lidas sem ampliação.
- Projete a tabela ou figura para que possa ser entendida por si só (o que significa que os leitores não precisam consultar o texto para compreendê-la). Defina as abreviaturas usadas na tabela ou figura mesmo que elas também sejam definidas no texto (consulte a Seção 7.15 para algumas exceções).
- Tabelas ou figuras designadas como materiais complementares também devem conter informações suficientes para serem entendidas por si só.
- Evite enfeites decorativos, que distraem e podem interferir na compreensão dos leitores; em vez disso, certifique-se de que cada elemento atende o objetivo de uma comunicação efetiva.

7.3 Apresentação Gráfica *Versus* Textual

Seja seletivo na escolha de quantas tabelas e figuras você pretende incluir em seu trabalho. Os leitores podem perder de vista a mensagem caso haja um grande número desses elementos; por exemplo, se muitas tabelas e figuras acompanham uma quantidade pequena de texto, isso pode causar problemas de composição da página para artigos publicados. Além disso, a apresentação gráfica nem sempre é ideal para uma comunicação efetiva. Por exemplo, os resultados de um único teste de significância estatística ou algumas médias de grupo e desvios padrão podem ser apresentados no texto.

> The one-way ANOVA, $F(1, 136) = 4.86$, $MSE = 3.97$, $p = .029$, $\eta^2 = .03$, demonstrated... / A ANOVA de uma via, $F(1, 136) = 4,86$, $MSE = 3,97$, $p = 0,029$, $\eta^2 = 0,03$, demonstrou...
>
> Scores on the insomnia measure ($M = 4.08$, $SD = 0.22$) were... / As pontuações na medida de insônia ($M = 4,08$, $SD = 0,22$) foram...

Uma tabela ou figura é uma escolha eficaz para apresentar os resultados de múltiplos testes estatísticos ou muitas estatísticas descritivas (p. ex., ao relatar os resultados de numerosas análises de variância [ANOVAs] ou resumir dados demográficos de participantes). Também é possível combinar várias tabelas ou figuras menores com conteúdo semelhante em uma tabela ou figura maior. Considere como a tabela ou figura expande ou complementa o texto. Por exemplo, quando os componentes de um modelo teórico são discutidos no texto, uma figura pode ajudar a resumir o modelo; o valor da figura é o resumo visual. Entretanto, tabelas ou figuras que repetem o texto podem ser desnecessárias.

7.4 Formatação de Tabelas e Figuras

Tabelas e figuras seguem a mesma estrutura: elas têm um número, um título, um corpo (para tabelas) ou uma imagem (para figuras), além de notas conforme necessário. Podem ser produzidas em muitos formatos de arquivo diferentes, mas editoras (*publishers*) ou professores podem limitar os formatos que aceitam.

Use a função de tabelas de seu processador de texto para criar tabelas. Se você copiar e colar tabelas de outro programa (p. ex., SPSS, Excel) em seu processador de texto, talvez seja necessário ajustar a formatação para que ela se conforme às diretrizes do Estilo APA. Não use a tecla "tab" ou a barra de espaço para criar manualmente a aparência de uma tabela, pois essa abordagem está sujeita a erros de alinhamento e é especialmente problemática durante sua composição para publicação.

As figuras podem ser criadas usando muitos programas, como Excel, PowerPoint, Photoshop, Illustrator, MATLAB e Inkscape. Independentemente do programa utilizado, o resultado deve ter resolução suficiente para produzir imagens de alta qualidade. Arquivos TIFF e EPS são recomendados para figuras a serem submetidas para publicação; arquivos JPG e PNG também são aceitáveis para outros trabalhos produzidos no Estilo APA (p. ex., trabalhos de estudantes). Alguns tipos de figuras exigem mais resolução do que outros — por exemplo, um desenho em preto e branco requer maior detalhamento do que uma fotografia. Certifique-se de que o formato usado suporta a resolução necessária para uma apresentação clara da imagem. Verifique as instruções para autores do periódico ou editora (*publisher*) a que você está submetendo seu trabalho para especificações (para os periódicos da APA, consulte Journal Manuscript Preparation Guidelines em http://on.apa.org/WDtxdW).

7.5 Referindo-se a Tabelas e Figuras no Texto

No texto, refira-se a cada tabela e figura por seu número — o que é conhecido como uma *chamada* (consulte as Seções 7.10 e 7.24, respectivamente, para saber como atribuir números a tabelas e figuras que acompanham o texto principal; consulte a Seção 2.14 para saber como atribuir números a tabelas e figuras que aparecem nos apêndices). Quando você faz a chamada de uma tabela ou figura, diga também aos leitores o que procurar nelas.

> As shown in Table 1, the demographic characteristics... / Conforme apresentado na Tabela 1, as características demográficas...
>
> Figure 2 shows the event-related potentials... / A Figura 2 mostra os potenciais relacionados ao evento...
>
> ...of the results of the testing (see Table 3). / ...dos resultados do teste (ver Tabela 3).
>
> ...of the comparisons (see Figures 4 and 7). / ...das comparações (ver Figuras 4 e 7).

Não escreva "a tabela acima" (ou "abaixo") ou "a figura na página 32". Os números de páginas geralmente mudam durante o processo de escrita, o que pode levar a erros. Para trabalhos publicados, os números de páginas finais e a colocação de tabelas e figuras na página são determinados durante a composição. Referir-se a tabelas e figuras por número, e não por localização na página, também ajuda os leitores que acessam um trabalho por meio de tecnologias assistivas, como leitores de tela. Autores que visam à publicação também não devem escrever "insira a Tabela 1 aqui" ou "coloque a Figura 2 aqui", pois é o compositor que determinará a posição das tabelas e figuras em relação às chamadas.

7.6 Localização de Tabelas e Figuras

Existem duas opções para a colocação de tabelas e figuras em um trabalho. A primeira é colocar todas elas em páginas separadas após a lista de referências (com cada tabela em uma página separada seguida por cada figura em uma página separada). A segunda é inserir cada tabela e figura no texto após sua primeira chamada. Siga as especificações da editora (*publisher*) do periódico ou da tarefa de aula para a localização de tabelas e figuras. Colocar todas as tabelas e figuras em páginas separadas depois da lista de referências pode ser preferível para manuscritos submetidos à publicação, a fim de facilitar a preparação de originais; qualquer abordagem é apropriada para tarefas de estudantes ou quando a localização das tabelas e figuras não foi especificada. Dissertações e teses podem ter especificações diferentes, por exemplo, em algumas diretrizes universitárias, múltiplas tabelas ou figuras podem ser colocadas na mesma página no final do documento contanto que caibam nesse espaço. Ao formatar sua dissertação ou tese, siga as orientações especificadas por seu orientador e/ou universidade. Autores que visam à publicação podem ter de enviar figuras em arquivos de alta resolução separados do manuscrito, independentemente de seu ponto de inserção no trabalho.

Alinhe todas as tabelas e figuras com a margem esquerda, independentemente de onde elas aparecem no trabalho. Ao incorporar uma tabela ou figura ao texto, posicione-a após um parágrafo inteiro, de preferência o parágrafo onde ela é chamada pela primeira vez. Coloque a tabela ou figura de modo que caiba em uma página, se possível (consulte a Seção 7.18 para tabelas mais longas ou mais largas do que uma página). Se o texto aparecer na mesma página que uma tabela ou figura, adicione uma linha em branco com espaço duplo entre o texto e o elemento gráfico para que a separação entre eles fique clara. Coloque uma tabela ou figura pequena no início ou no final de uma página, não no meio.

Tabelas e figuras que contribuem mas não são essenciais ao texto podem ser colocadas em um ou mais apêndices. Podem aparecer dentro de um apêndice que também contém texto ou constituir todo um apêndice (ver Seção 2.14). Tabelas e figuras também podem ser colocadas em materiais complementares quando enriquecem a compreensão do conteúdo apresentado no artigo, mas não são essenciais para o entendimento básico ou não podem ser integralmente exibidas na publicação (ver Seção 2.15). Se forem incluídas como materiais complementares, chame-as no texto, mas descreva-as apenas brevemente (p. ex., escreva "ver Tabela 1 nos materiais complementares para a lista de estímulos").

7.7 Reimpressão ou Adaptação de Tabelas e Figuras

Se você reproduzir ou adaptar uma tabela ou figura de outra fonte em seu trabalho (p. ex., uma tabela de seu próprio trabalho publicado, uma imagem que você encontrou na internet), é necessário incluir uma atribuição de direitos autorais na nota da tabela ou nota da figura indicando a origem do material reimpresso ou adaptado, além de um item na lista de referências. Você também pode ter de obter permissão do detentor dos direitos autorais para isso. A Tabela 7.14, na Seção 7.21, e as Figuras 7.3, 7.14 e 7.21, na Seção 7.36, mostram, respectivamente, atribuições de direitos autorais para uma tabela adaptada que não requer permissão, uma figura reimpressa que não requer permissão, uma figura reimpressa em domínio público e uma figura reimpressa com permissão. Veja as Seções 12.14 a 12.18 para mais informações sobre direitos autorais e permissão, e para mais formatos e exemplos de atribuição de direitos autorais.

Tabelas

7.8 Princípios de Construção de Tabelas

As tabelas devem ser parte integrante do texto, mas elaboradas de modo que sejam concisas e possam ser compreendidas isoladamente. O princípio da concisão se aplica não somente a tabelas incluídas no texto principal, mas também a tabelas a serem colocadas em apêndices e materiais complementares. Embora as tabelas extras possam ser mais extensas e detalhadas do que as que acompanham o texto principal, elas devem ter relação direta e clara com o conteúdo do artigo (ver Seção 2.15).

Todas as tabelas visam mostrar algo específico; por exemplo, tabelas que comunicam dados quantitativos são efetivas somente quando os dados são organizados de modo que seu significado seja evidente de relance (Wainer, 1997). Com frequência, os mesmos dados podem ser organizados de modos diferentes para enfatizar diferentes características dos dados, e o melhor arranjo depende do seu objetivo. Acima de tudo, a organização da tabela deve ser lógica e facilmente compreensível pelos leitores. Os dados a serem comparados devem estar um ao lado do outro. De modo geral, diferentes índices (p. ex., médias, desvios padrão, tamanhos de amostra) devem ser apresentados em diferentes linhas ou colunas. Coloque nomes de variáveis e condições próximo de seus valores para facilitar a comparação. Veja as tabelas da Seção 7.21 como exemplos de leiautes eficazes.

7.9 Componentes de uma Tabela

Os componentes básicos de uma tabela prototípica são mostrados na Tabela 7.1 e se resumem da seguinte forma:

- **número:** O número da tabela (p. ex., Tabela 1) aparece em negrito acima da tabela (ver Seção 7.10).
- **título:** O título da tabela aparece em uma linha de espaço duplo abaixo do número da tabela, com letras iniciais maiúsculas e em itálico (ver Seções 6.17 e 7.11).
- **cabeçalhos:** As tabelas podem incluir uma variedade de cabeçalhos, dependendo da natureza e organização dos dados. Todas devem incluir cabeçalhos de coluna, inclusive a *stub column* ou *stub*, que é a coluna que fica no extremo esquerdo da tabela. Algumas tabelas também incluem abrangedores de coluna, isto é, cabeçalhos que abrangem duas ou mais colunas, cabeçalhos em múltiplos níveis ou "empilhados" e abrangedores de tabela, isto é, cabeçalhos que abrangem toda a largura do corpo da tabela.
- **corpo:** O corpo inclui todas as linhas e colunas de uma tabela (ver Seção 7.13). Uma *célula* é o ponto de intersecção entre uma linha e uma coluna. O corpo pode ter espaçamento simples, espaçamento um e meio ou espaçamento duplo.
- **notas:** Três tipos de notas (geral, específica e de probabilidade) aparecem abaixo da tabela, conforme necessário, para descrever os conteúdos que não podem ser compreendidos a partir do título ou apenas do corpo (p. ex., definições de abreviaturas, atribuição de direitos autorais). Nem todas as tabelas incluem notas (consulte a Seção 7.14).

Consulte a Seção 7.21 para exemplos de tabelas.

Tabela 7.1 Componentes Básicos de uma Tabela

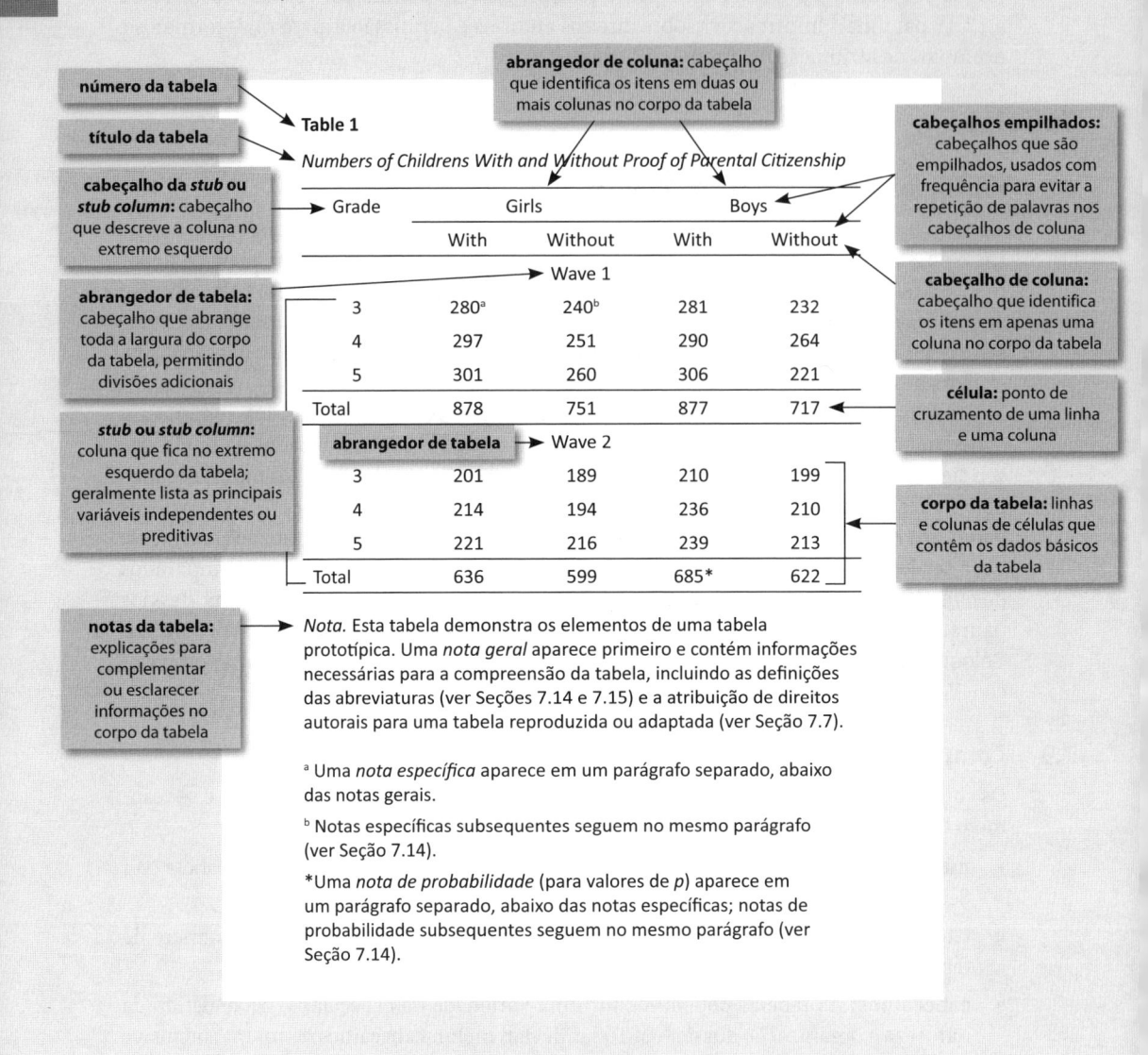

- **número da tabela**
- **título da tabela**
- **cabeçalho da *stub* ou *stub column*:** cabeçalho que descreve a coluna no extremo esquerdo
- **abrangedor de tabela:** cabeçalho que abrange toda a largura do corpo da tabela, permitindo divisões adicionais
- ***stub* ou *stub column*:** coluna que fica no extremo esquerdo da tabela; geralmente lista as principais variáveis independentes ou preditivas
- **notas da tabela:** explicações para complementar ou esclarecer informações no corpo da tabela
- **abrangedor de coluna:** cabeçalho que identifica os itens em duas ou mais colunas no corpo da tabela
- **cabeçalhos empilhados:** cabeçalhos que são empilhados, usados com frequência para evitar a repetição de palavras nos cabeçalhos de coluna
- **cabeçalho de coluna:** cabeçalho que identifica os itens em apenas uma coluna no corpo da tabela
- **célula:** ponto de cruzamento de uma linha e uma coluna
- **corpo da tabela:** linhas e colunas de células que contêm os dados básicos da tabela

Table 1

Numbers of Childrens With and Without Proof of Parental Citizenship

Grade	Girls		Boys	
	With	Without	With	Without
Wave 1				
3	280[a]	240[b]	281	232
4	297	251	290	264
5	301	260	306	221
Total	878	751	877	717
Wave 2				
3	201	189	210	199
4	214	194	236	210
5	221	216	239	213
Total	636	599	685*	622

Nota. Esta tabela demonstra os elementos de uma tabela prototípica. Uma *nota geral* aparece primeiro e contém informações necessárias para a compreensão da tabela, incluindo as definições das abreviaturas (ver Seções 7.14 e 7.15) e a atribuição de direitos autorais para uma tabela reproduzida ou adaptada (ver Seção 7.7).

[a] Uma *nota específica* aparece em um parágrafo separado, abaixo das notas gerais.

[b] Notas específicas subsequentes seguem no mesmo parágrafo (ver Seção 7.14).

*Uma *nota de probabilidade* (para valores de *p*) aparece em um parágrafo separado, abaixo das notas específicas; notas de probabilidade subsequentes seguem no mesmo parágrafo (ver Seção 7.14).

7.10 Numeração de Tabelas

Numere todas as tabelas que fazem parte do texto principal (ou seja, não fazem parte de um apêndice ou material complementar) usando algarismos arábicos — por exemplo, Tabela 1, Tabela 2 e Tabela 3. Atribua os números na ordem em que cada tabela é mencionada pela primeira vez no texto, independentemente de haver uma discussão mais detalhada em outro lugar no trabalho. Escreva a palavra "Tabela" e o número em negrito e alinhado à esquerda (ou seja, sem recuo nem centralizado). As tabelas que aparecem nos apêndices seguem um esquema de numeração diferente (ver Seção 2.14).

7.11 Títulos de Tabelas

Dê a cada tabela um título sucinto, mas claro e explicativo; seu conteúdo básico deve ser facilmente deduzido do título. Escreva o título da tabela em formato título e em itálico, abaixo do número da tabela, usando espaço duplo no número e título da tabela. Evite títulos que sejam excessivamente gerais e excessivamente detalhados.

Qualidade do título	Exemplo de título de tabela	Justificativa
Demasiadamente geral	*Relation Between College Majors and Performance / Relação Entre Cursos de Graduação e Desempenho*	Não está claro quais dados são apresentados na tabela.
Demasiadamente detalhado	*Mean Performance Scores on Test A, Test B, and Test C of Students With Psychology, Physics, English, and Engineering Majors / Pontuação Média de Desempenho no Teste A, no Teste B e no Teste C de Estudantes dos Cursos de Psicologia, Física, Inglês e Engenharia*	O título duplica informações dos cabeçalhos da tabela.
Eficaz	*Mean Performance Scores of Students With Different College Majors / Pontuação Média de Estudantes de Diferentes Cursos de Graduação*	O título é específico e não repete informações dos cabeçalhos.

Abreviaturas que aparecem nos cabeçalhos ou no corpo da tabela podem ser explicadas entre parênteses no título da tabela.

Hit and False-Alarm (FA) Proportions in Experiment 2 / Proporção de Acertos e Alarmes Falsos (AF) no Experimento 2

As abreviaturas também podem ser definidas em uma nota geral (ver Seção 7.14). Não use uma nota específica para esclarecer um elemento do título.

7.12 Cabeçalhos de Tabela

Os cabeçalhos estabelecem a organização das informações na tabela e identificam o que está em cada coluna. Os cabeçalhos das colunas identificam os itens abaixo de si. Os cabeçalhos das tabelas devem ser sucintos e, se possível, não devem ser muito mais extensos do que as informações em sua respectiva coluna. Cada coluna de uma tabela precisa ter um cabeçalho, inclusive a chamada *stub column* ou *stub*, que é a coluna que fica no extremo esquerdo da tabela (consulte a Tabela 7.1 para ver uma ilustração).

Essa coluna geralmente lista as principais variáveis independentes ou preditivas. Na Tabela 7.1, por exemplo, essa coluna lista os anos escolares. Nessa coluna, utiliza-se a palavra "Variable" (Variável) para nomear o cabeçalho quando nenhuma outra é adequada. Escreva os itens na *stub column* de forma paralela (consulte a Seção 4.24 para orientação sobre construção paralela). Numere os itens nessa coluna apenas em uma matriz de correlação (ver Tabelas 7.10 e 7.11 na Seção 7.21) ou quando o texto se refere a eles por número. Para mostrar subordinação dentro dessa coluna, use recuo em vez de criar uma coluna adicional (ver, p. ex., a Tabela 7.2, em que "Single" [Solteiro], "Married/Partnered" [Casado/Parceiro], etc., são recuados sob a rubrica "Marital Status" [Estado Civil]).[1] Defina o recuo usando o recurso de formatação de parágrafo do seu processador de texto, em vez de usar a tecla "tab". Na composição tipográfica, o recuo é de um espaço "em";

---

[1] Os cabeçalhos de coluna são escritos em formato sentença em uma tabela, mas em formato título quando mencionados no texto.

pode-se chegar próximo disso em rascunhos de manuscritos definindo o recuo do parágrafo em 0,15 in. ou inserindo um espaço "em" a partir do menu de caracteres especiais do seu processador de texto.

Os cabeçalhos acima das colunas à direita da *stub column* identificam o que cada coluna apresenta. Um *cabeçalho de coluna* se aplica a apenas uma coluna; um *abrangedor de coluna* se refere a duas ou mais colunas, cada uma delas com seu próprio cabeçalho. Os cabeçalhos dispostos dessa forma são referidos como *cabeçalhos empilhados*. Muitas vezes, eles podem ser usados para evitar a repetição de palavras nos cabeçalhos das colunas (ver Tabela 7.1). Se possível, não use mais de dois níveis de cabeçalhos empilhados. Tabelas mais complexas podem exigir *abrangedores de tabela*, que são cabeçalhos dentro do corpo da tabela que abrangem toda a largura, permitindo divisões adicionais dentro da tabela sem alterar os cabeçalhos das colunas (ver Tabela 7.1). Abrangedores de tabela também podem ser usados para combinar duas tabelas, desde que tenham cabeçalhos de coluna idênticos.

Qualquer item em uma coluna deve ser sintática e conceitualmente comparável com os outros itens dessa coluna, e todos os itens devem ser descritos pelo cabeçalho. Por exemplo, uma coluna com o título "%" conteria apenas porcentagens e os números não seriam seguidos pelo símbolo de porcentagem porque ele já está no cabeçalho (consulte a Tabela 7.2 na Seção 7.21).

Use formato sentença para todos os cabeçalhos de uma tabela (consulte a Seção 6.17). Centralize todos os cabeçalhos acima de suas colunas. Cabeçalhos da *stub column*, das outras colunas, e abrangedores de coluna devem estar no singular (p. ex., "Measure" [Medida], "Item"), a menos que se refiram a um grupo (p. ex., "Children" [Crianças], "Women" [Mulheres]), mas abrangedores de tabela podem estar no singular ou no plural.

7.13 Corpo da Tabela

A parte principal da tabela, o *corpo*, contém informações organizadas em células. As informações no corpo de uma tabela podem ser na forma de números, palavras ou uma mistura de ambos. O corpo da tabela (incluindo seus cabeçalhos) pode ser digitado em espaçamento simples, um e meio ou duplo, dependendo de qual apresentação transmite informações aos leitores de modo mais eficaz (p. ex., o espaçamento simples pode permitir que uma tabela caiba em uma página). Se os itens forem mais extensos do que uma linha, use um recuo deslocado de 0,15 in. ou um espaço "em". Na *stub column*, centralize o cabeçalho e alinhe os itens à esquerda abaixo dele. Se os itens nesta coluna são significativamente mais curtos do que o cabeçalho da coluna esquerda, é permitido centralizá-los (p. ex., números de um único dígito; consulte a tabela parcial mais adiante nesta seção para ver um exemplo). Os itens em todas as outras células da tabela devem ser centralizados (contudo, alinhá-los à esquerda é aceitável se isso melhorar a legibilidade dos itens mais extensos). Use formato sentença para todos os itens constituídos de palavras no corpo da tabela (consulte a Seção 6.17). Os números que aparecem no corpo da tabela devem ser escritos como palavras ou algarismos de acordo com as regras descritas nas Seções 6.32 a 6.39; contudo, é permitido usar algarismos para todos os números nas tabelas se isso for mais claro ou economizar espaço.

Valores Decimais. Expresse os valores numéricos com o número de casas decimais que a precisão da medida exigir (ver Seção 6.36). Se possível, apresente todos os valores comparáveis com o mesmo número de casas decimais. Os valores numéricos devem ser centralizados na coluna e também podem ser alinhados na casa decimal, se desejado (para a versão publicada, o compositor normalmente centraliza os valores e alinha na casa decimal).

Células Vazias. Se uma célula não puder ser preenchida porque os dados não se aplicam ao caso, deixe-a em branco. Use uma nota geral ou específica se precisar explicar por que a célula está em branco ou o elemento não é aplicável (ver Seção 7.14). Se uma célula não puder ser preenchida porque os dados não foram obtidos ou não foram apresentados, insira um travessão e explique seu uso na nota geral (ver Seção 7.14). Por convenção, um travessão na principal posição diagonal de uma matriz de correlação (ver Tabelas 7.10 e 7.11 na Seção 7.21) indica a correlação de um item consigo mesmo, o qual deve ser 1,00, sem necessidade de explicação.

Concisão. Seja seletivo em sua apresentação. Não inclua colunas de dados que podem ser facilmente calculados a partir de outras colunas. Por exemplo, a tabela parcial a seguir é redundante porque mostra o número de respostas por ensaio e o número total de respostas; em vez disso, mostre apenas o que for mais importante para a discussão.

Participante	Nº de respostas		Total de respostas
	Primeiro teste	Segundo teste	
1	5	7	12
2	6	4	10

Citações em Tabelas. Se uma tabela contém citações de outros trabalhos, siga os formatos descritos na Seção 8.11. Use um "e" comercial (&) para a palavra "and" em todas as citações em tabelas para economizar espaço. A Tabela 7.4 na Seção 7.21 mostra um exemplo de uma tabela que contém citações de estudos incluídos em uma metanálise.

7.14 Notas em Tabelas

As tabelas podem ter três tipos de notas, que são colocadas abaixo do corpo do tabela: gerais, específicas e de probabilidade. As notas em tabelas se aplicam apenas a uma tabela específica e não a qualquer outra. Se as informações em uma nota de tabela se aplicam a outra tabela, repita as informações nas notas de ambas para que elas possam ser compreendidas por si só. Algumas tabelas não exigem notas de qualquer tipo.

Nota Geral. Uma *nota geral* qualifica, explica ou fornece informações relativas à tabela como um todo e explica abreviaturas, símbolos, uso especial de itálico, negrito ou parênteses e assemelhados. Também inclui o eventual reconhecimento de que uma tabela foi reimpressa ou adaptada de outra fonte (ver Seção 7.7). As notas gerais são designadas pela palavra "*Note*" (*Nota*; em itálico) seguida por um ponto (ver Tabela 7.1 e os exemplos de tabelas na Seção 7.21). Explicações sobre abreviaturas e atribuições de direitos autorais para tabelas reimpressas ou adaptadas aparecem no final de uma nota geral, nessa ordem.

> *Note.* Factor loadings greater than .45 are shown in bold. M = match process; N = nonmatch process. / *Nota.* Cargas de fatores maiores que 0,45 são mostradas em negrito. M = processo de correspondência; N = processo de não correspondência.

Nota Específica. Uma *nota específica* refere-se a uma coluna, linha ou célula particular. São indicadas por letras minúsculas sobrescritas (p. ex., [a], [b], [c]). Não adicione notas específicas ao título de uma tabela, em vez disso, use uma nota geral. Em cada tabela que contém notas específicas, ordene os sobrescritos da esquerda para a direita e de cima para baixo, começando no canto superior esquerdo e iniciando com a letra "a" (ver, p. ex., as Tabelas 7.2, 7.10 e 7.15 na Seção 7.21). A nota específica correspondente abaixo da tabela começa com a mesma letra sobrescrita. Coloque um espaço sobrescrito antes da letra sobrescrita no corpo da tabela (p. ex., Grupo[a]). Coloque um espaço sobrescrito após a letra sobrescrita na nota específica, pois ele evita que notas específicas sejam capturadas pela verificação ortográfica e melhora a legibilidade.

> [a] n = 25. [b] This participant did not complete the trials. / [a] n = 25. [b] Este participante não completou os testes.

Nota de Probabilidade. Uma *nota de probabilidade* descreve como asteriscos e outros símbolos são usados em uma tabela para indicar valores de p e, assim, o significado dos resultados dos testes estatísticos de hipóteses. Para resultados da testagem de significância estatística em textos e tabelas, descreva as probabilidades exatas com duas ou três casas decimais (p. ex., p = 0,023; ver, p. ex., as Tabelas 7.8 e 7.9 na Seção 7.21; consulte também as Seções 3.7 e 6.36). No entanto, quando os valores de p são menores que 0,001, é aceitável escrever o valor como "<0,001".

Às vezes pode ser difícil apresentar valores de p exatos em uma tabela porque isso dificultaria a sua leitura. Uma alternativa é usar a notação "$p <$". Use-a apenas em tabelas e figuras (ver Seção 7.28 para mais informações sobre notas de figuras), não no texto. Na notação "$p <$", asteriscos ou cruzes aparecem após os itens da tabela para indicar que os itens atingiram o limite de significância estabelecido; as definições dos asteriscos e/ou cruzes aparecem em uma nota de probabilidade correspondente. Use o mesmo número de asteriscos para indicar os mesmos valores de p em tabelas (ou em figuras) em seu trabalho, como *p < 0,05, **p < 0,01 e ***p < 0,001 (ver, p. ex., Tabelas 7.10 e 7.11 na Seção 7.21). Em geral, não use nenhum valor de p menor que 0,001. Cruzes às vezes são usadas para indicar tendências não significativas com base no limite estabelecido para seu estudo (p. ex., †p < 0,10) ou para distinguir entre testes unilaterais e bilaterais. Use a formatação sobrescrita para asteriscos e cruzes. No corpo de uma tabela (ou em uma figura), posicione esses elementos imediatamente após os itens correspondentes, sem espaço entre eles (p. ex., 0,02*). Na nota de probabilidade, coloque asteriscos e cruzes imediatamente antes do p, sem espaço entre eles (p. ex., *p < 0,002).

Testes Unilaterais *Versus* Bilaterais. Se você precisar distinguir entre testes unilaterais e bilaterais na mesma tabela, use um asterisco para os valores p bilaterais e algum outro símbolo (p. ex., cruz) para o valores p unilaterais e especifique a convenção na nota de probabilidade.

> *p < .05, two-tailed. **p < .01, two-tailed. †p < .05, one-tailed. ††p < .01, one-tailed." / *p < 0,05, bicaudal. **p < 0,01, bicaudal. †p < 0,05, unicaudal. ††p < 0,01, unicaudal.

Indicação de Diferenças Significativas Entre Valores. Para indicar diferenças estatisticamente significativas entre dois ou mais valores em tabelas — por exemplo, ao comparar valores com testes *post hoc*, tais como o teste de Tukey da diferença verdadeiramente significativa, o procedimento de Bonferroni, o método Scheffé, a menor diferença significativa de Fisher, ou o novo teste de amplitude múltipla de Duncan — use letras minúsculas subscritas (ver, p. ex., Tabela 7.9 na Seção 7.21). Explique o uso dos subscritos na nota geral, como no exemplo a seguir:

> *Note.* Means sharing a common subscript are not significantly different at α = .01 according to Tukey's honestly significant difference procedure. / *Nota.* As médias que compartilham um subscrito comum não são significativamente diferentes de α = 0,01 de acordo com o teste de Tukey da diferença significativa honesta.

Formatação de Notas. Comece cada tipo de nota em uma nova linha abaixo do corpo da tabela. Uma nota geral aparece primeiro; uma nota específica começa em uma nova linha abaixo (notas específicas subsequentes começam na mesma linha); uma nota de probabilidade começa em uma nova linha abaixo de eventuais notas gerais ou específicas (notas de probabilidade subsequentes começam na mesma linha). Múltiplas notas específicas ou de probabilidade são separadas umas das outras por um ponto e um espaço. Longas notas específicas podem ser apresentadas em linhas separadas se isso melhorar a legibilidade. Todas as notas de tabelas devem ser digitadas em espaço duplo e alinhadas à esquerda (ou seja, sem recuo de parágrafo).

> *Note.* The responses were gathered in the laboratory. / *Nota.* As respostas foram coletadas em laboratório.
>
> [a] $n = 25$. [b] $n = 42$.
>
> *$p < .05$. **$p < .01$. ***$p < .001$.

Uso de Notas Para Eliminar Repetição. As notas podem ser úteis para eliminar a repetição no corpo de uma tabela. Certos tipos de informação são apropriados no corpo da tabela ou em uma nota. Para determinar a colocação desse conteúdo, lembre-se de que dados organizados de forma clara e eficiente permitem que os leitores se concentrem nessas informações. Assim, se os valores de probabilidade ou os tamanhos das subamostras forem numerosos, use uma coluna em vez de muitas notas. Em contrapartida, se uma linha ou coluna contém poucos itens (ou o mesmo item), elimine-a adicionando uma nota à tabela, conforme exemplificado nas tabelas parciais a seguir.

Repetitiva	
Grupo	n
Ansioso	15
Deprimido	15
Controle	15

Concisa
Grupo [a]
Ansioso
Deprimido
Controle

[a] $n = 15$ para cada grupo.

7.15 Abreviaturas Padrão em Tabelas e Figuras

Use abreviaturas e símbolos padrão para todas as estatísticas (p. ex., M, SD, SE, F, df, n, p), letras gregas (p. ex., α, β, χ^2) e unidades de medida (ver Tabelas 6.4 e 6.5) sem defini-las em nota. Essa orientação também se aplica a estatísticas, letras gregas e unidades de medida que aparecem em figuras (consulte a Seção 7.28 para obter mais informações sobre as notas das figuras). A abreviatura "no." (número) e o símbolo "%" (por cento) também podem ser usados sem indicar uma definição. Outras abreviaturas usadas em uma tabela ou figura devem ser definidas no título, corpo ou nota, mesmo que também sejam definidas no trabalho (consulte as Seções 6.25 e 6.44). Exceto onde faz sentido agrupar abreviaturas semelhantes, defina as abreviaturas na ordem em que elas aparecem na tabela, a partir do canto superior esquerdo e da esquerda para a direita, de cima para baixo.

7.16 Intervalos de Confiança nas Tabelas

Quando uma tabela inclui estimativas pontuais — por exemplo, médias, correlações ou curvas de regressão —, ela também deve, se possível, incluir intervalos de confiança. Indique-os usando colchetes, como no texto (ver Seção 6.9) e na Tabela 7.16 na Seção 7.21, ou fornecendo os limites inferior e superior em colunas separadas, como na Tabela 7.17 na Seção 7.21. Em cada tabela que inclui intervalos de confiança, indique o nível de confiança (p. ex., 95% ou 99%). Geralmente é melhor usar o mesmo nível de confiança em todo o trabalho.

7.17 Bordas e Sombreamento da Tabela

Limite o uso de bordas ou linhas em uma tabela àquelas necessárias para maior clareza. De modo geral, use bordas na parte superior e inferior da tabela, abaixo dos cabeçalhos das colunas (incluindo cabeçalhos empilhados) e acima de abrangedores de coluna. Você também pode usar uma borda para separar uma linha contendo totais ou outras informações de resumo de outras linhas da tabela (ver, p. ex., Tabela 7.1). Não use bordas verticais para separar dados nem bordas em torno de cada célula. Use espaçamento entre colunas e linhas e alinhamento estrito para esclarecer as relações entre os elementos de uma tabela.

Evite o uso de sombreamento nas tabelas. Não o utilize apenas para decoração. Para enfatizar o conteúdo de uma determinada célula ou células, use uma nota específica ou de probabilidade; itálico ou negrito também podem ser usados com explicação em uma nota geral. Em vez de usar sombreamento, adicione espaços em branco ou bordas entre linhas e colunas para ajudar os leitores a distingui-las. Se o sombreamento for necessário, explique o seu propósito na nota geral.

7.18 Tabelas Extensas ou Largas

Se uma tabela tiver mais de uma página, repita o cabeçalho em cada página subsequente. É melhor usar as ferramentas automatizadas de formatação de tabelas do seu processador de texto em vez de redigitar manualmente os cabeçalhos. A Tabela 7.4 na Seção 7.21 mostra um exemplo de uma tabela de múltiplas páginas — neste caso, uma tabela que resume os estudos incluídos em uma metanálise.

Tabelas largas podem ser apresentadas na orientação de paisagem (não importando se a orientação de paisagem impacta a posição do cabeçalho da página). Caso uma tabela em formato de paisagem ainda não caiba em uma página por ser muito larga, a *stub column* deve ser repetida em cada página subsequente. Se uma tabela não cabe em uma página por ser muito larga e muito extensa, crie tabelas separadas.

7.19 Relação Entre Tabelas

Considere combinar tabelas que repetem dados. Normalmente, colunas ou linhas de dados idênticas não devem aparecer em duas ou mais tabelas. Mantenha a regularidade na apresentação de todas as tabelas em um artigo para facilitar as comparações. Use formatos, títulos e cabeçalhos similares e a mesma terminologia entre as tabelas sempre que possível (p. ex., não use "tempo de resposta" em uma e "tempo de reação" em outra para se referir ao mesmo conceito). Se múltiplas tabelas contêm dados semelhantes, mas não podem ser combinadas, numere-as separadamente (p. ex., Tabela 1 e Tabela 2); não use letras para indicar subtabelas (ou seja, não rotule Tabela 1A e Tabela 1B).

7.20 Lista de Conferência de Tabelas

A lista de conferência de tabelas pode ajudar a garantir que os dados em sua tabela sejam apresentados de maneira efetiva e obedeçam às recomendações de estilo apresentadas neste capítulo.

Lista de Conferência de Tabelas

☐ A tabela é necessária?

☐ A tabela pertence às versões impressa e eletrônica do artigo, ou ela pode ser publicada em materiais complementares?

☐ Todas as tabelas comparáveis do manuscrito são consistentes entre si na apresentação?

☐ Todas as tabelas foram numeradas consecutivamente com numerais arábicos na ordem em que foram mencionadas pela primeira vez no texto? O número das tabelas está em negrito e alinhado à esquerda?

☐ Todas as tabelas foram chamadas ou mencionadas no texto?

☐ O título das tabela é sucinto mas explicativo? Ele foi digitado em formato título e alinhado à esquerda?

☐ Todas as colunas têm seus cabeçalhos, inclusive a *stub column*? Todos os cabeçalhos estão centralizados?

☐ Todas as abreviaturas (com as exceções apontadas na Seção 7.15), assim como o uso especial de itálico, negrito, parênteses, travessões e símbolos, estão explicados?

☐ As notas, caso necessárias, estão na seguinte ordem: nota geral, nota específica e nota de probabilidade? Elas foram digitadas em espaço duplo, alinhadas à esquerda e na mesma fonte que a utilizada no texto do trabalho?

☐ Todas as bordas foram corretamente aplicadas (na parte superior e inferior da tabela, abaixo dos cabeçalhos das colunas, acima dos abrangedores)?

☐ O espaçamento entre as linhas da tabela foi corretamente aplicado (espaço duplo para número, título e notas; espaço simples, de um e meio ou duplo para o corpo)?

☐ Todos os itens na *stub column* estão alinhados à esquerda abaixo do cabeçalho centralizado? Todos os outros cabeçalhos das colunas e itens das células estão centralizados (exceto quando o alinhamento à esquerda melhoraria a legibilidade)?

☐ Os intervalos de confiança estão indicados para todas as principais estimativas? O nível de confiança — por exemplo, 95% — está informado, e o mesmo nível de confiança é usado para todas as tabelas do trabalho?

☐ Caso os resultados de significância estatística sejam incluídos na tabela, todos os valores de p estão corretamente identificados? Valores exatos de p estão indicados? A notação "$p <$" é usada somente quando necessário? Quando a notação "$p <$" é usada, os asteriscos ou cruzes estão definidos e vinculados aos itens apropriados? Os asteriscos ou cruzes são usados de maneira uniforme para indicar o mesmo valor de p em todas as tabelas no mesmo trabalho?

☐ Se parte ou a totalidade de uma tabela foi reproduzida ou adaptada, foi feita uma atribuição de direitos autorais? Caso seja necessário permissão para reproduzir a tabela, você recebeu autorização por escrito do detentor dos direitos autorais para reprodução (em forma impressa ou eletrônica) e enviou uma cópia dela junto com a versão final de seu trabalho?

7.21 Exemplos de Tabelas

Algumas tabelas têm formas padrão ou *canônicas* (p. ex., uma tabela de correlação). Quando possível, use uma forma padrão em vez de criar uma forma pessoal. A vantagem de usar a forma canônica é que os leitores geralmente já sabem onde procurar certos tipos de informação. Em algumas situações, pode-se usar outra forma, que não a canônica, para assinalar um ponto específico ou enfatizar certas relações específicas. O uso criterioso de formas atípicas pode ser efetivo, mas sempre deve ser motivado pelas circunstâncias especiais da série de dados. Ao utilizar formas não padronizadas, certifique-se de que os nomes estejam claros.

Exemplos de tabelas são apresentados a seguir; siga-os para criar tabelas. O conteúdo e a estrutura exata de sua tabela vão diferir dos exemplos conforme a natureza das informações apresentadas. Para variações não abordadas neste capítulo, consulte artigos publicados semelhantes para ver exemplos de padrões e práticas atuais.

- **características demográficas dos participantes do estudo** (Tabela 7.2): Dados demográficos podem ajudar os leitores a compreender a generalizabilidade dos resultados. Os dados demográficos a serem informados dependem da natureza do seu estudo.
- **propriedades das variáveis do estudo** (Tabela 7.3): Descreva as propriedades das variáveis de estudo (p. ex., médias, desvios padrão). Ao relatar informações psicométricas, indique claramente o índice de confiabilidade (ou outra propriedade psicométrica) usado e a amostra na qual a confiabilidade se baseou (se diferente da amostra do estudo).
- **resumo de metanálise** (Tabela 7.4): As qualidades dos estudos incluídos em uma metanálise podem ser indicadas em uma tabela como um resumo para os leitores (quais informações devem ser relatadas depende da natureza do estudo).
- **resumo de delineamento experimental complexo** (Tabela 7.5): Delineamentos complexos podem ser resumidos em uma tabela, esclarecendo toda a estrutura do(s) experimento(s) sem a necessidade de uma longa descrição textual.
- **estatísticas descritivas para as medidas do estudo** (Tabela 7.6): Estatísticas descritivas incluem médias e desvios padrão. As estatísticas exatas que você deve fornecer dependem da natureza e do propósito das análises.
- **resultados de qui-quadrado** (Tabela 7.7): Os resultados dos testes individuais do qui-quadrado geralmente são relatados apenas no texto (ver Seção 6.43). Os resultados de múltiplos testes de qui-quadrado podem ser resumidos em uma tabela, que normalmente também inclui frequências, valores de p e outras estatísticas relevantes, como magnitudes de efeito.
- **resultados do teste *t*** (Tabela 7.8): Quando há apenas um teste *t* a relatar, os resultados devem ser incorporados ao texto (ver Seção 6.43). Use uma tabela para relatar os resultados de múltiplos testes *t*.
- **comparações *a priori* ou *post hoc*** (Tabela 7.9): Testes *a priori* e *post hoc* (p. ex., teste HSD de Tukey, procedimento de Bonferroni, método Scheffé, menor diferença significativa de Fisher, novo teste de amplitude múltipla de Duncan) são usados para comparar as médias de grupos específicos em estudos em que as variáveis independentes têm mais de dois níveis. Embora esses resultados sejam com frequência apresentados no texto e não em uma tabela, esta pode ser usada para resumir as comparações. Ela é semelhante à tabela de apresentação de estatísticas descritivas (Tabela 7.6), com o acréscimo de subscritos para indicar médias significativamente diferentes.
- **correlações** (Tabelas 7.10 e 7.11): Uma tabela de correlação apresenta correlações entre as variáveis de estudo e também pode incorporar estatísticas descritivas, valores alfa ou outras estatísticas relevantes (Tabela 7.10). A correlação perfeita ao longo da diagonal é indicada por um travessão longo. As intercorrelações para dois grupos diferentes podem ser apresentadas na mesma tabela, com correlações para um grupo acima da diagonal e para o outro grupo abaixo dela (Tabela 7.11). As variáveis em uma

tabela de correlação devem ser numeradas e designadas na *stub column*, com números correspondentes sozinhos nos cabeçalhos das colunas para evitar a repetição das designações das variáveis nos cabeçalhos das colunas.

- **análise de variância** (Tabelas 7.12 e 7.13): Os resultados de uma única análise de variância de uma via ("one-way ANOVA") normalmente são relatados apenas no texto. Os resultados de múltiplas ANOVAs podem ser apresentados em uma tabela; várias disposições são possíveis. Por exemplo, graus de liberdade podem ser apresentados no cabeçalho da coluna quando são os mesmos para todos os testes (Tabela 7.12) ou em coluna própria quando são diferentes (Tabela 7.13). As somas dos quadrados e os quadrados médios normalmente não são incluídos em tabelas destinadas à publicação.

- **análise fatorial** (Tabela 7.14): Coeficientes ou cargas fatoriais (rotacionadas ou não) podem ser apresentados de várias maneiras e ser acompanhados por outros índices, como a porcentagem de variância e *eigenvalues*. Se uma rotação for usada, especifique o tipo (p. ex., varimax, oblimin). Coeficientes ou cargas fatoriais acima de um limite prescrito normalmente são indicados pelo uso de negrito; o propósito de qualquer negrito deve ser explicado na nota da tabela.

- **regressão múltipla** (Tabelas 7.15–7.18): Os resultados de regressão múltipla, incluindo análises de mediação e moderação, podem ser apresentados de várias maneiras, dependendo da finalidade da tabela e da necessidade de detalhes. Identifique claramente o tipo de regressão (p. ex., hierárquica) e os tipos de coeficientes de regressão (brutos ou padronizados) relatados. Para regressões hierárquicas e outras regressões sequenciais, certifique-se de indicar os incrementos de mudança (ver Seção 6.43). Quatro opções são mostradas nos exemplos de tabelas: coeficientes de regressão sem intervalos de confiança (Tabela 7.15), coeficientes de regressão e intervalos de confiança entre parênteses (Tabela 7.16), análise do moderador com intervalos de confiança em colunas separadas (Tabela 7.17) e regressão múltipla hierárquica (Tabela 7.18).

- **comparações de modelos** (Tabelas 7.19–7.21): As tabelas de comparação de modelos são usadas para comparar diferentes modelos de dados (Tabela 7.19), incluindo modelos de múltiplos níveis (Tabela 7.20), e para relatar os resultados de análises fatoriais confirmatórias (Tabela 7.21). Certifique-se de que os modelos concorrentes são claramente identificados e que as comparações estão claramente especificadas. Índices de ajuste comparativos podem ser úteis para os leitores.

- **tabelas qualitativas** (Tabelas 7.22 e 7.23): Dados qualitativos podem ser apresentados de diversas maneiras, dependendo do propósito da tabela. Tabelas qualitativas podem incluir descrições de variáveis (como na Tabela 7.22), estudos referenciados, itens de teste ou citações do discurso dos participantes da pesquisa. Dados quantitativos podem ser incorporados paralelamente aos qualitativos (p. ex., citações podem ser apresentadas ao lado das frequências de resposta, como na Tabela 7.23).

- **tabelas de métodos mistos** (Tabela 7.24): Os procedimentos ou resultados de pesquisas de métodos mistos podem ser apresentados em forma tabular de diversos modos, dependendo da finalidade da tabela.

Exemplos de Tabelas

Tabela 7.2 Exemplo de Tabela de Características Demográficas

Table 1

Sociodemographic Characteristics of Participants at Baseline

Baseline characteristic	Guided self-help		Unguided self-help		Wait-list control		Full sample	
	n	%	n	%	n	%	n	%
Gender								
Female	25	50	20	40	23	46	68	45.3
Male	25	50	30	60	27	54	82	54.7
Marital status								
Single	13	26	11	22	17	34	41	27.3
Married/partnered	35	70	38	76	28	56	101	67.3
Divorced/widowed	1	2	1	2	4	8	6	4.0
Other	1	1	0	0	1	2	2	1.3
Children[a]	26	52	26	52	22	44	74	49.3
Cohabitating	37	74	36	72	26	52	99	66.0
Highest educational level								
Middle school	0	0	1	2	1	2	2	1.3
High school/some college	22	44	17	34	13	26	52	34.7
University or post-graduate degree	27	54	30	60	32	64	89	59.3
Employment								
Unemployed	3	6	5	10	2	4	10	6.7
Student	8	16	7	14	3	6	18	12.0
Employed	30	60	29	58	40	80	99	66.0
Self-employed	9	18	7	14	5	10	21	14.0
Retired	0	0	2	4	0	0	2	1.3
Previous psychological treatment[a]	17	34	18	36	24	48	59	39.3
Previous psychotropic medication[a]	6	12	13	26	11	22	30	20.0

Note. $N = 150$ ($n = 50$ for each condition). Participants were on average 39.5 years old ($SD = 10.1$), and participant age did not differ by condition.

[a] Reflects the number and percentage of participants answering "yes" to this question.

(uso de nota específica)

Tabela 7.3 Exemplo de Tabela de Propriedades das Variáveis do Estudo

Table 1

Psychometric Properties for DLOPFQ Scales and Subscales

Scale	M	SD	Range	Cronbach's α
Identity total score	86.6	28.0	28–155	.94
Work Identity	41.6	13.3	16–76	.88
Social Identity	45.0	15.7	14–84	.91
Self-Directedness total score	91.2	26.5	34–151	.92
Work Self-Directedness	44.9	13.5	16–76	.85
Social Self-Directedness	46.3	14.3	17–80	.86
Empathy total score	101.8	15.8	48–139	.84
Work Empathy	49.9	8.2	20–72	.72
Social Empathy	51.9	8.6	28–76	.77
Intimacy total score	122.9	28.6	56–189	.91
Work Intimacy	61.7	14.3	28–94	.82
Social Intimacy	61.2	15.4	24–96	.86

Note. The *Diagnostic and Statistical Manual of Mental Disorders* (5th ed.) Levels of Personality Functioning Questionnaire (DLOPFQ) we developed had four scales (Identity, Self-Directedness, Empathy, and Intimacy), each with subscales for the work and social domains.

Tabela 7.4 Exemplo de Tabela de Resumo de Metanálise

Table 1

Sample and Task Information for Studies Included in the Meta-Analysis

Study	Sample	Task
Barch et al. (2001)	14 with first-episode schizophrenia 12 healthy control participants	AX-CPT
Barch et al. (2008)	57 with chronic schizophrenia 37 healthy control participants	AX-CPT
Becker (2012)	49 with chronic schizophrenia 28 healthy control participants	AX-CPT
Braver et al. (1999)	16 with first-episode schizophrenia 16 healthy control participants	AX-CPT
Chung et al. (2011)	41 with chronic schizophrenia 27 healthy control participants	AX-CPT
Cohen et al. (1999)	53 with chronic schizophrenia	AX-CPT
MacDonald & Carter (2003)	17 with chronic schizophrenia 17 healthy control participants	AX-CPT
Poppe et al. (2016)	47 with chronic schizophrenia 56 healthy control participants	DPX
Reilly et al. (2017)	402 with chronic schizophrenia 304 bipolar with psychotic features 210 healthy control participants	DPX
Sheffield et al. (2014)	104 with chronic schizophrenia 132 healthy control participants	AX-CPT, DPX
Todd et al. (2014)	33 with chronic schizophrenia 58 healthy control participants	AX-CPT
Zhang et al. (2015)	339 with chronic schizophrenia 665 healthy control participants	DPX

Note. AX-CPT = AX–continuous performance task; DPX = dot–pattern expectancy task.

(cabeçalhos se repetem na segunda página da tabela)

Tabela 7.5 Exemplo de Tabela de Resumo de Delineamento Experimental Complexo

Table 1

Summary of Designs of Experiments 1–4

Group	Preexposure 1	Preexposure 2	Conditioning	Test
Experiment 1				
Compound	A– X– Y–	AX– BY–	X+	X–
Compound novel	A– X– Y–	AX– BY–	Y+	Y–
Experiment 2				
Compound A	A– X– Y–	AX– BY–	A+	A–
Compound X	A– X– Y–	AX– BY–	X+	X–
Compound novel	A– X– Y–	AX– BY–	Y+	Y–
Experiment 3				
Compound	A– X– Y–	AX– Y–	X+	X–
Element	A– X– Y–	AX– Y–	Y+	Y–
Experiment 4				
Control			A+/Y+	A–/Y–
Element A	A– X– Y–	A– X– Y–	A+	A–
Element Y	A– X– Y–	A– X– Y–	Y+	Y–

Note. A, X, Y, and B = tone, clicker, steady light, and flashing light, respectively (counterbalanced), with the constraint that A and B are drawn from one modality and X and Y from another (counterbalanced); plus sign (+) = shock to floor of rat chamber; minus sign (–) = absence of shock.

Tabela 7.6 Exemplo de Tabela de Estatísticas Descritivas Para as Medidas do Estudo

Table 1

Means and Standard Deviations of Scores on Baseline Measures

Scale	High BAS group	Moderate BAS group	p
BAS-T	46.17 (2.87)	37.99 (1.32)	<.001
SR	17.94 (1.88)	11.52 (1.84)	<.001
BDI	7.11 (6.50)	6.18 (6.09)	.254
ASRM	6.46 (4.01)	5.63 (3.69)	.109
M-SRM	11.05 (3.36)	11.76 (2.75)	.078

Valores entre parênteses são facilmente lidos em uma tabela pequena. Na maioria das tabelas, índices diferentes devem ser apresentados em linhas ou colunas diferentes

Note. Standard deviations are presented in parentheses. BAS = Behavioral Activation System; BAS-T = Behavioral Activation System—Total scores from the Behavioral Inhibition System/Behavioral Activation System Scales; SR = Sensitivity to Reward scores from the Sensitivity to Punishment and Sensitivity to Reward Questionnaire; BDI = Beck Depression Inventory scores; ASRM = Altman Self-Rating Mania Scale scores; M-SRM = Modified Social Rhythm Metric Regularity scores.

Tabela 7.7 Exemplo de Tabela de Análise de Qui-quadrado

Table 1

Frequencies and Chi-Square Results for Belief Perseverance in Attitudes Toward Celebrities (N = 201)

Source	Do not believe		Unsure		Believe		$\chi^2(2)$
	n	%	n	%	n	%	
Media reports	17	8.46	140	69.65	44	21.89	124.75*
Family reports	47	23.38	106	52.74	48	23.88	34.06*
Friends' reports	42	20.90	112	55.72	47	23.38	45.52*
Caught by media	19	9.45	82	40.80	100	49.75	54.00*
Celebrity display of behavior	12	5.97	61	30.35	128	63.68	101.22*

*$p < .001$.

Tabela 7.8 Exemplo de Tabela de Resultados de Múltiplos Testes *t*

Table 2

Results of Curve-Fitting Analysis Examining the Time Course of Fixations to the Target   *valores de p exatos*

Logistic parameter	9-year-olds		16-year-olds		t(40)	p	Cohen's d
	M	SD	M	SD			
Maximum asymptote, proportion	.843	.135	.877	.082	0.951	.347	0.302
Crossover, in ms	759	87	694	42	2.877	.006	0.840
Slope, as change in proportion per ms	.001	.0002	.002	.0002	2.635	.012	2.078

Note. For each participant, the logistic function was fit to target fixations separately. The maximum asymptote is the asymptotic degree of looking at the end of the time course of fixations. The crossover is the point in time when the function crosses the midway point between peak and baseline. The slope represents the rate of change in the function measured at the crossover. Mean parameter values for each of the analyses are shown for the 9-year-olds (*n* = 24) and the 16-year-olds (*n* = 18), as well as the results of *t* tests (assuming unequal variance) comparing the parameter estimates between the two ages.

Tabela 7.9 Exemplo de Tabela de Comparações *a Priori* ou *Post Hoc*

Table 3

Analyses for the Interaction of Professor Type and Timing of Response on Perceptions of Professor Traits

Professor trait	End of semester professor type		Start of semester professor type		F ratio	p	η²
	Typical	Effective	Typical	Effective			
Dedicated	4.706$_b$	4.789$_b$	4.154$_c$	5.000$_a$	19.26	.001	.15
Easy to understand	3.059$_c$	4.895$_a$	3.231$_c$	4.429$_b$	5.01	.028	.03
Fair	4.000$_b$	4.263$_b$	3.731$_c$	4.667$_a$	5.75	.019	.06
Manipulative	1.471$_a$	1.632$_a$	1.731$_a$	1.238$_a$	3.92	.051	.05
Insensitive	2.059$_b$	1.526$_c$	2.538$_a$	1.143$_c$	8.12	.006	.06

Note. Means with different subscripts differ at the $p = .05$ level by Duncan's new multiple range test.

(valores de p exatos)

Tabela 7.10 Exemplo de Tabela de Correlação Para uma Amostra

Table 1

Descriptive Statistics and Correlations for Study Variables

Variable	n	M	SD	1	2	3	4	5	6	7
1. Internal–external status[a]	3,697	0.43	0.49	—						
2. Manager job performance	2,134	3.14	0.62	–.08**	—					
3. Starting salary[b]	3,697	1.01	0.27	.45**	–.01	—				
4. Subsequent promotion	3,697	0.33	0.47	.08**	–.07**	.04*	—			
5. Organizational tenure	3,697	6.45	6.62	–.29**	.09**	.01	.09**	—		
6. Unit service performance[c]	3,505	85.00	6.98	–.25**	–.39**	.24**	.08**	.01	—	
7. Unit financial performance[c]	694	42.61	5.86	.00	–.03	.12*	–.07	–.02	.16**	—

(uso de nota específica)
(asteriscos para valores de p)

[a] 0 = internal hires and 1 = external hires. [b] A linear transformation was performed on the starting salary values to maintain pay practice confidentiality. The standard deviation (0.27) can be interpreted as 27% of the average starting salary for all managers. Thus, ±1 SD includes a range of starting salaries from 73% (i.e., 1.00 – 0.27) to 127% (i.e., 1.00 + 0.27) of the average starting salaries for all managers. [c] Values reflect the average across 3 years of data.
*$p < .05$. **$p < .01$.

Tabela 7.11 Exemplo de Tabela de Correlação Para Duas Amostras

Table 1

Intercorrelations for Study Variables Disaggregated by Gender

Variable	1	2	3	4
1. Grade point average	—	49**	.35**	−.05
2. Academic self-concept	.35**	—	.36**	.02
3. Teacher trust	.49**	.35**	—	.20**
4. Age	.10	.21*	−.15	—

Note. The results for the female sample (n = 199) are shown above the diagonal. The results for the male sample (n = 120) are shown below the diagonal.

*p < .05. **p < .01.

← asteriscos para valores de *p*

Tabela 7.12 Exemplo de Tabela de Análise de Variância (Opção 1)

Table 1

Means, Standard Deviations, and One-Way Analyses of Variance in Psychological and Social Resources and Cognitive Appraisals

Measure	Urban		Rural		$F(1, 294)$	η^2
	M	SD	M	SD		
Self-esteem	2.91	0.49	3.35	0.35	68.87***	.19
Social support	4.22	1.50	5.56	1.20	62.60***	.17
Cognitive appraisals						
Threat	2.78	0.87	1.99	0.88	56.35***	.20
Challenge	2.48	0.88	2.83	1.20	7.87***	.03
Self-efficacy	2.65	0.79	3.53	0.92	56.35***	.16

***p < .001.

Tabela 7.13 Exemplo de Tabela de Análise de Variância (Opção 2)

Table 2

Means, Standard Deviations, and Two-Way ANOVA Statistics for Study Variables

Variable	SMT		Control		ANOVA			
	M	SD	M	SD	Effect	F ratio	df	η^2
Psychological strain								
Time 1	0.24	0.30	0.22	0.29	G	2.82	1,151	.02
Time 2	0.16	0.27	0.27	0.32	T	0.38	2,302	.00
Time 3	0.16	0.26	0.26	0.31	G × T	4.64**	2,302	.03
Emotional exhaustion								
Time 1	2.82	1.47	2.50	1.25	G	0.32	1,151	.00
Time 2	2.55	1.31	2.47	1.28	T	6.59**	2,302	.04
Time 3	2.36	1.39	2.43	1.16	G × T	3.89*	2,302	.03
Depersonalization								
Time 1	1.20	1.09	1.12	1.05	G	0.07	1,149	.00
Time 2	1.13	1.07	1.25	1.16	T	0.67	2,302	.00
Time 3	1.00	0.93	1.24	0.93	G × T	3.04*	2,302	.02

Note. N = 153. ANOVA = analysis of variance; SMT = stress management training group; Control = wait-list control group; G = group; T = time.

*$p < .05$. **$p < .01$.

Tabela 7.14 Exemplo de Tabela de Análise Fatorial

Table 1

Results From a Factor Analysis of the Parental Care and Tenderness (PCAT) Questionnaire

PCAT item	Factor loading		
	1	2	3
Factor 1: Tenderness—Positive			
20. You make a baby laugh over and over again by making silly faces.	**.86**	.04	.01
22. A child blows you kisses to say goodbye.	**.85**	−.02	−.01
16. A newborn baby curls its hand around your finger.	**.84**	−.06	.00
19. You watch as a toddler takes their first step and tumbles gently back down.	**.77**	.05	−.07
25. You see a father tossing his giggling baby up into the air as a game.	**.70**	.10	−.03
Factor 2: Liking			
5. I think that kids are annoying. (R)	−.01	**.95**	.06
8. I can't stand how children whine all the time. (R)	−.12	**.83**	−.03
2. When I hear a child crying, my first thought is "shut up!" (R)	.04	**.72**	.01
11. I don't like to be around babies. (R)	.11	**.70**	−.01
14. If I could, I would hire a nanny to take care of my children. (R)	.08	**.58**	−.02
Factor 3: Protection			
7. I would hurt anyone who was a threat to a child.	−.13	−.02	**.95**
12. I would show no mercy to someone who was a danger to a child.	.00	−.05	**.74**
15. I would use any means necessary to protect a child, even if I had to hurt others.	.06	.08	**.72**
4. I would feel compelled to punish anyone who tried to harm a child.	.07	.03	**.68**
9. I would sooner go to bed hungry than let a child go without food.	**.46**	−.03	**.36**

Note. $N = 307$. The extraction method was principal axis factoring with an oblique (promax with Kaiser normalization) rotation. Factor loadings above .30 are in bold. Reverse-scored items are denoted with (R). Adapted from "Individual Differences in Activation of the Parental Care Motivational System: Assessment, Prediction, and Implications," by E. E. Buckels, A. T. Beall, M. K. Hofer, E. Y. Lin, Z. Zhou, and M. Schaller, 2015, *Journal of Personality and Social Psychology*, *108*(3), p. 501 (https://doi.org/10.1037/pspp0000023). Copyright 2015 by the American Psychological Association.

Tabela 7.15 Exemplo de Tabela de Regressão, sem Intervalos de Confiança

Table 2
Regression Coefficients of Leader Sleep on Charismatic Leadership

Variable	Model 1			Model 2		
	B	β	SE	B	β	SE
Constant	2.65**		.31	2.76		
Leader gender[a]	−.11	−.07	.16	−.09	−.06	.15
Leader sleep condition[b]				−.36**	−.24	.15
R^2	.09				.14	
ΔR^2					.05*	

Note. N = 88. We examined the impact of leader sleep condition (control vs. sleep deprived) on ratings of charismatic leadership. In Model 1, we entered the control variables of gender and video length to predict leader charisma. In Model 2, we entered sleep condition as a predictor.
[a] Male = 1, female = 2. [b] Control condition = 0, sleep-deprived condition = 1.
*$p < .05$. **$p < .01$.

(uso de notas específicas)

Tabela 7.16 Exemplo de Tabela de Regressão, com Intervalos de Confiança Entre Colchetes

Table 4
Regressions of Associations Between Marital Satisfaction and Average Levels of Marital Behavior

Variable	B	SE	t	p	95% CI
		Angry behavior			
Actor					
H → H	−98.90	40.20	−2.46	.016	[−179.1, −18.7]
W → W	−.87.11	30.87	−2.82	.006	[−148.7, −25.6]
Partner					
W → H	−76.18	39.43	−1.93	.057	[−154.8, 2.4]
H → W	−91.80	38.16	−2.41	.019	[−167.9, −15.7]
		Disregard			
Actor					
H → H	−38.62	27.86	−1.39	.170	[−94.2, 16.9]
W → W	−47.54	26.99	−1.76	.082	[−101.4, 6.3]
Partner					
W → H	−82.81	32.01	−2.59	.012	[−146.6, −19.0]
H → W	−79.36	27.16	−2.92	.005	[−133.5, −25.2]
		Distancing			
Actor					
H → H	−47.42	24.72	−1.92	.059	[−96.7, 1.9]
W → W	3.04	23.48	0.13	.897	[−43.8, 49.8]
Partner					
W → H	−0.05	23.91	0.00	.998	[−47.7, 47.6]
H → W	−53.50	24.47	−2.19	.032	[−102.3, −4.7]

Note. CI = confidence interval; H → H = husband-as-actor effect on the husband's own marital satisfaction; W → W = wife-as-actor effect on the wife's own marital satisfaction; W → H = wife-as-partner effect on the husband's satisfaction; H → W = husband-as-partner effect on the wife's satisfaction.

(intervalos de confiança entre colchetes)

Tabela 7.17 Exemplo de Tabela de Regressão, com Intervalos de Confiança em Colunas Separadas

Table 3

Moderator Analysis: Types of Measurement and Study Year

Effect	Estimate	SE	95% CI		p
			LL	UL	
Fixed effects					
Intercept	.119	.040	.041	.198	.003
Creativity measurement[a]	.097	.028	.042	.153	.001
Academic achievement measurement[b]	−.039	.018	−.074	−.004	.03
Study year[c]	.0002	.001	−.001	.002	.76
Goal[d]	−.003	.029	−.060	.054	.91
Published[e]	.054	.030	−.005	.114	.07
Random effects					
Within-study variance	.009	.001	.008	.011	<.001
Between-study variance	.018	.003	.012	.023	<.001

Note. Number of studies = 120, number of effects = 782, total *N* = 52,578. CI = confidence interval; *LL* = lower limit; *UL* = upper limit.

[a] 0 = self-report, 1 = test. [b] 0 = test, 1 = grade point average. [c] Study year was grand centered.
[d] 0 = other, 1 = yes. [e] 0 = no, 1 = yes.

(intervalos de confiança em colunas separadas)

Tabela 7.18 Exemplo de Tabela de Regressão Múltipla Hierárquica

Table 2
Hierarchical Regression Results for Well-Being

Variable	B	95% CI for B		SE B	β	R^2	ΔR^2
		LL	UL				
Step 1						.11	.11***
Constant	4.37***	3.72	5.03	0.33			
Perceived social class	0.43***	0.19	0.68	0.12	.30***		
Generation level	−0.11	−0.27	0.04	0.08	−.12		
Step 2						.23	.13***
Constant	1.78	−0.39	3.95	1.10			
Perceived social class	0.40***	0.16	0.64	0.12	.28***		
Generation level	−0.02	−0.23	0.19	0.11	−.02		
Familismo	0.33**	0.07	0.60	0.14	.21**		
Acculturation	0.09	−0.31	0.48	0.20	.04		
Enculturation	0.29	−0.04	0.61	0.17	.19		
Mex Am margin	−0.23**	−0.45	−0.01	0.11	−.17**		
Step 3						.26	.03**
Constant	2.27**	0.08	4.45	1.11			
Perceived social class	0.45***	0.21	0.69	0.12	.31***		
Generation level	−0.01	−0.21	0.20	0.10	−.01		
Familismo	0.37*	0.10	0.63	0.13	.23*		
Acculturation	0.11	−0.28	0.50	0.20	.05		
Enculturation	0.35**	0.02	0.68	0.17	.24**		
Mex Am margin	−0.23**	−0.45	−0.02	0.11	−.17**		
Masculinity ideology	−0.05**	−0.10	−0.01	0.20	−.18**		

Note. CI = confidence interval; *LL* = lower limit; *UL* = upper limit; familismo = the collective importance of family unity that emphasizes interdependence and solidarity; Mex Am margin = Mexican American marginalization.
*p < .05. **p < .01. ***p < .001.

Tabela 7.19 Exemplo de Tabela de Comparação de Modelos

Table 1
Comparison of Fit Indices in Models Fitted to Simulated Data Across Longitudinal Mediation Model Types

Model	χ^2			RMSEA			AIC	BIC	ΔAIC	ΔBIC
	Value	df	p	Value	95% CI	p				
Simplex lagged	63.3	28	<.001	.044	[.030, .059]	.72	13,479	13,658	—	—
Simplex contemporaneous	58.0	29	.001	.040	[.024, .054]	.87	13,472	13,646	−7	−12
Latent growth	65.0	33	<.001	.039	[.025, .053]	.90	13,471	13,627	−8	−31
Modified latent change	26.2	33	.79	.000	[.000, .020]	>.99	13,432	13,588	−47	−70

Note. AIC and BIC differences are relative to the simplex lagged model. RMSEA = root-mean-square error of approximation; CI = confidence interval; AIC = Akaike information criterion; BIC = Bayesian information criterion.

Tabela 7.20 Exemplo de Tabela de Comparação de Modelos de Múltiplos Níveis

Table 2

Model Parameters and Goodness of Fit for Linear and Quadratic Changes in Emotions by Behavior Type

Effect	Parameter	Positive emotions		Negative emotions	
		Model 1	Model 2	Model 1	Model 2
Fixed effects					
Status at posttest, π_{0i}					
Intercept	γ_{00}	3.60*** (0.06)	3.34*** (0.12)	1.59*** (0.05)	1.82*** (0.11)
Prosocial behavior	γ_{02}		0.39** (0.14)		−0.36** (0.13)
Self-focused behavior	γ_{03}		0.26 (0.17)		−0.16 (0.15)
Linear rate of change, π_{1i}					
Time	γ_{10}	−0.03 (.02)	−0.002 (0.05)	0.01 (0.02)	0.01 (0.04)
Prosocial behavior	γ_{11}		−0.06 (0.06)		0.02 (0.05)
Self-focused behavior	γ_{12}		0.001 (0.07)		−0.04 (0.06)
Quadratic rate of change, π_{2i}					
Time^2	γ_{20}	−0.02*** (0.01)	−0.001 (0.01)	0.02*** (0.01)	0.02 (0.01)
Prosocial behavior	γ_{21}		−0.03* (0.02)		0.01 (0.02)
Self-focused behavior	γ_{22}		−0.01 (0.02)		−0.01 (0.02)
Random effects					
Variance components					
Level 1	σ_ϵ^2	0.52	0.52	0.51	0.51
Level 2	σ_0^2	1.34	1.31	1.02	1.00
	σ_1^2	0.040	0.040	.002	0.001
	σ_2^2	0.004	0.003	0.001	0.001
Goodness of fit					
Deviance		6,703.18	6,692.50	6,424.12	6,413.91
$\Delta\chi^2$			10.68†		10.21
Δdf			6		6

Note. Standard errors are in parentheses. All *p* values in this table are two-tailed. In Model 1 (unconditional quadratic growth), the intercept parameter estimate (γ_{00}) represents the average positive or negative emotions score at posttest across the sample. In Model 2 (prosocial and self-focused behavior vs. control), the intercept parameter estimate (γ_{00}) represents the average positive or negative emotions score in the control condition at posttest, γ_{02} represents the difference at posttest between the prosocial behavior conditions and the control condition, and γ_{03} represents the difference at posttest between the self-focused behavior condition and the control condition. γ_{10} represents the average linear rate of change in the control condition, γ_{11} represents additional effects of prosocial behavior on linear rate of change, and γ_{12} represents additional effects of self-focused behavior on linear rate of change. Finally, γ_{20} represents the average quadratic rate of change in the control condition, γ_{21} represents additional effects of prosocial behavior on quadratic rate of change, and γ_{22} represents additional effects of self-focused behavior on quadratic rate of change. In all models, the intercept, linear slope (time), and quadratic slope (time^2) were free to vary.

†$p \leq .10$. *$p < .05$. **$p < .10$. ***$p < .001$.

> Às vezes, apresentar valores entre parênteses economiza espaço quando eles não se aplicam a todas as partes da tabela. Na maioria das tabelas, índices diferentes devem ser apresentados em linhas ou colunas diferentes.

Tabela 7.21 Exemplo de Tabela de Comparação de Modelos de Análise Fatorial Confirmatória

Table 2

Results of Confirmatory Factor Analysis for the Relationships Among Three Types of Intelligence

Model	χ^2	*df*	NFI	CFI	RMSEA
A: One-intelligence model[a]	10,994.664***	1539	.296	.326	.115
B: Two-intelligences model[b]	10,091.236***	1538	.354	.390	.109
C: Three-intelligences model[c]	8,640.066***	1536	.447	.494	.100

Note. Structural equation modeling was used for the analysis. NFI = normed fit index; CFI = comparative fit index; RMSEA = root-mean-square error of approximation.

[a] In Model A, all 57 items of social intelligence, emotional intelligence, and cultural intelligence were loaded onto one factor. [b] In Model B, the 21 items of social intelligence were loaded onto one factor, and the 16 items of emotional intelligence and the 20 items of cultural intelligence were loaded onto another factor. [c] In Model C, the 21 items of social intelligence were loaded onto one factor, the 16 items of emotional intelligence were loaded onto a second factor, and the 20 items of cultural intelligence were loaded onto a third factor.

*** $p < .001$.

Tabela 7.22 Exemplo de Tabela Qualitativa com Descrições de Variáveis

Table 2

Master Narrative Voices: Struggle and Success and Emancipation

Discourse and dimension	Example quote
Struggle and success	
Self-actualization as a member of a larger gay community is the end goal of healthy sexual identity development, or "coming out"	"My path of gayness . . . going from denial to saying, 'well, this is it,' and then the process of coming out, and the process of just sort of looking around and seeing, well where do I stand in the world? And sort of having, uh, political feelings." (Carl, age 50)
Maintaining healthy sexual identity entails vigilance against internalization of societal discrimination	"When I'm, like, thinking of criticisms of more mainstream gay culture, I try to . . . make sure it's coming from an appropriate place and not, like, a place of self-loathing." (Patrick, age 20)
Emancipation	
Open exploration of an individually fluid sexual self is the goal of healthy sexual identity development	"[For heterosexuals] the man penetrates the woman, whereas with gay people, I feel like there is this potential for really playing around with that model a lot, you know, and just experimenting and exploring." (Orion, age 31)
Questioning discrete, monolithic categories of sexual identity	"LGBTQI, you know, and added on so many letters. It does start to raise the question about what the terms mean and whether . . . any term can adequately be descriptive." (Bill, age 50)

Tabela 7.23 Exemplo de Tabela Qualitativa Incorporando Dados Quantitativos

Table 1

Reasons Why Individuals Chose to Watch the Royal Wedding (N = 45)

Reason for interest	Example quote	Frequency, *n* (%)
Royal family and its history	"I love all things British. I studied abroad in the U.K. I also watched the weddings of Charles & Diana and Andrew & Fergie. I watched Diana's funeral. Watching William & Kate get married seemed like the natural thing to do."	16 (35.6)
	"I find the royal family and their practices and traditions fascinating. I am a big fan of tradition in any capacity (graduation ceremonies, weddings, etc.) and enjoy watching traditions older than our own country (the U.S.)."	
Fashion and pop culture	"When big pop culture things happen, I tend to want to watch so I'm 'in on it.' Also, when I was little my mom made us get up to watch Princess Diana get married, so it felt a little like tradition."	13 (28.9)
	"I was curious. Wanted to see her dress and how the other people who attended dressed. Like pomp and ceremony."	
Fairy tales and love stories	"I watched his mom and dad get married, watched him grow up. Plus I love a fairy tale that comes true. I believe in love and romance."	11 (24.4)
	"I am a romantic and think this is a great love story."	
To pass time/it was on TV	"I was at the airport and it was broadcasting on TV while I was waiting for my flight."	5 (11.1)
	"It was on CNN when I got up."	

Tabela 7.24 Exemplo de Tabela de Métodos Mistos

Table 3

Integrated Results Matrix for the Effect of Topic Familiarity on Reliance on Author Expertise

Quantitative result	Qualitative result	Example quote
When the topic was more familiar (climate change) and cards were more relevant, participants placed less value on author expertise.	When an assertion was considered to be more familiar and to be general knowledge, participants perceived less need to rely on author expertise.	Participant 144: "I feel that I know more about climate, and there are several things on the climate cards that are obvious, and that if I sort of know it already, then the source is not so critical . . . whereas with nuclear energy, I don't know so much, so then I'm maybe more interested in who says what."
When the topic was less familiar (nuclear power) and cards were more relevant, participants placed more value on author expertise.	When an assertion was considered to be less familiar and not general knowledge, participants perceived more need to rely on author expertise.	Participant 3: "[Nuclear power], which I know much, much less about, I would back up my arguments more with what I trust from the professors."

Note. We integrated quantitative data (whether students selected a card about nuclear power or about climate change) and qualitative data (interviews with students) to provide a more comprehensive description of students' card selections between the two topics.

Figuras

7.22 Princípios de Construção de Figuras

Todos os tipos de apresentações gráficas, exceto tabelas, são consideradas figuras no Estilo APA. Certifique-se de que todas as figuras contribuem substancialmente para a compreensão dos leitores e não duplicam outros elementos do trabalho. Além disso, considere se uma figura é o melhor modo de comunicar a informação. Em alguns casos (principalmente quando informações quantitativas estão sendo veiculadas), uma tabela pode oferecer mais precisão do que, digamos, um gráfico. Se você se concentrar no princípio de aumentar a compreensão dos leitores, outras questões — por exemplo, uso de cores, uso de imagens fotográficas ou a extensão dos cortes de uma fotografia — devem ser relativamente fáceis de resolver.

Os padrões para boas figuras são simplicidade, clareza, continuidade e, evidentemente, valor informativo. Uma boa figura

- amplia, em vez de duplicar o texto,
- veicula apenas informações essenciais,
- omite detalhes que possam distrair,
- é fácil de interpretar — seus elementos (p. ex., tipo, linhas, rótulos, símbolos) têm tamanho suficiente para serem vistos e interpretados com facilidade,
- é fácil de compreender — seu propósito é visível,
- é cuidadosamente planejada e preparada,
- é coerente e segue o mesmo estilo de figuras semelhantes no mesmo artigo.

Em figuras de todos os tipos, confira se

- as imagens são claras,
- as linhas são suaves e nítidas,
- a fonte é simples e legível,
- as unidades de medida foram informadas,
- os eixos estão claramente identificados, e
- os elementos na figura estão nomeados ou explicados.

Certifique-se, por exemplo, de distinguir barras de erro de intervalos de confiança. Ao usar intervalos de confiança, especifique claramente o tamanho do intervalo (p. ex., 95%); ao usar barras de erro, informe a designação para o erro (p. ex., erro padrão da média) na imagem ou nota da figura. Além disso, em todas as figuras, assegure-se de que

- a legenda e/ou nota contêm informações suficientes para que a figura possa ser compreendida por si só (ou seja, separada do texto),
- os símbolos são fáceis de diferenciar, e
- a figura é grande o suficiente para seus elementos serem discerníveis.

Mesmo ao usar *software* gráfico de alta qualidade para construir figuras, examine-as cuidadosamente e faça os ajustes necessários para seguir essas diretrizes.

7.23 Componentes de uma Figura

Os componentes básicos de uma figura prototípica são mostrados na Figura 7.1 e se resumem da seguinte forma:

- **número:** O número da figura (p. ex., Figura 1) aparece em negrito acima da figura (ver Seção 7.24).
- **título:** O título da figura aparece em uma linha de espaço duplo abaixo do número da figura, em formato título e em itálico (ver Seções 6.17 e 7.25).
- **imagem:** A parte gráfica da figura é um quadro, gráfico, fotografia, desenho ou outra ilustração (ver Seção 7.26).
- **legenda:** Uma legenda, ou gabarito de uma figura, se presente, deve ser posicionada dentro de seus limites, explicando os símbolos usados na imagem da figura (ver Seção 7.27).

Figura 7.1 Componentes Básicos de uma Figura

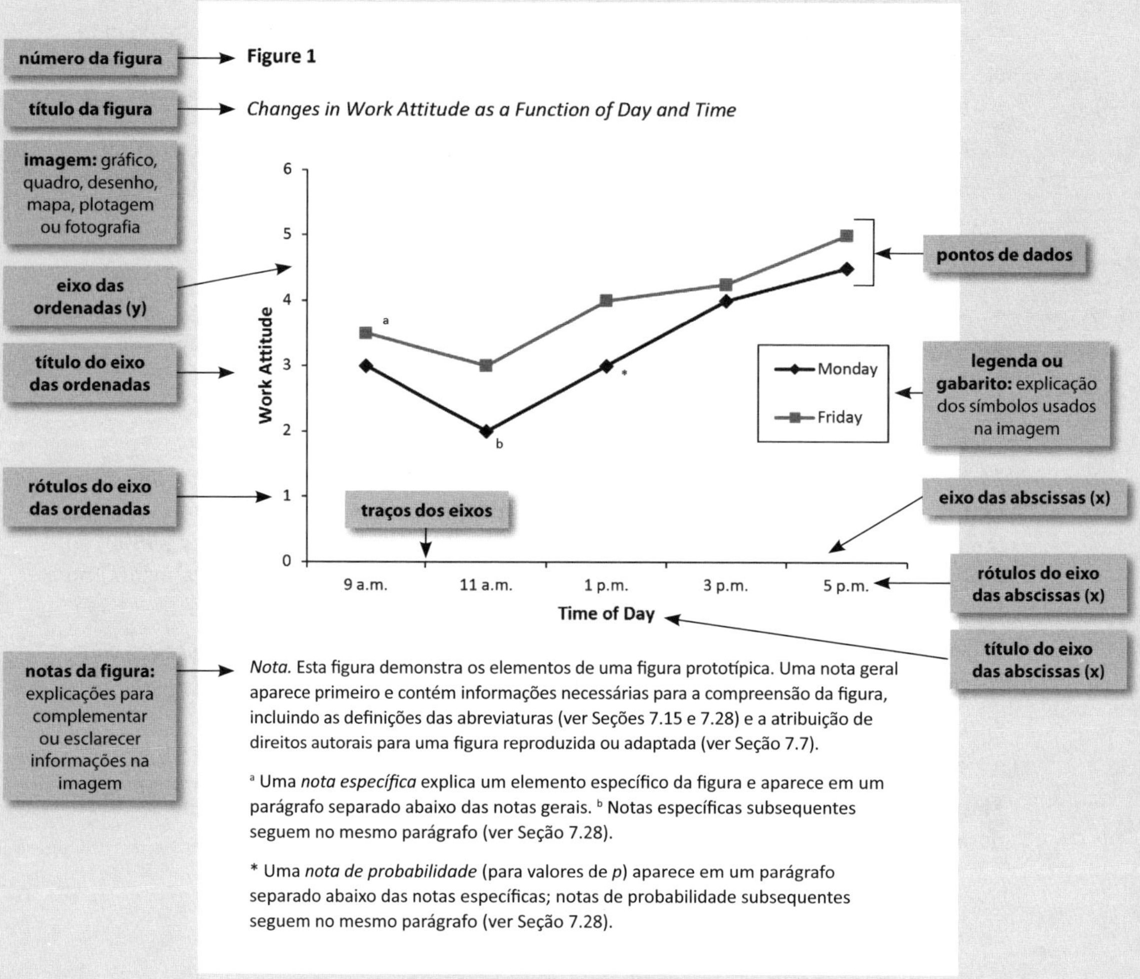
número da figura
Figure 1
título da figura
Changes in Work Attitude as a Function of Day and Time
imagem: gráfico, quadro, desenho, mapa, plotagem ou fotografia
eixo das ordenadas (y)
título do eixo das ordenadas
rótulos do eixo das ordenadas
Work Attitude
6
5
4
3
2
1
0
a
b
*
Monday
Friday
pontos de dados
legenda ou gabarito: explicação dos símbolos usados na imagem
eixo das abscissas (x)
traços dos eixos
9 a.m.
11 a.m.
1 p.m.
3 p.m.
5 p.m.
rótulos do eixo das abscissas (x)
Time of Day
título do eixo das abscissas (x)
notas da figura: explicações para complementar ou esclarecer informações na imagem
Nota. Esta figura demonstra os elementos de uma figura prototípica. Uma nota geral aparece primeiro e contém informações necessárias para a compreensão da figura, incluindo as definições das abreviaturas (ver Seções 7.15 e 7.28) e a atribuição de direitos autorais para uma figura reproduzida ou adaptada (ver Seção 7.7).
a Uma nota específica explica um elemento específico da figura e aparece em um parágrafo separado abaixo das notas gerais. b Notas específicas subsequentes seguem no mesmo parágrafo (ver Seção 7.28).
* Uma nota de probabilidade (para valores de p) aparece em um parágrafo separado abaixo das notas específicas; notas de probabilidade subsequentes seguem no mesmo parágrafo (ver Seção 7.28).

- **nota:** Três tipos de notas (geral, específica e de probabilidade) aparecem abaixo da figura, conforme necessário, para descrever os conteúdos que não podem ser compreendidos apenas a partir do título, imagem ou legenda (p. ex., definições de abreviaturas, atribuição de direitos autorais). Nem todas as figuras incluem notas (ver Seção 7.28).

Veja a Seção 7.36 para exemplos de figuras.

7.24 Numeração de Figuras

Numere todas as figuras que fazem parte do texto principal (ou seja, não fazem parte de um apêndice ou material complementar) usando algarismos arábicos — por exemplo, Figura 1, Figura 2 e Figura 3. Atribua os números na ordem em que cada figura é mencionada pela primeira vez no texto, mesmo que uma discussão mais detalhada ocorra em outro lugar no trabalho. Escreva a palavra "Figure" (Figura) e o número em negrito e alinhado à esquerda (sem recuo e não centralizado). As figuras que aparecem nos apêndices seguem um esquema de numeração diferente (ver Seção 2.14).

7.25 Títulos de Figuras

Dê a cada figura um título sucinto, mas claro e explicativo; seu conteúdo básico deve ser facilmente deduzido do título. Escreva o título da figura em formato título e em itálico, abaixo do número da figura, usando espaço duplo no número e título da figura. Evite títulos demasiadamente gerais ou excessivamente detalhados (ver Seção 7.11).

7.26 Imagens em Figuras

O elemento gráfico da figura (p. ex., gráfico, quadro, diagrama) deve ser salvo em uma resolução que permita uma impressão ou visualização nítida (ver Seção 7.4). Atente para as considerações a seguir ao criar imagens.

Tamanho e Proporção dos Elementos. Cada elemento deve ter tamanho e nitidez suficientes para ser legível. Use uma fonte sem serifa simples (p. ex., Arial, Calibri, Lucida Sans Unicode; ver Seção 2.19) na área de imagem da figura, com espaço suficiente entre as letras para evitar aglomeração. As letras devem ser claras, nítidas e uniformemente escuras e devem ter tamanho regular em toda a figura. O tamanho da fonte não deve ser menor que 8 pontos nem maior que 14 pontos. Como regra, os símbolos de plotagem devem ter mais ou menos o mesmo tamanho de uma letra minúscula de um rótulo da figura. Também leve em consideração o peso (tamanho, densidade) de cada elemento em relação ao peso de todos os outros elementos, destacando-se os mais importantes. Por exemplo, as curvas nos gráficos de linha e os contornos das colunas nos gráficos de barra devem ser mais grossos do que os rótulos dos eixos, que devem ser mais grossos do que as marcas e os traços dos eixos.

Ortografia, Uso de Letras Maiúsculas e Números nas Imagens das Figuras. Use formato título nos títulos dos eixos. Use as abreviaturas no. e % para números e porcentagens. As palavras dentro de imagens que não estejam nos títulos dos eixos ou na legenda da figura podem ser escritas em formato título ou em formato sentença (ver Seção 6.17), dependendo do conteúdo da figura. Em geral, nomes, locuções ou palavras que servem como títulos ficam mais bem definidos em formato título, ao passo que outras locuções descritivas, frases ou parágrafos dentro de uma figura ficam mais bem definidos em formato sentença. Números que aparecem na parte de imagem de uma figura devem ser escritos como palavras ou algarismos de acordo com as diretrizes nas Seções 6.32 a 6.39; entretanto, é permitido o uso de algarismos para todos os números em uma figura caso isso fique mais claro ou economize espaço. Estatísticas, letras gregas e unidades de medida não precisam ser definidas em nota (ver Seção 7.15).

Sombreamento. Limite o número de sombreamentos diferentes em uma mesma figura. Se forem usados para distinguir barras ou segmentos de um gráfico, escolha sombreamentos que sejam distintos; por exemplo, a melhor opção para distinguir dois conjuntos de barras é nenhum sombreamento ("vazado") e preto ou cinza ("sólido"). Se mais de três sombreamentos forem necessários, use padrões, novamente se assegurando de que eles sejam distintos — por exemplo, use nenhum sombreamento (vazado), preto ou cinza sólido e listras. Caso barras de erro ou outras informações se sobreponham às áreas sombreadas (p. ex., barras de erro bilaterais em um gráfico de barras), assegure-se de que as informações sobrepostas sejam claramente distinguidas pelo sombreamento.

Cores. As cores podem servir tanto para fins comunicativos quanto decorativos. Os autores que visam à publicação devem evitar o seu uso, exceto quando necessário para a compreensão do material, devido ao alto custo de reprodução de cores para materiais impressos (os autores podem arcar com parte desse custo; para diretrizes de periódicos da APA, consulte http://on.apa.org/WDtxdW). Por exemplo, fotografias, imagens de ressonância magnética funcional (fMRI) e resultados de coloração de genes costumam usar cores. Se a representação de cores não for crucial para a compreensão e a intenção seja publicar o artigo tanto na versão impressa quanto na eletrônica, converta a figura para escala de cinza ou considere disponibilizá-la *on-line* como material complementar. Alguns periódicos oferecem a opção de publicar uma figura em cores *on-line* e em escala de cinza na impressão sem custo; ao usar essa opção, certifique-se de que a figura continue sendo compreensível mesmo quando impressa em escala de cinza. É responsabilidade do autor garantir que a representação final seja precisa. Entretanto, os autores que submetem um manuscrito em um periódico apenas eletrônico podem usar cores com mais liberdade (p. ex., barras coloridas em vez de barras cinza e brancas em um gráfico de barras). Da mesma forma, os estudantes que preparam uma figura para uma tarefa acadêmica podem usar cores, contanto que a atividade seja entregue em um formato compatível.

Ao selecionar as cores de uma figura, certifique-se de que haja bastante contraste para que pessoas com deficiência de visão das cores (muitas vezes chamada de "cegueira para cores") ou pessoas que não as veem de forma típica possam entender as informações e diferenciar as cores. A melhor prática é usar um verificador de contraste, como o *software* Colour Contrast Analyser (https://developer.paciellogroup.com/resources/contrastanalyser), que é gratuito, para avaliar a taxa de contraste e confirmar se seu conteúdo atende aos padrões de WCAG 2.0 AA ou posterior.[2] Índices de contraste adequados garantem que a figura seja acessível não somente para leitores com visão deficiente para cores, mas também compreensível para todos os leitores se for impressa ou fotocopiada em escala de cinza. Outra estratégia para obter contraste adequado é usar um padrão combinado com cor, para que a diferenciação dos elementos não dependa apenas da cor (p. ex., em um gráfico de linha, linhas diferentes podem ser de cores diferentes e também de estilos diferentes, como contínua, tracejada e pontilhada). Quando muitas cores devem ser usadas e não é possível obter alto contraste entre todas elas, nomeie as áreas coloridas diretamente na imagem ou

---

[2] WCAG 2.0 refere-se às Web Content Accessibility Guidelines, Version 2.0 (Web Accessibility Initiative, 2018).

use linhas para conectar o objeto a sua designação em vez de colocar a designação em uma legenda, se possível, para que os leitores não precisem combinar as cores da figura com as cores da legenda. Visite o *site* do Estilo APA (https://apastyle.apa.org) para ver um exemplo de como pessoas com certas deficiências de visão para cores veem as cores e como as utilizadas nas figuras podem ser ajustadas para que elas possam vê-las.

Linhas de Grade e Efeitos 3-D. Evite o uso de linhas de grade, a menos que elas ajudem substancialmente os leitores a compreender o conteúdo, como quando muitos pontos de dados precisam ser comparados no eixo x. Da mesma forma, evite incluir efeitos 3-D apenas como decoração (p. ex., gráficos de barras 3-D) porque isso pode dificultar a leitura da figura. Contudo, efeitos 3-D podem ser usados para veicular informações essenciais (p. ex., representações 3-D de estímulos).

Painéis. A decisão de dividir uma figura em painéis ou criar um figura separada para cada painel depende da natureza das informações a serem apresentadas. Embora os painéis ajudem os leitores a comparar informações diretamente, eles também aumentam a densidade das informações apresentadas na página; como sempre, priorize a comunicação clara ao construir qualquer figura. Se a figura inclui vários painéis, nomeá-los é opcional. Se os painéis não têm nomes, refira-se a eles por sua posição (p. ex., painel superior, painel esquerdo, painel do meio). Para nomear painéis, atribua a cada um uma letra maiúscula (p. ex., A, B) e coloque o nome no canto superior esquerdo do painel. Cite-os como Painel A, Painel B, e assim por diante. No texto principal, refira-se a um painel como "Figura 5A" ou "Painel A da Figura 5". Na nota geral da figura, explique cada painel. Veja as Figuras 7.18 e 7.19 na Seção 7.36 como exemplos de figuras com painéis.

Citações em Figuras. Se uma figura contém citações de outras obras, siga os formatos descritos na Seção 8.11. Para economizar espaço, use um "e" comercial (&) no lugar da palavra "and" em todas as citações em figuras.

7.27 Legendas de Figuras

Uma *legenda* (também chamada de *gabarito*) explica símbolos, estilos de linha ou sombreamento, ou variantes de padrão usados na parte da imagem da figura (ver Figuras 7.2 e 7.3 na Seção 7.36 para exemplos). A legenda é parte integrante da figura; portanto, suas letras devem ser do mesmo tipo e proporção que aparece no restante da figura. Use letras maiúsculas na legenda, de acordo com o formato título (consulte a Seção 6.17). Somente figuras com símbolos, estilos de linha ou sombreamentos que exigem definição devem incluir legendas. Quando possível, coloque-as dentro ou abaixo da imagem, em vez de ao lado, para evitar espaço vazio em torno da legenda.

7.28 Notas de Figuras

As *notas de figuras* contêm informações necessárias para esclarecer o conteúdo das figuras para os leitores. Como nas tabelas, as figuras podem ter três tipos de notas: gerais, específicas e de probabilidade.

Uma nota geral deve explicar unidades de medida, símbolos e abreviaturas que não estão incluídos na legenda ou definidos em outra parte da figura (consulte a Seção 7.15 para obter informações sobre abreviaturas e símbolos que não requerem definições). Certifique-se de que os símbolos, as abreviaturas e a terminologia na nota e na legenda correspondem aos símbolos, abreviaturas e terminologia na figura, em outras figuras do trabalho e no texto. Explique o uso de sombreamento, cores e qualquer outro elemento de *design* que contenha significado.

Forneça descrições individuais de painéis em figuras com múltiplos painéis. Se um gráfico inclui barras de erro, explique na imagem ou nota geral se elas representam desvios padrão, erros padrão, limites de confiança ou intervalos; também é útil informar os tamanhos de amostra. Também inclua na nota geral qualquer confirmação de que uma figura foi reproduzida ou adaptada de outra fonte (ver Seção 7.7). Explicações de abreviaturas e atribuições de direitos autorais para figuras reproduzidas devem aparecer por último na nota geral.

Posicione sobrescritos para notas específicas perto do elemento que está sendo identificado. É preferível relatar valores de p exatos; entretanto, se valores estatisticamente significativos são marcados com asteriscos ou cruzes na figura, explique-os em uma nota de probabilidade (ver Seção 7.14). Para orientações sobre formatação de notas de figuras, consulte a Seção 7.14.

7.29 Relação Entre Figuras

Figuras semelhantes ou de igual importância devem ser do mesmo tamanho e escala. Combine figuras semelhantes para facilitar as comparações entre seus conteúdos. Por exemplo, dois gráficos de linha com eixos idênticos podem ser combinados horizontalmente em uma única figura, ou várias figuras podem ser combinadas em uma figura com vários painéis (ver Seção 7.26).

7.30 Fotografias

As fotografias são um tipo de figura com considerações especiais. Os autores devem verificar as diretrizes do editor para garantir que a fotografia seja enviada no tipo de arquivo correto. As fotografias podem ser impressas em escala de cinza ou em cores, dependendo do seu conteúdo e do veículo de publicação. Fotografias coloridas devem incluir contraste suficiente para garantir que o conteúdo seja compreensível se reproduzido em escala de cinza. Na maioria dos trabalhos de estudantes, as fotografias podem ser coloridas e salvas em qualquer formato amplamente disponível (consulte a Seção 7.26 para obter mais informações sobre o uso de cores em figuras).

É essencial que as imagens fotográficas sejam submetidas em níveis adequados de resolução (conforme especificado pela editora [*publisher*]). Uma vez que a reprodução suaviza o contraste e os detalhes nas fotografias, iniciar com alto contraste e detalhes nítidos contribui para a versão final da imagem. O enquadramento e a iluminação devem destacar o tema e fornecer alto contraste; um fundo claro ou escuro pode proporcionar ainda mais contraste. As fotografias geralmente se beneficiam de cortes para, por exemplo, eliminar detalhes irrelevantes ou centralizar a imagem. Contudo, quando uma imagem fotográfica foi alterada de outras formas, além do simples corte e/ou ajuste para níveis de luz, indique claramente a edição em uma nota geral. Princípios éticos de publicação proíbem qualquer deturpação intencional de imagens, assim como a manipulação fraudulenta de dados. Veja a Figura 7.17 na Seção 7.36 para um exemplo de fotografia como figura.

Se você fotografar uma pessoa que pode ser identificada, obtenha uma autorização assinada dessa pessoa para usar a fotografia em seu trabalho (ver Seção 12.17); se a pessoa não puder ser identificada, não é necessária autorização. Se você mesmo tirou a foto, nenhuma citação ou atribuição de direitos autorais é necessária na nota da figura. Porém, se quiser reproduzir ou adaptar uma fotografia de outra fonte, você pode ter de obter permissão para usá-la em seu trabalho porque fotografias profissionais geralmente são propriedade do fotógrafo. Consulte as Seções 12.14 a 12.18 para mais informações sobre a reprodução ou adaptação de fotografias de outras fontes.

7.31 Considerações Para Dados Eletrofisiológicos, Radiológicos, Genéticos e Biológicos de Outros Tipos

A utilização de dados eletrofisiológicos, radiológicos, genéticos e biológicos de outros tipos apresenta desafios especiais devido à complexidade das informações. Concentre-se primeiramente em garantir que a imagem represente os dados com precisão. É essencial que você identifique na nota geral como as imagens foram processadas ou aprimoradas e que as nomeie claramente. Em seguida, considere os princípios de clareza de representação, necessidade de inclusão e consistência entre representações. Se a figura contém mais de um painel ou seu trabalho contém mais de uma figura, mantenha o estilo e os elementos de formatação o mais consistentes possível (embora características específicas, como rótulos de eixos e unidades de escala, possam variar). Dados biológicos e genéticos muitas vezes devem ser apresentados em cores para que as informações sejam interpretáveis (ver a Seção 7.26).

Considere cuidadosamente a possibilidade de incluir gráficos e imagens complexos no texto principal ou como materiais complementares. Use materiais complementares para apresentar conteúdo que é mais bem exibido *on-line* do que impresso ou que só pode ser visto *on-line* — por exemplo, a propagação dinâmica da ativação cerebral pode ser exibida apenas por meio de videoclipes coloridos.

7.32 Dados Eletrofisiológicos

Ao apresentar dados eletrofisiológicos, uma designação clara da imagem é essencial; por exemplo, na apresentação de dados do potencial cerebral relacionado a eventos, é fundamental que a direção da negatividade (ou seja, negativo para cima ou para baixo) seja indicada, bem como a escala da resposta. Informações necessárias para a adequada interpretação da imagem, tais como o número ou o posicionamento dos eletrodos, devem acompanhar a figura. Veja a Figura 7.19 na Seção 7.36 para um exemplo de figura apresentando dados de potencial cerebral relacionado a eventos.

7.33 Dados Radiológicos (Imagem)

Ao apresentar imagens cerebrais, nomeie claramente cada uma delas e forneça detalhes necessários para interpretá-las na nota da figura. Quando seções axiais ou coronais forem apresentadas, indique qual hemisfério é o esquerdo e qual é o direito. Quando seções sagitais forem exibidas, indique se cada seção é do hemisfério direito ou esquerdo. Ao apresentar seções, mostre também uma imagem que indique onde elas foram obtidas para ajudar a orientar os leitores. Especifique o espaço coordenado no qual as imagens foram normalizadas (p. ex., Talairach, MNI).

Vistas de cortes do cérebro que mostram ativações em seu interior podem ser úteis se representarem claramente o tecido que foi excisado. Quando as ativações forem sobrepostas a uma imagem do cérebro em superfície, uma explicação clara de quais ativações estão sendo mostradas deve acompanhar a figura, principalmente em relação à profundidade de ativação que foi trazida à superfície; o uso de imagens de superfície achatadas pode ajudar a esclarecer os dados. Ao utilizar cores, use-as uniformemente em todas as representações dentro do trabalho e especifique claramente o mapeamento cor–escala. Dados de neuroimagem quase sempre exigem processamento extensivo após sua aquisição, e os detalhes dos métodos de processamento devem acompanhar sua exibição. Microfotografias costumam ser usadas em estudos com coloração de células e outros tipos de estudos de imagem. Ao prepará-las, inclua uma barra de escala e informações sobre os materiais de pigmentação. Veja a Figura 7.20 na Seção 7.36 para um exemplo de dados de fMRI em uma figura.

7.34 Dados Genéticos

Assim como em outras exibições de material biológico, uma designação clara realça a apresentação de informações genéticas (p. ex., padrões de deleção), sejam elas da variedade de mapa físico ou da variedade de coloração fotográfica. Forneça informações sobre localizações, distâncias, marcadores e métodos de identificação com a figura. Apresentações de dados genéticos muitas vezes contêm muitas informações; uma edição cuidadosa e circunscrita da imagem e de sua legenda pode aumentar o valor comunicativo da figura. Veja a Figura 7.21 na Seção 7.36 para um exemplo de um mapa físico de material genético em uma figura.

7.35 Lista de Conferência de Figuras

A lista de conferência de figuras pode ser útil para garantir que sua figura comunique mais efetivamente e respeite as orientações de estilo apresentadas neste capítulo.

Lista de Conferência de Figuras

☐ A figura é necessária?

☐ A figura pertence às versões impressa e eletrônica do artigo, ou pode ser disponibilizada em materiais complementares?

☐ A figura está sendo submetida em um formato de arquivo que é aceito pela editora (*publisher*)?

☐ O arquivo foi produzido em resolução suficientemente alta para permitir reprodução precisa?

☐ As figuras de conceitos de mesma importância foram preparadas no mesmo tamanho e escala?

☐ Todas as figuras foram numeradas consecutivamente com números arábicos na ordem em que foram mencionadas pela primeira vez no texto? O número está em negrito e alinhado à margem esquerda?

☐ Todas as figuras são chamadas ou mencionadas no texto?

☐ O título da figura é sucinto, mas explicativo? Ele está escrito em formato título, itálico e alinhado à margem esquerda?

☐ A imagem da figura é simples, clara e livre de detalhes irrelevantes?

☐ Todos os elementos da figura estão claramente nomeados?

☐ A magnitude, a escala e a direção de elementos de grade estão claramente indicadas?

☐ A figura está adequadamente formatada? A fonte dentro da área da imagem da figura é sem serifa e tem entre 8 e 14 pontos de tamanho?

☐ Todas as abreviaturas estão explicadas (exceto aquelas indicadas na Seção 7.15), bem como o uso de símbolos especiais?

☐ Se a figura inclui uma legenda para definir símbolos, estilos de linha ou variantes de sombreamento, ela aparece dentro ou abaixo da imagem? As palavras na legenda estão escritas em formato título?

☐ Todas as modificações substanciais em imagens fotográficas foram informadas?

☐ As notas da figura, se necessárias, estão na ordem de nota geral, nota específica e nota de probabilidade? Elas estão em espaçamento duplo, alinhadas à esquerda e na mesma fonte do texto?

> ☐ Se toda ou parte de uma figura for reproduzida ou adaptada, existe uma atribuição de direitos autorais? Se for necessária permissão para reproduzir a figura, você obteve permissão por escrito para reutilização (em formato impresso e eletrônico) do detentor dos direitos autorais e enviou uma cópia dessa autorização por escrito junto com a versão final do seu artigo?

7.36 Exemplos de Figuras

Muitos tipos de figuras podem ser usados para apresentar dados aos leitores. Os mais comuns utilizados em pesquisas com métodos qualitativos, quantitativos e mistos são apresentados a seguir. Existem muitas variações e versões de cada figura, e as distinções entre muitas delas não são claras. Para situações não abordadas aqui, consulte artigos semelhantes publicados para ver exemplos de padrões atuais e práticas e siga-os.

- **gráficos** (Figuras 7.2 e 7.3): Os gráficos geralmente exibem a relação entre dois índices quantitativos ou entre uma variável quantitativa contínua (geralmente exibida no eixo y) e grupos de participantes ou sujeitos (geralmente exibidos no eixo x). Gráficos de barras (Figura 7.2) e gráficos de linhas (Figura 7.3) são dois exemplos.
- **quadros** (Figuras 7.4–7.11): Os quadros geralmente exibem informações não quantitativas com o uso de caixas, quadrados ou círculos fechados conectados com linhas retas, curvas ou setas. Eles são usados para
    - mostrar o fluxo de participantes ou sujeitos, por exemplo, ao longo de um processo de estudo (Figura 7.4) ou em um ensaio clínico randomizado (Figura 7.5; este é referido como diagrama de fluxo CONSORT; para baixar um modelo, consulte o *site* CONSORT em http://www.consort-statement.org/consort-statement/flow-diagram);
    - ilustrar modelos — por exemplo, modelos conceituais ou teóricos (Figura 7.6), modelos de equações estruturais (Figura 7.7), modelos de análise fatorial confirmatória (Figura 7.8) e modelos de percurso (Figura 7.9); e
    - ilustrar delineamentos ou estruturas de pesquisa com métodos qualitativos (Figura 7.10) e mistos (Figura 7.11).
- **desenhos** (Figuras 7.12 e 7.13): Os desenhos mostram informações de maneira pictórica e podem ser usados para ilustrar, por exemplo,
    - situações experimentais (Figura 7.12) e
    - estímulos experimentais (Figura 7.13).
- **mapas** (Figura 7.14): Os mapas geralmente exibem informações espaciais, por exemplo, do censo geográfico. Em geral, os dados vêm de fontes governamentais (p. ex., o U.S. Census Bureau ou os Centers for Disease Control and Prevention); para reproduzir ou adaptar tabelas ou figuras dessas fontes, consulte a Seção 12.16.
- **plotagens** (Figuras 7.15 e 7.16): As plotagens apresentam pontos de dados individuais em função das variáveis dos eixos. Os tipos comuns de plotagem incluem
    - gráfico de dispersão (Figura 7.15), que é usado para explorar a relação entre duas variáveis (p. ex., uma relação linear pode ser indicada se os pontos de dados estão aglomerados ao longo da diagonal) e
    - escala multidimensional (Figura 7.16), em que pontos ou estímulos semelhantes são apresentados juntos em um espaço multidimensional e aqueles que são diferentes aparecem mais separados.

- **fotografias** (Figura 7.17): As fotografias (ver Seção 7.30) contêm representações visuais diretas da informação. Com frequência são usadas para apresentar informações que seriam difíceis de retratar efetivamente com desenhos, como expressões faciais ou o preciso posicionamento de estímulos em um ambiente.

Figuras com Múltiplos Painéis. Uma figura com múltiplos painéis pode combinar gráficos de barras, gráficos de linhas, histogramas e outros tipos de figuras em uma única figura (veja um exemplo na Figura 7.18; veja também a Seção 7.26). Se é aconselhável combinar painéis em uma figura ou apresentá-los como figuras separadas dependerá do tamanho das figuras e da natureza das informações.

Figuras de Dados Eletrofisiológicos, Radiológicos, Genéticos e Biológicos de Outros Tipos. Diversas figuras são usadas para apresentar dados biológicos, os quais incluem

- potenciais relacionados a eventos (Figura 7.19),
- dados de fMRI (Figura 7.20) e
- mapas genéticos (Figura 7.21).

Exemplos de Figuras

Figura 7.2 Exemplo de Gráfico de Barras

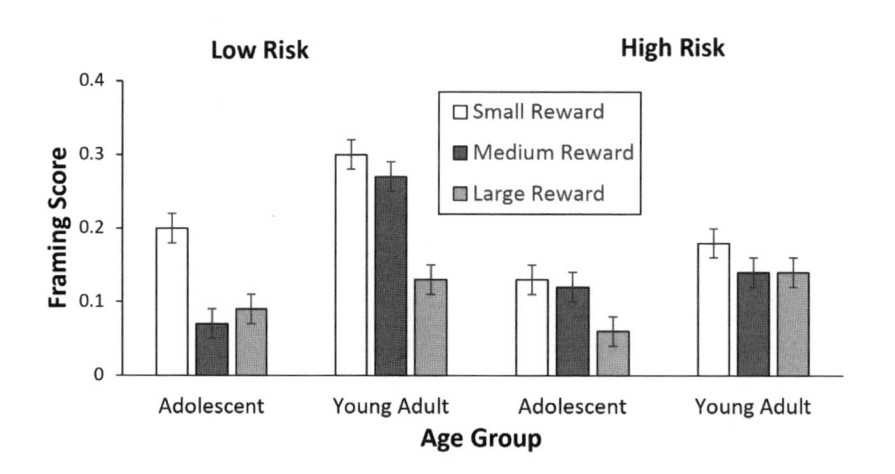

Figure 1

Framing Scores for Different Reward Sizes

[Gráfico de barras mostrando Framing Score por Age Group (Adolescent, Young Adult) em Low Risk e High Risk, com Small Reward, Medium Reward e Large Reward]

Note. Framing scores of adolescents and young adults are shown for low and high risks and for small, medium, and large rewards. Framing scores were calculated as the proportion of risky choices in the gain frame from the proportion of risky choices in the loss frame. Error bars show standard errors.

Figura 7.3 Exemplo de Gráfico de Linhas

Figure 3

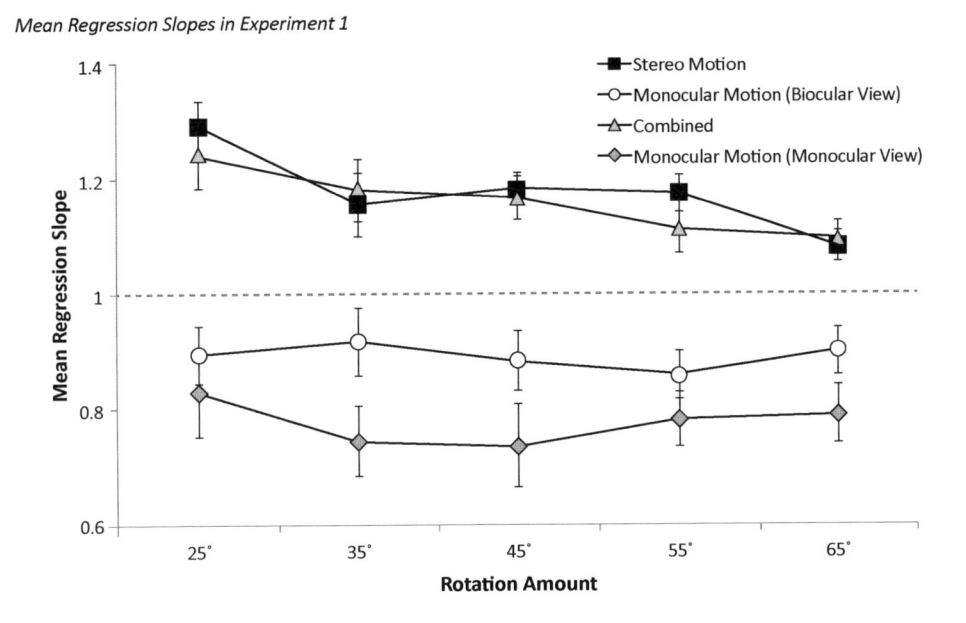

Mean Regression Slopes in Experiment 1

■ Stereo Motion
○ Monocular Motion (Biocular View)
△ Combined
◆ Monocular Motion (Monocular View)

Note. Mean regression slopes in Experiment 1 are shown for the stereo motion, biocularly viewed monocular motion, combined, and monocularly viewed monocular motion conditions, plotted by rotation amount. Error bars represent standard errors. From "Large Continuous Perspective Change With Noncoplanar Points Enables Accurate Slant Perception," by X. M. Wang, M. Lind, and G. P. Bingham, 2018, *Journal of Experimental Psychology: Human Perception and Performance*, 44(10), p. 1513 (https://doi.org/10.1037/xhp0000553). Copyright 2018 by the American Psychological Association.

> exemplo de atribuição de *copyright* para uma figura reproduzida quando não é necessário obter permissão

Figura 7.4 Exemplo de Figura Mostrando o Fluxo de Participantes ao Longo de um Estudo

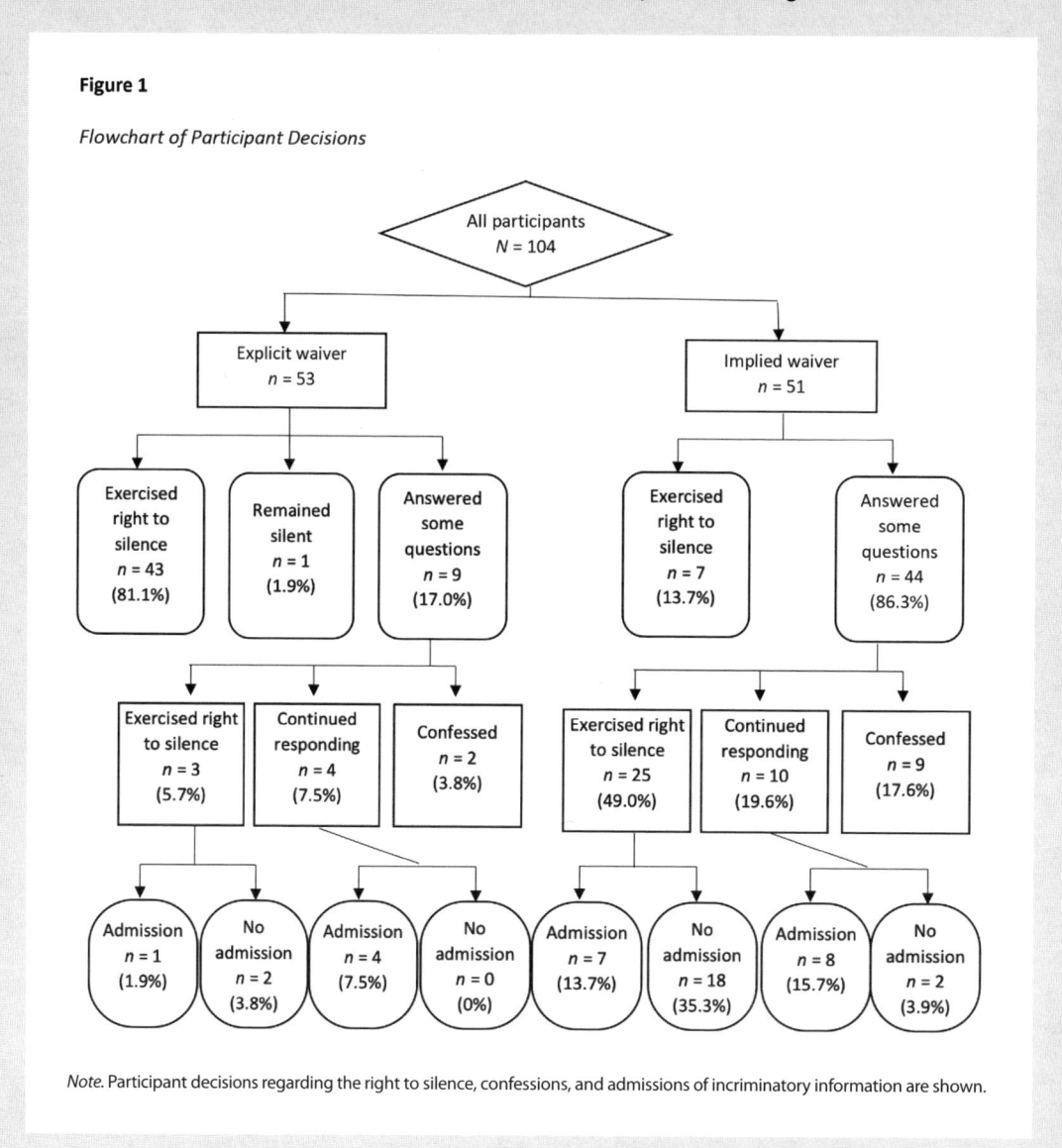

Figure 1

Flowchart of Participant Decisions

```
                            All participants
                              N = 104
              ┌──────────────────┴──────────────────┐
        Explicit waiver                      Implied waiver
           n = 53                               n = 51
    ┌────────┼────────┐                  ┌────────┴────────┐
Exercised  Remained  Answered       Exercised           Answered
right to   silent    some           right to            some
silence    n = 1     questions      silence             questions
n = 43     (1.9%)    n = 9          n = 7               n = 44
(81.1%)              (17.0%)        (13.7%)             (86.3%)
                  ┌─────┼─────┐                  ┌────────┼────────┐
              Exercised Continued Confessed   Exercised Continued Confessed
              right to  responding n = 2      right to  responding n = 9
              silence   n = 4      (3.8%)     silence   n = 10     (17.6%)
              n = 3     (7.5%)                n = 25    (19.6%)
              (5.7%)                          (49.0%)
         ┌────┴───┐ ┌────┴───┐ ┌────┴───┐ ┌────┴───┐ ┌────┴───┐ ┌────┴───┐
      Admission  No  Admission No Admission No Admission No Admission No
      n = 1   admission n = 4 admission n = 7 admission n = 8 admission
      (1.9%)  n = 2   (7.5%) n = 0   (13.7%) n = 18  (15.7%) n = 2
              (3.8%)         (0%)            (35.3%)         (3.9%)
```

Note. Participant decisions regarding the right to silence, confessions, and admissions of incriminatory information are shown.

Figura 7.5 Exemplo de Diagrama de Fluxo CONSORT

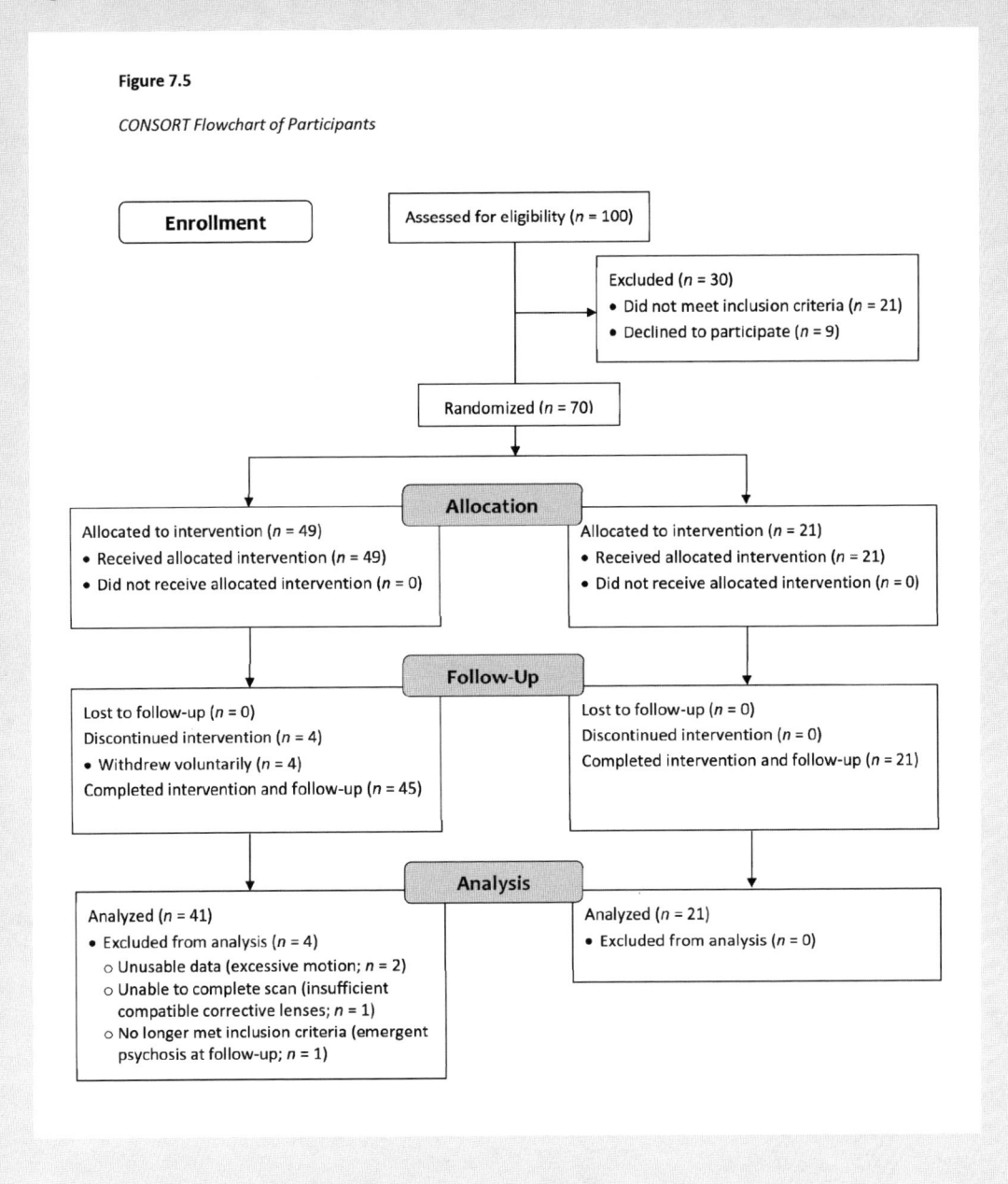

Figure 7.5

CONSORT Flowchart of Participants

Enrollment

Assessed for eligibility (*n* = 100)

Excluded (*n* = 30)
- Did not meet inclusion criteria (*n* = 21)
- Declined to participate (*n* = 9)

Randomized (*n* = 70)

Allocation

Allocated to intervention (*n* = 49)
- Received allocated intervention (*n* = 49)
- Did not receive allocated intervention (*n* = 0)

Allocated to intervention (*n* = 21)
- Received allocated intervention (*n* = 21)
- Did not receive allocated intervention (*n* = 0)

Follow-Up

Lost to follow-up (*n* = 0)
Discontinued intervention (*n* = 4)
- Withdrew voluntarily (*n* = 4)
Completed intervention and follow-up (*n* = 45)

Lost to follow-up (*n* = 0)
Discontinued intervention (*n* = 0)
Completed intervention and follow-up (*n* = 21)

Analysis

Analyzed (*n* = 41)
- Excluded from analysis (*n* = 4)
  o Unusable data (excessive motion; *n* = 2)
  o Unable to complete scan (insufficient compatible corrective lenses; *n* = 1)
  o No longer met inclusion criteria (emergent psychosis at follow-up; *n* = 1)

Analyzed (*n* = 21)
- Excluded from analysis (*n* = 0)

Figura 7.6 Exemplo de Modelo Conceitual

Figure 2

Integrated Child and Youth Behavioral Health System

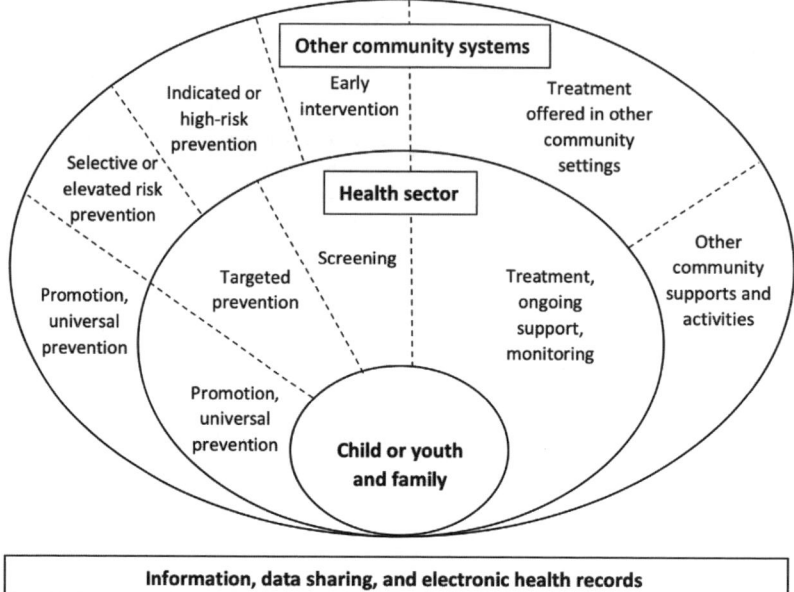

- Other community systems
  - Indicated or high-risk prevention
  - Early intervention
  - Treatment offered in other community settings
  - Selective or elevated risk prevention
  - Other community supports and activities
  - Promotion, universal prevention
- Health sector
  - Targeted prevention
  - Screening
  - Treatment, ongoing support, monitoring
  - Promotion, universal prevention
- Child or youth and family

Information, data sharing, and electronic health records

Policy and service system coordination

Financing

Note. This model shows that the integrated child and youth behavioral health system is centered on the child or youth and family and includes promotion; prevention; screening; and treatment, ongoing support, and monitoring both in the health sector and in other community systems. This structure is supported by information systems, policy and service system coordination, and financing, which are shown in rectangles beneath the ovals to illustrate this support.

Tabelas e Figuras   245

Figura 7.7 Exemplo de Modelo de Equação Estrutural

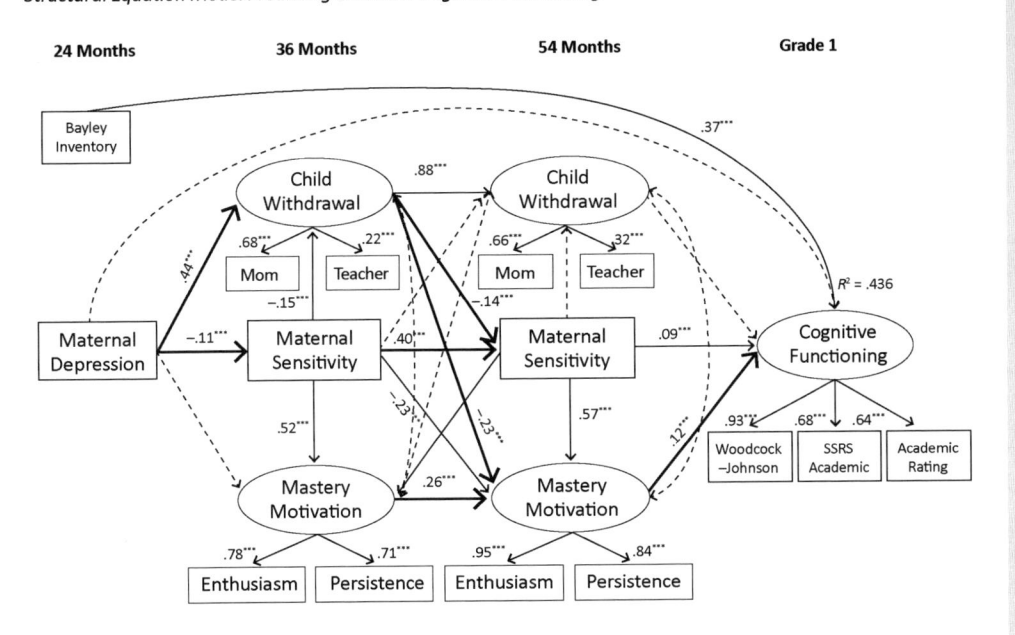

Figure 2

Structural Equation Model Predicting Children's Cognitive Functioning

Note. This structural equation model predicts children's cognitive functioning from mothers' early depressive symptoms, with mediating effects of child withdrawal and mastery motivation. Statistics are standardized regression coefficients. Maternal depression is averaged across 6, 15, and 24 months. Dotted lines represent nonsignificant relations; bold lines represent significant indirect paths. SSRS = Social Skills Rating System.
**$p < .01$. ***$p < .001$.

Figura 7.8 Exemplo de Figura de Resultados de Análise Fatorial Confirmatória

Figure 2

Second-Order Confirmatory Factor Analysis for Study 2

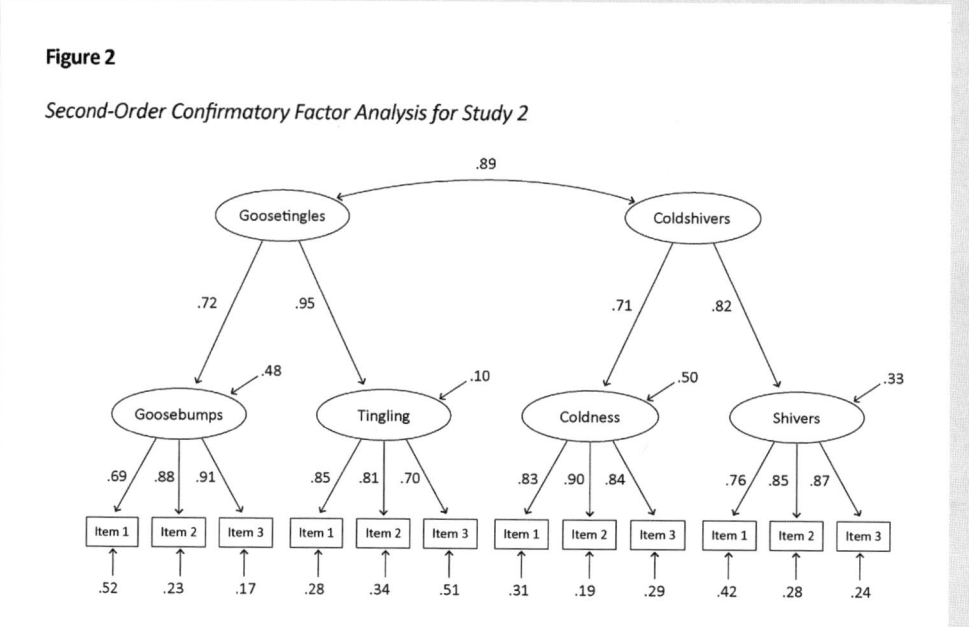

```
                          .89
        Goosetingles ←――――――――――→ Coldshivers
         .72    .95                    .71    .82
              .48                .10         .50        .33
   Goosebumps      Tingling        Coldness      Shivers
  .69 .88 .91    .85 .81 .70     .83 .90 .84   .76 .85 .87
  I1  I2  I3     I1  I2  I3      I1  I2  I3    I1  I2  I3
  .52 .23 .17   .28 .34 .51     .31 .19 .29   .42 .28 .24
```

Note. Items are numbered in the order presented in the text. All modeled correlations and path coefficients are significant ($p < .05$).

Figura 7.9 Exemplo de Modelo de Percurso

Figure 1

Path Analysis Model of Associations Between ASMC and Body-Related Constructs

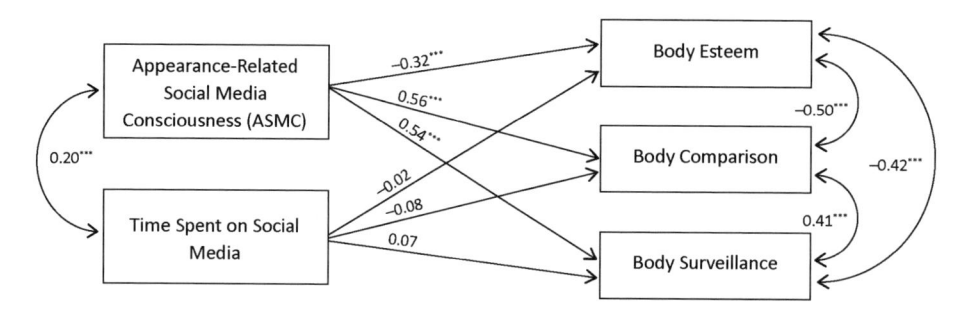

```
  Appearance-Related          −0.32***        Body Esteem
  Social Media              0.56***
  Consciousness (ASMC)    0.54***                            −0.50***
       ↕ 0.20***                             Body Comparison
                           −0.02                             −0.42***
                           −0.08
  Time Spent on Social      0.07                              0.41***
  Media                                       Body Surveillance
```

Note. The path analysis shows associations between ASMC and endogenous body-related variables (body esteem, body comparison, and body surveillance), controlling for time spent on social media. Coefficients presented are standardized linear regression coefficients.

***$p < .001$.

Figura 7.10 Exemplo de Figura de Pesquisa Qualitativa

Figure 1

Organizational Framework for Racial Microaggressions in the Workplace

Racial microaggressions in the workplace

Racial microaggressions:
- Environmental
- Stereotypes of Black women
- Assumed universality of the Black experience
- Invisibility
- Exclusion

Processes:
- Perception of racial microaggressions
- Reactions to racial microaggressions
- Consequences and impact of racial microaggressions

Coping strategies:
- Religion and spirituality
- Armoring
- Shifting
- Support network
- Sponsorship and mentorship
- Self-care

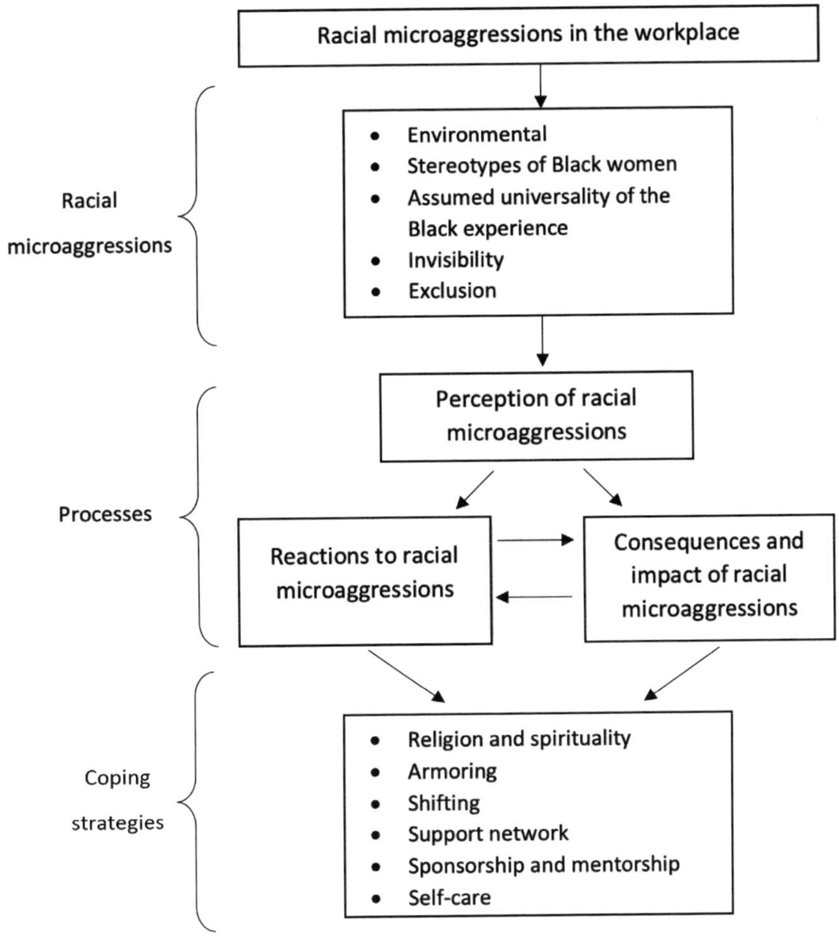

Figura 7.11 Exemplo de Figura de Pesquisa de Métodos Mistos

Figure 1

A Multistage Paradigm for Integrative Mixed Methods Research

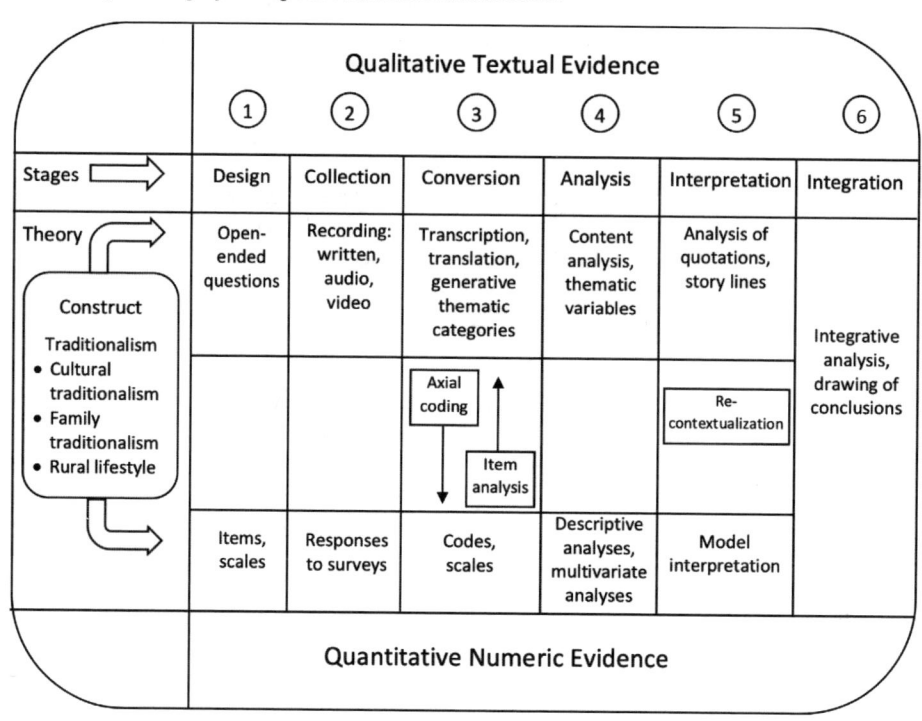

Qualitative Textual Evidence

Stages	(1) Design	(2) Collection	(3) Conversion	(4) Analysis	(5) Interpretation	(6) Integration
Theory — Construct: Traditionalism • Cultural traditionalism • Family traditionalism • Rural lifestyle	Open-ended questions	Recording: written, audio, video	Transcription, translation, generative thematic categories	Content analysis, thematic variables	Analysis of quotations, story lines	Integrative analysis, drawing of conclusions
			Axial coding ↓ Item analysis		Re-contextualization	
	Items, scales	Responses to surveys	Codes, scales	Descriptive analyses, multivariate analyses	Model interpretation	

Quantitative Numeric Evidence

Note. Items are numbered in the order presented in the text. All modeled correlations and path coefficients are significant ($p < .05$).

Figura 7.12 Exemplo de Ilustração de Situação Experimental

Figure 7

Design of Experiment 7

Experiment 7A: Test
Who changed her choice?

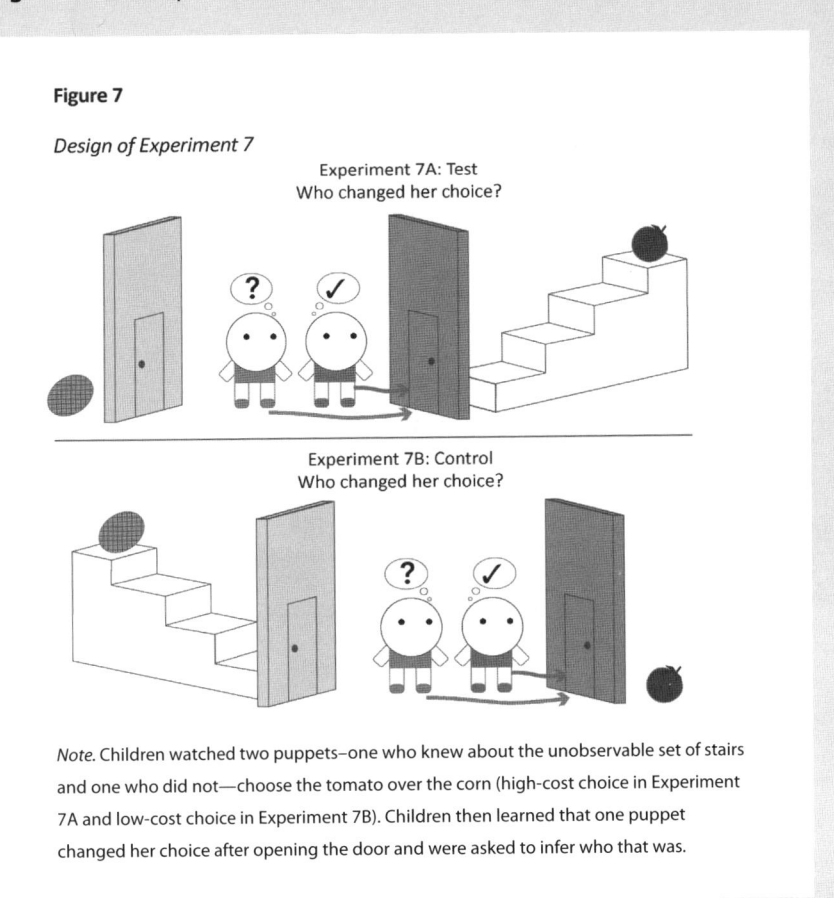

Experiment 7B: Control
Who changed her choice?

Note. Children watched two puppets–one who knew about the unobservable set of stairs and one who did not—choose the tomato over the corn (high-cost choice in Experiment 7A and low-cost choice in Experiment 7B). Children then learned that one puppet changed her choice after opening the door and were asked to infer who that was.

Figura 7.13 Exemplo de Ilustração de Estímulos Experimentais

Figure 4

Examples of Stimuli Used in Experiment 1

Note. Stimuli were computer-generated cartoon bees that varied on four binary dimensions, for a total of 16 unique stimuli. They had two or six legs, a striped or spotted body, single or double wings, and antennae or no antennae. The two stimuli shown here demonstrate the use of opposite values on all four binary dimensions.

Figura 7.14 Exemplo de Mapa

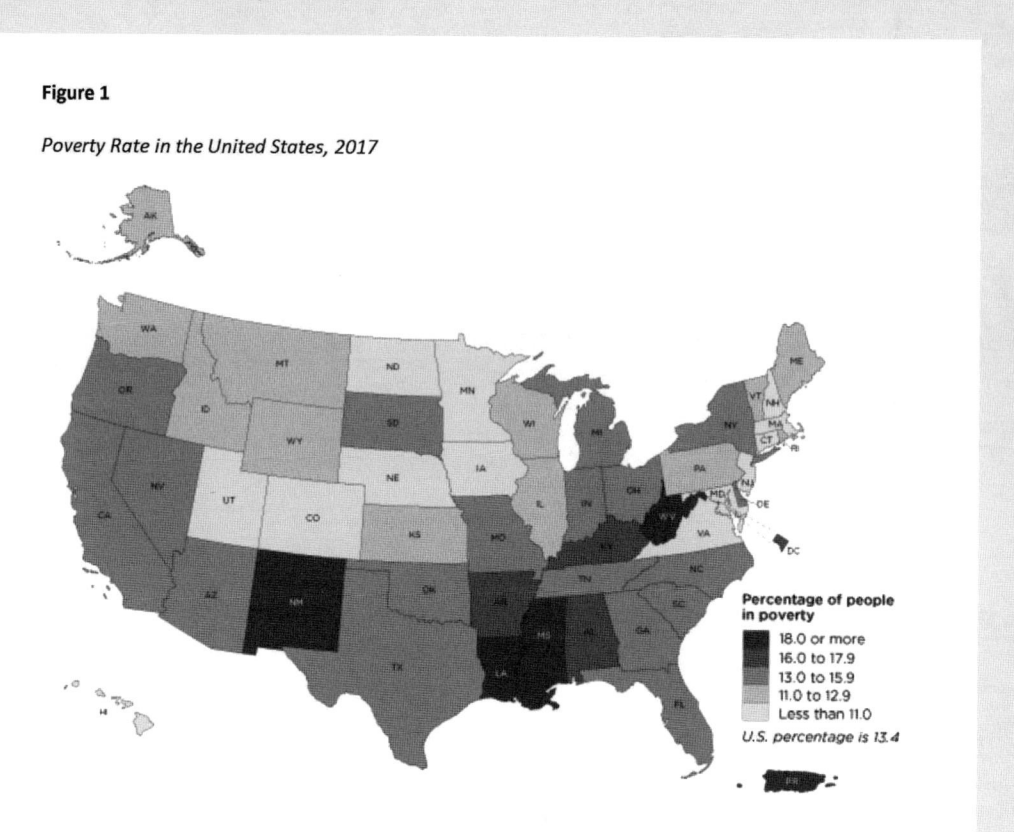

Figure 1

Poverty Rate in the United States, 2017

Percentage of people in poverty
- 18.0 or more
- 16.0 to 17.9
- 13.0 to 15.9
- 11.0 to 12.9
- Less than 11.0

U.S. percentage is 13.4

Note. The U.S. percentage does not include data for Puerto Rico. Adapted from 2017 *Poverty Rate in the United States*, by U.S. Census Bureau, 2017 (https://www.census.gov/library/visualizations/2018/comm/acs-poverty-map.html). In the public domain.

> exemplo de atribuição de *copyright* para uma figura em domínio público adaptada

Figura 7.15 Exemplo de Gráfico de Dispersão

Figure 2

Association Between Perceptual Speed and Empathic Pattern Accuracy for Happiness

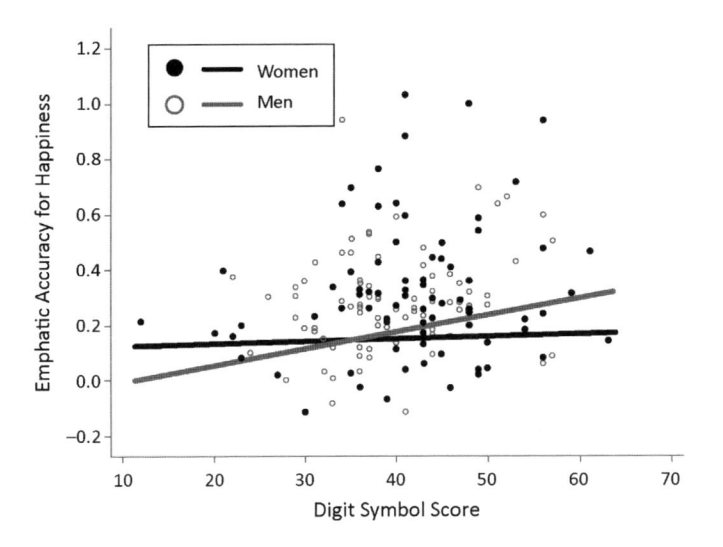

Note. Each dot represents an individual participant. Scores for empathic pattern accuracy for happiness were obtained in a zero-order multilevel model in which a target's self-reported happiness was the only predictor of a rater's perceptions (the estimate plotted on the y-axis is equivalent to β_{1i} in Equation 4). Among men, higher levels of digit symbol performance were associated with higher empathic pattern accuracy for happiness in daily life (gray line). Among women, the association was not significant (black line).

Figura 7.16 Exemplo de Figura de Escala Multidimensional

Figure 3

Two-Dimensional Solution Derived From Multidimensional Scaling of Relatedness Scores

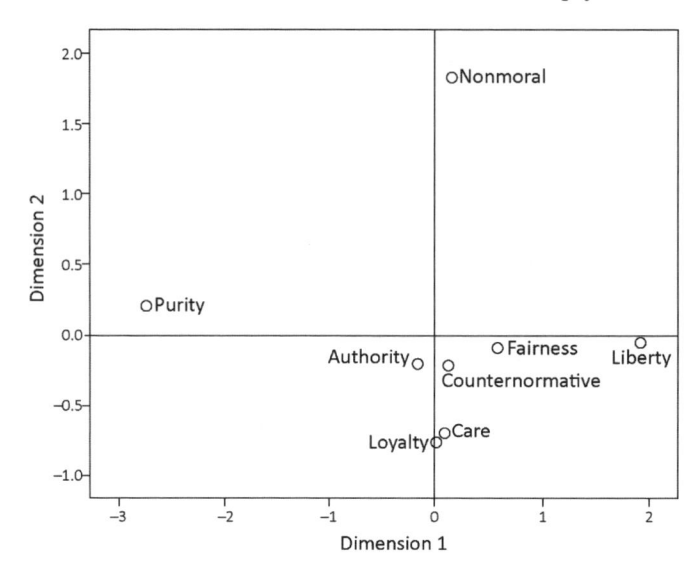

Note. Relatedness scores were defined as the mean likelihood judgment within category pairs. Violations of care, authority, fairness, and loyalty and counternormative actions are quite close to one another in the resultant two-dimensional space, whereas liberty violations, and especially purity violations and nonmoral actions, are more distant. Model stress was .08.

Figura 7.17 Exemplo de Fotografia

Figure 1

Example Scenes of Participant Response to Locations of Schema-Irrelevant Objects

Note. Top panel: A version of the kitchen scene using schema-irrelevant objects (walking boots, bath towel, and teapot) in unexpected locations (right side of the floor, rail beneath table, and stool, respectively). Middle panel: One of the possible test images (out of two) associated with the study image depicted in the top panel used in Study 1 (shift-to-expected condition). Bottom panel: Example participant response when the participant originally studied the image in the top panel in the recall task of Study 2. Schema-relevant objects in expected places at study are the metal pot and toaster; those in unexpected places are the microwave and teapot; those not present are the fruit bowl and paper towel roll.

Figura 7.18 Exemplo de Figura Complexa com Múltiplos Painéis

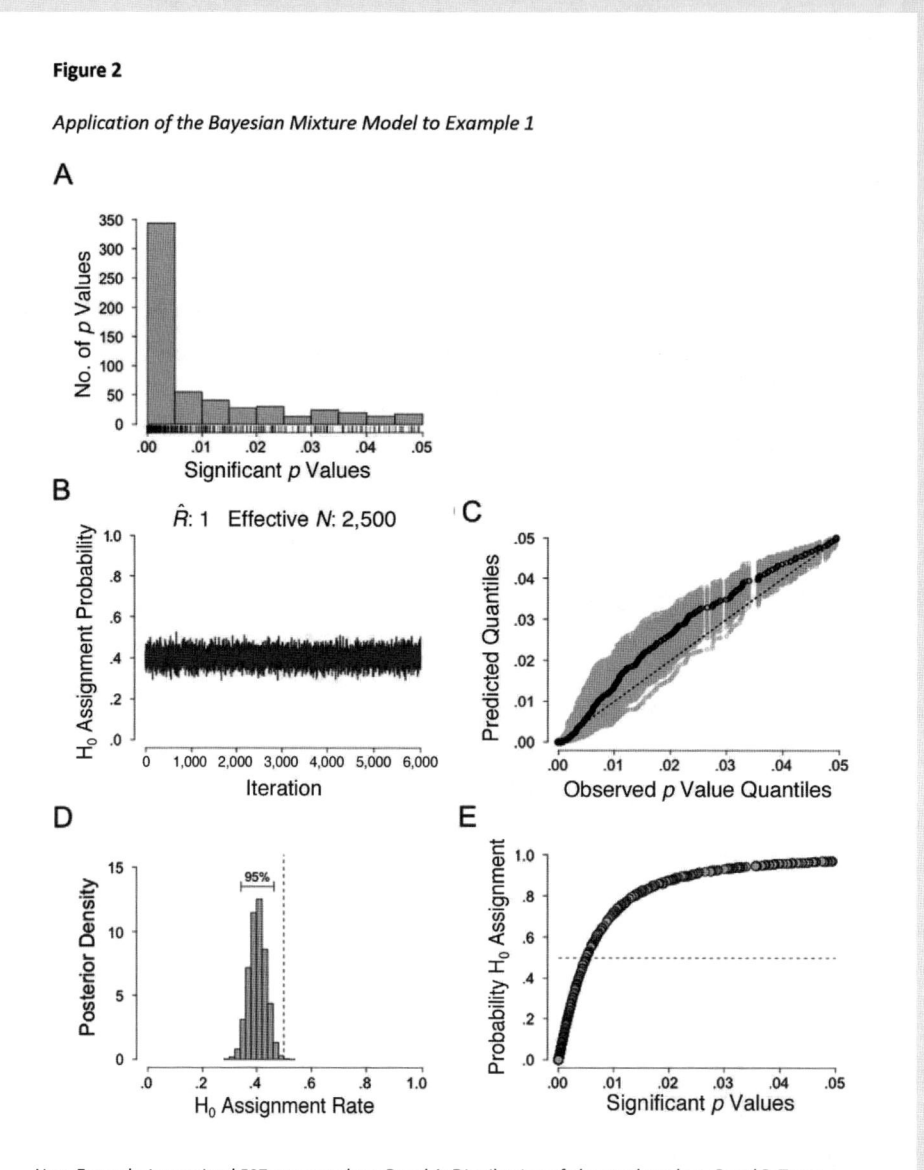

Figure 2

Application of the Bayesian Mixture Model to Example 1

Note. Example 1 contained 587 *t*-test *p* values. Panel A: Distribution of observed *p* values. Panel B: Trace plot of the Markov chain Monte Carlo chains for the H_0 assignment rate. Panel C: Q-Q plot for comparing the observed *p* value distribution with the posterior predictive distribution. Panel D: Posterior distribution of the H_0 assignment rate. Panel E: Individual H_0 assignment probabilities.

Figura 7.19 Exemplo de Figura de Potencial Relacionado a Evento

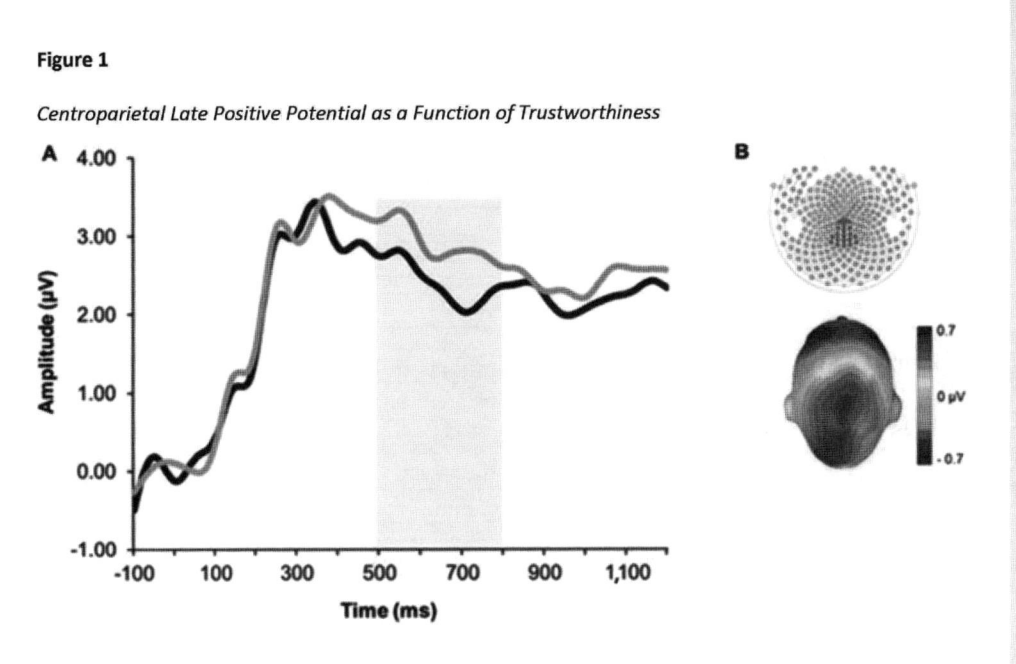

Figure 1

Centroparietal Late Positive Potential as a Function of Trustworthiness

Note. Panel A: Event-related potential waveforms for untrustworthy (gray line) and trustworthy (black line) faces. Panel B: Display of the scalp topographies for untrustworthy as compared with trustworthy faces in the selected time window (500–800 ms).

Figura 7.20 Exemplo de Figura de fMRI

Figure 3

Brain Regions Sensitive to Ratings of Dehumanization, Liking, and Similarity to the Self

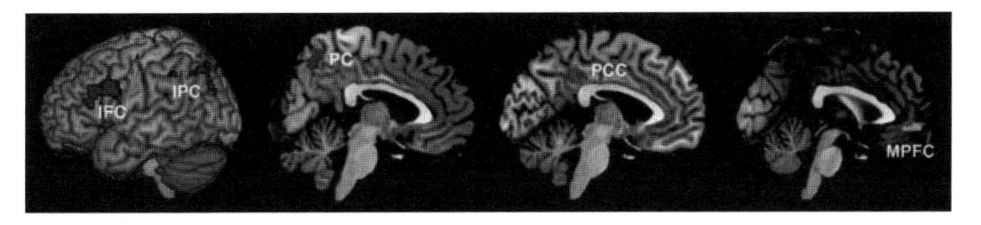

Note. Brain regions where activity is sensitive to parametric ratings of dehumanization (blue), liking (red), and similarity to the self (green) are shown. Dehumanization and liking are thresholded at $p < .05$, corrected; similarity is thresholded at $p < .001$, uncorrected. IFC = inferior frontal cortex; IPC = inferior parietal cortex; PC = precuneus; PCC = posterior cingulate cortex; MPFC = medial prefrontal cortex.

Figura 7.21 Exemplo de Apresentação de Material Genético (Mapa Físico)

Figure 1

Microduplications Encompassing NF1 *for Subjects With Oligonucleotide Microarray Analysis*

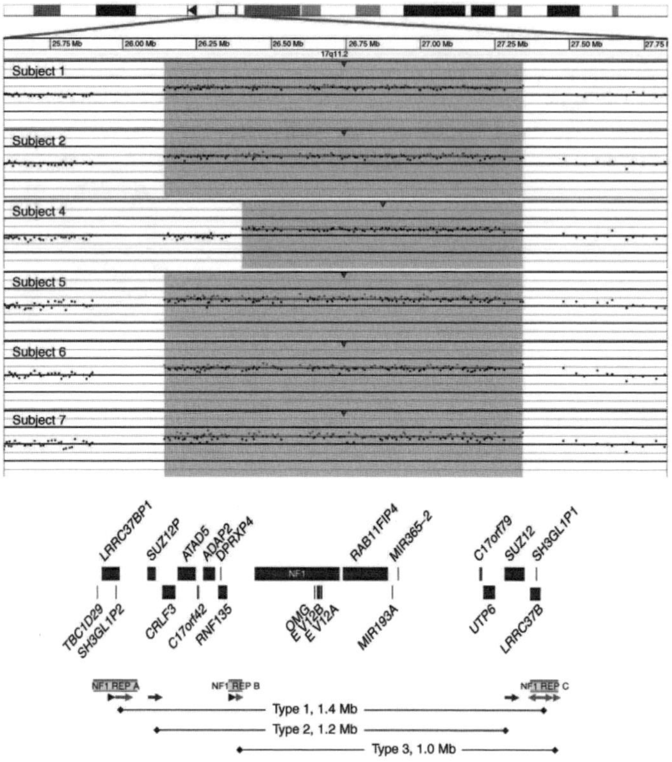

Note. Six subjects had microduplications encompassing *NF1*. For all microarray plots, probes are arranged on the x-axis according to physical mapping positions, with the most proximal 17q11.2 probes on the left and the most distal 17q11.2 probes on the right. Values along the y-axis represent $\log_2$ ratios of subject: control signal intensities. Genes in the duplication region are shown underneath the plots as purple boxes. The yellow boxes represent the blocks of low-copy repeats in the region, with colored arrows corresponding to areas of homology among the low-copy repeats. Identical colors correspond to homologous regions. The sizes of the three types of *NF1* microdeletions are shown, with nonallelic homologous recombination between the red arrows leading to Type 1, brown to Type 2, and green to Type 3. From "*NF1* Microduplications: Identification of Seven Nonrelated Individuals Provides Further Characterization of the Phenotype," by K. J. Moles, G. C. Gowans, S. Gedela, D. Beversdorf, A. Yu, L. H. Seaver, R. A. Schultz, J. A. Rosenfeld, B. S. Torchia, and L. G. Shaffer, 2012, *Genetics in Medicine, 14*(5), p. 509 (https://doi.org/10.1038/gim.2011.46). Copyright 2012 by the American College of Medical Genetics and Genomics. Reprinted with permission.

8
OBRAS REFERIDAS NO TEXTO

Sumário

Diretrizes Gerais Para Citação 259
- 8.1 Nível Apropriado de Citação 259
- 8.2 Plágio 260
- 8.3 Autoplágio 262
- 8.4 Correspondência Entre a Lista de Referências e o Texto 263
- 8.5 Uso da Versão Publicada ou Versão Arquivada 263
- 8.6 Fontes Primárias e Secundárias 264

Trabalhos que Requerem Abordagens Especiais de Citação ... 264
- 8.7 Entrevistas 264
- 8.8 Recursos de Sala de Aula ou Intranet 265
- 8.9 Comunicações Pessoais 265

Citações no Texto 267
- 8.10 Sistema de Citação Autor–Data 267
- 8.11 Citações Parentéticas e Narrativas 268
- 8.12 Citando Múltiplos Trabalhos 269
- 8.13 Citando Partes Específicas de uma Fonte 269
- 8.14 Autor Desconhecido ou Anônimo 270
- 8.15 Datas de Trabalhos Traduzidos, Reproduzidos, Republicados e Reeditados 270
- 8.16 Omitindo o Ano em Citações Narrativas Repetidas 271
- 8.17 Número de Autores a Serem Incluídos nas Citações no Texto 271
- 8.18 Evitando Ambiguidade em Citações no Texto 272
- 8.19 Trabalhos com o Mesmo Autor e a Mesma Data 273
- 8.20 Autores com o Mesmo Sobrenome 273
- 8.21 Abreviando Nomes de Entidades 273
- 8.22 Menções Gerais de *Sites*, Periódicos, Programas e Aplicativos Comuns 274

Paráfrases e Citações 274
- 8.23 Princípios de Paráfrase 274
- 8.24 Paráfrases Extensas 275
- 8.25 Princípios de Citação Direta 276
- 8.26 Citações Curtas (Menos de 40 Palavras) 277
- 8.27 Citações em Bloco (40 Palavras ou Mais) 278
- 8.28 Citação Direta de Material sem Números de Página 279
- 8.29 Precisão das Citações 280
- 8.30 Mudanças em uma Citação sem Necessidade de Explicação 280
- 8.31 Mudanças em uma Citação que Requerem Explicação 280
- 8.32 Citações que Contêm Citações de Outros Trabalhos 281
- 8.33 Citações que já Contêm Material Entre Aspas 282
- 8.34 Permissão para Reproduzir ou Adaptar Citações Extensas 283
- 8.35 Epígrafes 283
- 8.36 Citações do Discurso de Participantes da Pesquisa 284

8
OBRAS REFERIDAS NO TEXTO

O conhecimento científico representa as realizações de muitos pesquisadores ao longo do tempo. Uma parte essencial de escrever no Estilo APA é ajudar os leitores a contextualizar a sua contribuição citando os pesquisadores que o influenciaram.

Neste capítulo, fornecemos as regras básicas para reconhecer como outros contribuíram para o seu trabalho. Uma orientação geral para citação no texto é apresentada primeiro, incluindo como fornecer um nível apropriado de citação e evitar plágio e autoplágio em sua escrita. A seguir, são apresentadas diretrizes específicas para citação no texto, incluindo formatos para entrevistas, fontes de sala de aula, intranet, comunicações pessoais, citações no texto em geral, incluindo paráfrases e citações diretas.

Diretrizes Gerais Para Citação

8.1 Nível Apropriado de Citação

Cite o trabalho daqueles indivíduos cujas ideias, teorias ou pesquisas influenciaram diretamente o seu trabalho. Os trabalhos que você cita fornecem informações básicas importantes, apoiam ou contestam sua tese, ou oferecem definições e dados essenciais. Cite apenas os trabalhos que você leu e as ideias que incorporou ao texto. Mencione as fontes primárias quando possível e as fontes secundárias com moderação (ver Seção 8.6). Além de creditar as ideias de outras pessoas que você usou para desenvolver sua tese, forneça fontes para todos os fatos e números que não sejam do conhecimento comum. Tanto paráfrases (ver Seções 8.23 e 8.24) como citações diretas (ver Seções 8.25–8.35) requerem chamadas. Se você reproduzir ou adaptar uma tabela ou figura (p. ex., uma imagem retirada da internet, mesmo que seja gratuita ou esteja no Creative Commons), ou reproduzir uma longa citação ou item de teste comercialmente protegido por direitos autorais, também pode ter de obter permissão do detentor dos direitos autorais e fornecer uma atribuição de *copyright* (ver Seções 12.14–12.18).

O número de fontes citadas depende do propósito do seu trabalho. Para a maioria dos artigos, cite uma ou duas das fontes mais representativas para cada ponto-chave. Os artigos de revisão de literatura, entretanto, costumam incluir uma lista de referências mais exaustiva, visto que o objetivo é familiarizar os leitores com tudo o que foi escrito sobre o assunto.

Evite insuficiência ou excesso de citações. A insuficiência pode levar ao plágio (ver Seção 8.2) e/ou autoplágio (ver Seção 8.3). Mesmo quando as fontes não podem ser acessadas (p. ex., porque são comunicações pessoais; ver Seção 8.9), você ainda precisa reconhecê-las no texto (contudo, evite usar fontes *on-line* que não estão mais disponíveis; ver Seção 9.37). O excesso de citações pode distrair e é desnecessário. Por exemplo, é considerado excesso repetir a mesma citação em todas as frases quando a fonte e o tópico não mudaram. Em vez disso, ao parafrasear um ponto-chave em mais de uma frase dentro de um parágrafo, cite a fonte na primeira frase em que ela é relevante e não a repita nas frases seguintes, contanto que a fonte permaneça clara e inalterada (ver Seção 8.24). Quando o nome do autor aparece na narrativa, o ano pode ser omitido em citações repetidas em certas circunstâncias (ver Seção 8.16). A Figura 8.1 fornece um exemplo de um nível apropriado de citação.

8.2 Plágio

Plágio é o ato de apresentar palavras, ideias ou imagens de outra pessoa como sendo de sua autoria; ele nega aos autores ou criadores do conteúdo o crédito que lhes é devido. Deliberado ou não, o plágio viola os padrões éticos do conhecimento acadêmico (ver Norma 8.11 do Código de Ética da APA, *Plagiarism*). Os escritores que plagiam desrespeitam os esforços dos autores originais ao deixarem de reconhecer suas contribuições, refreiam futuras pesquisas ao impedirem que os leitores localizem as fontes originais das ideias e desconsideram injustamente aqueles que se esforçaram para concluir seu próprio trabalho. Aqueles que tentam publicar trabalhos plagiados enfrentam rejeição da publicação e possível censura em seu local de trabalho. Alunos que plagiam podem ser reprovados na tarefa ou na disciplina, ter o plágio registrado e, em caso de uma segunda ocorrência, ser punidos com maior severidade, ou expulsos de sua instituição (ver também a Seção 1.17).

Para evitar plágio, forneça o devido crédito à fonte sempre que fizer o seguinte:

- parafrasear (ou seja, dizer em suas próprias palavras) as ideias de outros (ver Seções 8.23 e 8.24)
- citar diretamente as palavras de outros (ver Seções 8.25–8.35)
- referir-se a dados ou conjuntos de dados (ver Seção 10.9)

Figura 8.1 Exemplo de um Nível Apropriado de Citação

> Humor plays an important role in everyday life, from interacting with strangers to attracting mates (Bressler & Balshine, 2006; Earleywine, 2010; Tornquist & Chiappe, 2015). Some people, however, come up with funny and witty ideas much more easily than do others. In this study, we examined the role of cognitive abilities in humor production, a topic with a long past (e.g., Feingold & Mazzella, 1991; Galloway, 1994) that has recently attracted more attention (Greengross & Miller, 2011; Kellner & Benedek, 2016). Humor production ability is measured with open-ended tasks (Earleywine, 2010), the most common of which involves asking participants to write captions for single-panel cartoons (for a review, see Nusbaum & Silvia, 2017).

Nota. Os autores forneceram citações de fontes representativas para cada nova ideia no texto. O conhecimento comum (aqui, a ideia de que algumas pessoas têm ideias engraçadas mais facilmente do que outras) não exige uma citação.

- reproduzir ou adaptar uma tabela ou figura, até mesmo imagens da internet que são gratuitas ou licenciadas no Creative Commons (ver Seções 12.14–12.18)
- reproduzir uma extensa passagem de texto ou item de teste comercialmente protegido por direitos autorais (ver Seções 12.14–12.18)

Para a maioria dos trabalhos, o crédito apropriado assume a forma de uma citação autor–data (ver Seção 8.10). Entretanto, de acordo com a lei de direitos autorais dos Estados Unidos, os autores que desejam reproduzir ou adaptar tabelas, figuras e imagens ou reproduzir extensas citações ou itens de teste com direitos autorais comercialmente protegidos (ver Seção 12.15) devem fornecer um crédito mais abrangente na forma de atribuição de *copyright* (ver Seção 12.18) e podem precisar da permissão do detentor dos direitos autorais para usar os materiais (ver Seção 12.17).

A necessidade de crédito também se estende às ideias de outros. Por exemplo, os autores devem dar crédito aos criadores das teorias às quais se referem em seu trabalho. Se os autores modelarem um estudo de acordo com um estudo conduzido por outra pessoa, o pesquisador do estudo original deve receber o crédito. Se a justificativa para um estudo foi sugerida no artigo de outra pessoa, ela deve receber o crédito. Dada a livre troca de ideias, que é importante para a saúde do discurso intelectual, os autores podem não ser capazes de identificar exatamente onde se originou a ideia para o seu estudo. Eles devem fazer o possível para encontrar e reconhecer a(s) fonte(s), incluindo comunicações pessoais (ver Seção 8.9).

Embora muitos casos de plágio sejam óbvios (p. ex., passagens de texto copiadas de outra fonte sem atribuição), alguns são mais difíceis de avaliar. Normalmente, usar citações incorretas (p. ex., erro ortográfico do nome de um autor, esquecimento ou digitação incorreta de um elemento em um item da lista de referências, ou citação de uma fonte no texto que não possui um item correspondente na lista de referências) não é considerado plágio se o erro for menor e atribuível a um descuido editorial, em vez de uma tentativa intencional de roubar as ideias de alguém ou ofuscar a origem das informações (Cooper, 2016). Entretanto, tais erros ainda podem resultar em reduções de grau ou conceito em um trabalho acadêmico ou em um pedido de revisão de um manuscrito submetido para publicação.

Editores (*publishers*) e educadores podem usar *software* de verificação de plágio (p. ex., iThenticate, Turnitin) para identificar casos em que documentos inteiros foram copiados, passagens de extensão especificada coincidem, ou algumas palavras foram alteradas mas o conteúdo é basicamente o mesmo (o último é conhecido como "*patchwriting*"; consulte o Merriam-Webster, n.d.-a). Contudo, uma revisão humana geralmente é necessária para determinar se o plágio realmente ocorreu. Faça anotações cuidadosas ao pesquisar e escrever para manter o controle e citar suas fontes com precisão. Confira seu trabalho cuidadosamente para garantir que reconhece as palavras e as ideias de outras pessoas com chamadas no texto que tenham entradas correspondentes na lista de referências.

Práticas antiéticas de escrita que não sejam plágio também são proibidas. Por exemplo, não é ético fabricar citações e/ou itens da lista de referências. Essa prática dá a aparência de fontes devidamente reconhecidas, mas elas são fictícias ou não localizáveis; o autor pode ter inventado as informações e as fontes, ou as informações podem vir de trabalhos reais que não foram reconhecidos. Da mesma forma, a *fraude contratual*, na qual estudantes contratam outra pessoa para escrever um artigo para si, é antiética. Mesmo quando o trabalho resultante é original (ou seja, não plagiado), esses alunos ainda recebem o crédito por trabalhos que não fizeram, o que viola as políticas de integridade acadêmica, os códigos de honra e os códigos de ética.

8.3 Autoplágio

Autoplágio é a apresentação de seu próprio trabalho previamente publicado como se fosse original e, assim como o plágio, é antiético. O autoplágio engana os leitores ao fazer parecer que há mais informações disponíveis sobre um tópico do que realmente há. Ele dá a impressão de que as descobertas são mais replicáveis do que são ou que conclusões específicas são mais fortemente respaldadas do que o garantem as evidências. Isso pode levar a violações de direitos autorais caso você publique o mesmo trabalho com vários editores (*publishers*), o que às vezes é chamado de *publicação duplicada* (ver Seção 1.16).

Algumas instituições podem considerar autoplágio quando um aluno apresenta um trabalho escrito para uma disciplina para concluir uma tarefa de outra disciplina sem permissão do professor desta última; usar o mesmo trabalho em várias disciplinas pode violar a política de integridade acadêmica, o código de honra ou o código de ética da universidade. Entretanto, pode ser permitido incorporar trabalhos de disciplinas anteriores em uma tese ou dissertação e basear-se nos seus próprios textos; os alunos que desejam fazer isso devem discutir suas ideias com seu professor ou orientador e seguir o código de honra, o código de ética ou as políticas acadêmicas de sua universidade ao reutilizar seus trabalhos anteriores.

Em circunstâncias específicas, os autores podem desejar duplicar suas palavras usadas anteriormente sem aspas ou citação (p. ex., ao descrever os detalhes de um instrumento ou uma abordagem analítica), sentindo que a autorreferência extensa é indesejável ou inoportuna e que a reformulação pode levar a imprecisões. Quando o material duplicado tem escopo limitado, isso pode ser permitido.

Quando a duplicação for mais extensa, os autores devem citar a fonte do material duplicado. O que constitui a extensão máxima aceitável de material duplicado é difícil de definir, mas deve estar de acordo com as noções legais de uso justo (ver Seção 12.17). As diretrizes gerais para o uso de uma quantidade aceitável de material duplicado são as seguintes:

- Assegure-se de que o núcleo do novo documento constitua uma contribuição original ao conhecimento no sentido de
    - ser incluída apenas a quantidade necessária de material publicado anteriormente para compreender tal contribuição e
    - o material aparecer principalmente na discussão da teoria e da metodologia.
- Coloque todo o material duplicado em um único parágrafo ou em alguns parágrafos, quando possível, com uma chamada no início ou no final de cada um deles. Apresente-o com uma frase semelhante a "as I have previously discussed" (como discuti anteriormente). Não use aspas ou formatação de citação em bloco em torno de seu próprio material duplicado.
- Ao reanalisar seus próprios dados publicados anteriormente, como em um projeto de grande escala, longitudinal ou multidisciplinar, forneça informações suficientes sobre o projeto para que os leitores possam avaliar o relato atual, mas não repita todos os detalhes do delineamento e do método. Encontre um equilíbrio que envolva remeter os leitores aos trabalhos anteriores usando citações.

Caso um manuscrito deva receber uma revisão cega (ver Seção 12.7), pode ser necessário ocultar as referências ao seu trabalho anterior até que ele esteja pronto para publicação. Para fazer isso, omita os itens relacionados da lista de referências e indique no texto onde as citações serão reintegradas após o processo de revisão, incluindo "citation omitted" (citação omitida) ou algo semelhante, entre parênteses.

Uma exceção à proibição do autoplágio é a publicação de um trabalho de circulação limitada em um veículo de circulação mais ampla. Por exemplo, os autores podem publicar sua dissertação ou tese integralmente ou em parte em um ou vários periódicos. Nesses casos, não citariam sua dissertação ou tese no texto do artigo, mas reconheceriam na nota do autor que o trabalho foi baseado nessas produções (ver Seção 2.7). Da mesma forma, um artigo baseado em pesquisa que os autores descreveram em um resumo publicado no programa ou nos anais de um congresso geralmente não constitui publicação duplicada; é necessário reconhecer a apresentação anterior da pesquisa na nota do autor do artigo (veja, como exemplo, a nota do autor de artigo profissional no Capítulo 2). Solicite esclarecimentos ao editor da revista ou ao professor da disciplina caso esteja preocupado com publicação duplicada ou autoplágio.

8.4 Correspondência Entre a Lista de Referências e o Texto

O Estilo APA usa o sistema de citação autor–data (ver Seção 8.10), no qual uma breve chamada no texto direciona os leitores a um item completo na lista de referências. Cada obra citada no texto deve constar da lista de referências, e cada obra da lista de referências deve ser citada no texto. Certifique-se de que a grafia dos nomes dos autores e as datas de publicação nos itens da lista de referências correspondam às das chamadas no texto. A data em um item na lista de referências pode incluir, além do ano, o mês, a estação e/ou o dia; entretanto, a chamada no texto correspondente inclui apenas o ano (ver Exemplo 15 no Capítulo 10).

Existem algumas exceções a essas diretrizes:

- Comunicações pessoais, que são fontes inacessíveis, são citadas apenas no texto (ver Seção 8.9).
- As menções gerais de *sites* ou periódicos inteiros (ver Seção 8.22) e programas e aplicativos comuns (ver Seção 10.10) no texto não exigem uma chamada ou item na lista de referências.
- A fonte de uma epígrafe geralmente não aparece na lista de referências (ver Seção 8.35).
- As citações do discurso dos participantes da sua pesquisa podem ser apresentadas e discutidas no texto, mas não precisam de chamadas ou itens na lista de referências (ver Seção 8.36).
- As referências incluídas em uma metanálise, que são marcadas com um asterisco na lista de referências, podem ou não ser chamadas no texto, a critério do autor (ver Seção 9.52).

8.5 Uso da Versão Publicada ou Versão Arquivada

Várias versões do mesmo trabalho podem coexistir na internet, e você deve citar aquela que usou. O ideal é usar e citar a versão final publicada de um trabalho (ver Capítulo 10, Exemplos 1–3). No entanto, se você usou a versão *on-line* antecipada (ver Capítulo 10, Exemplo 7), a versão impressa (ver Capítulo 10, Exemplo 8) ou o manuscrito final revisado por pares aceito para publicação (mas antes de ser formatado ou editado; ver Capítulo 10, Exemplo 73), cite essa versão. O manuscrito final revisado por pares, conforme aceito para publicação, pode estar disponível em vários lugares, incluindo um *site* pessoal, um servidor do empregador, um repositório institucional, um gerenciador de referência ou uma rede social do autor.

Trabalhos publicados informalmente, como aqueles em um arquivo de pré-impressão (p. ex., PsyArXiv), repositório ou banco de dados institucional (p. ex., ERIC), também podem ser citados (ver Capítulo 10, Exemplos 73 e 74) quando essa for a versão usada. Rascunhos de manuscritos (não publicados, em preparação ou submetidos) podem ser citados quando se tratar da versão mais atual do trabalho (ver Capítulo 10, Exemplos 70–72). Quando você cita um rascunho de manuscrito, artigo em produção, publicação *on-line* antecipada ou trabalho publicado informalmente, certifique-se de ter as informações mais atualizadas para esses trabalhos e atualize o item na lista de referências, se necessário, antes de enviar seu trabalho. Os editores (*publishers*) designam publicações *on-line* antecipadas de várias formas (p. ex., "online first publication" [primeira publicação *on-line*], "advance online publication" [publicação *on-line* antecipada], "epub ahead of print" [publicação eletrônica antes da impressão]); utilize a denominação "advance online publication" como padrão para itens na lista de referências no Estilo APA (ver Capítulo 10, Exemplo 7).

8.6 Fontes Primárias e Secundárias

Em trabalhos acadêmicos, uma *fonte primária* relata conteúdo original; uma *fonte secundária* refere-se ao conteúdo relatado pela primeira vez em outra fonte. Cite fontes secundárias com moderação — por exemplo, quando o trabalho original está esgotado, indisponível ou disponível apenas em um idioma que você não entende. Se possível, como uma questão de boa prática acadêmica, encontre e leia a fonte primária e cite-a diretamente em vez de citar uma fonte secundária. Por exemplo, em vez de citar a palestra de um professor ou um livro-texto ou enciclopédia que, por sua vez, cita a pesquisa original, encontre, leia e cite a pesquisa original diretamente (a menos que você seja instruído a fazer de outra forma).

Ao citar uma fonte secundária, inclua um item para ela na lista de referências. No texto, identifique a fonte primária e escreva "as cited in" (conforme citado em) e os dados da fonte secundária que você usou. Se o ano de publicação da fonte primária for conhecido, inclua-o também no texto. Por exemplo, se você ler um trabalho de Lyon et al. (2014) em que Rabbitt (1982) é citado, e não conseguir ler diretamente o trabalho de Rabbitt, cite o trabalho de Rabbitt como fonte original, seguido pelo trabalho de Lyon et al. como fonte secundária. Apenas o trabalho de Lyon et al. aparece na lista de referências.

(Rabbitt, 1982, as cited in Lyon et al., 2014)

Se o ano da fonte primária for desconhecido, omita-o da citação no texto.

Allport's diary (as cited in Nicholson, 2003)

Trabalhos que Requerem Abordagens Especiais de Citação

8.7 Entrevistas

Uma *entrevista* é um diálogo ou troca de informações entre pessoas. As entrevistas utilizadas como fontes podem ser classificadas em três categorias: publicadas, pessoais e com participantes da pesquisa.

- **Entrevistas publicadas** aparecem em uma variedade de lugares — por exemplo, em uma revista, jornal, transmissão de rádio gravada, episódio de *podcast*, vídeo do YouTube, programa de TV ou transcrição de uma gravação de vídeo ou áudio. Para citar uma entrevista publicada, siga o formato para o tipo de referência (p. ex., artigo de revista, episódio de *podcast*, transmissão de rádio; consulte o Capítulo 10, Exemplos 15 e 95, para entrevistas publicadas em um artigo de revista e em um arquivo digital, respectivamente). A pessoa que está sendo entrevistada não aparecerá necessariamente no elemento autor da referência; quando for o caso, incorpore o nome da pessoa na narrativa da frase, se desejar (ver Capítulo 10, Exemplo 88).

- **Entrevistas pessoais** são aquelas que você conduz como um meio de obter informações para respaldar um ponto-chave em seu trabalho (p. ex., um *e-mail* para um autor perguntando sobre seu trabalho publicado). Como os leitores não podem acessar esse tipo de entrevista, cite-a como uma comunicação pessoal (ver Seção 8.9).
- **Entrevistas com participantes de pesquisa** são aquelas que você conduziu como parte de sua metodologia. Elas não exigem uma citação no Estilo APA porque você não cita seu próprio trabalho no artigo em que ele está sendo publicado pela primeira vez. Entretanto, as informações coletadas dos participantes da pesquisa nas entrevistas podem ser apresentadas e discutidas em um artigo de acordo com as diretrizes da Seção 8.36.

8.8 Recursos de Sala de Aula ou Intranet

Alguns trabalhos estão disponíveis apenas a públicos específicos, o que determina como são citados. Por exemplo, um estudante que está escrevendo um artigo como tarefa de uma disciplina pode citar trabalhos do *site* da turma ou do ambiente virtual de aprendizagem (LMS, do inglês *learning management system*; p. ex., Canvas, Blackboard, Brightspace, Moodle, Sakai), ou um funcionário pode citar recursos da intranet da empresa ao redigir um relatório interno. Essas fontes podem ser acessadas pelo professor e pelos colegas ou outros funcionários da empresa, mas não pelo público em geral.

Quando o público para o qual está escrevendo puder acessar os trabalhos que você usou, cite-os usando os formatos mostrados no Capítulo 10, que são organizados de acordo com o grupo e a categoria da referência. Por exemplo, para citar uma aula gravada ou apresentação em PowerPoint disponível em um *site* da turma ou LMS para uma tarefa acadêmica, siga o formato mostrado no Capítulo 10, Exemplo 102. O elemento fonte dessas referências inclui o nome do *site* da turma ou LMS e o URL (que, para *sites* que requerem o *login* dos usuários, deve ser a página inicial ou o URL da página de *login*). Da mesma forma, para um relatório na intranet de uma empresa, siga os formatos apresentados na Seção 10.4. Contudo, se o trabalho for para publicação profissional ou destinado a um público mais amplo que não terá acesso a essas fontes, cite-as como comunicações pessoais (ver Seção 8.9).

8.9 Comunicações Pessoais

Trabalhos que não podem ser acessados pelos leitores (ou seja, sem um elemento fonte; ver Seção 9.4) são citados no texto como *comunicações pessoais*. Elas incluem *e-mails*, mensagens de texto, bate-papos *on-line* ou mensagens diretas, entrevistas pessoais, conversas telefônicas, discursos ao vivo, palestras em sala de aula não gravadas, memorandos, cartas, mensagens de grupos de discussão não arquivadas ou quadros de avisos *on-line*, e assim por diante.

Use uma citação de comunicação pessoal apenas quando uma fonte acessível não estiver disponível. Por exemplo, se você se informou sobre um tópico por meio de uma palestra em sala de aula, seria preferível citar a pesquisa na qual o professor se baseou. Porém, se a palestra continha conteúdo original não publicado em outro lugar, cite-a como uma comunicação pessoal. Quando as comunicações são acessíveis apenas em um arquivo (p. ex., uma biblioteca presidencial), cite-as como materiais de arquivo (visite o *site* do Estilo APA em https://apastyle.apa.org para mais informações). Não use uma citação de comunicação pessoal para citações ou informações de participantes que você entrevistou como parte de sua própria pesquisa original (ver Seção 8.36).

Citando Comunicações Pessoais no Texto. Como os leitores não têm acesso às informações nas comunicações pessoais, estas não são incluídas na lista de referências, sendo citadas apenas no texto. Indique a(s) inicia(is) e o sobrenome do comunicador e forneça a data mais exata possível, usando os seguintes formatos:

Citação narrativa: E.-M. Paradis (personal communication, August 8, 2019)

Citação parentética: (T. Nguyen, personal communication, February 24, 2020)

Citando Conhecimento Tradicional ou Tradições Orais de Povos Indígenas. A maneira de citar Conhecimento Tradicional ou Tradições Orais (outros termos são "Histórias Tradicionais" e "Histórias Orais") de povos indígenas varia dependendo de se e como as informações foram registradas — apenas alguns casos usam uma variação da citação de comunicação pessoal. Se as informações foram gravadas e podem ser acessadas pelos leitores (p. ex., vídeo, áudio, entrevista, transcrição, livro, artigo), cite-as no texto e inclua um item na lista de referências no formato correto para esse tipo de fonte (ver Seção 10.12, Exemplo 90, para uma gravação no YouTube; ver Seção 10.13, Exemplo 95, para uma entrevista gravada).

Examine cuidadosamente os trabalhos publicados (especialmente os mais antigos) para garantir que as informações sobre os povos indígenas sejam precisas e apropriadas para compartilhar antes de citá-los. Da mesma forma, trabalhe em estreita colaboração com os povos indígenas para garantir que o material seja adequado para publicação (p. ex., algumas histórias são contadas apenas em certas épocas do ano ou por certas pessoas e podem não ser apropriadas para publicação em um artigo científico) e que seu texto reflita com precisão e mantenha a integridade de suas perspectivas (ver Younging, 2018, para mais informações sobre a natureza da colaboração com povos indígenas). Da mesma forma, como o patrimônio cultural indígena pertence aos povos indígenas perpetuamente, questões relativas a direitos autorais e autoria podem surgir dependendo do escopo e da natureza do material que está sendo apresentado (ver Younging, 2018, para mais informações).

> **Use iniciais maiúsculas na maioria dos termos relacionados aos povos indígenas.** Isso inclui os nomes de grupos específicos (p. ex., Cherokee, Cree, Ojibwe) e palavras relacionadas à cultura indígena (p. ex., "Creation" [Criação], "the Creator" [o Criador], "Elder" [Ancião], "Oral Tradition" [Tradição Oral], "Traditional Knowledge" [Conhecimento Tradicional], "Vision Quest" [Questão de Visão]). O uso de iniciais maiúsculas é intencional e demonstra respeito pelas perspectivas indígenas (para mais informações, consulte *International Journal of Indigenous Health*, n.d.; Younging, 2018).

Para descrever o Conhecimento Tradicional ou as Tradições Orais que não foram registradas (e, portanto, não são acessíveis aos leitores), forneça os detalhes necessários para descrever o conteúdo e contextualizar a origem das informações na citação no texto. Como não há fonte acessível, não se utiliza um item da lista de referências.

Se o objetivo do seu trabalho é apresentar a História Oral de um ou mais participantes da pesquisa, siga as diretrizes da Seção 8.36 para incluir citações. Se o artigo for publicado, essa História Oral passa a fazer parte da literatura acadêmica registrada e pode, portanto, ser citada por outros autores usando os formatos padrão.

Se você falou com um indígena diretamente para obter informações (mas ele não foi um participante da pesquisa), use uma variação da citação de comunicação pessoal: informe o nome completo da pessoa e a nação ou grupo indígena específico a que ela pertence, bem como sua localização ou outros detalhes relevantes sobre ela, seguida das palavras "personal communication" (comunicação pessoal) e a data. Indique uma data exata da correspondência, se disponível; se a correspondência ocorreu durante um período de tempo, indique uma data mais geral ou um intervalo de datas. (A data refere-se a quando você consultou a pessoa, não a quando as informações foram originadas.) Certifique-se de que a pessoa concorda em ter seu nome incluído em seu trabalho e confirma a exatidão e adequação das informações apresentadas.

> We spoke with Anna Grant (Haida Nation, lives in Vancouver, British Columbia, Canada, personal communication, April 2019) about traditional understandings of the world by First Nations Peoples in Canada. She described... / Conversamos com Anna Grant (Haida Nation, mora em Vancouver, British Columbia, Canadá, comunicação pessoal, abril de 2019) sobre a compreensão tradicional do mundo pelos Povos das Primeiras Nações no Canadá. Ela descreveu...

Se você é indígena e está compartilhando suas próprias experiências ou o Conhecimento Tradicional ou a Tradição Oral de seu povo anteriormente sem registro, descreva a si próprio no texto (p. ex., a qual nação pertence, onde mora) para contextualizar a origem das informações que está compartilhando. Não use uma citação de comunicação pessoal nem inclua um item na lista de referências porque você não precisa citar informações pessoais. Muitas vezes é útil colaborar com outros povos indígenas para resolver as questões que possam surgir. Para obter mais informações sobre os termos a serem usados ao descrever povos indígenas, consulte a Seção 5.7.

Citações no Texto

8.10 Sistema de Citação Autor–Data

Use o *sistema de citação autor–data* para citar referências no texto no Estilo APA. Nesse sistema, cada trabalho usado em um artigo tem duas partes: uma chamada no texto e um item correspondente na lista de referências (ver Figura 8.2). A chamada no texto aparece no corpo do artigo (ou em uma tabela, figura, nota de rodapé ou apêndice) e identifica resumidamente a obra citada por seu autor e a data de publicação. Essa chamada no texto permite que os leitores localizem o item correspondente na lista de referências em ordem alfabética no final do artigo. Cada item da lista de referências indica o autor, a data, o título e a fonte da obra citada e permite que os leitores identifiquem e acessem o trabalho (consulte o Capítulo 9 para saber como criar e ordenar os itens na lista de referências).

Figura 8.2 Correspondência Entre um Item na Lista de Referências e uma Citação no Texto

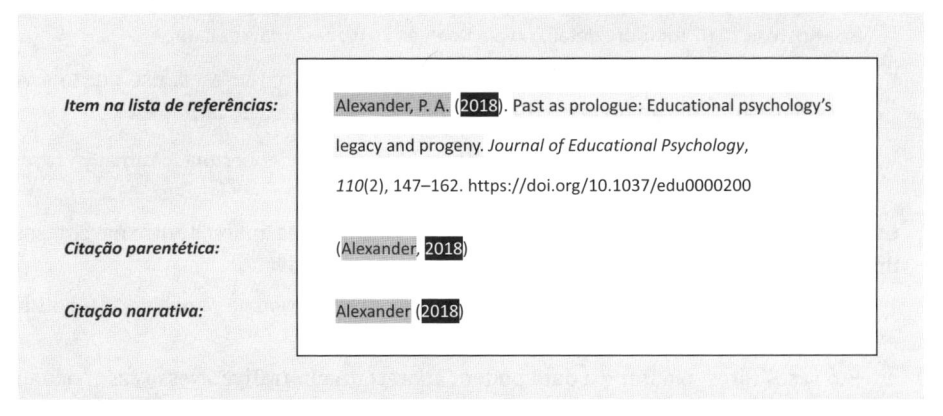

Item na lista de referências:	Alexander, P. A. (2018). Past as prologue: Educational psychology's legacy and progeny. *Journal of Educational Psychology, 110*(2), 147–162. https://doi.org/10.1037/edu0000200
Citação parentética:	(Alexander, 2018)
Citação narrativa:	Alexander (2018)

Nota. Os quatro elementos de um item na lista de referências incluem o autor (em cinza escuro), a data (em preto), o título (em cinza claro) e a fonte (sem destaque). As citações no texto que correspondem a essa referência incluem o sobrenome do autor e o ano de publicação, que correspondem às informações no item na lista de referências.

Em uma chamada no texto, indique o(s) sobrenome(s) do(s) autor(es) ou o(s) nome(s) da(s) entidade(s). Não inclua sufixos como "Jr." na chamada no texto. (Para autores com apenas um nome ou nome de usuário, consulte a Seção 9.8.) A lista de autores em uma chamada no texto pode ser reduzida em certos casos (para autores individuais, consulte a Seção 8.17; para entidades, consulte a Seção 8.21). Para criar uma chamada no texto para um trabalho com autor desconhecido ou anônimo, consulte a Seção 8.14.

A data na chamada no texto deve corresponder à data no item na lista de referências. Use apenas o ano na chamada no texto, mesmo se o item na lista de referências contiver uma data mais específica (p. ex., ano, mês e dia). Para trabalhos sem data, use "n.d." na citação no texto (consulte também a Seção 9.17); para trabalhos que foram aceitos para publicação, mas ainda não foram publicados, use "in press" (no prelo). Não use expressões como "in progress" (em andamento) para rascunhos de manuscritos; em vez disso, use o ano em que o rascunho foi escrito (ver Seção 10.8).

Cada chamada no texto deve corresponder a apenas um item na lista de referências. Evite ambiguidade ao abreviar a lista de autores (ver Seções 8.17 e 8.21) quando vários trabalhos têm o(s) mesmo(s) autor(es) e data (ver Seção 8.19), e quando múltiplos primeiros autores compartilham o mesmo sobrenome (ver Seção 8.20).

8.11 Citações Parentéticas e Narrativas

As citações no texto têm dois formatos: parentética e narrativa. Nas citações parentéticas, o nome do autor e a data de publicação (ou informações equivalentes; ver Seção 9.12) aparecem entre parênteses. Nas citações narrativas, essas informações são incorporadas ao texto como parte da oração.

Citação Parentética. Tanto o autor quanto a data, separados por vírgula, aparecem entre parênteses em uma citação parentética. Uma citação parentética pode aparecer dentro ou no final de uma oração — quando no final, coloque ponto final ou outra pontuação final após o parêntese de fechamento.

> Falsely balanced news coverage can distort the public's perception of expert consensus on an issue (Koehler, 2016). / A cobertura informativa falsamente equilibrada pode distorcer a percepção do público sobre o consenso de especialistas a respeito de uma questão (Koehler, 2016).

- Se outro texto aparecer com a citação entre parênteses, use vírgulas ao redor do ano.

> (see Koehler, 2016, for more detail) / (veja Koehler, 2016, para mais detalhes)

- Quando o texto e uma citação aparecem juntos entre parênteses, use ponto e vírgula para separar a citação do texto; não use parênteses dentro de parênteses.

> (e.g., falsely balanced news coverage; Koehler, 2016) / (p. ex., cobertura informativa falsamente equilibrada; Koehler, 2016)

Citação Narrativa. O autor aparece em texto corrido e a data aparece entre parênteses imediatamente após o nome do autor para uma citação narrativa.

> Koehler (2016) noted the dangers of falsely balanced news coverage. / Koehler (2016) observou o perigo da cobertura informativa falsamente equilibrada.

- Em casos raros, o autor e a data podem aparecer na narrativa. Nesse caso, não use parênteses.

> In 2016, Koehler noted the dangers of falsely balanced news coverage. / Em 2016, Koehler observou o perigo da cobertura informativa falsamente equilibrada.

8.12 Citando Múltiplos Trabalhos

Ao fazer a chamada de múltiplos trabalhos entre parênteses, coloque os nomes em ordem alfabética, separando-os com ponto e vírgula. Listar tanto as chamadas entre parênteses no texto quanto os itens na lista de referências em ordem alfabética ajuda os leitores a localizar e acessar os trabalhos porque eles estão listados na mesma ordem em ambos os lugares.

(Adams et al., 2019; Shumway & Shulman, 2015; Westinghouse, 2017)

- Organize dois ou mais trabalhos dos mesmos autores por ano de publicação. Coloque trabalhos sem data primeiro, seguidos de trabalhos com datas em ordem cronológica; as citações de trabalhos em produção ("in press") aparecem por último. Indique os sobrenomes dos autores uma vez; para cada trabalho subsequente, indique apenas a data.

(Department of Veterans Affairs, n.d., 2017a, 2017b, 2019)

Zhou (n.d., 2000, 2016, in press)

- No caso de múltiplos trabalhos em que alguns nomes de autores foram abreviados para "et al." (ver Seção 8.17), coloque as chamadas em ordem cronológica (independentemente da ordem em que aparecem na lista de referências).

(Carraway et al., 2013, 2014, 2019)

- Para destacar o(s) trabalho(s) mais diretamente relevante(s) para o que está sendo exposto em uma determinada oração, coloque essas chamadas primeiro entre parênteses em ordem alfabética e depois insira um ponto e vírgula e uma locução como "see also" (ver também) antes da primeira das demais chamadas, as quais também devem estar em ordem alfabética. Essa estratégia permite que os autores enfatizem, por exemplo, as pesquisas mais recentes ou importantes sobre um tema, o que não se refletiria apenas na ordem alfabética.

(Sampson & Hughes, 2020; see also Augustine, 2017; Melara et al., 2018; Pérez, 2014)

- Os leitores podem achar uma longa sequência de chamadas difícil de analisar, especialmente se estiverem usando tecnologia de assistência, como um leitor de tela; portanto, inclua apenas as citações necessárias para respaldar sua ideia imediata (para mais informações sobre o nível apropriado de citação, consulte a Seção 8.1).
- Se várias fontes forem citadas na narrativa de uma oração, elas podem aparecer em qualquer ordem.

Suliman (2018), Gutiérrez (2012, 2017), and Medina and Reyes (2019) examined...

8.13 Citando Partes Específicas de uma Fonte

Para citar uma parte específica de uma fonte, forneça uma citação autor–data para o trabalho além de informações sobre a parte específica. Muitas partes possíveis podem ser citadas, incluindo

- páginas, parágrafos, seções, tabelas, figuras, materiais complementares ou notas de rodapé de um artigo, livro, relatório, página da *web* ou outro trabalho;
- capítulos, prefácios ou outras seções de livros publicados;
- marcas temporais de vídeos ou audiolivros; e
- números de *slides* em apresentações de PowerPoint.

Para obras religiosas e clássicas com partes numeradas canonicamente, comuns em todas as edições (p. ex., livros, capítulos, versos, linhas, cantos), cite a parte em vez do número da página (ver Seção 9.42).

(Centers for Disease Control and Prevention, 2019, p. 10)

(Shimamura, 2017, Chapter 3)

(Armstrong, 2015, pp. 3–17)

(Shadid, 2020, paras. 2–3)

(Kovačič & Horvat, 2019, Table 1)

(Thompson, 2020, Slide 7)

(Beck Institute for Cognitive Behavior Therapy, 2012, 1:30:40)

(*King James Bible*, 1769/2017, 1 Cor. 13:1)

(Aristotle, ca. 350 B.C.E./1994, Part IV)

(Shakespeare, 1623/1995, 1.3.36–37)

Na lista de referências, inclua um item para todo o trabalho (não apenas para a parte que você usou).

É possível citar uma parte específica de uma fonte, quer você esteja parafraseando (ver Seções 8.23 e 8.24), quer você esteja citando diretamente (ver Seções 8.25–8.27). Para obter mais orientações sobre como citar obras sem números de página (p. ex., páginas da *web*, *sites*, trabalhos audiovisuais) e obras religiosas e clássicas com seções numeradas canonicamente, consulte a Seção 8.28.

8.14 Autor Desconhecido ou Anônimo

Quando o autor de um trabalho não é nomeado, ele pode ser desconhecido (ou seja, nenhum autor está listado no trabalho, como acontece com uma obra religiosa) ou identificado especificamente como "Anonymous" (Anônimo). Para trabalhos cujo autor é desconhecido (ver Seção 9.12), inclua o título e o ano da publicação na chamada no texto (observe que o título também passa para a posição do autor no item da lista de referências). Caso o título do trabalho esteja em itálico na referência, coloque-o também em itálico na chamada no texto. Caso o título do trabalho não esteja em itálico na referência, use aspas duplas ao redor dele na chamada no texto. Coloque esses títulos no texto usando o formato de título (ver Seção 6.17), mesmo que o formato de sentença seja usado no item da lista de referências. Se o título for longo, abrevie-o para a chamada no texto.

Livro sem autor: (*Interpersonal Skills*, 2019)

Artigo de revista sem autor: ("Understanding Sensory Memory," 2018)

Quando o autor de um trabalho é explicitamente designado como "Anonymous" (ver Seção 9.12), "Anonymous" ocupa o lugar do nome do autor na chamada no texto.

(Anonymous, 2017)

8.15 Datas de Trabalhos Traduzidos, Reproduzidos, Republicados e Reeditados

Referências a trabalhos traduzidos, reproduzidos, republicados ou reeditados (ver Seções 9.39–9.41) contêm duas datas na chamada no texto: o ano de publicação da obra original e o ano de publicação da tradução, reimpressão, republicação ou reedição. Separe os anos com uma barra, com o ano anterior primeiro (ver Capítulo 10, Exemplo 29).

Freud (1900/1953)

(Piaget, 1966/2000)

8.16 Omitindo o Ano em Citações Narrativas Repetidas

Em geral, inclua o autor e a data em todas as chamadas no texto. Se você precisar repetir uma citação (ver Seção 8.1), repita a citação inteira; não inclua, por exemplo, apenas um número de página (a abreviatura "ibid." não é usada no Estilo APA). O ano pode ser omitido de uma citação apenas quando várias citações narrativas de um trabalho aparecem em um único parágrafo (consulte a Figura 8.3 para ver um exemplo).

Depois de fazer uma citação narrativa de um trabalho em um parágrafo, não repita o ano em citações narrativas subsequentes nesse mesmo parágrafo. Siga essa orientação em cada parágrafo (ou seja, inclua o ano na primeira citação narrativa em um novo parágrafo). Inclua o ano em todas as citações parentéticas.

Entretanto, se você citar vários trabalhos do mesmo autor ou autores, independentemente dos anos de publicação, inclua a data em todas as citações no texto para evitar ambiguidade. Por exemplo, se você citar Mohammed e Mahfouz (2017) e Mohammed e Mahfouz (2019), inclua o ano em todas as citações, mesmo quando uma das referências for citada várias vezes em um único parágrafo.

8.17 Número de Autores a Serem Incluídos nas Citações no Texto

O formato do elemento autor da chamada no texto muda dependendo do número de autores, sendo abreviado em alguns casos. Consulte a Tabela 8.1 para exemplos de estilos básicos de citação no texto.

- Para um trabalho com um ou dois autores, inclua o(s) nome(s) do(s) autor(es) em todas as citações.
- Para um trabalho com três ou mais autores, inclua apenas o nome do primeiro autor seguido de "et al." em todas as citações, incluindo a primeira, a menos que isso crie ambiguidade (ver Seção 8.18).

Figura 8.3 Exemplo de Citações Narrativas Repetidas com Ano Omitido

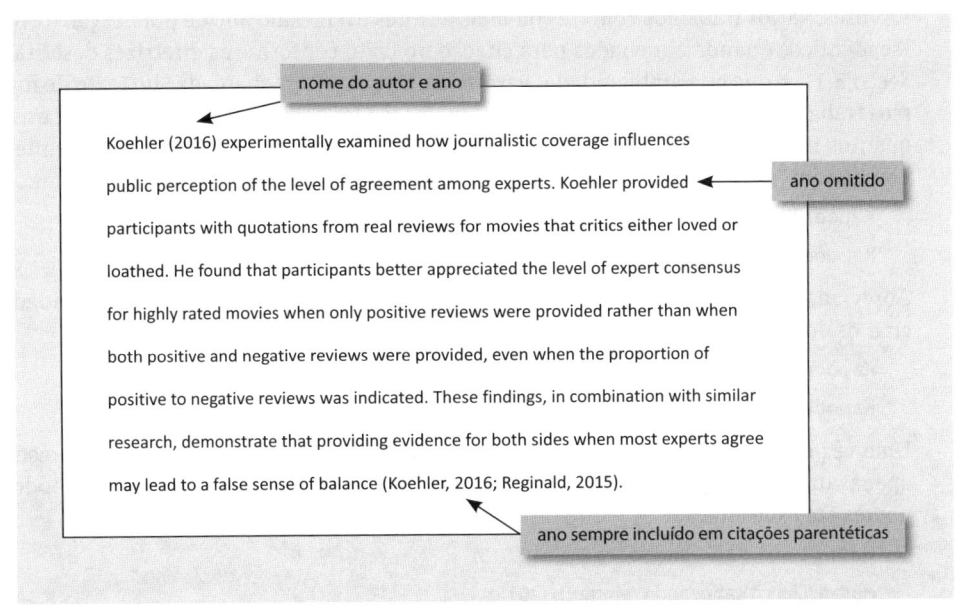

> Koehler (2016) experimentally examined how journalistic coverage influences public perception of the level of agreement among experts. Koehler provided participants with quotations from real reviews for movies that critics either loved or loathed. He found that participants better appreciated the level of expert consensus for highly rated movies when only positive reviews were provided rather than when both positive and negative reviews were provided, even when the proportion of positive to negative reviews was indicated. These findings, in combination with similar research, demonstrate that providing evidence for both sides when most experts agree may lead to a false sense of balance (Koehler, 2016; Reginald, 2015).

- nome do autor e ano
- ano omitido
- ano sempre incluído em citações parentéticas

Tabela 8.1 Estilos Básicos de Citação no Texto

Tipo de autor	Citação parentética	Citação narrativa
Um autor	(Luna, 2020)	Luna (2020)
Dois autores	(Salas & D'Agostino, 2020)	Salas and D'Agostino (2020)
Três ou mais autores	(Martin et al., 2020)	Martin et al. (2020)
Entidade como autor com abreviatura		
Primeira citação[a]	(National Institute of Mental Health [NIMH], 2020)	National Institute of Mental Health (NIMH, 2020)
Citações subsequentes	(NIMH, 2020)	NIMH (2020)
Entidade como autor sem abreviatura	(Stanford University, 2020)	Stanford University (2020)

[a] Defina a abreviatura de uma entidade como autor apenas uma vez no texto, escolhendo o formato parentético ou narrativo. Posteriormente, use a abreviatura para todas as menções da entidade no texto (ver Seção 8.21).

Nas citações entre parênteses, use um "e" comercial (&) entre os nomes com dois autores, ou antes do último autor, quando todos os nomes devem ser incluídos para evitar ambiguidade (ver Seção 8.18). Nas citações narrativas, use "and" (e) por extenso.

(Jöreskog & Sörbom, 2007)

Eifert and Yildiz (2018)

Em tabelas e figuras, use "e" comercial (&) entre os nomes nas citações parentéticas e narrativas.

As mesmas diretrizes se aplicam quando qualquer um dos autores é uma entidade. Por exemplo, se um trabalho for da autoria de três entidades, a chamada no texto incluiria o nome da primeira seguido de "et al."

(American Educational Research Association et al., 2014)

8.18 Evitando Ambiguidade em Citações no Texto

Às vezes, vários trabalhos com três ou mais autores e o mesmo ano de publicação tornam-se idênticos quando abreviados para citação no texto conforme as diretrizes descritas na Seção 8.17, o que cria ambiguidade. Para evitá-la, quando as chamadas no texto de múltiplos trabalhos com três ou mais autores tornam-se idênticas ao serem abreviadas, escreva quantos nomes forem necessários para distinguir as referências e abrevie o restante dos nomes com "et al." em cada citação. Por exemplo, dois trabalhos têm os seguintes autores:

Kapoor, Bloom, Montez, Warner, and Hill (2017)

Kapoor, Bloom, Zucker, Tang, Köroğlu, L'Enfant, Kim, and Daly (2017)

Abreviadas, ambas as citações tornam-se Kapoor et al. (2017). Para evitar ambiguidade ao citar os dois trabalhos em seu artigo, cite-os da seguinte forma:

Kapoor, Bloom, Montez, et al. (2017)

Kapoor, Bloom, Zucker, et al. (2017)

Uma vez que a expressão "et al." é plural (e significa "e outros"), ela não pode representar apenas um nome. Quando apenas o autor final for diferente, escreva por extenso todos os nomes em cada citação.

Hasan, Liang, Kahn, and Jones-Miller (2015)

Hasan, Liang, Kahn, and Weintraub (2015)

8.19 Trabalhos com o Mesmo Autor e a Mesma Data

Quando múltiplas referências têm autor (ou autores) e ano de publicação idênticos, inclua uma letra minúscula após o ano (ver Seção 9.47). A combinação ano–letra é usada tanto na chamada no texto quanto no item na lista de referências. Use apenas o ano com uma letra na chamada no texto, mesmo se o item da lista de referências contiver uma data mais específica.

(Judge & Kammeyer-Mueller, 2012a)

Judge and Kammeyer-Mueller (2012b)

(Sifuentes, n.d.-a, n.d.-b)

8.20 Autores com o Mesmo Sobrenome

Se os primeiros autores de referências múltiplas tiverem o mesmo sobrenome mas iniciais diferentes, inclua as iniciais dos primeiros autores em todas as chamadas no texto, mesmo que o ano de publicação seja diferente. As iniciais ajudam a evitar confusão no texto e auxiliam os leitores a localizar o item correto na lista de referências (ver Seção 9.48).

(J. M. Taylor & Neimeyer, 2015; T. Taylor, 2014)

Se os primeiros autores de referências múltiplas tiverem o mesmo sobrenome e as mesmas iniciais, cite os trabalhos no formato autor–data padrão.

Às vezes, as pessoas publicam sob vários nomes devido a uma mudança de nome (p. ex., autores transgêneros, autores com mudança no estado civil). Raramente é relevante assinalar que dois nomes se referem à mesma pessoa. Quando um determinado nome for alterado, inclua as iniciais com chamadas no texto apenas se elas forem diferentes. Se for necessário esclarecer que dois nomes se referem a uma mesma pessoa (p. ex., para evitar confusão ao revisar o conjunto de trabalhos de um autor), consulte-a e respeite suas preferências sobre se e como tratar a mudança de nome. Se, para evitar confusão, for necessário esclarecer que dois nomes se referem a pessoas diferentes, inclua o primeiro nome do primeiro autor na chamada no texto: "Sarah Williams (2019) afirmou X, enquanto Shonda Williams (2020) afirmou Y".

Se vários autores em uma única referência compartilham o mesmo sobrenome, as iniciais não são necessárias na chamada no texto; cite o trabalho no formato autor–data padrão.

(Chen & Chen, 2019)

8.21 Abreviando Nomes de Entidades

Se uma referência tiver como autor uma entidade, às vezes seu nome pode ser abreviado — por exemplo, American Psychological Association pode ser abreviado para APA. Você não é obrigado a abreviar o nome de uma entidade, mas pode fazê-lo caso a abreviatura seja conhecida, caso isso ajude a evitar repetições incômodas ou caso apareça pelo menos três vezes no artigo.

- Tal como acontece com outras abreviaturas (ver Seção 6.25), indique o nome completo da entidade na primeira menção no texto, seguido da abreviatura.
- Se o nome da entidade aparecer pela primeira vez em uma citação narrativa, inclua a abreviatura antes do ano entre parênteses, separado por uma vírgula.

The American Psychological Association (APA, 2017) described...

- Se o nome da entidade aparecer pela primeira vez em uma citação entre parênteses, inclua a abreviatura entre colchetes, seguida por uma vírgula e o ano.

    (American Psychological Association [APA], 2017)

- Na entrada da lista de referências, não abrevie o nome da entidade. Em vez disso, escreva seu nome por extenso conforme apresentado na fonte.

    American Psychological Association. (2017, January). *Understanding and overcoming opioid abuse.* https://www.apa.org/helpcenter/opioid-abuse.aspx

- Se várias referências tiverem a mesma entidade como autor, introduza a abreviatura apenas uma vez no texto.

- No raro caso de duas entidades distintas assumirem a mesma forma quando abreviadas (p. ex., American Psychological Association e American Psychiatric Association têm a mesma abreviatura "APA") e você citar ambas em seu artigo, sempre digite cada nome por extenso para evitar confusão.

- Se um trabalho tiver três ou mais entidades como autor, a citação no texto também é abreviada conforme descrito na Seção 8.17.

8.22 Menções Gerais de *Sites*, Periódicos, Programas e Aplicativos Comuns

Para uma menção geral de um *site* sem indicação de informações específicas ou de uma página específica desse *site*, nenhum item na lista de referências ou chamada no texto é necessária. Indique o nome do *site* no texto e inclua o URL entre parênteses. Por exemplo, se você usou um *site* para criar uma pesquisa, mencione-o no texto.

> We created our survey using Qualtrics (https://www.qualtrics.com). / Nós criamos nossa pesquisa usando o Qualtrics (https://www.qualtrics.com).

Uma variação dessa técnica também é usada para menções gerais de periódicos. Por exemplo, se você deseja incluir o nome de um periódico que pesquisou durante uma metanálise, indique o título do periódico (em itálico) usando o formato de título.

> I searched the *Journal of Abnormal Psychology* for studies to include in the meta-analysis. / Eu pesquisei no *Journal of Abnormal Psychology* estudos para incluir na metanálise.

Software e aplicativos móveis comuns são tratados de maneira semelhante; na maioria dos casos, é suficiente mencionar o nome do programa ou aplicativo e a versão usada (se conhecida) no texto, sem uma chamada no texto ou item na lista de referências (ver Seção 10.10). Da mesma forma, para aparelhos, indique uma referência apenas para produtos especializados (ver Seção 10.10).

Paráfrases e Citações

8.23 Princípios de Paráfrase

Uma *paráfrase* repete a ideia de outra pessoa (ou sua própria ideia publicada anteriormente) em suas próprias palavras. Trata-se de uma estratégia de escrita eficaz porque permite que os autores resumam e sintetizem informações de uma ou mais fontes, foquem em informações significativas e comparem e contrastem detalhes relevantes. Autores publicados parafraseiam suas fontes na maioria das vezes, em vez de citá-las diretamente; os estudantes devem emular essa prática parafraseando mais do que citando diretamente. Use um tom profissional ao descrever um conceito, ideia ou descoberta com suas próprias palavras (ver Seção 4.7).

Cite o trabalho que você parafraseou usando o formato narrativo ou parentético (ver Seção 8.11).

> Avid readers of science fiction and fantasy books are more likely than readers of other genres to believe in futuristic scenarios — for example, that it will someday be possible to travel to other galaxies or power a car on solar energy (Black et al., 2018). / Entusiastas de livros de ficção científica e fantasia são mais propensos do que leitores de outros gêneros a acreditar em cenários futuristas — por exemplo, que algum dia será possível viajar para outras galáxias ou mover um carro com energia solar (Black et al., 2018).

Embora não seja necessário fornecer um número de página ou parágrafo na citação para uma paráfrase, você pode inclui-lo, além do autor e do ano, se isso ajudar os leitores interessados a localizar a passagem relevante em um trabalho longo ou complexo (p. ex., um livro).

> Webster-Stratton (2016) described a case example of a 4-year-old girl who showed an insecure attachment to her mother; in working with the family dyad, the therapist focused on increasing the mother's empathy for her child (pp. 152–153). / Webster-Stratton (2016) descreveu o exemplo de um caso de uma menina de 4 anos que apresentava uma ligação insegura com sua mãe; ao trabalhar com a díade familiar, o terapeuta se concentrou em aumentar a empatia da mãe por sua filha (pp. 152-153).

As diretrizes nesta seção referem-se a quando os autores leem uma fonte primária e a parafraseiam por conta própria. Se você leu a paráfrase de uma fonte primária em um trabalho publicado e deseja citá-la, é melhor ler e citar a fonte primária diretamente, se possível; caso contrário, use uma citação de fonte secundária (ver Seção 8.6).

8.24 Paráfrases Extensas

Uma paráfrase pode estender-se por várias frases. Nesses casos, faça a chamada do trabalho que está sendo parafraseado na primeira menção. Depois que ele foi citado, não é necessário repetir a chamada, contanto que o contexto deixe claro que se trata do mesmo trabalho (veja um exemplo na Figura 8.4). A chamada pode ser parentética ou narrativa; caso você opte pela abordagem narrativa e repita os nomes dos autores na narrativa das frases subsequentes, o ano do trabalho frequentemente pode ser omitido (ver Seção 8.16).

Figura 8.4 Exemplo de uma Longa Paráfrase com uma Única Citação no Texto

> Velez et al. (2018) found that for women of color, sexism and racism in the workplace were associated with poor work and mental health outcomes, including job-related burnout, turnover intentions, and psychological distress. However, self-esteem, person–organization fit, and perceived organizational support mediated these effects. Additionally, stronger womanist attitudes—which acknowledge the unique challenges faced by women of color in a sexist and racist society—weakened the association of workplace discrimination with psychological distress. These findings underscore the importance of considering multiple forms of workplace discrimination in clinical practice and research with women of color, along with efforts to challenge and reduce such discrimination.

Se a paráfrase continuar em um novo parágrafo, reintroduza a chamada. Se a paráfrase incorpora múltiplas fontes ou trocas de fontes, repita a chamada para que a fonte fique clara (veja um exemplo na Figura 8.5). Leia as frases com cuidado para certificar-se de que as fontes foram indicadas de maneira adequada.

8.25 Princípios de Citação Direta

Uma *citação direta* reproduz literalmente as palavras de outro trabalho ou de seu próprio trabalho já publicado. É melhor parafrasear as fontes (ver Seções 8.23 e 8.24) do que citá-las diretamente, porque a paráfrase permite ajustar o material ao contexto de seu trabalho e estilo de escrita. Use citações diretas em vez de paráfrases ao reproduzir uma definição exata (consulte o exemplo na Seção 6.22), quando um autor disse algo de maneira memorável ou sucinta, ou quando você deseja se referir ao texto exato (p. ex., algo que alguém disse). Professores, programas, editores e editoras (*publishers*) podem estabelecer limites para o uso de citações diretas. Consulte seu professor ou editor se estiver preocupado com o fato de ter muito material citado em seu trabalho.

Ao citar diretamente, sempre indique o autor, o ano e o número da página da citação na chamada no texto, em formato parentético ou narrativo (ver Seção 8.11). Para indicar uma única página, use a abreviatura "p." (p. ex., p. 25, p. S41, p. e221), para páginas múltiplas, use a abreviatura "pp." e separe o intervalo de páginas com uma meia-risca (p. ex., pp. 34–36). Se as páginas forem descontínuas, use uma vírgula entre os números das páginas (p. ex., pp. 67, 72). Se a obra não tiver números de página, indique outra maneira de localizar a citação (ver Seção 8.28).

O formato de uma citação direta depende de sua extensão (menos de 40 palavras ou 40 palavras ou mais; ver Seções 8.26 e 8.27). Independentemente do tamanho da citação, não insira reticências no início e/ou no final, a menos que a fonte original as inclua. Caso você precise fazer alterações em uma citação direta, consulte as Seções 8.30 e 8.31. Para outros usos de aspas, como ao apresentar instruções textuais aos participantes ou citações dos participantes da pesquisa, consulte as Seções 6.7 e 8.36, respectivamente. Para reproduzir algum material que já é uma citação direta no trabalho que você está citando, consulte a Seção 8.33.

Figura 8.5 Exemplo de Citações Repetidas Necessárias Para Esclarecer Fontes

> Play therapists can experience many symptoms of impaired wellness, including emotional exhaustion or reduced ability to empathize with others (Elwood et al., 2011; Figley, 2002), disruption in personal relationships (Elwood et al., 2011; Robinson-Keilig, 2014), decreased satisfaction with work (Elwood et al., 2011), avoidance of particular situations (Figley, 2002; O'Halloran & Linton, 2000), and feelings or thoughts of helplessness (Elwood et al., 2011; Figley, 2002; O'Halloran & Linton, 2000).

Nota. Nesta passagem, alguns trabalhos são citados várias vezes para respaldar vários pontos. É necessário repetir essas chamadas porque diferentes combinações de trabalhos respaldam ideias diferentes — as fontes mudam e, portanto, devem ser esclarecidas aos leitores. Se todas as ideias tivessem as mesmas fontes, não seria necessário repetir as chamadas.

8.26 Citações Curtas (Menos de 40 Palavras)

Se uma citação compreender menos de 40 palavras, trate-a como uma citação curta: incorpore-a ao texto e coloque-a entre aspas duplas. Para uma citação direta, sempre inclua uma chamada completa (parentética ou narrativa) na mesma frase da citação. Coloque uma chamada parentética imediatamente após a citação ou no final da oração. Para uma citação narrativa, inclua o autor e o ano na frase e depois coloque o número da página ou outra informação de localização entre parênteses após a citação; se a citação precede a chamada narrativa, coloque o número da página ou a informação do local após o ano e a vírgula.

Se a chamada aparecer no final de uma frase, coloque a pontuação final após o parêntese de fechamento da citação. Se a citação incluir outras citações, consulte a Seção 8.32; se incluir material já entre aspas, consulte a Seção 8.33. Coloque pontos e vírgulas entre aspas simples ou duplas de fechamento. Coloque outros sinais de pontuação dentro das aspas apenas quando fizerem parte do material citado.

Citações curtas podem ser apresentadas de várias maneiras, conforme mostrado na Tabela 8.2.

Tabela 8.2 Exemplos de Citações Diretas Feitas no Texto

Correto	Incorreto	Justificativa
Equipes eficazes podem ser difíceis de descrever pois "alto desempenho em um domínio não se traduz em alto desempenho em outro" (Ervin et al., 2018, p. 470).	Equipes eficazes podem ser difíceis de descrever pois "alto desempenho em um domínio não se traduz em alto desempenho em outro." (Ervin et al., 2018, p. 470)	O ponto final de uma frase deve seguir a citação, não precedê-la.
"Mesmo adultos inteligentes, educados e emocionalmente estáveis acreditam em superstições que reconhecem não ser racionais," como exemplificado pela existência de pessoas que batem na madeira para dar sorte (Risen, 2016, p. 202).	"Mesmo adultos inteligentes, educados e emocionalmente estáveis acreditam em superstições que reconhecem não ser racionais (Risen, 2016, p. 202)," como exemplificado pela existência de pessoas que batem na madeira para dar sorte.	A chamada deve estar fora das aspas, não dentro delas.
Biebel et al. (2018) observaram que "incorporar a voz dos alunos com deficiência psiquiátrica em serviços de educação apoiados pode aumentar o acesso, o envolvimento e a retenção" (p. 299).	Biebel et al. (2018) observaram que "incorporar a voz dos alunos com deficiência psiquiátrica em serviços de educação apoiados pode aumentar o acesso, o envolvimento e a retenção." (p. 299)	O ponto final da frase deve estar posposto ao número da página, não precedê-lo.
"Algumas pessoas são hilárias, outras são dolorosamente sem graça e a maioria está em algum lugar no meio", escreveram Nusbaum et al. (2017, p. 231) em sua exploração do humor.	"Algumas pessoas são hilárias, outras são dolorosamente sem graça e a maioria está em algum lugar no meio," (p. 231) escreveram Nusbaum et al. (2017) em sua exploração do humor.	O número da página deve estar dentro dos mesmos parênteses do ano quando o material citado precede a citação narrativa.
O item dizia, "Quais foram os melhores aspectos do programa para você?" (Shayden et al., 2018, p. 304).	O item dizia, "Quais foram os melhores aspectos do programa para você"? (Shayden et al., 2018, p. 304).	O ponto de interrogação que encerra a citação deve aparecer dentro das aspas.
Em 2018, Soto argumentou que "estímulos mais semelhantes, como aqueles vindos da mesma modalidade, produzem mais processamento configural" (p. 598).	Em 2018, Soto argumentou que "estímulos mais semelhantes, como aqueles vindos da mesma modalidade, produzem mais processamento configural" (Soto, 2018, p. 598).	Não é necessário repetir o autor e o ano entre parênteses quando eles já aparecem na narrativa.

8.27 Citações em Bloco (40 Palavras ou Mais)

Se uma citação contiver 40 palavras ou mais, trate-a como uma citação em bloco e não use aspas. Comece uma citação em bloco em uma nova linha e recue o bloco inteiro a 0,5 in. a partir da margem esquerda. Se houver parágrafos adicionais dentro da citação, recue a primeira linha de cada parágrafo subsequente em mais 0,5 in. Use espaço duplo em toda a citação em bloco, sem adicionar espaço extra antes ou depois dela. Você pode (a) citar a fonte entre parênteses após a pontuação final da citação ou (b) indicar o autor e o ano na narrativa antes da citação e colocar apenas o número da página entre parênteses após a pontuação final da citação. Não adicione um ponto final após o parêntese de fechamento em nenhum dos casos.

Citação em bloco com referência parentética:

Researchers have studied how people talk to themselves: / Os pesquisadores estudaram como as pessoas falam consigo mesmas:

> Inner speech is a paradoxical phenomenon. It is an experience that is central to many people's everyday lives, and yet it presents considerable challenges to any effort to study it scientifically. Nevertheless, a wide range of methodologies and approaches have combined to shed light on the subjective experience of inner speech and its cognitive and neural underpinnings. (Alderson-Day & Fernyhough, 2015, p. 957) / A fala interior é um fenômeno paradoxal. É uma experiência fundamental para a vida cotidiana de muitas pessoas e, ainda assim, apresenta desafios consideráveis a qualquer esforço de estudá-la cientificamente. Contudo, uma ampla gama de metodologias e abordagens foi combinada para lançar luz sobre a experiência subjetiva da fala interior e seus fundamentos cognitivos e neurais. (Alderson-Day & Fernyhough, 2015, p. 957)

Citação em bloco com referência narrativa:

Flores et al. (2018) described how they addressed potential researcher bias when working with an intersectional community of transgender people of color: / Flores et al. (2018) descreveram como eles abordaram o viés potencial do pesquisador ao trabalhar com uma comunidade interseccional de pessoas trans negras

> Everyone on the research team belonged to a stigmatized group but also held privileged identities. Throughout the research process, we attended to the ways in which our privileged and oppressed identities may have influenced the research process, findings, and presentation of results. (p. 311) / Todos na equipe de pesquisa pertenciam a um grupo estigmatizado, mas também tinham identidades privilegiadas. Ao longo do processo de pesquisa, examinamos as maneiras pelas quais nossas identidades privilegiadas e oprimidas podem ter influenciado o processo de pesquisa, as descobertas e a apresentação dos resultados. (p. 311)

Citação em bloco composta de dois parágrafos:

Regarding implications for chronic biases in expectation formation, / Em relação às implicações para vieses crônicos na formação de expectativas,

> in order to accurately estimate whether people are likely to form positive or negative expectations on any given occasion, it is necessary to go beyond simply considering chronic individual differences and identify the factors that make people more likely to form expectations in line with one bias or the other. / a fim de estimar com precisão se as pessoas têm probabilidade de formar expectativas positivas ou negativas em qualquer ocasião, é necessário ir além de simplesmente considerar diferenças individuais crônicas e identificar os fatores que tornam as pessoas mais propensas a formar expectativas alinhadas com um viés ou outro.
>
> The present research sheds light on this issue by identifying a crucial distinction in the operation of these two trait biases in expectation formation. Specifically, people's valence weighting biases and self-beliefs about the future appear to shape expectations via qualitatively distinct processes. (Niese et al., 2019, p. 210) / A presente pesquisa lança luz sobre essa questão ao identificar uma distinção crucial no funcionamento desses dois traços de vieses na formação de expectativas. Especificamente, os pesos da valência dos vieses e de autoconfiança das pessoas sobre o futuro parecem moldar as expectativas por meio de processos qualitativamente distintos. (Niese et al., 2019, p. 210)

Se a citação em bloco incluir outras citações, veja a Seção 8.32; se a citação em bloco incluir material já entre aspas, consulte a Seção 8.33.

8.28 Citação Direta de Material sem Números de Página

Trabalhos Textuais. Para citar diretamente um material escrito que não contém números de página (p. ex., páginas e *sites* na internet, alguns *e-books*), indique aos leitores outra forma de localizar a passagem citada. Qualquer uma das seguintes abordagens é aceitável, então utilize aquela que melhor ajude os leitores a encontrar a citação:

- Indique um título ou nome de seção.

    For people with osteoarthritis, "painful joints should be moved through a full range of motion every day to maintain flexibility and to slow deterioration of cartilage" (Gecht-Silver & Duncombe, 2015, Osteoarthritis section). / Para pessoas com osteoartrite, "as articulações doloridas devem ser movidas por uma amplitude completa de movimento todos os dias para manter a flexibilidade e retardar a deterioração da cartilagem" (Gecht-Silver & Duncombe, 2015, seção Osteoarthritis).

- Forneça um título abreviado ou nome de seção entre aspas para indicar a abreviação se o título completo ou nome de seção for muito longo ou difícil de citar por completo. No próximo exemplo, o título original era "What Can You Do to Prevent Kidney Failure?" e os itens são citados separadamente porque apareceram originalmente como parte de uma lista com marcadores.

    To prevent kidney failure, patients should "get active," "quit smoking," and "take medications as directed" (Centers for Disease Control and Prevention, 2017, "What Can You Do" section). / Para prevenir a insuficiência renal, os pacientes devem "ficar ativos", "parar de fumar" e "tomar os medicamentos conforme indicado" (Centers for Disease Control and Prevention, 2017, seção "What Can You Do").

- Indique um número de parágrafo (conte os parágrafos manualmente se eles não estiverem numerados).

    People planning for retirement need more than just money — they also "need to stockpile their emotional reserves" to ensure adequate support from family and friends (Chamberlin, 2014, para. 1). / As pessoas que planejam a aposentadoria precisam mais do que apenas dinheiro — elas também "precisam estocar suas reservas emocionais" para garantir o apoio adequado da família e dos amigos (Chamberlin, 2014, para. 1).

- Indique um título ou nome de seção aliado a um número de parágrafo.

    Music and language are intertwined in the brain such that "people who are better at rhythmic memory skills tend to excel at language skills as well" (DeAngelis, 2018, Musical Forays section, para. 4). / Música e linguagem estão interligadas no cérebro de tal forma que "pessoas que são melhores em habilidades de memória rítmica tendem a também se destacar em habilidades de linguagem" (DeAngelis, 2018, seção Musical Forays, para. 4).

Não inclua os números de localização do Kindle em citações no texto. Em vez disso, indique o número da página (que está disponível em muitos livros Kindle, especialmente aqueles baseados em edições impressas) ou use os métodos descritos nesta seção para criar uma alternativa ao número de página.

Observe que o nome da seção ou outra parte do trabalho não aparecerá necessariamente no item da lista de referências. Por exemplo, se você citar uma seção específica de uma página da *web* ou *site*, o item na lista de referências deve ser a página que você usou, não apenas a seção específica.

Obras Audiovisuais. Para fazer citações diretas a partir de uma obra audiovisual (p. ex., audiolivro, vídeo do YouTube, TED Talk, programa de TV), indique uma marca temporal para o início da citação no lugar do número da página.

People make "sweeping inferences and judgements from body language" (Cuddy, 2012, 2:12). / As pessoas fazem "inferências e julgamentos abrangentes a partir da linguagem corporal" (Cuddy, 2012, 2:12).

Obras com Seções Numeradas Canonicamente. Para citar diretamente a partir de um material com seções numeradas canonicamente (p. ex., obras religiosas ou clássicas; consulte também a Seção 9.42 e o Capítulo 10, Exemplos 35–37), use o nome do livro, capítulo, versículo, linha e/ou canto em vez de um número de página.

The person vowed to "set me as a seal upon thine heart" (*King James Bible*, 1769/2017, Song of Solomon 8:6). / A pessoa jurou "gravar-me como um selo em seu coração" (*King James Bible*, 1769/2017, Song of Solomon 8:6).

Para peças de teatro, cite o ato, a cena e a(s) linha(s). No exemplo a seguir, "1.3.36–37" refere-se ao ato 1, cena 3, linhas 36 e 37.

In *Much Ado About Nothing*, Don John said, "In the meantime / let me be that I am and seek not to alter me" (Shakespeare, 1623/1995, 1.3.36–37). / Em *Muito Barulho por Nada*, Don John disse, "Mas até lá / deixai-me ser o que sou, sem procurardes modificar-me" (Shakespeare, 1623/1995, 1.3.36–37).

8.29 Precisão das Citações

As citações diretas devem ser precisas. Exceto conforme observado aqui e nas Seções 8.30 e 8.31, a citação deve corresponder ao texto, à grafia e à pontuação interna da fonte original, mesmo que ela esteja incorreta. Se qualquer grafia, pontuação ou gramática incorreta na fonte puder confundir os leitores, insira a palavra "[sic]", em itálico e entre colchetes, imediatamente após o erro. (Veja a Seção 8.31 com relação ao uso de colchetes para esclarecer o significado nas citações.) Uma citação que inclui um erro pode distrair, então considere parafrasear. Ao fazer uma citação, sempre coteje o seu artigo com a fonte para garantir que não haja discrepâncias.

Nowak (2019) wrote that "people have an obligation to care for there [*sic*] pets" (p. 52). / Nowak (2019) escreveu que "as pessoas têm a obrigação de cuidar para lá [*sic*] animais de estimação" (p. 52).

8.30 Mudanças em uma Citação sem Necessidade de Explicação

Algumas alterações podem ser feitas em citações diretas sem alertar os leitores:

- A primeira letra da primeira palavra de uma citação pode ser alterada para maiúscula ou minúscula para se ajustar ao contexto da frase em que a citação aparece.
- Alguns sinais de pontuação no final de uma citação podem ser alterados para se ajustar à sintaxe da frase em que a citação aparece, desde que o significado não seja alterado (p. ex., mudar um ponto final para um ponto de interrogação pode alterar o significado, dependendo de como a frase é escrita).
- Aspas simples podem ser alteradas para aspas duplas e vice-versa.
- Notas de rodapé ou notas finais podem ser omitidas (ver também a Seção 8.32).

Quaisquer outras alterações (p. ex., colocar palavras em itálico para dar ênfase ou omitir palavras; ver Seção 8.31) devem ser indicadas explicitamente. Para obter mais informações sobre como citar uma lista com marcadores sem reproduzir os marcadores, consulte o segundo exemplo na Seção 8.28.

8.31 Mudanças em uma Citação que Requerem Explicação

Algumas mudanças nas citações diretas requerem explicação, conforme mostrado no exemplo da Figura 8.6.

Figura 8.6 Exemplo de Alterações Feitas em uma Citação Direta

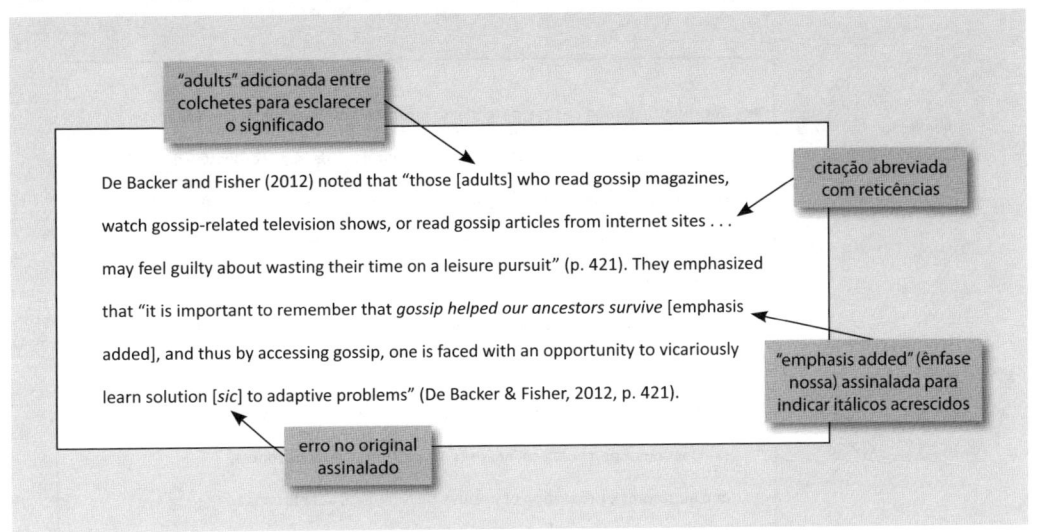

De Backer and Fisher (2012) noted that "those [adults] who read gossip magazines, watch gossip-related television shows, or read gossip articles from internet sites . . . may feel guilty about wasting their time on a leisure pursuit" (p. 421). They emphasized that "it is important to remember that *gossip helped our ancestors survive* [emphasis added], and thus by accessing gossip, one is faced with an opportunity to vicariously learn solution [sic] to adaptive problems" (De Backer & Fisher, 2012, p. 421).

- "adults" adicionada entre colchetes para esclarecer o significado
- citação abreviada com reticências
- "emphasis added" (ênfase nossa) assinalada para indicar itálicos acrescidos
- erro no original assinalado

Omitir Material. Use reticências para indicar que você omitiu palavras dentro de uma citação (p. ex., para encurtar uma oração ou unir duas frases). Digite três pontos com espaços entre si (. . .) ou use o caractere de reticências criado por seu processador de texto ao digitar três pontos seguidos (…), com um espaço antes e depois. Não use reticências no início ou no final de qualquer citação, a menos que a fonte original as inclua; inicie ou termine a citação no ponto onde o texto da fonte começa ou termina. Use quatro pontos — isto é, um ponto mais reticências (. …) — para indicar uma quebra de frase em material omitido, como acontece quando uma citação inclui o final de uma oração e o início de outra.

Inserir Material. Use colchetes, não parênteses, para delimitar o material, tal como um acréscimo ou explicação que você inseriu em uma citação.

Enfatizar. Se você quiser enfatizar uma ou mais palavras em uma citação, use itálico. Imediatamente após as palavras em itálico, insira "emphasis added" (ênfase nossa) entre colchetes da seguinte maneira: [emphasis added].

8.32 Citações que Contêm Citações de Outros Trabalhos

Ao citar material que contém citações incorporadas, inclua-as no texto. Não inclua esses trabalhos na lista de referências, a menos que você os cite como fontes principais em outras partes do trabalho. No exemplo a seguir, Panero et al. (2016) apareceriam na lista de referências, mas as citações de Stanislavski não:

> Actors "are encouraged to become immersed in a character's life (Stanislavski, 1936/1948, 1950), an activity that calls for absorption" (Panero et al., 2016, p. 234). / Os atores "são encorajados a mergulhar na vida da personagem (Stanislavski, 1936/1948, 1950), uma atividade que exige dedicação" (Panero et al., 2016, p. 234).

Chamadas de notas de rodapé ou notas finais no material citado podem ser omitidas sem esclarecimento (ver Seção 8.30).

Se citações aparecem no final do material que você deseja citar, é prática comum encerrar a citação antes delas e citar apenas o trabalho que você leu (consulte a Figura 8.7 para um exemplo). É apropriado omitir as citações no final de uma citação quando o material

Figura 8.7 Exemplo de Citações Omitidas no Final de uma Citação

---

frase original de Killham et al. (2018) ▶ Sport participation has the potential to promote positive experiences for young women through the satisfaction of psychological needs (e.g., competence, relatedness, and autonomy), promotion of positive physiological adaptations to the cardiovascular system and musculoskeletal health, as well as the development of interpersonal and leadership skills (e.g., Bruner et al., 2017; Crocker, 2016; Eime et al., 2013; Forcier et al., 2006; Gunnell et al., 2014).

citação de Killham et al. (2018) em seu trabalho ▶ Sports can help young women have positive experiences "through the satisfaction of psychological needs (e.g., competence, relatedness, and autonomy), promotion of positive physiological adaptations to the cardiovascular system and musculoskeletal health, as well as the development of interpersonal and leadership skills" (Killham et al., 2018, p. 297).

Nota. Na passagem original, Killham et al. (2018) resumiram os resultados de muitos estudos e citaram suas fontes no final da frase. Para citar o resumo de Killham et al. em seu trabalho, cite Killham et al. e omita as citações no final da frase original. Os leitores interessados podem consultar Killham et al. para mais informações.

que você cita representa uma nova abordagem ou conceituação das ideias apresentadas nas obras citadas — por exemplo, quando os autores resumiram um conjunto de trabalhos e você deseja reproduzir e citar esse resumo. Se você quiser reproduzir o mesmo material que foi reproduzido no trabalho que está citando, consulte a Seção 8.33.

8.33 Citações que já Contêm Material Entre Aspas

Se a fonte inclui uma citação direta de outro trabalho, e você gostaria de usá-la em seu artigo, é melhor ler e citar a fonte original diretamente. Se ela não estiver disponível, faça a citação usando a fonte secundária (ver Seção 8.6).

Para citar material que já usa aspas para algum outro propósito (p. ex., para incluir uma locução como uma expressão cunhada ou exemplo linguístico; ver Seção 6.7), pode ser necessário alterar as aspas duplas para simples, ou vice-versa, dependendo do número de palavras que você está citando.

Citações Curtas. Para citações com menos de 40 palavras, use aspas simples dentro de aspas duplas para destacar o material que foi colocado entre aspas na fonte original.

Correto: Bliese et al. (2017) noted that "mobile devices enabled employees in many jobs to work 'anywhere, anytime' and stay electronically tethered to work outside formal working hours" (p. 391). / Bliese et al. (2017) observaram que "os dispositivos móveis permitiram que os funcionários em muitas funções trabalhem 'em qualquer lugar, a qualquer hora' e permaneçam eletronicamente presos ao trabalho fora do horário formal de trabalho" (p. 391).

Incorreto: Bliese et al. (2017) noted that "mobile devices enabled employees in many jobs to work "anywhere, anytime" and stay electronically tethered to work outside formal working hours"

(p. 391). / Bliese et al. (2017) observaram que "os dispositivos móveis permitiram que os funcionários em muitas funções trabalhem "em qualquer lugar, a qualquer hora" e permaneçam eletronicamente presos ao trabalho fora do horário formal de trabalho" (p. 391).

Citações em Bloco. Use aspas duplas em torno do material citado que aparece dentro de uma citação em bloco. (Se as aspas originais eram aspas simples, como em publicações de estilo britânico, altere-as para aspas duplas em seu artigo.)

Correto:

It is also worth considering the need for subjective certainty: / Também vale a pena considerar a necessidade de certeza subjetiva:

> If a conjecture is just mere guess, one would not expect the same bias to occur, because it might likely come along with the metacognition of "I know I am/was just guessing," which would counteract retrospectively increased perceptions of foreseeability. (von der Beck & Cress, 2018, p. 97) / Se uma conjectura fosse apenas uma mera suposição, não se esperaria que o mesmo viés ocorresse, porque provavelmente ele poderia vir junto com a metacognição de "Eu sei que estou/estava apenas adivinhando", a qual neutralizaria percepções de previsibilidade retrospectivamente aumentadas. (von der Beck & Cress, 2018, p. 97)

Incorreto:

It is also worth considering the need for subjective certainty: / Também vale a pena considerar a necessidade de certeza subjetiva:

> If a conjecture is just mere guess, one would not expect the same bias to occur, because it might likely come along with the metacognition of 'I know I am/was just guessing,' which would counteract retrospectively increased perceptions of foreseeability. (von der Beck & Cress, 2018, p. 97) / Se uma conjectura fosse apenas uma mera suposição, não se esperaria que o mesmo viés ocorresse, porque provavelmente ele poderia vir junto com a metacognição de 'Eu sei que estou/estava apenas adivinhando', a qual neutralizaria percepções de previsibilidade retrospectivamente aumentadas. (von der Beck & Cress, 2018, p. 97)

8.34 Permissão para Reproduzir ou Adaptar Citações Extensas

Você pode precisar de permissão por escrito do detentor dos direitos autorais de um trabalho se incluir citações extensas (geralmente mais de 800 palavras) dele em seu texto. Citações mais curtas (p. ex., poemas, canções) também podem precisar de permissão. Consulte as Seções 12.14 a 12.18 para orientações sobre como fazer essas citações.

8.35 Epígrafes

Epígrafe é uma citação usada para apresentar um artigo, livro, capítulo, tese ou outro trabalho. Os autores podem usar uma epígrafe para definir o cenário para o que se segue ou para servir como um resumo ou contraponto. A epígrafe deve aparecer antes da primeira linha do texto e deve ser recuada 0,5 in. a partir da margem esquerda, como uma citação em bloco, sem aspas.

A fonte de uma epígrafe geralmente não é incluída na lista de referências, a menos que ela seja citada em outra parte do texto ou seja importante no contexto do tópico. Se não for incluída na lista de referências, indique-a na linha abaixo da citação, alinhada à direita, utilizando um travessão seguido pelo nome completo do autor, uma vírgula e o título da obra.

> Research is formalized curiosity. It is poking and prying with a purpose. / Pesquisa é curiosidade formalizada. É cutucar e bisbilhotar com um propósito.
>
> —Zora Neale Hurston, *Dust Tracks on a Road*

Contudo, crie um item na lista de referências caso a epígrafe seja de uma fonte acadêmica (p. ex., livro ou periódico) ou uma citação usada com permissão. A citação parentética, incluindo autor, data e número da página, aparece após a pontuação final do texto citado, sem quebra de linha. A citação de exemplo vem de um trabalho republicado (ver Capítulo 10, Exemplo 29).

> If life is to be sustained, hope must remain, even where confidence is wounded, trust impaired. / Se a vida deve ser sustentada, a esperança deve permanecer, mesmo onde a confiança é ferida, a confiança prejudicada. (Erikson, 1966/2000, p. 192)

8.36 Citações do Discurso de Participantes da Pesquisa

As citações dos participantes que você entrevistou como parte de sua pesquisa são tratadas de forma diferente das citações de trabalhos publicados. Ao citar o discurso dos participantes da pesquisa, use a mesma formatação das outras citações: apresente uma citação de menos de 40 palavras entre aspas dentro do texto (ver Seção 8.26) e de 40 palavras ou mais em uma citação em bloco (ver Seção 8.27). Como as citações do discurso de participantes da pesquisa fazem parte de seu estudo original, não as inclua na lista de referências nem as trate como comunicações pessoais; declare no texto que as citações são de participantes.

Ao citar o discurso dos participantes da pesquisa, respeite os acordos éticos relativos a confidencialidade e/ou anonimato. Tome cuidado extra para obter e respeitar o consentimento dos participantes para que as informações deles sejam incluídas em seu relato. Você pode ter de atribuir aos participantes um pseudônimo, encobrir informações de identificação ou apresentar informações de forma agregada (as estratégias para disfarçar adequadamente os materiais são descritas nas Seções 1.14 e 1.19; consulte também a Seção 1.15 sobre confidencialidade em estudos qualitativos).

> Participant "Julia," a 32-year-old woman from California, described her experiences as a new mother as "simultaneously the best and hardest time of my life." Several other participants agreed, describing the beginning of parenthood as "joyful," "lonely," and "intense." Julia and the other participants completed interviews in their homes. / A participante "Julia", uma mulher de 32 anos da Califórnia, descreveu suas experiências como uma nova mãe como "simultaneamente o melhor e o mais difícil período da minha vida". Vários outros participantes concordaram, descrevendo o início da maternidade/paternidade como "alegre", "solitário" e "intenso". Julia e os outros participantes concederam as entrevistas em suas casas.

Os acordos relativos a confidencialidade e/ou anonimato também podem se estender a outras fontes relacionadas à sua metodologia (p. ex., citando um documento de política escolar ao conduzir um estudo de caso em uma escola). Essas fontes não devem ser citadas no texto ou incluídas na lista de referências, pois isso comprometeria a confidencialidade e/ou anonimato da instituição de ensino. Entretanto, é possível discutir informações dessas fontes no texto se o material estiver adequadamente disfarçado.

> Our study was conducted at a high school in Atlanta, Georgia. School administrators provided documents containing students' average test scores and the percentage of students receiving free or reduced-price lunch. We used these data to contextualize the impact of our intervention. / Nosso estudo foi realizado em uma escola secundária em Atlanta, Geórgia. Os administradores da escola forneceram documentos contendo as pontuações médias dos alunos nos testes e a porcentagem de estudantes que recebem merenda gratuita ou a preço reduzido. Usamos esses dados para contextualizar o impacto de nossa intervenção.

9
LISTA DE REFERÊNCIAS

Sumário

Categorias de Referências 287
- 9.1 Determinando a Categoria da Referência   287
- 9.2 Usando a Categoria de Referência de Páginas e *Sites* da *Web*   288
- 9.3 Referências *On-line* e Impressas   288

Princípios de Itens na Lista de Referências 288
- 9.4 Os Quatro Elementos de uma Referência   288
- 9.5 Pontuação nos Itens da Lista de Referências   289
- 9.6 Precisão e Consistência nas Referências   290

ELEMENTOS DE UMA REFERÊNCIA 291

Autor 291
- 9.7 Definição de Autor   291
- 9.8 Formato do Elemento Autor   292
- 9.9 Ortografia e Uso de Iniciais Maiúsculas nos Nomes dos Autores   293
- 9.10 Identificação de Funções Especializadas   293
- 9.11 Entidades Como Autores   293
- 9.12 Sem Autor   294

Data 294
- 9.13 Definição de Data   294
- 9.14 Formato do Elemento Data   295
- 9.15 Trabalhos *On-line* Atualizados ou Revisados   295
- 9.16 Datas de Acesso   296
- 9.17 Sem Data   296

Título 296
- 9.18 Definição de Título   296
- 9.19 Formato do Elemento Título   297
- 9.20 Trabalhos em Série e de Múltiplos Volumes   297
- 9.21 Descrições Entre Colchetes   297
- 9.22 Sem Título   298

Fonte 298
- 9.23 Definição de Fonte   298
- 9.24 Formato do Elemento Fonte   299
- 9.25 Fontes Periódicas   299
- 9.26 Periódicos *On-line* com Informações Ausentes   299
- 9.27 Números de Artigos   300
- 9.28 Fontes de Capítulo de Livro Editado e Itens de Obras de Referência   300
- 9.29 Fontes Editoriais   301
- 9.30 Banco de Dados e Arquivos Como Fontes   301
- 9.31 Trabalhos com Locais Específicos   302
- 9.32 Redes Sociais Como Fontes   303
- 9.33 *Sites* Como Fontes   303
- 9.34 Quando Incluir DOIs e URLs   303
- 9.35 Formato de DOIs e URLs   304
- 9.36 Encurtadores de DOI ou URL   305
- 9.37 Sem Fonte   305

Variações de Referências 306
- 9.38 Trabalhos em Outro Idioma   306
- 9.39 Trabalhos Traduzidos   306
- 9.40 Trabalhos Reproduzidos   306
- 9.41 Trabalhos Republicados ou Reeditados   307
- 9.42 Obras Religiosas e Clássicas   307

Formato e Ordem da Lista de Referências 308
- 9.43 Formato da Lista de Referências   308
- 9.44 Ordem dos Trabalhos na Lista de Referências   308
- 9.45 Ordem de Sobrenome e Nome   308
- 9.46 Ordem de Múltiplos Trabalhos do Mesmo Primeiro Autor   309
- 9.47 Ordem de Trabalhos com o Mesmo Autor e a Mesma Data   310
- 9.48 Ordem dos Trabalhos por Primeiros Autores com o Mesmo Sobrenome   310
- 9.49 Ordem de Trabalhos sem Autor ou com Autor Anônimo   311
- 9.50 Abreviaturas nas Referências   311
- 9.51 Bibliografias Comentadas   312
- 9.52 Referências Incluídas em uma Metanálise   312

9
LISTA DE REFERÊNCIAS

A lista de referências no final de um trabalho fornece as informações necessárias para identificar e encontrar cada trabalho citado no texto. Escolha as referências criteriosamente e inclua apenas os trabalhos que você usou na pesquisa e preparação do seu artigo. As publicações da APA e outras editoras (*publishers*) e instituições que usam o Estilo APA geralmente exigem listas de referências, e não bibliografias. Uma lista de referências cita os trabalhos que respaldam especificamente as ideias, as afirmações e os conceitos de um trabalho; em contraste, uma bibliografia cita trabalhos para informações de base ou leitura adicional e pode incluir notas descritivas (p. ex., uma bibliografia comentada; ver Seção 9.51).

Neste capítulo, fornecemos diretrizes para a criação de itens na lista de referências, com seções específicas enfocando cada elemento de referência (autor, data, título, fonte) e o formato e ordem de uma lista de referências no Estilo APA. Para obter informações sobre como reconhecer obras e formatar citações no texto, consulte o Capítulo 8; para exemplos de tipos de referência específicos, consulte o Capítulo 10 (esses exemplos têm referências cruzadas neste capítulo).

Categorias de Referências

9.1 Determinando a Categoria da Referência

As referências no *Manual de Publicação* são organizadas por grupo, categoria e tipo. Os *grupos de referências* são trabalhos textuais, conjuntos de dados, *software* e testes, mídias audiovisual e *on-line*. Cada grupo contém *categorias de referências* numeradas. Por exemplo, o grupo de trabalhos textuais contém as categorias de periódicos, livros e obras de referência, capítulos de livros editados e verbetes de obras de referência, e dissertações e teses. O grupo de mídia *on-line* contém as categorias de redes sociais, páginas e *sites* da *web*. Dentro de cada categoria existem diferentes *tipos de referências*. Por exemplo, a categoria de referência de periódico inclui artigos de periódicos, artigos de revista, artigos de jornal e postagens de *blogs*. A categoria de referência de redes sociais inclui tuítes, publicações no Facebook e fotos do Instagram.

Para criar um item na lista de referências, primeiro determine o grupo e a categoria da referência e depois escolha o tipo de referência apropriado dentro da categoria e siga aquele exemplo. Se o trabalho que você deseja citar não corresponde a nenhum exemplo, escolha o grupo, a categoria e o tipo mais semelhante e adapte o formato usando os elementos mostrados no modelo relacionado. A forma como um trabalho foi acessado ou obtido (p. ex., *on-line*, impresso, por meio de empréstimo entre bibliotecas) e como ele está formatado (p. ex., impresso, PDF, DVD, *streaming* de vídeo *on-line*) têm pouco ou nenhum impacto no item na lista de referências. Consulte o Capítulo 10 para modelos e exemplos de referências.

9.2 Usando a Categoria de Referência de Páginas e *Sites* da *Web*

O termo *website* pode causar confusão porque as pessoas o utilizam para se referir a uma categoria de referência (ver Seção 10.16) e a um método de acesso (ou seja, *on-line*). Muitos tipos de trabalhos podem ser acessados *on-line*, incluindo artigos, livros, relatórios e conjuntos de dados, mas apenas algumas obras se enquadram na categoria de referência de páginas e *sites* da *web*. Use essa categoria apenas quando o trabalho não se enquadrar melhor em outra categoria. Primeiro pergunte a si mesmo: "Que tipo de trabalho está neste *site*?". Depois escolha a categoria de referência no Capítulo 10 que mais se assemelha ao trabalho que você deseja citar e siga o exemplo mais relevante. Por exemplo, para citar um relatório de um *site* do governo, use a categoria de relatórios (Seção 10.4) e siga o formato de um relatório do governo (ver Capítulo 10, Exemplos 50–52). Da mesma forma, para citar uma página da *web* de um *site* do governo, use a categoria páginas e *sites* da *web* (Seção 10.16) e siga o formato para um trabalho em um *site* (ver Capítulo 10, Exemplos 110–114). Observe que o autor de uma página ou *site* da *web* pode ser difícil de determinar ou pode ser identificado por meio do contexto (ver Seção 9.7), e as páginas e *sites* da *web* muitas vezes não têm datas de publicação conhecidas (ver Seção 9.17).

9.3 Referências *On-line* e Impressas

As referências no Estilo APA para trabalhos *on-line* e impressos são basicamente as mesmas. Em geral, todas as referências incluem autor, data, título e fonte; diferenças entre as versões *on-line* e impressa são evidentes no *elemento fonte*, o qual inclui informações sobre a origem do trabalho (p. ex., o título de um periódico, a editora de um livro ou relatório, o nome de um *site*). As referências para trabalhos com DOIs também incluem o DOI no elemento fonte, e as referências para a maioria dos trabalhos *on-line* sem DOIs incluem o URL (ver Seção 9.34 para obter mais informações sobre quando incluir DOIs e URLs). Contudo, informações e/ou URLs de banco de dados geralmente não são incluídos nas referências (ver Seção 9.30 para obter uma explicação e algumas exceções). Assim, o mesmo modelo pode ser usado para criar uma referência para as versões impressa e *on-line* de um trabalho. Use apenas um modelo (não múltiplos modelos) para criar seu item na lista de referências.

Princípios de Itens na Lista de Referências

9.4 Os Quatro Elementos de uma Referência

Uma referência geralmente tem quatro elementos: autor, data, título e fonte. Cada elemento responde a uma pergunta:

- **autor:** Quem é o responsável por este trabalho?
- **data:** Quando este trabalho foi publicado?
- **título:** Como se chama este trabalho?
- **fonte:** Onde posso encontrar este trabalho?

Considerar esses quatro elementos e responder a essas quatro perguntas o ajudará a criar uma referência para qualquer tipo de trabalho, mesmo que você não encontre um exemplo específico que corresponda a ele. Consulte as seções sobre autor (Seções 9.7–9.12), data (Seções 9.13–9.17), título (Seções 9.18–9.22) e fonte (Seções 9.23–9.37) para obter mais informações sobre cada elemento. A Figura 9.1 mostra um exemplo de página de título de um artigo, destacando os lugares dos elementos de referência e mostrando sua colocação em um item na lista de referências.

Às vezes, os elementos de referência são desconhecidos ou estão ausentes, e o item na lista de referências deve ser adaptado. Consulte a Tabela 9.1 para um resumo de como os elementos de referência são reunidos e ajustados quando há informações ausentes.

9.5 Pontuação nos Itens da Lista de Referências

Use sinais de pontuação nas entradas da lista de referências para agrupar informações.

- Certifique-se de que um ponto final apareça após cada elemento da referência — isto é, após o autor, a data, o título e a fonte. Entretanto, não coloque um ponto final após um DOI ou URL, pois isso pode interferir na funcionalidade do *link*.
- Use sinais de pontuação (geralmente vírgulas ou parênteses) entre as partes do mesmo elemento de referência. Por exemplo, em uma referência para um artigo de periódico, use uma vírgula entre o sobrenome e as iniciais de cada autor e entre os nomes dos diferentes autores, entre o nome do periódico e o número do volume, e entre o número da edição do periódico e os números das páginas. Não use vírgulas entre os números do volume do periódico e da edição, em vez disso, coloque o número da edição entre parênteses (ver Seção 9.25 e o Capítulo 10, Exemplo 1).
- Os sinais de pontuação que aparecem dentro de um elemento da referência em itálico também devem aparecer em itálico (p. ex., uma vírgula ou dois pontos no título de um livro). Não coloque a pontuação entre os elementos da referência em itálico (p. ex., o ponto após o título de um livro em itálico).

Figura 9.1 Exemplo de Onde Encontrar Informações Para Referência de um Artigo Científico

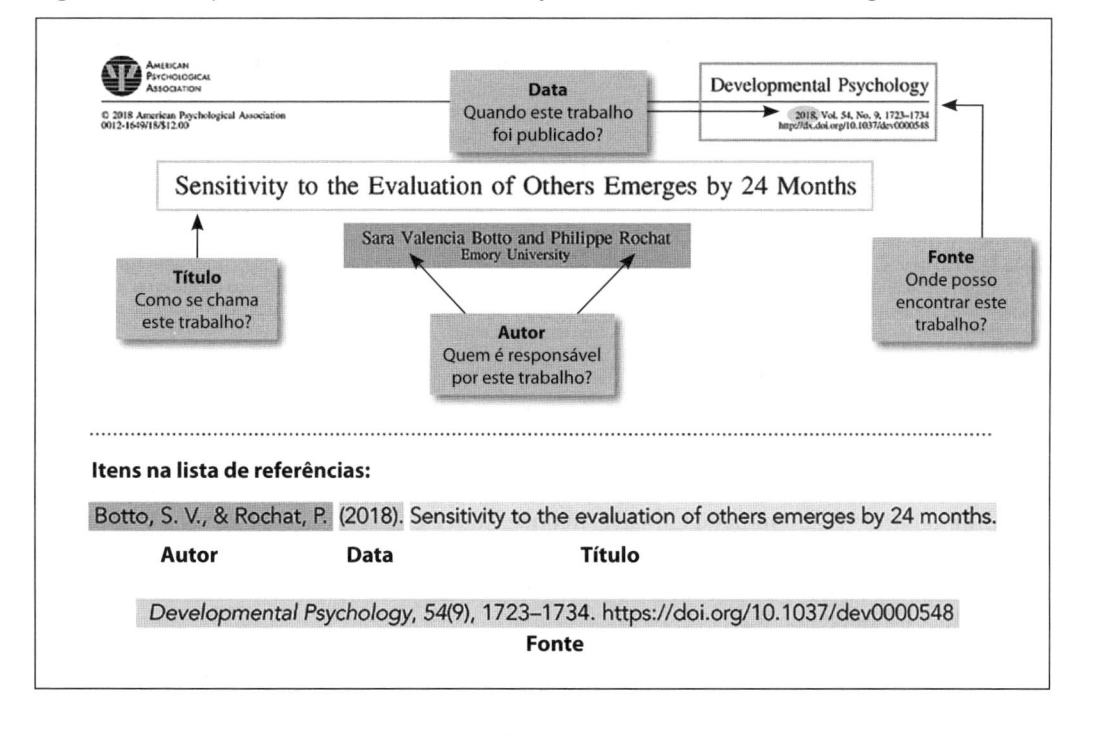

Tabela 9.1 Como Criar uma Referência Quando há Informações Ausentes

Elemento ausente	Solução	Modelo Item na lista de referências	Modelo Chamada no texto
Nenhum — todos os elementos estão presentes	Indique o autor, a data, o título e a fonte do trabalho.	Autor. (Data). Título. Fonte.	(Autor, ano) Autor (ano)
Autor	Indique o título, a data e a fonte.	Título. (Data). Fonte.	(Título, ano) Título (ano)
Data	Indique o autor, escreva "n.d." para "sem data" e depois indique o título e a fonte.	Autor. (n.d.). Título. Fonte.	(Autor, n.d.) Autor (n.d.)
Título	Indique o autor e a data, descreva o trabalho entre colchetes e depois indique a fonte.	Autor. (Data). [Descrição do trabalho]. Fonte.	(Autor, ano) Autor (ano)
Autor e data	Indique o título, escreva "n.d." para "sem data" e indique a fonte.	Título. (n.d.). Fonte.	(Título, n.d.) Título (n.d.)
Autor e título	Descreva o trabalho entre colchetes e depois indique a data e a fonte.	[Descrição do trabalho]. (Data). Fonte.	([Descrição do trabalho], ano) [Descrição do trabalho] (ano)
Data e título	Indique o autor, escreva "n.d." para "sem data", descreva o trabalho entre colchetes e indique a fonte.	Autor. (n.d.). [Descrição do trabalho]. Fonte.	(Autor, n.d.) Autor (n.d.)
Autor, data e título	Descreva o trabalho entre colchetes, escreva "n.d." para "sem data" e indique a fonte.	[Descrição do trabalho]. (n.d.). Fonte.	([Descrição do trabalho], n.d.) [Descrição do trabalho] (n.d.)
Fonte	Cite como uma comunicação pessoal (ver Seção 8.9) ou encontre outro trabalho para citar (ver Seção 9.37).	Sem entrada na lista de referências.	(C. C. Comunicador, comunicação pessoal, mês, dia, ano) C. C. Comunicador (comunicação pessoal, mês, dia, ano)

Nota. Esta tabela ilustra como os modelos de categoria de referência mudam quando elementos da referência como autor (Seção 9.12), data (Seção 9.17), título (Seção 9.22) e/ou fonte (Seção 9.37) estão ausentes. A formatação em itálico no título ou fonte varia por categoria e não é apresentada aqui. Para criar um item na lista de referências, siga o modelo para a categoria de referência do trabalho (ver Seção 9.1) e ajuste as informações conforme mostrado aqui.

9.6 Precisão e Consistência nas Referências

Como um dos objetivos de listar referências é permitir que os leitores encontrem e usem as obras citadas, os dados das referências devem ser precisos e completos. A melhor maneira de garantir isso é comparar cuidadosamente cada referência com a publicação original.

Os autores são responsáveis por todas as informações em suas listas de referências. Referências preparadas com precisão ajudam a estabelecer sua credibilidade como pesquisador e autor cuidadoso.

A consistência na formatação das referências permite que os leitores se concentrem no conteúdo de sua lista de referências, discernindo os tipos de trabalhos que você consultou e os elementos importantes (quem, quando, o quê e onde) com facilidade. Quando cada referência é apresentada de maneira consistente, seguindo as diretrizes do Estilo APA, os leitores não precisam despender tempo determinando como você organizou as informações. Além disso, ao pesquisar a literatura por conta própria, você também economiza tempo e esforço ao ler listas de referências nos trabalhos de outras pessoas. Alguns trabalhos contam com citações sugeridas, as quais geralmente contêm as informações necessárias para escrever uma referência no Estilo APA, mas precisam ser editadas por questões de estilo.

A precisão e a consistência das referências também são importantes para garantir que outros pesquisadores possam encontrar e acessar os trabalhos em sua lista de referências. Por exemplo, na versão *on-line* de um artigo, os editores (*publishers*) usam algoritmos para vincular citações no texto aos itens na lista de referências, vincular os itens na lista de referências aos trabalhos que citam e compilar listas dos trabalhos que citaram cada fonte. Se os elementos das referências estiverem fora de ordem ou incompletos, o algoritmo pode não reconhecê-los, reduzindo a probabilidade de que a referência seja capturada para indexação. Em caso de dúvida, coloque os elementos da referência na ordem de autor, data, título e fonte.

Elementos de uma Referência

Autor

As seções a seguir descrevem a definição, o formato e a grafia dos nomes dos autores (Seções 9.7–9.9), a identificação de funções especializadas dos autores, como editor ou diretor (Seção 9.10); e como lidar com entidades como autores (Seção 9.11) e trabalhos sem autor (Seção 9.12).

9.7 Definição de Autor

Em uma referência, o *autor* se refere de modo geral à(s) pessoa(s) ou à entidade responsável por um trabalho. Este elemento inclui não apenas autor(es) de artigos, livros, relatórios e outros trabalhos, mas também outras pessoas que desempenharam papéis primordiais em sua criação, como o(s) editor(es) de um livro, o diretor de um filme, o principal pesquisador de um auxílio financeiro, o hospedeiro de um *podcast*, e assim por diante.

Um autor pode ser

- um indivíduo,
- várias pessoas,
- uma entidade (instituição, agência governamental, organização; ver Seção 9.11), ou
- uma combinação de pessoas e grupos.

Às vezes, o autor de um trabalho não está listado em uma linha de autores tradicional, mas pode ser determinado a partir do contexto. Por exemplo, o autor de um relatório anual geralmente é a organização que o produziu, a menos que especificado de outra forma. Assim, no item da lista de referências para esse relatório anual, a organização seria listada como o autor. Da mesma forma, na referência de uma página de um *site* de uma organização ou agência governamental, a própria organização ou agência governamental é considerada o autor, a menos que especificado de outra forma. O autor de uma página ou *site* da *web* também pode estar localizado em uma página "sobre nós" ou de agradecimentos. Quando você não puder determinar quem é o autor, trate o trabalho como sem autor (ver Seção 9.12).

9.8 Formato do Elemento Autor

Siga estas diretrizes para formatar o elemento autor.

- Inverta os nomes de todos os autores individuais, colocando primeiro o sobrenome, seguido por uma vírgula e as iniciais: Autor, A. A.
- Use uma vírgula para separar as iniciais de um autor dos nomes dos demais autores, mesmo quando houver apenas dois autores; use um "e" comercial (&) antes do nome do autor final: Autor, A. A., & Autor, B. B.
- Não use vírgula para separar duas entidades como autores: American Psychological Association & National Institutes of Health.
- Use uma vírgula serial antes do "e" comercial (&) com três ou mais autores.
- Indique sobrenomes e iniciais de até 20 autores. Quando houver dois a 20 autores, use um "e" comercial antes do nome do último autor: Autor, A. A., Autor, B. B., & Autor, C. C.
- Quando houver 21 ou mais autores, inclua os primeiros 19 nomes dos autores, insira reticências (mas sem um "e" comercial) e depois adicione o nome do último autor (ver Capítulo 10, Exemplo 4).
- Use um espaço entre as iniciais.
- Quando os primeiros nomes são hifenizados, mantenha o hífen e inclua um ponto após cada inicial, mas sem espaço (p. ex., Xu, A.-J., para Ai-Jun Xu). Quando o segundo elemento de um nome hifenizado estiver em minúsculas, trate-o como um único nome (p. ex., Raboso, L., para Lee-ann Raboso).
- Use vírgulas para separar iniciais e sufixos, como Jr. e III: Autor, A. A., Jr., & Autor, B. B.
- Se autores não principais forem creditados com a palavra "with" (com) (p. ex., na capa de um livro), inclua-os no item da lista de referências entre parênteses: Meyers, K. (with Long, W. T.). A chamada no texto, entretanto, refere-se apenas ao autor principal: (Meyers, 2019).
- Se um autor tiver apenas um nome (p. ex., algumas celebridades, alguns autores da Indonésia, autores gregos e romanos antigos, algumas entidades ou autores corporativos); um nome inseparável de múltiplas partes (p. ex., Malcolm X, Lady Gaga); um título essencial, em casos raros (Rainha Elizabeth II); ou apenas um nome de usuário (ou nome de tela), indique o nome completo ou nome de usuário sem abreviatura na lista de referências e na citação no texto. Ou seja, cite Platão, Sukarno ou Lady Gaga sem abreviá-los para P., S. ou Gaga, L. No item da lista de referências, adicione um ponto após o nome do autor: Platão. (2017).
- Não inclua títulos, posições, patentes ou realizações acadêmicas junto aos nomes nos itens da lista de referências (p. ex., Reverendo, Presidente, General, PhD, LCSW). Alguns tipos de referência incluem a função do autor entre parênteses, quando necessário (p. ex., diretor de cinema; ver Capítulo 10, Exemplo 84).
- Se o nome de usuário e o nome real de um autor forem conhecidos, como para alguns autores de redes sociais individuais e grupais, indique o nome real do indivíduo (no formato invertido) ou do grupo, seguido pelo nome de usuário entre colchetes (ver exemplos na Seção 10.15). Essa abordagem permite que a referência seja agrupada com outros trabalhos desse autor na lista de referências e ajudará os leitores a identificar e a encontrar o trabalho citado.
- Quando o símbolo @ fizer parte de um nome de usuário, inclua-o entre colchetes (ver Capítulo 10, Exemplos 103–108).

9.9 Ortografia e Uso de Iniciais Maiúsculas nos Nomes dos Autores

Siga estas diretrizes para a grafia e o uso de iniciais maiúsculas nos nomes dos autores.

- Escreva o sobrenome do autor exatamente como aparece no trabalho publicado, incluindo sobrenomes hifenizados (p. ex., Santos-García) e sobrenomes em duas partes (p. ex., Velasco Rodríguez; ver também Capítulo 10, Exemplo 25).
- Se houver dúvida quanto ao formato adequado para um nome, consulte outros trabalhos que citam o autor, registros de banco de dados bibliográficos ou o *site* ou *curriculum vitae* (CV) do autor para determinar o formato apropriado. Isso ajudará a evitar confundir, por exemplo, um sobrenome de duas partes com o nome do meio e o sobrenome ou vice-versa. Siga a apresentação mais comum se ainda restar alguma ambiguidade.
- Mantenha a grafia preferida do autor (p. ex., hooks, b., para bell hooks) na lista de referências e na chamada no texto.

9.10 Identificação de Funções Especializadas

Pessoas com outras funções que não a de autor e que contribuíram substancialmente para a criação de um trabalho são reconhecidas por uma variedade de tipos de referência. No Capítulo 10, veja exemplos de casos em que uma função especializada é reconhecida na referência. Nessas referências, a função é colocada entre parênteses depois do sobrenome e iniciais invertidos. Coloque um ponto final após o elemento autor.

- Use a abreviatura "(Ed.)" para um editor e a abreviatura "(Eds.)" para vários editores. No caso de vários editores, inclua a função apenas uma vez.

    Schulz, O. P. (Ed.).

    Wong, C. T., & Music, K. (Eds.).

- Quando uma referência inclui mais de um tipo de função especializada (p. ex., tanto roteiristas como um diretor), e vários indivíduos desempenharam funções diferentes, identifique cada função separadamente. Se uma pessoa desempenhou várias funções, combine-as usando um "e" comercial (&).

    Park, O. (Writer), Gunnarsson, N. (Writer), & Botha, V. N. (Director).

    Lutz, T. (Writer & Director).

Em alguns casos, uma função especializada é identificada posteriormente na referência (p. ex., o editor de um livro de um capítulo de livro editado, ver Capítulo 10, exemplos na Seção 10.3; o presidente de um simpósio, ver Capítulo 10, Exemplo 63; o produtor de uma série de TV, ver Capítulo 10, Exemplo 87).

9.11 Entidades Como Autores

As entidades autorais podem incluir agências governamentais, associações, organizações sem fins lucrativos, empresas, hospitais, forças-tarefa e grupos de estudo (ver Capítulo 10, Exemplos 50, 53–55, 90 e 111). Uma entidade pode ser o único autor de uma publicação ou estar associada a indivíduos ou outras entidades (ver Capítulo 10, Exemplo 5).

- Escreva o nome completo da entidade autoral no item da lista de referências, seguido por um ponto: National Institute of Mental Health.
- Uma abreviatura da entidade pode ser usada no texto (ver Seção 8.21), mas não a inclua em um item na lista de referências.

- Quando vários níveis de agências governamentais são listados como autor de um trabalho, use a agência mais específica como autor na referência (p. ex., use "National Institute of Nursing Research" em vez de "U.S. Department of Health and Human Services, National Institutes of Health, National Institute of Nursing Research"). Os nomes das matrizes que não constam no nome da entidade aparecem no elemento fonte como a editora (*publisher*). Essa apresentação auxilia na identificação da agência responsável pelo trabalho e na criação de citações concisas no texto. Contudo, se indicar apenas a agência responsável mais específica como autor causar confusão (p. ex., se você está citando tanto a versão dos Estados Unidos como a do Canadá de uma agência e elas têm o mesmo nome), inclua as matrizes no elemento autor para diferenciá-las. Quando há vários níveis de agências, a matriz precede a subdivisão (p. ex., The White House, Office of the Press Secretary). As agências listadas no elemento autor não são repetidas no elemento fonte da referência.
- Às vezes, pode ser difícil saber se devemos dar crédito a uma entidade ou aos indivíduos que escreveram em nome dessa entidade; por exemplo, os indivíduos que escreveram um relatório de agência governamental podem ser reconhecidos em uma seção de agradecimentos. Para confirmar, consulte a capa ou a página de título do trabalho. Se a capa ou página de título listar apenas o nome da entidade (e nenhum nome de indivíduos), trate a referência como tendo uma entidade como autor (ver Capítulo 10, Exemplos 50 e 53–55). Se a capa ou página de título listar os nomes de indivíduos, trate a referência como tendo autores individuais e inclua o nome da entidade como parte do elemento fonte (ver Capítulo 10, Exemplos 51 e 52). Quando um documento inclui uma referência sugerida, os nomes dos autores nessa referência indicam quem deve ser creditado (observe que o formato da referência sugerida pode ter de ser ajustado para o Estilo APA).

9.12 Sem Autor

Um trabalho é tratado como sem autor quando seu autor é desconhecido ou não pode ser razoavelmente determinado. Nesse caso, mova o título do trabalho para a posição do autor (seguido por um ponto), antes da data de publicação (ver Capítulo 10, Exemplo 49).

    Generalized anxiety disorder. (2019).

Se, e somente se, o trabalho for assinado como "Anonymous" (Anônimo), use "Anonymous" como autor.

    Anonymous. (2017).

Consulte a Seção 8.14 para saber como formatar a chamada no texto de um trabalho sem autor. Consulte a Seção 9.49 para saber como ordenar trabalhos sem autores na lista de referências.

Data

As seções a seguir descrevem a definição e o formato do elemento data (Seções 9.13 e 9.14) e como lidar com trabalhos *on-line* que são atualizados ou revisados (Seção 9.15) ou que precisam de uma data de acesso (Seção 9.16), bem como trabalhos sem data (Seção 9.17).

9.13 Definição de Data

Em uma referência, a *data* refere-se à data de publicação e pode assumir uma das seguintes formas:

- apenas ano;
- ano, mês e dia (ou seja, uma data exata);

- ano e mês;
- ano e estação; ou
- intervalo de datas (p. ex., intervalo de anos, intervalo de datas exatas).

Para livros, use a data do *copyright* mostrada na página de *copyright* do trabalho como a data de publicação na referência, mesmo se a data de *copyright* for diferente da data de lançamento (p. ex., 2020 seria a data na referência para um livro lançado em dezembro 2019 com uma data de *copyright* de 2020). Para uma referência de artigo de periódico, use o ano do volume, mesmo que ele seja diferente do ano do *copyright*.

Ao citar páginas e *sites* da *web* (ver Seção 10.16), certifique-se de que a data do *copyright* se aplica ao conteúdo que você está citando. Não use uma data de *copyright* de um rodapé de uma página ou *site* da *web* porque ela pode não indicar quando o conteúdo do *site* foi publicado. Se uma nota indicar a data da "última atualização" da página, use essa data se ela se aplicar ao conteúdo que você está citando (ver Seção 9.15). Se nenhuma data de publicação separada for indicada para o trabalho na página da *web*, trate o trabalho como sem data (ver Seção 9.17).

9.14 Formato do Elemento Data

Siga o formato de data e os exemplos mostrados em cada categoria de referência (ver Capítulo 10). Use datas mais específicas para trabalhos publicados com mais frequência (p. ex., ano, mês e dia para artigos de jornais e postagens em *blogs*). A maioria das referências inclui apenas o ano de publicação.

- Coloque a data de publicação entre parênteses, seguida de um ponto: (2020).
- Para trabalhos de uma categoria de referência que inclui o mês, o dia e/ou a estação junto com o ano, coloque o ano primeiro, seguido por uma vírgula, e, em seguida, o mês e o dia ou estação:

    (2020, August 26).

    (2020, Spring/Summer).

- Para trabalhos não publicados, publicados informalmente ou em andamento, indique o ano em que o trabalho foi produzido (ver Seção 10.8). Não use "in progress" (em andamento) ou "submitted for publication" (submetido para publicação) no elemento data de uma referência.
- Se um trabalho foi aceito para publicação, mas ainda não foi publicado, use o termo "in press" (no prelo) no lugar do ano (ver Capítulo 10, Exemplo 8). Não indique uma data na referência até que o trabalho seja publicado.
- Se um trabalho for uma publicação *on-line* antecipada, use o ano da publicação *on-line* antecipada na referência (ver Capítulo 10, Exemplo 7).
- Se um trabalho inclui uma data de publicação *on-line* antecipada e uma data de publicação final, use a data de publicação final na referência.
- Quando a data da publicação original for aproximada, use a abreviatura "ca." (que significa "circa"; ver Capítulo 10, Exemplo 36).

9.15 Trabalhos *On-line* Atualizados ou Revisados

Alguns trabalhos *on-line* registram quando houve a última atualização. Se essa data estiver disponível e for claramente atribuível ao conteúdo específico que você está citando, e não ao *site* em geral, use-a na referência (ver Capítulo 10, Exemplo 14, para obter uma fonte recuperada do banco de dados UpToDate).

Não inclua a data da última revisão em uma referência, porque o conteúdo que foi revisado não foi necessariamente alterado. Se a data da última revisão for indicada em um trabalho, ignore-a para fins de referência.

9.16 Datas de Acesso

Embora a maioria das fontes *on-line* possa ser atualizada, algumas são inerentemente projetadas para mudar (p. ex., verbetes no dicionário, perfil do Twitter, página do Facebook; ver Capítulo 10, Exemplos 33, 47, 104 e 106) ou refletir informações que mudam ao longo do tempo (p. ex., um artigo UpToDate, mapa gerado pelo Google Maps, trabalho em um *site* que é atualizado com frequência; ver Capítulo 10, Exemplos 14, 100 e 113). Indique uma data de acesso no elemento fonte ao citar um trabalho não arquivado (ou seja, não estável) que provavelmente sofrerá alterações. Incluir essa data indica aos leitores que a versão do trabalho que eles acessarem pode ser diferente da versão que você usou.

Para trabalhos que podem mudar com o tempo, mas têm versões arquivadas (p. ex., revisões Cochrane ou artigos da *Wikipedia*), uma data de acesso não é necessária porque a versão arquivada da página é estável e pode ser acessada (p. ex., por meio de um *permalink*; ver Capítulo 10, Exemplos 13 e 49). A maioria das referências não inclui datas de acesso, e os exemplos possíveis são apresentados no Capítulo 10. A data de acesso, quando necessária, aparece antes do URL.

Retrieved October 11, 2020, from https://xxxxx

9.17 Sem Data

Às vezes, a data de publicação de um trabalho é desconhecida ou não pode ser determinada. Para trabalhos sem data, escreva "n.d." (que significa "sem data") entre parênteses. Coloque um ponto após o "n" e após o "d" sem espaço entre as letras.

Gagnon, R. (n.d.).

A data também aparece como "n.d." na citação no texto correspondente.

(Gagnon, n.d.) *ou* Gagnon (n.d.)

Título

As seções a seguir descrevem a definição e o formato do elemento título (Seções 9.18 e 9.19) e como lidar com trabalhos em série e de múltiplos volumes (Seção 9.20), usar descrições entre colchetes (Seção 9.21) e explicar trabalhos sem título (Seção 9.22).

9.18 Definição de Título

Em uma referência, o *título* refere-se ao título do trabalho citado. Eles se enquadram em duas grandes categorias: trabalhos independentes (p. ex., livros inteiros, relatórios, literatura cinzenta, dissertações e teses, trabalhos publicados informalmente, conjuntos de dados, vídeos, filmes, séries de TV, *podcasts*, redes sociais e trabalhos em *sites*) e trabalhos que fazem parte de um todo maior (p. ex., artigos de periódicos, capítulos de livros editados e episódios de TV e de *podcast*). Quando um trabalho é independente (p. ex., um relatório), seu título aparece no elemento título da referência. Quando um trabalho faz parte de um todo maior (p. ex., um artigo de periódico ou capítulo de livro editado), o título do artigo ou capítulo aparece no elemento título da referência e o título do todo maior (o periódico ou livro editado) aparece no elemento fonte (ver Seções 9.25 e 9.28, respectivamente).

9.19 Formato do Elemento Título

Siga estas diretrizes para formatar o elemento título.

- Para trabalhos que fazem parte de um todo maior (p. ex., artigos de periódicos, capítulos de livros editados), não coloque o título em itálico nem use aspas e coloque-o em maiúscula usando formato sentença (consulte a Seção 6.17).

   The virtue gap in humor: Exploring benevolent and corrective humor.

- Para trabalhos independentes (p. ex., livros, relatórios, páginas e *sites* da *web*), coloque o título em itálico e use o formato sentença (ver Seção 6.17).

   Adoption-specific therapy: A guide to helping adopted children and their families thrive.

- Para referências de livros e relatórios, coloque entre parênteses, após o título, informações adicionais fornecidas na publicação para sua identificação e acesso (p. ex., edição, número do relatório, número do volume). Não adicione um ponto final entre o título e as informações entre parênteses e não as coloque em itálico. Se as informações de edição e volume forem incluídas, separe esses elementos com uma vírgula, colocando o número da edição primeiro.

   Nursing: A concept-based approach to learning (2nd ed., Vol. 1).

- Se um volume numerado tiver seu próprio título, o número do volume e o título são incluídos como parte do título principal, em vez de entre parênteses (ver Capítulo 10, Exemplos 30 e 45).

- Termine o elemento título com um ponto. Contudo, se o título terminar com um ponto de interrogação ou exclamação, esse sinal de pontuação substituirá o ponto.

- Consulte a Seção 6.17 para saber como formatar os títulos que aparecem no texto.

9.20 Trabalhos em Série e de Múltiplos Volumes

Para um livro que faz parte de um trabalho de vários volumes, como um manual de três volumes, inclua o título da série no item da lista de referências. Para exemplos de volumes com e sem título, consulte o Capítulo 10, Exemplo 30.

Quando um livro faz parte de uma série de trabalhos conceitualmente relacionados, mas separados (p. ex., séries de livros populares como Harry Potter ou as Crônicas de Nárnia), inclua somente o título do livro, não o título da série, na referência. Dependendo da editora (*publisher*) e da série, o nome da série pode ser evidente ou difícil de encontrar, portanto, recomendamos omiti-lo para evitar confusão (ver Capítulo 10, Exemplo 31).

9.21 Descrições Entre Colchetes

Para ajudar a identificar trabalhos fora da literatura acadêmica revisada por pares (ou seja, trabalhos que não sejam artigos, livros, relatórios, etc.), forneça uma descrição entre colchetes após o título e antes do ponto final. A descrição ajuda os leitores a identificar e encontrar o trabalho. Exemplos de trabalhos que incluem descrições entre colchetes são alguns *audiobooks*, literatura cinzenta (p. ex., comunicados de imprensa), trabalhos audiovisuais (p. ex., filmes, vídeos do YouTube, fotografias), *software* e aplicativos móveis, conjuntos de dados, manuscritos em preparação e dissertações e teses. Descrições entre colchetes também são usadas em referências de redes sociais para indicar *links* ou imagens anexadas. Coloque a primeira letra da descrição em maiúscula, mas não a coloque em itálico.

Comprehensive meta-analysis (Version 3.3.070) [Computer software].

Os exemplos no Capítulo 10 incluem descrições entre colchetes onde elas são necessárias. Em caso de dúvida, inclua uma descrição. Colchetes contíguos (p. ex., quando um título traduzido é seguido por uma descrição) são aceitáveis nas referências. A consistência do texto é útil (consulte a Seção 9.6), mas você pode alterar o fraseado mostrado nos exemplos para melhor transmitir as informações. Use descrições sucintas, conforme mostrado nos exemplos do Capítulo 10.

9.22 Sem Título

Para trabalhos sem título, inclua uma descrição entre colchetes.

- Quando possível, especifique a mídia na descrição do trabalho sem título (p. ex., um mapa) em vez de incluir duas descrições entre colchetes.

    [Map showing the population density of the United States as of the year 2010].

- Para comentários sem título em artigos publicados em periódicos, inclua até as primeiras 20 palavras do comentário ou postagem, além de uma descrição (ver Capítulo 10, Exemplo 18).

- Para postagens de redes sociais sem título, inclua até as primeiras 20 palavras do comentário ou postagem (em itálico), além de uma descrição entre colchetes (ver Capítulo 10, Exemplos 103, 105, 107 e 108).

Fonte

As seções a seguir descrevem a definição e o formato do elemento fonte (Seções 9.23 e 9.24). Depois são apresentadas diretrizes para lidar com tipos específicos de fontes, incluindo periódicos (Seções 9.25-9.27), capítulos de livros editados e itens de obras de referência (Seção 9.28), editoras (*publishers*; Seção 9.29), bancos de dados e arquivos (Seção 9.30), trabalhos com locais específicos, como congressos (Seção 9.31), redes sociais (Seção 9.32), páginas e *sites* da *web* (Seção 9.33). Trabalhos que têm um DOI ou URL (Seções 9.34-9.36) e trabalhos sem uma fonte (Seção 9.37) também são abordados.

9.23 Definição de Fonte

Em uma referência, a *fonte* indica onde os leitores podem encontrar o trabalho citado. Assim como acontece com os títulos (ver Seção 9.18), as fontes se dividem em duas grandes categorias: trabalhos que fazem parte de um todo maior e trabalhos isolados.

- A fonte de um trabalho que faz parte de um todo maior (p. ex., artigo de periódico, capítulo de livro editado) é esse todo maior (ou seja, o periódico [ver Seção 9.25] ou o livro editado [ver Seção 9.28]), além de qualquer DOI ou URL aplicável (ver Seções 9.34-9.36).

- A fonte de um trabalho independente (p. ex., livro inteiro, relatório, dissertação, tese, filme, série de TV, *podcast*, conjunto de dados, trabalho publicado informalmente, rede social, página da *web*) é a editora (*publisher*) do trabalho (ver Seção 9.29), banco de dados ou arquivo (ver Seção 9.30), *site* de rede social (ver Seção 9.32) ou *site* (ver Seção 9.33), além de qualquer DOI ou URL aplicável (ver Seções 9.34-9.36).

- Os trabalhos associados a um local específico (p. ex., apresentações em congressos) incluem informações sobre o local na fonte (ver Seção 9.31) e, dependendo do trabalho, também podem incluir um DOI ou URL (ver Seções 9.34-9.36).

As diretrizes gerais sobre o elemento fonte são fornecidas nas seções a seguir; consulte o Capítulo 10 para obter modelos e exemplos de componentes da fonte a serem incluídos em cada categoria de referência.

9.24 Formato do Elemento Fonte

O elemento fonte de uma referência tem uma ou duas partes, dependendo da categoria de referência. Por exemplo, a fonte de um livro impresso sem DOI tem uma parte: a editora (*publisher*) do livro. Entretanto, a fonte de um artigo de periódico com DOI tem duas partes: as informações do periódico (título do periódico, número do volume, número da edição e intervalo de páginas ou número do artigo) e o DOI.

Informações sobre a fonte podem ser omitidas da referência para evitar repetições. Ou seja, quando o autor e a editora (*publisher*) ou o nome do *site* de um livro, relatório, página ou *site* da *web* são iguais, o nome da editora (*publisher*) ou do *site* é omitido do elemento fonte. Consulte as Seções 9.25 a 9.33 para obter orientação sobre a formatação da fonte para categorias de referência específicas.

9.25 Fontes Periódicas

Quando um periódico (i.e., revista científica, revista, jornal, boletim informativo ou *blog*) é a fonte, indique o título do periódico, o número do volume, o número da edição e o intervalo de páginas ou número do artigo (ver Capítulo 10, Exemplos 1–6, 9–12, 15 e 16).

Psychology of Popular Media Culture, 5(2), 101–118.

- Coloque o título de um periódico no formato título (ver Seção 6.17), em itálico e com uma vírgula (sem itálico) depois dele.

- Reproduza títulos de periódicos conforme mostrado no trabalho citado. Se o título oficial do periódico incluir uma abreviatura, reproduza-a na referência (p. ex., *PLOS ONE*, *JAMA Pediatrics*). Entretanto, não abrevie os títulos dos periódicos (p. ex., não abrevie *The New England Journal of Medicine* para *N Engl J Med*). Da mesma forma, não reproduza títulos abreviados de outras listas de referências ou bancos de dados (p. ex., se você encontrar um artigo da *JAMA Pediatrics* no PubMed Central, use *JAMA Pediatrics* na referência, não a abreviatura *JAMA Pediatr* do PubMed Central).

- Indique o número do volume em itálico.

- Inclua o número da edição de todos os periódicos que possuem números de edição e indique-o imediatamente após o número do volume (sem espaço no meio). Coloque o número da edição entre parênteses, com uma vírgula após o parêntese de fechamento. Não coloque em itálico o número da edição, os parênteses ou a vírgula após o número da edição.

- Indique o intervalo de páginas (ou número do artigo; ver Seção 9.27) depois da vírgula e do número da edição, sem itálico. Separe os números das páginas em um intervalo com uma meia-risca, seguida por um ponto. Separe os números das páginas descontínuas com vírgulas.

    39–47, 50.

- Conclua a parte das informações do periódico do elemento fonte com um ponto, seguido por um DOI ou URL conforme aplicável (ver Seções 9.34–9.36).

9.26 Periódicos *On-line* com Informações Ausentes

Muitos periódicos *on-line* (p. ex., jornais, *blogs*) publicam artigos sem número de volume, edição e/ou página ou número de artigo. Omita esses elementos da referência se eles não estiverem presentes no trabalho citado. Por exemplo, para artigo de um jornal *on-line* ou postagem de *blog*, apenas o título do periódico (ou seja, do jornal ou *blog*) pode estar presente (ver Capítulo 10, Exemplos 16, 17 e 68).

The New York Times.

9.27 Números de Artigos

Para artigos com números de identificação (que podem ser chamados de "eLocators" ou outro termo), escreva a palavra "Article" (Artigo) (com inicial maiúscula) e indique o número dele em vez do intervalo de páginas (ver Capítulo 10, Exemplo 6).

PLOS ONE, 11(7), Article e0158474.

Se um artigo com um número de artigo também tiver páginas numeradas (como em um arquivo PDF), esses números de página podem ser usados para citações no texto (ver Seções 8.23 e 8.25), mas não aparecem no item da lista de referências.

9.28 Fontes de Capítulo de Livro Editado e Itens de Obras de Referência

Para capítulos de livro editado e itens de obras de referência (p. ex., definições de dicionário), a fonte é o livro editado ou toda a obra de referência (ver Capítulo 10, Exemplos 38–48).

- Para trabalhos com editores, no elemento fonte da referência, escreva a palavra "In" seguida das iniciais e sobrenomes (não invertidos) dos editores. Se houver um editor, coloque "(Ed.)." após o seu nome. Se houver dois ou mais editores, coloque "(Eds.)." após o nome do último editor. Em seguida, adicione uma vírgula, o título de todo o livro ou obra de referência em formato sentença em itálico (ver Seção 6.17), a página (abreviada como "p.") ou intervalo de páginas (abreviado como "pp.") do capítulo ou item entre parênteses sem itálico e um ponto final. Em seguida, indique o nome da editora (*publisher*) (ver Seção 9.29).

    In E. E. Editor (Ed.), *Title of book* (pp. xx–xx). Publisher.

- Se o livro editado ou obra de referência tiver informações de edição ou volume além dos números das páginas, inclua-as nos mesmos parênteses na seguinte ordem: edição, número do volume e números das páginas (separados por vírgulas).

    Title of book (2nd ed., Vol. 3, pp. xx–xx).

- Se um volume de livro numerado tiver seu próprio título, inclua o número do volume e o título depois do título principal do livro. Coloque dois pontos após o título principal, "Volume" é abreviado com "Vol." e um ponto é colocado depois do número do volume, após o qual aparece o título do volume.

    Main title of book: Vol. 2. Volume title (2nd ed., pp. xx–xx).

- Para uma obra de referência (p. ex., *Merriam-Webster's Dictionary*, *APA Dictionary of Psychology*, obra de referência de aplicativo móvel) cujo autor é uma entidade, não repita o nome da entidade no elemento fonte quando a editora (*publisher*) é a mesma que o autor. Simplesmente escreva "In" e o nome da obra de referência em itálico (ver Capítulo 10, Exemplos 47 e 80).

- Episódios de TV, episódios de *podcast* e músicas de álbuns seguem o mesmo padrão dos capítulos de livros editados e itens de obras de referência (ver Capítulo 10, Exemplos 87, 92 e 94).

- Conclua o elemento fonte com um ponto, seguido por um DOI ou URL conforme aplicável (ver Seção 9.34).

9.29 Fontes Editoriais

O nome da editora (*publisher*) é indicado no elemento fonte para uma série de categorias de referência, incluindo livros inteiros, capítulos de livros editados, relatórios, *software* de computador, aplicativos móveis e conjuntos de dados. Não inclua a cidade da editora (*publisher*) na referência. A pesquisa *on-line* permite localizar um trabalho facilmente sem ela, e pode haver dúvida quanto à qual cidade indicar para editoras (*publishers*) que têm escritórios ao redor do mundo ou editoras (*publishers*) apenas *on-line* que não divulgam abertamente sua localização.

- Escreva o nome da editora (*publisher*) conforme mostrado no trabalho, seguido por um ponto. Não abrevie seu nome, a menos que ele apareça de forma abreviada no trabalho.

> *Nota:* Algumas editoras (*publishers*) podem preferir abreviar seus nomes (p. ex., "John Wiley & Sons" para "Wiley") para economizar espaço nos itens da lista de referências; isso é aceitável como parte de um estilo próprio. Se você pretende publicar seu trabalho, consulte as políticas da editora (*publisher*) para saber se deve seguir essa prática.

- O formato dos nomes das editoras (*publishers*) pode variar ao longo do tempo e entre os trabalhos (p. ex., SAGE Publishing ou Sage Publications); use a grafia e o formato do nome da editora (*publisher*) que aparece no trabalho que você usou. Não é necessário padronizar a apresentação do nome de uma editora (*publisher*) se ela aparecer em diversos itens em uma lista de referências.

- Se o trabalho for publicado por um selo ou divisão, use o selo ou a divisão como editora (*publisher*) (p. ex., Magination Press, que é um selo da American Psychological Association, seria indicada como editora [*publisher*]).

- Não inclua designações de estrutura comercial (p. ex., Inc., Ltd., LLC) no nome da editora (*publisher*).

- Se duas ou mais editoras (*publishers*) estiverem listadas na página de direitos autorais, inclua todas elas na ordem em que aparecem no trabalho, separadas por ponto e vírgula (ver Capítulo 10, Exemplo 24).

  Guilford Press; Basic Books.

- Quando o autor é o mesmo que a editora (*publisher*; como em um relatório anual escrito e publicado pela mesma empresa, uma obra de referência publicada por uma organização profissional ou um trabalho de um *site* organizacional), omita a editora (*publisher*) da referência para evitar a repetição (ver Capítulo 10, Exemplos 32, 50, 54 e 55).

- Conclua o componente de informação da editora (*publisher*) do elemento fonte com um ponto, seguido por um DOI ou URL conforme aplicável (ver Seções 9.34–9.36).

9.30 Banco de Dados e Arquivos Como Fontes

As informações de banco de dados e de arquivos raramente são necessárias nos itens da lista de referências, pois seu objetivo é fornecer os detalhes que os leitores precisam para realizar uma pesquisa caso necessário, não para replicar o caminho que o autor do trabalho seguiu pessoalmente. A maior parte do conteúdo de periódicos e livros está disponível em uma variedade de bancos de dados ou plataformas, e diferentes leitores terão diferentes métodos ou pontos de acesso. Além disso, URLs de bancos de dados ou serviços fornecidos por bibliotecas geralmente requerem um *login* e/ou são específicos da sessão, o que significa que não estarão acessíveis à maioria dos leitores e não são adequados para inclusão em uma lista de referências.

- Indique informações do banco de dados ou de outros arquivos *on-line* em uma referência apenas quando clas forem necessárias para que os leitores encontrem o trabalho citado daquele banco de dados ou arquivo exato.
  – Indique o nome do banco de dados ou arquivo quando ele publica trabalhos exclusivos originais disponíveis apenas naquele banco de dados ou arquivo (p. ex., Cochrane Database of Systematic Reviews or UpToDate; consulte o Capítulo 10, Exemplos 13 e 14). As referências para esses trabalhos são semelhantes àquelas de artigos de periódicos; o nome do banco de dados ou arquivo é escrito em formato título em itálico no elemento fonte, da mesma forma que um título de periódico.
  – Indique o nome do banco de dados ou arquivo para trabalhos de circulação limitada, como
    ▷ dissertações e teses publicadas na ProQuest Dissertations and Theses Global,
    ▷ trabalhos em um arquivo universitário,
    ▷ manuscritos postados em um arquivo de pré-impressão como PsyArXiv (ver Capítulo 10, Exemplo 73),
    ▷ trabalhos publicados em um repositório institucional ou governamental, e
    ▷ monografias publicadas no ERIC ou fontes primárias publicadas no JSTOR (ver Capítulo 10, Exemplo 74).

  Essas referências são semelhantes às referências de relatórios; o nome do banco de dados ou arquivo é indicado no elemento fonte (em formato título sem itálico), da mesma forma que o nome de uma editora (*publisher*).
- Não inclua informações de banco de dados para trabalhos obtidos na maioria dos bancos de dados ou plataformas de pesquisa acadêmica, pois eles estão amplamente disponíveis. Exemplos de plataformas e bancos de dados de pesquisa acadêmica incluem APA PsycNET, APA PsycINFO, Academic Search Complete, CINAHL, Ebook Central, EBSCO*host*, Google Scholar, JSTOR (exceto sua coleção de fontes primárias, porque são trabalhos de distribuição limitada), MEDLINE, Nexis Uni, Ovid, ProQuest (exceto seus bancos de dados de dissertações e teses, porque são trabalhos de circulação limitada), PubMed Central (exceto manuscritos finais dos autores revisados por pares, porque são trabalhos de circulação limitada), ScienceDirect, Scopus e Web of Science. Ao citar um trabalho de um desses bancos de dados ou plataformas, não inclua o nome do banco de dados ou da plataforma na entrada da lista de referências, a menos que o trabalho se enquadre em uma das exceções.
- Se houver dúvida quanto a incluir ou não informações do banco de dados em uma referência, consulte o modelo para o tipo de referência em questão (ver Capítulo 10).
- Conclua o componente de banco de dados ou de arquivo do elemento fonte com um ponto, seguido por um DOI ou URL conforme aplicável (ver Seções 9.34–9.36).

9.31 Trabalhos com Locais Específicos

Para trabalhos associados a um local específico, como apresentações em congressos (ver Capítulo 10, Exemplos 60–63; para mais informações, consulte a lista de Variações de Fonte no início do Capítulo 10), inclua a localização no elemento fonte da referência para ajudar com o acesso. Indique a cidade, o estado, a província ou o território, conforme aplicável, e o país. Use as abreviaturas de código postal de duas letras para estados dos Estados Unidos e abreviaturas análogas (se houver) para estados, províncias ou territórios em outros países.

New York, NY, United States
Vancouver, BC, Canada
Sydney, NSW, Australia

Istanbul, Turkey
Lima, Peru
London, England

9.32 Redes Sociais Como Fontes

Use redes sociais como fonte apenas quando o conteúdo foi publicado originalmente lá (p. ex., uma postagem original no Instagram). Se você encontrou um *link* para conteúdo nas redes sociais (p. ex., um *pin* no Pinterest), cite o conteúdo usado diretamente e não mencione que o descobriu originalmente por meio de um *link* nas redes sociais, exceto conforme necessário para descrever sua metodologia de pesquisa.

- Quando as redes sociais forem a fonte (p. ex., foto do Instagram, tuíte, postagem no Facebook), indique o nome do *site* (em formato título e sem itálico) no elemento fonte (ver Seção 6.17): Twitter.
- Inclua um ponto após o nome do *site* de rede social, seguido pelo URL (ver Seções 9.34–9.36).

9.33 *Sites* Como Fontes

Quando um *site* é a fonte de uma página da *web* (ver Seção 9.2), siga as diretrizes a seguir para formatá-la.

- Indique o nome do *site* (em formato título e sem itálico) no elemento fonte (ver Seção 6.17): BBC News.
- Inclua um ponto após o nome do *site*, seguido pelo URL (ver Seções 9.34–9.36).
- Quando o autor do trabalho é o mesmo que o nome do *site*, omita o nome do *site* do elemento fonte para evitar a repetição (ver Capítulo 10, Exemplos 111 e 114). Nesse caso, o elemento fonte consistirá apenas no URL do trabalho.

9.34 Quando Incluir DOIs e URLs

O DOI ou URL é o componente final do item da lista de referências. Uma vez que existem muitos estudos disponíveis e/ou acessíveis *on-line*, a maioria das entradas da lista de referências termina com um DOI ou um URL. Um DOI, ou *digital object identifier* (identificador de objeto digital), é uma sequência alfanumérica exclusiva que identifica o conteúdo e fornece um *link* persistente para sua localização na internet. Normalmente ele está localizado na primeira página de um artigo, próximo ao registro de direitos autorais, e começa com "https://doi.org/", "http://dx.doi.org" ou "DOI:" e é seguido por uma sequência de letras e números. Os DOIs começam com o número 10 e contêm um prefixo e um sufixo separados por uma barra. O prefixo é um número único de quatro ou mais dígitos atribuído à organização pela International DOI Foundation (https://www.doi.org/); o sufixo é atribuído pela editora (*publisher*) e foi projetado para que se adapte aos seus padrões de identificação. A editora (*publisher*) atribui um DOI a um trabalho quando ele é publicado, e muitas editoras (*publishers*) atribuíram DOIs retroativamente a trabalhos publicados antes da implementação do sistema DOI em 2000. Agências de registro, como Crossref, usam DOIs para fornecer serviços de vinculação de referências para o setor de publicações científicas. DOIs também podem ser encontrados em registros de banco de dados e nas listas de referências de trabalhos publicados. Um URL, ou *uniform resource locator* (localizador uniforme de recursos), especifica a localização das informações digitais na internet e pode ser encontrado na barra de endereços do seu navegador.

Os URLs nas referências devem ter um *link* direto para o trabalho citado, quando possível. Por exemplo, ao citar um comentário em um artigo de um jornal *on-line*, o URL na referência deve ter um *link* para o próprio comentário, e não para o artigo ou a página inicial do jornal (*links* diretos para comentários podem estar disponíveis se você clicar no carimbo de data/hora do comentário e copiar o URL do comentário que aparece no seu navegador).

Siga estas diretrizes para incluir DOIs e URLs nas referências:

- Inclua um DOI para todos os trabalhos que possuam um DOI, independentemente de você ter usado a versão *on-line* ou impressa.
- Se um trabalho impresso não tiver um DOI, não inclua nenhum DOI ou URL na referência.
- Se um trabalho *on-line* tiver um DOI e uma URL, inclua apenas o DOI.
- Se um trabalho *on-line* tiver um URL, mas nenhum DOI, inclua o URL na referência da seguinte forma:
    - Para trabalhos sem DOIs de *sites* (não incluindo bancos de dados), indique um URL na referência (desde que funcione para leitores).
    - Para trabalhos sem DOIs da maioria dos bancos de dados de pesquisa acadêmica, não inclua um URL ou informações do banco de dados, pois eles são de amplo acesso (ver Seção 9.30). A referência deve ser igual àquela para uma versão impressa do trabalho.
    - Para trabalhos de bancos de dados que publicam trabalhos de circulação limitada (como o banco de dados ERIC) ou material exclusivo original disponível apenas nesse banco de dados (como o banco de dados UpToDate), inclua o nome do banco de dados ou arquivo e o URL do trabalho (ver Seção 9.30). Se o URL exigir um *login* ou for específico da sessão, o que significa que não dará acesso aos leitores, indique o URL do banco de dados, da página inicial do arquivo ou da página de *login* em vez do URL do trabalho.
    - Se o URL não estiver mais funcionando ou não fornecer mais acesso ao conteúdo que você pretende citar, siga as orientações para trabalhos sem fonte (ver Seção 9.37).
- Outros identificadores alfanuméricos, como o International Standard Book Number (ISBN) e o International Standard Serial Number (ISSN), não são incluídos nas referências no Estilo APA.

9.35 Formato de DOIs e URLs

Siga estas diretrizes para formatar DOIs e URLs.

- Apresente DOIs e URLs como *hiperlinks* (começando com "http://" ou "https://"). Uma vez que um *hiperlink* leva os leitores diretamente ao conteúdo, não é necessário incluir "Retrieved from" (Recuperado de) ou "Accessed from" (Acessado de) antes de um DOI ou URL.
- É aceitável usar as configurações de exibição padrão para *hiperlinks* de seu processador de texto (p. ex., fonte geralmente azul, sublinhado) ou texto simples não sublinhado.
- Os *links* devem estar ativos se o trabalho for publicado ou lido *on-line*.
- Siga as recomendações atuais da International DOI Foundation para formatar DOIs na lista de referências, que nesta publicação é a seguinte:

    https://doi.org/xxxxx

Aqui, "https://doi.org/" é uma forma de apresentar um DOI como um *link* e "xxxxx" se refere ao código propriamente dito. O formato preferencial do DOI mudou com o tempo; embora trabalhos mais antigos usem formatos anteriores (p. ex., "http://dx.doi.org/", "doi:" ou "DOI:" antes do número), em sua lista de referências, padronize DOIs no formato preferencial atual para todos os itens. Por exemplo, use https://doi.org/10.1037/a0040251 em sua referência, embora esse artigo, publicado em 2016, apresente o número em um formato mais antigo.

> **Por que usar o novo formato DOI?** Em seu atual formato, o DOI apresenta um *link* direto para o trabalho, em vez de um número desvinculado ou um *link* por meio de um servidor *proxy*. Isso simplifica e padroniza o acesso.

- Consulte o Capítulo 10, Seções 10.1 a 10.3, 10.7 e 10.9, para exemplos de referências que incluem DOIs.
- Copie e cole o DOI ou URL de seu navegador diretamente em sua lista de referências para evitar erros de transcrição. Não transforme letras maiúsculas em minúsculas (ou vice-versa) ou altere pontuação do DOI ou URL. Não adicione quebras de linha manualmente ao *hiperlink* — é aceitável se seu processador de texto adicionar automaticamente uma pausa ou transferir o *hiperlink* para uma linha própria. Se o seu trabalho for publicado, o compositor pode quebrar os *hiperlinks* após a pontuação para melhorar o fluxo da página.
- Não adicione um ponto final após o DOI ou URL, pois isso pode interferir na funcionalidade do *link*.

9.36 Encurtadores de DOI ou URL

Quando um DOI ou URL é longo ou complexo, você pode usar DOIs curtos ou URLs encurtados, se desejar. Use o serviço shortDOI fornecido pela International DOI Foundation (http://shortdoi.org/) para criar DOIs curtos. Um trabalho pode ter apenas um DOI e apenas um DOI curto, por isso, o serviço shortDOI produzirá um novo código para um trabalho que nunca teve um ou recuperará um código existente.

Alguns *sites* fornecem seus próprios URLs encurtados e serviços independentes de encurtamento de URL também estão disponíveis. Qualquer URL encurtado é aceitável em uma referência, desde que você verifique o *link* para garantir que ele leva ao local correto. Veja os Exemplos 4 e 18 no Capítulo 10 para um DOI curto e um URL encurtado, respectivamente, usados em uma referência.

9.37 Sem Fonte

Uma referência sem uma fonte acessível não pode ser incluída na lista de referências porque os leitores não podem encontrar o trabalho. Na maioria dos casos, fontes inacessíveis, como *e-mails* pessoais, palestras em sala de aula e fontes de intranet, devem ser citadas apenas no texto como comunicações pessoais (ver Seção 8.9).

Trabalhos *on-line* que não estão mais acessíveis são considerados fontes inacessíveis. Antes de submeter um artigo, teste os URLs em sua lista de referências para garantir que eles funcionam e atualize-os conforme necessário. Não inclua URLs quebrados — se o conteúdo que você citou não estiver mais disponível *on-line*, procure uma versão arquivada da página no Internet Archive (https://archive.org/) e use a URL arquivada. Se nenhuma versão arquivada do URL estiver disponível, exclua o item da lista de referências e o substitua por outra referência, se possível.

Variações de Referências

Alguns trabalhos podem estar em outro idioma ou traduzidos, reproduzidos, reeditados ou republicados. Para cada uma dessas variações de referências, informações adicionais e/ou seu histórico de publicação são incluídos no item da lista de referências.

9.38 Trabalhos em Outro Idioma

Autores multilíngues podem citar trabalhos publicados em um idioma diferente do idioma no qual estão escrevendo. Por exemplo, um autor que entende inglês e espanhol pode escrever um trabalho em inglês e citar trabalhos tanto em inglês quanto em espanhol. Da perspectiva dos leitores desse trabalho, o idioma em que o artigo foi escrito (neste exemplo, inglês) é considerado o principal e qualquer outro (neste exemplo, espanhol) é considerado "outro idioma".

Para citar um trabalho em outro idioma, indique o autor, a data, o título e a fonte do trabalho no idioma original, bem como uma tradução do título entre colchetes após o título e antes do ponto (ver Capítulo 10, Exemplos 9, 27, e 85). No caso de um trabalho que faz parte de um todo maior (p. ex., um capítulo de um livro editado), traduza apenas o título do trabalho citado (p. ex., o título do capítulo; consulte o Capítulo 10, Exemplo 41); não é necessário traduzir o título do todo maior (p. ex., o título do livro). Assim, por exemplo, se você estiver escrevendo em inglês e citar um trabalho em espanhol, indique o autor, a data, o título e a fonte no original em espanhol na lista de referências e também o título do trabalho traduzido para o inglês entre colchetes. A tradução não precisa ser literal, pois o objetivo é oferecer aos leitores uma noção do que se trata. Use gramática e pontuação adequadas no título traduzido. Os autores que escrevem em qualquer idioma podem implementar essas diretrizes.

Se o outro idioma usar um alfabeto diferente daquele em que você está escrevendo, translitere o alfabeto para o alfabeto romano. Por exemplo, holandês, inglês, francês, alemão, espanhol e suaíli usam o alfabeto romano, ao passo que amárico, árabe, farsi, hebraico, hindi, japonês, coreano, mandarim e russo usam outros alfabetos. Se a transliteração não for possível ou aconselhável, é aceitável reproduzir o alfabeto original no trabalho. Nesse caso, fica a seu critério onde incluir o item na lista de referências — utilize a ordem dos itens da lista de referências encontrada em outros artigos publicados como um guia — ou coloque-o no final da lista. Seja como for, indique uma tradução do título do trabalho entre colchetes após o título, antes do ponto (ver Capítulo 10, Exemplo 27).

9.39 Trabalhos Traduzidos

Cite trabalhos traduzidos no idioma em que a tradução foi publicada. Por exemplo, se um artigo em francês foi traduzido para o inglês e você leu esta tradução, o item da sua lista de referências deve ser em inglês. Dê crédito ao tradutor (ver Capítulo 10, Exemplos 10, 28, 29, 35, 36 e 42) e indique também o ano em que o trabalho foi originalmente publicado em seu idioma original no final da referência entre parênteses, no seguinte formato:

(Original work published 1955)

Consulte a Seção 8.15 para saber como escrever a chamada no texto de um trabalho traduzido.

9.40 Trabalhos Reproduzidos

Um trabalho reproduzido é aquele que foi publicado em dois lugares e está disponível em ambos (p. ex., um artigo científico que foi reproduzido como capítulo de um livro editado).

O item na lista de referências inclui informações sobre as duas publicações para evitar o aparecimento de publicação duplicada (ver Seção 1.16). No item da lista de referências, primeiro indique as informações do trabalho que você leu. A seguir, entre parênteses, insira informações sobre a publicação original. No Capítulo 10, consulte o Exemplo 11 para um artigo científico reproduzido em outro periódico, o Exemplo 43 para um artigo científico reproduzido como um capítulo de um livro editado e o Exemplo 44 para um capítulo de um livro editado reproduzido em outro livro. Consulte a Seção 8.15 para saber como escrever a chamada no texto para um trabalho reproduzido.

9.41 Trabalhos Republicados ou Reeditados

Um trabalho republicado é aquele que se esgotou (ou seja, não estava mais disponível) e então foi publicado novamente; isso é comum para trabalhos mais antigos. O termo "relançado" é usado na indústria musical para se referir ao mesmo conceito. Quando uma antologia consiste em obras que foram publicadas anteriormente (em oposição a novas obras), as obras nessa antologia são tratadas como sendo republicadas em vez de reimpressas. Para citar um trabalho republicado ou reeditado (p. ex., um trabalho republicado em uma antologia), indique os detalhes da nova publicação que você usou, seguidos pelo ano em que o trabalho foi publicado originalmente entre parênteses no final da referência no seguinte formato:

(Original work published 1922)

No Capítulo 10, veja o Exemplo 10 de um artigo científico republicado, os Exemplos 28, 29 e 42 de livros republicados, e o Exemplo 46 de uma obra republicada em uma antologia. Consulte a Seção 8.15 para saber como escrever a chamada no texto para um trabalho republicado.

9.42 Obras Religiosas e Clássicas

Obras religiosas (p. ex., Bíblia, Alcorão, Torá, Bhagavad Gita), obras clássicas (p. ex., obras gregas e romanas antigas) e literatura clássica (p. ex., Shakespeare) são todas citadas como livros (ver Seção 10.2).

- Obras religiosas (ver Capítulo 10, Exemplo 35) geralmente são tratadas como não tendo autor (ver Seção 9.12). Contudo, uma versão comentada de uma obra religiosa seria considerada como tendo um editor.
- O ano da publicação original de uma obra religiosa pode ser desconhecido ou controverso e não é incluído na referência nesses casos. Contudo, versões de obras religiosas, como a Bíblia, podem ser republicadas, e essas datas são incluídas na referência (ver Seção 9.41 e Capítulo 10, Exemplo 35).
- Para obras religiosas e clássicas traduzidas, inclua o nome do tradutor na referência (ver Seção 9.39 e Capítulo 10, Exemplo 28).
- Obras clássicas (p. ex., obras gregas e romanas antigas; ver Capítulo 10, Exemplo 36) e obras clássicas da literatura (p. ex., de Shakespeare; ver Capítulo 10, Exemplo 37) são tratadas como obras republicadas (ver Seção 9.41).
- Quando a data de publicação original de uma obra clássica for antiga, use a abreviatura "B.C.E." (que significa "antes da era comum") e, se essa data for aproximada, use a abreviatura "ca." (que significa "circa"; ver Capítulo 10, Exemplo 36). As datas na era comum não precisam ser indicadas como "C.E." ("era comum") ou "A.D." ("anno Domini").
- Se uma obra religiosa ou clássica tem partes canonicamente numeradas comuns em todas as edições (p. ex., livros, capítulos, versos, linhas, cantos), use esses números em

vez de números de página ao se referir a uma parte específica da obra (ver Seção 8.13) ou cite diretamente o trabalho (ver Seção 8.28).

Consulte a Seção 8.28 para saber como formatar a chamada no texto para essas obras.

Formato e Ordem da Lista de Referências

9.43 Formato da Lista de Referências

As diretrizes a seguir o ajudarão a formatar adequadamente sua lista de referências no Estilo APA:

- Inicie a lista de referências em uma nova página após o texto.
- Coloque o nome da seção "Referências" em negrito no topo da página, centralizado.
- Ordene os itens na lista de referências em ordem alfabética por autor, conforme descrito nas Seções 9.44 a 9.48.
- Digite toda a lista de referências em espaço duplo (dentro e entre os itens).
- Aplique um recuo deslocado de 0,5 in. a cada item da lista de referências, o que significa que a primeira linha da referência é alinhada à esquerda e as linhas subsequentes são recuadas 0,5 in. da margem esquerda. Use a função de formatação de parágrafo de seu processador de texto para aplicar o recuo deslocado.

9.44 Ordem dos Trabalhos na Lista de Referências

As obras são listadas em ordem alfabética na lista de referências pela primeira palavra do item na lista de referências, de acordo com os princípios a seguir:

- Organize os itens em ordem alfabética pelo sobrenome do primeiro autor seguido das iniciais do(s) nome(s) do autor. No Estilo APA, para nomes em ordem alfabética, "nada precede algo": Loft, V. H. precede Loftus, E. F., ainda que "u" preceda "v" no alfabeto.
- Ao colocar nomes em ordem alfabética, desconsidere eventuais espaços ou sinais de pontuação (p. ex., apóstrofos, hifens) em sobrenomes de duas palavras. Também desconsidere qualquer coisa entre parênteses (p. ex., funções como "Eds.") ou colchetes (p. ex., nomes de usuário).
- Ordene os itens de autores que têm o mesmo nome e sobrenome com sufixos indicando a ordem de nascimento cronologicamente, o mais velho primeiro.

Consulte a Figura 9.2 para exemplos de como ordenar os trabalhos na lista de referências. Para mais exemplos, analise as listas de referências de artigos publicados ou os exemplos de artigos no *site* Estilo APA (https://apastyle.apa.org).

9.45 Ordem de Sobrenome e Nome

As práticas de nomenclatura para a ordem de nome e sobrenome variam de acordo com a cultura — em algumas, o nome próprio aparece antes do sobrenome, enquanto, em outras, o sobrenome aparece primeiro. Se você não tiver certeza de qual ordem de nomes está lendo, verifique a forma preferida pelo autor (p. ex., visitando seu *site*, o *site* de sua instituição, lendo sua biografia ou CV), ou consulte as publicações anteriores do autor para ver como seu nome foi apresentado. Por exemplo, um autor pode publicar como "Zhang Yi-Chen" na China, mas como "Yi-Chen Zhang" nos Estados Unidos; em ambos os casos, de acordo com o Estilo APA, esse autor seria listado como "Zhang, Y.-C.," na lista de referências. Consulte a Seção 9.9 para mais informações.

Figura 9.2 Exemplos de Ordem de Trabalhos em uma Lista de Referências

> Benjamin, A. S., *precede* ben Yaakov, D.
> Denzin, N. K., *precede* de Onís, C., *precede* Devlin, J. T.
> Girard, J.-B., *precede* Girard-Perregaux, A. S.
> Ibn Abdulaziz, T., *precede* Ibn Nidal, A. K. M.
> López, M. E., *precede* López de Molina, G.
> MacCallum, T., II, *precede* MacCallum, T., III
> MacNeil, E., *precede* McAdoo, Z. C. E., *precede* M'Carthy, L. L.
> Olson, S. R., *precede* O'Neil, U., *precede* Oppenheimer, R.
> Partridge, F., *precede* Platão
> San Martin, Q. E., *precede* Santa Maria, M., *precede* Santayana, F. E.
> Santiago, J., Sr., *precede* Santiago, J., Jr.
> Villafuerte, S. A., *precede* Villa-Lobos, J.

9.46 Ordem de Múltiplos Trabalhos do Mesmo Primeiro Autor

Ao ordenar vários trabalhos do mesmo primeiro autor na lista de referências, inclua o nome do autor em cada item.

- Os itens de um mesmo autor devem ser organizados por ano de publicação, o mais antigo primeiro. As referências sem data precedem as referências com datas, e as referências "in-press" (no prelo) são listadas por último.

    Patel, S. N. (n.d.).
    Patel, S. N. (2016).
    Patel, S. N. (2020a).
    Patel, S. N. (2020b, April).
    Patel, S. N. (in press).

- Os itens de um único autor devem preceder os itens de múltiplos autores que se iniciam com o mesmo primeiro autor, mesmo que o trabalho de múltiplos autores tenha sido publicado anteriormente.

    Davison, T. E. (2019).
    Davison, T. E., & McCabe, M. P. (2015).

- Os itens de múltiplos autores em que todos os autores aparecem na mesma ordem devem ser organizados por ano de publicação (igual aos itens de um autor).

    Costa, P. T., Jr., & McCrae, R. R. (2013).
    Costa, P. T., Jr., & McCrae, R. R. (2014).

- Os itens de múltiplos autores com o mesmo primeiro autor e diferentes autores subsequentes devem ser organizados em ordem alfabética pelo sobrenome do segundo autor ou, se o segundo autor for o mesmo, pelo sobrenome do terceiro autor, e assim por diante.

    Jacobson, T. E., Duncan, B., & Young, S. E. (2019).

Jacobson, T. E., & Raymond, K. M. (2017).

Pfeiffer, S. J., Chu, W.-W., & Park, S. H. (2018).

Pfeiffer, S. J., Chu, W.-W., & Wall, T. L. (2018).

9.47 Ordem de Trabalhos com o Mesmo Autor e a Mesma Data

Pode surgir ambiguidade quando vários trabalhos citados em um artigo têm o mesmo autor e data (ou seja, o[s] mesmo[s] autor[es] na mesma ordem e no mesmo ano de publicação) porque a mesma chamada no texto corresponderia a múltiplos itens na lista de referências. Para diferenciá-los, coloque uma letra minúscula depois do ano na chamada no texto e no item da lista de referências.

- O formato de letra para referências com anos é "2020a", "2020b".
- O formato de letra para referências sem data é "n.d.-a", "n.d.-b".
- O formato de letra para referências no prelo é "in-press-a" (no prelo-a), "in-press-b" (no prelo-b).

Atribuir letras é um processo de duas etapas. Primeiro, compare as datas. Referências com apenas um ano precedem aquelas com datas mais específicas, e as datas específicas são colocadas em ordem cronológica.

Azikiwe, H., & Bello, A. (2020a).

Azikiwe, H., & Bello, A. (2020b, March 26).

Azikiwe, H., & Bello, A. (2020c, April 2).

Em segundo lugar, se as referências tiverem datas idênticas, coloque-as em ordem alfabética por título (desconsiderando as palavras "A", "An" e "The" [Um, Uma, A/O] no início de um título das referências). A seguir estão exemplos de referências na ordem adequada.

Judge, T. A., & Kammeyer-Mueller, J. D. (2012a). General and specific measures in organizational behavior research: Considerations, examples, and recommendations for researchers. *Journal of Organizational Behavior, 33*(2), 161–174. https://doi.org/10.1002/job.764

Judge, T. A., & Kammeyer-Mueller, J. D. (2012b). On the value of aiming high: The causes and consequences of ambition. *Journal of Applied Psychology, 97*(4), 758–775. https://doi.org/10.1037/a0028084

Porém, se referências com o mesmo autor e data forem identificadas como artigos de uma série (p. ex., Parte 1 e Parte 2), ordene as referências na ordem da série, independentemente da ordem alfabética dos títulos.

Para citar trabalhos com o mesmo autor e data no texto, consulte a Seção 8.19.

9.48 Ordem dos Trabalhos por Primeiros Autores com o Mesmo Sobrenome

Organize os trabalhos dos primeiros autores com o mesmo sobrenome e iniciais diferentes em ordem alfabética pela(s) primeira(s) inicial(is).

Taylor, J. M., & Neimeyer, G. J. (2015).

Taylor, T. (2014).

As chamadas no texto para essas referências também incluem as iniciais do primeiro autor (ver Seção 8.20). Essas diretrizes se aplicam apenas ao primeiro autor de cada referência.

Se vários primeiros autores compartilham o mesmo sobrenome e as mesmas iniciais, ordene as obras conforme descrito nas Seções 9.46 e 9.47. Essa diretriz se aplica independentemente de os autores serem pessoas diferentes ou a mesma pessoa com uma mudança de nome. Para orientação sobre as chamadas correspondentes no texto, consulte a Seção 8.20.

9.49 Ordem de Trabalhos sem Autor ou com Autor Anônimo

Antes de tratar um trabalho como se ele não tivesse autor, considere se uma entidade ou organização é o autor (ver Seção 9.11). Se, e somente se, o trabalho estiver assinado como "Anonymous" (Anônimo), inicie o item com a palavra "Anonymous" e coloque o item em ordem alfabética como se "Anonymous" fosse um nome verdadeiro.

Se não houver autor e o trabalho não estiver assinado como "Anonymous", a referência começa com o título do trabalho (ver Seção 9.12); coloque o item em ordem alfabética pela primeira palavra significativa do título (ou seja, ignorando as palavras "A", "An" e "The" [Um, Uma, A/O] no início do título).

Coloque os numerais em ordem alfabética como se estivessem escritos por extenso (p. ex., coloque 22 em ordem alfabética como se fosse "twenty-two" [vinte e dois]). Assim, "Top 100 business schools" (100 melhores escolas de negócios) precede "Top 10 nursing specialties" (10 principais especialidades de enfermagem) porque, quando escritos por extenso, "one hundred" (cem) aparece alfabeticamente antes de "ten" (dez). Da mesma forma, em inglês, "Theological studies" (estudos teológicos) precede "200 years" (200 anos) porque "theological" (teológico) precede "two hundred" (duzentos).

Para citar trabalhos sem autor no texto, consulte a Seção 8.14.

9.50 Abreviaturas nas Referências

Algumas partes de livros, relatórios e outras publicações são abreviadas na lista de referências para economizar espaço, incluindo os exemplos a seguir. Muitas, mas não todas, as abreviaturas de referências são maiúsculas.

Abreviatura	Livro ou parte da publicação
ed.	edition (edição)
Rev. ed.	revised edition (edição revisada)
2nd ed.	second edition (segunda edição)
Ed. (Eds.)	editor(s) (editor[es])
Trans.	translator(s) (tradutor[es])
Narr. (Narrs.)	narrator (narrators) (narrador [narradores])
n.d.	no date (sem data)
p. (pp.)	page (pages) (página [páginas])
para. (paras.)	paragraph (paragraphs) (parágrafo [parágrafos])
Vol. (Vols.)	volume (volumes)
No.	number (número)
Pt.	part (parte)
Tech. Rep.	technical report (relatório técnico)
Suppl.	supplement (suplemento)

9.51 Bibliografias Comentadas

Uma *bibliografia comentada* é um tipo de trabalho de estudante em que os itens na lista de referências são seguidos por breves descrições do trabalho, chamadas de *comentários*. Bibliografias comentadas também podem constituir um elemento de um trabalho de pesquisa em áreas que requerem bibliografias em vez de listas de referências. A maioria das diretrizes do Estilo APA é aplicável a bibliografias comentadas. Para obter orientação sobre margens, fonte e espaçamento entre linhas no trabalho, consulte o Capítulo 2. Este capítulo fornece orientações para criar e ordenar adequadamente as referências em uma bibliografia comentada. Para modelos e exemplos de itens na lista de referências, consulte o Capítulo 10. Ao escrever o texto de seus comentários, consulte o estilo de redação e as diretrizes gramaticais no Capítulo 4, as diretrizes de linguagem não tendenciosa no Capítulo 5 e as diretrizes da técnica do estilo no Capítulo 6. Em geral, não é necessário citar o trabalho que está sendo comentado no comentário, pois a origem da informação é clara pelo contexto. Entretanto, inclua chamadas no texto (ver Capítulo 8) se você se referir a múltiplos trabalhos em um comentário para esclarecer a fonte.

Os professores geralmente definem os requisitos para bibliografias comentadas (p. ex., número de referências a serem incluídas, extensão e foco de cada comentário). Na ausência de outras orientações, formate uma bibliografia comentada da seguinte forma:

- Formate e ordene as referências da mesma forma que faria com os itens em uma lista de referências (ver Seções 9.43 e 9.44).
- Cada comentário deve formar um novo parágrafo abaixo do item na lista de referências. Recue o comentário inteiro 0,5 in., com exceção da primeira linha, a partir da margem esquerda, da mesma forma que faria com uma citação em bloco (ver Seção 8.27).
- Se o comentário se estender por vários parágrafos, recue a primeira linha do segundo parágrafo em 0,5 in., e assim por diante, da mesma forma que faria com uma citação em bloco com vários parágrafos.

Consulte a Figura 9.3 para um exemplo de bibliografia comentada.

9.52 Referências Incluídas em uma Metanálise

Os estudos incluídos em uma metanálise (ver Seções 3.12 e 3.17) devem ser incorporados em ordem alfabética à lista de referências do trabalho, não em uma lista separada. Coloque um asterisco no início de cada referência que foi incluída na metanálise. Na primeira página da lista de referências, abaixo do nome da seção "Referências", insira a seguinte declaração (recuada como um novo parágrafo) descrevendo a finalidade dos asteriscos: "References marked with an asterisk indicate studies included in the meta-analysis" (As referências marcadas com um asterisco indicam estudos incluídos na metanálise). Veja a Figura 9.4 para um exemplo.

As referências incluídas na metanálise não precisam ser citadas no texto. Contudo, elas podem ser citadas a critério do autor (p. ex., em uma tabela para comparação; ver Capítulo 7, Tabela 7.4). As chamadas no texto não incluem asteriscos.

Figura 9.3 Exemplo de Bibliografia Comentada

2

Workplace Stress: Annotated Bibliography

Barber, L. K., Grawitch, M. J., & Maloney, P. W. (2016). Work–life balance: Contemporary perspectives. In M. J. Grawitch & D. W. Ballard (Eds.), *The psychologically healthy workplace: Building a win-win environment for organizations and employees* (pp. 111–133). American Psychological Association. https://psycnet.apa.org/doi/10.1037/14731-006

This book chapter provides an overview of the psychosociological concept of work–life balance. The authors discuss findings from studies showing harmful effects of work–life conflict on psychological and behavioral health as well as beneficial effects of work–life facilitation, wherein one role makes a positive contribution to the other. The chapter concludes with a description of work–life balance initiatives that organizations have adopted to help employees manage their dual work and nonwork obligations and some of the key factors influencing their effectiveness.

Carlson, D. S., Thompson, M. J., & Kacmar, K. M. (2019). Double crossed: The spillover and crossover effects of work demands on work outcomes through the family. *Journal of Applied Psychology*, *104*(2), 214–228. https://doi.org/10.1037/apl0000348

Carlson et al. (2019) conducted an empirical study to examine the multiple paths through which work and family variables can affect work outcomes. Whereas Barber et al. (2016) explored how work obligations can increase stress or enhance fulfillment at home, Carlson et al. viewed work demands as raising family stress, with potential negative consequences on work performance. Results supported a model in which direct effects of work demands and spillover effects of work demands to work-to-family conflict led to lower job satisfaction and affective commitment, as well as crossover effects of work-to-family conflict, spousal stress transmission, and later family-to-work conflict on organizational citizenship and absenteeism. Overall, the study demonstrated a link from work demands to work outcomes when considering the family, but those paths differed depending on whether attitudinal or behavioral work outcomes were examined.

Figura 9.4 Uso de Asteriscos Para Indicar Estudos Incluídos em uma Metanálise

35

References

References marked with an asterisk indicate studies included in the meta-analysis.

*Angel, L., Bastin, C., Genon, S., Balteau, E., Phillips, C., Luxen, A., Maquet, P., Salmon, E., & Collette, F. (2013). Differential effects of aging on the neural correlates of recollection and familiarity. *Cortex*, *49*(6), 1585–1597.

https://doi.org/10.1016/j.cortex.2012.10.002

Finley, J. R., Tullis, J. G., & Benjamin, A. S. (2010). Metacognitive control of learning and remem-bering. In M. S. Khine & I. M. Saleh (Eds.), *New science of learning: Cognition, comput-ers and collaboration in education* (pp. 109–131). Springer.

https://doi.org/10.1007/978-1-4419-5716-0_6

*Hanaki, R., Abe, N., Fujii, T., Ueno, A., Nishio, Y., Hiraoka, K., Shimomura, T., Iizuka, O., Shi-nohara, M., Hirayama, K., & Mori, E. (2011). The effects of aging and Alzheimer's dis-ease on associative recognition memory. *Neurological Sciences*, *32*(6), 1115–1122. https://doi.org/10.1007/s10072-011-0748-4

Hargis, M. B., & Castel, A. D. (2018). Younger and older adults' associative memory for medica-tion interactions of varying severity. *Memory*, *26*(8), 1151–1158.

https://doi.org/10.1080/09658211.2018.1441423

10
EXEMPLOS DE REFERÊNCIAS

Sumário

Variações de Autor 318

Variações de Data 319

Variações de Título 319

Variações de Fonte 319

Trabalhos Textuais 320

10.1 Periódicos   320
10.2 Livros e Obras de Referência   324
10.3 Capítulos de Livros Editados e Verbetes em Obras de Referência   329
10.4 Relatórios e Literatura Cinzenta   332
10.5 Sessões e Apresentações em Congressos   335
10.6 Teses e Dissertações   337
10.7 Resenhas   338
10.8 Trabalhos Não Publicados e Publicados Informalmente   339

Conjuntos de Dados, *Software* e Testes 341

10.9 Conjuntos de Dados   341
10.10 *Software* de Computador, Aplicativos Móveis, Aparelhos e Equipamentos   342
10.11 Testes, Escalas e Inventários   343

Mídia Audiovisual 344

10.12 Trabalhos Audiovisuais   346
10.13 Trabalhos de Áudio   348
10.14 Trabalhos Visuais   349

Mídia *On-line* 351

10.15 Redes Sociais   351
10.16 Páginas e *Sites* da *Web*   354

10
EXEMPLOS DE REFERÊNCIAS

Reconhecer apropriadamente as contribuições dos acadêmicos em que sua pesquisa e escrita se baseiam é uma marca registrada do discurso acadêmico. Elas devem ser citadas com precisão e consistência para que futuros pesquisadores possam identificar e encontrar os trabalhos citados no texto.

Neste capítulo fornecemos exemplos de referências no Estilo APA e suas correspondentes chamadas no texto. Eles são organizados primeiro por grupo, depois por categoria e depois por tipo, da seguinte forma:

- O **grupo de trabalhos textuais** (Seções 10.1–10.8) contém as categorias de periódicos, livros e obras de referência, capítulos de livros editados e verbetes de obras de referência, relatórios e literatura cinzenta, sessões e apresentações em congressos, teses e dissertações, resenhas de outros trabalhos, trabalhos não publicados e publicados informalmente. Dentro dessas categorias, há exemplos por tipo (p. ex., artigo de periódico, capítulo de livro editado, relatório do governo, tese).

- O **grupo de conjuntos de dados, *software* e testes** (Seções 10.9–10.11) contém as categorias de conjuntos de dados; *software* de computador, aplicativos móveis, aparelhos e equipamentos; e testes, escalas e inventários. Dentro dessas categorias, há exemplos por tipo (p. ex., dados brutos não publicados, item em uma obra de referência móvel, manual de pontuação em testes).

- O **grupo de mídia audiovisual** (Seções 10.12–10.14) contém as categorias de trabalhos audiovisuais, trabalhos de áudio e trabalhos visuais. Dentro dessas categorias, há exemplos por tipo (p. ex., vídeo do YouTube, registro de áudio de fala, episódio de *podcast*, *slides* de PowerPoint).

- O **grupo de mídia *on-line*** (Seções 10.15 e 10.16) contém as categorias de redes sociais e páginas e *sites* da *web*. Dentro dessas categorias, há exemplos por tipo (p. ex., foto do Instagram, tuíte, página da *web* em *site* de notícias).

Conforme descrito no Capítulo 9, os elementos-chave de uma referência são autor (quem), data (quando), título (o quê) e fonte (onde; ver também Figura 9.1). Para cada categoria de referência, um modelo correspondente ilustra a ordem e o formato em que esses elementos devem aparecer, seguidos por exemplos dos tipos de referência mais comuns. Caso você não encontre um exemplo que corresponda ao trabalho que deseja citar, use o modelo para a categoria de referência aplicável como ponto de partida para escrever o item na lista de referências. Depois, selecione a opção apropriada de cada coluna do modelo para escrever a referência. Misture e combine elementos dentro de um modelo, não sendo necessário usar múltiplos modelos. Em caso de dúvida, é preferível fornecer mais do que menos informações. Para cada referência, a chamada no texto contém as duas primeiras partes da referência — geralmente o "quem" (autor) e o "quando" (data; ver Seção 8.11), embora isso possa mudar na ausência de informações (ver Tabela 9.1).

As referências jurídicas (p. ex., processos judiciais e leis) são, em sua maioria, formatadas em um estilo de referência próprio, que difere em vários aspectos do padrão autor–data–título–fonte de outras referências do Estilo APA, e são apresentadas no Capítulo 11. Exemplos de referências adicionais, incluindo referências a documentos de arquivo, estão disponíveis no *site* (https://apastyle.apa.org) e no *blog* (https://apastyle.apa.org/blog) do Estilo APA.

O seguinte índice de exemplos de referências é organizado por variações em cada elemento de referência. Os números depois de cada item referem-se aos exemplos apresentados neste capítulo.

Variações de Autor

Tipo de autor
    artista (gravação), 91, 92
    artista (visual), 97, 98, 99
    autor "with" (com), ver Seção 9.8
    autor de programa de televisão, 87
    cartógrafo, 100
    compositor, 91, 92
    diretor, 84, 85, 87
    editor
        no lugar do autor, 12, 24, 25, 26, 30, 33, 34
        reconhecido na capa de livro com autor, 23
    entidade como autor
        agência governamental, 50, 54, 75, 103, 105, 106, 109, 111, 114
        associação, empresa ou organização, 32, 33, 47, 55, 59, 75, 76, 78, 79, 80, 82, 88, 90, 100, 103, 104, 105, 107, 108, 109, 111, 113
        em colaboração com indivíduos, 5
        força-tarefa, grupo de trabalho ou outro grupo, 5, 53
    entrevistado, 95
    especialista convidado, 84
    fotógrafo, 101
    host (anfitrião), 84, 93, 94
    locutor, 88, 89, 96
    narrador, 22, 29
    pesquisador principal, 56
    produtor executivo, 86
    professor
        de um curso, 102
        de um *webinar*, 89
Variações de nome
    apóstrofo no nome, 71, 75
    inicial com letra minúscula, 95
    Jr. no nome, 96
    nome de uma única palavra, 36, 92, 98

nome de usuário ou identidade de rede social, 18, 90, 103, 104, 107, 108, 109
nome próprio hifenizado, 24, 74
nome transliterado, 27
prefixo incluído após as iniciais em vez de antes do sobrenome, 92
sobrenome de duas partes, 5, 25, 40, 41, 63, 86, 92, 112
sobrenome hifenizado, 9, 45, 73, 81, 83
Número de autores
nenhum, 35, 49
21 ou mais, 4

Variações de Data

antigo (B.C.E.), 36
aproximado (ca.), 36
data de acesso, 14, 33, 47, 100, 104, 106, 114
"in-press" (no prelo), 8
intervalo
com ano, mês e dia, 60, 61, 62, 63
de anos, 56, 86, 93, 97
publicação *on-line* antecipada (primeira publicação *on-line*, *epub* antes da impressão), 7
reproduzido, 11, 43, 44
republicado, 29, 35, 36, 37, 46, 91, 92
republicado em tradução, 10, 28, 29, 42
sem data, 33, 47, 82, 100, 104, 106, 108, 113, 114

Variações de Título

dois subtítulos, 50
edição ou versão incluída, 20, 28, 30, 32, 33, 35, 39, 40, 45, 48, 75, 79, 80
em outro idioma, 9, 27, 41, 85
hashtags incluídas, 103
itálico invertido, 69
nome próprio incluído, 5, 15, 27, 33, 34, 35, 40, 50, 51, 52, 53, 55, 59, 65, 67, 68, 69, 74, 75, 76, 78, 79, 81, 87, 88, 91, 95, 97, 105, 107, 109, 113, 114
número de identificação incluído, 50, 56, 57, 74, 75, 83
número do volume de um livro, 27, 30, 45
sem título, 76, 100, 101, 102
termina com
parêntese, 87
ponto de exclamação, 109
ponto de interrogação, 17, 90, 110
título dentro de um título, 67, 68, 69
traduzido, 10, 28, 29, 35, 36, 42
transliterado, 27

Variações de Fonte

data de acesso, 14, 33, 47, 100, 104, 106, 114
DOI curto, 4, 43

editora (*publisher*) (ou estúdio, etc.) igual ao autor, 32, 54, 55
localização incluída, 60, 61, 62, 63, 97
múltiplas editoras (*publishers*) (ou estúdios, etc.), 24, 86, 92, 95
número do artigo ou "eLocator", 6
obras em vários volumes, 30, 45
reproduzido, 11, 43, 44
republicado, 29, 35, 36, 37, 46, 91, 92
republicado em tradução, 10, 28, 29, 42
seção especial ou edição especial, 12
URL encurtado, 18, 22, 29, 62, 68, 90, 100, 105, 108

Trabalhos Textuais

10.1 Periódicos

Os periódicos geralmente são publicados de maneira contínua e incluem periódicos científicos, revistas, jornais, boletins informativos e até mesmo *blogs* e outras plataformas *on-line* que publicam artigos. Às vezes, as distinções entre tipos de periódicos são ambíguas — por exemplo, um *blog* hospedado em um *site* de jornal. Independentemente de onde o trabalho aparecer, o item na lista de referências segue o mesmo padrão. O elemento data é apresentado em diferentes formatos para artigos publicados em periódicos científicos, revistas, jornais e postagens em *blogs* (ver os Exemplos 1, 15, 16 e 17, respectivamente). Quando informações do periódico (p. ex., número do volume, número da edição, intervalo de páginas) estão faltando, omita-as da referência. Para *sites* de notícias *on-line*, consulte a Seção 10.16 e o Exemplo 110. Use o modelo a seguir para elaborar referências para artigos publicados em periódicos científicos.

Autor	Data	Título	Fonte	
			Informações do periódico	DOI ou URL
Autor, A. A., & Autor, B. B.	(2020).	Título do artigo.	Título do Periódico, 34(2), 5–14.	https://doi.org/xxxx
Nome da Entidade.	(2020, Janeiro).		Título do Periódico, 2(1–2), Artigo 12.	https://xxxxx
Autor, C. C. [nome do usuário].	(2020, Fevereiro 16).		Título do Periódico.	
Nome do usuário.				

1. **Artigo de periódico com um DOI**

    McCauley, S. M., & Christiansen, M. H. (2019). Language learning as language use: A cross-linguistic model of child language development. *Psychological Review, 126*(1), 1–51. https://doi.org/10.1037/rev0000126

    Citação parentética: (McCauley & Christiansen, 2019)

    Citação narrativa: McCauley and Christiansen (2019)

2. **Artigo de periódico sem DOI, com URL não pertencente a banco de dados**

    Ahmann, E., Tuttle, L. J., Saviet, M., & Wright, S. D. (2018). A descriptive review of ADHD coaching research: Implications for college students. *Journal of Postsecondary Education and Disability, 31*(1),17–39. https://www.ahead.org/professional-resources/publications/jped/archived-jped/jped-volume-31

Citação parentética: (Ahmann et al., 2018)

Citação narrativa: Ahmann et al. (2018)

3. **Artigo de periódico, revista ou jornal sem DOI, da maioria dos bancos de dados de pesquisa acadêmica ou versão impressa**

   Anderson, M. (2018). Getting consistent with consequences. *Educational Leadership, 76*(1), 26–33.

   Goldman, C. (2018, November 28). The complicated calibration of love, especially in adoption. *Chicago Tribune.*

   Citações parentéticas: (Anderson, 2018; Goldman, 2018)

   Citações narrativas: Anderson (2018) and Goldman (2018)

   - Não inclua o nome do banco de dados ou URL. Consulte a Seção 9.30 para mais informações sobre como excluir ou incluir informações do banco de dados nas referências.

4. **Artigo de periódico com DOI, 21 ou mais autores**

   Kalnay, E., Kanamitsu, M., Kistler, R., Collins, W., Deaven, D., Gandin, L., Iredell, M., Saha, S., White, G., Woollen, J., Zhu, Y., Chelliah, M., Ebisuzaki, W., Higgins, W., Janowiak, J., Mo, K. C., Ropelewski, C., Wang, J., Leetmaa, A., . . . Joseph, D. (1996). The NCEP/NCAR 40-year reanalysis project. *Bulletin of the American Meteorological Society, 77*(3), 437–471. http://doi.org/fg6rf9

   Citação parentética: (Kalnay et al., 1996)

   Citação narrativa: Kalnay et al. (1996)

   - Como o DOI original era extenso e complexo, um DOI curto é usado (ver Seção 9.36). Qualquer uma das formas do DOI, extensa ou curta, é aceitável.

5. **Artigo de periódico com um DOI, combinação de autores individuais e entidade**

   De Vries, R., Nieuwenhuijze, M., Buitendijk, S. E., & the members of Midwifery Science Work Group. (2013). What does it take to have a strong and independent profession of midwifery? Lessons from the Netherlands. *Midwifery, 29*(10), 1122–1128. https://doi.org/10.1016/j.midw.2013.07.007

   Citação parentética: (De Vries et al., 2013)

   Citação narrativa: De Vries et al. (2013)

   - Escreva o nome da entidade autoral conforme aparece na fonte (ver Seção 9.11). Esta linha de designação de autores incluiu a expressão "the members of" (os membros da/o).

6. **Artigo de periódico com um número de artigo ou "eLocator"**

   Burin, D., Kilteni, K., Rabuffetti, M., Slater, M., & Pia, L. (2019). Body ownership increases the interference between observed and executed movements. *PLOS ONE, 14*(1), Article e0209899. https://doi.org/10.1371/journal.pone.0209899

   Citação parentética: (Burin et al., 2019)

   Citação narrativa: Burin et al. (2019)

   - Coloque a palavra "Article" (Artigo) com inicial maiúscula antes do número do artigo ou "eLocator".

7. **Artigo de periódico, publicação *on-line* antecipada**

   Huestegge, S. M., Raettig, T., & Huestegge, L. (2019). Are face-incongruent voices harder to process? Effects of face–voice gender incongruency on basic cognitive information processing. *Experimental Psychology.* Advance online publication. https://doi.org/10.1027/1618-3169/a000440

   Citação parentética: (Huestegge et al., 2019)

   Citação narrativa: Huestegge et al. (2019)

   - Consulte a Seção 8.5 para obter mais informações sobre qual versão de um artigo citar.

8. **Artigo de periódico, "in press" (no prelo)**

    Pachur, T., & Scheibehenne, B. (in press). Unpacking buyer–seller differences in valuation from experience: A cognitive modeling approach. Psychonomic Bulletin & Review.

    Citação parentética: (Pachur & Scheibehenne, in press)

    Citação narrativa: Pachur and Scheibehenne (in press)

9. **Artigo de periódico, publicado em outro idioma**

    Chaves-Morillo, V., Gómez Calero, C., Fernández-Muñoz, J. J., Toledano-Muñoz, A., Fernández-Huete, J., Martínez-Monge, N., Palacios-Ceña, D., & Peñacoba-Puente, C. (2018). La anosmia neurosensorial: Relación entre subtipo, tiempo de reconocimiento y edad [Sensorineural anosmia: Relationship between subtype, recognition time, and age]. *Clínica y Salud, 28*(3), 155–161. https://doi.org/10.1016/j.clysa.2017.04.002

    Citação parentética: (Chaves-Morillo et al., 2018)

    Citação narrativa: Chaves-Morillo et al. (2018)

    - Quando um artigo está em um idioma diferente do utilizado em seu trabalho, inclua uma tradução do título do artigo entre colchetes (ver Seção 9.38).

10. **Artigo de periódico, republicado em tradução**

    Piaget, J. (1972). Intellectual evolution from adolescence to adulthood (J. Bliss & H. Furth, Trans.). *Human Development, 15*(1), 1–12. https://doi.org/10.1159/000271225 (Original work published 1970)

    Citação parentética: (Piaget, 1970/1972)

    Citação narrativa: Piaget (1970/1972)

    - Para obter mais informações sobre trabalhos traduzidos, consulte a Seção 9.39.

11. **Artigo de periódico, reproduzido de outra fonte**

    Shore, M. F. (2014). Marking time in the land of plenty: Reflections on mental health in the United States. *American Journal of Orthopsychiatry, 84*(6), 611–618. https://doi.org/10.1037/h0100165 (Reprinted from "Marking time in the land of plenty: Reflections on mental health in the United States," 1981, *American Journal of Orthopsychiatry, 51*[3], 391–402, https://doi.org/10.1111/j.1939-0025.1981.tb01388.x)

    Citação parentética: (Shore, 1981/2014)

    Citação narrativa: Shore (1981/2014)

    - Forneça informações sobre a versão reproduzida que você usou, depois insira entre parênteses o título do artigo original (mesmo que ele não tenha alteração), o ano e informações sobre a fonte (ver Seção 9.40).
    - Coloque o número da edição original entre colchetes em vez de parênteses para evitar parênteses contíguos.

12. **Seção especial ou edição especial em um periódico**

    Lilienfeld, S. O. (Ed.). (2018). Heterodox issues in psychology [Special section]. *Archives of Scientific Psychology, 6*(1), 51–104.

    McDaniel, S. H., Salas, E., & Kazak, A. E. (Eds.). (2018). The science of teamwork [Special issue]. *American Psychologist, 73*(4).

    Citações parentéticas: (Lilienfeld, 2018; McDaniel et al., 2018)

    Citações narrativas: Lilienfeld (2018) and McDaniel et al. (2018)

    - Liste o(s) editor(es) da seção ou edição especial na posição do autor e o título da seção ou edição especial na posição do título.

- Indique o intervalo de páginas para uma seção especial. Não indique um intervalo de páginas para uma edição especial.
- Algumas editoras incluem um "S" nos números das edições especiais. Na referência, escreva o número da edição exatamente como aparece na publicação.
- Para um artigo dentro de uma seção ou edição especial, siga o formato para um artigo de periódico (ver Exemplos 1-3), caso em que o título da seção ou edição especial não aparece na referência.

13. Artigo do Cochrane Database of Systematic Reviews

Mehrholz, J., Pohl, M., Platz, T., Kugler, J., & Elsner, B. (2018). Electromechanical and robot-assisted arm training for improving activities of daily living, arm function, and arm muscle strength after stroke. *Cochrane Database of Systematic Reviews*. https://doi.org/10.1002/14651858.CD006876.pub5

Citação parentética: (Mehrholz et al., 2018)

Citação narrativa: Mehrholz et al. (2018)

- Os artigos do Cochrane Database of Systematic Reviews estão disponíveis apenas nesse banco de dados (ver Seção 9.30). Na lista de referências, formate artigos do Cochrane como artigos de periódico. Não coloque em itálico o nome do banco de dados se ele aparecer no texto.

14. Artigo do banco de dados UpToDate

Morey, M. C. (2019). Physical activity and exercise in older adults. *UpToDate*. Retrieved July 22, 2019, from https://www.uptodate.com/contents/physical-activity-and-exercise-in-older-adults

Citação parentética: (Morey, 2019)

Citação narrativa: Morey (2019)

- Os artigos no banco de dados UpToDate estão disponíveis apenas nesse banco de dados (ver Seção 9.30) e têm informações que mudam ao longo do tempo. Na lista de referências, formate os artigos do UpToDate como artigos de periódico. Não coloque em itálico o nome do banco de dados se ele aparecer no texto.
- Use o ano da última atualização no elemento data (ver Seção 9.15).
- Inclua uma data de acesso porque o conteúdo foi projetado para mudar ao longo do tempo e as versões da página não são arquivadas (ver Seção 9.16).

15. Artigo de revista

Bergeson, S. (2019, January 4). Really cool neutral plasmas. *Science*, *363*(6422), 33-34. https://doi.org/10.1126/science.aau7988

Bustillos, M. (2013, March 19). On video games and storytelling: An interview with Tom Bissell. *The New Yorker*. https://www.newyorker.com/books/page-turner/on-video-games-and-storytelling-an-interview-with-tom-bissell

Weir, K. (2017, January). Forgiveness can improve mental and physical health. *Monitor on Psychology*, *48*(1), 30.

Citações parentéticas: (Bergeson, 2019; Bustillos, 2013; Weir, 2017)

Citações narrativas: Bergeson (2019), Bustillos (2013), and Weir (2017)

16. Artigo de jornal

Guarino, B. (2017, December 4). How will humanity react to alien life? Psychologists have some predictions. *The Washington Post*. https://www.washingtonpost.com/news/speaking-of-science/wp/2017/12/04/how-will-humanity-react-to-alien-life-psychologists-have-some-predictions

Hess, A. (2019, January 3). Cats who take direction. *The New York Times*, C1.

    Citações parentéticas: (Guarino, 2017; Hess, 2019)

    Citações narrativas: Guarino (2017) and Hess (2019)

- Para citar artigos de *sites* de notícias *on-line* (*versus* jornais *on-line* como mostrado aqui), consulte o Exemplo 110.

17. Postagem em *blog*

Klymkowsky, M. (2018, September 15). Can we talk scientifically about free will? *Sci-Ed*. https://blogs.plos.org/scied/2018/09/15/can-we-talk-scientifically-about-free-will/

    Citação parentética: (Klymkowsky, 2018)

    Citação narrativa: Klymkowsky (2018)

18. Comentário sobre um artigo ou postagem de um periódico *on-line*

KS in NJ. (2019, January 15). From this article, it sounds like men are figuring something out that women have known forever. I know of many [Comment on the article "How workout buddies can help stave off loneliness"]. *The Washington Post*. https://wapo.st/2HDToGJ

    Citação parentética: (KS in NJ, 2019)

    Citação narrativa: KS in NJ (2019)

- Reconheça a pessoa que deixou o comentário como sendo o autor usando o formato que aparece com o comentário (ou seja, um nome real ou um nome de usuário).
- Indique o título ou até as 20 primeiras palavras do comentário; depois, escreva "Comment on the article" (Comentário sobre o artigo) e o título do artigo no qual o comentário apareceu (entre aspas e em formato sentença, entre colchetes).
- Indique um *link* para o próprio comentário, se possível (ver Seções 9.33 e 9.34).
- Como o URL do comentário era extenso e complexo, ele foi encurtado (ver Seção 9.36). Tanto a forma longa quanto a curta do URL são aceitáveis.

19. Editorial

Cuellar, N. G. (2016). Study abroad programs [Editorial]. *Journal of Transcultural Nursing, 27*(3), 209. https://doi.org/10.1177/1043659616638722

    Citação parentética: (Cuellar, 2016)

    Citação narrativa: Cuellar (2016)

- Use o formato de referência para a publicação em que o editorial foi publicado. Este exemplo mostra um editorial de um periódico, mas eles também aparecem em revistas, jornais e outras publicações.
- Inclua a notação "Editorial" entre colchetes depois do título (exceto quando ela estiver incluída no título).
- Se o editorial não for assinado, siga as diretrizes nas Seções 8.14 e 9.12 para a chamada no texto e o item da lista de referências, respectivamente.

10.2 Livros e Obras de Referência

A categoria de livros inclui livros autorais, livros editados, antologias, obras religiosas e obras clássicas. A categoria de obras de referência inclui dicionários, enciclopédias (incluindo a *Wikipedia*) e manuais diagnósticos. Para *e-books*, o formato, a plataforma ou o dispositivo (p. ex., Kindle) não é incluído na referência. Para audiolivros, inclua o narrador e a notação *audiobook* apenas em casos específicos (ver Exemplos 22 e 29). Para um capítulo em um livro autoral, crie uma referência para o livro inteiro (ver Exemplos 20–23) e indique o número do capítulo apenas com a chamada no texto (ver Seção 8.13). Use o modelo a seguir para elaborar referências para livros e obras de referência.

Autor ou editor	Data	Título	Fonte	
			Informações da editora (*publisher*)	DOI ou URL
Autor, A. A., & Autor, B. B. Nome da Entidade. Editor, E. E. (Ed.). Editor, E. E., & Editor, F. F. (Eds.).	(2020).	*Título do livro.* *Título do livro* (2nd ed., Vol. 4). *Título do livro* [Audiolivro]. *Título do livro* (E. E. Editor, Ed.). *Título do livro* (T. Tradutor, Trans.; N. Narrador, Narr.).	Nome da Editora. Nome da Primeira Editora; Nome da Segunda Editora.	https://doi.org/xxxx https://xxxxx

20. Livro autoral com DOI

Brown, L. S. (2018). *Feminist therapy* (2nd ed.). American Psychological Association. https://doi.org/10.1037/0000092-000

Citação parentética: (Brown, 2018)

Citação narrativa: Brown (2018)

21. Livro autoral sem DOI, da maioria das bases de dados de pesquisas acadêmicas ou versão impressa

Burgess, R. (2019). *Rethinking global health: Frameworks of power*. Routledge.

Citação parentética: (Burgess, 2019)

Citação narrativa: Burgess (2019)

- Consulte a Seção 9.30 para obter mais informações sobre inclusão de informações de banco de dados nas referências.

22. E-book autoral (p. ex., livro Kindle) ou audiolivro sem DOI, com um URL não pertencente a banco de dados

Cain, S. (2012). *Quiet: The power of introverts in a world that can't stop talking* (K. Mazur, Narr.) [Audiobook]. Random House Audio. http://bit.ly/2G0Bpbl

Christian, B., & Griffiths, T. (2016). *Algorithms to live by: The computer science of human decisions*. Henry Holt and Co. http://a.co/7qGBZAk

Citações parentéticas: (Cain, 2012; Christian & Griffiths, 2016)

Citações narrativas: Cain (2012) and Christian and Griffiths (2016)

- Não é necessário indicar que você usou um audiolivro em vez de um livro ou *e-book* quando o conteúdo é o mesmo, ainda que o formato seja diferente. Entretanto, indique que se trata de um audiolivro no elemento título quando o conteúdo é diferente (p. ex., resumido), caso você deseje observar algo especial sobre o trabalho (p. ex., o impacto da narração no ouvinte), ou se você fizer uma citação direta (ver Seção 8.28).
- Se o audiolivro foi lançado em um ano diferente da versão textual do livro, trate o trabalho como republicado (ver Exemplo 29).

23. Livro autoral com editor reconhecido na capa do livro

Meadows, D. H. (2008). *Thinking in systems: A primer* (D. Wright, Ed.). Chelsea Green Publishing.

Citação parentética: (Meadows, 2008)

Citação narrativa: Meadows (2008)

- Quando um editor é reconhecido na capa de um livro autoral, indique o nome dele entre parênteses após o título do livro com "Ed." ou "Eds." (ver Seção 9.10).

24. Livro editado com DOI, com múltiplas editoras (*publishers*)

Schmid, H.-J. (Ed.). (2017). *Entrenchment and the psychology of language learning: How we reorganize and adapt linguistic knowledge*. American Psychological Association; De Gruyter Mouton. https://doi.org/10.1037/15969-000

Citação parentética: (Schmid, 2017)

Citação narrativa: Schmid (2017)

- Separe os diversos nomes de editoras (*publishers*) usando ponto e vírgula.

25. Livro editado sem DOI, da maioria das bases de dados de pesquisas acadêmicas ou versão impressa

Hacker Hughes, J. (Ed.). (2017). *Military veteran psychological health and social care: Contemporary approaches*. Routledge.

Citação parentética: (Hacker Hughes, 2017)

Citação narrativa: Hacker Hughes (2017)

- Consulte a Seção 9.30 para obter mais informações sobre inclusão de informações de bancos de dados em referências.

26. *E-book* editado (p. ex., livro Kindle) ou audiolivro sem DOI, com um URL não pertencente a um banco de dados

Pridham, K. F., Limbo, R., & Schroeder, M. (Eds.). (2018). *Guided participation in pediatric nursing practice: Relationship-based teaching and learning with parents, children, and adolescents*. Springer Publishing Company. http://a.co/0IAiVgt

Citação parentética: (Pridham et al., 2018)

Citação narrativa: Pridham et al. (2018)

- Um exemplo de *e-book* é mostrado. Veja o Exemplo 22 para informações sobre quando é necessária uma notação após um título de audiolivro.

27. Livro em outro idioma

Amano, N., & Kondo, H. (2000). *Nihongo no goi tokusei* [Lexical characteristics of Japanese language] (Vol. 7). Sansei-do.

Piaget, J., & Inhelder, B. (1966). *La psychologie de l'enfant* [The psychology of the child]. Quadrige.

Citações parentéticas: (Amano & Kondo, 2000; Piaget & Inhelder, 1966)

Citações narrativas: Amano and Kondo (2000) and Piaget and Inhelder (1966)

- Quando um livro estiver em um idioma diferente daquele de seu trabalho, inclua uma tradução do título do livro entre colchetes (ver Seção 9.38).

28. Livro republicado em tradução

Piaget, J., & Inhelder, B. (1969). *The psychology of the child* (H. Weaver, Trans.; 2nd ed.). Basic Books. (Original work published 1966)

Citação parentética: (Piaget & Inhelder, 1966/1969)

Citação narrativa: Piaget and Inhelder (1966/1969)

- Para obter mais informações sobre trabalhos traduzidos, consulte a Seção 9.39.

29. Livro, *e-book* ou audiolivro republicado

Freud, S. (2010). *The interpretation of dreams: The complete and definitive text* (J. Strachey, Ed. & Trans.). Basic Books. (Original work published 1900)

Rowling, J. K. (2015). *Harry Potter and the sorcerer's stone* (J. Dale, Narr.) [Audiobook]. Pottermore Publishing. http://bit.ly/2TcHchx (Original work published 1997)

Citações parentéticas: (Freud, 1900/2010; Rowling, 1997/2015)

Citações narrativas: Freud (1900/2010) and Rowling (1997/2015)

- Se a nova versão foi editada e/ou traduzida do original, indique o(s) nome(s) do(s) editor(es) e/ou tradutor(es) após o título entre parênteses.
- Se um audiolivro foi lançado em um ano diferente da versão textual do livro, trate-o como republicado (ver também Exemplo 22 e Seção 9.41).

30. Um volume de uma obra de múltiplos volumes

Fiske, S. T., Gilbert, D. T., & Lindzey, G. (2010). *Handbook of social psychology* (5th ed., Vol. 1). John Wiley & Sons. https://doi.org/10.1002/9780470561119

Travis, C. B., & White, J. W. (Eds.). (2018). *APA handbook of the psychology of women: Vol. 1. History, theory, and battlegrounds*. American Psychological Association. https://doi.org/10.1037/0000059-000

Citações parentéticas: (Fiske et al., 2010; Travis & White, 2018)

Citações narrativas: Fiske et al. (2010) and Travis and White (2018)

- Se o volume tiver tanto editores de série (ou editores-chefes) como editores de volume, apenas os editores de volume aparecem no elemento autor.
- Se o volume não tiver título próprio, inclua o número do volume entre parênteses sem itálico (como no exemplo de Fiske et al.).
- Se o volume tiver seu próprio título, inclua o número do volume e o título após o título principal em itálico (como no exemplo de Travis & White).

31. Livro de uma série

Madigan, S. (2019). *Narrative therapy* (2nd ed.). American Psychological Association. https://doi.org/10.1037/0000131-000

Citação parentética: (Madigan, 2019)

Citação narrativa: Madigan (2019)

- Para uma série de títulos conceitualmente relacionados, o título da série não é incluído na referência (este livro é parte da Série Theories of Psychotherapy; ver Seção 9.20).

32. Manual diagnóstico (*DSM, CID*)

American Psychiatric Association. (2013). *Diagnostic and statistical manual of mental disorders* (5th ed.). https://doi.org/10.1176/appi.books.9780890425596

World Health Organization. (2019). *International statistical classification of diseases and related health problems* (11th ed.). https://icd.who.int/

Citação parentética com abreviatura incluída:

Diagnostic and Statistical Manual of Mental Disorders (5th ed.; *DSM-5*; American Psychiatric Association, 2013)

International Statistical Classification of Diseases and Related Health Problems (11th ed.; *ICD-11*; World Health Organization, 2019)

Citação narrativa com abreviatura incluída:

American Psychiatric Association's (2013) *Diagnostic and Statistical Manual of Mental Disorders* (5th ed.; *DSM-5*)

World Health Organization's (2019) *International Statistical Classification of Diseases and Related Health Problems* (11th ed.; *ICD-11*)

Citações parentéticas subsequentes: (American Psychiatric Association, 2013; World Health Organization, 2019)

Citações narrativas subsequentes: American Psychiatric Association (2013) and World Health Organization (2019)

- Quando o autor e o editor (*publisher*) são os mesmos, omita o editor (*publisher*) do elemento fonte.

- É comum, mas não obrigatório, identificar o título (e a edição) de um manual diagnóstico no texto. Entidades autorais e títulos de manuais podem ser abreviados no texto (com algumas exceções), mas não na lista de referências (ver Seções 6.25 e 8.21).

- De maneira geral, inclua uma citação para um manual na primeira vez que ele for mencionado no texto. Se a primeira menção aparecer em um título, não faça a chamada do manual no título, mas no primeiro parágrafo dessa seção ou logo depois.

- Não repita a chamada a cada menção geral subsequente de um manual. Repita a chamada apenas quando ela respaldar diretamente uma afirmação (p. ex., fazendo uma citação direta, parafraseando).

- Exemplos e orientações adicionais para citar outras edições e itens do *DSM* e da *CID* estão disponíveis no *site* do Estilo APA.

33. Dicionário, dicionário de sinônimos ou enciclopédia

American Psychological Association. (n.d.). *APA dictionary of psychology*. Retrieved June 14, 2019, from https://dictionary.apa.org/

Merriam-Webster. (n.d.). *Merriam-Webster.com dictionary*. Retrieved May 5, 2019, from https://www.merriam-webster.com/

Zalta, E. N. (Ed.). (2019). *The Stanford encyclopedia of philosophy* (Summer 2019 ed.). Stanford University. https://plato.stanford.edu/archives/sum2019/

Citações parentéticas: (American Psychological Association, n.d.; Merriam-Webster, n.d.; Zalta, 2019)

Citações narrativas: American Psychological Association (n.d.), Merriam-Webster (n.d.), and Zalta (2019)

- Quando uma versão estável ou arquivada do trabalho é citada (como mostrado no exemplo de Zalta), uma data de acesso não é necessária.

- Quando uma obra de referência *on-line* é continuamente atualizada (ver Seção 9.15) e as versões não são arquivadas (como nos exemplos do *APA Dictionary of Psychology* e *Merriam-Webster.com Dictionary*), use "n.d." como o ano de publicação e inclua uma data de acesso (ver Seção 9.16).

34. Antologia

Gold, M. (Ed.). (1999). *The complete social scientist: A Kurt Lewin reader*. American Psychological Association. https://doi.org/10.1037/10319-000

Citação parentética: (Gold, 1999)

Citação narrativa: Gold (1999)

- Indique o(s) editor(es) da antologia na posição do autor na referência.
- A data refere-se ao ano em que a antologia foi publicada (para um trabalho incluído em uma antologia, ver Exemplo 46).

35. Obra religiosa

King James Bible. (2017). King James Bible Online. https://www.kingjamesbibleonline.org/ (Original work published 1769)

The Qur'an (M. A. S. Abdel Haleem, Trans.). (2004). Oxford University Press.

The Torah: The five books of Moses (3rd ed.). (2015). The Jewish Publication Society. (Original work published 1962)

Citações parentéticas: (*King James Bible*, 1769/2017; *The Qur'an*, 2004; *The Torah*, 1962/2015)

Citações narrativas: *King James Bible* (1769/2017), *The Qur'an* (2004), and *The Torah* (1962/2015)

- Para obter mais informações sobre como citar obras religiosas, consulte a Seção 9.42; para citar um livro ou versículo específico, consulte a Seção 8.13; para citar uma passagem, veja a Seção 8.28.
- Exemplos adicionais de textos religiosos estão disponíveis no *site* do Estilo APA.

36. Obra grega ou romana antiga

Aristotle. (1994). *Poetics* (S. H. Butcher, Trans.). The Internet Classics Archive. http://classics.mit.edu/Aristotle/poetics.html (Original work published ca. 350 B.C.E.)

Citação parentética: (Aristotle, ca. 350 B.C.E./1994)

Citação narrativa: Aristotle (ca. 350 B.C.E./1994)

- Para obras gregas ou romanas antigas, inclua a data de *copyright* da versão usada no elemento data e a data da publicação original (antiga) entre parênteses no final do item. Quando a data da publicação original é aproximada, use a abreviatura "ca." (que significa "circa").
- Para obter mais informações sobre como citar obras clássicas, consulte a Seção 9.42; para citar uma parte canonicamente numerada de uma obra clássica, consulte a Seção 8.13; para citar diretamente uma passagem, consulte a Seção 8.28.

37. Shakespeare

Shakespeare, W. (1995). *Much ado about nothing* (B. A. Mowat & P. Werstine, Eds.). Washington Square Press. (Original work published 1623)

Citação parentética: (Shakespeare, 1623/1995)

Citação narrativa: Shakespeare (1623/1995)

- Para mais informações sobre como citar Shakespeare e outras obras clássicas da literatura, consulte a Seção 9.42; para citar um ato, cena ou linha específica, consulte a Seção 8.13; para citar diretamente uma passagem, consulte a Seção 8.28.

10.3 Capítulos de Livros Editados e Verbetes em Obras de Referência

A categoria de capítulo de livro editado inclui capítulos de livros editados e trabalhos em antologias. A categoria de verbetes em obras de referência inclui verbetes em dicionários, dicionários de sinônimos e enciclopédias. Para capítulos ou itens de *e-books*, o formato, plataforma ou dispositivo (p. ex., Kindle) não é incluído na referência. Para capítulos ou itens de audiolivros, inclua o narrador e a notação audiolivro apenas em casos específicos (veja o Exemplo 22). Para um capítulo em um livro autoral, crie uma referência para todo o livro (ver Exemplos 20–23) e indique o número do capítulo apenas com a chamada no texto (ver Seção 8.13). Use o modelo a seguir para elaborar referências para capítulos de livros editados e verbetes em obras de referência.

Autor do capítulo	Data	Título do capítulo	Fonte	
			Informações do livro editado	DOI ou URL
Autor, A. A., & Autor, B. B. Nome da Entidade.	(2020).	Título do capítulo.	In E. E. Editor (Ed.), *Título do livro* (pp. 3–13). Nome da Editora. In E. E. Editor & F. F. Editor (Eds.), *Título do livro* (3rd ed., Vol. 2, pp. 212–255). Nome da Editora.	https://doi.org/xxxx https://xxxxx

38. Capítulo em um livro editado com DOI

Balsam, K. F., Martell, C. R., Jones, K. P., & Safren, S. A. (2019). Affirmative cognitive behavior therapy with sexual and gender minority people. In G. Y. Iwamasa & P. A. Hays (Eds.), *Culturally responsive cognitive behavior therapy: Practice and supervision* (2nd ed., pp. 287–314). American Psychological Association. https://doi.org/10.1037/0000119-012

Citação parentética: (Balsam et al., 2019)

Citação narrativa: Balsam et al. (2019)

39. Capítulo em um livro editado sem DOI, da maioria dos bancos de dados de pesquisa acadêmica ou versão impressa

Weinstock, R., Leong, G. B., & Silva, J. A. (2003). Defining forensic psychiatry: Roles and responsibilities. In R. Rosner (Ed.), *Principles and practice of forensic psychiatry* (2nd ed., pp. 7–13). CRC Press.

Citação parentética: (Weinstock et al., 2003)

Citação narrativa: Weinstock et al. (2003)

- Consulte a Seção 9.30 para obter mais informações sobre inclusão de informações de banco de dados nas referências.

40. Capítulo em um *e-book* editado (p. ex., livro Kindle) ou audiolivro sem DOI, com URL não pertencente a um banco de dados

Tafoya, N., & Del Vecchio, A. (2005). Back to the future: An examination of the Native American Holocaust experience. In M. McGoldrick, J. Giordano, & N. Garcia-Preto (Eds.), *Ethnicity and family therapy* (3rd ed., pp. 55–63). Guilford Press. http://a.co/36xRhBT

Citação parentética: (Tafoya & Del Vecchio, 2005)

Citação narrativa: Tafoya and Del Vecchio (2005)

- Consulte os Exemplos 22 e 29 para obter mais informações sobre audiolivros.

41. Capítulo em um livro editado em outro idioma

Carcavilla González, N. (2015). Terapia sensorial auditiva: Activación cerebral por medio de la música [Auditory sensory therapy: Brain activation through music]. In J. J. García Meilán (Ed.), *Guía práctica de terapias estimulativas en el Alzhéimer* (pp. 67–86). Editorial Síntesis. https://www.sintesis.com/guias-profesionales-203/guia-practica-de-terapias-estimulativas-en-el-alzheimer-libro-1943.html

Citação parentética: (Carcavilla González, 2015)

Citação narrativa: Carcavilla González (2015)

- Quando um capítulo estiver em um idioma diferente do seu artigo, inclua uma tradução do título do capítulo entre colchetes (ver Seção 9.38 para mais informações).

42. Capítulo em um livro editado, republicado em tradução

Heidegger, M. (2008). On the essence of truth (J. Sallis, Trans.). In D. F. Krell (Ed.), *Basic writings* (pp. 111–138). Harper Perennial Modern Thought. (Original work published 1961)

Citação parentética: (Heidegger, 1961/2008)

Citação narrativa: Heidegger (1961/2008)

- Para obter mais informações sobre os trabalhos traduzidos, consulte a Seção 9.39.

43. Capítulo em um livro editado, reproduzido de um artigo de periódico

Sacchett, C., & Humphreys, G. W. (2004). Calling a squirrel a squirrel but a canoe a wigwam: A category-specific deficit for artefactual objects and body parts. In D. A. Balota & E. J. Marsh (Eds.), *Cognitive psychology: Key readings in cognition* (pp. 100–108). Psychology Press. (Reprinted from "Calling a squirrel a squirrel but a canoe a wigwam: A category-specific deficit for artefactual objects and body parts," 1992, *Cognitive Neuropsychology*, 9[1], 73–86, http://doi.org/d4vb59)

Citação parentética: (Sacchett & Humphreys, 1992/2004)

Citação narrativa: Sacchett and Humphreys (1992/2004)

- Forneça informações para a versão reproduzida que você usou, depois insira entre parênteses o título do artigo original (mesmo que ele não tenha alteração), o ano e informações sobre a fonte (ver Seção 9.40 para mais informações).
- Coloque o número da edição do artigo de periódico original entre colchetes em vez de parênteses para evitar parênteses contíguos.

44. Capítulo em um livro editado, reproduzido de outro livro

Bronfenbrenner, U. (2005). The social ecology of human development: A retrospective conclusion. In U. Bronfenbrenner (Ed.), *Making human beings human: Bioecological perspectives on human development* (pp. 27–40). SAGE Publications. (Reprinted from *Brain and intelligence: The ecology of child development*, pp. 113–123, by F. Richardson, Ed., 1973, National Educational Press)

Citação parentética: (Bronfenbrenner, 1973/2005)

Citação narrativa: Bronfenbrenner (1973/2005)

- Apresente informações para a versão reproduzida que você usou, depois insira entre parênteses o título do livro original, o intervalo de páginas, o nome do autor ou editor (incluindo "Ed." para um editor), o ano e a editora (*publisher*) (ver Seção 9.40 para mais informações).

45. Capítulo em um volume de uma obra de múltiplos volumes

Goldin-Meadow, S. (2015). Gesture and cognitive development. In L. S. Liben & U. Mueller (Eds.), *Handbook of child psychology and developmental science: Vol. 2. Cognitive processes* (7th ed., pp. 339–380). John Wiley & Sons. https://doi.org/10.1002/9781118963418.childpsy209

Citação parentética: (Goldin-Meadow, 2015)

Citação narrativa: Goldin-Meadow (2015)

- Se o volume tiver tanto editores de série (ou editores-chefes) como editores de volume, apenas os editores de volume aparecem na referência.
- O volume neste exemplo tem seu próprio título. Veja o Exemplo 30 sobre como incluir informações de volume sem título entre parênteses após o título do livro.

46. Trabalho em uma antologia

Lewin, K. (1999). Group decision and social change. In M. Gold (Ed.), *The complete social scientist: A Kurt Lewin reader* (pp. 265–284). American Psychological Association. https://doi.org/10.1037/10319-010 (Original work published 1948)

Citação parentética: (Lewin, 1948/1999)

Citação narrativa: Lewin (1948/1999)

- Trabalhos que foram publicados em outro lugar antes de aparecer em uma antologia são tratados como sendo republicados (ver Seção 9.41) e não como reproduzidos.

47. Verbete em um dicionário, dicionário de sinônimos ou enciclopédia, com entidade como autor

American Psychological Association. (n.d.). Positive transference. In *APA dictionary of psychology*. Retrieved August 31, 2019, from https://dictionary.apa.org/positive-transference

Merriam-Webster. (n.d.). Self-report. In *Merriam-Webster.com dictionary*. Retrieved July 12, 2019, from https://www.merriam-webster.com/dictionary/self-report

Citações parentéticas: (American Psychological Association, n.d.; Merriam-Webster, n.d.)

Citações narrativas: American Psychological Association (n.d.) and Merriam-Webster (n.d.)

- Quando uma obra de referência *on-line* é continuamente atualizada (ver Seção 9.15) e as versões não são arquivadas, use "n.d." como ano de publicação e inclua uma data de acesso (ver Seção 9.16).

48. Verbete de dicionário, dicionário de sinônimos ou enciclopédia, com autor individual

Graham, G. (2019). Behaviorism. In E. N. Zalta (Ed.), *The Stanford encyclopedia of philosophy* (Summer 2019 ed.). Stanford University. https://plato.stanford.edu/archives/sum2019/entries/behaviorism/

Citação parentética: (Graham, 2019)

Citação narrativa: Graham (2019)

- Este exemplo é estruturado de forma semelhante à referência para um capítulo de um livro editado porque o item tem um autor individual, a enciclopédia tem um editor, e a obra toda tem uma editora (*publisher*).
- Como esta versão do verbete está arquivada, uma data de acesso não é necessária.

49. Item da *Wikipedia*

List of oldest companies. (2019, January 13). In *Wikipedia*. https://en.wikipedia.org/w/index.php?title=List_of_oldest_companies&oldid=878158136

Citação parentética: ("List of Oldest Companies," 2019)

Citação narrativa: "List of Oldest Companies" (2019)

- Cite a versão arquivada da página para que os leitores possam encontrar a versão que você usou. Acesse a versão arquivada na *Wikipedia* selecionando "View history" (Ver histórico) e depois a hora e a data da versão utilizada. Se um *wiki* não fornece *links* permanentes para versões arquivadas da página, inclua o URL para o verbete e a data de acesso.

10.4 Relatórios e Literatura Cinzenta

Existem muitos tipos de relatórios, incluindo documentos governamentais, técnicos e de pesquisa. Esses relatórios, assim como artigos de periódicos, geralmente englobam pesquisas originais, mas podem ou não ser revisados por pares. Eles fazem parte de um corpo de literatura às vezes referido como *literatura cinzenta*. Essa categoria inclui comunicados à imprensa, códigos de ética, financiamentos, sínteses de políticas, notas informativas, e assim por diante. É opcional — mas frequentemente útil — descrever esses tipos menos comuns de literatura cinzenta entre colchetes depois do título. Os próprios relatórios às vezes incluem um formato de referência sugerido, o qual geralmente contém as informações necessárias para escrever uma referência no Estilo APA (autor, data, título e fonte), mas pode ser necessário ajustar a ordem dos elementos e outras formatações. Quando a editora (*publisher*) e o autor são os mesmos, que é frequentemente o caso para entidades autorais (ver Exemplos 50 e 54), omita o elemento editora (*publisher*) do elemento fonte. Use o modelo a seguir para elaborar referências para relatórios e literatura cinzenta.

Autor	Data	Título	Fonte	
			Informações da editora	DOI ou URL
Autor, A. A., & Autor, B. B. Nome da Entidade.	(2020). (2020, Maio 2).	*Título do relatório*. *Título do relatório* (Relatório No. 123). *Título da literatura cinzenta* [Decrição].	Nome da Editora.	https://doi.org/xxxx https://xxxxx

50. Relatório de uma agência governamental ou outra organização

Australian Government Productivity Commission & New Zealand Productivity Commission. (2012). *Strengthening trans-Tasman economic relations*. https://www.pc.gov.au/inquiries/completed/australia-new-zealand/report/trans-tasman.pdf

Canada Council for the Arts. (2013). *What we heard: Summary of key findings: 2013 Canada Council's Inter-Arts Office consultation*. http://publications.gc.ca/collections/collection_2017/canadacouncil/K23-65-2013-eng.pdf

National Cancer Institute. (2018). *Facing forward: Life after cancer treatment* (NIH Publication No. 18-2424). U.S. Department of Health and Human Services, National Institutes of Health. https://www.cancer.gov/publications/patient-education/life-after-treatment.pdf

Citações parentéticas: (Australian Government Productivity Commission & New Zealand Productivity Commission, 2012; Canada Council for the Arts, 2013; National Cancer Institute, 2018)

Citações narrativas: Australian Government Productivity Commission and New Zealand Productivity Commission (2012), Canada Council for the Arts (2013), and National Cancer Institute (2018)

- Consulte a Seção 9.11 para saber como tratar os nomes de entidades autorais.
- Os nomes das agências matrizes não presentes no nome da entidade aparecem no elemento fonte como editora (*publisher*) (ver Seção 9.11).
- Se múltiplas agências criaram um relatório juntas, una os nomes com um "e" comercial (&), usando vírgulas para separar os nomes de três ou mais agências.

51. Relatório de autores individuais em uma agência governamental ou outra organização

Fried, D., & Polyakova, A. (2018). *Democratic defense against disinformation*. Atlantic Council. https://www.atlanticcouncil.org/images/publications/Democratic_Defense_Against_Disinformation_FINAL.pdf

Segaert, A., & Bauer, A. (2015). *The extent and nature of veteran homelessness in Canada*. Employment and Social Development Canada. https://www.canada.ca/en/employment-social-development/programs/communities/homelessness/publications-bulletins/veterans-report.html

Citações parentéticas: (Fried & Polyakova, 2018; Segaert & Bauer, 2015)

Citações narrativas: Fried and Polyakova (2018) and Segaert and Bauer (2015)

52. Relatório de autores individuais em uma agência governamental, publicado como parte de uma série

Blackwell, D. L., Lucas, J. W., & Clarke, T. C. (2014). *Summary health statistics for U.S. adults: National Health Interview Survey, 2012* (Vital and Health Statistics Series 10, Issue 260). Centers for Disease Control and Prevention. https://www.cdc.gov/nchs/data/series/sr_10/sr10_260.pdf

Citação parentética: (Blackwell et al., 2014)

Citação narrativa: Blackwell et al. (2014)

53. Relatório de uma força-tarefa, grupo de trabalho ou outro grupo

British Cardiovascular Society Working Group. (2016). *British Cardiovascular Society Working Group report: Out-of-hours cardiovascular care: Management of cardiac emergencies and hospital in-patients*. British Cardiovascular Society. http://www.bcs.com/documents/BCSOOHWP_Final_Report_05092016.pdf

Citação parentética: (British Cardiovascular Society Working Group, 2016)

Citação narrativa: British Cardiovascular Society Working Group (2016)

- Escreva o nome da força-tarefa ou do grupo de trabalho com iniciais maiúsculas sempre que ele aparecer na referência, pois se trata de um nome próprio.

54. Relatório anual

U.S. Securities and Exchange Commission. (2017). *Agency financial report: Fiscal year 2017*. https://www.sec.gov/files/sec-2017-agency-financial-report.pdf

Citação parentética: (U.S. Securities and Exchange Commission, 2017)

Citação narrativa: U.S. Securities and Exchange Commission (2017)

55. Código de ética

American Counseling Association. (2014). *2014 ACA code of ethics*. https://www.counseling.org/knowledge-center

American Nurses Association. (2015). *Code of ethics for nurses with interpretive statements*. https://www.nursingworld.org/coe-view-only

American Psychological Association. (2017). *Ethical principles of psychologists and code of conduct* (2002, amended effective June 1, 2010, and January 1, 2017). https://www.apa.org/ethics/code/index.aspx

Citações parentéticas: (American Counseling Association, 2014; American Nurses Association, 2015; American Psychological Association, 2017)

Citações narrativas: American Counseling Association (2014), American Nurses Association (2015), and American Psychological Association (2017)

56. Financiamento

Blair, C. B. (Principal Investigator). (2015–2020). *Stress, self-regulation and psychopathology in middle childhood* (Project No. 5R01HD081252-04) [Grant]. Eunice Kennedy Shriver National Institute of Child Health & Human Development. https://projectreporter.nih.gov/project_info_details.cfm?aid=9473071&icde=4009231

Citação parentética: (Blair, 2015–2020)

Citação narrativa: Blair (2015–2020)

- Indique o pesquisador principal como o autor com sua função entre parênteses, o(s) ano(s) de início e fim do projeto como a data, o título do projeto como o título e a agência de financiamento como a fonte.
- O National Institutes of Health (NIH) refere-se aos números de concessão como números de projeto; use a terminologia apropriada para o financiamento em sua referência e inclua o número entre parênteses depois do título.
- Um pedido de financiamento não é uma fonte acessível e deve ser discutido como parte da metodologia, mas não incluído na lista de referências.

57. Nota informativa

Lichtenstein, J. (2013). *Profile of veteran business owners: More young veterans appear to be starting businesses* (Issue Brief No. 1). U.S. Small Business Administration, Office of Advocacy. https://www.sba.gov/sites/default/files/Issue%20Brief%201,%20Veteran%20Business%20Owners.pdf

Citação parentética: (Lichtenstein, 2013)

Citação narrativa: Lichtenstein (2013)

- Notas informativas normalmente são numeradas; identifique o número entre parênteses depois do título.
- Se um número não for fornecido, identifique o trabalho como uma nota informativa entre colchetes depois do título.

58. Síntese de política

Harwell, M. (2018). *Don't expect too much: The limited usefulness of common SES measures and a prescription for change* [Policy brief]. National Education Policy Center. https://nepc.colorado.edu/publication/SES

Citação parentética: (Harwell, 2018)

Citação narrativa: Harwell (2018)

59. Comunicado de imprensa

U.S. Food and Drug Administration. (2019, February 14). *FDA authorizes first interoperable insulin pump intended to allow patients to customize treatment through their individual diabetes management devices* [Press release]. https://www.fda.gov/NewsEvents/Newsroom/PressAnnouncements/ucm631412.htm

Citação parentética: (U.S. Food and Drug Administration, 2019)

Citação narrativa: U.S. Food and Drug Administration (2019)

10.5 Sessões e Apresentações em Congressos

As sessões e apresentações em congressos incluem apresentações de trabalhos, sessões de pôsteres, conferências de abertura e contribuições em simpósios. Inclua uma descrição entre colchetes após o título que corresponda a como a apresentação foi descrita no congresso; inclua todos os autores listados como colaboradores da apresentação (mesmo que fisicamente ausentes). A data deve corresponder à(s) data(s) do congresso completo para ajudar os leitores a encontrar a fonte, mesmo que uma sessão ou apresentação provavelmente tenha ocorrido apenas em um dia. Inclua o local de realização do congresso para ajudar no acesso (consulte a Seção 9.31 para orientação sobre o formato dos locais). Anais de congressos publicados em um periódico ou livro seguem o mesmo formato de um artigo de periódico (ver Exemplo 1), livro editado (ver Exemplos 24–26 e 30) ou capítulo de livro editado (ver Exemplos 38–42 e 45).

Use o modelo a seguir para elaborar referências para sessões e apresentações em congressos.

Autor	Data	Título	Fonte	
			Informações do congresso	DOI ou URL
Apresentador, A. A., & Apresentador, B. B.	(2020, Setembro 18–20). (2020, Outubro 30–Novembro 1).	*Título da contribuição* [Tipo de contribuição].	Nome do Congresso, Local.	https://doi.org/xxxx https://xxxxx

Use o modelo a seguir para elaborar referências para contribuições em simpósios.

Autor	Data	Título da contribuição	Fonte	
			Informações do congresso	DOI ou URL
Colaborador, A. A., & Colaborador, B. B.	(2020, Setembro 18–20). (2020, Outubro 30–Novembro 1)	Título da contribuição.	In P. P. Presidente (Presidente), *Título do simpósio* [Simpósio]. Nome do Congresso, Local.	https://doi.org/xxxx https://xxxxx

60. Sessão em congresso

Fistek, A., Jester, E., & Sonnenberg, K. (2017, July 12–15). *Everybody's got a little music in them: Using music therapy to connect, engage, and motivate* [Conference session]. Autism Society National Conference, Milwaukee, WI, United States. https://asa.confex.com/asa/2017/webprogramarchives/Session9517.html

Citação parentética: (Fistek et al., 2017)

Citação narrativa: Fistek et al. (2017)

61. Apresentação de trabalho

Maddox, S., Hurling, J., Stewart, E., & Edwards, A. (2016, March 30–April 2). *If mama ain't happy, nobody's happy: The effect of parental depression on mood dysregulation in children* [Paper presentation]. Southeastern Psychological Association 62nd Annual Meeting, New Orleans, LA, United States.

Citação parentética: (Maddox et al., 2016)

Citação narrativa: Maddox et al. (2016)

62. Apresentação de pôster

Pearson, J. (2018, September 27–30). *Fat talk and its effects on state-based body image in women* [Poster presentation]. Australian Psychological Society Congress, Sydney, NSW, Australia. http://bit.ly/2XGSThP

Citação parentética: (Pearson, 2018)

Citação narrativa: Pearson (2018)

63. Contribuição em simpósio

De Boer, D., & LaFavor, T. (2018, April 26–29). The art and significance of successfully identifying resilient individuals: A person-focused approach. In A. M. Schmidt & A. Kryvanos (Chairs), *Perspectives on resilience: Conceptualization, measurement, and enhancement* [Symposium]. Western Psychological Association 98th Annual Convention, Portland, OR, United States.

Citação parentética: (De Boer & LaFavor, 2018)

Citação narrativa: De Boer and LaFavor (2018)

10.6 Teses e Dissertações

Referências para teses, dissertações e trabalhos de conclusão de graduação são divididas entre serem publicados ou não. Em geral, trabalhos não publicados devem ser acessados diretamente na faculdade ou universidade no formato impresso, ao passo que trabalhos publicados estão disponíveis em um banco de dados (p. ex., o banco de dados ProQuest Dissertations and Theses Global), arquivo universitário ou *site* pessoal. Assim, para teses e dissertações não publicadas, o nome da universidade aparece no elemento fonte da referência, ao passo que para teses e dissertações publicadas, o nome da universidade aparece entre colchetes depois do título.

Use o modelo a seguir para elaborar referências para teses e dissertações não publicadas.

Autor	Data	Título	Fonte
Autor, A. A.	(2020).	*Título da tese* [Tese de doutorado não publicada]. *Título da dissertação* [Dissertação de mestrado não publicada].	Nome da Instituição que Concede o Grau.

Use o modelo a seguir para elaborar referências para teses e dissertações publicadas.

Autor	Data	Título	Fonte	
			Nome do banco de dados ou do arquivo	URL
Autor, A. A.	(2020).	*Título da tese.* [Tese de doutorado, Nome da Instituição que Concede o Grau]. *Título da dissertação.* [Dissertação de mestrado, Nome da Instituição que Concede o Grau].	Nome do Banco de Dados. Nome do Arquivo.	https://xxxxx

64. Tese ou dissertação não publicada

Harris, L. (2014). *Instructional leadership perceptions and practices of elementary school leaders* [Unpublished doctoral dissertation]. University of Virginia.

Citação parentética: (Harris, 2014)

Citação narrativa: Harris (2014)

65. Tese ou dissertação de um banco de dados

Hollander, M. M. (2017). *Resistance to authority: Methodological innovations and new lessons from the Milgram experiment* (Publication No. 10289373) [Doctoral dissertation, University of Wisconsin–Madison]. ProQuest Dissertations and Theses Global.

Citação parentética: (Hollander, 2017)

Citação narrativa: Hollander (2017)

66. Tese ou dissertação publicada *on-line* (não em um banco de dados)

Hutcheson, V. H. (2012). *Dealing with dual differences: Social coping strategies of gifted and lesbian, gay, bisexual, transgender, and queer adolescents* [Master's thesis, The College of William & Mary]. William & Mary Digital Archive. https://digitalarchive.wm.edu/bitstream/handle/10288/16594/HutchesonVirginia2012.pdf

Citação parentética: (Hutcheson, 2012)

Citação narrativa: Hutcheson (2012)

10.7 Resenhas

Resenhas de livros, filmes, programas de televisão, álbuns e outros tipos de entretenimento são publicadas em uma variedade de veículos, incluindo periódicos, revistas, jornais, *sites* e *blogs*. O formato da referência para uma resenha deve ser igual àquele para o tipo de conteúdo que aparece dentro dessa fonte, com o acréscimo de informações sobre o item que está sendo avaliado entre colchetes depois do título da resenha. Dentro dos colchetes, escreva "Review of the" (Resenha de) e depois o tipo de trabalho que está sendo avaliado (p. ex., filme, livro, episódio de série de TV, *videogame*), seu título (em formato sentença, descrito na Seção 6.17; veja também a Seção 9.19 para saber se deve formatar o título em itálico ou entre aspas) e o seu autor ou editor, diretor, e assim por diante, com designação de função para todos, exceto autores de livros. Use o modelo a seguir para elaborar referências para resenhas.

Autor	Data	Título		Fonte	
		Título da resenha	Detalhes do trabalho resenhado	Informações do periódico	DOI ou URL
Analista, A. A.	(2020). (2020, Fevereiro 3).	Título da resenha	[Resenha do livro *Título do livro*, de A. A. Autor].	*Título do Periódico*, *34*(2), 14–15.	https://doi.org/ xxxxx
			[Resenha do livro *Título do livro*, de E. E. Editor, Ed.].	*Título do Blog*.	https://xxxxxx
			[Resenha do filme *Título do filme*, de D. D. Diretor, Dir.].		
			[Resenha de episódio da série de TV "Título do episódio," de R. R. Roteirista, Roteirista, & D. D. Diretor, Dir.].		

67. Resenha de filme publicada em periódico

Mirabito, L. A., & Heck, N. C. (2016). Bringing LGBTQ youth theater into the spotlight [Review of the film *The year we thought about love*, by E. Brodsky, Dir.]. *Psychology of Sexual Orientation and Gender Diversity*, *3*(4), 499–500. https://doi.org/10.1037/sgd0000205

Citação parentética: (Mirabito & Heck, 2016)

Citação narrativa: Mirabito and Heck (2016)

68. Resenha de livro publicada em jornal

Santos, F. (2019, January 11). Reframing refugee children's stories [Review of the book *We are displaced: My journey and stories from refugee girls around the world*, by M. Yousafzai]. *The New York Times*. https://nyti.ms/2HIgjk3

Citação parentética: (Santos, 2019)

Citação narrativa: Santos (2019)

69. Resenha de episódio de série de TV publicada em um *site*

Perkins, D. (2018, February 1). The good place ends its remarkable second season with irrational hope, unexpected gifts, and a smile [Review of the TV series episode "Somewhere else," by M. Schur, Writer & Dir.]. A.V. Club. https://www.avclub.com/the-good-place-ends-its-remarkable--second-season-with-i-1822649316

Citação parentética: (Perkins, 2018)

Citação narrativa: Perkins (2018)

- O título está em itálico porque este trabalho é uma página da *web* hospedada em um *site* (veja o Exemplo 112). Na referência, o título do programa aparece em itálico inverso (ver Seção 6.23) e formato sentença.

10.8 Trabalhos Não Publicados e Publicados Informalmente

Trabalhos não publicados incluem aqueles que estão em andamento, aqueles que foram concluídos mas ainda não foram submetidos para publicação e aqueles que foram submetidos mas ainda não foram aceitos para publicação. Trabalhos publicados informalmente incluem aqueles que estão disponíveis em um arquivo ou repositório de pré-impressão, como PsyArXiv, em um arquivo eletrônico, como ERIC, em um arquivo institucional, em um arquivo do governo, em um *site* pessoal, e assim por diante. Refira-se à versão final publicada de suas fontes quando possível (ver Seção 8.5). Lembre-se de atualizar suas referências antes da publicação de seu trabalho ou da entrega de um trabalho de uma disciplina para garantir que elas contenham as informações mais atualizadas.

Para um trabalho não publicado ou publicado informalmente, a data deve ser o ano em que ele foi concluído ou o ano em que o rascunho foi escrito. Não utilize "in preparation" (em preparação), "submitted" (submetido) ou "submitted for publication" (submetido para publicação) no elemento data da referência. Depois do título, descreva o *status* do trabalho (p. ex., não publicado, em preparação, submetido para publicação) usando o descritor apropriado (p. ex., manuscrito, relatório) entre colchetes. Quando a fonte do trabalho não publicado é conhecida (p. ex., uma universidade ou departamento universitário), inclua essa informação no elemento fonte da referência. Inclua um DOI ou URL quando disponível para trabalhos publicados informalmente.

Use o modelo a seguir para elaborar referências para trabalhos não publicados.

			Fonte	
Autor	Data	Título	Informações da universidade	URL
Autor, A. A., & Autor, B. B.	(2020).	Título do trabalho [Não publicado]. Título do trabalho [Em preparação]. Título do trabalho [Submetido para publicação].	Nome do Departamento, Nome da Universidade.	https://xxxxx

Use o modelo a seguir para elaborar referências para trabalhos publicados informalmente.

			Fonte	
Autor	Data	Título	Informações do banco de dados ou do arquivo	DOI ou URL
Autor, A. A., & Autor, B. B.	(2020).	Título do trabalho. Título do trabalho (Publicação No. 123).	Nome do Banco de Dados. Nome do Arquivo.	https://doi.org/xxxxx https://xxxxxx

70. Manuscrito não publicado

Yoo, J., Miyamoto, Y., Rigotti, A., & Ryff, C. (2016). *Linking positive affect to blood lipids: A cultural perspective* [Unpublished manuscript]. Department of Psychology, University of Wisconsin–Madison.

Citação parentética: (Yoo et al., 2016)

Citação narrativa: Yoo et al. (2016)

- Um manuscrito não publicado está somente em posse dos autores. Trate um manuscrito disponível *on-line* como publicado informalmente (ver Exemplos 73 e 74).
- Inclua o departamento e a instituição onde o trabalho foi produzido, se possível.

71. Manuscrito em preparação

O'Shea, M. (2018). *Understanding proactive behavior in the workplace as a function of gender* [Manuscript in preparation]. Department of Management, University of Kansas.

Citação parentética: (O'Shea, 2018)

Citação narrativa: O'Shea (2018)

- Um manuscrito em preparação está somente em posse dos autores. Trate um manuscrito disponível *on-line* como publicado informalmente (ver Exemplos 73 e 74).
- Inclua o departamento e a instituição onde o trabalho foi produzido, se possível.

72. Manuscrito submetido para publicação

Lippincott, T., & Poindexter, E. K. (2019). *Emotion recognition as a function of facial cues: Implications for practice* [Manuscript submitted for publication]. Department of Psychology, University of Washington.

Citação parentética: (Lippincott & Poindexter, 2019)

Citação narrativa: Lippincott and Poindexter (2019)

- Não cite o nome do periódico ao qual o trabalho foi submetido. Assim que o manuscrito for aceito para publicação, cite-o como um artigo "in press" (no prelo; ver o Exemplo 8).
- Um manuscrito submetido para publicação não está disponível para o público. Se ele estiver disponível *on-line*, trate-o como publicado informalmente (ver Exemplos 73 e 74).

73. Trabalho publicado informalmente, a partir de um arquivo de pré-impressão ou de um repositório institucional

Leuker, C., Samartzidis, L., Hertwig, R., & Pleskac, T. J. (2018). *When money talks: Judging risk and coercion in high-paying clinical trials.* PsyArXiv. https://doi.org/10.17605/OSF.IO/9P7CB

Stults-Kolehmainen, M. A., & Sinha, R. (2015). *The effects of stress on physical activity and exercise.* PubMed Central. https://www.ncbi.nlm.nih.gov/pmc/articles/PMC3894304

Citações parentéticas: (Leuker et al., 2018; Stults-Kolehmainen & Sinha, 2015)

Citações narrativas: Leuker et al. (2018) and Stults-Kolehmainen and Sinha (2015)

- O trabalho publicado informalmente pode não ter sido revisado por pares (como é o caso do artigo de pré-impressão do PsyArXiv de Leuker et al.), ou pode ser o manuscrito final do autor revisado por pares, como aceito para publicação (como é o caso do trabalho de Stults-Kolehmainen & Sinha do PubMed Central). Consulte a Seção 8.5 para obter mais informações sobre o uso de uma versão de arquivo.

74. Trabalho publicado informalmente, da base de dados ERIC

Ho, H.-K. (2014). *Teacher preparation for early childhood special education in Taiwan* (ED545393). ERIC. https://files.eric.ed.gov/fulltext/ED545393.pdf

Citação parentética: (Ho, 2014)

Citação narrativa: Ho (2014)

- A base de dados ERIC atribui números de documentos aos trabalhos. Inclua-os entre parênteses depois do título do trabalho.

Conjuntos de Dados, *Software* e Testes

10.9 Conjuntos de Dados

Ao citarmos dados, promovemos sua descoberta e reutilização, acarretando uma melhor ciência por meio da validação dos resultados. Também reconhecemos os dados como parte essencial do registro científico e agradecemos aos seus criadores por suas contribuições. Recomenda-se que os autores incluam uma citação no texto e um item na lista de referências para um conjunto de dados quando eles (a) realizaram análises secundárias de dados arquivados publicamente ou (b) arquivaram seus próprios dados, que estão sendo apresentados pela primeira vez no trabalho atual (ver também Seção 1.14 sobre retenção e compartilhamento de dados).

A data para dados publicados é o ano de publicação e para dados não publicados é(são) o(s) ano(s) de coleta. Quando existe um número de versão, inclua-o entre parênteses depois do título. A descrição entre colchetes é flexível (p. ex., conjunto de dados, conjunto de dados e manual de codificação). No elemento fonte da referência, para dados publicados, indique o nome da organização que publicou, arquivou, produziu ou distribuiu o conjunto de dados; para dados não publicados, indique a fonte (p. ex., uma universidade), se conhecida. Inclua uma data de acesso somente se o conjunto de dados for projetado para mudar ao longo do tempo (p. ex., se os dados ainda estão em fase de coleta; consulte a Seção 9.16 para mais informações sobre datas de acesso). Use o modelo a seguir para elaborar referências para conjuntos de dados.

Autor	Data	Título	Fonte Editora (*publisher*)	Fonte DOI ou URL
Autor, A. A., & Autor, B. B. Nome da Entidade.	(2020). (2015–2019).	*Título do conjunto de dados* (Versão 1.2) [Conjunto de dados]. *Título do conjunto de dados* [Dados brutos não publicados]. [Descrição de um conjunto de dados sem título] [Dados brutos não publicados].	Nome da Editora. Fonte dos Dados Não Publicados.	https://doi.org/xxxxx https://xxxxxx Recuperado em Outubro 21, 2020, de https://xxxxx

75. Conjunto de dados

D'Souza, A., & Wiseheart, M. (2018). *Cognitive effects of music and dance training in children* (ICPSR 37080; Version V1) [Data set]. ICPSR. https://doi.org/10.3886/ICPSR37080.v1

National Center for Education Statistics. (2016). *Fast Response Survey System (FRSS): Teachers' use of educational technology in U.S. public schools, 2009* (ICPSR 35531; Version V3) [Data set and code book]. National Archive of Data on Arts and Culture. https://doi.org/10.3886/ICPSR35531.v3

Pew Research Center. (2018). *American trends panel Wave 26* [Data set]. https://www.pewsocialtrends.org/dataset/american-trends-panel-wave-26/

Citações parentéticas: (D'Souza & Wiseheart, 2018; National Center for Education Statistics, 2016; Pew Research Center, 2018)

Citações narrativas: D'Souza and Wiseheart (2018), National Center for Education Statistics (2016), and Pew Research Center (2018)

76. Dados brutos não publicados

Baer, R. A. (2015). [Unpublished raw data on the correlations between the Five Facet Mindfulness Questionnaire and the Kentucky Inventory of Mindfulness Skills]. University of Kentucky.

Oregon Youth Authority. (2011). *Recidivism outcomes* [Unpublished raw data].

Citações parentéticas: (Baer, 2015; Oregon Youth Authority, 2011)

Citações narrativas: Baer (2015) and Oregon Youth Authority (2011)

- Para um conjunto de dados sem título, apresente uma descrição entre colchetes do *status* da publicação e o foco dos dados.
- Quando a fonte dos dados brutos não publicados é conhecida (p. ex., uma universidade ou departamento da universidade), inclua essa informação no final da referência.

10.10 *Software* de Computador, Aplicativos Móveis, Aparelhos e Equipamentos

Software e aplicativos móveis comuns mencionados no texto, mas não parafraseados ou citados diretamente, não precisam ser indicados, nem linguagens de programação. "Comuns" refere-se à área e ao público do autor do trabalho, como Microsoft Office (p. ex., Word, Excel, PowerPoint), aplicativos de redes sociais (p. ex., Facebook, Instagram, Twitter), *software* de pesquisa (p. ex., Qualtrics, Survey Monkey), produtos Adobe (p. ex., Adobe Reader, Photoshop, Adobe Acrobat), Java e programas estatísticos (p. ex., R, SPSS, SAS). Se você usou um *software* ou aplicativos móveis comuns durante sua pesquisa, basta indicar o nome junto ao número da versão no texto, se relevante.

Data were analyzed with IBM SPSS Statistics (Version 25). / Os dados foram analisados com IBM SPSS Statistics (Versão 25).

Clients had installed the Facebook app on their mobile devices. / Os clientes tinham instalado o aplicativo do Facebook em seus dispositivos móveis.

Entretanto, inclua itens na lista de referências e chamadas no texto se você parafraseou ou citou diretamente a partir de um *software* ou aplicativo, bem como ao mencionar *software*, aplicativos, aparelhos ou equipamento de distribuição limitada — ou seja, quando é improvável que seu público esteja familiarizado com eles. A data de uma referência de *software* de computador ou aplicativo móvel é o ano de publicação da versão utilizada. Os títulos de *software* e aplicativos devem estar em itálico no item na lista de referências, mas não no texto. Para citar conteúdo de um aplicativo de redes sociais, veja a Seção 10.15. Use o modelo a seguir para elaborar referências para *software* e aplicativos móveis de distribuição limitada e para aparelhos ou equipamentos.

			Fonte	
Autor	Data	Título	Editora (*publisher*)	URL
Autor, A. A., & Autor, B. B. Nome da Entidade.	(2020).	*Título do trabalho* (Versão 1.2) [*Software* de computador]. *Título do trabalho* (Versão 4.6) [Aplicativo móvel]. *Nome do aparelho* (Número do modelo) [Aparelho]. *Nome do equipamento* (Número do modelo) [Equipamento].	Editora. Loja de aplicativos. Loja de aplicativos do Google.	https://xxxxxx

Use o modelo a seguir para elaborar referências para itens em obras de referência de aplicativos móveis. O formato é semelhante ao de um capítulo em um livro editado. O caso mais comum, em que o mesmo autor é responsável por toda a obra e todos os itens, é mostrado aqui.

Autor	Data	Título do item	Fonte		URL
			Informações do aplicativo móvel		
Autor, A. A., & Autor, B. B. Nome da Entidade.	(2020).	Título do item.	In *Título do trabalho* (Versão 1.2) [Aplicativo móvel]. Nome da Editora ou da Loja de Aplicativos.		https://xxxxxx

77. Software

Borenstein, M., Hedges, L., Higgins, J., & Rothstein, H. (2014). *Comprehensive meta-analysis* (Version 3.3.070) [Computer software]. Biostat. https://www.meta-analysis.com/

Citação parentética: (Borenstein et al., 2014)

Citação narrativa: Borenstein et al. (2014)

78. Aparelho ou equipamento

SR Research. (2016). *Eyelink 1000 plus* [Apparatus and software]. https://www.sr-research.com/eyelink1000plus.html

Tactile Labs. (2015). *Latero tactile display* [Apparatus]. http://tactilelabs.com/products/haptics/latero-tactile-display/

Citações parentéticas: (SR Research, 2016; Tactile Labs, 2015)

Citações narrativas: SR Research (2016) and Tactile Labs (2015)

- Se o aparelho ou equipamento vier com *software*, liste ambos na descrição.
- Se o aparelho ou equipamento tiver um número de modelo que não esteja incluído no título, inclua-o após o título entre parênteses.
- Como o autor e a editora (*publisher*) são iguais, omita a editora (*publisher*).

79. Aplicativo móvel

Epocrates. (2019). *Epocrates medical references* (Version 18.12) [Mobile app]. App Store. https://itunes.apple.com/us/app/epocrates/id281935788?mt=8

Citação parentética: (Epocrates, 2019)

Citação narrativa: Epocrates (2019)

80. Item em uma obra de referência de aplicativo móvel

Epocrates. (2019). Interaction check: Aspirin + sertraline. In *Epocrates medical references* (Version 18.12) [Mobile app]. Google Play Store. https://play.google.com/store/apps/details?id=com.epocrates&hl=en_US

Citação parentética: (Epocrates, 2019)

Citação narrativa: Epocrates (2019)

10.11 Testes, Escalas e Inventários

Para citar um teste, escala ou inventário, cite a literatura de apoio (p. ex., seu manual, que pode ser um livro autoral ou editado, ou o artigo no qual foi publicado; veja o Exemplo 81). Se não houver literatura de apoio disponível, também é possível citar o próprio teste (ver

Exemplo 82) e/ou um registro de banco de dados para um teste (ver Exemplo 83). O título de um teste, escala ou inventário deve ser digitado em formato título sempre que aparecer em um trabalho. Embora o título do teste possa estar em itálico em uma referência (p. ex., no nome de um manual ou quando o próprio teste é citado), no texto, ele deve aparecer em formato título sem itálico. O nome do banco de dados de um teste (p. ex., PsycTESTS, ETS TestLink) é incluído apenas para registros do banco de dados do teste (ver Exemplo 83). Use o modelo a seguir para elaborar referências para testes, escalas, inventários ou registros de bancos de dados de testes.

Autor	Data	Título	Fonte	
			Banco de Dados	URL
Autor, A. A., & Autor, B. B.	(2020).	*Título do Teste.* *Título do Registro do Banco de Dados do Teste* [Registro de banco de dados].	Nome do Banco de Dados do Teste.	https://xxxxxx

81. Manual de um teste, escala ou inventário

Tellegen, A., & Ben-Porath, Y. S. (2011). *Minnesota Multiphasic Personality Inventory–2 Restructured Form (MMPI-2-RF): Technical manual.* Pearson.

Citação parentética: (Tellegen & Ben-Porath, 2011)

Citação narrativa: Tellegen and Ben-Porath (2011)

82. Teste, escala ou inventário

Project Implicit. (n.d.). *Gender–Science IAT.* https://implicit.harvard.edu/implicit/takeatest.html

Citação parentética: (Project Implicit, n.d.)

Citação narrativa: Project Implicit (n.d.)

- Cite o teste, a escala ou o inventário apenas se um manual ou outra literatura de apoio não estiver disponível; se há um manual disponível, cite o manual, não o teste (ver Exemplo 81).

83. Registro de banco de dados para um teste

Alonso-Tapia, J., Nieto, C., Merino-Tejedor, E., Huertas, J. A., & Ruiz, M. (2018). *Situated Goals Questionnaire for University Students (SGQ-U, CMS-U)* [Database record]. PsycTESTS. https://doi.org/10.1037/t66267-000

Cardoza, D., Morris, J. K., Myers, H. F., & Rodriguez, N. (2000). *Acculturative Stress Inventory (ASI)* (TC022704) [Database record]. ETS TestLink.

Citações parentéticas: (Alonso-Tapia et al., 2018; Cardoza et al., 2000)

Citações narrativas: Alonso-Tapia et al. (2018) and Cardoza et al. (2000)

- Registros de banco de dados de testes (p. ex., registros de PsycTESTS da APA, da coleção ETS TestLink ou do banco de dados CINAHL) normalmente fornecem informações descritivas e administrativas exclusivas sobre os testes; cite o registro do banco de dados caso você utilize essas informações exclusivas. Caso contrário, cite a literatura de apoio, se disponível.

Mídia Audiovisual

A mídia audiovisual pode ter componentes visuais e auditivos (p. ex., filmes, programas de TV, vídeos do YouTube; ver Seção 10.12), apenas componentes auditivos (p. ex., música, gravações de fala; ver Seção 10.13) ou apenas componentes visuais (p. ex., arte, *slides* do PowerPoint, fotografias; ver Seção 10.14). Os exemplos de referências a seguir são divididos nessas categorias como um auxílio aos leitores deste manual; contudo, eles seguem os mesmos formatos, por isso as orientações são apresentadas juntas aqui.

Os formatos para referências audiovisuais seguem um padrão baseado no fato de o trabalho ser independente (p. ex., filmes, séries de TV inteiras, *podcasts*, *webinars*, álbuns de música, arte, vídeos do YouTube) ou fazer parte de um todo maior (p. ex., episódios de séries de TV, episódios de *podcast*, canções de um álbum de música). O autor de uma obra audiovisual é determinado pelo tipo de mídia, conforme mostrado a seguir.

Tipo de mídia	Incluir como o autor
Filme	Diretor
Séries de TV	Produtor(es) executivo(s)
Episódio de série de TV	Roteirista e diretor do episódio
Podcast	*Host* ou produtor executivo
Episódio de *podcast*	*Host* do episódio
Webinar	Professor
Álbum ou peça de música clássica	Compositor
Álbum ou canção de música moderna	Artista que gravou
Arte/Ilustração	Artista
Vídeo de *streaming on-line*	Pessoa ou entidade que enviou o vídeo
Fotografia	Fotógrafo

Descreva o trabalho audiovisual entre colchetes — por exemplo, "[Film]" (Filme), "[TV series]" (Série de TV), "[Audio podcast episode]" (Episódio de *podcast*), "[Song]" (Música), "[Painting]" (Pintura), e assim por diante, no elemento título da referência. No elemento fonte, indique o nome da produtora de filmes, séries de TV ou *podcasts*, o selo de álbuns de música, o nome do museu e a localização dos trabalhos artísticos, ou o nome do *site* de *streaming* de vídeo que hospeda um vídeo. Para fazer uma citação direta de uma obra audiovisual (p. ex., de um filme), veja a Seção 8.28; para entrevistas, consulte a Seção 8.7. Se você deseja reproduzir um trabalho audiovisual (p. ex., uma fotografia ou *clip art*), em vez de apenas citá-lo, pode ser necessário obter permissão do detentor dos direitos autorais e/ou fazer uma atribuição de direitos autorais de acordo com os termos da licença da imagem (consulte a Seção 12.15 para obter mais informações).

Use o modelo a seguir para elaborar referências para meios audiovisuais independentes.

			Fonte	
Autor	Data	Título	Editora (*publisher*)	URL
Diretor, D. D. (Diretor). Produtor, P. P. (Produtor executivo). Host, H. H. (*Host*). Artista, A. A. Uploader, U. U.	(2020). (1989–presente). (2013–2019). (2019, Julho 21).	Título do trabalho. [Descrição].	Produtora. Selo. Nome do Museu, Local do Museu. Nome do Departamento, Nome da Universidade.	https://xxxxxx

Use o modelo a seguir para elaborar referências para mídias audiovisuais que fazem parte de um todo maior.

Autor	Data	Título	Fonte	
			Editora (*publisher*)	URL
Roteirista, R. R. (Roteirista), & Diretor, D. D. (Diretor). Host, H. H. (*Host*). Produtor, P. P. (Produtor). Compositor, C. C. Artista, A. A.	(2020). (2020, Março 26).	Título do episódio (Temporada No., Episódio No.) [Descrição]. Título da música [Descrição].	In P. P. Produtor (Produtor Executivo), *Título da série de TV*. Produtora. In *Título do podcast*. Produtora. On *Título do álbum*. Selo.	https://xxxxxx

10.12 Trabalhos Audiovisuais

84. Filme ou vídeo

Forman, M. (Director). (1975). *One flew over the cuckoo's nest* [Film]. United Artists.

Fosha, D. (Guest Expert), & Levenson, H. (Host). (2017). *Accelerated experiential dynamic psychotherapy (AEDP) supervision* [Film; educational DVD]. American Psychological Association. https://www.apa.org/pubs/videos/4310958.aspx

Jackson, P. (Director). (2001). *The lord of the rings: The fellowship of the ring* [Film; four-disc special extended ed. on DVD]. WingNut Films; The Saul Zaentz Company.

Citações parentéticas: (Forman, 1975; Fosha & Levenson, 2017; Jackson, 2001)

Citações narrativas: Forman (1975), Fosha and Levenson (2017), and Jackson (2001)

- O diretor deve ser reconhecido como autor de um filme. Contudo, se o diretor é desconhecido (como no exemplo de Fosha & Levenson), alguém em uma função semelhante pode ser reconhecido para ajudar os leitores a encontrar o trabalho; a descrição da função neste caso corresponde à que está no trabalho e é flexível.
- Não é necessário especificar como você assistiu a um filme (p. ex., em uma sala de cinema, em DVD, *streaming on-line*). Contudo, o formato ou outras informações descritivas podem ser incluídos — dentro de colchetes, depois da palavra "Filme" e ponto e vírgula — quando você precisa especificar a versão utilizada (p. ex., quando o lançamento do DVD do filme inclui um comentário ou recurso especial que você usou, ou quando o filme é um vídeo ou DVD educacional de lançamento limitado). Ajuste o texto conforme necessário.

85. Filme ou vídeo em outro idioma

Malle, L. (Director). (1987). *Au revoir les enfants* [Goodbye children] [Film]. Nouvelles Éditions de Films.

Citação parentética: (Malle, 1987)

Citação narrativa: Malle (1987)

- Quando o título de um filme estiver em um idioma diferente do utilizado em seu artigo, inclua uma tradução entre colchetes (ver Seção 9.38).

86. Série de televisão

Simon, D., Colesberry, R. F., & Kostroff Noble, N. (Executive Producers). (2002–2008). *The wire* [TV series]. Blown Deadline Productions; HBO.

Citação parentética: (Simon et al., 2002–2008)

Citação narrativa: Simon et al. (2002–2008)

- Quando a série abrange vários anos, separe-os com uma meia-risca. Se a série ainda estiver no ar, substitua o segundo ano pela palavra "present" (presente): (2015–present).

87. Episódio de série de televisão ou *webisode*

Barris, K. (Writer & Director). (2017, January 11). Lemons (Season 3, Episode 12) [TV series episode]. In K. Barris, J. Groff, A. Anderson, E. B. Dobbins, L. Fishburne, & H. Sugland (Executive Producers), *Black-ish*. Wilmore Films; Artists First; Cinema Gypsy Productions; ABC Studios.

Oakley, B. (Writer), Weinstein, J. (Writer), & Lynch, J. (Director). (1995, May 21). Who shot Mr. Burns? (Part one) (Season 6, Episode 25) [TV series episode]. In D. Mirkin, J. L. Brooks, M. Groening, & S. Simon (Executive Producers), *The Simpsons*. Gracie Films; Twentieth Century Fox Film Corporation.

Citações parentéticas: (Barris, 2017; Oakley et al., 1995)

Citações narrativas: Barris (2017) and Oakley et al. (1995)

- Inclua o(s) autor(es) e o diretor do episódio. Insira as funções de colaboradores entre parênteses depois do nome da cada um. "Writer" (Roteirista) e "Director" (Diretor) são mostradas aqui, mas "Executive Director" (Diretor Executivo) ou outras descrições de função também podem ser usadas.
- Indique o número da temporada e o número do episódio depois do título entre parênteses.

88. TED Talk

Giertz, S. (2018, April). *Why you should make useless things* [Video]. TED Conferences. https://www.ted.com/talks/simone_giertz_why_you_should_make_useless_things

TED. (2012, March 16). *Brené Brown: Listening to shame* [Video]. YouTube. https://www.youtube.com/watch?v=psN1DORYYV0

Citações parentéticas: (Giertz, 2018; TED, 2012)

Citações narrativas: Giertz (2018) and TED (2012)

- Quando a TED Talk vem do *site* do TED (como no exemplo de Giertz), use o nome do orador como autor. Quando ela está no YouTube, liste o proprietário da conta do YouTube (aqui, TED) como autor para auxiliar na localização.
- Quando o orador não estiver indicado como autor, incorpore seu nome à narrativa, se desejar: Brown discussed shame as a human experience (TED, 2012). / Brown discutiu a vergonha como experiência humana (TED, 2012).
- Para citar um trecho de uma TED Talk, consulte a Seção 8.28.

89. *Webinar* gravado

Goldberg, J. F. (2018). *Evaluating adverse drug effects* [Webinar]. American Psychiatric Association. https://education.psychiatry.org/Users/ProductDetails.aspx?ActivityID=6172

Citação parentética: (Goldberg, 2018)

Citação narrativa: Goldberg (2018)

- Use este formato apenas para *webinars* gravados e acessíveis.
- Cite *webinars* não gravados como comunicações pessoais (ver Seção 8.9).

90. Vídeo do YouTube ou outro *streaming* de vídeo

Cutts, S. (2017, November 24). *Happiness* [Video]. Vimeo. https://vimeo.com/244405542

Fogarty, M. [Grammar Girl]. (2016, September 30). *How to diagram a sentence (absolute basics)* [Video]. YouTube. https://youtu.be/deiEY5Yq1qI

University of Oxford. (2018, December 6). *How do geckos walk on water?* [Video]. YouTube. https://www.youtube.com/watch?v=qm1xGfOZJc8

Citações parentéticas: (Cutts, 2017; Fogarty, 2016; University of Oxford, 2018)

Citações narrativas: Cutts (2017), Fogarty (2016), and University of Oxford (2018)

- A pessoa ou grupo que enviou o vídeo é reconhecida como o autor por uma questão de acesso, mesmo que não tenha criado o trabalho. Indique as contribuições de outras pessoas que aparecem no vídeo na narrativa do texto, se desejar (ver Exemplo 88).
- Consulte a Seção 9.8 para saber como apresentar nomes de usuário. Para fazer uma citação direta de um vídeo do YouTube ou de outro vídeo de *streaming*, consulte a Seção 8.28.

10.13 Trabalhos de Áudio

Veja a introdução à seção de Mídia Audiovisual para modelos para trabalhos de áudio.

91. Álbum de música

Bach, J. S. (2010). *The Brandenburg concertos: Concertos BWV 1043 & 1060* [Album recorded by Academy of St Martin in the Fields]. Decca. (Original work published 1721)

Bowie, D. (2016). *Blackstar* [Album]. Columbia.

Citações parentéticas: (Bach, 1721/2010; Bowie, 2016)

Citações narrativas: Bach (1721/2010) and Bowie (2016)

- Para uma gravação de uma obra clássica, indique o compositor como o autor e insira (entre colchetes, depois do título) o indivíduo ou grupo que gravou a versão que você usou. Inclua a data de publicação da versão que você usou e depois indique o ano da composição original entre parênteses no final da referência.
- Para todas as outras gravações, indique o nome do artista ou grupo como o autor.
- Normalmente não é necessário especificar como você ouviu um álbum (p. ex., CD, *streaming* no Spotify, iTunes, Amazon Music, Pandora, Tidal). Entretanto, o formato ou outras informações descritivas podem ser incluídos, entre colchetes, depois da palavra "Album" (Álbum) e um ponto e vírgula, quando você precisa especificar a versão utilizada (p. ex., quando uma versão de um álbum inclui faixas ou características especiais que você acessou). Ajuste o texto conforme necessário.
- Inclua um URL na referência se esse local for o único meio de acesso (p. ex., para artistas que publicam músicas em apenas um local, como o SoundCloud ou seu *site*).

92. Única música ou faixa

Beethoven, L. van. (2012). Symphony No. 3 in E-flat major [Song recorded by Staatskapelle Dresden]. On *Beethoven: Complete symphonies*. Brilliant Classics. (Original work published 1804)

Beyoncé. (2016). Formation [Song]. On *Lemonade*. Parkwood; Columbia.

Childish Gambino. (2018). This is America [Song]. mcDJ; RCA.

Lamar, K. (2017). Humble [Song]. On *Damn*. Aftermath Entertainment; Interscope Records; Top Dawg Entertainment.

Citações parentéticas: (Beethoven, 1804/2012; Beyoncé, 2016; Childish Gambino, 2018; Lamar, 2017)

Citações narrativas: Beethoven (1804/2012), Beyoncé (2016), Childish Gambino (2018), and Lamar (2017)

- Se a música não tiver nenhum álbum associado (como no exemplo de Childish Gambino), omita essa parte da referência.

- Inclua um URL na referência se esse for o único meio de acesso (p. ex., para artistas que publicam músicas em apenas um local, como o SoundCloud ou em seu *site*).

93. Podcast

Vedantam, S. (Host). (2015–present). *Hidden brain* [Audio podcast]. NPR. https://www.npr.org/series/423302056/hidden-brain

Citação parentética: (Vedantam, 2015–present)

Citação narrativa: Vedantam (2015–present)

- Indique o *host* (anfitrião) do *podcast* como o autor. De modo alternativo, indique os produtores executivos, se conhecidos. Em qualquer caso, inclua sua função entre parênteses.
- Especifique o tipo de *podcast* (áudio ou vídeo) entre colchetes.
- Se o URL do *podcast* for desconhecido (p. ex., se acessado por meio de um aplicativo), omita-o.

94. Episódio de *podcast*

Glass, I. (Host). (2011, August 12). Amusement park (No. 443) [Audio podcast episode]. In *This American life*. WBEZ Chicago. https://www.thisamericanlife.org/radio-archives/episode/443/amusement-park

Citação parentética: (Glass, 2011)

Citação narrativa: Glass (2011)

- Liste o *host* (anfitrião) do *podcast* como o autor e inclua sua função entre parênteses.
- Indique o número do episódio depois do título entre parênteses. Se o *podcast* não numera os episódios, omita o número da referência.
- Especifique o tipo de *podcast* (áudio ou vídeo) entre colchetes.
- Se o URL do *podcast* for desconhecido (p. ex., se acessado por meio de um aplicativo), omita-o.

95. Gravação de entrevista de rádio em um arquivo digital

de Beauvoir, S. (1960, May 4). *Simone de Beauvoir discusses the art of writing* [Interview]. Studs Terkel Radio Archive; The Chicago History Museum. https://studsterkel.wfmt.com/programs/simone-de-beauvoir-discusses-art-writing

Citação parentética: (de Beauvoir, 1960)

Citação narrativa: de Beauvoir (1960)

- Para entrevistas armazenadas em arquivos digitais ou físicos (em formato de áudio ou audiovisual), indique o entrevistado como o autor. Para mais informações sobre entrevistas, consulte a Seção 8.7.

96. Gravação de áudio de fala

King, M. L., Jr. (1963, August 28). *I have a dream* [Speech audio recording]. American Rhetoric. https://www.americanrhetoric.com/speeches/mlkihaveadream.htm

Citação parentética: (King, 1963)

Citação narrativa: King (1963)

10.14 Trabalhos Visuais

Veja a introdução à seção de Mídia Audiovisual para modelos para trabalhos visuais.

97. Obra de arte em um museu ou no *site* de um museu

Delacroix, E. (1826–1827). *Faust attempts to seduce Marguerite* [Lithograph]. The Louvre, Paris, France.

Wood, G. (1930). *American gothic* [Painting]. Art Institute of Chicago, Chicago, IL, United States. https://www.artic.edu/aic/collections/artwork/6565

Citação parentética: (Delacroix, 1826–1827; Wood, 1930)

Citação narrativa: Delacroix (1826–1827) and Wood (1930)

- Use este formato para citar todos os tipos de obras de arte de museus, incluindo pinturas, esculturas, fotografias, gravuras, desenhos e instalações; sempre inclua uma descrição do meio ou formato entre colchetes após o título.
- Para arte sem título, inclua uma descrição entre colchetes no lugar de um título.

98. Imagem *de clip art* ou de bancos de imagens

GDJ. (2018). *Neural network deep learning prismatic* [Clip art]. Openclipart. https://openclipart.org/detail/309343/neural-network-deep-learning-prismatic

Citação parentética: (GDJ, 2018)

Citação narrativa: GDJ (2018)

- Use este formato para citar (mas não reproduzir) a maioria das imagens de *clip art* ou de bancos de imagens. Para reproduzir imagens de *clip art* ou de bancos de imagens, além da referência, pode ser necessário obter permissão e/ou fazer uma atribuição de direitos autorais. Nenhuma citação, permissão ou atribuição de direitos autorais é necessária para *clip art* de programas como Microsoft Word ou PowerPoint (ver Seção 12.15).

99. Infográfico

Rossman, J., & Palmer, R. (2015). *Sorting through our space junk* [Infographic]. World Science Festival. https://www.worldsciencefestival.com/2015/11/space-junk-infographic/

Citação parentética: (Rossman & Palmer, 2015)

Citação narrativa: Rossman and Palmer (2015)

- Use este formato para citar (mas não reproduzir) um infográfico. Para reproduzir um infográfico, além da referência, pode ser necessário obter permissão e/ou fazer uma atribuição de direitos autorais (consulte a Seção 12.15).

100. Mapa

Cable, D. (2013). *The racial dot map* [Map]. University of Virginia, Weldon Cooper Center for Public Service. https://demographics.coopercenter.org/Racial-Dot-Map

Google. (n.d.). [Google Maps directions for driving from La Paz, Bolivia, to Lima, Peru]. Retrieved February 16, 2020, from https://goo.gl/YYE3GR

Citações parentéticas: (Cable, 2013; Google, n.d.)

Citações narrativas: Cable (2013) and Google (n.d.)

- Como mapas criados dinamicamente (p. ex., Google Maps) não têm um título, descreva o mapa entre colchetes e inclua uma data de acesso.

101. Fotografia

McCurry, S. (1985). *Afghan girl* [Photograph]. National Geographic. https://www.nationalgeographic.com/magazine/national-geographic-magazine-50-years-of-covers/#/ngm--1985-jun-714.jpg

Rinaldi, J. (2016). [Photograph series of a boy who finds his footing after abuse by those he trusted]. The Pulitzer Prizes. https://www.pulitzer.org/winners/jessica-rinaldi

Citações parentéticas: (McCurry, 1985; Rinaldi, 2016)

Citações narrativas: McCurry (1985) and Rinaldi (2016)

- Use este formato para citar (mas não reproduzir) fotografias ou outros trabalhos artísticos não conectados a um museu (para obras de arte de museus, consulte o Exemplo 97). Para reproduzir uma fotografia, além da referência, pode ser necessário obter permissão e/ou fazer uma atribuição de direitos autorais (ver Seção 12.15).
- A fonte é o nome do *site* de onde a fotografia foi retirada.
- Para uma fotografia sem título, inclua uma descrição entre colchetes no lugar de um título.

102. *Slides* de PowerPoint ou notas de palestra

Canan, E., & Vasilev, J. (2019, May 22). [Lecture notes on resource allocation]. Department of Management Control and Information Systems, University of Chile. https://uchilefau.academia.edu/ElseZCanan

Housand, B. (2016). *Game on! Integrating games and simulations in the classroom* [PowerPoint slides]. SlideShare. https://www.slideshare.net/brianhousand/game-on-iagc-2016/

Mack, R., & Spake, G. (2018). *Citing open source images and formatting references for presentations* [PowerPoint slides]. Canvas@FNU. https://fnu.onelogin.com/login

Citações parentéticas: (Canan & Vasilev, 2019; Housand, 2016; Mack & Spake, 2018)

Citações narrativas: Canan and Vasilev (2019), Housand (2016), and Mack and Spake (2018)

- Se os *slides* vierem de um *site* de sala de aula, ambiente virtual de aprendizagem (p. ex., Canvas, Blackboard) ou intranet da empresa e você está escrevendo para um público que tem acesso a eles, indique o nome do *site* e seu URL (use o URL da página de *login* para *sites* que exigem *login*; consulte a Seção 8.8).

Mídia *On-line*

10.15 Redes Sociais

Cite apenas conteúdo original de *sites* de redes sociais, como Twitter, Facebook, Reddit, Instagram, Tumblr, LinkedIn, e assim por diante. Ou seja, se você usou uma rede social para descobrir conteúdo (p. ex., encontrou um *link* para uma postagem de um *blog* no Pinterest ou Twitter) e quer citá-lo, faça-o diretamente — não é necessário mencionar que você o encontrou por meio de um *link* nas redes sociais.

As postagens de redes sociais podem conter apenas texto, texto com elementos audiovisuais (p. ex., fotos, vídeos) ou apenas elementos audiovisuais. Inclua o texto de uma postagem até as 20 primeiras palavras. Indique a presença de elementos audiovisuais (entre colchetes) após o texto da postagem (ver Exemplo 105).

Postagens de redes sociais também podem conter ortografia e uso de letra maiúscula fora do padrão, *hashtags*, *links* e *emojis*. Não altere a ortografia e uso de letras maiúsculas em uma referência desse tipo — mantenha *hashtags* e *links*, e reproduza *emojis*, se possível. Se não for possível criar o *emoji*, indique seu nome entre colchetes, por exemplo, "[emoji com rosto com lágrimas de alegria] para 😂. A lista completa dos nomes de *emoji* pode ser encontrada no *site* do Unicode Consortium (http://unicode.org/emoji/charts/index.html). Ao calcular o número de palavras de seu trabalho, conte um *emoji* como uma palavra.

Use o modelo a seguir para elaborar referências para conteúdos de redes sociais.

Autor	Data	Título	Fonte	
			Nome da rede social	URL
Twitter e Instagram: Autor, A. A. [@nome do usuário]. Nome da Entidade [@nome do usuário]. **Facebook e outras:** Autor, A. A. Nome da Entidade. Nome da Entidade. [Nome do usuário]. Nome do usuário.	(n.d.). (2019, Agosto 8).	*Conteúdo da postagem até as 20 primeiras palavras.* *Conteúdo da postagem até as 20 primeiras palavras* [Descrição de audiovisuais]. [Descrição de audiovisuais].	Nome do Site.	https://xxxxxx Recuperado em Agosto 27, 2020, de https://xxxxxx

103. Tweet

APA Education [@APAEducation]. (2018, June 29). *College students are forming mentalhealth clubs—and they're making a difference @washingtonpost* [Thumbnail with link attached] [Tweet]. Twitter. https://twitter.com/apaeducation/status/1012810490530140161

Badlands National Park [@BadlandsNPS]. (2018, February 26). *Biologists have identified more than 400 different plant species growing in @BadlandsNPS #DYK #biodiversity* [Tweet]. Twitter. https://twitter.com/BadlandsNPS/status/968196500412133379

White, B. [@BettyMWhite]. (2018, June 21). *I treasure every minute we spent together #koko* [Image attached] [Tweet]. Twitter. https://twitter.com/BettyMWhite/status/1009951892846227456

Citações parentéticas: (APA Education, 2018; Badlands National Park, 2018; White, 2018)

Citações narrativas: APA Education (2018), Badlands National Park (2018), and White (2018)

- Se o *tweet* incluir imagens (incluindo *gifs* animados), vídeos, *links* em miniatura para fontes externas, *links* para outros *tweets* (como em um *retweet* com comentário), ou uma enquete, indique essas informações entre colchetes. Para respostas a *tweets*, não inclua as informações de "replying to" (respondendo a); se isso for importante, faça-o dentro da citação no texto.
- Reproduza os *emojis*, se possível (consulte a introdução à Seção 10.15 para mais orientações).

104. Perfil do Twitter

APA Style [@APA_Style]. (n.d.). *Tweets* [Twitter profile]. Twitter. Retrieved November 1, 2019, from https://twitter.com/APA_Style

Citação parentética: (APA Style, n.d.)

Citação narrativa: APA Style (n.d.)

- Indique uma data de acesso porque o conteúdo da página pode mudar ao longo do tempo.
- Um perfil no Twitter possui várias guias ("Tweets" é o padrão). Para criar uma referência a uma das outras guias (p. ex., "Lists" ou "Moments"), substitua "Tweets" pelo nome dessa guia na referência.
- Inclua a notação "Twitter profile" (perfil do Twitter) entre colchetes.

105. Postagem no Facebook

Gaiman, N. (2018, March 22). *100,000+ Rohingya refugees could be at serious risk during Bangladesh's monsoon season. My fellow UNHCR Goodwill Ambassador Cate Blanchett is* [Image attached] [Status update]. Facebook. http://bit.ly/2JQxPAD

National Institute of Mental Health. (2018, November 28). *Suicide affects all ages, genders, races, and ethnicities. Check out these 5 Action Steps for Helping Someone in Emotional Pain* [Infographic]. Facebook. http://bit.ly/321Qstq

News From Science. (2018, June 26). *These frogs walk instead of hop:* https://scim.ag/2KlriwH [Video]. Facebook. https://www.facebook.com/ScienceNOW/videos/10155508587605108/

Citações parentéticas: (Gaiman, 2018; National Institute of Mental Health, 2018; News From Science, 2018)

Citações narrativas: Gaiman (2018), National Institute of Mental Health (2018), and News From Science (2018)

- Este formato pode ser usado para postagens em outras redes sociais, como Tumblr, LinkedIn, etc.
- Se uma atualização de *status* incluir imagens, vídeos, *links* em miniatura para fontes externas ou conteúdo de outra postagem no Facebook (como ao compartilhar um *link*), indique isso entre colchetes.
- Reproduza os *emojis*, se possível (consulte a introdução à Seção 10.15 para mais orientações).

106. Página do Facebook

Smithsonian's National Zoo and Conservation Biology Institute. (n.d.). *Home* [Facebook page]. Facebook. Retrieved July 22, 2019, from https://www.facebook.com/nationalzoo

Citação parentética: (Smithsonian's National Zoo and Conservation Biology Institute, n.d.)

Citação narrativa: Smithsonian's National Zoo and Conservation Biology Institute (n.d.)

- Use o título da página na referência (p. ex., "Timeline", "Home", "Photos", "About").
- Inclua a notação "Facebook page" (página do Facebook) entre colchetes.
- Este formato pode ser usado ou adaptado para referências de outras plataformas ou páginas de perfil, incluindo YouTube, Instagram, Tumblr, LinkedIn, etc.

107. Foto ou vídeo do Instagram

Zeitz MOCAA [@zeitzmocaa]. (2018, November 26). *Grade 6 learners from Parkfields Primary School in Hanover Park visited the museum for a tour and workshop hosted by* [Photographs]. Instagram. https://www.instagram.com/p/BqpHpjFBs3b/

Citação parentética: (Zeitz MOCAA, 2018)

Citação narrativa: Zeitz MOCAA (2018)

108. Destaque do Instagram

The New York Public Library [@nypl]. (n.d.). *The raven* [Highlight]. Instagram. Retrieved April 16, 2019, from https://bitly.com/2FV8bu3

Citação parentética: (The New York Public Library, n.d.)

Citação narrativa: The New York Public Library (n.d.)

- Use "n.d." para a data; embora cada história em um destaque seja datada, o destaque em si não é datado e pode incluir histórias de múltiplas datas.
- Como um destaque pode mudar a qualquer momento, inclua a data de acesso.

- Por ser extenso e complexo, o URL foi encurtado (ver Seção 9.36). Tanto a forma longa como curta do URL são aceitáveis.

109. Postagem de fórum *on-line*

National Aeronautics and Space Administration [nasa]. (2018, September 12). *I'm NASA astronaut Scott Tingle. Ask me anything about adjusting to being back on Earth after my first spaceflight!* [Online forum post]. Reddit. https://www.reddit.com/r/IAmA/comments/9fagqy/im_nasa_astronaut_scott_tingle_ask_me_anything/

Citação parentética: (National Aeronautics and Space Administration, 2018)

Citação narrativa: National Aeronautics and Space Administration (2018)

- Para obter mais informações sobre como formatar nomes de usuário, consulte a Seção 9.8.

10.16 Páginas e *Sites* da *Web*

Use a categoria páginas e *sites* da *web* se não houver outra categoria de referência que se encaixe e o trabalho não fizer parte de publicação abrangente (p. ex., periódico, *blog*, anais de congresso), além do próprio *site* (ver Seção 9.2). Se você citar várias páginas da *web* de um *site*, crie uma referência para cada uma. Para mencionar um *site* em geral, não crie um item na lista de referências ou uma citação no texto. Em vez disso, inclua o nome do *site* no texto e indique o URL entre parênteses (ver a Seção 8.22 para um exemplo).

Para obter ajuda na determinação do autor de uma referência de uma página ou *site* da *web*, incluindo como o autor pode ser deduzido do contexto ou encontrado em uma página "Sobre nós" ou de agradecimentos, consulte o Exemplo 113, bem como a Seção 9.7. Indique a data mais específica possível (consulte a Seção 9.15 para obter informações sobre como lidar com datas atualizadas ou revisadas) — por exemplo, ano, mês e dia, ano e mês, ou apenas ano. Quando o nome do autor e o do *site* forem iguais, omita o nome do *site* do elemento fonte. Inclua uma data de acesso somente quando o conteúdo é projetado para mudar com o tempo e a página não é arquivada (ver Seção 9.16).

Use o modelo a seguir para elaborar referências para páginas ou *sites* da *web*.

			Fonte	
Autor	Data	Título	Nome do *site*	URL
Autor, A. A., & Autor, B. B. Nome da Entidade.	(2020). (2020, Agosto). (2020, Setembro 28). (n.d.).	Título do trabalho.	Nome do *Site*.	https://xxxxxx Recuperado em Dezembro 22, 2020, de https://xxxxx

110. Página da *web* em um *site* de notícias

Avramova, N. (2019, January 3). *The secret to a long, happy, healthy life? Think age-positive*. CNN. https://www.cnn.com/2019/01/03/health/respect-toward-elderly-leads-to-long-life-intl/index.html

Bologna, C. (2018, June 27). *What happens to your mind and body when you feel homesick?* HuffPost. https://www.huffingtonpost.com/entry/what-happens-mind-body-homesick_us_5b201eb-de4b09d7a3d77eee1

Citações parentéticas: (Avramova, 2019; Bologna, 2018)

Citações narrativas: Avramova (2019) and Bologna (2018)

- Use este formato para artigos publicados em fontes de notícias *on-line* (p. ex., BBC News, Bloomberg, CNN, HuffPost, MSNBC, Reuters, Salon, Vox). Para citar artigos de revistas ou jornais *on-line*, veja os Exemplos 15 e 16.

111. **Página da *web* em um *site* cujo autor é uma entidade**

    Centers for Disease Control and Prevention. (2018, January 23). *People at high risk for flu complications*. U.S. Department of Health and Human Services. https://www.cdc.gov/flu/about/disease/high_risk.htm

    World Health Organization. (2018, March). *Questions and answers on immunization and vaccine safety*. https://www.who.int/features/qa/84/en/

    Citações parentéticas: (Centers for Disease Control and Prevention, 2018; World Health Organization, 2018)

    Citações narrativas: Centers for Disease Control and Prevention (2018) and World Health Organization (2018)

    - Quando o nome do autor e o do *site* forem iguais, omita o nome do *site* do elemento fonte.

112. **Página da *web* em um *site* com um autor individual**

    Martin Lillie, C. M. (2016, December 29). *Be kind to yourself: How self-compassion can improve your resiliency*. Mayo Clinic. https://www.mayoclinic.org/healthy-lifestyle/adult-health/in-depth/self-compassion-can-improve-your-resiliency/art-20267193

    Citação parentética: (Martin Lillie, 2016)

    Citação narrativa: Martin Lillie (2016)

113. **Página da *web* em um *site* sem data**

    Boddy, J., Neumann, T., Jennings, S., Morrow, V., Alderson, P., Rees, R., & Gibson, W. (n.d.). *Ethics principles*. The Research Ethics Guidebook: A Resource for Social Scientists. http://www.ethicsguidebook.ac.uk/EthicsPrinciples

    National Nurses United. (n.d.). *What employers should do to protect nurses from Zika*. https://www.nationalnursesunited.org/pages/what-employers-should-do-to-protect-rns-from-zika

    Citações parentéticas: (Boddy et al., n.d.; National Nurses United, n.d.)

    Citações narrativas: Boddy et al. (n.d.) and National Nurses United (n.d.)

    - No exemplo de Boddy et al., os autores estão listados na página de agradecimentos do *site* (ver Seção 9.7 para obter mais informações sobre determinação do autor).
    - Quando o nome do autor e o do *site* forem iguais, omita o nome do *site* do elemento fonte.

114. **Página da *web* em um *site* com uma data de acesso**

    U.S. Census Bureau. (n.d.). *U.S. and world population clock*. U.S. Department of Commerce. Retrieved July 3, 2019, from https://www.census.gov/popclock/

    Citação parentética: (U.S. Census Bureau, n.d.)

    Citação narrativa: U.S. Census Bureau (n.d.)

    - Quando o nome do autor e o do *site* forem iguais, omita o nome do *site* do elemento fonte.
    - Inclua uma data de acesso, porque os conteúdos da página são projetados para mudar com o tempo e a página em si não é arquivada (ver Seção 9.16).

11
REFERÊNCIAS JURÍDICAS

Sumário

Diretrizes Gerais Para Referências Jurídicas 359

11.1 Referências no Estilo APA Comparadas com Referências Jurídicas   359
11.2 Formas Gerais   360
11.3 Citações de Materiais Jurídicos no Texto   361

Exemplos de Referências Jurídicas 361

11.4 Casos ou Decisões Judiciais   361
11.5 Estatutos (Leis e Atos)   365
11.6 Materiais Legislativos   367
11.7 Materiais Administrativos e Executivos   369
11.8 Patentes   370
11.9 Constituições e Cartas   370
11.10 Tratados e Convenções Internacionais   372

11
REFERÊNCIAS JURÍDICAS

No Estilo APA, a maioria dos materiais jurídicos é citada no estilo de citação jurídica padrão usado para referências jurídicas em todas as disciplinas. Contudo, existem diferenças notáveis entre o estilo jurídico e as referências do Estilo APA descritas no Capítulo 10.

Neste capítulo, fornecemos informações sobre como as referências no Estilo APA diferem das referências no estilo jurídico; diretrizes gerais para a criação de referências jurídicas no Estilo APA; formas de citação de materiais jurídicos no texto; e exemplos de referências jurídicas comuns usadas em trabalhos no Estilo APA, incluindo decisões judiciais, estatutos, materiais legislativos, materiais administrativos e executivos, patentes, constituições, cartas, tratados e convenções internacionais. Por questões de brevidade, apenas exemplos jurídicos dos Estados Unidos e das Nações Unidas são apresentados neste capítulo. Para obter mais informações sobre como preparar esses e outros tipos de referências jurídicas, consulte *The Bluebook: A Uniform System of Citation* (*Bluebook*, 2015).

Diretrizes Gerais Para Referências Jurídicas

11.1 Referências no Estilo APA Comparadas com Referências Jurídicas

As referências jurídicas existentes geralmente já estão escritas no estilo jurídico e exigem poucas ou nenhuma alteração para um item na lista de referências no Estilo APA. Observe que algumas decisões judiciais são relatadas em vários lugares, o que é chamado de *citação paralela* (veja o Exemplo 6). Quando um trabalho tem citações paralelas, inclua todas as citações em seu item na lista de referências. As citações jurídicas existentes geralmente já incluem as citações paralelas, portanto, não é necessário fazer pesquisas adicionais para encontrá-las. A citação no texto para um trabalho jurídico é criada a partir do item na lista de referências (consulte a Seção 11.3).

Certifique-se de que suas referências jurídicas sejam precisas e contenham todas as informações necessárias para permitir que os leitores localizem o trabalho que está sendo referenciado. Se você tiver perguntas além do que é abordado neste capítulo, consulte o *Bluebook*, um bibliotecário na área de direito, ou o *site* de uma faculdade de direito para obter ajuda. Por exemplo, o Legal Information Institute, da Cornell Law School, fornece orientação gratuita sobre citações jurídicas (https://www.law.cornell.edu). Esses recursos o ajudarão a verificar se suas referências jurídicas (a) contêm as informações necessárias para serem localizadas e

(b) refletem o *status* atual da autoridade legal citada para evitar a possibilidade de se basear em um caso que foi anulado em um recurso ou em uma legislação que foi significativamente alterada ou refeita. A Tabela 11.1 resume as principais diferenças entre referências no Estilo APA e referências no estilo jurídico.

11.2 Formas Gerais

Uma forma geral é apresentada para cada um dos tipos de referência jurídica nas seções a seguir. Em geral, cada tipo de referência inclui um título popular ou formal ou nome da legislação e as informações de referência, que são chamadas de "*citation*" (citação).

> *Nota:* O termo "citação" para referências jurídicas não é usado da mesma forma que no Estilo APA padrão. Neste capítulo, emprega-se o sentido de referência jurídica da palavra "citação" quando esta aparece sem o modificador "no texto".

Consulte a compilação estatutária publicada de materiais legislativos em que a legislação é codificada (p. ex., uma seção numerada específica de um volume específico do *United States Code*), incluindo a data de publicação da compilação entre parênteses, se a legislação tiver sido codificada. Se a legislação ainda não tiver sido codificada, indique o rótulo de identificação para a legislação assinada pelo órgão legislativo durante a sessão legislativa específica (p. ex., uma seção específica de um ato identificado por seu número de lei pública).

Tanto para legislação quanto para decisões judiciais, a referência pode ser seguida por certas informações descritivas adicionais atinentes a seu conteúdo ou histórico (p. ex., recursos posteriores de decisões judiciais ou alterações posteriores à legislação), bem como a outras fontes a partir das quais a legislação ou citações judiciais podem ser encontradas. Consulte o *Bluebook* para obter o formato adequado para essas informações adicionais.

Como referências jurídicas podem incluir uma grande quantidade de informações (p. ex., uma citação a um caso pode incluir informações sobre apelações), o estilo desse tipo de referência usa abreviações para encurtá-las. Consulte a Tabela 11.2 para alguns exemplos das abreviações jurídicas mais comuns.

Tabela 11.1 Principais Diferenças Entre Referências no Estilo APA e Referências Jurídicas

Diferença	Estilo APA	Estilo jurídico
Ordem dos elementos no item da lista de referências	Geralmente autor, data, título e fonte, nessa ordem	Geralmente título, fonte e data, nessa ordem
Citação no texto	Geralmente autor e ano	Geralmente título e ano
Versão do trabalho sendo referenciado	A versão exata utilizada	A versão do registro conforme publicada em uma publicação jurídica oficial, como o *United States Code* ou o *Federal Register*, além de um URL (opcional) para a versão utilizada
Uso de abreviaturas padrão	Usadas para partes de um trabalho (p. ex., "2nd ed." para uma segunda edição)	Usadas para entidades e publicações jurídicas comuns (p. ex., "S." para "Senate" [Senado] e "H.R." para "House of Representatives" [Câmara dos Deputados])

Tabela 11.2 Abreviaturas Comuns em Referências Jurídicas

Palavra ou locução	Abreviatura
Parte do governo	
Congress (Congresso)	Cong.
House of Representatives (Câmara dos Deputados)	H.R.
Senate (Senado)	S.
Tipo de material jurídico	
Regulation (Regulamento)	Reg.
Resolution (Resolução)	Res.
Seção do material jurídico	
Section (Seção)	§
Sections (Seções)	§§
Number (Número)	No.
And following (E seguinte)	*et seq.*
"Reporter" (fonte) do material jurídico federal	
United States Reports	U.S.
Federal Reporter	F.
Federal Reporter, Second Series	F.2d
Federal Reporter, Third Series	F.3d
Federal Supplement	F. Supp.
Federal Supplement, Second Series	F. Supp. 2d
Federal Supplement, Third Series	F. Supp. 3d
United States Code	U.S.C.
Congressional Record	Cong. Rec.
Federal Register	F.R.

11.3 Citações de Materiais Jurídicos no Texto

Embora os formatos de referências para materiais jurídicos difiram dos utilizados para outros tipos de trabalhos citados nas publicações da APA, as citações no texto são compostas aproximadamente da mesma forma e cumprem o mesmo propósito. A maioria dos itens de referência jurídica começa com o título do trabalho, consequentemente, a maioria das citações no texto consiste no título e ano (p. ex., Americans With Disabilities Act, 1990; *Brown v. Board of Education*, 1954). Se o título for extenso (p. ex., para testemunho federal), encurte-o para a citação no texto (ver Exemplo 14), mas forneça informações suficientes para permitir que os leitores localizem o item na lista de referências. Exemplos de citações no texto e itens de referência para materiais jurídicos são apresentados nas seções a seguir.

Exemplos de Referências Jurídicas

11.4 Casos ou Decisões Judiciais

Uma referência para um caso ou decisão judicial inclui as seguintes informações:

- **título ou nome do caso**, geralmente uma parte contra outra (p. ex., *Brown v. Board of Education*);

- **citação**, geralmente um volume e página de um dos vários conjuntos de livros em que casos publicados podem ser encontrados, chamados de *reporters*, que normalmente contêm decisões de tribunais em divisões políticas específicas, que são chamadas de *jurisdições* (p. ex., *Federal Reporter, Second Series*);
- **jurisdição precisa do tribunal que redige a decisão** (p. ex., Supreme Court, New York Court of Appeals), entre parênteses;
- **data da decisão**, entre parênteses (no mesmo par de parênteses da jurisdição se ambos estiverem presentes); e
- **URL** de onde você retirou as informações do caso (opcional, isso não é rigorosamente necessário para citações jurídicas, mas pode ajudar os leitores no acesso).

Para criar um item na lista de referências para o caso que você deseja citar, primeiro identifique o tribunal que decidiu o caso e então siga o exemplo relevante. Com frequência, o documento sobre o caso terá a citação relevante incluída ou pode ser facilmente encontrado pesquisando na internet pelo nome da decisão do tribunal e a palavra "citation" (citação). Quando um item na lista de referências para um caso ou decisão judicial inclui um intervalo de páginas, indique apenas o número da primeira página.

> *Nota:* Ao contrário de outros tipos de referência, o título ou nome de um caso é escrito em tipo padrão no item na lista de referências e em itálico na citação no texto.

Decisões da Justiça Federal. Os Estados Unidos têm sistemas de tribunais federais e estaduais. Nos tribunais federais, existem vários níveis de autoridade, e as decisões desses tribunais são publicadas em diferentes publicações.

- **U.S. Supreme Court (Suprema Corte dos Estados Unidos):** As decisões da U.S. Supreme Court, a mais alta corte federal, são publicadas nos *United States Reports* (outros *reporters* também podem publicá-las). O modelo para essas decisões é o seguinte:

    Lista de referências: Name v. Name, Volume U.S. Page (Year). URL

    Citação parentética: (*Name v. Name*, Year)

    Citação narrativa: Name v. Name (Year)

- **U.S. Circuit Court (Tribunal Regional Federal dos Estados Unidos):** As decisões do U.S. Circuit Court são publicadas no *Federal Reporter*. O modelo para essas decisões é o seguinte:

    Lista de referências: Name v. Name, Volume F. [*ou* F.2d, F.3d] Page (Court Year). URL

    Citação parentética: (*Name v. Name*, Year)

    Citação narrativa: Name v. Name (Year)

- **U.S. District Court (Tribunal Distrital dos Estados Unidos):** As decisões do U.S. District Court são publicadas nos *Federal Supplements*. O modelo para essas decisões é o seguinte:

    Lista de referências: Name v. Name, Volume F. Supp. Page (Court Year). URL

    Citação parentética: (*Name v. Name*, Year)

    Citação narrativa: Name v. Name (Year)

Decisões do Tribunal Estadual. Em nível estadual, os tribunais também operam em diferentes níveis de autoridade, embora cada estado tenha um nome específico para eles. Esses níveis são os seguintes:

- **State supreme court (Suprema corte estadual):** A suprema corte estadual geralmente é a corte estadual superior (o estado de Nova York é uma exceção; a corte de apelações é a mais alta naquele estado).
- **State appellate court (Tribunal estadual de recursos):** O tribunal estadual de recursos, também denominado tribunal de apelação, é o tribunal intermediário onde o precedente começa a ser estabelecido.
- **State trial court (Tribunal estadual de primeira instância):** Trata-se do tribunal de instância inferior. As decisões dos tribunais estaduais de primeira instância raramente são citadas porque não estabelecem precedentes e não são relatadas nas proeminentes bases de dados jurídicas Nexis Uni (anteriormente LexisNexis Academic) ou WestLaw.

O modelo para as decisões dos tribunais estaduais é o seguinte:

Lista de referências: Name v. Name, Volume Reporter Page (Court Year). URL

Citação parentética: (*Name v. Name*, Year)

Citação narrativa: Name v. Name (Year)

1. **Caso da U.S. Supreme Court, com número de página**

    Brown v. Board of Education, 347 U.S. 483 (1954). https://www.oyez.org/cases/1940-1955/347us483

    Citação parentética: (*Brown v. Board of Education*, 1954)

    Citação narrativa: Brown v. Board of Education (1954)

    - As decisões da U.S. Supreme Court são publicadas nos *United States Reports* (abreviado como "U.S." na referência). Por exemplo, a decisão de eliminar a segregação racial em escolas públicas, *Brown v. Board of Education*, foi publicada no Volume 347 dos *United States Reports*, na página 483, no ano de 1954. Cite as decisões da U.S. Supreme Court publicadas nos *United States Reports* sempre que possível; cite o *Supreme Court Reporter* para casos que ainda não foram publicados nos *United States Reports*.

2. **Caso da U.S. Supreme Court, sem número de página**

    Obergefell v. Hodges, 576 U.S. ___ (2015). https://www.supremecourt.gov/opinions/14pdf/ 14-556_3204.pdf

    Citação parentética: (*Obergefell v. Hodges*, 2015)

    Citação narrativa: Obergefell v. Hodges (2015)

    - A decisão do tribunal de legalizar o casamento entre pessoas do mesmo sexo nos Estados Unidos, *Obergefell v. Hodges*, ocorreu em 2015 e foi publicada no Volume 576 dos *United States Reports*. Contudo, a partir da data de impressão deste Manual, os volumes paginados dos *United States Reports* foram publicados apenas para decisões até o mandato de 2012 da Supreme Court. Para os casos aos quais não foi atribuído um número de página (como *Obergefell v. Hodges*), inclua três traços de sublinhados em vez do número da página no item da lista de referências.

3. **Caso do U.S. Circuit Court**

    Daubert v. Merrell Dow Pharmaceuticals, Inc., 951 F.2d 1128 (9th Cir. 1991). https://openjurist.org/951/f2d/1128/william-daubert-v-merrell-dow-pharmaceuticals

    Citação parentética: (*Daubert v. Merrell Dow Pharmaceuticals, Inc.*, 1991)

    Citação narrativa: Daubert v. Merrell Dow Pharmaceuticals, Inc. (1991)

- Esta decisão judicial sobre defeitos congênitos resultantes do uso de medicamentos durante a gravidez apareceu no Volume 951 do *Federal Reporter, Second Series*, na página 1128, e foi decidida pelo 9th Circuit Court em 1991.

4. Caso do U.S. District Court

Burriola v. Greater Toledo YMCA, 133 F. Supp. 2d 1034 (ND Ohio 2001). https://law.justia.com/cases/federal/district-courts/FSupp2/133/1034/2293141/

Citação parentética: (Burriola v. Greater Toledo YMCA, 2001)

Citação narrativa: Burriola v. Greater Toledo YMCA (2001)

- Esta decisão do tribunal declarando que crianças e jovens com deficiência devem receber acomodações em serviços de cuidados após o horário regular da escola, sob a Americans With Disabilities Act de 1990, apareceu no Volume 133 do *Federal Supplement, Second Series*, na página 1034. Ela foi decidida pelo U.S. District Court for the Northern District of Ohio em 2001.

5. Caso do U.S. District Court, com recurso

Durflinger v. Artiles, 563 F. Supp. 322 (D. Kan. 1981), *aff'd*, 727 F.2d 888 (10th Cir. 1984). https://openjurist.org/727/f2d/888/durflinger-v-artiles

Citação parentética: (Durflinger v. Artiles, 1981/1984)

Citação narrativa: Durflinger v. Artiles (1981/1984)

- Esta decisão do tribunal sobre se terceiros devem ser protegidos de pacientes psiquiátricos internados involuntariamente sob custódia estadual foi proferida pelo Federal District Court for the District of Kansas em 1981. No recurso, a decisão foi confirmada pelo 10th Circuit Court of Appeals em 1984. As informações sobre a decisão original e a decisão do recurso aparecem no item da lista de referências.
- Se no recurso a decisão for afirmada, a abreviatura "*aff'd*" é utilizada entre os dois componentes, em itálico e isolada por vírgulas; se a decisão for anulada ou revertida, utiliza-se a abreviatura "*rev'd*", em itálico e isolada por vírgulas.
- Consulte o *Bluebook* para as formas adequadas das várias etapas no histórico de um caso.

6. Caso da State Supreme Court

Tarasoff v. Regents of the University of California, 17 Cal.3d 425, 131 Cal. Rptr. 14, 551 P.2d 334 (1976). https://www.casebriefs.com/blog/law/torts/torts-keyed-to-dobbs/the-duty-to-protect-from-third-persons/tarasoff-v-regents-of-university-of-california

Citação parentética: (Tarasoff v. Regents of the University of California, 1976)

Citação narrativa: Tarasoff v. Regents of the University of California (1976)

- Esta decisão judicial considerou que os profissionais da saúde mental têm o dever de proteger os indivíduos que estão sendo ameaçados de lesão corporal por um paciente. O caso foi decidido pela Supreme Court of the State of California em 1976.
- A decisão do tribunal foi relatada em três locais, todos incluídos na citação paralela (ver Seção 11.1), mostrados aqui separados por vírgulas. Essas três fontes são o Volume 17 dos *California Reports, Third Series* (Cal.3d), página 425; o Volume 131 do *California Reporter* (Cal. Rptr.), página 14; e o Volume 551 do *Pacific Reporter, Second Series* (P.2d), página 334. Em geral os três locais de relatório são apresentados juntos, portanto, nenhuma pesquisa adicional é necessária para encontrá-los.

7. Caso do State Apellate Court

Texas v. Morales, 826 S.W.2d 201 (Tex. Ct. App. 1992). https://www.leagle.com/decision/19921027826sw2d20111010

Citação parentética: (*Texas v. Morales*, 1992)

Citação narrativa: *Texas v. Morales* (1992)

- Esta decisão do tribunal concluiu que os componentes de proteção igualitária e do devido processo da Constituição do Texas proíbem a criminalização da atividade consensual privada entre adultos do mesmo sexo. Foi publicada no Volume 826 do *South Western Reporter, Second Series*, página 201, decidido pelo Texas State Court of Appeals em 1992.

11.5 Estatutos (Leis e Atos)

Um *estatuto* é uma lei ou ato aprovado por um corpo legislativo. Tal como acontece com as decisões judiciais, existem estatutos em níveis federal e estadual, por exemplo, uma lei aprovada pelo Congresso ou por um governo estadual.

Os estatutos federais são publicados no *United States Code* (U.S.C.), que, por sua vez, é dividido em seções chamadas de *titles* (títulos) — por exemplo, o Título 42 se refere a saúde pública e bem-estar. Novas leis são adicionadas aos títulos apropriados como forma de manter a lei organizada. Estatutos estaduais são publicados em compilações específicas do estado; por exemplo, os estatutos relativos ao estado da Flórida são publicados nos *Florida Statutes*. O estatutos estaduais também são normalmente organizados em títulos.

No item da lista de referências para um estatuto federal ou estadual, inclua o nome da lei, o título, a fonte (abreviada conforme especificado no *Bluebook*) e o número da seção do estatuto, e, entre parênteses, a data de publicação da compilação estatutária que você usou (p. ex., U.S.C. ou uma compilação específica do estado). Você pode incluir o URL de onde retirou o estatuto após o ano, isso não é estritamente necessário para citações jurídicas, mas pode ajudar os leitores no acesso.

Na citação no texto, indique o nome popular ou oficial da lei (se disponível) e seu ano. Determinar o ano do estatuto pode ser complicado porque muitas vezes há um ano em que o estatuto foi aprovado pela primeira vez, um ano em que foi emendado e um ano em que foi suplementado. O ano no item da lista de referências e na citação no texto deve referir-se àquele em que o estatuto foi publicado na fonte citada. Essa data pode ser diferente do ano que consta no nome da lei.

O modelo para estatutos federais ou estaduais é o seguinte:

Lista de referências: Name of Act, Title Source § Section Number (Year). URL

Citação parentética: (Name of Act, Year)

Citação narrativa: Name of Act (Year)

O formato dos estatutos estaduais pode variar dependendo do estado, mas geralmente segue o mesmo formato dos estatutos federais. Consulte o *Bluebook* ou outro recurso legal para obter mais informações sobre um determinado estado. Por exemplo, alguns estados usam números de capítulo ou artigo em vez de números de seção; para uma referência a um estatuto de um desses estados, use o número do capítulo ou do artigo na referência no lugar do número da seção. Use abreviaturas ou símbolos conforme indicado no *Bluebook*.

Para citar um estatuto federal (ou seja, uma lei ou ato), cite-o conforme codificado no *United States Code*. Você também pode ver um número de lei pública no ato, o qual é usado no item da lista de referências quando o ato é codificado em seções dispersas (ver Exemplo 9) ou para se referir a um ato antes de ele ser codificado (ver Exemplo 11). Contudo, se um estatuto foi codificado no *United States Code* em uma única seção ou intervalo de seções (consulte o Exemplo 8), não é necessário incluir o número de lei pública na referência.

A seguir são apresentados vários exemplos de leis comumente citadas em artigos no Estilo APA. As citações a outros estatutos federais seguem o mesmo formato.

8. Estatuto federal, Americans With Disabilities Act de 1990

Americans With Disabilities Act of 1990, 42 U.S.C. § 12101 *et seq.* (1990). https://www.ada.gov/pubs/adastatute08.htm

Citação parentética: (Americans With Disabilities Act, 1990)

Citação narrativa: Americans With Disabilities Act (1990)

- Esta lei pode ser localizada a partir da Seção 12101 do Título 42 do *United States Code* e foi codificada em 1990. A expressão "*et seq.*" significa "e seguinte" em latim, sendo uma forma taquigráfica de mostrar que a lei cobre não apenas a seção inicial citada, mas também as outras que a seguem.

9. Estatuto federal, Civil Rights Act de 1964

Civil Rights Act of 1964, Pub. L. No. 88-352, 78 Stat. 241 (1964). https://www.govinfo.gov/content/pkg/STATUTE-78/pdf/STATUTE-78-Pg241.pdf

Citação parentética: (Civil Rights Act, 1964)

Citação narrativa: Civil Rights Act (1964)

- Esta lei está codificada no *United States Code* em três seções espalhadas: 2 U.S.C, 28 U.S.C e 42 U.S.C. Para citá-la integralmente, use o número da lei pública conforme mostrado no exemplo.

10. Estatuto federal, Every Student Succeeds Act

Every Student Succeeds Act, 20 U.S.C. § 6301 (2015). https://www.congress.gov/114/plaws/publ95/PLAW-114publ95.pdf

Citação parentética: (Every Student Succeeds Act, 2015)

Citação narrativa: Every Student Succeeds Act (2015)

- Esta lei diz respeito à política educacional para alunos de escolas públicas primárias e secundárias. Foi codificada no Título 20 do *United States Code*, na Seção 6301, em 2015.

11. Estatuto federal, Lilly Ledbetter Fair Pay Act de 2009

Lilly Ledbetter Fair Pay Act of 2009, Pub. L. No. 111-2, 123 Stat. 5 (2009). https://www.govinfo.gov/content/pkg/PLAW-111publ2/pdf/PLAW-111publ2.pdf

Citação parentética: (Lilly Ledbetter Fair Pay Act, 2009)

Citação narrativa: Lilly Ledbetter Fair Pay Act (2009)

- Esta lei alterou o Título VII do Rights Civil Act (1964) e outros atos e diz respeito à compensação salarial justa. Como ela não foi codificada no *United States Code*, cite o número da lei pública. Ela foi publicada no Volume 123 dos *United States Statutes at Large* (abreviado como "Stat."), a partir da página 5, em 2009.

12. Estatuto federal, Título IX (Patsy Mink Equal Opportunity in Education Act)

Patsy Mink Equal Opportunity in Education Act, 20 U.S.C. § 1681 *et seq.* (1972). https://www.justice.gov/crt/title-ix-education-amendments-1972

Citação parentética: (Patsy Mink Equal Opportunity in Education Act, 1972)

Citação narrativa: Patsy Mink Equal Opportunity in Education Act (1972)

- O Patsy Mink Equal Opportunity in Education Act, comumente conhecido como Título IX, proíbe a discriminação com base no sexo em programas educacionais financiados pelo governo federal, como nos esportes. A lei foi publicada no Volume 20 do *United States Code*, a partir da Seção 1681, em 1972. Observe que "Título IX" se refere a parte das Emendas de Educação de 1972, não ao Título 9 do *United States Code*.

13. Estatuto estadual no código estadual

Florida Mental Health Act, Fla. Stat. § 394 (1971 & rev. 2009). http://www.leg.state.fl.us/statutes/index.cfm?App_mode=Display_Statute&URL=0300-0399/ 0394/0394.html

Citação parentética: (Florida Mental Health Act, 1971/2009)

Citação narrativa: Florida Mental Health Act (1971/2009)

- Esta lei pode ser encontrada nos *Florida Statutes*, Seção 394. Ela foi codificada pela primeira vez em 1971 e depois revisada em 2009. Ambos os anos aparecem na citação no texto, separados por uma barra.
- Consulte o *Bluebook* para formatos para outros estados.

11.6 Materiais Legislativos

Materiais legislativos incluem testemunhos federais, audiências, projetos de lei, resoluções, relatórios e documentos relacionados. Projetos de lei e resoluções que foram aprovados por ambas as casas do Congresso e assinados pelo presidente tornam-se normativos e devem ser citados como estatutos (ver Seção 11.5). Para citar um projeto de lei ou resolução não promulgado (ou seja, que não foi aprovado pelas duas casas do Congresso) ou não convertido em lei, siga as formas apresentadas nesta seção. Quando um URL está disponível, é opcional incluí-lo no final do item da lista de referências.

14. Testemunho federal

Modelo:

Title of testimony, xxx Cong. (Year) (testimony of Testifier Name). URL

Exemplo:

Federal real property reform: How cutting red tape and better management could achieve billions in savings, U.S. Senate Committee on Homeland Security and Governmental Affairs, 114th Cong. (2016) (testimony of Norman Dong). http://www.gsa.gov/portal/content/233107

Citação parentética: (*Federal Real Property Reform*, 2016)

Citação narrativa: *Federal Real Property Reform* (2016)

- Para o título de testemunho federal, inclua o título conforme aparece no trabalho e o nome do subcomitê e/ou comitê (se disponível), separados por vírgula. Depois, informe o número do Congresso, o ano entre parênteses e, separadamente, mas também entre parênteses, "testimony of" (testemunho de), seguido do nome da pessoa que prestou o testemunho. Quando o testemunho estiver disponível *on-line*, inclua também um URL.

15. Audiência federal completa

Modelo:

Title of hearing, xxx Cong. (Year). URL

Exemplo:

Strengthening the federal student loan program for borrowers: Hearing before the U.S. Senate Committee on Health, Education, Labor & Pensions, 113th Cong. (2014). https://www.help.senate.gov/hearings/strengthening-the-federal-student-loan-program-for-borrowers

Citação parentética: (Strengthening the Federal Student Loan Program, 2014)

Citação narrativa: Strengthening the Federal Student Loan Program (2014)

- Para o título de uma audiência federal completa, inclua o nome da audiência e o nome do subcomitê. Informe o número do Congresso e o ano. Quando um vídeo ou outra informação sobre a audiência estiver disponível *on-line*, inclua seu URL.

16. Projeto ou resolução federal não promulgado

Modelo:

Title [if relevant], H.R. or S. bill number, xxx Cong. (Year). URL

Title [if relevant], H.R. or S. Res. resolution number, xxx Cong. (Year). URL

Exemplo:

Mental Health on Campus Improvement Act, H.R. 1100, 113th Cong. (2013). https://www.congress.gov/bill/113th-congress/house-bill/1100

Citação parentética: (Mental Health on Campus Improvement Act, 2013)

Citação narrativa: Mental Health on Campus Improvement Act (2013)

- O número deve ser precedido por "H.R." (House of Representatives [Câmara dos Deputados]) ou "S." (Senate [Senado]), dependendo da fonte do projeto de lei ou resolução não promulgado.

17. Resolução federal simples ou simultânea promulgada

Modelo para Senado:

S. Res. xxx, xxx Cong., Volume Cong. Rec. Page (Year) (enacted). URL

Modelo para Câmara dos Deputados:

H.R. Res. xxx, xxx Cong., Volume Cong. Rec. Page (Year) (enacted). URL

Exemplo:

S. Res. 438, 114th Cong., 162 Cong. Rec. 2394 (2016) (enacted). https://www.congress.gov/congressional-record/2016/04/21/senate-section/article/S2394-2

Citação parentética: (S. Resolution 438, 2016)

Citação narrativa: Senate Resolution 438 (2016)

- Use este formato para citar resoluções aprovadas simples ou simultâneas do Congresso. Essas resoluções são relatadas no *Congressional Record* (abreviado "Cong. Rec.").
- Projetos de lei promulgados e resoluções conjuntas são leis e devem ser citados como estatutos (ver Seção 11.5).
- No exemplo, o Senado designou setembro de 2016 como Mês Nacional de Conscientização do Aneurisma Cerebral. A resolução é numerada 438 e é relatada no Volume 162 do *Congressional Record*, página 2394.

18. Relatório federal

Modelo para Senado:

S. Rep. No. xxx-xxx (Year). URL

Modelo para Câmara dos Deputados:

H.R. Rep. No. xxx-xxx (Year). URL

Exemplo:

H.R. Rep. No. 114-358 (2015). https://www.gpo.gov/fdsys/pkg/CRPT-114hrpt358/pdf/CRPT--114hrpt358.pdf

Citação parentética: (H.R. Rep. No. 114-358, 2015)

Citação narrativa: House of Representatives Report No. 114-358 (2015)

- Este relatório foi submetido à Câmara dos Deputados pelo Comitê de Assuntos de Veteranos sobre o Veterans Employment, Education, and Healtcare Impromevent Act.
- Para relatórios submetidos ao Senado, use a abreviatura "S. Rep. No." no item da lista de referências e "Senate Report No." na citação no texto.

11.7 Materiais Administrativos e Executivos

Materiais administrativos e executivos incluem regras e regulamentos, pareceres consultivos e ordens executivas.

19. Regulamentação federal, codificada

Modelo:

Title or Number, Volume C.F.R. § xxx (Year). URL

Exemplo:

Protection of Human Subjects, 45 C.F.R. § 46 (2009). https://www.hhs.gov/ohrp/sites/default/files/ohrp/policy/ohrpregulations.pdf

Citação parentética: (Protection of Human Subjects, 2009)

Citação narrativa: Protection of Human Subjects (2009)

- As regulamentações federais oficiais são publicadas no *Code of Federal Regulations*. Na referência, indique o título ou número do regulamento, o número do volume em que ele aparece no *Code of Federal Regulations*, a abreviatura "C.F.R.", o número da seção e o ano em que foi codificado. Se estiver disponível *on-line*, informe o URL.

20. Regulamentação federal, ainda não codificada

Modelo:

Title or Number, Volume F.R. Page (proposed Month Day, Year) (to be codified at Volume C.F.R. § xxx). URL

Exemplo:

Defining and Delimiting the Exemptions for Executive, Administrative, Professional, Outside Sales and Computer Employees, 81 F.R. 32391 (proposed May 23, 2016) (to be codified at 29 C.F.R. § 541). https://www.federalregister.gov/articles/2016/05/23/2016-11754/defining-and-delimiting-the-exemptions-for-executive-administrative-professional-outside-sales-and

Citação parentética: (Defining and Delimiting, 2016)

Citação narrativa: Defining and Delimiting (2016)

- Se a regulamentação ainda não foi codificada no *Code of Federal Regulations*, ela aparecerá primeiro no *Federal Register*. Indique pela abreviatura "F.R." em vez de "C.F.R.". Em vez do ano codificado, indique a data da proposta e inclua também a seção do *Code of Federal Regulations* em que ela será codificada.

21. Ordem executiva

Modelo:

Exec. Order No. xxxxx, 3 C.F.R. Page (Year). URL

Exemplo:

Exec. Order No. 13,676, 3 C.F.R. 294 (2014). https://www.govinfo.gov/content/pkg/CFR-2015-title-3-vol1/pdf/CFR-2015-title3-vol1-eo13676.pdf

Citação parentética: (Exec. Order No. 13,676, 2014)

Citação narrativa: Executive Order No. 13,676 (2014)

- Ordens executivas são relatadas no Título 3 do *Code of Federal Regulations*, portanto, "3 C.F.R." é sempre incluído no item da lista de referências para uma ordem executiva.
- A ordem executiva no exemplo abordou como combater bactérias resistentes a antibióticos. Foi publicada no *Code of Federal Regulations*, na página 294, em 2014.

11.8 Patentes

As referências de patentes assemelham-se mais às referências típicas do Estilo APA porque os elementos autor (inventor), ano, título e número da patente e fonte são incluídos nessa ordem.

Lista de referências: Inventor, A. A. (Year Patent Issued). *Title of patente* (U.S. Patent No. x,xxx,xxx). U.S. Patent and Trademark Office. URL

Citação parentética: (Inventor, Year)

Citação narrativa: Inventor (Year)

O URL da patente é opcional, mas pode ser incluído no item da lista de referências, se disponível.

22. Patente

Hiremath, S. C., Kumar, S., Lu, F., & Salehi, A. (2016). *Using metaphors to present concepts across different intellectual domains* (U.S. Patent No. 9,367,592). U.S. Patent and Trademark Office. http://patft.uspto.gov/netacgi/nph-Parser?patentnumber=9367592

Citação parentética: (Hiremath et al., 2016)

Citação narrativa: Hiremath et al. (2016)

- Esta patente foi concedida em 2016 aos inventores Hiremath et al., que trabalharam para a empresa de informática IBM. O número da patente é um código de identificação exclusivo dado a cada registro. A data refere-se ao ano em que a patente foi emitida, não ao ano em que foi solicitada.

11.9 Constituições e Cartas

Para citar uma constituição federal ou estadual inteira, a citação não é necessária. Basta referir-se à constituição no texto.

The U.S. Constitution has 26 amendments. / A Constituição dos Estados Unidos tem 26 emendas.

The Massachusetts Constitution was ratified in 1780. / A Constituição de Massachusetts foi ratificada em 1780.

Crie itens na lista de referências e citações no texto para citar artigos e emendas de constituições. Na lista de referências e nas citações entre parênteses, abrevie a "U.S. Constitution" para "U.S. Const." e use a abreviatura oficial do estado para uma constituição estadual

(p. ex., "Md. Const." para a Constituição de Maryland; consulte uma lista de abreviaturas estaduais para referências jurídicas no Legal Information Institute em https://www.law.cornell.edu/citation/4-500). Nas citações narrativas, use "U.S." ou "United States" para a Constituição dos Estados Unidos e escreva por extenso o nome do estado para uma constituição estadual — por exemplo, "the Wisconsin Constitution". Os números dos artigos e das emendas da Constituição norte-americana são algarismos romanos. Os números dos artigos das constituições estaduais também são algarismos romanos, mas os números das emendas a elas são algarismos arábicos. URLs não são necessários para a referência. Informações adicionais sobre a fonte citada podem ser incluídas na narrativa, se desejado.

23. Artigo da Constituição dos Estados Unidos

Modelo:

U.S. Const. art. xxx, § x.

Exemplo:

U.S. Const. art. I, § 3.

Citação parentética: (U.S. Const. art. I, § 3)

Citação narrativa: Article I, Section 3, of the U.S. Constitution

24. Artigo de uma constituição estadual

Modelo:

State Const. art. xxx, § x.

Exemplo:

S.C. Const. art. XI, § 3.

Citação parentética: (S.C. Const. Art. IX, § 3)

Citação narrativa: Article IX, Section 3, of the South Carolina Constitution

25. Emenda à Constituição dos Estados Unidos

Modelo:

U.S Const. amend. xxx.

Exemplo:

U.S. Const. amend. XIX.

Citação parentética: (U.S. Const. amend. XIX)

Citação narrativa: Amendment XIX to the U.S. Constitution

- As emendas às constituições estaduais são citadas da mesma forma que as emendas à Constituição dos Estados Unidos.
- Nenhuma data é necessária na referência, a menos que a emenda tenha sido revogada (ver Exemplo 26).

26. Emenda revogada à Constituição dos Estados Unidos

Modelo:

U.S Const. amend. xxx (repealed Year).

Exemplo:

U.S. Const. amend. XVIII (repealed 1933).

Citação parentética: (U.S. Const. amend. XVIII, repealed 1933)

Citação narrativa: Amendment XVIII to the U.S. Constitution was repealed in 1933

- Como a emenda foi revogada, um ano é incluído na referência.
- As emendas revogadas às constituições estaduais são citadas da mesma forma que as emendas revogadas à Constituição dos Estados Unidos.

27. Declaração de Direitos dos Estados Unidos

U.S. Const. amend. I–X.

Citação parentética: (U.S. Const. amend. I–X)

Citação narrativa: Amendments I–X to the U.S. Constitution

- As primeiras 10 emendas à Constituição dos Estados Unidos são chamadas coletivamente de Bill of Rights (Declaração de Direitos). A citação é a mesma que para uma emenda à constituição, exceto que a gama de emendas está incluída na citação.

28. Carta das Nações Unidas

Modelo:

U.N. Charter art. xx, para. xx.

Exemplo:

U.N. Charter art. 1, para. 3.

Citação parentética: (U.N. Charter art. 1, para. 3)

Citação narrativa: Article 1, paragraph 3, of the United Nations Charter

- Uma citação à Carta das Nações Unidas deve incluir o nome do acordo, o número do artigo e o número do parágrafo. Para citar um artigo inteiro, omita o número do parágrafo.

11.10 Tratados e Convenções Internacionais

As referências a tratados ou convenções internacionais devem incluir o nome do tratado, convenção ou outro acordo, a data de assinatura ou aprovação, e um URL, se disponível. No texto, forneça o nome do tratado ou convenção e o ano.

Lista de referências: Name of Treaty or Convention, Month Day, Year, URL

Citação parentética: (Name of Treaty or Convention, Year)

Citação narrativa: Name of Treaty or Convention (Year)

29. Convenção das Nações Unidas

United Nations Convention on the Rights of the Child, November 20, 1989, https://www.ohchr.org/en/professionalinterest/pages/crc.aspx

Citação parentética: (United Nations Convention on the Rights of the Child, 1989)

Citação narrativa: United Nations Convention on the Rights of the Child (1989)

12
O PROCESSO DE PUBLICAÇÃO

Sumário

Preparação Para Publicação 375
12.1 Adaptando uma Tese ou Dissertação Para um Artigo Científico   375
12.2 Selecionando um Periódico Para Publicação   376
12.3 Priorizando Periódicos Potenciais   377
12.4 Evitando Periódicos Predatórios   378

Compreendendo o Processo de Publicação Editorial 380
12.5 O Processo de Publicação Editorial   380
12.6 Papel dos Editores   380
12.7 Processo de Revisão por Pares   381
12.8 Decisões Sobre o Manuscrito   383

Preparação do Manuscrito 385
12.9 Preparando o Manuscrito Para Submissão   385
12.10 Usando um Portal de Submissão *On-line*   385
12.11 Escrevendo uma Carta de Apresentação   386
12.12 Correspondendo-se Durante a Publicação   387
12.13 Certificação de Requisitos Éticos   387

Diretrizes de Direitos Autorais e Permissão 388
12.14 Diretrizes Gerais Para Reprodução ou Adaptação de Materiais   388
12.15 Materiais que Requerem uma Atribuição de Direitos Autorais   388
12.16 *Status* de Direitos Autorais   390
12.17 Permissão e Uso Razoável   391
12.18 Formatos de Atribuição de Direitos Autorais   392

Durante e Depois da Publicação 394
12.19 Provas do Artigo   394
12.20 Políticas de Direitos Autorais de Artigos Publicados   395
12.21 Políticas de Depósito de Acesso Aberto   396
12.22 Escrevendo um Aviso de Correção   396
12.23 Compartilhando seu Artigo *On-line*   397
12.24 Promovendo seu Artigo   398

12
O PROCESSO DE PUBLICAÇÃO

Autores, editores, revisores e editoras (*publishers*) compartilham a responsabilidade pelo manuseio ético e eficiente de um manuscrito, que se inicia quando o editor o recebe e se estende ao longo da vida do artigo publicado.

Neste capítulo, fornecemos aos autores orientação sobre a preparação para publicação, incluindo como transformar uma tese ou dissertação em um artigo científico, preparar um manuscrito para submissão, selecionar um periódico adequado e confiável e navegar no processo editorial de publicação. As seções seguintes abordam ainda as diretrizes de *copyright* e permissão para reprodução ou adaptação de certos tipos de trabalhos protegidos por direitos autorais, o formato para escrever atribuições de direitos autorais e as etapas a serem executadas durante e após a publicação.

Preparação Para Publicação

12.1 Adaptando uma Tese ou Dissertação Para um Artigo Científico

Uma tese ou dissertação geralmente serve de base para o primeiro trabalho publicado de um novo pesquisador. A pesquisa original pode ser reformatada para ser submetida a um periódico seguindo uma de duas estratégias gerais.

A estratégia mais rápida para transformar uma tese ou dissertação em um ou vários artigos publicados é estruturar o trabalho usando um formato de múltiplos artigos, em que o produto final submetido para cumprir os requisitos para a obtenção do grau de doutor ou mestre consiste em um artigo ou uma série de artigos formatados para submissão em periódicos (ou quase prontos para isso). Esses artigos geralmente são conceitualmente semelhantes (e muitas vezes vêm de um mesmo projeto mais abrangente), mas podem ser considerados relatos de pesquisa independentes. Os benefícios dessa estratégia incluem ter seu artigo já formatado e com extensão compatível com as diretrizes dos periódicos, economizando tempo e esforço na preparação para publicação. Na verdade, você pode até mesmo incluir manuscritos em coautoria e sob revisão, no prelo ou publicados em outro lugar em sua tese ou dissertação, desde que todas as exigências relacionadas aos direitos autorais sejam atendidas (ver Seção 12.20). Entre em contato com o departamento editorial de sua universidade com antecedência para confirmar se esse é um formato aceitável e para obter as diretrizes específicas para redigir e estruturar o trabalho.*

---

* N. de R.T. No Brasil, há programas de pós-graduação que têm suas próprias diretrizes, as quais também devem ser consultadas.

Uma segunda estratégia para transformar uma tese ou dissertação em um artigo científico, após concluir sua defesa, é reformatar o trabalho para que ele se ajuste ao escopo e estilo de um artigo. Isso geralmente requer ajustes nos seguintes elementos (visite o *site* do Estilo APA em https://apastyle.apa.org para mais orientações):

- **extensão:** Diminua a extensão total do artigo eliminando texto dentro das seções, eliminando seções inteiras ou separando questões de pesquisa distintas para cada artigo (porém, consulte a Seção 1.16). Se o trabalho examinou várias questões de pesquisa distintas, restrinja o foco a um tópico específico para cada artigo. Consulte as normas de publicação de artigos científicos no Capítulo 3 para aprender mais sobre as informações essenciais a serem relatadas em pesquisas quantitativas, qualitativas e de métodos mistos.
- **referências:** Inclua apenas as referências mais pertinentes (ou seja, teoricamente importantes ou recentes), especialmente na introdução e na revisão da literatura, em vez de fornecer uma lista exaustiva. Certifique-se de que os trabalhos citados contribuem para o conhecimento dos leitores sobre o tema específico e para a compreensão e contextualização da pesquisa relatada.
- **seção de introdução:** Elimine conteúdo ou seções irrelevantes que não contribuem diretamente para o conhecimento ou compreensão dos leitores da questão ou questões de pesquisa específicas sob investigação. Termine com uma descrição clara das questões, objetivos ou hipóteses que engendram sua pesquisa.
- **seção de Método:** Forneça informações suficientes para que os leitores possam entender como os dados foram coletados e avaliados (seguindo as normas de apresentação de artigos científicos no Capítulo 3); detalhes completos sobre cada etapa ou seu fundamento lógico são desnecessários. Em vez disso, remeta os leitores a trabalhos anteriores que informaram os métodos do presente estudo ou a materiais complementares.
- **seções de Resultados e Discussão:** Relate os resultados mais relevantes e ajuste a discussão em conformidade. Assegure-se de que os resultados contribuam diretamente para responder às suas questões ou hipóteses de pesquisa originais; verifique se sua interpretação e sua aplicação dos resultados são adequadas.
- **tabelas e figuras:** Certifique-se de que as tabelas ou figuras são essenciais (ver Capítulo 7) e não reproduzem o conteúdo apresentado no texto.

Os estudantes que pretendem preparar sua tese ou dissertação para publicação são aconselhados a observar artigos da área e em periódicos relevantes para ver qual estrutura e enfoque são apropriados para seu trabalho. Para entender como são os artigos científicos e o que eles têm ou não, os autores também podem considerar avaliar um artigo submetido a um periódico junto com seu orientador (com permissão do editor do periódico) ou atuar como examinador em um concurso estudantil. Isso oferece uma visão em primeira mão de como os autores são avaliados durante a revisão por pares (ver Seção 12.7). Além disso, orientadores ou outros colegas podem ser coautores de manuscritos baseados em uma tese ou dissertação. Por isso, estudantes devem solicitar e considerar a contribuição desses coautores durante o processo de transformação (ver Seção 1.22 sobre a ordem dos autores).

12.2 Selecionando um Periódico Para Publicação

A seleção de um periódico para publicação deve ser uma etapa integrante e inicial do processo de redação, pois essa escolha pode moldar a forma do manuscrito. Por exemplo, os periódicos variam quanto a seus requisitos de extensão; alguns publicam relatos breves além de artigos, enquanto outros publicam apenas artigos mais extensos. Da mesma forma, alguns periódicos alcançam uma ampla gama de leitores, ao passo que outros são mais especializados. Considerações adicionais são as áreas temáticas, a política de acesso aberto, o fator de impacto, o tempo para publicação e o estilo de citação do periódico. As características de um periódico e seu público-alvo devem nortear seu processo de seleção.

Se você não tem certeza sobre como selecionar um periódico para publicação, dê uma olhada em sua lista de referências enquanto escreve: Quais periódicos você cita repetidamente? Que temas você vê contemplados nos artigos publicados naquele periódico? Você também pode consultar as listas de referências de artigos publicados semelhantes ao seu para ter uma ideia sobre onde os pesquisadores em sua área estão publicando. Também peça recomendações aos coautores ou colegas. Averigue as possíveis sugestões entrando em contato com o editor do periódico para assegurar-se de que o seu tópico está dentro do escopo da publicação e é do interesse de seu público. Os editores podem dizer imediatamente que o tópico do artigo está fora da alçada de seu periódico e até sugerir outro mais adequado. Por meio desse processo, você começará a formar uma lista de possíveis periódicos para publicação.

O próximo passo é reduzir essa lista a um ou dois periódicos possíveis, avaliando dois fatores: adequação e prestígio.

Adequação. Como todos os periódicos são especializados em certos tipos de pesquisa, é importante que seu estudo seja apropriado ao veículo escolhido. Um dos motivos mais comuns pelos quais os editores rejeitam um manuscrito é porque a pesquisa não é apropriada para o periódico. Para aprender sobre o escopo de um periódico, examine edições anteriores e leia a descrição em seu *site*. Consulte também suas diretrizes para submissão de manuscritos e instruções para os autores a fim de identificar os limites disciplinares e metodológicos. Procure semelhanças com o seu trabalho nos seguintes quesitos:

- **populações:** Considere fatores como características demográficas, diagnóstico e ambiente (p. ex., naturalista *versus* laboratorial).
- **métodos:** Considere o uso de métodos quantitativos, qualitativos, de revisão, metanalíticos, mistos e outras abordagens (ver Seções 1.1–1.9).
- **temas:** Considere os temas que unem os artigos publicados no periódico.
- **características do artigo:** Considere características como extensão (p. ex., relatos breves *versus* revisões extensas), complexidade, estilo de citação, e assim por diante.

Prestígio. A publicação em um periódico de prestígio será uma dádiva para sua carreira e seu trabalho. Quando se trata de selecionar um periódico para publicação, é importante ter em mente que mais de um veículo de alta qualidade pode ser adequado. O prestígio de um periódico pode ser avaliado de várias formas; uma delas é consultando índices como fator de impacto, taxa de rejeição e número de citações aos artigos publicados. Periódicos de prestígio utilizam revisão por pares, têm um conselho editorial composto por pesquisadores ilustres na área de conhecimento e estão incluídos em bases de dados de indexação e de resumos de pesquisas confiáveis em seu campo como uma indicação do alcance para seus públicos-alvo.

12.3 Priorizando Periódicos Potenciais

Publicar não se trata simplesmente de submeter um manuscrito ao periódico de maior prestígio possível, mas sim de identificar um conjunto de periódicos mais adequados para sua pesquisa e então selecionar um que seja bem conceituado. Sugerimos que você escolha dois periódicos para enviar seu estudo: sua opção preferencial e outra de reserva. Lembre-se de que, nas ciências sociais, um manuscrito só pode ser submetido a um periódico de cada vez, portanto, em conformidade com essa norma, priorize os periódicos. A pré-seleção de dois periódicos potenciais ajudará a aliviar o fardo de avaliar os veículos novamente, caso seu manuscrito seja recusado pelo primeiro.

Se você não conseguir decidir entre as opções, priorize a adequação em detrimento do prestígio. O objetivo da publicação é compartilhar sua pesquisa com a comunidade acadêmica; assim, se você publicar em um periódico de prestígio, mas não apropriado, será mais difícil para os leitores interessados encontrar seu trabalho. Em geral, pesquisadores assinam certos periódicos para se manterem informados sobre pesquisas novas e relevantes e recebem notificações quando um novo material é publicado. Portanto, a escolha de um periódico adequado e conceituado para publicação permite que seu trabalho seja notado por pesquisadores familiarizados com sua disciplina e contribua melhor para o crescimento do conhecimento na área. Outros fatores que podem influenciar sua decisão são o tempo para a primeira resposta ou para a publicação (que pode ser relevante para estudantes de pós-graduação que desejam publicar artigos de sua tese ou dissertação antes da conclusão do curso), custos de publicação (que podem ser relevantes para pesquisadores sem financiamento), se é um periódico do qual você ou seus colegas foram revisores, leitores ou alcance internacional e *status* de acesso aberto.

12.4 Evitando Periódicos Predatórios

Esta seção fornece orientações preventivas para editores e autores. Assim como os autores são obrigados a respeitar padrões éticos e profissionais ao realizar pesquisas, as secretarias editoriais e editoras (*publishers*) de periódicos devem ser rigorosas na avaliação dos artigos que publicam. Infelizmente, existem periódicos e editoras (*publishers*) que adotam *práticas predatórias* ou *enganosas*, envolvendo inúmeros meios antiéticos ou negligentes de atrair, avaliar e/ou publicar artigos.

Periódicos predatórios (também chamados de *periódicos enganosos*) são aqueles cujas editoras (*publishers*) solicitam agressivamente manuscritos para publicação e cobram taxas para isso sem fornecer serviços que as justifiquem. Essa prática também é chamada de *publicação fraudulenta*. Os periódicos de acesso aberto que cobram taxas pela publicação não são inerentemente predatórios, mas os periódicos predatórios geralmente usam esse modelo. Eles costumam ter as seguintes características:

- **solicitação informal:** O periódico pode solicitar publicação por um *e-mail* informal (p. ex., contendo muitos pontos de exclamação), mal-escrito e assinado por um assistente editorial em vez do editor. Se o editor for identificado no *e-mail* ou no *site* da revista, verifique o *site* ou currículo do profissional para confirmar se a editoria do periódico consta na lista.
- **editora (*publisher*) ou *site* oculto:** O *site* ou a editora (*publisher*) do periódico pode ser propositalmente excluído das comunicações para evitar escrutínio, principalmente se o seu nome puder ser confundido com o nome de um periódico importante na área. Se os únicos *links* no *e-mail* forem para o sistema de revisão por pares *on-line* e um *e-mail* genérico do editor (p. ex., JournalEditor@[publisher].com), pesquise o periódico *on-line* e analise seu *site*.
- **falta de avaliação rigorosa:** O periódico pode não seguir padrões de avaliação rigorosos; por exemplo, pode omitir a revisão por pares ou usar apenas um processo de revisão por pares superficial e carecer de serviços de edição, arquivamento e/ou indexação (Bowman, 2014), resultando em artigos de baixa qualidade.

- **falta de transparência:** O *site* do periódico pode dificultar a localização de informações sobre o processo editorial ou operações de publicação (p. ex., taxas de publicação, equipe editorial; Masten & Ashcraft, 2017).
- **má reputação:** A editora (*publisher*) do periódico pode não ter uma boa (ou nenhuma) reputação. Seu *site*, caso exista, pode parecer pouco profissional e carecer de informações de contato (p. ex., *e-mail*, endereço postal, número de telefone comercial). O fator de impacto ou outros critérios de avaliação do periódico podem vir com um asterisco indicando que são "estimativas informais" em vez de dados reais.
- **processos de submissão fora do padrão:** O periódico pode usar um sistema genérico de revisão por pares *on-line* (p. ex., não identificado com o nome de um periódico ou organização) ou permitir a submissão de manuscritos por *e-mail*.
- **falta de indexação nas bases de dados:** O periódico e outras publicações da mesma editora (*publisher*) podem não ser indexados no PsycINFO ou em outros bancos de dados de pesquisas confiáveis. Embora a inclusão nos principais bancos de dados de pesquisa não seja uma garantia total de boas práticas, as editoras (*publishers*) de bancos de dados geralmente utilizam processos para avaliar e monitorar os periódicos que cobrem. Certifique-se de pesquisar o título do periódico exatamente como ele aparece no *e-mail*; alguns periódicos predatórios têm títulos enganosamente semelhantes aos de periódicos respeitáveis.

> **Periódicos científicos respeitáveis geralmente são indexados em bancos de dados de pesquisa.** A lista de cobertura dos periódicos da APA PsycINFO, que inclui informações das editoras (*publishers*), está disponível *on-line* (https://on.apa.org/2TRvolj).

Apesar de compartilharem uma ou mais dessas características gerais, os periódicos predatórios não são idênticos em suas práticas. Assim como cobrar taxas de publicação ou ter um modelo de acesso aberto não são marcadores universais de um periódico predatório, a ausência dessas práticas não garante que o periódico siga elevados padrões de rigor e avaliação. Em última análise, é responsabilidade do autor ser diligente e avaliar criticamente os padrões usados por periódicos em potencial.

Os periódicos de alta qualidade normalmente têm identificadores de objeto digital (DOIs) para seus artigos e um ISSN (Beaubien & Eckard, 2014). Em geral, têm um escopo bem definido, alinhado com o conteúdo dos artigos que publicam, processos de revisão por pares, correção e retratação claramente descritos, e um editor e um conselho editorial identificados, compostos por indivíduos competentes em suas áreas (Shamseer et al., 2017). As eventuais taxas de processamento ou publicação cobradas são claramente divulgadas no *site* da revista e são adequadas para cobrir os serviços prestados.

Existem recursos disponíveis para ajudar os autores a examinar periódicos e discernir aqueles que são potencialmente predatórios. Por exemplo, a World Association of Medical Editors (Laine & Winker, 2017) publicou orientações para ajudar editores, pesquisadores, patrocinadores, acadêmicos e outras partes interessadas a distinguir periódicos predatórios de periódicos legítimos. Shamseer et al. (2017) usaram dados empíricos para desenvolver um conjunto de padrões baseados em evidências para identificar periódicos potencialmente predatórios — esses indicadores fornecem um ponto de partida para avaliar a qualidade do periódico. Tanto o Directory of Open Access Journals (DOAJ; https://doaj.org) como o Quality Open Access Market (QOAM; https://www.qoam.eu) mantêm listas de periódicos respeitados com acesso aberto e revisados por pares. Os autores podem visitar o *site* Think. Check. Submit. (https://thinkchecksubmit.org), que fornece uma lista de verificação e recursos gratuitos adicionais para auxiliar na identificação de periódicos confiáveis. A Open Scholarship Initiative (OSI, 2019) também fornece informações valiosas sobre publicações predatórias ou fraudulentas.

Se você tiver dúvidas ou preocupações, entre em contato com o bibliotecário da universidade, que pode ajudar a garantir a legitimidade da revista que você escolher. O passo mais importante que você pode dar para proteger a integridade de sua pesquisa é ser diligente na avaliação de um periódico em potencial antes de decidir se submeterá seu artigo para publicação.

Compreendendo o Processo de Publicação Editorial

12.5 O Processo de Publicação Editorial

O processo de publicação editorial começa quando um autor submete um manuscrito a uma revista. O fluxograma na Figura 12.1 descreve os caminhos potenciais que o manuscrito pode seguir desde a submissão até a publicação. É importante entender esse processo no contexto: os artigos de periódicos acadêmicos são publicações originais e primárias, o que significa que não foram publicados anteriormente, contribuem para o corpo de conhecimento científico e foram revisados por uma equipe de pares. O trabalho que foi revisado por pares e aparece em um periódico com um ISSN ou como um trabalho autônomo com um ISBN é considerado publicado (ver Seção 1.16 para obter mais informações sobre publicação duplicada). Embora seja possível publicar informalmente postando versões de um artigo *on-line* (p. ex., em um servidor de pré-impressão), isso por si só não constitui publicação (consulte a Seção 12.23 para obter mais informações sobre como compartilhar seu trabalho).

A literatura revisada por pares em uma área é construída por contribuições individuais que, juntas, representam o conhecimento acumulado nessa área. Para garantir a qualidade de cada contribuição — que o trabalho seja original, rigoroso e significativo —, estudiosos nas subespecialidades de um campo de conhecimento revisam cuidadosamente os manuscritos em avaliação. Ao submeter um manuscrito a um periódico revisado por pares, o autor implicitamente consente com a circulação e discussão do trabalho entre os revisores. Durante o processo de revisão, ele é considerado um documento confidencial e privilegiado; entretanto, como as políticas das editoras (*publishers*) diferem, verifique as diretrizes de submissão de manuscritos do periódico e suas instruções aos autores (consulte as Seções 1.20 e 1.23 para obter mais informações sobre padrões éticos para revisores de manuscritos).

12.6 Papel dos Editores

As decisões de publicação de um periódico estão nas mãos dos editores, que são responsáveis por sua qualidade e seu conteúdo. Os editores de periódicos procuram manuscritos que (a) contribuam significativamente para a área de conhecimento coberta pelo periódico, (b) se comuniquem com clareza e concisão e (c) sigam as diretrizes de estilo da publicação. Compreender a hierarquia dos editores pode ajudá-lo a saber o que esperar como autor e como se comunicar durante o processo de submissão e publicação.

O principal editor do periódico, ou *editor-chefe*, tem autoridade final nas decisões relativas aos manuscritos. Muitas vezes, ele é auxiliado por *editores associados*, que assumem a responsabilidade por uma área de conteúdo específica da revista ou por uma parte dos manuscritos submetidos a ela. Em alguns periódicos, um editor associado pode atuar como

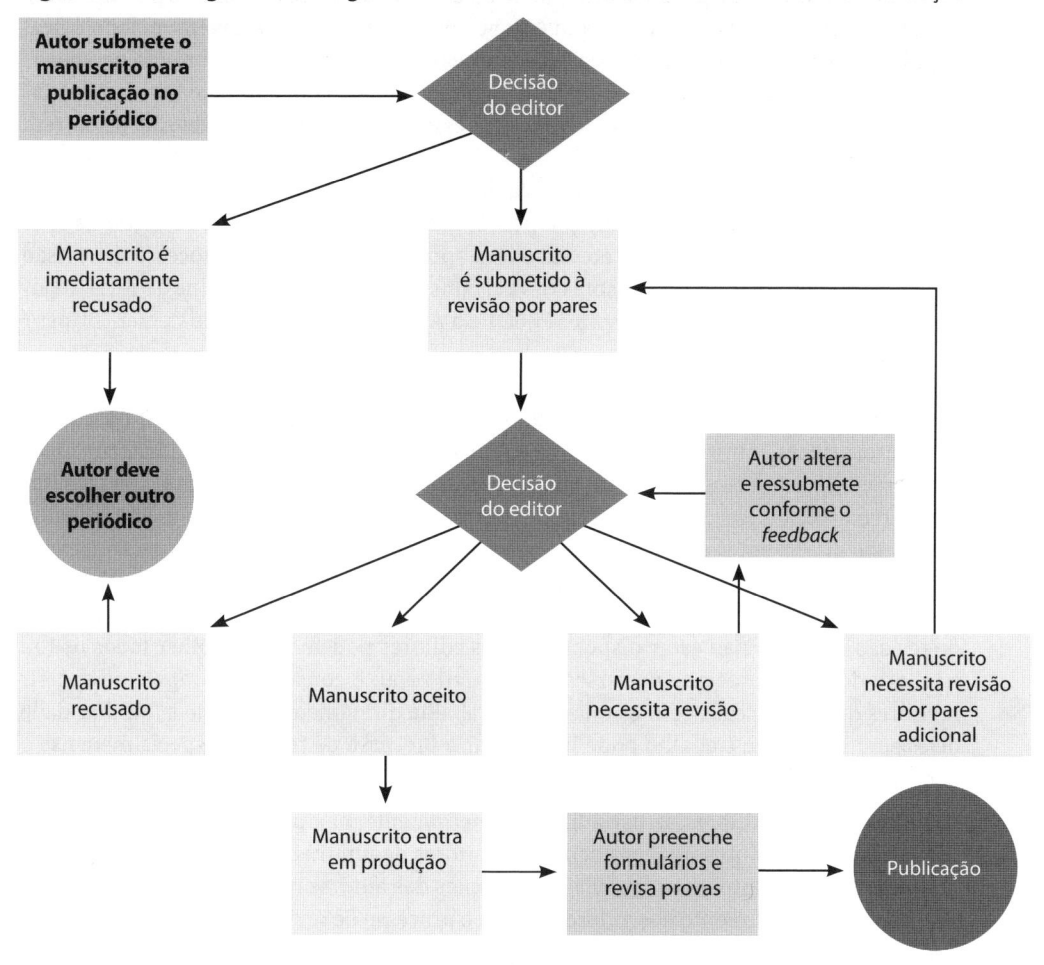

Figura 12.1 Fluxograma da Progressão do Manuscrito Desde a Submissão até a Publicação

```
Autor submete o
manuscrito para  ──→  Decisão
publicação no         do editor
periódico
                      │
        ┌─────────────┼─────────────┐
        ↓                           ↓
   Manuscrito é              Manuscrito
   imediatamente         é submetido à  ←────┐
   recusado              revisão por pares   │
        │                       │            │
        ↓                       ↓            │
   Autor deve              Decisão      Autor altera
   escolher outro  ←──     do editor  ← e ressubmete
   periódico                                conforme o
                                            feedback
        ↑           ┌────┬────┬────┐
        │           ↓    ↓    ↓    ↓
   Manuscrito   Manuscrito  Manuscrito  Manuscrito
   recusado     aceito      necessita   necessita revisão
                            revisão     por pares adicional
                    │
                    ↓
               Manuscrito entra  ──→  Autor preenche  ──→  Publicação
               em produção            formulários e
                                      revisa provas
```

editor em todos os estágios de consideração de um manuscrito (ou seja, como um *editor de ação*) e pode se comunicar com os autores a respeito da aceitação, revisão solicitada ou recusa. *Editores consultivos, conselheiros* e *revisores ad hoc* analisam manuscritos e fazem recomendações para editores ou editores associados relativas à destinação de manuscritos. Os editores muitas vezes procuram esses profissionais para aconselhá-los sobre manuscritos que descrevem métodos com os quais estão menos familiarizados (p. ex., métodos qualitativos, mistos) e ajudá-los na avaliação de revisões conflitantes à luz da lógica das abordagens de investigação em uso (ver Seção 3.4). Como autor, você deve enviar correspondência ao editor com quem tem se comunicado. Contudo, o editor principal, ou editor-chefe, pode tomar uma decisão diferente da recomendada pelos revisores ou pelo editor associado.

12.7 Processo de Revisão por Pares

Assim como entender o papel dos editores nos ajuda a saber o que esperar durante o processo de submissão, o mesmo se aplica ao processo de revisão por pares.

Função do Revisor. Um editor de ação geralmente busca a ajuda de vários revisores, que são acadêmicos na área de conteúdo do manuscrito submetido, para chegar a uma decisão editorial. Um editor de ação pode solicitar avaliações de revisores específicos por uma série de razões, incluindo familiaridade com o tópico de pesquisa ou abordagem metodológica, familiaridade com uma controvérsia específica e o desejo por um equilíbrio de perspectivas. Se os revisores não tiverem conhecimento para analisar com competência determinado manuscrito, espera-se que eles identifiquem essas limitações em sua revisão ou entrem em contato com o editor.

Os revisores fornecem contribuições acadêmicas para a deliberação editorial, mas a decisão de aceitar um manuscrito para publicação cabe, em última análise, ao editor de ação ou ao editor-chefe. Os leitores interessados em aprender mais sobre o processo de revisão por pares ou em atuar como revisores devem consultar os recursos *on-line* de revisão por pares da APA (https://on.apa.org/2KCTE6O) e o APA Reviewer Resource Center (https://on.apa.org/2F6MNn0).

Ao submeter um manuscrito, você pode ser solicitado a indicar uma lista de possíveis revisores e suas respectivas informações de contato (consulte a Seção 12.10 para obter mais informações sobre como fazer uma submissão a um periódico). Considere sua escolha de revisores com cuidado e atente para pesquisadores cujos estudos sejam congruentes com o tema de seu trabalho, cuja área de pesquisa seja semelhante à sua e cujo trabalho tenha sido citado em seu manuscrito. Você também pode levar em consideração a experiência de possíveis revisores na área (p. ex., recém-formados podem não ter um extenso histórico acadêmico, ao passo que pesquisadores renomados atendem a muitos pedidos de revisão e podem não estar disponíveis). Os editores podem não escolher todos os (ou nenhum dos) revisores que você recomenda. Em geral, é considerado impróprio sugerir revisores que são colegas com os quais você trabalha diretamente, porque a familiaridade deles com você e seu trabalho pode influenciar o processo de revisão, especialmente se o periódico fizer revisão cega.

Revisão Cega. Os editores de periódicos, rotineiramente ou a pedido dos autores, podem usar *revisão cega*, na qual as identidades dos autores de um manuscrito são ocultadas dos revisores durante o processo de revisão. Os nomes dos autores não são revelados aos revisores sem o consentimento dos autores até que o processo de revisão seja concluído. Os nomes dos revisores também podem ser ocultados, embora um revisor possa escolher revelar sua identidade incluindo seu nome na própria revisão. Assim, a revisão pode ser duplo-cega (ocultação dos nomes dos autores e revisores), cega simples (ocultação dos nomes dos autores ou revisores) ou não ser cega (todos os nomes revelados).

Consulte as instruções aos autores para determinar se o periódico ao qual você está submetendo o seu trabalho usa rotineiramente revisão cega ou a oferece aos autores que a solicitam. Os autores são responsáveis por ocultar suas identidades em manuscritos que receberão revisão cega — por exemplo, devem formatar o trabalho de forma que sua identidade não seja facilmente revelada e descrever os locais de seus estudos e participantes em termos gerais (p. ex., "alunos de uma pequena faculdade de artes liberais do Centro-Oeste dos Estados Unidos").

Tempo da Revisão por Pares. O prazo necessário para concluir uma revisão por pares varia conforme a extensão e a complexidade do manuscrito, bem como depende do número de revisores solicitado para avaliá-lo. Se o editor determinar que o manuscrito está dentro da alçada do periódico e não tem grandes falhas ou limitações (p. ex., um artigo que excede o limite de páginas indicado muitas vezes não é considerado para publicação até ser alterado), ele o enviará diretamente aos revisores ou a um editor associado que atuará como editor de ação. Os editores associados, com base nas revisões recebidas, fazem uma recomendação ao editor da revista. É extremamente raro que editores aceitem um artigo para publicação sem revisão formal por pares; as exceções podem incluir uma introdução a uma seção especial ou editorial.

Em geral, o processo de revisão leva cerca de 2 a 3 meses, durante os quais os autores podem visualizar o *status* de seu manuscrito (p. ex., com o editor, enviado aos revisores) por meio do portal de submissão do periódico. Após esse período, os autores podem esperar ser notificados a respeito de uma decisão. É apropriado que um autor contate o editor caso nenhuma comunicação sobre uma decisão seja recebida após mais de 3 meses.

12.8 Decisões Sobre o Manuscrito

Os revisores fornecem ao editor avaliações de um manuscrito com base em sua análise da qualidade acadêmica, da importância da contribuição que o trabalho pode oferecer e da adequação ao periódico específico. A responsabilidade de aceitar um manuscrito, solicitar uma revisão ou recusá-lo é do editor; a decisão do editor pode diferir da recomendação de qualquer um ou de todos os revisores.

Aceitação. Uma vez que um manuscrito é aceito, ele entra na fase de produção, na qual é revisado e formatado. Durante essa etapa, os autores não podem fazer alterações significativas no conteúdo (p. ex., adicionar uma nova seção de análise ou uma tabela) além das recomendadas pelo revisor. Os autores são responsáveis pelo preenchimento de toda a documentação associada (p. ex., assinar transferências de direitos autorais, enviar declarações, obter permissões para eventuais tabelas e figuras reproduzidas ou adaptadas). O não preenchimento de todos os documentos exigidos pode resultar na retratação da aceitação de um manuscrito. Depois que o manuscrito é tipografado, os autores recebem provas que devem revisar em busca de erros de formatação e às quais podem fazer pequenas alterações (consulte a Seção 12.19 para obter mais informações sobre como revisar as provas de um artigo).

Convite Para Revisar e Ressubmeter. Manuscritos que são avaliados como tendo potencial para eventual publicação na revista, mas que ainda não estão prontos para aceitação final, recebem um convite para revisão e ressubmissão. Trabalhos nessa categoria variam desde aqueles que o editor julgou necessitarem de uma reformulação substancial (incluindo a possibilidade de que dados empíricos adicionais precisem ser coletados, que experimentos inteiramente novos precisem ser adicionados, que as análises precisem ser modificadas ou que o manuscrito precise ser significativamente reduzido) até aqueles que necessitam apenas de um pequeno número de modificações específicas. Alguns periódicos usam uma categoria chamada *aceitação condicional* para este último nível de revisão; nesse caso, o editor indica que o artigo será publicado na revista após as alterações especificadas serem concluídas. Um convite para revisão e ressubmissão não garante a posterior publicação do artigo por aquele periódico. O convite também pode ter um limite de tempo, podendo não se estender além de uma data estipulada ou no caso de mudança de editores.

A maioria dos manuscritos necessita de revisão, e alguns precisam ser revisados mais de uma vez (a revisão não garante aceitação). Tais revisões podem revelar ao autor, editor e revisores deficiências que não estavam evidentes no manuscrito original, e o editor pode solicitar uma revisão posterior para corrigi-las. Durante o processo de revisão, o editor pode pedir ao autor que forneça material complementar (p. ex., dados brutos, tabelas estatísticas complexas, instruções aos participantes). À medida que o manuscrito avança no processo de revisão, os editores são livres para solicitar pareceres de outros revisores que não os incluídos na equipe inicial. Profissionais adicionais podem ser selecionados se sua experiência for necessária ou se um revisor anterior não estiver mais disponível.

Quando o editor devolve um manuscrito ao autor para revisão, ele explica por que as modificações são necessárias. O editor não precisa apresentar os comentários dos revisores ao autor, mas com frequência opta por isso. Editores não realizam revisões editorias de grande porte em um manuscrito. Espera-se que os autores atentem às recomendações dos editores e revisores para revisão, contudo, o conteúdo e o estilo do artigo continuam sendo responsabilidade exclusiva dos autores.

Os autores devem responder às recomendações dos revisores de forma ponderada e criteriosa. Frequentemente, eles são solicitados a ressubmeter uma versão do trabalho com alterações identificadas que refletem os ajustes com base no *feedback* do revisor. Ao fazerem isso, também devem preferencialmente anexar uma carta agradecendo aos editores e revisores por seus comentários, acompanhada por um documento explicando como responderam a todos os comentários (independentemente de concordarem ou discordarem deles). Amiúde referido como *resposta aos revisores*, esse arquivo especifica como os autores abordaram cada crítica feita por um revisor (p. ex., adicionando texto ou dados) e onde a modificação pode ser encontrada no manuscrito revisado. Os autores não são obrigados a fazer todas as alterações sugeridas, mas a resposta deve explicar a razão por trás de suas decisões. Fornecer uma resposta aos revisores facilita a agilidade do processo, reduzindo o número de perguntas de acompanhamento e, em última análise, ajuda o editor a decidir se publica o artigo. Para obter um exemplo de resposta aos revisores, consulte o *site* do Estilo APA (https://apastyle.apa.org).

Alguns periódicos oferecem aos autores a oportunidade de converter seu artigo em um relato breve (as políticas da revista indicarão se existe essa opção). Para essas publicações, os autores também podem enviar um relato breve inicialmente. Artigos desse tipo geralmente descrevem um estudo de escopo limitado, contêm descobertas novas ou provocativas que precisam de replicação adicional, ou representam replicações e extensões de trabalhos publicados anteriormente. A pesquisa publicada nesse formato geralmente não pode ser reapresentada como um artigo de pesquisa mais extenso em outro lugar (consulte a Seção 1.16 sobre publicação duplicada).

Recusa. Um manuscrito geralmente é recusado porque (a) considera-se que não se enquadra na área de abrangência do periódico; (b) contém falhas de delineamento, metodologia, análise ou interpretação tão graves que o editor questiona a validade das descobertas; ou (c) julga-se que traz uma contribuição muito limitada para a área, dados os padrões do periódico. Às vezes, os editores recusam bons manuscritos apenas porque carecem de espaço para publicar todos os trabalhos de alta qualidade que são submetidos à revista.

O editor pode recusar diretamente ("*desk reject*") um manuscrito — isto é, após uma avaliação inicial, mas antes da revisão por um editor associado ou por revisores — em dois casos. O primeiro, quando determinar que o manuscrito não é adequado para a revista específica porque o conteúdo ou o formato não condizem com a sua missão. O segundo, quando determinar que é improvável que o artigo seja avaliado favoravelmente durante o processo de revisão por pares. Ambas as decisões permitem um processo de revisão mais eficiente e eficaz. Da mesma forma, uma *recusa editorial* pode ocorrer quando a revisão inicial do trabalho revela falhas de formatação, tal como exceder o limite de páginas indicado.

Um manuscrito recusado por um periódico não pode ser alterado e ressubmetido sem o convite do editor. Se um trabalho for recusado com base na revisão por pares, o editor explica por que ele não foi aceito e pode fornecer o *feedback* dos revisores. Os autores que acreditam que um ponto pertinente foi ignorado ou incompreendido pelos revisores podem entrar em contato com o editor para apelar da decisão. Aqueles que acharem que seu manuscrito foi injustamente recusado devem consultar o *site* do periódico ou da editora (*publisher*) a respeito do processo de apelação. Os autores são livres para submeter o manuscrito original recusado a outro periódico. Os revisores podem fornecer *feedback* útil, por isso, os autores devem prestar atenção cuidadosa a esses comentários e sugestões e incorporá-los ao seu trabalho para melhorar o rigor científico e a qualidade geral.

Preparação do Manuscrito

12.9 Preparando o Manuscrito Para Submissão

Esta seção resume as etapas a cumprir na preparação de um manuscrito para submissão a um periódico. Primeiro, siga as diretrizes do Estilo APA descritas neste manual ao formatar e escrever o artigo. Em especial, consulte o Capítulo 3 para se familiarizar com as normas de apresentação para o tipo de pesquisa que você realizou. Além disso, verifique se o periódico ao qual está submetendo seu trabalho tem uma lista de conferência ou diretrizes específicas. As orientações de preparação e submissão de manuscritos para periódicos da APA podem ser encontradas no *site* da APA (https://on.apa.org/2E0FPOT).

Muitas editoras (*publishers*), incluindo a APA, oferecem um conjunto de serviços e suporte que inclui auxílio na redação, tradução, criação de figuras, e assim por diante. Os autores devem preferencialmente usar esses serviços para garantir que o manuscrito que submetem ao editor esteja na melhor forma possível. Tais diretrizes e serviços são atualizados continuamente; os autores devem seguir as diretrizes mais recentes da editora (*publisher*) à qual estão submetendo o seu trabalho (para periódicos da APA, consulte o Journal Manuscript Preparation Guidelines em https://on.apa.org/2P01l9j).

12.10 Usando um Portal de Submissão *On-line*

Provavelmente você submeterá seu artigo eletronicamente por meio de um portal de submissão de manuscritos *on-line*. Cada periódico da APA possui seu próprio portal, acessado por meio de seu *site*. Leia as instruções para usar o portal de submissão e entenda o formato em que todos os arquivos devem ser salvos antes de iniciar o processo de submissão. Orientações sobre como navegar no sistema Editorial Manager, usado por todos os periódicos da APA, podem ser encontradas no *site* da APA (https://on.apa.org/2FLydBA).

Após a submissão do trabalho, você será solicitado a enviar pelo menos dois arquivos — um do manuscrito e outro contendo uma carta de apresentação. Arquivos adicionais podem ser necessários dependendo dos requisitos da editora (*publisher*).

Arquivo do Manuscrito. Este arquivo consiste no original propriamente dito, incluindo a página de título, o resumo, o texto (corpo) e a lista de referências, bem como eventuais tabelas e figuras, notas de rodapé e apêndices. Alguns periódicos aceitam todas as seções em um único arquivo, mas outros exigem arquivos separados (p. ex., a página de título em um arquivo separado para revisão cega, todas as figuras em arquivos separados).

Se você estiver enviando materiais complementares juntamente com o manuscrito, verifique o *site* do periódico para determinar o formato preferencial (ver Seção 2.15). Lembre-se de que, se seu trabalho for aceito, os materiais complementares provavelmente não serão revisados e, portanto, estarão disponíveis aos leitores exatamente no formato enviado. Certifique-se de revisar cuidadosamente o conteúdo e o formato adequado de todos os materiais complementares antes do envio.

Arquivo da Carta de Apresentação. Com frequência, os autores devem enviar uma carta de apresentação em um arquivo separado para acompanhar seu manuscrito. Verifique no *site* do periódico o nome do atual editor e as instruções específicas para isso. Consulte a Seção 12.11 para obter orientação sobre o que incluir na carta de apresentação ao editor da revista.

Informações Adicionais. Por fim, você pode ter de fornecer informações adicionais por meio do portal de submissão, incluindo as seguintes:

- título e resumo do artigo
- nomes, afiliação, informações de contato e ordem dos autores
- número de palavras ou de páginas do artigo
- número de tabelas e figuras
- palavras-chave
- nomes de possíveis revisores (ver Seção 12.7)

Os requisitos para informações adicionais são específicos de cada periódico e editora (*publisher*). Siga as instruções para garantir que você insira ou envie todas as informações solicitadas.

12.11 Escrevendo uma Carta de Apresentação

Ao escrever uma carta solicitando a consideração de seu manuscrito para publicação, inclua as informações requeridas pelo periódico. As cartas de apresentação geralmente incluem o seguinte:

- detalhes específicos sobre o manuscrito (p. ex., título e autores)
- garantias de que todos os autores concordam com o conteúdo do manuscrito e com a ordem de autoria (ver Seções 1.21 e 1.22)
- garantias de que o autor correspondente assumirá a responsabilidade de informar os coautores em tempo hábil sobre as decisões editoriais, revisões recebidas, alterações feitas em resposta à revisão editorial e conteúdo das modificações (se o manuscrito for aceito, todos os autores precisarão certificar a autoria)
- informações sobre a existência de eventuais manuscritos intimamente relacionados que foram submetidos para consideração simultânea no mesmo ou em outro periódico (consulte a Seção 1.16 sobre publicação fragmentada e exceções)
- notificação de conflitos de interesse ou atividades que possam ter influenciado a pesquisa (p. ex., interesses financeiros em um teste ou procedimento, financiamento de uma empresa farmacêutica para pesquisa de medicamentos)
- solicitação de revisão cega, se essa for uma opção para o periódico e você decidir usá-la (consulte a Seção 12.7)
- confirmação de que o tratamento de participantes humanos ou animais estava de acordo com os padrões éticos estabelecidos (ver Seções 1.18 e 12.13)
- cópia de todas as licenças concedidas para reproduzir material protegido por direitos autorais ou um aviso de que as permissões estão pendentes (consulte as Seções 12.14–12.18; a editora [*publisher*] deve ter cópias de todas as licenças concedidas antes que seu trabalho possa ser publicado)
- número de telefone, endereço de *e-mail* e endereço postal do autor correspondente para futura correspondência

Alguns periódicos têm uma lista de conferência de concordância do autor que os autores devem enviar anexada ou no lugar de uma carta de apresentação. Confira e siga as políticas específicas do periódico ao qual você está enviando seu manuscrito. O não cumprimento das instruções de envio pode atrasar o processo de revisão. Para exemplos de cartas de apresentação, consulte o *site* do Estilo APA (https://apastyle.apa.org).

12.12 Correspondendo-se Durante a Publicação

Enquanto um manuscrito está sendo considerado, é responsabilidade dos autores informar o editor sobre quaisquer correções substantivas necessárias, alterações nas informações de contato, e assim por diante. Em todas as correspondências durante o processo de publicação, inclua o título completo do manuscrito, os nomes dos autores e o número do trabalho (atribuído quando ele foi recebido pela primeira vez). Qualquer autor pode corresponder-se com o editor ou a equipe editorial durante o processo de submissão e publicação. Na maioria das vezes, porém, a correspondência é realizada pelo autor correspondente.

Após a publicação, o autor correspondente atua como o principal meio de contato e responde às perguntas sobre o artigo publicado. Antes da submissão, todos os autores devem decidir quem será o responsável pela correspondência. Embora qualquer um deles possa servir como autor correspondente, este muitas vezes assumiu a liderança na execução de um estudo ou coordena o laboratório no qual os dados foram coletados. Consulte a Seção 2.7 para saber como apresentar as informações do autor correspondente na nota do autor.

12.13 Certificação de Requisitos Éticos

No Capítulo 1 (Seções 1.11 e 1.18), observamos que os autores são responsáveis por demonstrar que cumpriram as normas éticas que regem tanto a condução da pesquisa quanto sua publicação acadêmica (ver Norma 8, *Research and Publication*, do Código de Ética da APA; APA, 2017a). Ao submeter um manuscrito a um periódico, você pode ser solicitado a fornecer uma prova de conformidade com essas normas. Também é esperado que cumpra os padrões legais de uso razoável ao reproduzir ou adaptar o trabalho de outras pessoas, bem como siga as políticas de publicação estabelecidas pela editora (*publisher*). Os formulários exigidos pela APA para publicação em periódicos e as instruções para seu preenchimento podem ser encontrados no *site* da APA (https://on.apa.org/2zuMDk2).

Conformidade com as Normas Éticas. Ao submeter seu manuscrito, pode ser solicitado que você confirme que cumpriu as normas éticas na condução de sua pesquisa. Isso inclui informar se o seu estudo foi avaliado e aprovado por um Comitê de Ética em Pesquisa (CEP) ou uma Comissão de Ética no Uso de Animais (CEAUA), caso tal aprovação seja necessária. Os autores que realizam pesquisas fora dos Estados Unidos devem descrever o processo de revisão ética pelo qual seu estudo foi submetido caso ele difira de uma avaliação por um CEP. Aqueles que submetem trabalhos a periódicos da APA também devem enviar o Certificate of Compliance with APA Ethical Principles Form (https://on.apa.org/2NrGSsY) caso a pesquisa tenha incluído participantes humanos ou animais.

Conflitos de Interesse. Conforme discutido no Capítulo 1 (Seção 1.20), os autores devem divulgar as atividades e relações que, se conhecidas por outros, podem ser consideradas como potenciais conflitos de interesse — por exemplo, acordos financeiros ou afiliações com, ou potencial viés contra, qualquer produto ou serviço usado ou discutido no artigo. Pessoas sem conflitos de interesse conhecidos devem declarar isso explicitamente. Essas declarações devem constar na nota do autor (ver Seção 2.7). Para periódicos da APA, todos os autores devem preencher o Full Disclosure of Interests Form (https://on.apa.org/2E0FlIr). Para obter mais informações sobre conflitos de interesse e princípios éticos em pesquisa, consulte a Norma 3.06, *Conflict of Interest*, do Código de Ética da APA.

Detecção de Plágio. A maioria das editoras (*publishers*), inclusive a APA, atualmente submete rotineiramente os manuscritos a um *software* de detecção de plágio que compara o trabalho enviado com milhões de documentos acadêmicos, bem como com o conteúdo que aparece na *web* aberta. Isso permite que os editores verifiquem as submissões quanto a possíveis sobreposições com material publicado anteriormente e avaliem se a sobreposição é razoável ou problemática. Consulte as Seções 1.17, 8.2 e 8.3 para obter mais informações sobre plágio e autoplágio.

Diretrizes de Direitos Autorais e Permissão

12.14 Diretrizes Gerais Para Reprodução ou Adaptação de Materiais

Na maioria das vezes, os autores precisam fornecer apenas uma citação autor–data no texto e um item na lista de referências para reconhecer adequadamente as palavras ou ideias de outros autores (ver Capítulos 8–11). Contudo, de acordo com a lei de direitos autorais dos Estados Unidos, a reprodução ou adaptação de certos tipos de trabalho (p. ex., figuras publicadas em artigos científicos, imagens de *sites*, citações extensas) requer um reconhecimento mais abrangente do *status* de direitos autorais do trabalho reproduzido ou adaptado na forma de uma *atribuição de direitos autorais* – uma breve declaração dando detalhes da obra original e indicando o detentor dos direitos autorais (consulte a Seção 12.18 para orientações de formatação).

Reproduzir significa inserir o material exatamente como ele apareceu originalmente, sem modificações, na forma como foi planejado. *Adaptar* refere-se à modificação do material para que ele seja adequado para um novo propósito (p. ex., usar parte de uma tabela ou figura em uma nova tabela ou figura em seu trabalho). Utiliza-se uma atribuição de direitos autorais em vez de uma citação autor–data no texto para reconhecer esses trabalhos; cada trabalho também deve constar na lista de referências. Para um subconjunto de casos (consulte a Seção 12.17), os autores precisam buscar e obter permissão explícita por escrito do detentor dos direitos autorais para reproduzir ou adaptar o material, um processo que pode levar muito tempo e não tem garantia de que o detentor do *copyright* consentirá o uso. Como essas políticas são uma questão legal, não especificamente do Estilo APA, todos os autores — mesmo estudantes cujos trabalhos não serão publicados formalmente — devem segui-las.

O restante desta seção orienta os autores a

- compreender quais tipos de material exigem atribuição de direitos autorais;
- identificar o *status* dos direitos autorais do material e compreender suas implicações para o uso pretendido;
- determinar se é necessário obter permissão para reproduzir o material com base em seu *status* de *copyright* e o conceito legal de uso razoável;
- obter permissão (se necessário) para reproduzir o material; e
- escrever a atribuição de direitos autorais no Estilo APA.

12.15 Materiais que Requerem uma Atribuição de Direitos Autorais

A seguir são apresentados exemplos de materiais que os autores frequentemente desejam reproduzir ou adaptar que podem exigir uma atribuição de direitos autorais; eles também podem exigir permissão (ver Seção 12.17). Outros materiais também podem exigir uma atribuição de direitos autorais e permissão para serem reproduzidos ou adaptados, como músicas, poesia e arte.

- **figuras, tabelas e outras imagens:** A maioria dos tipos de exibições visuais requer uma atribuição de direitos autorais para ser reproduzida ou adaptada, incluindo tabelas e figuras publicadas em artigos científicos, livros, relatórios, páginas e *sites* da *web* e outros trabalhos, além de imagens da internet, como ilustrações, infográficos, fotografias, capturas de tela e a maioria das imagens de *clip art*. Dependendo do local de publicação do trabalho e do *status* dos direitos autorais, a permissão pode ser necessária ou não. A propriedade dos direitos autorais e o *status* da permissão podem ser particularmente difíceis de estabelecer para imagens baixadas da internet, mas os periódicos não podem publicá-las sem a documentação completa. Não há necessidade de pedir permissão ou escrever uma atribuição de direitos autorais para imagens retiradas de um banco de dados cujo objetivo é a divulgação aberta de estímulos para pesquisa acadêmica (p. ex., o International Affective Picture System); para estas, uma citação autor–data é suficiente.

- **dados:** Dados publicados ou não publicados de outra fonte exigem atribuição de direitos autorais e permissão para reprodução direta. Dados que foram reconfigurados ou reanalisados para produzir números diferentes não requerem permissão ou atribuição de *copyright* — cite-os com uma citação comum autor–data (ver Seção 10.9).

- **itens de testes e escalas, questionários, vinhetas, e assim por diante:** Itens reproduzidos ou adaptados de testes ou escalas com direitos autorais e disponíveis comercialmente (p. ex., Minnesota Multiphasic Personality Inventory-2, Wechsler Adult Intelligence Scale, Stanford-Binet Intelligence Scales) exigem atribuição de *copyright* e permissão. Obter essas permissões pode ser difícil e demorado, e uma alternativa preferível a reproduzir os itens exatos pode ser reformulá-los ou parafraseá-los. A permissão é necessária, e pode ser negada, para reproduzir até mesmo um item de tais instrumentos. Além disso, muitos pesquisadores que desenvolveram testes e escalas pedem aos autores que enviem uma solicitação (normalmente por meio de seu *site* ou *e-mail*) para uso de sua medida antes de aplicá-la aos participantes de seu estudo e informá-los de publicações que possam resultar de seu uso. Da mesma forma, os pesquisadores que criaram a medida devem ser consultados antes de se fazer qualquer alteração (p. ex., adaptações para grupos de diferentes idades, tradução de itens específicos). Os autores também devem considerar se a reprodução ou adaptação de materiais de testes pode ameaçar a integridade e a segurança dos materiais, conforme descrito na Norma 9.11, *Maintaining Test Security*, do Código de Ética da APA.

- **citações extensas:** Embora a maioria das citações diretas retiradas de um trabalho publicado necessite apenas de uma chamada autor–data, você deve pedir permissão e fazer uma atribuição de direitos autorais para reproduzir uma citação extensa, cuja definição varia de acordo com o detentor dos direitos autorais. É responsabilidade do autor verificar as regras de cada detentor de direitos autorais; as grandes editoras (*publishers*) geralmente apresentam suas regras de permissão em seus *sites*. Para ver a política da APA, consulte a Seção 12.17.

Dois casos especiais de material com requisitos de direitos autorais são fotografias comerciais e *clip art*. Se você encontrar fotos, *clip-art* e outras imagens por meio de um mecanismo de busca *on-line*, as diretrizes desta seção também se aplicam a esses resultados de busca.

- **fotografia comercial:** A menos que uma imagem tenha uma licença Creative Commons (ver Seção 12.16), ou seja, de domínio público, não é permitido reproduzi-la sem adquirir uma licença do fornecedor. Os fornecedores de imagens comerciais comumente usados são Getty Images, Shutterstock e iStock. Uma licença geralmente permite que seu detentor reproduza a imagem sem atribuição de direitos autorais; entretanto, sem sua própria licença, você não pode reproduzir a imagem.

- *clip art:* A maioria das imagens de *clip art* não requer permissão para reprodução, mas pode exigir uma atribuição de direitos autorais. Para imagens de *clip art* incluídas em um programa de computador (p. ex., Microsoft Word), a compra do programa fornece uma licença para essas imagens e você pode usá-las em um trabalho ou artigo acadêmico sem uma atribuição de direitos autorais ou citação autor–data. Se a imagem *clip art* vier de um *site* gratuito, verifique o *status* dos direitos autorais para determinar se uma atribuição ou citação de direitos autorais é necessária (ver Seção 12.16). Consulte o Exemplo 98 no Capítulo 10 para ver um item na lista de referências para uma imagem de *clip art* que exige uma referência.

12.16 *Status* de Direitos Autorais

O *status* de direitos autorais de um trabalho determina de que forma você pode usá-lo em seu próprio trabalho. O *copyright* geralmente é indicado na primeira página de um artigo, na página de direitos autorais de um livro ou relatório, abaixo de uma imagem publicada *on-line* ou no rodapé de um *site*.

A seguir estão alguns exemplos comuns da situação de direitos autorais:

- *copyright* **padrão:** Os direitos autorais costumam ser indicados simplesmente pela palavra *copyright* ou pelo símbolo de direitos autorais.

    Copyright 2020 by the American Psychological Association.

    © 2018 Bianca T. Burquest, all rights reserved.

Às vezes, determinar quem detém os direitos autorais pode ser um desafio, especialmente para trabalhos mais antigos, porque as editoras podem se fundir e os direitos autorais podem mudar de mãos. Os materiais descritos na Seção 12.15 requerem uma atribuição de direitos autorais e também podem exigir permissão.

- *copyright* **Creative Commons:** as licenças Creative Commons são indicadas por "Creative Commons" ou sua abreviatura, "CC". A maioria das licenças Creative Commons permite que você reproduza e/ou adapte um trabalho (incluindo imagens) sem a permissão do detentor dos direitos autorais, desde que você dê o crédito ao autor original na forma de uma atribuição de direitos autorais, observe o tipo de licença e indique se adaptou o original. Uma vez que os termos específicos das licenças Creative Commons variam, verifique a licença associada ao trabalho que deseja reproduzir para determinar o que você tem permissão para fazer e quais atribuições de *copyright* específicas são necessárias.

- **domínio público:** Trabalhos que não estão sujeitos a direitos autorais são considerados de domínio público. Isso significa que você pode reproduzi-los e/ou adaptá-los como quiser, desde que reconheça o autor original na forma de atribuição de *copyright*. Presuma que um trabalho está protegido por direitos autorais, a não ser que você veja nele as palavras "public domain" (domínio público) ou que ele tenha sido produzido pelo governo dos Estados Unidos (nesse caso, ele é automaticamente de domínio público). Embora os direitos autorais expirem com o tempo — o que significa que trabalhos que antes eram protegidos podem agora ser de domínio público —, as leis que regem esse processo são complexas e variam de acordo com o país; consulte um bibliotecário se tiver dúvidas sobre direitos autorais expirados.

- **nenhum *copyright* indicado:** Se nenhum *copyright* foi indicado, trate o material como protegido. A lei de direitos autorais dos Estados Unidos afirma que um trabalho está protegido por direitos autorais assim que estiver fixado em forma tangível (p. ex., quando você pode vê-lo na tela do computador ou no papel), mesmo que ele não contenha a palavra ou o símbolo de *copyright*, e mesmo que ele não seja amplamente distribuído ou publicado profissionalmente. Por exemplo, estudantes são automaticamente proprietários dos direitos autorais dos trabalhos que realizam em uma disciplina.

12.17 Permissão e Uso Razoável

Determinando se a Permissão é Necessária. Não é necessário obter permissão para reproduzir ou adaptar um trabalho (consulte a Seção 12.15 para exemplos) quando ele tiver uma licença Creative Commons ou for de domínio público; contudo, uma atribuição de direitos autorais ainda é necessária na maioria dos casos. Para trabalhos protegidos por direitos autorais (ou para os quais o *status* do *copyright* é desconhecido), nem sempre é necessário obter permissão para reproduzi-lo ou adaptá-lo. A natureza da publicação original (ou seja, um trabalho acadêmico *versus* uma publicação comercial) e o conceito de uso razoável determinam se a permissão é necessária.

Trabalhos Acadêmicos. A editora (*publisher*) normalmente detém os direitos autorais sobre o material publicado em seus periódicos. Muitas editoras científicas, técnicas e médicas (inclusive a APA) não exigem permissão por escrito ou taxas para reproduzir conteúdo nas seguintes circunstâncias:

- O objetivo do uso é comentário acadêmico, pesquisa não comercial ou educacional.
- O autor e a editora (*publisher*) são plenamente reconhecidos como detentores dos direitos autorais por meio de uma atribuição de *copyright* completa e precisa.
- No máximo três figuras ou tabelas estão sendo reproduzidas ou adaptadas de um artigo científico ou capítulo de livro.
- Os extratos de texto isolados que estão sendo reproduzidos têm menos de 400 palavras ou uma série de extratos de texto que estão sendo reproduzidos totalizam menos de 800 palavras. Para citações abaixo desses limites, use uma citação autor–data (permissão e atribuições de direitos autorais não são necessárias).

Todas as editoras (*publishers*) têm suas próprias políticas de permissão, que podem diferir das diretrizes aqui apresentadas e abranger casos não descritos nesta seção (p. ex., reprodução de artigos ou capítulos inteiros). Confira com a editora (*publisher*) do material se é necessário obter permissão.

Uso Razoável. Você pode reproduzir ou adaptar um trabalho protegido por direitos autorais, conforme descrito na Seção 12.15, sem permissão caso seu uso seja considerado "razoável". Trata-se de um conceito jurídico complexo e vagamente definido (para obter um resumo, consulte U.S. Copyright Office, 2019), mas, em geral, significa que, em certas circunstâncias, é permitido reproduzir ou adaptar uma tabela, figura, imagem, item de teste, questionário protegido por direitos autorais ou uma longa citação sem obter permissão, desde que você reconheça o trabalho com uma atribuição de *copyright*. Em caso de dúvidas, verifique com o detentor dos direitos autorais o que ele considera uso razoável, especialmente para itens de medidas, questionários, escalas, testes ou instrumentos. Entretanto, o uso é provavelmente razoável se atender aos seguintes critérios:

- Ser para uso em um trabalho acadêmico e sem fins lucrativos (p. ex., trabalho de aula, artigo em periódico acadêmico).

- Representar fatos ou dados (p. ex., um gráfico ou diagrama) em vez de autoexpressão criativa (p. ex., obras de arte, embora algumas obras de arte famosas sejam de domínio público e, portanto, não exijam permissão).
- Ser pequeno em relação ao trabalho inteiro (p. ex., um gráfico dentro de um relatório) e não todo ele ou o seu cerne (p. ex., um cartum inteiro).
- Sua reprodução não prejudicar o mercado ou mercado potencial do original.

Permissão Para Fotografias de Pessoas Identificáveis. Caso você tenha fotografado uma pessoa que pode ser identificada, é necessário apresentar uma autorização assinada dessa pessoa para que a fotografia seja publicada. A autorização deve especificar que tanto permissões eletrônicas como de impressão foram concedidas. Essa não é uma questão de *copyright*, mas sim de permissão do indivíduo para ter sua imagem reproduzida. Não é necessário mencionar a autorização no trabalho ou escrever uma atribuição de direitos autorais para tal fotografia. Nenhuma autorização é necessária se a fotografia for de um dos autores do trabalho.

Garantindo a Permissão. Quando uma permissão é necessária, você deve solicitá-la ao detentor dos direitos autorais para reproduzir o material em todos os formatos (p. ex., impresso e eletrônico). A permissão se estende, em alguns casos, a todas as edições subsequentes e também às edições em idiomas estrangeiros. As políticas de permissão variam entre as organizações, por isso, sempre confira com a editora (*publisher*) se edições subsequentes ou em idioma estrangeiro requerem permissão.

Muitas editoras (*publishers*) indicam uma maneira de os autores solicitarem permissão em seus *sites* (p. ex., para solicitar permissão para reproduzir ou adaptar o material publicado pela APA, consulte https://on.apa.org/2Aswon8). A permissão também pode ser obtida por *e-mail*, fax ou correio. A solicitação deve especificar os detalhes sobre o material (p. ex., título do trabalho, ano de publicação, número da página) e a natureza da reutilização (p. ex., em um artigo científico). Algumas editoras também exigem que você obtenha permissão do autor do trabalho original. Em geral, as editoras concedem permissão mediante inclusão de uma atribuição de direitos autorais e pagamento de uma taxa por tabela, figura ou página.

Reserve bastante tempo (várias semanas) para essa etapa. Assim que a permissão for concedida, você precisa

- obtê-la por escrito;
- incluir cópias de cartas de permissão com o manuscrito aceito (se estiver submetendo para publicação; caso contrário, forneça-as ao submeter um trabalho);
- preencher o Permissions Alert Form para autores de periódicos da APA (se estiver publicando em um periódico da APA); e
- incluir uma atribuição de direitos autorais no manuscrito, usando as palavras e o formato descritos na Seção 12.18 ou um texto específico indicado pelo detentor dos direitos autorais.

A maioria das editoras (*publishers*) não permite que seu manuscrito entre na fase de produção até que todas as permissões impressas e eletrônicas estejam garantidas e a documentação tenha sido entregue.

12.18 Formatos de Atribuição de Direitos Autorais

Uma atribuição de direitos autorais no Estilo APA contém informações do item do trabalho na lista de referências, porém, em uma ordem diferente e com informações adicionais sobre o *copyright* e o *status* de permissão do material. Para escrever uma atribuição de direitos autorais,

- indique se o material foi reproduzido ou adaptado (use "From" [De] para reproduções e "Adapted from" [Adaptado de] para adaptações);
- indique o título, o autor, o ano de publicação e a fonte do material;
- indique o *status* dos direitos autorais do material, que será o ano do *copyright* e o nome do detentor dos direitos autorais, uma declaração de que está licenciado no Creative Commons ou uma declaração de que é de domínio público; e
- apresente a declaração de permissão conforme solicitado pelo detentor dos direitos autorais caso a permissão tenha sido solicitada e obtida.

Coloque a atribuição de direitos autorais da seguinte forma:

- Para uma tabela, figura ou outra imagem reproduzida ou adaptada (incluindo dados reproduzidos [mas não reanalisados] em uma tabela), insira o *copyright* no final da nota geral (ver Seções 7.14 e 7.28).
- Para itens de teste reproduzidos, questionários ou citações extensas, insira o *copyright* em uma nota de rodapé do texto reproduzido (consulte a Seção 2.13).

Consulte a Tabela 12.1 para modelos de atribuição de direitos autorais e a Tabela 12.2 para exemplos. Veja o Capítulo 7 para exemplos contextualizados, incluindo

- uma tabela adaptada que não requer permissão (Tabela 7.14 na Seção 7.21),
- uma figura reproduzida que não requer permissão (Figura 7.3 na Seção 7.36),
- uma figura de domínio público reproduzida (Figura 7.14 na Seção 7.36), e
- uma figura reproduzida com permissão (Figura 7.21 na Seção 7.36).

Tabela 12.1 Modelos de Atribuição de Direitos Autorais

Fonte[a]	*Status* reproduzido ou adaptado	Informações da fonte	*Status* do *copyright*	Declaração de permissão[b]
Periódico, revista, jornal ou *blog*	"From" (De) *ou* "Adapted from" (Adaptado de)	"Título do Artigo," de A. A. Autor e B. B. Autor, ano, *Título do Periódico*, *Volume*(Edição), p. xx (DOI ou URL).	*Copyright* ano by Nome do Detentor dos Direitos Autorais. *ou* "In the public domain." (Em domínio público.) *ou* CC BY-NC.[c]	"Reprinted with permission." (Reproduzido com permissão.) *ou* "Adapted with permission." (Adaptado com permissão.)
Livro autoral ou relatório		*Título do Livro ou Relatório* (p. xx), de A. A. Autor e B. B. Autor, ano, Editora (DOI ou URL).		
Capítulo de livro editado		"Título do Capítulo," de A. A. Autor e B. B. Autor, em E. E. Editor e F. F. Editor (Eds.), *Título do Livro* (número de edição ou volume, p. xx), ano, Editora (DOI ou URL).		
Página ou *site* da *web*		*Título da Página da* Web, de A. A. Autor e B. B. Autor, ano, Nome do *Site* (DOI ou URL). *ou* *Título da Página da* Web, de Entidade Autoral Igual ao Nome do *Site*, ano (DOI ou URL).[d]		

[a] Para trabalhos não incluídos nesta lista, indique as informações apropriadas de título, autor, ano e fonte. [b] Para licenças Creative Commons (p. ex., CC BY-NC, CC BY 4.0), use a abreviatura especificada para o tipo de licença associada ao material que você está reproduzindo ou adaptando; "CC BY-NC" é apenas um exemplo. [d] Para páginas e *sites* da *web*, omita o nome do *site* quando for o mesmo que o nome do autor, que com frequência é o caso de entidades autorais.

Tabela 12.2 Exemplos de Atribuições de Direitos Autorais Para Tabelas e Figuras Reproduzidas ou Adaptadas	
Trabalho de onde a tabela ou figura foi reproduzida	**Exemplo de atribuição de** *copyright*
Artigo de periódico, protegido por direitos autorais e sem necessidade de permissão	From "Romantic Relationship Development: The Interplay Between Age and Relationship Length," by A. Lantagne and W. Furman, 2017, *Developmental Psychology*, *53*(9), p. 1744 (https://doi.org/10.1037/dev0000363). Copyright 2017 by the American Psychological Association.
Artigo de periódico, com licença Creative Commons	Adapted from "Comprehensive Overview of Computer-Based Health Information Tailoring: A Systematic Scoping Review," by A. K. Ghalibaf, E. Nazari, M. Gholian-Aval, and M. Tara, 2019, *BMJ Open*, *9*, p. 6 (https://doi.org/cz6h). CC BY-NC.
Livro inteiro, protegido por direitos autorais e sem necessidade de permissão	Adapted from *Managing Therapy-Interfering Behavior: Strategies From Dialectical Behavior Therapy* (p. 172), by A. L. Chapman and M. Z. Rosenthal, 2016, American Psychological Association (https://doi.org/10.1037/14752-000). Copyright 2016 by the American Psychological Association.
Capítulo de livro editado, com direitos autorais protegidos e com necessidade de permissão	From "Pharmacokinetics," by V. Yellepeddi, in K. Whalen (Ed.), *Pharmacology* (6th ed., p. 2), 2015, Wolters Kluwer. Copyright 2015 by Wolters Kluwer. Reprinted with permission.
Página ou *site* da *web*, em domínio público	From *What Parents Can Expect in Behavior Therapy*, by Centers for Disease Control and Prevention, 2017 (https://www.cdc.gov/ncbddd/adhd/infographics/what-parentsexpect.html). In the public domain.
Dados do U.S. Census Bureau, em domínio público	Data are from "Annual Estimates of the Resident Population for the United States, Regions, States, and Puerto Rico: April 1, 2010 to July 1, 2018 (NST-EST2018-01)," by the U.S. Census Bureau, 2018 (http://bit.ly/2v0bucA). In the public domain.

Nota. Esta tabela mostra exemplos de atribuições de direitos autorais que você incluiria ao reproduzir ou adaptar uma tabela ou figura de outro trabalho em um artigo acadêmico. Para uma tabela ou figura reproduzida ou adaptada, coloque a atribuição de direitos autorais no final da nota geral (ver, p. ex., Tabela 7.14 e Figura 7.3). Consulte as Seções 12.14 a 12.18 para determinar quando uma atribuição de *copyright* (e possivelmente também uma permissão) é necessária. Pode ser necessário usar palavras diferentes das apresentadas aqui, dependendo dos requisitos do detentor dos direitos autorais.

Ao usar uma atribuição de direitos autorais, crie também um item na lista de referências. Contudo, utilize uma atribuição de *copyright* em vez de uma citação no texto, não sendo necessário incluir ambas.

Durante e Depois da Publicação

12.19 Provas do Artigo

Depois que seu manuscrito for aceito, mas antes de sua publicação, você será contatado pela equipe editorial do periódico para revisar as provas do artigo. Em geral elas são tratadas por meio de um *site* de comentários, no qual você poderá fazer alterações ou comentários diretamente no arquivo para corrigir pequenos erros de estilo ou formatação. Também é ali que você receberá e será solicitado a responder a perguntas específicas feitas por revisores ou pela equipe editorial. Lembre-se de que a etapa de revisão de provas é sua última chance de modificar o artigo. Esse não é, entretanto, o momento de reescrever o texto ou adicionar novas análises, citações ou interpretações. Quaisquer modificações importantes no texto ou nas análises feitas nas provas podem requerer revisão do editor.

Revise as provas minuciosamente. Esteja alerta para mudanças no significado que podem ter ocorrido inadvertidamente durante a edição e fique atento aos níveis dos títulos e à formatação de estatísticas, equações, tabelas, e assim por diante. Os editores de texto corrigem erros, asseguram a consistência do estilo e esclarecem a expressão; você deve cotejar as provas com o original para confirmar se as alterações condizem com o significado que pretendia transmitir. Limite as alterações à correção ortográfica ou gramatical, à correção de erros de edição ou tipografia e à atualização de referências (p. ex., atualizar citações de trabalhos em produção, corrigir DOIs e URLs que não funcionam mais). Caso você solicite alterações, seja explícito, porque o compositor terá apenas suas instruções escritas como base para trabalhar e, portanto, precisará de uma orientação clara para implementar as mudanças corretamente. Além disso, não se esqueça de verificar o seguinte:

- Você respondeu plenamente a todas as dúvidas do editor de texto?
- Os nomes dos autores e afiliações estão corretos e coerentes com publicações anteriores?
- A hierarquia de títulos e subtítulos está correta?
- Todos os números e símbolos no texto, tabelas e expressões matemáticas e estatísticas estão corretos?
- As tabelas estão corretas? Todas as colunas estão alinhadas corretamente e os sobrescritos correspondem às notas da tabela? Todas as notas de tabelas estão corretas?
- As figuras estão corretas? Os rótulos estão escritos corretamente? Os símbolos da legenda correspondem aos da figura? As fotografias foram reproduzidas corretamente? Todas as notas das figuras estão corretas?

Se coautores participarem da revisão das provas, o autor para correspondência é responsável por consolidar as alterações necessárias e incorporá-las à versão final. É importante enviar as alterações solicitadas à editora dentro do prazo estabelecido para que a publicação do seu artigo não atrase.

Depois de submeter todas as correções de provas ao escritório de produção, seu artigo em breve estará disponível. Muitas vezes as editoras (*publishers*) publicam primeiro o artigo tipografado final *on-line*, o que é chamado de *publicação* on-line *antecipada*, com a versão impressa sendo publicada posteriormente (ver Seção 8.5). Esse é o ponto de publicação oficial, e então seu artigo pode ser descoberto e citado.

12.20 Políticas de Direitos Autorais de Artigos Publicados

Até a publicação, os direitos autorais de um manuscrito pertencem ao(s) autor(es). Com a publicação, entretanto, é comum que os direitos autorais do trabalho mudem. Os dois cenários mais comuns são a transferência de *copyright* para a editora (*publisher*) e a entrada em domínio público.

Transferência de Direitos Autorais Para a Editora (*Publisher*). Quando um manuscrito é aceito para publicação, os autores normalmente transferem os direitos autorais sobre ele para a editora (*publisher*). Ao transferi-los, permitem que as editoras (*publishers*) (a) distribuam amplamente o artigo, (b) monitorem e controlem a republicação do artigo (integralmente ou em partes) por terceiros e (c) tratem da documentação envolvida no registro e administração de *copyright*. A editora (*publisher*), por sua vez, representa os interesses dos autores e permite que eles reutilizem livremente seu próprio artigo (integralmente ou em partes) de várias maneiras. Por lei, as editoras (*publishers*) detêm os direitos autorais dos artigos de seus periódicos por 95 anos a partir da data de publicação. A transferência de *copyright* inclui os direitos impressos e eletrônicos do artigo, o que permite que o editor divulgue o trabalho da forma mais ampla possível. Os periódicos da APA usam o Publications Rights Form (consulte https://on.apa.org/32psDvX) para concluir a transferência do *copyright*.

Copyright de Domínio Público Para Funcionários do Governo dos Estados Unidos. Se os principais autores forem funcionários do governo dos Estados Unidos e de seus departamentos (p. ex., Veterans Affairs) e o trabalho foi realizado dentro das atribuições de seu emprego, ele é considerado de domínio público (ou seja, não é protegido por direitos autorais aos autores ou editora [*publisher*]; consulte a Seção 12.16). No caso de um trabalho executado sob contrato do governo dos Estados Unidos, a editora (*publisher*) pode reter os direitos autorais (o que significa que não é de domínio público), mas conceder ao governo do país permissão livre de *royalties* para reproduzir todo ou partes do artigo e autorizar outros a fazê-lo para fins governamentais; os autores que desejam reproduzir ou adaptar o material de tal trabalho devem fazer uma atribuição de direitos autorais e determinar se é necessário obter permissão. Os periódicos da APA usam o Publications Rights Form (consulte https://on.apa.org/32psDvX) para documentar quando o trabalho foi produzido por funcionários do governo dos Estados Unidos.

12.21 Políticas de Depósito de Acesso Aberto

Muitos patrocinadores e instituições em todo o mundo exigem que o trabalho que patrocinam seja disponibilizado gratuitamente — ou depositado em repositórios de acesso aberto — ao público após a publicação, sendo que os resultados da pesquisa patrocinada devem ser de domínio público para acelerar o progresso humano. Na prática, o acesso aberto pode assumir várias formas e os patrocinadores e as instituições definem o(s) formato(s) que aceitam ou exigem. Por exemplo, alguns requerem que uma cópia de pré-publicação do manuscrito final seja postada em um repositório designado. Outros determinam que o artigo final seja disponibilizado gratuitamente logo após a publicação — em vez de limitado pelo acesso ao periódico por assinatura —, com mínimo ou nenhum limite para reutilização (ou seja, os leitores podem divulgar e desenvolver trabalhos em acesso aberto sem as restrições tradicionais de direitos autorais sobre publicações acadêmicas). As editoras (*publishers*) costumam apoiar o modelo de publicação em acesso aberto por meio de taxas de processamento de artigos pagas pelos autores usando patrocinadores ou recursos institucionais designados para esse fim.

Ao decidir a qual periódico submeter seu artigo, verifique as diretrizes institucionais e de seu patrocinador sobre acesso aberto e compare-as com as opções apoiadas por diferentes editoras (*publishers*). Se você estiver considerando um periódico de acesso aberto da APA, consulte o *site* de periódicos da APA (https://on.apa.org/2vJ3oGq).

12.22 Escrevendo um Aviso de Correção

Conforme descrito na Seção 1.13, às vezes ocorrem erros em artigos científicos publicados. Caso você detecte um erro em seu artigo publicado (incluindo a publicação *on-line* antecipada) e ache que uma correção é necessária, envie um aviso de correção ao editor do periódico e à editora (*publisher*). Uma correção formal diz aos leitores (a) exatamente qual foi o erro, (b) quais são as informações corretas e (c) se algumas ou todas as versões do artigo original foram corrigidas (ou seja, não contêm mais o erro). Como o objetivo das correções não é atribuir culpa pelos erros, os avisos de correção não identificam a sua origem (p. ex., descuido não intencional, equívocos matemáticos).

Não é necessário corrigir formalmente todos os erros encontrados em um artigo publicado. Erros tipográficos menores não precisam ser considerados parte do registro público da ciência. Os exemplos de erros a seguir precisam de correção pública formal:

- adicionar um autor ou reorganizar a ordem de autoria
- alterar completamente a afiliação (p. ex., porque ela não reflete onde o autor trabalhava quando o estudo foi realizado)
- substituir um item na lista de referências por uma referência completamente diferente
- alterar os dados de uma forma que pode ou não mudar o significado dos resultados
- substituir uma palavra por outra ou reescrever uma oração ou parágrafo de maneira que afete substancialmente o significado

Um aviso de correção deve conter o seguinte:

- título do periódico e ano, número do volume, número da edição, DOI e intervalo de páginas do artigo que está sendo corrigido (conforme aplicável)
- título completo do artigo e nomes de todos os autores, exatamente como figuram no artigo publicado
- localização precisa do erro (p. ex., página, coluna, linha)
- uma citação exata do erro ou, no caso de um erro extenso ou em uma tabela ou figura, uma paráfrase exata dele
- uma descrição concisa e inequívoca da correção ou, no caso de um erro em uma tabela ou figura, uma versão substituta da tabela ou figura

Depois que a correção proposta foi revisada pelo editor e pela editora (*publisher*), toma-se a decisão de prosseguir com um aviso de correção ou deixar o erro no artigo publicado como está. Quando uma correção é aprovada, a editora (*publisher*) usa as informações fornecidas pelo autor para compilar o aviso de correção em um modelo oficial. Os avisos de correção geralmente são publicados com um DOI, como artigos publicados, e aparecem nas versões impressa e *on-line*. Se o artigo que está sendo corrigido já tiver aparecido na versão impressa, o aviso de correção é publicado no próximo número disponível da revista; se ele ainda não tiver sido publicado, o aviso de correção é publicado na mesma edição do artigo. Se o artigo que está sendo corrigido foi publicado apenas *on-line* e assim permanecerá após o próximo número da revista, uma versão *on-line* do aviso de correção é publicada enquanto ambos, artigo e aviso, aguardam a publicação em uma edição impressa. Consulte o *site* do Estilo APA para obter exemplos de avisos de correção (https://apastyle.apa.org).

12.23 Compartilhando seu Artigo *On-line*

Certos direitos estão vinculados à propriedade do *copyright*, incluindo o direito exclusivo de reproduzir e distribuir o trabalho protegido por direitos autorais. Os periódicos têm o compromisso de publicar estudos originais e distribuir artigos revisados por pares, em formatos impresso e eletrônico, que servem como a versão de registro. Assim, muitos editores (*publishers*) têm políticas que delineiam os termos sob os quais os autores podem publicar um artigo na internet.

Muitas editoras (*publishers*), incluindo a APA, permitem que os autores publiquem uma versão de seu manuscrito *on-line* — por exemplo, em um arquivo ou repositório de pré-impressão como o PsyArXiv, em um arquivo eletrônico como ERIC, em um arquivo institucional, em um *site* pessoal, no servidor de seu empregador, no repositório de sua instituição, em um gerenciador de referência como o Mendeley e nas redes sociais de um autor. Entretanto, uma série de condições se aplicam. Por exemplo, geralmente o manuscrito deve ser uma cópia de pré-publicação do artigo final aceito para publicação, não a versão final tipograficamente composta. Além disso, essa cópia deve conter um aviso de direitos autorais e incluir um *link* para o artigo final no *site* da editora (*publisher*) usando o DOI do artigo. Para artigos publicados em periódicos da APA, use a seguinte declaração:

> © American Psychological Association, [Year]. This paper is not the copy of record and may not exactly replicate the authoritative document published in the APA journal. Please do not copy or cite without the author's permission. The final article is available, upon publication, at https://doi.org//[Article DOI] / © American Psychological Association, [ano]. Este artigo não é a cópia de registro e pode não reproduzir exatamente o documento oficial publicado no periódico da APA. Por favor, não copie ou cite sem a permissão do autor. O artigo final está disponível, após a publicação, em https://doi.org/[DOI do artigo]

As diretrizes da APA para postagem na internet estão disponíveis em seu *site* (https://on.apa.org/2r7Eptq), juntamente com recursos gerais e perguntas frequentes sobre procedimentos e divulgação do manuscrito após a aceitação. Se o seu artigo for publicado por meio de uma política de depósito de acesso aberto, uma versão *on-line* também será disponibilizada gratuitamente (ver Seção 12.21).

12.24 Promovendo seu Artigo

Os autores são incentivados a promover seu artigo após a publicação. Uma maneira de fazer isso é desenvolver resumos curtos descrevendo seu trabalho em linguagem simples e compartilhá-los junto com o DOI em suas redes sociais. Um periódico também pode solicitar uma declaração de significado para a saúde pública ou uma declaração de impacto como parte do artigo, e os autores podem usá-las como base para comunicar seu trabalho e seu impacto mais amplo ao público. O nome dessa seção e sua obrigatoriedade dependem do periódico, mas o objetivo é tornar a pesquisa mais acessível ao público. Orientações sobre como escrever declarações de impacto ou de significado para a saúde pública podem ser encontradas no *site* da APA (https://on.apa.org/2DKj1lH). Da mesma forma, as organizações ou universidades onde o autor trabalha podem solicitar um texto a fim de incluí-lo em um comunicado à imprensa para divulgar os principais resultados do estudo. Uma vez que esses materiais costumam ser breves, certifique-se de que a linguagem seja clara e de que os resultados sejam relatados de maneira precisa e adequada.

Comunicar sua pesquisa ao público em linguagem simples é importante para alcançar uma ampla gama de leitores que, de outra forma, poderiam não estar cientes de seu trabalho e seu potencial significado. Muitas editoras (*publishers*) oferecem várias ferramentas para ajudar os autores a promover seu trabalho e rastrear seu impacto. Conselhos sobre como promover seu artigo, inclusive como trabalhar com a mídia, escrever postagens em redes sociais e rastrear os leitores, podem ser encontrados no *site* da APA (https://on.apa.org/2KEsnR6). A publicação de seu trabalho representa uma conquista significativa, mas em muitos aspectos é apenas o início de seu impacto sobre o grande público.

CRÉDITOS DE TABELAS, FIGURAS E TRABALHOS ADAPTADOS

Muitas tabelas e figuras, bem como o exemplo de artigo profissional, apresentados neste *Manual de Publicação* foram adaptados de trabalhos publicados. As atribuições de direitos autorais para esses trabalhos são indicadas aqui na ordem em que aparecem no texto. A equipe do Estilo APA criou todas as demais tabelas e figuras e o exemplo de trabalho de estudante.

Figura 2.1: Adaptada de "The Role of Compulsive Texting in Adolescents' Academic Functioning," de K. M. Lister-Landman, S. E. Domoff, e E. F. Dubow, 2017, *Psychology of Popular Media Culture*, 6(4), p. 311 (https://doi.org/10.1037/ppm0000100). Copyright 2015 by the American Psychological Association.

Figura 2.5: Adaptada de "Age and Gender Differences in Self-Esteem—A Cross-Cultural Window," de W. Bleidorn, R. C. Arslan, J. J. A. Denissen, P. J. Rentfrow, J. E. Gebauer, J. Potter, e S. D. Gosling, 2016, *Journal of Personality and Social Psychology*, 111(3), pp. 396–410 (https://doi.org/10.1037/pspp0000078). Copyright 2015 by the American Psychological Association.

Exemplo de artigo profissional: Adaptado de "A Comparison of Student Evaluations of Teaching With Online and Paper-Based Administration," de C. J. Stanny e J. E. Arruda, 2017, *Scholarship of Teaching and Learning in Psychology*, 3(3), pp. 198–207 (https://doi.org/10.1037/stl0000087). Copyright 2017 by the American Psychological Association.

Tabela 3.1: Adaptada de "Journal Article Reporting Standards for Quantitative Research in Psychology: The APA Publications and Communications Board Task Force Report," de M. Appelbaum, H. Cooper, R. B. Kline, E. Mayo-Wilson, A. M. Nezu, e S. M. Rao, 2018, *American Psychologist*, 73(1), pp. 6–8 (https://doi.org/10.1037/amp0000191). Copyright 2018 by the American Psychological Association.

Tabela 3.2: Adaptada de "Journal Article Reporting Standards for Qualitative Primary, Qualitative Meta-Analytic, and Mixed Methods Research in Psychology: The APA Publications and Communications Board Task Force Report," de H. M. Levitt, M. Bamberg, J. W. Creswell, D. M. Frost, R. Josselson, e C. Suárez-Orozco, 2018, *American Psychologist*, 73(1), pp. 34–37 (https://doi.org/10.1037/amp0000151). Copyright 2018 by the American Psychological Association.

Tabela 3.3: Adaptada de "Journal Article Reporting Standards for Qualitative Primary, Qualitative Meta-Analytic, and Mixed Methods Research in Psychology: The APA Publications and Communications Board Task Force Report," de H. M. Levitt, M. Bamberg, J. W. Creswell, D. M. Frost, R. Josselson, e C. Suárez-Orozco, 2018, *American Psychologist*, 73(1), pp. 41–43 (https://doi.org/10.1037/amp0000151). Copyright 2018 by the American Psychological Association.

Figura 3.1: Adaptada de "Journal Article Reporting Standards for Quantitative Research in Psychology: The APA Publications and Communications Board Task Force Report," de M. Appelbaum, H. Cooper, R. B. Kline, E. Mayo-Wilson, A. M. Nezu, e S. M. Rao, 2018, *American Psychologist*, 73(1), p. 5 (https://doi.org/10.1037/amp0000191). Copyright 2018 by the American Psychological Association.

Tabela 7.2: Adaptada de "Internet-Based Cognitive–Behavior Therapy for Procrastination: A Randomized-Controlled Trial," de A. Rozental, E. Forsell, A. Svensson, G. Andersson, e P. Carlbring, 2015, *Journal of Consulting and Clinical Psychology*, 83(4), p. 815 (https://doi.org/10.1037/ccp0000023). Copyright 2015 by the American Psychological Association.

Tabela 7.3: Adaptada de "Introduction of the *DSM-5* Levels of Personality Functioning Questionnaire," de S. K. Huprich, S. M. Nelson, K. B. Meehan, C. J. Siefert, G. Haggerty, J. Sexton, V. B. Dauphin, M. Macaluso, J. Jackson, R. Zackula, e L. Baade, 2018, *Personality Disorders: Theory, Research, and Treatment*, 9(6), p. 557 (https://doi.org/10.1037/per0000264). Copyright 2017 by the American Psychological Association.

Tabela 7.4: Adaptada de "A Meta-Analysis of Context Integration Deficits Across the Schizotypy Spectrum Using AX-CPT and DPX Tasks," de C. A. Chun, L. Ciceron, e T. R. Kwapil, 2018, *Journal of Abnormal Psychology*, 127(8), pp. 795–797 (https://doi.org/10.1037/abn0000383). Copyright 2018 by the American Psychological Association.

Tabela 7.5: Adaptada de "A Further Assessment of the Hall–Rodriguez Theory of Latent Inhibition," de H. T. Leung, A. S. Killcross, e R. F. Westbrook, 2013, *Journal of Experimental Psychology: Animal Behavior Processes*, 39(2), p. 119 (https://doi.org/10.1037/a0031724). Copyright 2013 by the American Psychological Association.

Tabela 7.6: Adaptada de "Low Social Rhythm Regularity Predicts First Onset of Bipolar Spectrum Disorders Among At-Risk Individuals With Reward Hypersensitivity," de L. B. Alloy, E. M. Boland, T. H. Ng, W. G. Whitehouse, e L. Y. Abramson, 2015, *Journal of Abnormal Psychology*, 124(4), p. 946 (https://doi.org/10.1037/abn0000107). Copyright 2015 by the American Psychological Association.

Tabela 7.7: Adaptada de "I Don't Believe It! Belief Perseverance in Attitudes Toward Celebrities," de N. H. Bui, 2014, *Psychology of Popular Media Culture*, 3(1), p. 43 (https://doi.org/10.1037/a0034916). Copyright 2013 by the American Psychological Association.

Tabela 7.8: Adaptada de "The Slow Developmental Time Course of Real- Time Spoken Word Recognition," de H. Rigler, A. Farris-Trimble, L. Greiner, J. Walker, J. B. Tomblin, e B. McMurray, 2015, *Developmental Psychology*, 51(12), p. 1697 (https://doi.org/10.1037/dev0000044). Copyright 2015 by the American Psychological Association.

Tabela 7.9: Adaptada de "Students' Implicit Theories of University Professors," de J. Yermack e D. R. Forsyth, 2016, *Scholarship of Teaching and Learning in Psychology*, 2(3), p. 176 (https://doi.org/10.1037/stl0000067). Copyright 2016 by the American Psychological Association.

Tabela 7.10: Adaptada de "Build or Buy? The Individual and Unit-Level Performance of Internally Versus Externally Selected Managers Over Time," de P. S. DeOrtentiis, C. H. Van Iddekinge, R. E. Ployhart, e T. D. Heetderks, 2018, *Journal of Applied Psychology*, 103(8), p. 922 (https://doi.org/10.1037/apl0000312). Copyright 2018 by the American Psychological Association.

Tabela 7.11: Adaptada de "Academic Disidentification in Black College Students: The Role of Teacher Trust and Gender," de S. McClain e K. Cokley, 2017, *Cultural Diversity and Ethnic Minority Psychology*, 23(1), p. 128 (https://doi.org/10.1037/cdp0000094). Copyright 2016 by the American Psychological Association.

Tabela 7.12: Adaptada de "Living in a Continuous Traumatic Reality: Impact on Elderly Persons Residing in Urban and Rural Communities," de I. Regev e O. Nuttman-Shwartz, 2016, *American Journal of Orthopsychiatry*, 86(6), p. 656 (https://doi.org/10.1037/ort0000165). Copyright 2016 by the Global Alliance for Behavioral Health and Social Justice. Reproduzida com permissão.

Tabela 7.13: Adaptada de "Work-Related Self-Efficacy as a Moderator of the Impact of a Worksite Stress Management Training Intervention: Intrinsic Work Motivation as a Higher Order Condition of Effect," de J. Lloyd, F. W. Bond, e P. E. Flaxman, 2017, *Journal of Occupational Health Psychology*, 22(1), p. 121 (https://doi.org/10.1037/ocp0000026). Copyright 2016 by the American Psychological Association.

Tabela 7.14: Adaptada de "Individual Differences in Activation of the Parental Care Motivational

System: Assessment, Prediction, and Implications," de E. E. Buckels, A. T. Beall, M. K. Hofer, E. Y. Lin, Z. Zhou, e M. Schaller, 2015, *Journal of Personality and Social Psychology*, *108*(3), p. 501 (https://doi.org/10.1037/pspp0000023). Copyright 2015 by the American Psychological Association.

Tabela 7.15: Adaptada de "Too Tired to Inspire or Be Inspired: Sleep Deprivation and Charismatic Leadership," de C. M. Barnes, C. L. Guarana, S. Nauman, e D. T. Kong, 2016, *Journal of Applied Psychology*, *101*(8), p. 1195 (https://doi.org/10.1037/apl0000123). Copyright 2016 by the American Psychological Association.

Tabela 7.16: Adaptada de "I Just Want to Be Left Alone: Daily Overload and Marital Behavior," de M. S. Sears, R. L. Repetti, T. F. Robles, e B. M. Reynolds, 2016, *Journal of Family Psychology*, *30*(5), p. 576 (https://doi.org/10.1037/fam0000197). Copyright 2016 by the American Psychological Association.

Tabela 7.17: Adaptada de "Creativity and Academic Achievement: A Meta-Analysis," de A. Gajda, M. Karwowski, e R. A. Beghetto, 2017, *Journal of Educational Psychology*, *109*(2), p. 286 (https://doi.org/10.1037/edu0000133). Copyright 2016 by the American Psychological Association.

Tabela 7.18: Adaptada de "The Role of Social Class, Ethnocultural Adaptation, and Masculinity Ideology on Mexican American College Men's Well-Being," de L. Ojeda e B. Piña-Watson, 2016, *Psychology of Men & Masculinity*, *17*(4), p. 376 (https://doi.org/10.1037/men0000023). Copyright 2016 by the American Psychological Association.

Tabela 7.19: Adaptada de "Tutorial: The Practical Application of Longitudinal Structural Equation Mediation Models in Clinical Trials," de K. A. Goldsmith, D. P. MacKinnon, T. Chalder, P. D. White, M. Sharpe, e A. Pickles, 2018, *Psychological Methods*, *23*(2), p. 203 (https://doi.org/10.1037/met0000154). Copyright 2017 by the American Psychological Association.

Tabela 7.20: Adaptada de "Do Unto Others or Treat Yourself? The Effects of Prosocial and Self-Focused Behavior on Psychological Flourishing," de S. K. Nelson, K. Layous, S. W. Cole, e S. Lyubomirsky, 2016, *Emotion*, *16*(6), p. 855 (https://doi.org/10.1037/emo0000178). Copyright 2016 by the American Psychological Association.

Tabela 7.21: Adaptada de "An Empirical Analysis of Three Intelligences," de K. A. Crowne, 2013, *Canadian Journal of Behavioural Science/Revue canadienne des sciences du comportement*, *45*(2), p. 108 (https://doi.org/10.1037/a0029110). Copyright 2012 by the Canadian Psychological Association. Reproduzida com permissão.

Tabela 7.22: Adaptada de "Harmony, Dissonance, and the Gay Community: A Dialogical Approach to Same-Sex Desiring Men's Sexual Identity Development," de B. R. Davis, 2015, *Qualitative Psychology*, *2*(1), p. 84 (https://doi.org/10.1037/qup0000017). Copyright 2015 by the American Psychological Association.

Tabela 7.23: Adaptada de "Tuning Into Fantasy: Motivations to View Wedding Television and Associated Romantic Beliefs," de V. Hefner, 2016, *Psychology of Popular Media Culture*, *5*(4), p. 313 (https://doi.org/10.1037/ppm0000079). Copyright 2015 by the American Psychological Association.

Tabela 7.24: Adaptada de "The Effects of Topic Familiarity, Author Expertise, and Content Relevance on Norwegian Students' Document Selection: A Mixed Methods Study," de M. T. McCrudden, T. Stenseth, I. Bråten, e H. I. Strømsø, 2016, *Journal of Educational Psychology*, *108*(2), p. 157 (https://doi.org/10.1037/edu0000057). Copyright 2015 by the American Psychological Association.

Figura 7.2: Adaptada de "Framing of Online Risk: Young Adults' and Adolescents' Representations of Risky Gambles," de C. M. White, M. Gummerum, e Y. Hanoch, 2018, *Decision*, *5*(2), p. 124 (https://doi.org/10.1037/dec0000066). Copyright 2016 by the American Psychological Association.

Figura 7.3: Adaptada de "Large Continuous Perspective Change With Noncoplanar Points Enables Accurate Slant Perception," de X. M. Wang, M. Lind, e G. P. Bingham, 2018, *Journal of Experimental Psychology: Human Perception and Performance*, *44*(10), p. 1513 (https://doi.org/10.1037/xhp0000553). Copyright 2018 by the American Psychological Association.

Figura 7.4: Adaptada de "An Investigation of Implied Miranda Waivers and Powell Wording in a Mock-Crime Study," de N. D. Gillard, R. Rogers, K. R. Kelsey, e E. V. Robinson, 2014, *Law and Human Behavior*, *38*(5), p. 504 (https://doi.org/10.1037/lhb0000093). Copyright 2014 by the American Psychological Association.

Figura 7.5: Adaptada de "Towards Personalized, Brain-Based Behavioral Intervention for Transdiagnostic Anxiety: Transient Neural

Responses to Negative Images Predict Outcomes Following a Targeted Computer- Based Intervention," de R. B. Price, L. Cummings, D. Gilchrist, S. Graur, L. Banihashemi, S. S. Kuo, e G. J. Siegle, 2018, *Journal of Consulting and Clinical Psychology*, 86(12), p. 1034 (https://doi.org/10.1037/ccp0000309). Copyright 2018 by the American Psychological Association.

Figura 7.6: Adaptada de "Meeting the Mental Health Needs of Children and Youth Through Integrated Care: A Systems and Policy Perspective," de D. de Voursney e L. N. Huang, 2016, *Psychological Services*, 13(1), p. 84 (https://doi.org/10.1037/ser0000045). Em domínio público.

Figura 7.7: Adaptada de "Mothers' Depressive Symptoms and Children's Cognitive and Social Agency: Predicting First-Grade Cognitive Functioning," de N. Yan e T. Dix, 2016, *Developmental Psychology*, 52(8), p. 1295 (https://doi.org/10.1037/dev0000120). Copyright 2016 by the American Psychological Association.

Figura 7.8: Adaptada de "The Chills as a Psychological Construct: Content Universe, Factor Structure, Affective Composition, Elicitors, Trait Antecedents, and Consequences," de L. A. Maruskin, T. M. Thrash, e A. J. Elliot, 2012, *Journal of Personality and Social Psychology*, 103(1), p. 143 (https://doi.org/10.1037/a0028117). Copyright 2012 by the American Psychological Association.

Figura 7.9: Adaptada de "Camera-Ready: Young Women's Appearance- Related Social Media Consciousness," de S. Choukas-Bradley, J. Nesi, L. Widman, e M. K. Higgins, 2018, *Psychology of Popular Media Culture*, publicação *on-line* antecipada (https://doi.org/10.1037/ppm0000196). Copyright 2018 by the American Psychological Association.

Figura 7.10: Adaptada de "Racial Microaggression Experiences and Coping Strategies of Black Women in Corporate Leadership," de A. M. B. Holder, M. A. Jackson, e J. G. Ponterotto, 2015, *Qualitative Psychology*, 2(2), p. 171 (https://doi.org/10.1037/qup0000024). Copyright 2015 by the American Psychological Association.

Figura 7.11: Adaptada de "Traditions and Alcohol Use: A Mixed-Methods Analysis," de F. G. Castro e K. Coe, 2007, *Cultural Diversity and Ethnic Minority Psychology*, 13(4), p. 271 (https://doi.org/10.1037/1099- 9809.13.4.269). Copyright 2007 by the American Psychological Association.

Figura 7.12: Adaptada de "Children Understand That Agents Maximize Expected Utilities," de J. Jara-Ettinger, S. Floyd, J. B. Tenenbaum, e L. E. Schulz, 2017, *Journal of Experimental Psychology: General*, 146(11), p. 1582 (https://doi.org/10.1037/xge0000345). Copyright 2017 by the American Psychological Association.

Figura 7.13: Adaptada de "The Limits of Learning: Exploration, Generalization, and the Development of Learning Traps," de A. S. Rich e T. M. Gureckis, 2018, *Journal of Experimental Psychology: General*, 147(11), p. 1560 (https://doi.org/10.1037/xge0000466). Copyright 2018 by the American Psychological Association.

Figura 7.14: Adaptada de *2017 Poverty Rate in the United States*, de U.S. Census Bureau, 2017 (https://www.census.gov/library/visualizations/2018/comm/acs-povertymap. html). Em domínio público.

Figura 7.15: Adaptada de "Empathic Accuracy for Happiness in the Daily Lives of Older Couples: Fluid Cognitive Performance Predicts Pattern Accuracy Among Men," de G. Hülür, C. A. Hoppmann, A. Rauers, H. Schade, N. Ram, e D. Gerstorf, 2016, *Psychology and Aging*, 31(5), p. 550 (https://doi.org/10.1037/pag0000109). Copyright 2016 by the American Psychological Association.

Figura 7.16: Adaptada de "An Empirically-Derived Taxonomy of Moral Concepts," de J. F. Landy e D. M. Bartels, 2018, *Journal of Experimental Psychology: General*, 147(11), p. 1752 (https://doi.org/10.1037/xge0000404). Copyright 2018 by the American Psychological Association.

Figura 7.17: Adaptada de "Out of Place, Out of Mind: Schema-Driven False Memory Effects for Object-Location Bindings," de A. R. Lew e M. L. Howe, *Journal of Experimental Psychology: Learning, Memory, and Cognition*, 43(3), p. 405 (https://doi.org/10.1037/xlm0000317). Copyright 2016 by the American Psychological Association.

Figura 7.18: Adaptada de "Bayesian Mixture Modeling of Significant *p* Values: A Meta-Analytic Method to Estimate the Degree of Contamination From H_0," de Q. F. Gronau, M. Duizer, M. Bakker, e E.-J. Wagenmakers, 2017, *Journal of Experimental Psychology: General*, 146(9), p. 1227 (https://doi.org/10.1037/xge0000324). Copyright 2017 by the American Psychological Association.

Figura 7.19: Adaptada de "Enhanced Processing of Untrustworthiness in Natural Faces With Neutral Expressions," de A. Lischke, M. Junge, A. O. Hamm, e M. Weymar, 2018, *Emotion*, 18(2), p. 185 (https://doi.org/10.1037/emo0000318). Copyright 2017 by the American Psychological Association.

Figura 7.20: Adaptada de "Denying Humanity: The Distinct Neural Correlates of Blatant Dehumanization," de E. Bruneau, N. Jacoby, N. Kteily, e R. Saxe, 2018, *Journal of Experimental Psychology: General*, 147(7), p. 1087 (https://doi.org/10.1037/xge0000417). Copyright 2018 by the American Psychological Association.

Figura 7.21: Adaptada de "*NF1* Microduplications: Identification of Seven Nonrelated Individuals Provides Further Characterization of the Phenotype," de K. J. Moles, G. C. Gowans, S. Gedela, D. Beversdorf, A. Yu, L. H. Seaver, R. A. Schultz, J. A. Rosenfeld, B. S. Torchia, e L. G. Shaffer, 2012, *Genetics in Medicine*, 14, p. 509 (https://doi.org/10.1038/gim.2011.46). Copyright 2012 by the American College of Medical Genetics and Genomics. Reproduzida com permissão.

Figura 8.1: Adaptada de "Clever People: Intelligence and Humor Production Ability," de A. P. Christensen, P. J. Silvia, E. C. Nusbaum, e R. E. Beaty, 2018, *Psychology of Aesthetics, Creativity, and the Arts*, 12(2), p. 136 (https://doi.org/10.1037/aca0000109). Copyright 2018 by the American Psychological Association.

Figura 8.3: Adaptada de "Can Journalistic 'False Balance' Distort Public Perception of Consensus in Expert Opinion?" de D. J. Koehler, 2016, *Journal of Experimental Psychology: Applied*, 22(1), pp. 24–38 (https://doi.org/10.1037/xap0000073). Copyright 2016 by the American Psychological Association.

Figura 8.4: Adaptada de "Discrimination, Work Outcomes, and Mental Health Among Women of Color: The Protective Role of Womanist Attitudes," de B. L. Velez, R. Cox Jr., C. J. Polihronakis, e B. Moradi, 2018, *Journal of Counseling Psychology*, 65(2), pp. 178, 193 (https://doi.org/10.1037/cou0000274). Copyright 2018 by the American Psychological Association.

Figura 8.5: Adaptada de "Play Therapists' Perceptions of Wellness and Self-Care Practices," de K. K. Meany-Walen, A. Cobie-Nuss, E. Eittreim, S. Teeling, S. Wilson, e C. Xander, 2018, *International Journal of Play Therapy*, 27(3), p. 177 (https://doi.org/10.1037/pla0000067). Copyright 2018 by the American Psychological Association.

Figura 8.6: Adaptada de "Tabloids as Windows Into Our Interpersonal Relationships: A Content Analysis of Mass Media Gossip From an Evolutionary Perspective," de C. J. S. De Backer e M. L. Fisher, 2012, *Journal of Social, Evolutionary, and Cultural Psychology*, 6(3), p. 421 (https://doi.org/10.1037/h0099244). Copyright 2012 by the American Psychological Association.

Figura 8.7: Adaptada de "Women Athletes' Self--Compassion, Self- Criticism, and Perceived Sport Performance," de M. E. Killham, A. D. Mosewich, D. E. Mack, K. E. Gunnell, e L. J. Ferguson, 2018, *Sport, Exercise, and Performance Psychology*, 7(3), p. 297 (https://doi.org/10.1037/spy0000127). Copyright 2018 by the American Psychological Association.

Figura 9.1: Adaptada de "Sensitivity to the Evaluation of Others Emerges by 24 Months," de S. V. Botto e P. Rochat, 2018, *Developmental Psychology*, 54(9), p. 1723 (https://doi.org/10.1037/dev0000548). Copyright 2018 by the American Psychological Association.

Figura 9.4: Adaptada de "Aging and Recognition Memory: A Meta- Analysis," de S. H. Fraundorf, K. L. Hourihan, R. A. Peters, e A. S. Benjamin, 2019, *Psychological Bulletin*, 145(4), pp. 359–368 (https://doi.org/10.1037/bul0000185). Copyright 2019 by the American Psychological Association.

REFERÊNCIAS

Accord Alliance. (n.d.). *Learn about DSD*. http://www.accordalliance.org/learn-about-dsd/

American Educational Research Association, American Psychological Association, & National Council on Measurement in Education. (2014). *Standards for educational and psychological testing*. https://www.apa.org/science/programs/testing/standards.aspx

American Psychological Association. (n.d.-a). *Definitions related to sexual orientation and gender diversity in APA documents*. https://www.apa.org/pi/lgbt/resources/sexuality-definitions.pdf

American Psychological Association. (n.d.-b). *Task force on statistical inference*. https://www.apa.org/science/leadership/bsa/statistical/

American Psychological Association. (2010). *Publication manual of the American Psychological Association* (6th ed.).

American Psychological Association. (2012a). *Guidelines for ethical conduct in the care and use of nonhuman animals in research*. https://www.apa.org/science/leadership/care/care-animal-guidelines.pdf

American Psychological Association. (2012b). Guidelines for psychological practice with lesbian, gay, and bisexual clients. *American Psychologist*, 67(1), 10–42. https://doi.org/10.1037/a0024659

American Psychological Association. (2012c). Guidelines for the evaluation of dementia and age--related cognitive change. *American Psychologist*, 67(1), 1–9. https://doi.org/10.1037/a0024643

American Psychological Association. (2014). Guidelines for psychological practice with older adults. *American Psychologist*, 69(1), 34–65. https://doi.org/10.1037/a0035063

American Psychological Association. (2015a). Guidelines for psychological practice with transgender and gender nonconforming people. *American Psychologist*, 70(9), 832–864. https://doi.org/10.1037/a0039906

American Psychological Association. (2015b). *Key terms and concepts in understanding gender diversity and sexual orientation among students*. https://www.apa.org/pi/lgbt/programs/safe-supportive/lgbt/key-terms.pdf

American Psychological Association. (2017a). *Ethical principles of psychologists and code of conduct* (2002, amended effective June 1, 2010, and January 1, 2017). https://www.apa.org/ethics/code/index.aspx

American Psychological Association. (2017b). *Multicultural guidelines: An ecological approach to context, identity, and intersectionality*. https://www.apa.org/about/policy/multicultural-guidelines.aspx

American Psychological Association. (2018). *APA resolution for the use of the term* patient *in American Psychological Association policies, rules, and public relations activities when referring to the heal-*

th-related and scientific activities of health service psychologists and scientists in health care services and settings. https://www.apa.org/about/policy/resolution-term-patient.pdf

American Psychological Association of Graduate Students. (2015). *Proud and prepared: A guide for LGBT students navigating graduate training*. American Psychological Association. https://www.apa.org/apags/resources/lgbt-guide.aspx

APA Publications and Communications Board Working Group on Journal Article Reporting Standards. (2008). Reporting standards for research in psychology: Why do we need them? What might they be? *American Psychologist, 63*(9), 839–851. https://doi.org/10.1037/0003-066X.63.9.839

Appelbaum, M., Cooper, H., Kline, R. B., Mayo-Wilson, E., Nezu, A. M., & Rao, S. M. (2018). Journal article reporting standards for quantitative research in psychology: The APA Publications and Communications Board Task Force report. *American Psychologist, 73*(1), 3–25. https://doi.org/10.1037/amp0000191

The Asexual Visibility & Education Network. (n.d.). *General FAQ: Definitions*. https://www.asexuality.org/?q=general.html#def

Beaubien, S., & Eckard, M. (2014). Addressing faculty publishing concerns with open access journal quality indicators. *Journal of Librarianship and Scholarly Communication, 2*(2), Article eP1133. https://doi.org/10.7710/2162-3309.1133

Bentley, M., Peerenboom, C. A., Hodge, F. W., Passano, E. B., Warren, H. C., & Washburn, M. F. (1929). Instructions in regard to preparation of manuscript. *Psychological Bulletin, 26*(2), 57–63. https://doi.org/10.1037/h0071487

Blackless, M., Charuvastra, A., Derryck, A., Fausto-Sterling, A., Lauzanne, K., & Lee, E. (2000). How sexually dimorphic are we? Review and synthesis. *American Journal of Human Biology, 12*(2), 151–166. http://doi.org/bttkh4

The bluebook: A uniform system of citation (20th ed.). (2015). Harvard Law Review Association.

Bowleg, L. (2008). When Black + woman + lesbian ≠ Black lesbian woman: The methodological challenges of quantitative and qualitative intersectionality research. *Sex Roles, 59*(5–6), 312–325. https://doi.org/10.1007/s11199-008-9400-z

Bowman, J. D. (2014). Predatory publishing, questionable peer review, and fraudulent conferences. *American Journal of Pharmaceutical Education, 78*(10), Article 176. https://doi.org/10.5688/ajpe7810176

Brown, L. (n.d.). *Identity-first language*. Autistic Self Advocacy Network. https://autisticadvocacy.org/home/about-asan/identity-first-language (Original work published 2011)

Brueggemann, B. J. (2013). Disability studies/disability culture. In M. L. Wehmeyer (Ed.), *The Oxford handbook of positive psychology and disability* (pp. 279–299). Oxford University Press. https://doi.org/10.1093/oxfordhb/9780195398786.013.013.0019

Cooper, H. (2016, May 12). Principles of good writing: Avoiding plagiarism. *APA Style*. https://blog.apastyle.org/apastyle/2016/05/avoiding-plagiarism.html

Cooper, H. (2018). *Reporting quantitative research in psychology: How to meet APA Style journal article reporting standards* (2nd ed.). American Psychological Association. https://doi.org/10.1037/0000103-000

Copyright Act of 1976, 17 U.S.C. §§ 101–810 (1976).

Crenshaw, K. W. (1989). Demarginalizing the intersections of race and sex: A Black feminist critique of antidiscrimination doctrine, feminist theory, and antiracist politics. *University of Chicago Legal Forum, 1989*(1), Article 8. https://chicagounbound.uchicago.edu/uclf/vol1989/iss1/8/

Creswell, J. W. (2015). *A concise introduction to mixed methods research*. SAGE Publications.

Creswell, J. W., & Plano Clark, V. L. (2017). *Designing and conducting mixed methods research* (3rd ed.). SAGE Publications.

Creswell, J. W., & Poth, C. N. (2018). *Qualitative inquiry and research design: Choosing among five approaches* (4th ed.). SAGE Publications.

Data Sharing Working Group. (2015). *Data sharing: Principles and considerations for policy development*. American Psychological Association. https://www.apa.org/science/leadership/bsa/data-sharing-report.pdf

de Onís, C. M. (2017). What's in an "x"? An exchange about the politics of "Latinx." *Chiricú Journal: Latina/o Literatures, Arts, and Cultures, 1*(2), 78–91. https://doi.org/10.2979/chiricu.1.2.07

Diemer, M. A., Mistry, R. S., Wadsworth, M. E., López, I., & Reimers, F. (2013). Best practices in conceptualizing and measuring social class in psychological research. *Analyses of Social Issues and Public Policy, 13*(1), 77–113. https://doi.org/10.1111/asap.12001

DuBois, J. M., Walsh, H., & Strait, M. (2018). It is time to share (some) qualitative data: Reply to Guishard (2018), McCurdy and Ross (2018), and Roller and Lavrakas (2018). *Qualitative Psychology, 5*(3), 412–415. https://doi.org/10.1037/qup0000092

Dunn, D. S., & Andrews, E. E. (n.d.). *Choosing words for talking about disability*. American Psychological Association. https://www.apa.org/pi/disability/resources/choosing-words.aspx

Dunn, D. S., & Andrews, E. E. (2015). Person-first *and* identity-first language: Developing psychologists' cultural competence using disability language. *American Psychologist, 70*(3), 255–264. https://doi.org/10.1037/a0038636

Fine, M. (2013). Echoes of Bedford: A 20-year social psychology memoir on participatory action research hatched behind bars. *American Psychologist, 68*(8), 687–698. https://doi.org/10.1037/a0034359

Fisher, C. B. (2017). *Decoding the ethics code: A practical guide for psychologists* (4th ed.). SAGE Publications.

Gastil, J. (1990). Generic pronouns and sexist language: The oxymoronic character of masculine generics. *Sex Roles, 23*(11–12), 629–643. https://doi.org/10.1007/BF00289252

Greene, J. C. (2007). *Mixed methods in social inquiry*. Jossey-Bass.

Guishard, M. A. (2018). Now's not the time! Qualitative data repositories on tricky ground: Comment on DuBois et al. (2018). *Qualitative Psychology, 5*(3), 402–408. https://doi.org/10.1037/qup0000085

Guishard, M. A., Halkovic, A., Galletta, A., & Li, P. (2018). Toward epistemological ethics: Centering communities and social justice in qualitative research. *Forum: Qualitative Social Research, 19*(3), Article 27. https://doi.org/10.17169/fqs-19.3.3145

Hallock, R. M., & Dillner, K. M. (2016). Should title lengths really adhere to the American Psychological Association's twelve word limit? *American Psychologist, 71*(3), 240–242. https://doi.org/10.1037/a0040226

Hegarty, P., & Buechel, C. (2006). Androcentric reporting of gender differences in APA journals: 1965–2004. *Review of General Psychology, 10*(4), 377–389. https://doi.org/10.1037/1089-2680.10.4.377

Hill, C. E. (Ed.). (2012). *Consensual qualitative research: A practical resource for investigating social science phenomena*. American Psychological Association.

Howard, J. A., & Renfrow, D. G. (2014). Intersectionality. In J. D. McLeod, E. J. Lawler, & M. Schwalbe (Eds.), *Handbook of the social psychology of inequality* (pp. 95–121). Springer. https://doi.org/10.1007/978-94-017-9002-4

International Committee on Standardized Genetic Nomenclature for Mice & Rat Genome and Nomenclature Committee. (2018). *Guidelines for nomenclature of genes, genetic markers, alleles, and mutations in mouse and rat*. Mouse Genome Informatics. http://www.informatics.jax.org/mgihome/nomen/gene.shtml

International Journal of Indigenous Health. (n.d.). *Defining Aboriginal Peoples within Canada*. https://journals.uvic.ca/journalinfo/ijih/IJIHDefiningIndigenousPeoplesWithinCanada.pdf

Intersex Society of North America. (n.d.). *How common is intersex?* http://www.isna.org/faq/frequency

Jamali, H. R., & Nikzad, M. (2011). Article title type and its relation with the number of downloads and citations. *Scientometrics, 88*(2), 653–661. https://doi.org/10.1007/s11192-011-0412-z

Knatterud, M. E. (1991). Writing with the patient in mind: Don't add insult to injury. *American Medical Writers Association Journal, 6*(1), 10–17.

Laine, C., & Winker, M. A. (2017). Identifying predatory or pseudo-journals. *Biochemia Medica, 27*(2), 285–291. https://doi.org/10.11613/BM.2017.031

Levitt, H. M. (2019). *Reporting qualitative research in psychology: How to meet APA Style journal article reporting standards*. American Psychological Association. https://doi.org/10.1037/0000121-000

Levitt, H. M., Bamberg, M., Creswell, J. W., Frost, D. M., Josselson, R., & Suárez-Orozco, C. (2018). Journal article reporting standards for qualitative primary, qualitative meta-analytic, and mixed methods research in psychology: The APA Publications and Communications Board Task Force report. *American Psychologist, 73*(1), 26–46. https://doi.org/10.1037/amp0000151

Levitt, H. M., Motulsky, S. L., Wertz, F. J., Morrow, S. L., & Ponterotto, J. G. (2017). Recommendations for designing and reviewing qualitative research in psychology: Promoting methodological integrity. *Qualitative Psychology*, 4(1), 2–22. https://doi.org/10.1037/qup0000082

Lindland, E., Fond, M., Haydon, A., & Kendall-Taylor, N. (2015). *Gauging aging: Mapping the gaps between expert and public understandings of aging in America*. FrameWorks Institute. https://frameworksinstitute.org/assets/files/aging_mtg.pdf

Lundebjerg, N. E., Trucil, D. E., Hammond, E. C., & Applegate, W. B. (2017). When it comes to older adults, language matters: *Journal of the American Geriatrics Society* adopts modified American Medical Association Style. *Journal of the American Geriatrics Society*, 65(7), 1386–1388. https://doi.org/10.1111/jgs.14941

Masten, Y., & Ashcraft, A. (2017). Due diligence in the open-access explosion era: Choosing a reputable journal for publication. *FEMS Microbiology Letters*, 364(21), Article fnx206. https://doi.org/10.1093/femsle/fnx206

McCurdy, S. A., & Ross, M. W. (2018). Qualitative data are not just quantitative data with text but data with context: On the dangers of sharing some qualitative data: Comment on DuBois et al (2018). *Qualitative Psychology*, 5(3), 409–411. https://doi.org/10.1037/qup0000088

Merriam, S. B., & Tisdell, E. J. (2016). *Qualitative research: A guide to design and implementation* (4th ed.). Jossey-Bass.

Merriam-Webster. (n.d.-a). *Words we're watching: 'Patchwriting': Paraphrasing in a cut-and-paste world*. https://www.merriam-webster.com/words-at-play/words-were-watching-patchwriting

Merriam-Webster. (n.d.-b). *Words we're watching: Singular 'they': Though singular 'they' is old, 'they' as a nonbinary pronoun is new—and useful*. https://www.merriam-webster.com/words-at-play/singular-nonbinary-they

Morrow, S. L. (2005). Quality and trustworthiness in qualitative research in counseling psychology. *Journal of Counseling Psychology*, 52(2), 250–260. https://doi.org/10.1037/0022-0167.52.2.250

Morse, J. M. (2008). "What's your favorite color?" Reporting irrelevant demographics in qualitative research. *Qualitative Health Research*, 18(3), 299–300. https://doi.org/10.1177/1049732307310995

Moulton, J., Robinson, G. M., & Elias, C. (1978). Sex bias in language use: "Neutral" pronouns that aren't. *American Psychologist*, 33(11), 1032–1036. https://doi.org/10.1037/0003-066X.33.11.1032

National Academies of Sciences, Engineering, and Medicine. (2019). *Reproducibility and replicability in science*. The National Academies Press. https://doi.org/10.17226/25303

National Institutes of Health. (n.d.). *NIH data sharing policies*. U.S. Department of Health & Human Services, U.S. National Library of Medicine. https://www.nlm.nih.gov/NIHbmic/nih_data_sharing_policies.html

Neimeyer, R. A., Hogan, N. S., & Laurie, A. (2008). The measurement of grief: Psychometric considerations in the assessment of reactions to bereavement. In M. S. Stroebe, R. O. Hansson, H. Schut, & W. Stroebe (Eds.), *Handbook of bereavement research and practice: Advances in theory and intervention* (pp. 133–161). American Psychological Association. https://doi.org/10.1037/14498-007

Open Scholarship Initiative. (2019, March 19). *OSI brief: Deceptive publishing*. http://osiglobal.org/2019/03/19/osi-brief-deceptive-publishing/

Parker, I. (2015). *Psychology after discourse analysis: Concepts, methods, critique*. Routledge.

Ponterotto, J. G. (2005). Qualitative research in counseling psychology: A primer on research paradigms and philosophy of science. *Journal of Counseling Psychology*, 52(2), 126–136. https://doi.org/10.1037/0022-0167.52.2.126

Rappaport, J. (1977). *Community psychology: Values, research and action*. Holt, Rinehart, & Winston.

Shamseer, L., Moher, D., Maduekwe, O., Turner, L., Barbour, V., Burch, R., Clark, J., Galipeau, J., Roberts, J., & Shea, B. J. (2017). Potential predatory and legitimate biomedical journals: Can you tell the difference? A cross-sectional comparison. *BMC Medicine*, 15(1), Article 28. https://doi.org/10.1186/s12916-017-0785-9

Singh, A. A. (2017). Understanding trauma and supporting resilience with LGBT people of color. In K. L. Eckstrand & J. Potter (Eds.), *Trauma, resilience, and health promotion in LGBT patients: What every healthcare provider should know* (pp. 113–119). Springer.

Solomon, A. (2012). *Far from the tree: Parents, children, and the search for identity*. Scribner.

Stiles, W. B. (1993). Quality control in qualitative research. *Clinical Psychology Review, 13*(6), 593–618. https://doi.org/10.1016/0272-7358(93)-90048-Q

Stout, J. G., & Dasgupta, N. (2011). When *he* doesn't mean *you*: Gender-exclusive language as ostracism. *Personality and Social Psychology Bulletin, 37*(6), 757–769. https://doi.org/10.1177/0146167211406434

Sweeney, L., Crosas, M., & Bar-Sinai, M. (2015, October 16). Sharing sensitive data with confidence: The datatags system. *Technology Science.* https://techscience.org/a/2015101601/

Sweetland, J., Volmert, A., & O'Neil, M. (2017). *Finding the frame: An empirical approach to reframing aging and ageism.* FrameWorks Institute. http://frameworksinstitute.org/assets/files/aging_elder_abuse/aging_research_report_final_2017.pdf

Tashakkori, A., & Teddlie, C. (Eds.). (2010). *SAGE handbook of mixed methods in social & behavioral research* (2nd ed.). SAGE Publications. https://doi.org/10.4135/9781506335193

Tuck, E., & Yang, K. W. (2014). Unbecoming claims: Pedagogies of refusal in qualitative research. *Qualitative Inquiry, 20*(6), 811–818. https://doi.org/10.1177/1077800414530265

University of Kansas, Research and Training Center on Independent Living. (2013). *Guidelines: How to write and report about people with disabilities* (8th ed.). https://rtcil.drupal.ku.edu/sites/rtcil.drupal.ku.edu/files/images/galleries/Guidelines%208th%20edition.pdf

U.S. Copyright Office. (2017). *Copyright basics* (Circular 1). Copyright.gov. https://www.copyright.gov/circs/circ01.pdf

U.S. Copyright Office. (2019). *More information on fair use.* Copyright.gov. https://www.copyright.gov/fair-use/more-info.html

Wain, H. M., Bruford, E. A., Lovering, R. C., Lush, M. J., Wright, M. W., & Povey, S. (2002). Guidelines for human gene nomenclature. *Genomics, 79*(4), 464–470. https://doi.org/10.1006/geno.2002.6748

Wainer, H. (1997). Improving tabular displays, with NAEP tables as examples and inspirations. *Journal of Educational and Behavioral Statistics, 22*(1), 1–30. https://doi.org/10.2307/1165236

Web Accessibility Initiative. (2018). *Web content accessibility guidelines (WCAG) overview.* https://www.w3.org/WAI/standards-guidelines/wcag

Wilkinson, L., & the Task Force on Statistical Inference. (1999). Statistical methods in psychology journals: Guidelines and explanations. *American Psychologist, 54*(8), 594–604. https://doi.org/10.1037/0003-066X.54.8.594

World Health Organization. (2001). *International classification of functioning, disability and health (ICF).* https://www.who.int/classifications/icf/en/

World Health Organization. (2011). *World report on disability.* https://www.who.int/disabilities/world_report/2011/en/

Younging, G. (2018). *Elements of Indigenous style: A guide for writing by and about Indigenous Peoples.* Brush Education.

Zell, E., Krizan, Z., & Teeter, S. R. (2015). Evaluating gender similarities and differences using metasynthesis. *American Psychologist, 70*(1), 10–20. https://doi.org/10.1037/a0038208

ÍNDICE

Os números em **negrito** referem-se aos números de seção.

A

Abordagens de investigação, 76 **(3.4)**, 94-95 (Tabela 3.2), 97-98 (Tabela 3.2), 98-99 (Tabela 3.2), 101-102 **(3.14)**
"Aboriginal Peoples", 146-147 **(5.7)**
Abrangedor de tabela, 206 (Tabela 7.1), 208-209 **(7.12)**
Abrangedores de coluna, 206 (Tabela 7.1), 207-208 **(7.12)**
Abreviaturas, 175-181 **(6.24–6.31)**
    de compostos químicos, 180-182 **(6.30)**
    definição de, 176-178 **(6.25)**
    em figuras e tabelas, 211-212 **(7.15)**
    formato de, 177-178 **(6.26)**
    latinas, 179-180 **(6.29)**
    nas referências, 310-213 **(9.50)**, 327-328 **(10.2)**
    para compostos químicos, 180-182 **(6.30)**
    para estatísticas, 187-195 **(6.44)**, 189-194 (Tabela 6.5)
    para nomes de editores (*publishers*), 301-301 **(9.29)**
    para nomes de genes e proteínas, 181-182 **(6.31)**
    para os autores do grupo, 267-268 **(8.21)**
    para referências jurídicas, 360-361 (Tabela 11.2)
    para unidades de medida, 177-180 **(6.27)**, 178-179 (Tabela 6.4)
    para unidades de tempo, 64, 179-180 **(6.28)**
    uso de, 175-177 **(6.24)**
Academic Writer, xxii
Aceitação condicional do manuscrito, 383-384 **(12.8)**
Aceitação do manuscrito, 382-383 **(12.8)**
Acessibilidade, xviii, 41-42 **(2.15)**, 43-44 **(2.19)**, 234-235 **(7.26)**

Adaptação
    de citações extensas, 282-283 **(8.34)**
    de tabelas ou figuras, 204-205 **(7.7)**
    de tese ou dissertação em um artigo científico, 375-377 **(12.1)**
    questões de direitos autorais e permissão para, 384-388-389 **(12.14)**
Adequação, de periódico, 376-377 **(12.2)**
Afiliação
    acadêmica, 32-34 **(2.6)**, 33-34 (Tabela 2.2)
    autor, 29-30 **(2.3)**, 31 (Figura 2.1), 32 (Figura 2.2), 32-35 **(2.6)**, 33-34 (Tabela 2.2)
    mudanças de, 35-36 **(2.7)**, 37 (Figura 2.3)
    não acadêmica, 33-34 **(2.6)**
Afiliações compartilhadas, 33-35 **(2.6)**
Agências governamentais
    nas referências, 293-295 **(9.10)**, 332-333 **(10.4)**, 333-334 **(10.4)**, 341-342 **(10.9)**, 351-354 **(10.15)**, 354-355 **(10.16)**, 355 **(10.16)**
    relatórios de indivíduos em, 333-334 **(10.4)**
Agradecimento(s). *Ver também* Obras reconhecidas no texto
    na nota do autor, 35-37 **(2.7)**, 37 (Figura 2.3)
"African American", 145-146 **(5.7)**
"Afro-American", 145-146 **(5.7)**
Alasca, povos indígenas do, 146-147 **(5.7)**
Álbum, 347-349 **(10.13)**
Álbum de música, referência a, 344-345, 347-349 **(10.13)**
Alfabeto, transliteração do, 306 **(9.38)**

Algarismos arábicos, 185-186 **(6.37)**, 196-197 **(6.51)**, 206 **(7.10)**, 213 **(7.20)**, 233-234 **(7.24)**, 238-239 **(7.25)**
Algarismos romanos, 184-185 **(6.37)**
Alinhamento, 44-45 **(2.23)**, 194-195 **(6.45)**, 204 **(7.6)**
"Although", 124-125 **(4.22)**
Ambiguidade, com citações no texto, 272-273 **(8.18)**
América do Norte, povos indígenas da, 144-147 **(5.7)**
América Latina, povos indígenas da, 146-147 **(5.7)**
"American Indian", 146-147 **(5.7)**
American Psychological Association (APA), 133. *Ver também itens iniciados com* APA
　banco de dados de pesquisa da, 302-303 **(9.30)**
　Ethical principles of psychologists and code of conduct, 10-11, 11-12 **(1.12)**, 12-13, 13-14 **(1.14)**, 16-17 **(1.16)**, 20-21 **(1.18)**, 22-23 **(1.20)**
Americans With Disabilities Act (1990), 366 **(11.5)**
Análise de dados
　JARS–Mixed sobre, 107-108 (Tabela 3.3)
　JARS–Qual sobre, 96-98 (Tabela 3.2), 100-103 **(3.14)**, 101-102 **(3.14)**
　JARS–Quant sobre, 80-81 (Tabela 3.1), 86-89 **(3.7)**
Análise de variância (ANOVA), 214-215 **(7.21)**, 222 (Tabela 7.12), 223 (Tabela 7.13)
Análise fatorial, 215 **(7.21)**, 224 (Tabela 7.14)
Análise fatorial confirmatória
　figura dos resultados, 239-240 **(7.36)**, 246 (Figura 7.8)
　tabela de comparação de modelos, 215 **(7.21)**, 229 (Tabela 7.21)
Análises auxiliares, 88-89 **(3.7)**
"And"
　como alternativa para "while", 124-125 **(4.22)**
　"e" comercial (&) vs., 271-272 **(8.17)**, 291-292 **(9.8)**, 293-294 **(9.10)**
Animais
　como sujeitos de pesquisa, 20-24 **(1.18–1.20)**, 82-83 **(3.6)**, 193-194 **(6.44)**
　pronomes para, 121-124 **(4.19)**
Ano, quando omitir, 63, 270-271 **(8.16)**, 271 (Figura 8.3)
Anonimato, para participantes de pesquisa, 283-284 **(8.36)**
Anotações, 312 **(9.51)**
ANOVA *Ver* Análise de variância, 214-215 **(7.21)**, 222 (Tabela 7.12), 223 (Tabela 7.13)
　análise fatorial, 215 **(7.21)**, 224 (Tabela 7.14)
　características demográficas dos participantes da pesquisa, 214-215 **(7.21)**, 216 (Tabela 7.2)
　comparações *a priori* ou *post hoc*, 214-215 **(7.21)**, 221 (Tabela 7.9)
　comparações de modelos, 215 **(7.21)**, 227-229 (Tabelas 7.19–7.21)

　de regressão múltipla, 215 **(7.21)**, 225-227 (Tabelas 7.15–7.18)
　estatística descritiva para medidas do estudo, 214-215 **(7.21)**, 219 (Tabela 7.6)
　métodos mistos, 215 **(7.21)**, 230 (Tabela 7.24)
　propriedades das variáveis de estudo, 214-215 **(7.21)**, 217 (Tabela 7.3)
　qualitativa, 215 **(7.21)**, 229-230 (Tabelas 7.22–7.23)
　resultados de qui-quadrado, 214-215 **(7.21)**, 220 (Tabela 7.7)
　resultados de teste *t*, 214-215 **(7.21)**, 220 (Tabela 7.8)
　resumo de desenho experimental complexo, 214-215 **(7.21)**, 219 (Tabela 7.5)
　resumo de metanálise, 208 **(7.21)**, 218 (Tabela 7.4)
　tabela de correlação para duas amostras, 214-215 **(7.21)**, 222 (Tabela 7.11)
　tabela de correlação para uma amostra, 214-215 **(7.21)**, 221 (Tabela 7.10)
Antecedentes históricos, 76 **(3.4)**
Antologias, 306-307 **(9.39)**, 328-329 **(10.2)**, 331-332 **(10.3)**
Antropomorfismo, 117-118 **(4.11)**
APA Dictionary of Psychology, 129 **(4.30)**, 163-164 **(6.11)**
Aparelhos, referências a, 341-344 **(10.10)**
Apêndices, 40-42 **(2.14)**, 42-43 **(2.17)**, 45-46 **(2.24)**, 204 **(7.6)**
Apêndices apenas com figuras, 40-42 **(2.14)**
Apêndices apenas de tabela, 40-42 **(2.14)**
Aplicativos móveis,
　menções gerais de, 273-275 **(8.22)**
　referências a, 341-344 **(10.10)**
Apoio financeiro, reconhecendo, 35-37 **(2.7)**
Apóstrofo
　em contrações, 116-117 **(4.8)**
　no nome do autor, 339-340 **(10.8)**, 341-342 **(10.9)**
Apps. *Ver* Aplicativos móveis
Apresentações. *Ver* Apresentações em congressos
Apresentações de pôsteres, 333-334 **(10.5)**
Apresentações de trabalhos, referências a, 335-336 **(10.5)**
Apresentações em congressos, referências a, 35-36 **(2.7)**, 302-304 **(9.31)**
　elemento fonte para, 298-299 **(9.23)**
　exemplos, 66, 335-337 **(10.5)**
Apresentações gráficas de dados, 201-203 **(7.3)**, 231-232 **(7.22)**
"Arab Americans", 146-147 **(5.7)**
Arquivo, repositório ou banco de dados institucional, 338-339 **(10.8)**, 340-341 **(10.8)**
Arquivo da internet, 306 **(9.37)**
Arquivo digital, entrevistas de rádio em, 349-350 **(10.13)**
Arquivo eletrônico, 301-303 **(9.30)**, 397-398 **(12.23)**
Arquivo manuscrito, 385-386 **(12.10)**

Arquivos de pré-impressão, 338-339 **(10.8)**, 340-341 **(10.8)**
Artigo de jornal, referências a, 320-321 **(10.1)**, 323-324 **(10.1)**
Artigos *Ver também* Artigos de periódicos
  constitucionais, 371-372 **(11.9)**
  jornal, 317 **(10.1)**, 323-324 **(10.1)**
  revista, 265 **(8.14)**, 320-321 **(10.1)**, 323-324 **(10.1)**
Artigos científicos, 3-4
  adaptação de teses ou dissertações para, 375-376 **(12.1)**
  capítulo de livro editado de, 19-20 **(1.16)**, 330-331 **(10.3)**
  compartilhamento *on-line* de, após publicação, 397-398 **(12.23)**
  metanalíticos, 6-8 **(1.5)**, 73-75 **(3.3)**
  metodológicos, 7-9 **(1.8)**, 74-75 **(3.3)**
  métodos mistos, 5-6 **(1.3)**, 76 **(3.4)**, 104-108 **(3.18)**
  políticas de direitos autorais para, 395-397 **(12.20)**
  promoção, 398 **(12.24)**
  qualitativos, 4-6 **(1.2)**, 76 **(3.4)**
  quantitativos, 3-5 **(1.1)**, 76 **(3.4)**
  referências a, 58, 59, 66, 289 (Figura 9.1), 319-324 **(10.1)**
  replicação, 5-7 **(1.4)**, 73-74 **(3.3)**
  revisão da literatura, 7-8 **(1.5)**, 7-8 **(1.6)**, 74-75 **(3.3)**
  selecionando um periódico para, 376-377 **(12.2)**
  sem autor, citando, 269-271 **(8.14)**
  teóricos, 7-8 **(1.7)**, 74-75 **(3.3)**
  tipos de, 3-9 **(1.1-1.9)**
Artigos de métodos mistos, 5-6 **(1.3)**, 76 **(3.4)**
Artigos de periódico, 270-271 **(8.14)**, 319-320 **(10.1)**, 323-324 **(10.1)**
Artigos de revisão de literatura, 7-8 **(1.5)**, 7-8 **(1.6)**, 74-75 **(3.3)**
Artigos de revisão narrativa da literatura, 7-8 **(1.5)**, 7-8 **(1.6)**, 74-75 **(3.3)**
Artigos metodológicos, 7-9 **(1.8)**, 74-75 **(3.3)**
Artigos profissionais
  elementos necessários de, 29 **(2.1)**
  exemplo, 50-60
  página de título, 29-30 **(2.3)**, 31 (Figura 2.1)
Artigos qualitativos, 4-6 **(1.2)**, 76 **(3.4)**
Artigos quantitativos, 3-5 **(1.1)**, 76 **(3.4)**
Artigos teóricos, 7-8 **(1.7)**, 74-75 **(3.3)**
Artista
  gravação, 344-345, 347-349 **(10.13)**
  visual, 344-345, 349-351 **(10.14)**
"Asian American", 145-146 **(5.7)**
"Asian Canadian", 145-146 **(5.7)**
Asiáticos, 145-146 **(5.7)**
Aspas, 57, 159-162 **(6.7)**, 282-283 **(8.33)**
Asteriscos, para estudos em metanálise, 314 **(9.52)**, 314 (Figura 9.4)

Atribuição de *copyright* (direitos autorais)
  e plágio, 260-261 **(8.2)**
  em notas de rodapé, 39-40 **(2.13)**
  formatos para, 392-394 **(12.18)**, 393-394 (Tabela 12.1)
  materiais que exigem, 388-390 **(12.15)**
  para tabelas e figuras, 241 (Figura 7.3), 394-395 (Tabela 12.2)
Atribuição de sexo, 141-142 **(5.5)**
Atualização, data da última, 295-296 **(9.15)**
Audiências federais, 367-368 **(11.6)**
Audiolivros
  citando de, 277-278 **(8.28)**
  referências a, 324-327 **(10.2)**, 329-330 **(10.3)**
Austrália, povos indígenas da, 146-147 **(5.7)**
Autoplágio, 20-21 **(1.17)**, 261-263 **(8.3)**
Autor(es), 29-30 **(2.3)**, 31 (Figura 2.1), 32 (Figura 2.2). *Ver também* Entidades como autor
  afiliação de, 29-30 **(2.3)**, 31 (Figura 2.1), 32 (Figura 2.2), 32-35 **(2.6)**, 33-34 (Tabela 2.2)
  anônimo, 269-271 **(8.14)**, 294-295 **(9.12)**, 310-311 **(9.49)**
  com o mesmo sobrenome, 272-274 **(8.20)**, 310-311 **(9.48)**
  com o mesmo sobrenome, citações para, 272-274 **(8.20)**
  conflitos de interesse para, 22-23 **(1.20)**
  correspondência durante a publicação por, 385-386 **(12.12)**
  definido, 290-292 **(9.7)**
  desconhecido, 269-271 **(8.14)**, 310-311 **(9.49)**
  direitos autorais sobre manuscritos não publicados para, 25-26 **(1.24)**
  direitos de propriedade intelectual durante o processo de revisão para, 24-26 **(1.23)**
  editor no lugar de, 292-293 **(9.10)**
  mesma data e, trabalhos com, 51, 58, 272-273 **(8.19)**, 309-311 **(9.47)**
  múltiplos, 33-35 **(2.6)**, 309-310 **(9.46)**, 320-321 **(10.1)**
  número de, na citação, 51, 56, 57, 61, 270-273 **(8.17)**
  ordem de, na linha de autores, 24-25 **(1.22)**
  primeiro, 24-25 **(1.22)**, 308-310 **(9.46)**, 272-274 **(8.20)**, 310-311 **(9.48)**
  trabalhos sem, 270-271 **(8.14)**, 294-295 **(9.12)**, 310-311 **(9.49)**, 328-329 **(10.2)**, 332-333 **(10.3)**
Autores anônimos, 269-271 **(8.14)**, 294-295 **(9.12)**, 310-311 **(9.49)**
Autores desconhecidos, 269-271 **(8.14)**, 310-311 **(9.49)**, 346-347 **(10.12)**
Autoria, 14-15 **(1.14)**, 18-19 **(1.14)**, 23-24 **(1.21)**, 24-25 **(1.22)**, 36-37 **(2.7)**, 265-266 **(8.9)**, 385-386 **(12.11)**, 396-397 **(12.22)**
Avisos de correção, 12-13 **(1.13)**, 396-398 **(12.22)**

B

Banco de dados UpToDate, 322-323 **(10.1)**
Banco de imagens, 349-350 **(10.14)**, 389-390 **(12.15)**
Bancos de dados. *Ver também* Bancos de dados de pesquisa acadêmica
  DOIs e URLs para trabalhos de, 304-305 **(9.34)**
  ERIC, 302-303 **(9.30)**, 340-341 **(10.8)**
  exemplos de referências, 337-338 **(10.6)**
  falta de indexação em, 378-379 **(12.4)**
  informações sobre, em referências, 301-303 **(9.30)**
  referências a trabalhos de, 287-288 **(9.3)**, 322-323 **(10.1)**, 339-340 **(10.8)**, 340-341 **(10.8)**
  registros em, para testes, 344-345 **(10.11)**
Bancos de dados de pesquisa acadêmica
  elemento fonte para referências de, 302-303 **(9.30)**
  exemplos de referência para trabalhos de, 320-321 **(10.1)**, 324-325 **(10.2)**, 325-326 **(10.2)**, 329-330 **(10.3)**, 340-341 **(10.8)**
  periódicos conceituados em, 378-379 **(12.4)**
Barra, 162-164 **(6.10)**
Barras de erro, 231-232 **(7.22)**, 234-235 **(7.26)**, 236-237 **(7.28)**
Base de dados ERIC, 302-303 **(9.30)**, 340-341 **(10.8)**
"Because", 124-125 **(4.22)**
"Between...and", 127-128 **(4.24)**
Bibliografias comentadas, 8-9 **(1.10)**, 312 **(9.51)**, 313 (Figura 9.3)
Binários, termos que implicam, 142-144 **(5.5)**
"Black", 145-146 **(5.7)**
Blog do Estilo APA, xxii
Blogs, 66, 323-324 **(10.1)**
Bordas, tabela, 211-214 **(7.17)**
"Both...and", 127-128 **(4.24)**
"But", 124-125 **(4.22)**

C

Cabeçalho de página, 43-44 **(2.18)**
Cabeçalho do *stub*, 206 (Tabela 7.1)
Cabeçalhos empilhados, 206 (Tabela 7.1), 207-209 **(7.12)**
Canadá, povos indígenas do, 146-147 **(5.7)**
Capa do livro, editor com crédito em, 325-326 **(10.2)**
Capítulos de livros editados
  artigos republicados como, 19-20 **(1.16)**
  elemento fonte para referências a, 298-299 **(9.25)**, 300-301 **(9.28)**
  elemento título para referências a, 296-297 **(9.18)**
  exemplos de referência, 66, 329-332 **(10.3)**
  trabalhos reproduzidos como, 306-307 **(9.40)**
Caracteres especiais, 43-44 **(2.20)**
Características demográficas dos participantes de pesquisa
  exemplo de tabela, 214-215 **(7.21)**, 216 (Tabela 7.2)

JARS–Quant sobre, 77-78 (Tabela 3.1), 82-83 **(3.6)**
  relevantes, e redução de viés, 133-134 **(5.1)**
Cargos profissionais, 168-169 **(6.14)**
Caribe, povos indígenas do, 146-147 **(5.7)**
Cartas, 370-372 **(11.9)**
Cartas ao editor, 8-9 **(1.9)**
Cartas de apresentação, 385-386 **(12.10)**, 385-387 **(12.11)**
Cartógrafo, 350-351 **(10.14)**
Casos
  referências jurídicas para, 360-365 **(11.4)**
  referindo-se a pessoas vs., 143-144 **(5.6)**
Categorias de referência, 287-288 **(9.1–9.3)**
  determinando, 287-288 **(9.1)**
  páginas e *site* da *web*, 287-288 **(9.2)**
  para referência *on-line* e impressa, 287-288 **(9.3)**
Caucasiano, 145-146 **(5.7)**
Células, tabela, 206 (Tabela 7.1), 208-210 **(7.13)**
Células vazias, tabela, 208-210 **(7.13)**
Central de Ciência Aberta, 13-14 **(1.14)**
Centros de redação, 128-129 **(4.29)**
CEP. *Ver* Comitê de Ética em Pesquisa
CEUA. *Ver* Comissão de Ética no Uso de Animais
Chamadas, 39-41 **(2.13)**, 54, 55, 203-204 **(7.5)**
CID (*Classificação estatística internacional de doenças e problemas relacionados à saúde*), 159-160 **(6.6)**, 327-328 **(10.2)**
Circuit Court, U.S., 362 **(11.4)**, 362-364 **(11.4)**
Circulação limitada, trabalhos de, 17-18 **(1.16)**, 262-263 **(8.3)**, 302-303 **(9.30)**
Cisgenerismo (cissexismo), 140-141 **(5.5)**
Cisgênero, 140-141 **(5.5)**
Citação "ver também", 57, 65, 268-269 **(8.12)**
Citação insuficiente, 259-260 **(8.1)**
Citação(ões), 259-275 **(8.1–8.22)**. *Ver também* Citações narrativas; Citações no texto; Citações parentéticas
  autoplágio, 261-263 **(8.3)**
  comunicações pessoais, 265-267 **(8.9)**
  diretrizes gerais, 259-264 **(8.1–8.6)**
  em figuras, 235-236 **(7.26)**
  em tabelas, 209-210 **(7.13)**
  entrevistas, 264-265 **(8.7)**
  fontes primárias e secundárias, 263-264 **(8.6)**
  na lista de referências e no texto, 262-264 **(8.4)**
  nas referências jurídicas, 359-360 **(11.2)**, 362 **(11.4)**
  nível apropriado de, 259-260 **(8.1)**, 260 (Figura 8.1)
  para outros trabalhos, citações com, 281-282 **(8.32)**, 282 (Figura 8.7)
  para paráfrases, 274-275 **(8.23)**
  plágio e, 259-262 **(8.2)**
  recursos de sala de aula/intranet, 264-265 **(8.8)**

trabalhos que requerem abordagem especial às, 264-267 **(8.7–8.9)**
uso de versão publicada vs. arquivada, 263-264 **(8.5)**
Citações, 275-284 **(8.25–8.36)**
  com aspas dentro delas, 282-283 **(8.33)**
  com citações de outros trabalhos, 281-282 **(8.32)**, 282 (Figura 8.7)
  curtas, 63, 275-277 **(8.25)**, 276-277 **(8.26)**, 282-283 **(8.33)**
  de material sem números de página, 278-280 **(8.28)**
  diretas, 275-280 **(8.25–8.29)**
  dos participantes de pesquisa, 283-284 **(8.36)**
  em bloco, 45-46 **(2.24)**, 64, 275-277 **(8.25)**, 277-279 **(8.27)**, 277-278 **(8.33)**
  epígrafes, 282-284 **(8.35)**
  extensas, 389-390 **(12.15)**
  mudanças em, 279-281 **(8.30–8.31)**
  permissão para reproduzir/adaptar, 282-283 **(8.34)**
  precisão de, 279-280 **(8.29)**
Citações curtas, 63, 276-278 **(8.26)**, 277 (Tabela 8.2), 282-283 **(8.33)**
Citações diretas, 275-280 **(8.25-8.29)**, 277 (Tabela 8.2)
  citações curtas, 276-277 **(8.26)**
  citações em bloco, 277-279 **(8.27)**
  de material sem números de página, 278-280 **(8.28)**
  exemplos, 277 (Tabela 8.2)
  precisão de, 279-280 **(8.29)**
  preexistente, 282-283 **(8.33)**
  princípios de, 275-277 **(8.25)**
  replicação direta, 5-7 **(1.4)**
Citações diretas longas, 275-277 **(8.25)**, 282-283 **(8.34)**, 390-390 **(12.15)**
Citações em bloco, 45-46 **(2.24)**, 64, 277-279 **(8.27)**, 282-283 **(8.33)**
Citações narrativas, 268-269 **(8.11)**
  citação em bloco com, 278-279 **(8.27)**
  em exemplos de trabalhos, 51, 52, 61, 63, 64
  repetidas, 270-271 **(8.16)**, 271 (Figura 8.3)
Citações no texto, 261-275 **(8.10-8.22)**
  com autores desconhecidos/anônimos, 269-271 **(8.14)**
  com bibliografias comentadas, 312 **(9.51)**
  com datas traduzidas, reproduzidas, republicadas ou reeditadas, 2709-71 **(8.15)**
  com o mesmo autor e data, 272-273 **(8.19)**
  com "ver também", 269-269 **(8.12)**
  e itens na lista de referências, 268-268 **(8.10)**, 267 (Figura 8.2), 317-318
  e menções gerais de fontes, 273-275 **(8.22)**
  estilos básicos, 271-272 (Tabela 8.1)
  evitando ambiguidade em, 272-273 **(8.18)**

número de autores a incluir, 51, 56, 57, 61, 270-273 **(8.17)**
  para autores com o mesmo sobrenome, 272-274 **(8.20)**, 310-311 **(9.48)**
  para entidades autorais, 273-274 **(8.21)**
  para estatutos, 366-267 **(11.5)**
  para materiais jurídicos, 360-361 **(11.3)**
  para múltiplos trabalhos, 51, 52, 55-57, 61, 269-269 **(8.12)**
  para partes específicas da fonte, 269-270 **(8.13)**
  parentética e narrativa, 267-269 **(8.11)**
  repetidas, 61, 63, 270-271 **(8.16)**, 271 (Figura 8.3), 275-276 **(8.24)**, 276 (Figura 8.5)
  sem datas, 296-297 **(9.17)**
  sistema de citação autor–data, 266-268 **(8.10)**
Citações "para mais", 63, 268-269 **(8.11)**
Citações paralelas em referências jurídicas, 359 **(11.1)**
Citações parentéticas, 267-269 **(8.11)**
  citação em bloco com, 277-279 **(8.27)**
  em exemplos de trabalhos, 51, 52, 55-57, 61
Civil Rights Act (1964), 366 **(11.5)**
Clareza, 113-118 **(4.4–4.11)**
  e antropomorfismo, 117-118 **(4.11)**
  e contrações/coloquialismos, 116-117 **(4.9)**
  e extensão de frase/parágrafo, 115-116 **(4.6)**
  e jargão, 116-117 **(4.9)**
  em comparações lógicas, 116-118 **(4.10)**
  importância da, 113-115 **(4.4)**
  tom, 115-117 **(4.7)**
Classificação estatística internacional de doenças e problemas relacionados à saúde (CID), 159-160 **(6.6)**, 327-328 **(10.2)**
Clip art, 349-350 **(10.14)**, 389-390 **(12.15)**
Cochrane Database of Systematic Reviews, 322-323 **(10.1)**
Code of Federal Regulations, 369-370 **(11.7)**
Código de ética, referências a, 333-335 **(10.4)**
Código de Ética da APA. Ver Ethical principles of psychologists and code of conduct (APA)
Colaborações profissional–estudante, 24-25 **(1.22)**
Colchetes, 162-163 **(6.9)** 215 **(7.21)**, 225 (Tabela 7.16), 297-298 **(9.21)**
Coleta de dados
  JARS–Mixed sobre, 107-108 (Tabela 3.3)
  JARS–Qual sobre, 96-97 (Tabela 3.2), 100-101 **(3.14)**
  JARS–Quant sobre, 78-79 (Tabela 3.1), 84 **(3.6)**
Coloquialismos, 116-117 **(4.8)**
Colunas, intervalos de confiança em, 215 **(7.21)**, 226 (Tabela 7.17)
Comentários, 8-9 **(1.9)**, 323-324 **(10.1)**
Comissão de Ética no Uso de Animais (CEUA), 3, 20-21 **(1.18)**, 387-388 **(12.13)**

Comitê de Ética em Pesquisa (CEP), 3, 10-12 **(1.11)**, 25-26 **(1.25)**, 78-79 (Tabela 3.1), 83 **(3.6)**, 95-96 (Tabela 3.2), 387-388 **(12.13)**
Comparação de modelo de múltiplos níveis, 215 **(7.21)**, 228 (Tabela 7.20)
Comparações
  a priori, 214-215 **(7.21)**, 221 (Tabela 7.9)
  construção paralela para, 147-148 **(5.7)**
  lógicas, 116-118 **(4.10)**
  modelo, 215 **(7.21)**, 221-229 (Tabelas 7.19–7.21)
  paralelas entre grupos, 147-148 **(5.7)**
  post hoc, 214-215 **(7.21)**, 221 (Tabela 7.9)
Compartilhando artigos *on-line*, 397-398 **(12.23)**
Compositores, 344-345, 347-349 **(10.13)**
Comunicações pessoais, 65, 265-267 **(8.9)**
Comunicados à imprensa, 334-335 **(10.4)**, 398 **(12.24)**
Conceitos, letras maiúsculas para, 168-170 **(6.16)**
Concentrações, abreviaturas em, 180-181 **(6.30)**
Concessões, referências a, 334-335 **(10.4)**
Concisão, 113-118 **(4.4–4.11)**
  e extensão de frase/parágrafo, 115-116 **(4.6)**
  e verbosidade/redundância, 114-116 **(4.5)**
  em resumos, 73-74 **(3.3)**
  em tabelas, 205 **(7.8)**, 209-210 **(7.13)**
  importância de, 113-115 **(4.4)**
  tom, 115-117 **(4.7)**
Conclusões, JARS-Quant sobre, 77-78 (Tabela 3.1)
Concordância, sujeito e verbo, 119-121 **(4.15)**
Condição socioeconômica (CSE), 134-135 **(5.1)**, 149-151 **(5.9)**
Condições, nomes de, 172-173 **(6.20)**
Condições de pesquisa, 79-80 (Tabela 3.1)
Confiabilidade, 107-108 (Tabela 3.3)
Confidencialidade, 15-16 **(1.15)**, 21-22 **(1.19)**, 283-284 **(8.36)**
Conflitos de interesse, 22-24 **(1.20)**, 35-36 **(2.7)**, 387-388 **(12.13)**
Conformidade com as normas éticas, 10-12 **(1.11)**, 25-26 **(1.25)**, 387-388 **(12.13)**
Congressional Record, 360-361 (Tabela 11.2), 367-368 **(11.6)**
Conhecimento Tradicional dos povos indígenas, 265-267 **(8.9)**
Conjunções, 124-125 **(4.22)**, 127-128 **(4.24)**
Conjunções coordenativas, 127-128 **(4.24)**
Conjunções subordinativas, 124-125 **(4.22)**
Conjuntos de dados, referência a, 317, 340-342 **(10.9)**
Consentimento, 15-17 **(1.15)**
Consistência, 101-102 **(3.14)**, 290-291 **(9.6)**
Constituição, Estados Unidos, 370-372 **(11.9)**
Constituições, 370-372 **(11.9)**
Constituições estaduais, 371-372 **(11.9)**
Construção de frases, 124-128 **(4.22–4.24)**

conjunções subordinativas, 124-125 **(4.22)**
construção paralela, 125-128 **(4.24)**
modificadores mal posicionados ou soltos, 124-126 **(4.23)**
Contagem de páginas, 45-46 **(2.25)**
Contagem de palavras, 45-46 **(2.25)**, 386-387 **(12.10)**
Continuidade, 111-114 **(4.1-4.3)**
  e sequências de substantivos, 111-114 **(4.3)**
  e transições, 111-112 **(4.2)**
  importância da, 111-112 **(4.1)**
Contornos, 128-129 **(4.26)**
Contrações, 116-117 **(4.8)**
Contraste, para figuras, 234-235 **(7.26)**
Contrato, fraude, 261-262 **(8.2)**
Contribuições em simpósio, 336-337 **(10.5)**
Convenções internacionais, 372 **(11.10)**
Convite para revisar e ressubmeter, 382-384 **(12.8)**
Cópias de pré-publicação do artigo, 397-398 **(12.23)**
Copyright (direitos autorais)
  em manuscritos não publicados, 25-26 **(1.24)**
  em processo de publicação, 387-394 **(12.14–12.18)**
  permissão para reproduzir/adaptar trabalhos protegidos por direitos autorais, 282-283 **(8.34)**
  políticas de artigos publicados, 395-397 **(12.20)**
  status de, 389-391 **(12.16)**
  trabalhos sem indicação, 390-391 **(12.16)**
Copyright padrão, 389-391 **(12.16)**
Cor, em figuras, 234-235 **(7.26)**
Cornell Law School, 359-360 **(11.1)**
Corpo
  de tabela, 44-45 **(2.21)**, 205 **(7.8)**, 206 (Tabela 7.1), 208-210 **(7.13)**
  do texto. *Ver* Texto (corpo)
Correção ortográfica, 129 **(4.30)**
Correlação
  exemplo de tabela para duas amostras, 214-215 **(7.21)**, 222 (Tabela 7.11)
  exemplo de tabela para uma amostra, 214-215 **(7.21)**, 221 (Tabela 7.10)
Correspondência, durante o processo de publicação, 386-387 **(12.12)**
Covariáveis, 78-79 (Tabela 3.1), 84 **(3.6)**
Crédito. *Ver também* Obras reconhecidas
  para o editor, na capa do livro, 3225-326 **(10.2)**
  para tradutor, 306-307 **(9.39)**
  publicação, 23-24 **(1.21)**
Critérios de exclusão, 77-78 (Tabela 3.1), 83 **(3.6)**, 92-93 **(3.12)**, 96-97 (Tabela 3.2), 100-101 **(3.14)**
Critérios de inclusão, 77-78 (Tabela 3.1), 83 **(3.6)**, 92-93 **(3.12)**, 976-9 (Tabela 3.2), 100-101 **(3.14)**
Crossref, 303-304 **(9.34)**
CSE (condição socioeconômica), 134-135 **(5.1)**, 149-151 **(5.9)**

D

Dados
  análise de, 13-14 **(1.14)**
  apresentação gráfica de, 201-203 **(7.3)**, 231-232 **(7.22)**
  atribuição de direitos autorais para, 388-389 **(12.15)**
  compartilhamento, 13-14 **(1.14)**, 13-16 **(1.14)**, 15-17 **(1.15)**, 35-36 **(2.7)**
  eletrofisiológicos, 236-238 **(7.31)**, 237-238 **(7.32)**, 240 **(7.36)**, 255 (Figura 7.19)
  fonte, 13-14 **(1.14)**
  gravação de, 100-101 **(3.14)**
  radiológicos, 236-238 **(7.30)**, 237-238 **(7.33)**, 240 **(7.36)**, 255 (Figura 7.20)
  retenção de, 12-13 **(1.14)**
Dados ausentes, 86-87 **(3.7)**
Dados biológicos, 236-238 **(7.31)**, 240 **(7.36)**, 255-256 (Figuras 7.19–7.21)
Dados brutos, 15-16 **(1.15)**, 341-42 **(10.9)**
Dados brutos não publicados, 341-342 **(10.9)**
Dados de exames de imagem, 237-238 **(7.33)**
Dados de linha de base, 88-89 **(3.7)**
Dados de origem, compartilhando, 13-14 **(1.14)**
Dados eletrofisiológicos, 236-238 **(7.31)**, 237-238 **(7.32)**, 240 **(7.36)**, 255 (Figura 7.19)
Dados genéticos, 236-238 **(7.31)**, 237-238 **(7.34)**, 240 **(7.36)**, 256 (Figura 7.21)
Dados quantitativos, 215 **(7.21)**, 230 (Tabela 7.23)
Dados radiológicos, 236-238 **(7.31)**, 237-238 **(7.33)**, 240 **(7.36)**, 255 (Figura 7.20)
Data(s)
  aproximada, referências com, 328-329 **(10.2)**
  da decisão, 362 **(11.4)**
  da última atualização, 295-296 **(9.15)**
  da última revisão, 295-296 **(9.15)**
  de acesso, 295-296 **(9.16)**, 322-323 **(10.1)**, 328-329 **(10.2)**, 331-332 **(10.3)**, 350-351 **(10.14)**, 352-353 **(10.15)**, 353-354 **(10.15)**, 355 **(10.16)**
  de entrega, 29-30 **(2.3)**, 32 (Figura 2.2)
  definida, 294-295 **(9.13)**
  devida, 29-30 **(2.3)**, 32 (Figura 2.2)
  localização de, 295-296 **(9.16)**, 322-323 **(10.1)**, 328-329 **(10.2)**, 331-332 **(10.3)**, 350-351 **(10.14)**, 352-353 **(10.15)**, 353-354 **(10.15)**, 355 **(10.16)**
  mesmo autor e, trabalhos com, 51, 58, 272-273 **(8.19)**, 309-311**(9.47)**
  páginas ou *sites* da *web* sem, 354-355 **(10.16)**
  para trabalhos traduzidos, reproduzidos, republicados e reeditados, 270-271 **(8.15)**
  referências para trabalhos sem, 296-297 **(9.17)**, 327-329 **(10.2)**, 331-332 **(10.3)**, 343-345 **(10.11)**, 350-351 **(10.14)**, 352-354 **(10.15)**, 354-355 **(10.16)**
  sistema de citação autor–data, 262-263 **(8.4)**, 266-268 **(8.10)**, 271-272 **(8.19)**
Decisões de tribunais federais, 362 **(11.4)**
Decisões de tribunal estadual, 362-363 **(11.4)**
Decisões do tribunal, 360-365 **(11.4)**
Declaração de Direitos, Estados Unidos, 372 **(11.9)**
Declaração de impacto, 398 **(12.24)**
Declaração de importância para a saúde pública, 398 **(12.24)**
Declarações, na nota do autor, 35-36 **(2.7)**, 37 (Figura 2.3)
Deficiência, linguagem relacionada a, 134-135 **(5.1)**, 138-140 **(5.4)**
Definições e rótulos operacionais, 135-136 **(5.2)**
Delineamento(s) de pesquisa
  compatibilidade com, 102-103 **(3.15)**
  complexos, 214-215 **(7.21)**, 219 (Tabela 7.5)
  especiais, JARS–Quant para, 91-93 **(3.10)**
  JARS comuns entre, 72-76 **(3.3–3.4)**
  JARS–Quant sobre, 79-80 (Tabela 3.1), 82 (Figura 3.1), 84 **(3.6)**
  visão geral de, 93-99 **(3.14)**, 94-96 (Tabela 3.2), 106 (Tabela 3.3)
Descobertas (Resultados)
  descrição de, 102-103 **(3.15)**
  desenvolvimento de, 102-103 **(3.15)**
  garantindo a precisão de, 10-21 **(1.11–1.17)**
  interpretando o significado de, 103-104 **(3.16)**
  JARS–Qual sobre, 102-103 **(3.15)**, 103-104 **(3.16)**
  JARS–Quant sobre, 77-78 (Tabela 3.1)
  representações de, 102-103 **(3.15)**
Desenho de estudo. *Ver* Delineamento(s) de pesquisa
Desenhos, 239-240 **(7.36)**, 249 (Figuras 7.12-7.13)
Desidentificação de dados, 21-22 **(1.19)**
Design, tabela e figura, 201-202 **(7.2)**
Designação não randômica, 90-91 **(3.9)**
Designação randômica, 90-91 **(3.9)**
"Despite", 124-125 **(4.22)**
Destaques, Instagram, 353-354 **(10.15)**
Diagnóstico de dados, 79-80 (Tabela 3.1), 84-86 **(3.6)**
Diagrama de fluxo CONSORT, 233 **(7.36)**, 243 (Figura 7.5)
Dicionário de sinônimos, 327-329 **(10.2)**, 331-332 **(10.3)**
Dicionários, 163-165 **(6.11)**, 327-329 **(10.2)**, 331-332 **(10.3)**
Direitos
  de participantes e sujeitos da pesquisa, 20-24 **(1.18–1.20)**
  propriedade intelectual, 23-26 **(1.21–1.25)**
Diretor, 293-294 **(9.10)**, 344-345, 345-347 **(10.12)**

Diretrizes de Acessibilidade de Conteúdo da Web
(WCAG), xviii, 41-42 (**2.15**), 234-235 (**7.26**)
Diretrizes de estilo, 155-198 (**6.1–6.52**)
  abreviaturas, 175-182 (**6.24–6.31**)
  apresentação das equações, 194-196 (**6.46–6.48**)
  itálico, 173-176 (**6.22–6.23**)
  listas, 195-198 (**6.49–6.52**)
  números, 181-186 (**6.32–6.39**)
  ortografia, 163-167 (**6.11–6.12**)
  para expressões estatísticas e matemáticas, 185-195 (**6.40–6.45**)
  pontuação, 155-164 (**6.1–6.10**)
  uso de letra maiúscula, 165-173 (**6.13–6.21**)
Discussão (seção)
  adaptando tese ou dissertação, 375-376 (**12.1**)
  do artigo quantitativo, 3-4 (**1.1**)
  JARS–Mixed sobre, 107-108 (Tabela 3.3)
  JARS–Qual sobre, 102–104 (**3.16**)
  JARS–Quant sobre, 79-81 (Tabela 3.1), 88-90 (**3.8**)
Dissertações, 9-10 (**1.10**)
  adaptando, para um artigo de periódico, 375-376 (**12.1**)
  margens para, 44-45 (**2.22**)
  publicando como artigo de periódico, 262-263 (**8.3**)
  referências a, 302-303 (**9.30**), 336-338 (**10.6**)
Distintivos de Ciência Aberta, 13-14 (**1.14**)
District Court, Estados Unidos, 362 (**11.4**), 364 (**11.4**)
Diversidade de gênero, 141-142 (**5.5**)
Doenças, 168-169 (**6.16**), 169-170 (**6.16**)
DOIs (identificadores de objetos digitais)
  curtos, 66, 67, 305 (**9.36**), 320-321 (**10.1**), 330-331 (**10.3**)
  exemplos de referência com, 320-321 (**10.1**), 324-325 (**10.2**), 325-326 (**10.2**), 329-330 (**10.3**)
  formato de, 304-305 (**9.35**)
  nas referências, 287-288 (**9.3**), 303-305 (**9.34**)
  quebras de linha, 44-45 (**2.23**)
  referências de artigos de periódicos sem, 58, 320-321 (**10.1**)
Dois pontos, 157-160 (**6.5**), 174-175 (**6.22**)
Domínio público, obras em, 390-391 (**12.16**), 395-397 (**12.20**)
DSM (*Manual diagnóstico e estatístico de transtornos mentais*), 157 (**6.6**), 327-328 (**10.2**)

E

"e" comercial (&), 271-272 (**8.17**), 291-292 (**9.8**), 293-294 (**9.10**)
E-books, 324-326 (**10.2**), 326-327 (**10.2**), 329-331 (**10.3**)
Edição, títulos incluindo, 324-325 (**10.2**), 326-329 (**10.2**), 329-332 (**10.3**)
Edições ou seções especiais, de periódico, 322-323 (**10.1**)

Editor(es)
  conflitos de interesse para, 22-24 (**1.20**)
  funções do, 379-382 (**12.6**)
  indicado em capa de livro autoral, 325-326 (**10.2**)
  no lugar do autor, 292-293 (**9.10**), 322-323 (**10.1**), 325-329 (**10.2**)
Editora(s) (*Publisher[s]*)
  como autor, 327-328 (**10.2**), 333-335 (**10.4**)
  múltiplas, referências com, 325-326 (**10.2**), 346-347 (**10.12**), 348-349 (**10.13**), 349-350 (**10.13**)
  nome da, 300-302 (**9.29**)
  oculta, 377-379 (**12.4**)
  transferência de direitos autorais para, 395-396 (**12.20**)
Editor-chefe, 380-381 (**12.6**)
Editores associados, 380-381 (**12.6**)
Editores consultivos, 380-381 (**12.6**)
Editores de ação, 380-381 (**12.6**)
Editoriais, referências a, 323-325 (**10.1**)
Efeitos 3-D, para figuras, 234-235 (**7.26**)
"eLocator", 299-300 (**9.27**), 321-322 (**10.1**)
"Either...or", 127-128 (**4.24**)
Eixo x, 232 (Figura 7.1), 238-239 (**7.36**)
Eixo y, 232 (Figura 7.1), 238-239 (**7.36**)
Elemento autor (referência), 288-289 (**9.4**), 290-295 (**9.7–9.12**)
  definição de autor para, 290-292 (**9.7**)
  entidades autorais no, 293-295 (**9.11**)
  formato do, 291-293 (**9.8**)
  identificação de funções especializadas em, 292-294 (**9.10**)
  ortografia e letras maiúsculas, 292-293 (**9.9**)
  para trabalhos sem autores, 294-295 (**9.12**)
  variações em, 317-319
Elemento data (referência), 288-289 (**9.4**), 294-297 (**9.13–9.17**)
  datas de acesso, 295-296 (**9.16**)
  definição de data para, 294-295 (**9.13**)
  formato de, 294-296 (**9.14**)
  para trabalhos *on-line*, 295-296 (**9.15**)
  para trabalhos sem datas, 296-297 (**9.17**)
  variações em, 318-319
Elemento fonte (de referência), 287-288 (**9.3**), 288-289 (**9.4**), 298-306 (**9.23–9.37**)
  definição de fonte para, 298-299 (**9.23**)
  DOIs e URLs curtos em, 305 (**9.36**)
  DOIs e URLs em, 303-305 (**9.34**)
  formato de, 298-300 (**9.24**)
  informações de arquivo no, 301-305 (**9.30**)
  informações do banco de dados no, 301-303 (**9.30**)
  nome da editora (*publisher*) no, 300-302 (**9.29**)
  números de artigo no, 299-301 (**9.27**)
  para capítulos de livros editados, 300-301 (**9.28**)

para conteúdo de redes sociais, 303-304 **(9.32)**
para obras de referência, 300-301 **(9.28)**
para periódicos, 299-301 **(9.25–9.27)**
para periódicos *on-line* com informações ausentes, 299-300 **(9.26)**
para *sites*, 303-304 **(9.33)**
para trabalhos com locais específicos, 302-303 **(9.31)**
para trabalhos sem fontes, 305-306 **(9.37)**
variações no, 319-320
Elemento título (referência), 288-289 **(9.4)**, 296-299 **(9.18–9.22)**
com descrições entre colchetes, 297-298 **(9.21)**
definição de título para, 296-297 **(9.18)**
formato para, 296-298 **(9.19)**
para trabalhos em série e múltiplos volumes, 297-298 **(9.20)**
para trabalhos sem títulos, 299-300 (Tabela 9.1), 297-299 **(9.22)**
variações no, 318-320
Elementos do trabalho, 29-43 **(2.1–2.15)**
afiliação do autor, 32-35 **(2.6)**
apêndices, 40-42 **(2.14)**
lista de referências, 38-40 **(2.12)**
materiais complementares, 41-43 **(2.15)**
necessários, 29-30 **(2.1-2.2)**
nome do autor (linha de autores), 32-33 **(2.5)**, 33-34 (Tabela 2.2)
nota do autor, 34-37 **(2.7)**, 37 (Figura 2.3)
notas de rodapé, 39-41 **(2.13)**
página de título, 29-31 **(2.3)**, 31 (Figura 2.1), 32 (Figura 2.2)
palavras-chave, 37-39 **(2.10)**
para artigos profissionais, 29 **(2.1)**
para trabalhos de estudantes, 29-30 **(2.2)**
resumo, 37-38 **(2.9)**
texto (corpo), 38-39 **(2.11)**
título, 30-33 **(2.4)**, 32-23 (Tabela 2.1)
títulos abreviados, 36-27 **(2.8)**
Emendas revogadas, 371-372 **(11.9)**
Emendas, U.S. Constitution, 371-372 **(11.9)**
Enciclopédia, 327-329 **(10.2)**, 331-332 **(10.3)**
Ênfase, adicionando, 280-281 **(8.31)**
Ensaios
comparativos, 9-10 **(1.10)**
de causa e efeito, 8-9 **(1.10)**
expositivos, 9-10 **(1.10)**
narrativos, 9-10 **(1.10)**
persuasivos, 9-10 **(1.10)**
Ensaios clínicos, 90-91 **(3.9)**
Ensaios clínicos randomizados, 90-91 **(3.9)**
Ensaios comparativos, 9-10 **(1.10)**
Ensaios de causa e efeito, 8-9 **(1.10)**

Ensaios de reflexão, 9-10 **(1.10)**
Ensaios expositivos, 9-10 **(1.10)**
Ensaios narrativos, 9-10 **(1.10)**
Ensaios persuasivos, 9-10 **(1.10)**
Entidades como autor
abreviaturas para, 273-274 **(8.21)**
afiliações de, 34-35 **(2.6)**
em referências, 293-295 **(9.11)**
exemplos de referências, 61, 320-321 **(10.1)**, 327-329 **(10.2)**, 331-332 **(10.3)**, 332-336 **(10.4)**, 341-342 **(10.9)**, 342-344 **(10.10)**, 343-344 **(10.11)**, 346-348 **(10.12)**, 350-351 **(10.14)**, 351-354 **(10.15)**, 354-355 **(10.16)**
Entrevistas
com participantes de pesquisa, 283-284 **(8.36)**
de rádio, 349-350 **(10.13)**
pessoais, 264-265 **(8.7)**
protegendo a confidencialidade em relação a, 21-22 **(1.19)**
publicada vs. pessoal vs. participante, 264-265 **(8.7)**
publicadas, 264-265 **(8.7)**
referências a, 323-324 **(10.1)**, 349-350 **(10.13)**
Epígrafes, 282-284 **(8.35)**
Episódios
podcast, 300-301 **(9.28)**, 348-349 **(10.13)**
resenhas de, 338-339 **(10.7)**
série de TV, 300-301 **(9.28)**, 338-339 **(10.7)**, 346-347 **(10.12)**
Epub à frente da impressão. *Ver* Publicação *on-line* antecipada
Equações, 194-196 **(6.46–6.48)**
espaçamento em, 44-45 **(2.21)**
exibidas, 44-45 **(2.21)**, 195-196 **(6.47)**
no texto, 195-196 **(6.46)**
preparando, para publicação, 195-196 **(6.48)**
Equipamento
em apêndices, 40-41 **(2.14)**
escrevendo de forma concisa sobre, 113-114 **(4.4)**
para coleta de dados, 84 **(3.6)**
referências a, 341-344 **(10.10)**
Erros, correção, 12-13 **(1.13)**, 396-398 **(12.22)**
Escala de cinza, figuras em, 234-235 **(7.26)**
Escala multidimensional, 239-240 **(7.36)**, 252 (Figura 7.16)
Escalas. *Ver também* Testes
atribuição de direitos autorais, 388-390 **(12.15)**
limites para, 53, 173-174 **(6.22)**
referências a, 343-345 **(10.11)**
Espaçamento, 44-45 **(2.21)**, 156 **(6.1)**, 193-195 **(6.45)**, 208-209 **(7.13)**
Espaçamento entrelinhas, 44-45 **(2.21)**
Especialistas convidados, 345-346 **(10.12)**
Especificidade, 133-135 **(5.1)**

Esquimó, 146-147 **(5.7)**
Essencialismo, 147-148 **(5.7)**
Estatísticas, 185-195 **(6.40–6.45)**
　apresentação de, 185-186 **(6.40)**
　em exemplos de trabalhos, 53, 54
　espaçamento, alinhamento e pontuação, 193-195 **(6.45)**
　estatística descritiva, 214-215 **(7.21)**, 219 (Tabela 7.6)
　fórmulas para, 185-186 **(6.42)**
　JARS–Quant sobre, 79-81 (Tabela 3.1), 86-89 **(3.7)**
　letra maiúscula para procedimentos, 168-169 **(6.16)**
　no texto, 186-189 **(6.43)**
　preparando, para publicação, 195-196 **(6.48)**
　referências para, 185-186 **(6.41)**
　símbolos e abreviaturas para, 186-187 **(6.44)**, 187-193 (Tabela 6.5), 192-194 **(6.44)**
Estatísticas de amostragem, 193-194 **(6.44)**
Estatísticas de regressão, 186-187 **(6.43)**, 215 **(7.21)**, 227 (Tabela 7.18)
Estatísticas de regressão hierárquica, 186-187 **(6.43)**, 215 **(7.21)**, 227 (Tabela 7.18)
Estatísticas de regressão sequencial, 186-187 **(6.43)**
Estatísticas populacionais, 193-194 **(6.44)**
Estatutos, referências a, 365-367 **(11.5)**
Estatutos estaduais, 365 **(11.5)**, 366-367 **(11.5)**
Estatutos federais, 365-367 **(11.5)**
Estereotipados, 149-151 **(5.9)**
Estímulos, ilustração de, 239-240 **(7.36)**, 249 (Figura 7.13)
Estímulos experimentais, 239-240 **(7.36)**, 249 (Figura 7.13)
Estratégia analítica (abordagem analítica), 79-80 (Tabela 3.1), 85-86 **(3.6)**, 92-93 **(3.11)**
Estudos correlacionais, 90-91 **(3.9)**
Estudos de caso, 4-6 **(1.2)**
Estudos de história natural, 90-91 **(3.9)**
Estudos de replicação, 5-7 **(1.4)**
　JARS–Quant sobre, 91-93 **(3.10)**
　objetivos em, 76 **(3.4)**
　resumos para, 73-74 **(3.3)**
Estudos em grande escala, 18-20 **(1.16)**
Estudos longitudinais, 18-20 **(1.16)**, 91-92 **(3.10)**
Estudos não experimentais, JARS–Quant para, 90-91 **(3.9)**
Estudos $N=1$, 79-80 (Tabela 3.1), 82 (Figura 3.1), 91-92 **(3.10)**
Estudos observacionais, 90-91 **(3.9)**
"Et al." em citações, 63, 271-273 **(8.17)**, 272-273 **(8.18)**
Ethical principles of psychologists and code of conduct (APA), 10-11, 11-12 **(1.12)**, 12-13, 13-14 **(1.14)**, 16-17 **(1.16)**, 20-21 **(1.18)**, 22-23 **(1.20)**

Etnia e identidade étnica, 134-135 **(5.1)**, 144-147 **(5.7)**
Etnia hispânica, pessoas de, 146-148 **(5.7)**
Europeu, 145-146 **(5.7)**
Eventos adversos, 88-89 **(3.7)**
Every Student Succeeds Act, 366 **(11.5)**
Excesso de citações, 259-260 **(8.1)**
Exemplos de referência de trabalho textual, 317, 319-341 **(10.1–10.8)**
　capítulos de livros editados e entradas de trabalho de referência, 329-333 **(10.3)**
　livros e obras de referência, 324-329 **(10.2)**
　periódicos, 319-325 **(10.1)**
　relatórios e literatura cinzenta, 332-335 **(10.4)**
　resenhas, 337-339 **(10.7)**
　sessões e apresentações em congresso, 335-337 **(10.5)**
　teses e dissertações, 336-338 **(10.6)**
　trabalhos não publicados e publicados informalmente, 338-341 **(10.8)**
Exemplos de referências, 317-355 **(10.1–10.16)**
　apresentação em congresso, 66
　artigo de periódico, 58, 59, 66
　capítulo de livro editado, 66
　conjuntos de dados, 340-342 **(10.9)**
　jurídica, 360-372 **(11.4–11.10)**
　livro, 66
　mídia audiovisual, 344-351 **(10.12–10.14)**
　mídia *on-line*, 351-355 **(10.15–10.16)**
　nos exemplos de trabalhos, 58, 59, 66, 67
　postagem em *blog*, 66, 323-324 **(10.1)**
　relatório, 66
　software de computador, aplicativos móveis, aparelhos e equipamentos, 341-344 **(10.10)**
　teses, 67
　testes, escalas e inventários, 343-345 **(10.11)**
　trabalhos textuais, 319-341 **(10.1–10.8)**
　variações de autor, 317-319
　variações de data, 318-319
　variações de fonte, 319-320
　variações de título, 318-320
Expansão de gênero, 141-142 **(5.5)**
Explicação
　mudanças em citação direta que exigem, 280-281 **(8.31)**, 281 (Figura 8.6)
　mudanças em citação direta que não exigem, 279-281 **(8.30)**
Expressões matemáticas, 185-195 **(6.40-6.45)**
　apresentação para, 1185-186 **(6.40)**
　em tipo padrão, negrito e itálico, 1193-194 **(6.44)**
　fórmulas para, 1185-186 **(6.42)**
　parênteses e colchetes em, 1162-163 **(6.9)**
　preparando, para publicação, 195-196 **(6.48)**

símbolos para, 43-44 **(2.20)**, 192-193 (Tabela 6.5)
Extensão, do trabalho, 45-46 **(2.25)**, 375-376 **(12.1)**

F

Facebook, referências ao, 352-354 **(10.15)**
Faixas, áudio, 348-349 **(10.13)**
Faixas etárias, 136-138 **(5.3)**
Fala, gravações de áudio de, 349-350 **(10.13)**
Fatores, nomes de, 172-174 **(6.21)**
Federal Register, 360-361 (Tabela 11.2), 369 **(11.7)**
Federal Reporter, 360-361 (Tabela 11.2), 362 **(11.4)**
Federal Supplements, 360-361 (Tabela 11.2), 362 **(11.4)**
Figuras, 231-256 **(7.22-7.36)**
    abreviaturas em, 177-178 **(6.25)**, 211-212 **(7.15)**
    adaptação de tese ou dissertação, 375-376 **(12.1)**
    atribuição de direitos autorais, 388-389 **(12.15)**, 394-395 (Tabela 12.2)
    chamadas para, 203-204 **(7.5)**
    citações em, 235-236 **(7.26)**
    colocação de, 204 **(7.6)**
    componentes, 231-233 **(7.23)**, 232 (Figura 7.1)
    cor usada em, 234-235 **(7.26)**
    dados biológicos em, 236-238 **(7.31)**
    dados eletrofisiológicos em, 236-236 **(7.31)**, 237-238 **(7.32)**
    dados genéticos em, 236-238 **(7.31)**, 237-238 **(7.34)**
    dados radiológicos em, 236-238 **(7.30)**, 237-238 **(7.33)**
    design e preparação, 201-202 **(7.2)**
    diretrizes gerais, 201-205 **(7.1-7.7)**
    e apresentação gráfica vs. textual, 201-203 **(7.3)**
    espaçamento das linhas em, 44-45 **(2.21)**
    formato para, 203 **(7.4)**
    fotografias, 236-237 **(7.30)**
    frase de destaque para, 55
    imagens, 233-236 **(7.26)**
    legendas, 235-236 **(7.27)**
    letra maiúscula em, 171-172 **(6.17)**, 233-234 **(7.26)**
    linhas de grade e efeitos 3-D em, 234-235 **(7.26)**
    lista de conferência, 238-239 **(7.35)**
    localização de, 40-41 **(2.14)**, 42-43 **(2.17)**
    notas, 39-40 **(2.13)**, 60, 232-233 **(7.23)**, 232 (Figura 7.1), 235-236 **(7.28)**
    números, 55, 60, 203-204 **(7.5)**, 231-232 **(7.23)**, 232 (Figura 7.1), 233-234 **(7.24)**, 233-234 **(7.26)**
    objetivo de, 195 **(7.1)**
    ortografia em, 233-234 **(7.26)**
    painéis em, 235-236 **(7.26)**
    princípios de construção, 231-232 **(7.22)**
    recuo para, 45-46 **(2.24)**
    relações entre, 236-237 **(7.29)**
    reprodução ou adaptação, 204-205 **(7.7)**
    sombreamento, 233-235 **(7.26)**

    tabelas vs., 201
    tamanho e proporção dos elementos em, 233-234 **(7.26)**
    títulos, 60, 232-233 **(7.23)**, 232 (Figura 7.1), 233-234 **(7.25)**
Figuras, exemplo, 60, 239-240 **(7.36)**
    desenhos, 239-240 **(7.36)**, 249 (Figuras 7.12–7.13)
    fotografias, 239-240 **(7.36)**, 253 (Figura 7.17)
    gráficos, 239-240 **(7.36)**, 240-241 (Figuras 7.2–7.3)
    mapas, 239-240 **(7.36)**, 250 (Figura 7.14)
    múltiplos painéis, 240 **(7.36)**, 254 (Figura 7.18)
    para dados biológicos, 240 **(7.36)**, 255-256 (Figuras 7.19–7.21)
    parcelas, 239-240 **(7.36)**, 251-252 (Figuras 7.15–7.16)
    quadros, 239-240 **(7.36)**, 242-248 (Figuras 7.4–7.11)
Filmes
    referências a, 345-347 **(10.12)**
    resenhas de, 338-339 **(10.7)**
Florida Statutes, 365 **(11.5)**, 366-367 **(11.5)**
Fluxo, 111-114 **(4.1-4.3)**
    de participantes, 79-80 (Tabela 3.1), 85-86 **(3.7)**, 242 (Figura 7.4)
    e sequências de substantivos, 111-114 **(4.3)**
    e transições, 111-112 **(4.2)**
    importância de, 111-112 **(4.1)**
Fluxogramas, 239-340 **(7.36)**, 242 (Figura 7.4)
fMRI, exemplo de figura, 240 **(7.36)**, 255 (Figura 7.20)
Fonte, 43-44 **(2.19)**, 233-234 **(7.26)**
Fonte(s)
    citações para partes específicas de, 269-270 **(8.13)**
    citações repetidas para esclarecer, 275-276 **(8.24)**, 276 (Figura 8.5)
    de dados, JARS–Qual sobre, 95-96 (Tabela 3.2), 98-100 **(3.14)**
    definida, 298-299 **(9.23)**
    inacessíveis, 305-306 **(9.37)**
    menções gerais de, 273-275 **(8.22)**
    primária e secundária, 63, 263-264 **(8.6)**
    referências a trabalhos sem, 305-306 **(9.37)**
Fontes *on-line*
    DOIs e URLs para, 303-305 **(9.34–9.36)**
    elemento data em referências a, 295-296 **(9.15)**
    inacessíveis, 305-306 **(9.37)**
    informações de banco de dados e arquivos para, 301-303 **(9.32)**
    materiais complementares de, 41-42 **(2.15)**
    referências a, 287-288 **(9.2)**, 303-306 **(9.32–9.37)**
    referências impressas vs., 287-288 **(9.2)**
Forças-tarefa, relatórios e artigos de, 333-334 **(10.4)**
Forma canônica, para tabelas e figuras, 201-202 **(7.2)**, 212-213 **(7.21)**

Forma(s) no plural, 163-165 **(6.1)**, 177-178 **(6.26)**, 185-186 **(6.39)**
Formas de referência, referência jurídica, 359-361 **(11.2)**
Formato, 42-46 **(2.16–2.25)**
   abreviaturas, 177-178 **(6.26)**
   afiliação do autor, 33-35 **(2.6)**
   alinhamento de parágrafo, 44-45 **(2.23)**
   apêndice, 40-42 **(2.14)**
   atribuição de direitos autorais, 392-394 **(12.18)**, 393-394 (Tabela 12.1)
   cabeçalho da página, 43-44 **(2.18)**
   caracteres especiais, 43-44 **(2.20)**
   DOIs e URLs, 304-305 **(9.35)**
   elemento data de referência, 204-296 **(9.14)**
   elemento de referência do autor, 291-293 **(9.8)**
   elemento fonte de referência, 298-300 **(9.24)**
   elemento título de referência, 296-298 **(9.19)**
   espaçamento de linha, 44-45 **(2.21)**
   extensão do trabalho, 45-46 **(2.25)**
   figuras, 203 **(7.4)**
   fonte, 43-44 **(2.19)**
   importância de, 42-43 **(2.16)**
   lista de referências, 39-40 **(2.12)**, 307-308 **(9.43)**
   margens, 44-45 **(2.22)**
   nome do autor (linha de autores), 32-33 **(2.5)**
   nota do autor, 36-37 **(2.7)**
   notas de figura, 235-236 **(7.28)**
   notas de rodapé, 39-41 **(2.13)**
   notas de tabela, 210-211 **(7.14)**
   ordem das páginas, 42-43 **(2.17)**
   palavras-chave, 38-39 **(2.10)**
   recuo de parágrafo, 44-46 **(2.24)**
   resumo, 37-38 **(2.9)**
   tabelas, 203 **(7.4)**
   texto (corpo), 38-39 **(2.11)**
   título abreviado, 36-37 **(2.8)**
   título, 31-33 **(2.4)**
   títulos, 47-48 **(2.27)**, 47-48 (Tabela 2.3)
Formato sentença, 171-172 **(6.17)**
Formato título, 169-172 **(6.17)**
Fórmulas, para estatísticas, 186-187 **(6.42)**
Fotografias, 239-240 **(7.36)**, 253 (Figura 7.17)
   atribuição de direitos autorais para, 389-390 **(12.15)**
   comerciais, 349-350 **(10.14)**, 389-390 **(12.15)**
   como figuras, 236-237 **(7.30)**
   no Instagram, 353-354 **(10.15)**
   permissão para uso de, 391-392 **(12.17)**
   referências a, 350-351 **(10.14)**
   tiradas por autores, 236-237 **(7.30)**
Fotógrafo, 344-345, 350-351 **(10.14)**
Frações, 184-186 **(6.36)**

Frações decimais, 184-186 **(6.36)**
Fraude contratual, 261-262 **(8.2)**
Funcionários do governo, 333-334 **(10.4)**, 395-397 **(12.20)**
Funções especializadas, autores com, 292-294 **(9.10)**
Fundamentação, 101-102 **(3.14)**

G

Gabarito (legenda), de figura, 232-233 **(7.23)**, 232 (Figura 7.1), 235-236 **(7.27)**
Gay, 148-150 **(5.8)**
GDPR, 14-15 **(1.14)**
Generalizabilidade, 80-81 (Tabela 3.1)
Generismo, 140-141 **(5.5)**
Gênero, linguagem relacionada a, 120-123 **(4.18)**, 140-144 **(5.5)**
Gênero não binário, 140-142 **(5.5)**
Gráficos, 239-240 **(7.36)**, 240-241 (Figuras 7.2–7.3)
Gráficos de barras, 239-240 **(7.36)**, 240 (Figura 7.2)
Gráficos de dispersão, 239-240 **(7.36)**, 251 (Figura 7.15)
Gráficos de linha, 239-240 **(7.36)**, 241 (Figura 7.3)
Gramática, 117-128 **(4.12–4.24)**
   e construção de frase, 124-128 **(4.22–4.24)**
   pronomes, 120-125 **(4.16–4.21)**
   verbos, 117-121 **(4.12-4.15)**
Gravações de áudio, de fala, 349-350 **(10.13)**
Grupos, nomes de, 172-173 **(6.20)**
Grupos de referência, 287-288 **(9.1)**
Grupos desfavorecidos, 147-148 **(5.7)**
Grupos minoritários, 147-148 **(5.7)**

H

Hashtags, 351-352 **(10.15)**
Havaí, povos indígenas do, 146-147 **(5.7)**
Healt Insurance Portability and Accountability Act (HIPPA), 14-15 **(1.14)**, 21-22 **(1.19)**
Hierarquias falsas, 135-136 **(5.2)**
Hífen
   em palavras compostas, 164-166 **(6.12)**, 165-167 (Tabelas 6.1–6.3)
   meia-risca vs., 159-160 **(6.6)**
   no nome do autor, 321-322 **(10.1)**, 325-326 **(10.2)**, 331-332 **(10.3)**, 340-341 **(10.8)**, 343-344 **(10.11)**, 344-345 **(10.11)**
   sinal de menos vs., 194-195 **(6.44)**
HIPAA (Healt Insurance Portability and Accountability Act), 14-15 **(1.14)**, 21-22 **(1.19)**
Hiperlinks, DOI e URL, 304-305 **(9.35)**
Hipótese(s)
   confirmação de, originais, 80-81 (Tabela 3.1)
   exploratória, 85-86 **(3.6)**
   JARS–Quant sobre, 77-78 (Tabela 3.1), 80-81 (Tabela 3.1)
   letras maiúsculas para, 168-170 **(6.16)**

teste de significância estatística de hipótese nula, 86-87 **(3.7)**
Host, 344-345, 345-346 **(10.12)**, 348-349 **(10.13)**
House of Representatives, 360-361 (Tabela 11.2)
  relatórios submetidos a, 369 **(11.6)**
  resoluções promulgadas por, 367-368 **(11.6)**
HUGO Gene Nomenclature Committee, 180-181 **(6.31)**
Humor, 119-120 **(4.14)**

I

"I" (eu), uso de, 120-121 **(4.16)**
Idade, linguagem relacionada à, 134-135 **(5.1)**, 136-139 **(5.3)**
Identidade
  gênero, 134-135 **(5.1)**, 140-141 **(5.5)**
  linguagem de identidade em primeiro lugar, 135-136 **(5.2)**, 138-140 **(5.4)**
  racial e étnica, 134-135 **(5.1)**, 144-145 **(5.7)**
Identificadores de objetos digitais. *Ver* DOIs
Idosos, 136-139 **(5.3)**
Imagens
  atribuição de direitos autorais, 388-389 **(12.15)**
  comerciais, 349-350 **(10.14)**, 389-390 **(12.15)**
  figura, 232-233 **(7.23)**, 232 (Figura 7.1), 233-236 **(7.26)**
Implicações, estudo, 80-81 (Tabela 3.1), 89-90 **(3.8)**, 103-104 **(3.16)**
"Inch", abreviatura de, 156 **(6.2)**
"Indian", 146-147 **(5.7)**
Infográficos, 349-351 **(10.14)**
Informações ausentes, referências com, 59, 269-270 (Tabela 9.1), 299-300 **(9.26)**
Informações de contato, 36-37 **(2.7)**, 37 (Figura 2.3)
Inserções, em citações, 280-281 **(8.31)**
Instagram, referências a, 353-354 **(10.15)**
Instrumentação, 78-79 (Tabela 3.1), 341-344 **(10.10)**
Integração, pesquisa de métodos mistos, 104-108 **(3.18)**
Integridade metodológica, 94-95 (Tabela 3.2), 101-102 **(3.14)**, 107-108 (Tabela 3.3)
Interesse, conflitos de, 22-24 **(1.20)**, 35-36 **(2.7)**, 387-388 **(12.13)**
International DOI Foundation, 303-304 **(9.34)**, 305 **(9.35)**, 305 **(9.36)**
Interseccionalidade, linguagem relacionada a, 150-152 **(5.10)**
Intervalo numérico, 53, 56
Intervalos
  de datas nas referências, 294-295 **(9.13)**, 317, 333-334 **(10.4)**, 335-337 **(10.5)**, 346-347 **(10.12)**, 348-349 **(10.13)**, 349-350 **(10.14)**
  de números de página, 159-160 **(6.6)**
  de porcentagens, 193-194 **(6.44)**
  exemplos de, 53, 56

Intervalos de confiança
  estatísticas para, 187-188 **(6.43)**
  nas tabelas, 211-212 **(7.16)**, 215 **(7.21)**, 225 (Tabela 7.16), 226 (Tabela 7.17)
  padrões de relatórios em, 87-88 **(3.7)**
  para números, 231-232 **(7.22)**
  tabelas sem, 215 **(7.21)**, 225 (Tabela 7.15)
Intervenções
  análise de dados para estudos com, 88-89 **(3.7)**
  JARS–Quant sobre, 84-85 **(3.6)**
  nomes de, 168-169 **(6.16)**, 169-170 **(6.16)**
Introdução (seção)
  adaptação de tese ou dissertação, 375-376 **(12.1)**
  artigo quantitativo, 3-4 **(1.1)**
  definida, 74-75 **(3.4)**
  JARS–Mixed sobre, 105 (Tabela 3.3)
  JARS–Qual sobre, 94-95 (Tabela 3.2)
  JARS–Quant sobre, 77-78 (Tabela 3.1)
  normas de apresentação para, 74-76 **(3.4)**
  títulos em, 46-47 **(2.27)**, 49 (Figura 2.5)
Inventários, referências a, 343-345 **(10.11)**
Investigação, abordagens de, 76 **(3.4)**, 94-95 (Tabela 3.2), 97-98 (Tabela 3.2), 98-99 (Tabela 3.2), 101-102 **(3.14)**
Investigador principal, 24-25 **(1.22)**, 334-335 **(10.4)**
Ironia, 57, 160-161 **(6.7)**
Itálico, 173-176 **(6.22–6.23)**
  inverso, 174-176 **(6.23)**, 338-339 **(10.7)**
  para expressões matemáticas, 194-195 **(6.44)**
  para palavras-chave, 61, 175-176 **(6.22)**
  para símbolos, 181-182 **(6.31)**, 194-195 **(6.44)**
  para título/nomes de casos, 362 **(11.4)**
Itens na lista de referências de um autor, 308-310 **(9.46)**

J

Jargão, 116-117 **(4.9)**
JARS. *Ver* Normas de publicação de artigos científicos
JARS–Mixed. *Ver* Normas de publicação para pesquisa de métodos mistos
JARS–Qual. *Ver* Normas de publicação para pesquisa qualitativa
JARS–Quant. *Ver* Normas de publicação para pesquisa quantitativa
Jornais, resenhas de livros em, 338-339 **(10.7)**
Jurisdição do tribunal, 362 **(11.4)**
Jurisdições, 362 **(11.4)**

L

"Latin@", "Latino/a", "Latinx", 146-148 **(5.7)**
Legal Information Institute, 359-360 **(11.1)**
Legenda. *Ver* Figuras, notas
Legenda, de figura, 232-233 **(7.23)**, 232 (Figura 7.1), 235-236 **(7.27)**

"Lesbian", 135-136 **(5.2)**, 148-149 **(5.8)**, 149-150 **(5.8)**
Letras gregas, 43-44 **(2.20)**
Letras, substantivos seguidos por, 171-172 **(6.19)**
LGBTQ, LGBTQ+, LGBTQIA, LGBTQIA+, 148-149 **(5.8)**
Liberação, para fotografias, 236-237 **(7.30)**. *Ver também* Permissões
Licenças Creative Commons, 389-390 **(12.15)**, 390-391 **(12.16)**, 389 **(12.18)**, 393-394 n.a (Tabela 12.1), 394-395 (Tabela 12.2)
Lilly Ledbetter Fair Pay Act (2009), 366 **(11.5)**
Limitações, de estudo, 89-90 **(3.8)**, 103-104 **(3.16)**
Limites, escala, 53, 173-174 **(6.22)**
Linguagem (idioma)
    filmes ou vídeos em outro, 346-347 **(10.12)**
    não tendenciosa. *Ver* Linguagem não tendenciosa profissional, 114-115 **(4.4)**, 115-117 **(4.7)**
    trabalhos textuais em outro, 306 **(9.38)**, 321-322 **(10.1)**, 326-327 **(10.2)**, 330-331 **(10.3)**
Linguagem baseada em déficits, 150-151 **(5.9)**
Linguagem baseada em qualidades, 150-151 **(5.9)**
Linguagem da pessoa em primeiro lugar, 135-136 **(5.2)**, 138-140 **(5.4)**
Linguagem estigmatizante, 134-135 **(5.2)**
Linguagem não tendenciosa, 133-152 **(5.1-5.10)**
    diretrizes gerais, 133-135 **(5.1-5.2)**
    e interseccionalidade, 150-152 **(5.10)**
    específica a um tópico, 136-152 **(5.3–5.10)**
    para condição socioeconômica, 149-151 **(5.9)**
    para deficiência, 138-140 **(5.4)**
    para gênero, 140-144 **(5.5)**
    para idade, 136-139 **(5.3)**
    para identidade racial e étnica, 144-148 **(5.7)**
    para orientação sexual, 147-150 **(5.8)**
    para participação em pesquisa, 143-145 **(5.6)**
Linguagem profissional, 114-115 **(4.4)**, 115-116 **(4.7)**
Linha de autores. *Ver* Nome do autor
Linhas de grade, figura, 234-235 **(7.26)**
Lista de referências, 38-40 **(2.12)**
    citações na, 262-263 **(8.4)**
    do exemplo de trabalho, 58-59, 66-67
    formato, 307-308 **(9.43)**
    função de, 287
    itens em. *Ver* Referências
    localização de, 42-43 **(2.17)**
    ordem dos itens em, 307-311 **(9.44–9.49)**, 309 (Figura 9.2)
    recuo para, 45-46 **(2.24)**
Listas, 195-198 **(6.49–6.52)**
    com letras, 62, 195-196 **(6.50)**
    com marcadores, 196-198 **(6.52)**
    diretrizes, 195-196 **(6.49)**
    numeradas, 195-197 **(6.51)**

referências. *Ver* Lista de referências
    simples, 195-196 **(6.49)**
Literatura
    cinzenta, 297-298 **(9.21)**, 332-336 **(10.4)**
    clássica, 269-270 **(8.13)**, 279-280 **(8.28)**, 306-308 **(9.42)**, 328-330 **(10.2)**
Livro(s). *Ver também* Capítulos de livros editados
    autorais, exemplos de referência, 324-326 **(10.2)**
    capítulo em livro editado reproduzido de, 330-332 **(10.3)**
    editados, referências a, 325-326 **(10.2)**
    elemento fonte para, 298-299 **(9.23)**
    elemento título para, 296-298 **(9.18–9.20)**
    em série ou obras em múltiplos volumes, 297-298 **(9.20)**
    referências a, 66, 324-327 **(10.2)**
    sem autor, 270-271 **(8.14)**
Livros Kindle
    citações de, 278-290 **(8.28)**
    referências a, 324-326 **(10.2)**, 329-330 **(10.3)**
Locais, trabalhos com específicos, 302-303 **(9.31)**, 335-337 **(10.5)**, 349-350 **(10.14)**
Localizadores uniformes de recursos. *Ver* URLs
Locuções, em listas com marcadores, 197-198 **(6.52)**

M

Magnitude de efeito, 88-89 **(3.7)**
Manipulações experimentais, 84-85 **(3.6)**, 88-89 **(3.7)**
Manuais diagnósticos, 327-328 **(10.2)**
Manuais, teste, escala ou inventário, 343-344 **(10.11)**
Manual diagnóstico e estatístico de transtornos mentais (DSM), 159-160 **(6.6)**, 327-328 **(10.2)**
Manuscrito(s)
    direitos de propriedade intelectual durante a revisão, 24-26 **(1.23)**
    em preparação, referências a, 339-340 **(10.8)**
    exemplos de referência, 339-341 **(10.8)**
    informações adicionais, para envio *on-line*, 385-386 **(12.10)**
    não publicado, direitos autorais em, 25-26 **(1.24)**
    no processo de publicação editorial, 382-385 **(12.8)**
    preparação de, 384-388 **(12.9-12.13)**
    rascunho, 128-129 **(4.27)**, 129 **(4.30)**, 263-264 **(8.5)**
"Māori People", 146-147 **(5.7)**
Mapas, 239-240 **(7.36)**, 250 (Figura 7.14), 350-351 **(10.14)**
Mapas genéticos, 240 **(7.36)**, 256 (Figura 7.21)
Marca temporal, 269-270 **(8.13)**, 279-280 **(8.28)**, 304-305 **(9.34)**
Margens, 44-45 **(2.22)**
Mascaramento, normas de apresentação sobre, 78-79 (Tabela 3.1)

Materiais
  administrativos, 369-370 **(11.7)**
  com exigência de atribuição de direitos autorais, 388-390 **(12.15)**
  compartilhando, 13-14 **(1.14)**
  complementares, 40-41 **(2.14)**, 41-43 **(2.15)**
  jurídicos, 360-361 **(11.3)**
  legislativos, 366-369 **(11.6)**
  reproduzindo/adaptando, 387-389 **(12.14)**
  sem números de página, citações de, 276-378 **(8.28)**
Material identificável, disfarçando, 21-22 **(1.19)**
Medição, 177-178 **(6.27)**
Medidas
  JARS-Quant sobre, 79 (Tabela 3.1), 82 **(3.6)**
  títulos de, 171 **(6.18)**
Meia-risca, 53, 159-160 **(6.6)**, 275-276 **(8.25)**, 299-300 **(9.25)**
Merriam-Webster's Dictionary, 120-123 **(4.18)**, 129 **(4.30)**, 163-164 **(6.11)**
Metaetnografia, 6-7 **(1.5)**
Metanálise, 6-8 **(1.5)**
  qualitativa, 6-8 **(1.5)**, 73-75 **(3.3)**, 103-108 **(3.17)**
  quantitativa, 6-7 **(1.5)**, 73-75 **(3.3)**, 92-93 **(3.12)**
  referências em, 312 **(9.52)**, 314 (Figura 9.4)
  resumos para, 73-75 **(3.3)**
  tabela de resumo de amostra, 214-215 **(7.21)**, 218 (Tabela 7.4)
Metas de pesquisa, 76 **(3.4)**, 94-95 (Tabela 3.2), 105 (Tabela 3.3)
Metassíntese (metanálise qualitativa), 6-8 **(1.5)**, 73-75 **(3.3)**, 103-108 **(3.17)**
Método (seção)
  adaptação de tese ou dissertação, 376-377 **(12.1)**
  de artigos quantitativos, 3-4 **(1.1)**
  JARS–Mixed sobre, 106-108 (Tabela 3.3)
  JARS–Qual sobre, 93-99 **(3.14)**, 94-98 (Tabela 3.2), 98-103 **(3.14)**
  JARS–Quant sobre, 77-80 (Tabela 3.1), 82-86 **(3.5)**
Método de estudo, diretrizes de apresentação sobre, 77-81 (Tabela 3.1)
Métodos, adequação do periódico em termos de, 376-377 **(12.2)**
Mídia audiovisual, 317, 344-351 **(10.12–10.14)**
  trabalhos audiovisuais, 345-348 **(10.12)**
  trabalhos de áudio, 347-350 **(10.13)**
  trabalhos visuais, 349-351 **(10.14)**
Mídia *on-line*
  categoria de referência para, 284-386 **(9.1–9.3)**
  compartilhar artigos por meio de, 397-398 **(12.23)**
  exemplos de referências, 317, 351-355 **(10.15–10.16)**
  páginas e *sites* da web, 303-304 **(9.33)**, 353-355 **(10.16)**
  redes sociais, 303-304 **(9.32)**, 351-354 **(10.15)**
"Minorias", 147-148 **(5.7)**

Modelagem de equações estruturais, 92-93 **(3.11)**, 239-240 **(7.36)**, 245 (Figura 7.7)
Modelo de percurso, 239-240 **(7.36)**, 246 (Figura 7.9)
Modelos
  conceitual, 239-240 **(7.36)**, 244 (Figura 7.6)
  gráficos para, 239-240 **(7.36)**, 244-246 (Figuras 7.6-7.9)
  letras maiúsculas para, 168-169 **(6.16)**
Modificadores, 124-126 **(4.23)**
  ambíguos, 125-126 **(4.23)**
  mal posicionados, 124-126 **(4.23)**
  soltos, 125-126 **(4.23)**
Modo indicativo, 119-120 **(4.14)**
Modo subjuntivo, 119-120 **(4.14)**
Montagem experimental, 239-240 **(7.36)**, 249 (Figura 7.12)
Mudanças
  às citações, 279-281 **(8.30–8.31)**
  de nome, 272-274 **(8.20)**, 310-311 **(9.48)**
  na afiliação, 35-36 **(2.7)**, 37-38 (Figura 2.3)
Músicas, referências a, 300-311 **(9.28)**, 348-349 **(10.13)**

N

Nações Unidas, 372 **(11.9)**, 372 **(11.10)**
Narrador, 324-327 **(10.2)**
National Center for Biotechnology Information, 180-181 **(6.31)**
"Native American", 144-145 **(5.7)**, 146-147 **(5.7)**
"Native North American", 146-147 **(5.7)**
Nativo do Havaí, 146-147 **(5.7)**
Nativos do Alasca, 146-147 **(5.7)**
Nexis Uni, 302-303 **(9.30)**, 362-363 **(11.4)**
"Negro", 145-146 **(5.7)**
"Neither...nor", 127-128 **(4.24)**
NHST (teste de significância da hipótese nula), 80-81 (Tabela 3.1), 86-87 **(3.7)**
Nome(s)
  autor, 29-30 **(2.3)**, 31 (Figura 2.1), 32 (Figura 2.2), 32-33 **(2.5)**, 33-34 (Tabela 2.2), 292-293 **(9.9)**, 308-309 **(9.45)**
  comercial, 165-169 **(6.14)**
  condição ou grupo, 172-173 **(6.20)**
  editora (*publisher*), 300-302 **(9.29)**
  em referências jurídicas, 360-361 **(11.4)**
  fator, variável e efeito, 172-173 **(6.21)**
  gene e proteína, 180-182 **(6.31)**
  variável, 172-173 **(6.21)**
Nome de tela. *Ver* Nome de usuário
Nome de usuário
  exemplos de referência, 323-324 **(10.1)**, 344 **(10.12)**, 351-354 **(10.15)**
  no elemento autor de referência, 292-293 **(9.8)**

Nome do autor
    como elemento do trabalho, 29-30 **(2.3)**, 31
        (Figura 2.1), 32 (Figura 2.2), 32-33 **(2.5)**, 33-34
        (Tabela 2.2)
    exemplos de referências, 320-321 **(10.1)**, 321-322
        (10.1), 323-324 **(10.1)**, 325-326 **(10.2)**, 328-329
        (10.2), 329-332 **(10.3)**, 336-337 **(10.5)**, 339-340
        (10.8), 340-341 **(10.8)**, 341-342 **(10.9)**, 343-344
        (10.11), 344-345 **(10.11)**, 346-347 **(10.12)**,
        347-348 **(10.12)**, 348-349 **(10.13)**, 349-350
        (10.13), 349-350 **(10.14)**, 354-355 **(10.16)**
    nas referências, 292-293 **(9.9)**, 308-309 **(9.45)**
Nome do curso, na página de título, 29-30 **(2.3)**, 32
    (Figura 2.2)
Nomes
    eixo *x*, 232 (Figura 7.1)
    eixo *y*, 232 (Figura 7.1)
    seção, 45-46 **(2.24)**, 48-49 **(2.28)**, 50, 58, 66
    sensibilidade para, 134-136 **(5.2)**
Nomes de apenas uma palavra, autores com, 292-293
    (9.8), 328-329 **(10.2)**, 348-349 **(10.13)**, 349-350
    (10.14)
Nomes próprios
    em títulos, exemplos de referências, 320-321
        (10.1), 323-324 **(10.1)**, 326-329 **(10.2)**, 329-330
        (10.3), 332-335 **(10.4)**, 337-338 **(10.6)**, 338-339
        (10.7), 340-341 **(10.8)**, 341-342 **(10.9)**, 342-344
        (10.10), 346-348 **(10.12)**, 347-350 **(10.13)**, 349-
        350 **(10.14)**, 352-353 **(10.15)**, 353-354 **(10.15)**,
        355 **(10.14)**
    letras maiúsculas para, 165-169 **(6.14)**
"None", 119-120 **(4.15)**
"Nor", sujeitos compostos unidos por, 119-121 **(4.15)**
Normas de apresentação, 71. *Ver também* Normas de
    publicação de artigos científicos (JARS)
Normas de apresentação do delineamento de métodos
    mistos (JARS–Mixed), 104-108 **(3.18)**, 105-108
    (Tabela 3.3)
Normas de apresentação do delineamento qualitativo
    (JARS–Qual), 92-108 **(3.13–3.17)**
    e normas de apresentação do delineamento de
        métodos mistos, 104-108 **(3.18)**
    expectativas básicas, 92-99 **(3.13)**, 94-99
        (Tabela 3.2)
    para metanálise qualitativa, 103-108 **(3.17)**
    seção de Discussão, 102-104 **(3.16)**
    seção de Método, 93-99 **(3.14)**, 98-103 **(3.14)**
    seção de Resultados ou Descobertas, 102-103 **(3.15)**
Normas de apresentação do delineamento quantitativo
    (JARS–Quant), 77-93 **(3.5–3.12)**
    delineamento de pesquisa e, 82 (Figura 3.1)
    e normas de apresentação do delineamento de
        métodos mistos, 104-108 **(3.18)**
    expectativas básicas, 77-82 **(3.5)**, 77-81 (Tabela 3.1)

    para abordagens analíticas, 92-93 **(3.11)**
    para delineamentos especiais, 91-93 **(3.10)**
    para estudos experimentais, 90-91 **(3.9)**
    para estudos não experimentais, 90-91 **(3.9)**
    para metanálise quantitativa, 92-93 **(3.12)**
    seção de Discussão, 88-90 **(3.8)**
    seção de Método, 82-86 **(3.6)**
    seção de Resultados, 85-89 **(3.7)**
Normas de publicação de artigos científicos (JARS),
    71-108
    aplicação de, 72 **(3.1)**
    entre delineamentos de pesquisa, 72-76 **(3.3–3.4)**
    para pesquisa de métodos mistos, 103-108 **(3.18)**
    para pesquisa qualitativa, 92-108 **(3.13–3.17)**
    para pesquisa quantitativa, 77-93 **(3.5–3.12)**
    terminologia usada em, 72-73 **(3.2)**
Notas
    autor, 29-30 **(2.3)**, 30-31 (Figura 2.1), 34-37 **(2.7)**,
        37 (Figura 2.3), 77-82 (Tabela 3.1), 94-95
        (Tabela 3.2), 105 (Tabela 3.3)
    específicas, 209-210 **(7.14)**, 235-236 **(7.28)**
    figura, 39-40 **(2.13)**, 60, 232-233 **(7.23)**, 232
        (Figura 7.1), 235-236 **(7.28)**
    geral, 203 **(7.14)**, 235-236 **(7.28)**
    informativas, 334-335 **(10.4)**
    notas de rodapé, 39-41 **(2.13)**, 42-43 **(2.17)**, 44-45
        (2.21), 55
    palestra, 350-351 **(10.14)**
    probabilidade, 210-211 **(7.14)**, 235-236 **(7.28)**
    tabela, 60, 205 **(7.9)**, 206 (Tabela 7.1), 209-212
        (7.14)
Notas de rodapé, 39-41 **(2.13)**
    agradecimentos em, 36-37 **(2.7)**
    de conteúdo, 39-40 **(2.13)**
    em exemplo de artigo, 55
    espaçamento em, 44-45 **(2.21)**
    fonte para, 43-44 **(2.19)**
    localização de, 39-41 **(2.14)**, 42-43 **(2.17)**
Notas do autor
    como elemento do trabalho, 29-30 **(2.3)**, 31
        (Figura 2.1), 34-37 **(2.7)**, 37 (Figura 2.3)
    normas de apresentação para, 77-82 (Tabela 3.1),
        105 (Tabela 3.3)
"Not only...but also", 127-128 **(4.24)**
Nova Zelândia, povos indígenas da, 146-147 **(5.7)**
Numerais
    arábicos, 185-186 **(6.37)**, 196-197 **(6.51)**, 206 **(7.10)**,
        213 **(7.20)**, 233-234 **(7.24)**, 238-239 **(7.35)**
    números expressos como, 181-184 **(6.32)**, 184-185
        (6.34)
    ordem de referências com, 310-311 **(9.49)**
    romanos, 185-186 **(6.37)**
    substantivos seguidos de, 172-173 **(6.19)**
Número(s), 181-186 **(6.32-6.39)**

artigo, 299-301 **(9.27)**, 320-322 **(10.1)**
como algarismos romanos, 185-186 **(6.37)**
concordância sujeito/verbo em, 119-121 **(4.15)**
da edição, periódico, 59, 299-300 **(9.26)**, 322-323 **(10.1)**
de autores, na citação, 271-272 **(8.17)**, 271-272 (Tabela 8.1), 272-273 **(8.18)**
de sujeitos de pesquisa, 193-194 **(6.44)**
de volume, 297-298 **(9.20)**, 326-327 **(10.2)**, 331-332 **(10.3)**
em palavras, 183-185 **(6.33)**, 184-185 **(6.34)**
expressos com algarismos, 181-184 **(6.32)**, 184-185 **(6.34)**
figura, 55, 60, 203-204 **(7.5)**, 231-232 **(7.23)**, 232 (Figura 7.1), 233-234 **(7.24)**
frações decimais, 184-186 **(6.36)**
identificação, 332-335 **(10.4)**, 340-341 **(10.8)**, 341-342 **(10.9)**, 344-345 **(10.11)**
nas imagens das figuras, 233-234 **(7.26)**
nota de rodapé, 39-41 **(2.13)**
ORCID, 31 (Figura 2.1), 34-36 **(2.7)**, 37 (Figura 2.3)
ordinal, 183-184 **(6.35)**
página, 29-30 **(2.3)**, 31 (Figura 2.1), 32 (Figura 2.2), 43-44 **(2.18)**, 275-276 **(8.25)**, 277-278 (Tabela 8.2), 278-280 **(8.28)**, 362-363 **(11.4)**
plurais de, 185-186 **(6.39)**
tabela, 54, 203-204 **(7.5)**, 205 **(7.9)**, 206 **(7.10)**, 206 (Tabela 7.1)
trabalhos com seções numeradas canonicamente, 280-281 **(8.28)**, 307-308 **(9.42)**
vírgulas em, 185-186 **(6.38)**
volume, 297-298 **(9.20)**, 324-325 **(10.2)**, 326-327 **(10.2)**, 329-330 **(10.3)**, 331-332 **(10.3)**
Número(s) de página, 29-30 **(2.3)**, 31 (Figura 2.1), 32 (Figura 2.2)
ao citar uma citação direta, 275-276 **(8.25)**, 277-278 (Tabela 8.2)
citações de materiais sem, 278-280 **(8.28)**
colocação no cabeçalho da página, 43-44 **(2.18)**
referência jurídica sem, 362-363 **(11.4)**

O

Obituários, 8-9 **(1.9)**
Objetivos, estudo. *Ver também* Metas, pesquisa
JARS–Mixed sobre, 105 (Tabela 3.3)
JARS–Qual sobre, 94-95 (Tabela 3.2)
JARS-Quant sobre, 77-82 (Tabela 3.1), 77-78 (Tabela 3.1)
Objetos, pronomes como, 123-124 **(4.20)**
Obra de arte, referências a, 349-350 **(10.14)**
Obras clássicas
citando de, 279-280 **(8.28)**
referências a, 306-308 **(9.42)**, 328-329 **(10.2)**

Obras de múltiplos volumes, 297-298 **(9.20)**, 326-327 **(10.2)**, 331-332 **(10.3)**
Obras de referência
aplicativo móvel, 343-344 **(10.10)**
elemento fonte para referência a, 300-301 **(9.28)**
exemplos de referências, 324-325 **(10.2)**, 327-329 **(10.2)**
verbetes em, 329-330 **(10.3)**, 331-333 **(10.3)**
Obras gregas, antigas, 328-329 **(10.2)**
Obras reconhecidas no texto, 259-284 **(8.1–8.36)**
citações, 259-275 **(8.1–8.22)**
citações diretas, 275-284 **(8.25–8.36)**
paráfrases, 274-276 **(8.23–8.24)**
Obras religiosas
citando, 279-280 **(8.28)**
referências a, 306-308 **(9.42)**, 328-329 **(10.2)**
Obras romanas, antigas, 328-329 **(10.2)**
Omissões
de citações ao citar diretamente, 281-282 **(8.32)**, 282 (Figura 8.7)
em citações diretas, 280-281 **(8.31)**, 281 (Figura 8.6)
"Only", 125-126 **(4.23)**
Open Scholarship Initiative (OSI), 379-380 **(12.4)**
"Or", sujeitos compostos unidos por, 119-121 **(4.15)**
Oração(ões)
abreviaturas no início de, 177-178 **(6.26)**
completa, em listas com marcadores, 196-198 **(6.52)**
extensão de, 115-116 **(4.6)**
letra inicial maiúscula no início de, 165-168 **(6.13)**
Orações, não restritivas e restritivas, 123-125 **(4.21)**
Orações completas, 1296-198 **(6.52)**
Orações não restritivas, 123-125 **(4.21)**
Orações restritivas, 123-125 **(4.21)**
Orador, referências a, 346-348 **(10.12)**, 349-350 **(10.13)**
ORCID, 31 (Figura 2.1), 34-36 **(2.7)**, 37 (Figura 2.3)
Ordem
de itens na lista de referências, 307-311 **(9.44-9.49)**, 309 (Figura 9.2)
de páginas, 42-43 **(2.17)**
do sobrenome e primeiro nome do autor, 308-309 **(9.45)**
dos autores, na linha de autores, 24-25 **(1.22)**
Ordens executivas, 370 **(11.7)**
Organização, 46-49 **(2.26–2.28)**
níveis de título, 46-48 **(2.27)**, 48 (Figura 2.4), 47-48 (Tabela 2.3), 49 (Figura 2.5)
nomes de seção, 48-49 **(2.28)**
princípios de, 46-47 **(2.26)**
Organização (leiaute) de tabela, 205 **(7.8)**
Organizações, relatórios de, 332-333 **(10.4)**, 333-334 **(10.4)**

Orientação de paisagem, tabelas em, 212-214 **(7.18)**
Orientação sexual, 134-145 **(5.1)**, 147-150 **(5.8)**
Oriental, 145-146 **(5.7)**
Origem africana, pessoas de, 145-146 **(5.7)**
Origem asiática, pessoas de, 145-146 **(5.7)**
Origem do Oriente Médio, pessoas com, 146-147 **(5.7)**
Origem europeia, pessoas de, 145-146 **(5.7)**
Ortografia, 163-167 **(6.11–6.12)**
    de abreviaturas de unidades de medida, 177-180 **(6.27)**
    de termos raciais e étnicos, 144-146 **(5.7)**
    do nome do autor, 292-293 **(9.9)**
    hifenização, 164-166 **(6.12)**, 165-167 (Tabelas 6.1–6.3)
    preferencial, 163-165 **(6.11)**
OSI (Open Scholarship Initiative), 379-380 **(12.4)**

P

Pacientes, 143-144 **(5.6)**
"Pacific Islander", 146-147 **(5.7)**
Padrões profissionais, publicação, 10-11
Página de título, 29-31 **(2.3)**, 45-46 **(2.24)**
    espaçamento entrelinhas, 44-45 **(2.21)**
    exemplo de estudante, 32 (Figura 2.2), 61
    exemplo profissional, 31 (Figura 2.1), 50
    JARS–Mixed sobre, 105 (Tabela 3.3)
    JARS–Qual sobre, 94-95 (Tabela 3.2)
    JARS–Quant sobre, 77-82 (Tabela 3.1)
    localização da, 42-43 **(2.17)**
Páginas, ordem de, 42-43 **(2.17)**
Páginas de perfil, redes sociais, referências a, 352-354 **(10.15)**
Páginas e *sites da web*
    categoria de referência para, 287-288 **(9.2)**
    DOIs e URLs para trabalhos de, 304-305 **(9.34)**, 305 **(9.36)**
    elemento autor de referências a, 291-292 **(9.7)**
    elemento data de referências a, 294-295 **(9.13)**, 295-296 **(9.15)**, 295-296 **(9.16)**
    elemento fonte de referências a, 298-299 **(9.23)**, 303-304 **(9.33)**
    exemplos de referência, 353-355 **(10.16)**
    menções gerais de, 273-274 **(8.22)**
    museu, 349-350 **(10.14)**
    ocultos, 377-379 **(12.4)**
    resenha de episódio de TV em, 338-339 **(10.7)**
Painéis, em figuras, 235-236 **(7.26)**
Palavras compostas, 164-166 **(6.12)**, 165-166 (Tabela 6.1), 167 (Tabela 6.3)
Palavras compostas temporárias, 164-165 **(6.12)**, 165-166 (Tabela 6.1)
Palavras-chave, 37-39 **(2.10)**, 50
Palavras-chave, itálico para, 61, 173-174 **(6.22)**

Paráfrases, 274-276 **(8.23–8.24)**
    em exemplos de trabalhos, 51, 52, 64
    extensas, 64, 274-276 **(8.24)**, 275 (Figura 8.4)
    princípios de, 274-275 **(8.23)**
Paráfrases longas, 52, 64, 274-276 **(8.24)**, 275 (Figura 8.4)
Parágrafos
    alinhamento de, 44-45 **(2.23)**
    extensão de, 115-116 **(4.6)**
    múltiplos, citação em bloco em, 278-279 **(8.27)**
    recuo para, 44-46 **(2.24)**
Parcelas, 239-240 **(7.36)**
Parênteses, 161-163 **(6.8)**
Participantes e sujeitos de pesquisa
    características de, 77-78 (Tabela 3.1), 82-83 **(3.6)**, 133-134 **(5.1)**, 214-215 **(7.21)**, 216 (Tabela 7.2)
    citações de, 283-284 **(8.36)**
    fluxo de, 79-80 (Tabela 3.1), 85-86 **(3.7)**, 242 (Figura 7.4)
    JARS–Qual sobre, 95-96 (Tabela 3.2), 98-100 **(3.14)**
    JARS–Quant sobre, 77-78 (Tabela 3.1), 79-80 (Tabela 3.1)
    linguagem para se referir a, 134-135 **(5.1)**, 143-145 **(5.6)**
    proteção dos direitos e bem-estar de, 20-24 **(1.18-1.20)**
    recrutamento de, 79-80 (Tabela 3.1), 86-87 **(3.7)**, 95-97 (Tabela 3.2), 99-101 **(3.14)**, 107-108 (Tabela 3.3)
    relações pesquisador–participante, 99-100 **(3.14)**
    seleção de, 100-101 **(3.14)**
    símbolos para número de, 193-194 **(6.44)**
    sujeitos animais, 20-22 **(1.18)**, 82-83 **(3.6)**
"Patchwriting", 260-261 **(8.2)**
Patentes, 370 **(11.8)**
Patsy Mink Equal Opportunity in Education Act, 370 **(11.5)**
Peças, citando de, 279-280 **(8.28)**
Periódicos. Ver *também tipos específicos*
    críticas de filmes em, 338-339 **(10.7)**
    elemento fonte para, 299-300 **(9.25–9.27)**
    exemplos de referência, 319-325 **(10.1)**
    menções gerais de, 273-275 **(8.22)**
    on-line, 299-300 **(9.26)**
    predatórios ou enganadores, 377-380 **(12.4)**
    preparando o manuscrito para submissão a, 384-385 **(12.9)**
    priorizando potenciais, 377-378 **(12.3)**
    referências a edição ou seção especial em, 59, 322-323 **(10.1)**
    selecionando, para publicação, 376-377 **(12.2)**
Permissões, 282-283 **(8.34)**, 390-393 **(12.17)**
Pesquisa de métodos mistos
    figuras para, 239-240 **(7.36)**, 248 (Figura 7.11)

JARS–Quant e, 84 **(3.6)**
    normas de apresentação para, 104-108 **(3.18)**, 1105-108 (Tabela 3.3)
    publicações múltiplas de, 19-20 **(1.16)**
    tabelas para, 215 **(7.21)**, 230 (Tabela 7.24)
Pesquisa de modelos mistos, 5-6 **(1.3)**
Pesquisa multimétodos, 5-6 **(1.3)**
Pesquisa original, 3-4
Pesquisa primária, 3-4
Pesquisa qualitativa, 4-5 **(1.2)**
    considerações de compartilhamento de dados para, 15-17 **(1.15)**
    normas de apresentação para, 92-108 **(3.13–3.17)**
    publicações múltiplas de, 18-20 **(1.16)**
    tabelas para, 215 **(7.21)**, 229-230 (Tabela 7.22–7.23)
    valores para, 239-240 **(7.36)**, 247 (Figura 7.10)
Pesquisa quantitativa, 3-4 **(1.1)**, 77-93 **(3.5–3.12)**
Pesquisadores
    descrição de, 93-99 **(3.14)**, 95-96 (Tabela 3.2), 98-99 **(3.14)**
    perspectiva de, 16-17 **(1.15)**, 101-102 **(3.14)**
    relação dos participantes e, 99-100 **(3.14)**
Pessoas
    identificáveis, fotografias de, 391-392 **(12.17)**
    não brancas, 147-148 **(5.7)**
    pronomes para animais vs., 121-124 **(4.19)**
Pessoas indígenas
    citação de Tradições Orais e Conhecimento Tradicional, 265-267 **(8.9)**
    letras maiúsculas nos termos relacionados a, 266-267 **(8.9)**
    termos para, 146-147 **(5.7)**
Pessoas que não se conformam com seu gênero, 140-142 **(5.5)**
Plágio
    autoplágio, 20-21 **(1.17)**, 261-263 **(8.3)**
    detecção de, 260-261 **(8.2)**, 387-388 **(12.13)**
    evitando, 259-262 **(8.2)**
    implicações de, 20-21 **(1.17)**
Podcasts
    episódios em, 300-301 **(9.28)**, 348-349 **(10.13)**
    referências a, 348-349 **(10.13)**
Poder estatístico, 78-79 (Tabela 3.1), 83-84 **(3.6)**
Políticas de depósito de acesso aberto, 396-397 **(12.21)**
Ponto, 156-157 **(6.2)**, 279-280 (Tabela 8.2)
Ponto de exclamação, título terminado em, 353-354 **(10.15)**
Ponto de interrogação
    citação contendo, 277-278 (Tabela 8.2)
    itálico para, 174-175 **(6.22)**
    título que termina com, 59, 297-298 **(9.19)**, 323-324 **(10.1)**, 347-348 **(10.12)**, 354-355 **(10.16)**
Ponto e vírgula, 157-158 **(6.4)**

Pontos de dados, figura, 232 (Figura 7.1)
Pontuação, 155-164 **(6.1–6.10)**
    aspas, 159-162 **(6.7)**
    barra, 162-164 **(6.10)**
    colchetes, 162-163 **(6.9)**
    dois pontos, 157-160 **(6.5)**
    e abreviaturas de unidades de medida, 178-179 **(6.27)**
    em itens da lista de referências, 289-291 **(9.5)**
    espaçamento depois, 156 **(6.1)**
    itálico para, 174-175 **(6.22)**
    para estatísticas, 193-195 **(6.45)**
    para frases em listas com marcadores, 196-198 **(6.52)**
    para transições, 111-112 **(4.2)**
    parênteses, 161-163 **(6.8)**
    ponto, 156-157 **(6.2)**
    ponto e vírgula, 157-158 **(6.4)**
    travessão, 159-160 **(6.6)**
    valores de p, 184-185 **(6.36)**, 210-211 **(7.14)**
    vírgula, 156-158 **(6.3)**
População, periódico e artigo, 376-377 **(12.2)**
Portais de envio *on-line*, 384-386 **(12.10)**
Posição, 104-108 **(3.17)**
Possessivos, 164-165 **(6.11)**
Postagens
    blog, 66, 323-324 **(10.1)**
    Facebook, 352-353 **(10.15)**
    fórum *on-line*, 353-354 **(10.15)**
    redes sociais, 298-299 **(9.22)**, 303-304 **(9.32)**, 351-32 **(10.15)**, 353-534 **(10.15)**
Potenciais relacionados a eventos, 240 **(7.36)**, 255 (Figura 7.19)
Práticas abertas, 13-14 **(1.14)**, 35-36 **(2.7)**, 379-380 **(12.4)**, 396-397 **(12.21)**
Precisão, 79 (Tabela 3.1), 83-84 **(3.6)**, 133-135 **(5.1)**
    das citações, 279-280 **(8.29)**
    das descobertas, 10-21 **(1.11–1.17)**
    do resumo, 72-73 **(3.3)**
    nas referências, 290-291 **(9.6)**
Prefixos
    hifenização para, 165-166 **(6.12)**, 167 (Tabela 6.2)
    no nome do autor, 348-349 **(10.13)**
Presente (tempo verbal), 117-119 **(4.12)**, 118-119 (Tabela 4.1)
Presente perfeito, 118-119 **(4.12)**, 118-119 (Tabela 4.1)
Prestígio, de periódico, 376-378 **(12.2)**
Pretérito (tempo verbal), 117-119 **(4.12)**, 118-119 (Tabela 4.1)
Primeira publicação *on-line*. *Ver* Publicação *on-line* antecipada
Primeiro autor
    com o mesmo sobrenome, 272-274 **(8.20)**, 310-311 **(9.48)**

múltiplos trabalhos do mesmo, 308-310 **(9.46)**
Primeiro nome, ordem do sobrenome e, 308-309 **(9.45)**
Princípios, letras maiúsculas para, 168-170 **(6.16)**
Princípios de publicação, 3. *Ver também* Princípios éticos; Princípios legais
Princípios éticos, 10-26 **(1.11-1.25)**
    direitos de propriedade intelectual, 23-26 **(1.21-1.25)**
    direitos/bem-estar dos participantes e sujeitos da pesquisa, 20-24 **(1.18-1.20)**
    e plágio, 260-262 **(8.2)**
    e processo de publicação, 386-387 **(12.13)**
    garantindo a precisão dos resultados, 10-21 **(1.11-1.17)**
Princípios legais, 10-26 **(1.11-1.25)**
    proteção dos direitos/bem-estar dos participantes e sujeitos da pesquisa, 20-24 **(1.18-1.20)**
    garantindo a precisão dos resultados, 10-21 **(1.11-1.17)**
    protegendo os direitos de propriedade intelectual, 23-26 **(1.21-1.25)**
Problema de pesquisa
    importância do enquadramento do, 74-76 **(3.4)**
    normas de apresentação sobre, 77-78 (Tabela 3.1), 94-95 (Tabela 3.2), 105 (Tabela 3.3)
Procedimentos de amostragem, 78-79 (Tabela 3.1), 83 **(3.6)**
Procedimentos de identificação, JARS–Qual sobre, 99-101 **(3.14)**
Processo de publicação, 378-401 **(12.1-12.24)**
    atividades durante e depois, 396-401 **(12.19-12.24)**
    e diretrizes de direitos autorais/permissão, 387-394 **(12.14-12.18)**
    editorial, 379-385 **(12.5-12.8)**
    preparação do manuscrito, 384-388 **(12.9-12.13)**
    preparando para, 375-380 **(12.1-12.4)**
Processo de publicação editorial, 379-385 **(12.5-12.8)**
    decisões sobre o manuscrito no, 382-385 **(12.8)**
    funções dos editores em, 379-382 **(12.6)**
    processo de revisão por pares, 379-380 **(12.5)**, 381-383 **(12.7)**
    sobre, 379-380 **(12.5)**, 381 (Figura 12.1)
Produtor executivo, 344-345, 346-347 **(10.12)**
Professor
    de curso, 29-30 **(2.3)**, 32 (Figura 2.2), 350-351 **(10.14)**
    de *webinar*, 344-345, 347-348 **(10.12)**
Programas de televisão
    citando de, 279-280 **(8.28)**
    referências a, 346-347 **(10.12)**
    referências a episódios em, 300-301 **(9.28)**, 346-347 **(10.12)**
    resenhas de episódios de, 338-339 **(10.7)**

Projeto experimental complexo, 214-215 **(7.21)**, 219 (Tabela 7.5)
Projetos de lei ou resoluções federais promulgados, 269-270 **(11.6)**
Projetos experimentais
    complexos, 214-215 **(7.21)**, 219 (Tabela 7.5)
    JARS–Quant para, 90-91 **(3.9)**
Promoção de artigos, 398 **(12.24)**
Pronomes, 120-125 **(4.16-4.21)**
    como sujeitos e objetos, 123-124 **(4.20)**
    em orações restritivas e não restritivas, 1123-125 **(4.21)**
    gênero e uso de, 142-143 **(5.5)**
    para pessoas vs. animais, 121-124 **(4.19)**
    primeira pessoa, 61, 120-121 **(4.16)**
    primeira vs. terceira pessoa, 120-121 **(4.16)**
    relativos, 121-125 **(4.19-4.21)**
    terceira pessoa, 120-121 **(4.16)**
    "they" singular, 120-123 **(4.18)**
    "we" (nós) editorial, 120-121 **(4.17)**
Proporção, para elementos de figura, 233-234 **(7.26)**
Provas de artigos, 393-396 **(12.19)**
Psicometria, 78-79 (Tabela 3.1)
Publicação
    compartilhamento de dados depois, 13-15 **(1.14)**
    correspondência durante, 386-387 **(12.12)**
    duplicada, 16-19 **(1.16)**, 261-263 **(8.3)**
    erros, correções e retratações após, 12-13 **(1.13)**
    fragmentada, 16-17 **(1.16)**, 18-20 **(1.16)**
    manuscrito submetido para, 339-341 **(10.8)**
    on-line antecipada, 263-264 **(8.5)**, 295-296 **(9.14)**, 321-322 **(10.1)**
    preparando expressões estatísticas e matemáticas para, 195-196 **(6.48)**
    seleção de periódico para, 376-378 **(12.2)**

Q

Quadros, 239-240 **(7.36)**, 242-248 (Figuras 7.4–7.11)
    diagrama de fluxo CONSORT, 239-240 **(7.36)**, 237 (Figura 7.5)
    fluxogramas, 239-240 **(7.36)**, 242 (Figura 7.4)
    modelo de percurso, 239-240 **(7.36)**, 246 (Figura 7.9)
    modelos de equações estruturais, 239-240 **(7.36)**, 245 (Figura 7.7)
    para análise fatorial confirmatória, 239-240 **(7.36)**, 246 (Figura 7.8)
    para modelos conceituais, 239-240 **(7.36)**, 244 (Figura 7.6)
    pesquisa de métodos mistos, 239-240 **(7.36)**, 248 (Figura 7.11)
    pesquisa qualitativa, 239-240 **(7.36)**, 247 (Figura 7.10)
Qualidade das mensurações, 78-79 (Tabela 3.1), 84 **(3.6)**

Qualidades, de estudo, 89-90 **(3.8)**, 103-104 **(3.16)**
Questionários, 388-390 **(12.15)**

R

Raça e identidade racial, 134-135 **(5.1)**, 144-148 **(5.7)**
Rascunhos de manuscritos, 128-129 **(4.27)**, 129 **(4.30)**, 263-264 **(8.5)**
Razões F, 186-187 **(6.43)**
Recrutamento de participantes da pesquisa
    JARS–Mixed sobre, 107-108 (Tabela 3.3)
    JARS–Qual sobre, 95-97 (Tabela 3.2), 99-100 **(3.14)**
    JARS–Quant sobre, 79-80 (Tabela 3.1), 86-87 **(3.7)**
Recuo, 44-46 **(2.24)**, 207-208 **(7.12)**
Recursos, processos judiciais com, 364 **(11.4)**
Recursos da intranet, citando, 265-265 **(8.8)**
Recursos de sala de aula, 264-265 **(8.8)**
Recusa do manuscrito, 383-385 **(12.8)**
Recusa editorial, 384-385 **(12.8)**
Recusa imediata (de manuscrito para publicação), 384-385 **(12.8)**
Redes sociais
    descrições entre colchetes para, 297-298 **(9.21)**
    elemento autor em referências a, 292-293 **(9.8)**
    elemento fonte em referência a, 298-299 **(9.23)**, 303-304 **(9.32)**
    elemento título em referências a, 298-299 **(9.22)**
    exemplos de referências, 323-324 **(10.1)**, 347-348 **(10.12)**, 351-354 **(10.15)**
Redundância, 114-116 **(4.5)**
Referências, 287-314 **(9.1–9.52)**
    abreviaturas em, 310-312 **(9.50)**
    citações no texto e, 267-268 **(8.10)**, 267 (Figura 8.2)
    com informações ausentes, 289-290 (Tabela 9.1), 299-300 **(9.26)**
    e formato da lista de referências, 307-308 **(9.43)**
    elemento autor, 290-295 **(9.7–9.12)**
    elemento data, 294-297 **(9.13–9.17)**
    elemento fonte, 298-306 **(9.23–9.37)**
    elemento título, 296-299 **(9.18–9.22)**
    elementos de, 290-306 **(9.7–9.37)**
    em bibliografias comentadas, 312 **(9.51)**, 313 (Figura 9.3)
    em metanálise, 312 **(9.52)**, 314 (Figura 9.4)
    Estilo APA vs. jurídica, 359-360 **(11.1)**, 359 (Tabela 11.1)
    exemplo. Ver Exemplos de referências jurídicas, 359-361 **(11.1–11.3)**
    na adaptação de tese ou dissertação, 375-376 **(12.1)**
    ordem de, na lista de referências, 307-311 **(9.44–9.49)**, 309 (Figura 9.2)
    para estatísticas, 185-186 **(6.41)**
    para obras religiosas ou clássicas, 306-308 **(9.42)**
    para trabalhos em outro idioma, 306 **(9.38)**
    para trabalhos reproduzidos, 306-307 **(9.40)**
    para trabalhos republicados/reeditados, 306-307 **(9.41)**
    para trabalhos traduzidos, 306-307 **(9.39)**
    pontuação em, 289-291 **(9.5)**
    precisão e consistência em, 290-290 **(9.6)**
    princípios de construção, 288-291 **(9.4–9.6)**
    variações em, 306-308 **(9.38–9.42)**
Referências a tabelas e figuras. Ver Chamadas
Referências impressas (versão impressa)
    exemplos, 320-321 **(10.1)**, 324-325 **(10.2)**, 325-326 **(10.2)**, 329-330 **(10.3)**
    referências *on-line* vs., 385-386 **(9.2)**
Referências jurídicas, 317-318, 359-372 **(11.1–11.10)**
    Estilo APA vs., 359-360 **(11.1)**, 359-360 (Tabela 11.1)
    exemplos de, 360-372 **(11.4–11.10)**
    formulários de, 359-361 **(11.2)**
    diretrizes gerais, 359-361 **(11.1–11.3)**
    citação no texto para, 360-361 **(11.3)**
Registro, estudo, 35-36 **(2.7)**
Regressão múltipla, 215 **(7.21)**, 225-227 (Tabelas 7.15–7.18)
Regulamentos federais, 360-361 (Tabela 11.2), 369-370 **(11.7)**
Relatórios
    anuais, 291-292 **(9.7)**, 333-334 **(10.4)**
    categoria de referência para, 287-288 **(9.2)**
    curtos, 8-9 **(1.9)**, 334-335 **(10.4)**
    de múltiplos estudos, em um artigo quantitativo, 3-5 **(1.1)**
    do grupo de trabalho, 333-334 **(10.4)**
    elemento autor para referências a, 290-292 **(9.7)**
    elemento de título de referências a, 296-297 **(9.19)**
    federais, 367-369 **(11.6)**
    referências a, 66, 332-334 **(10.4)**
    relacionado, divulgação de, 35-36 **(2.7)**
Relatos de pesquisa, dados brutos apresentados em, 15-16 **(1.15)**
Relevância, 133-134 **(5.1)**, 139-140 **(5.4)**
Repetição
    de abreviaturas de unidades de medida, 179-180 **(6.27)**
    de citações, 61, 63, 271 (Figura 8.3), 270-272 **(8.16)**, 274-276 **(8.24)**, 276 (Figura 8.5)
    de elementos paralelos, 125-128 **(4.24)**
    nas tabelas, 209-210, 211-212 **(7.14)**, 212-214 **(7.19)**
Replicação
    aproximada, 6-7 **(1.4)**
    conceitual, 6-7 **(1.4)**
    exata, 6-7 **(1.4)**
    externa, 5-6 **(1.4)**
    literal, 6-7 **(1.4)**
    modificada, 7 **(1.4)**

Reporters, 362 (**11.4**)
Repositórios, 340-341 (**10.8**), 396-397 (**12.21**)
Repositórios de acesso aberto, 396-397 (**12.21**)
Reputação, da revista, 378-379 (**12.4**)
Resenhas de livros, 8-9 (**1.9**), 338-339 (**10.7**)
Resolução, de fotografias, 236-237 (**7.30**)
Resoluções, federais, 262-263 (Tabela 11.2), 367-368 (**11.6**)
Resoluções federais não promulgadas, 367-368 (**11.6**)
Respostas a artigos publicados anteriormente, 8-9 (**1.9**)
Resposta aos revisores, 383-384 (**12.8**)
Ressubmissão, artigo, 382-384 (**12.8**)
Resultados (seção)
　artigo quantitativo, 3-4 (**1.1**)
　JARS–Mixed sobre, 107-108 (Tabela 3.3)
　JARS–Qual sobre, 102-103 (**3.15**)
　JARS–Quant sobre, 79-81 (Tabela 3.1), 85-89 (**3.7**)
　na adaptação de tese/dissertação, 375-376 (**12.1**)
Resultados da pesquisa, apresentação de, 11-13 (**1.12**)
Resumo ("Abstract"), 37-38 (**2.9**), 42-43 (**2.17**), 45-46 (**2.24**), 50
　JARS–Mixed sobre, 105 (Tabela 3.3)
　JARS–Qual sobre, 94-95 (Tabela 3.2)
　JARS–Quant sobre, 77-78 (Tabela 3.1)
　padrões gerais para, 72-75 (**3.3**)
Resumos, 9-10 (**1.10**)
Resumos de política, 334-335 (**10.4**)
Retratações, 12-13 (**1.13**)
Retroversão, 84-85 (**3.6**)
Revisão(ões)
　cega, 262-263 (**8.3**), 381-383 (**12.7**)
　compartilhamento de dados durante, 13-14 (**1.14**)
　data da última, 295-296 (**9.15**)
　de estudos relevantes na introdução, 74-76 (**3.4**)
　exemplos de referências, 337-339 (**10.7**)
　literatura (literatura narrativa), 7-8 (**1.5**), 7-8 (**1.6**), 74-75 (**3.3**)
　processo de revisão por pares, 376 (**12.5**), 378-379 (**12.7**)
Revisões, 129 (**4.30**), 383-384 (**12.8**)
Revisões mascaradas. *Ver* Revisão(ões), cega
Revisões quantitativas. *Ver* Artigos de revisão de literatura
Revisores, 22-24 (**1.20**), 381-383 (**12.7**), 383-384 (**12.8**)
Revisores *ad hoc*, 380-381 (**12.6**)
Revisores de texto, 128-129 (**4.29**)
Rodapé, de página, 39-40 (**2.13**), 55
Roteirista/Escritor (autor)
　de episódio de programa de TV ou *webisode*, 344-345, 346-347 (**10.12**)
　no elemento autor de referência, 393-394 (**9.10**)

S

Seções
　de periódicos, referências a, 322-323 (**10.1**)
　nomes para, 45-46 (**2.24**), 48-49 (**2.28**), 50, 58
　numeradas canonicamente, 279-280 (**8.28**), 307-308 (**9.42**)
Segurança e monitoramento de dados, 78-79 (Tabela 3.1), 90-91 (**3.9**), 95-96 (Tabela 3.2), 100-101 (**3.14**)
Senado, 360-361 (Tabela 11.2), 367-368 (**11.6**), 369 (**11.6**)
Seriação. *Ver* Listas
Série
　construção paralela para elementos em, 127-128 (**4.24**)
　elemento de título em referências a, 297-298 (**9.20**)
　referências a livros em, 326-328 (**10.2**)
　relatórios publicados como, 333-334 (**10.4**)
Sessões em congressos, 335-336 (**10.5**)
Sexo, gênero vs., 140-141 (**5.5**)
Shakespeare, William, obra de, 328-329 (**10.2**)
"[*Sic*]", em citações, 279-280 (**8.29**)
Significância, 101-102 (**3.14**)
Significância estatística, 210-211 (**7.14**)
Símbolo de porcentagem, 56, 193-194 (**6.44**)
Símbolos, 43-44 (**2.20**). *Ver também* Abreviaturas
　de moeda, 193-194 (**6.44**)
　em tabelas e figuras, 311-212 (**7.15**)
　para estatísticas, 186-187 (**6.44**), 187-193 (Tabela 6.5), 192-194 (**6.44**)
　para número de sujeitos de pesquisa, 193-194 (**6.44**)
　para porcentagem e moeda, 193-194 (**6.44**)
Sinais diacríticos, 43-44 (**2.20**)
Sinal de menos, 193-195 (**6.45**)
"Since", 124-125 (**4.22**)
Sinônimos, 114-115 (**4.4**)
Sistema de citação autor–data, 262-263 (**8.4**), 266-268 (**8.10**), 272-273 (**8.19**)
Sistema de notação, selecionando, 187-189 (**6.44**)
Site do Data Privacy Lab, 21-22 (**1.19**)
Site do Estilo APA, xxii
Site do museu, referência a, 349-350 (**10.14**)
Sites de notícias, 354-355 (**10.16**)
Slides de PowerPoint, 350-351 (**10.14**)
Sobrenome, do autor, 272-274 (**8.20**), 308-309 (**9.45**), 310-311 (**9.48**)
Sobrenomes em duas partes, autores com, 320-321 (**10.1**), 325-326 (**10.2**), 329-331 (**10.3**), 336-337 (**10.5**), 346-347 (**10.12**), 348-349 (**10.13**), 354-355 (**10.16**)
Sobrescritos, 194-195 (**6.45**)
Software, 274-275 (**8.22**), 317, 341-343 (**10.10**)

Software de computador, 274-275 **(8.22)**, 317, 341-343 **(10.10)**
Solicitação informal, 377-378 **(12.4)**
Sombreamento
   de imagens de figuras, 233-235 **(7.26)**
   em tabelas, 2211-214 **(7.17)**
State supreme court, 362-363 **(11.4)**, 364 **(11.4)**
Streaming de vídeo, 347-348 **(10.12)**. *Ver também* YouTube
Stub, 206 (Tabela 7.1), 207-208 **(7.12)**
Submissão
   cartas de apresentação para, 385-387 **(12.11)**
   com portal de envio *on-line*, 384-386 **(12.10)**
   preparando o manuscrito para, 384-386 **(12.9)**
   processos não padronizados, 378-379 **(12.4)**
Subscritos, 194-195 **(6.45)**
Substantivos
   apropriados. *Ver* Nomes próprios
   coletivos, 119-120 **(4.15)**
   gênero e uso de, 141-143 **(5.5)**
   seguidos por numerais ou letras, 172-173 **(6.19)**
   sequências de, 111-114 **(4.3)**
Subtítulo, títulos com dois, 332-333 **(10.4)**
Sufixos
   nomes de autores com, 32-33 **(2.5)**, 267-268 **(8.10)**, 349-350 **(10.13)**
   hifenização, 165-166 **(6.12)**, 167 (Tabela 6.2)
Sujeito(s)
   composto, 119-121 **(4.15)**
   concordância do verbo com, 119-121 **(4.15)**
   pronomes como, 123-124 **(4.20)**
Supreme courts
   dos Estados Unidos, 362 **(11.4)**, 362-363 **(11.4)**
   estaduais, 362-353 **(11.4)**, 364 **(11.4)**

T

Tabela de comparações de modelos, 215 **(7.21)**, 227-229 (Tabelas 7.19–7.21)
Tabela de resultados de qui-quadrado, 214-215 **(7.21)**, 220 (Tabela 7.7)
Tabela de resultados de teste *t*, 214-215 **(7.21)**, 220 (Tabela 7.8)
Tabelas, 201-230 **(7.1–7.21)**
   abreviaturas em, 211-212 **(7.15)**
   amostra, 60, 212-214 **(7.21)**, 214-215 **(7.21)**
   atribuição de direitos autorais para, 204-205 **(7.7)**, 388-389 **(12.15)**, 394-395 (Tabela 12.2)
   bordas e sombreamento, 211-212 **(7.17)**
   cabeçalhos, 207-209 **(7.12)**
   chamadas para, 54, 203-204 **(7.5)**
   colocação de, 204 **(7.6)**
   componentes, 205 **(7.9)**, 206 (Tabela 7.1)
   corpo, 44-45 **(2.21)**, 205 **(7.8)**, 206 (Tabela 7.1), 208-210 **(7.13)**
   criação e preparação, 201-202 **(7.2)**
   de estatísticas descritivas, 214-215 **(7.21)**, 219 (Tabela 7.6)
   definir abreviaturas em, 176-177 **(6.25)**, 211-212 **(7.15)**
   diretrizes gerais, 201-205 **(7.1-7.7)**
   e apresentação gráfica vs. textual, 201-203 **(7.3)**
   espaçamento em, 44-45 **(2.21)**, 208-209 **(7.13)**
   extensa ou larga, 212-213 **(7.18)**
   figuras vs., 201
   formato para, 203 **(7.4)**
   intervalos de confiança em, 211-213 **(7.16)**
   lista de verificação, 212-213 **(7.20)**, 213
   localização de, 40-41 **(2.14)**, 42-43 **(2.17)**
   na adaptação de dissertação ou tese, 375-367 **(12.1)**
   notas, 60, 205 **(7.8)**, 206 (Tabela 7.1), 209-212 **(7.14)**
   números, 54, 60, 203-204 **(7.5)**, 205 **(7.8)**, 206 **(7.10)**, 206 (Tabela 7.1)
   objetivo de, 201 **(7.1)**
   princípios de construção, 205 **(7.8)**
   recuo para, 45-46 **(2.24)**, 207-208 **(7.12)**
   relação entre, 212-213 **(7.19)**
   reprodução ou adaptação, 204-205 **(7.7)**
   títulos, 60, 205 **(7.8)**, 206 (Tabela 7.1), 207-208 **(7.11)**
Tamanho da amostra, 78-79 (Tabela 3.1), 83-84 **(3.6)**
Taxonomia de autoria CRediT, 23-24 **(1.21)**
Técnicas bayesianas, 92-93 **(3.11)**
Tecnologia, grafias para, 164-165 **(6.11)**
TED Talks, 279-280 **(8.28)**, 346-348 **(10.12)**
Tema, do artigo e do periódico, 376-377 **(12.2)**
Tempo
   abreviaturas relacionadas a, 64, 179-180 **(6.28)**
   para revisão por pares, 382-383 **(12.7)**
Tempo verbal, 117-119 **(4.12)**, 118-119 (Tabela 4.1)
Teorias, letra maiúscula para, 18-169 **(6.16)**
Terapias, nomes de, 168-169 **(6.16)**
Terminologia condescendente, 139-140 **(5.4)**
Terminologia negativa, relacionada à deficiência, 139-140 **(5.4)**
Termos de marca registrada, 165-168 **(6.14)**
Termos pejorativos, 149-150 **(5.8)**, 149-151 **(5.9)**
Teses, 9-10 **(1.10)**
   adaptando, para artigo de periódico, 375-377 **(12.1)**
   margens para, 44-45 **(2.22)**
   referências a, 35-36 **(2.7)**, 67, 302-303 **(9.30)**, 336-338 **(10.6)**
Teste de significância de hipótese nula (NHST), 80-81 (Tabela 3.1), 86-87 **(3.7)**
Testemunho federal, 366-367 **(11.6)**
Testes
   atribuição de direitos autorais para, 388-390 **(12.15)**

estatísticos inferenciais, 87-88 **(3.7)**
referências a, 317, 343-345 **(10.11)**
títulos de, 171-172 **(6.18)**
unilaterais e bilaterais, 210-211 **(7.14)**
Texto (corpo), 38-39 **(2.11)**
  apresentação de dados em tabelas ou figuras vs., 201-203 **(7.3)**
  citações no, 266-275 **(8.10–8.22)**
  das tabelas, 208-210 **(7.13)**
  definindo abreviaturas no, 176-177 **(6.25)**
  equações no, 195-195 **(6.46)**
  estatísticas no, 185-187 **(6.43)**
  localização do, 42-43 **(2.17)**
"That", 121-124 **(4.19)**, 123-125 **(4.21)**
The Bluebook, 359, 359-360 **(11.1)**, 359-360 **(11.2)**, 365 **(11.5)**, 366-367 **(11.5)**
"They" singular, 120-123 **(4.18)**, 142-143 **(5.5)**
Tipo em negrito, 193-194 **(6.44)**
Tipos de referência, 287-288 **(9.1)**
Título(s), 30-33 **(2.4)**, 31 (Figura 2.1), 32 (Figura 2.2), 32-33 (Tabela 2.1)
  cabeçalhos e, 46-47 **(2.27)**, 48 (Figura 2.4), 49 (Figura 2.5)
  de cargos profissionais, 168-169 **(6.15)**
  de testes e medidas, 171-173 **(6.18)**
  de trabalhos, 169-172 **(6.17)**
  definido, 296-297 **(9.18)**
  dentro dos títulos, referências a, 174-176 **(6.23)**, 338-339 **(10.7)**
  do eixo *x*, 232 (Figura 7.1)
  do eixo *y*, 232 (Figura 7.1)
  em amostras, 51, 61
  em referências jurídicas, 360-361 **(11.4)**
  figura, 60, 232-233 **(7.23)**, 232 (Figura 7.1), 233-234 **(7.25)**
  JARS–Mixed sobre, 105 (Tabela 3.3)
  JARS–Qual sobre, 94-95 (Tabela 3.2)
  JARS–Quant sobre, 77-82 (Tabela 3.1)
  localização de, 29-30 **(2.3)**
  ponto de exclamação em, 353-354 **(10.15)**
  ponto de interrogação em, 59, 297-298 **(9.19)**, 323-324 **(10.1)**, 347-348 **(10.12)**, 354-355 **(10.16)**
  tabela, 60, 205 **(7.8)**, 206 (Tabela 7.1), 207-208 **(7.11)**
  trabalho sem, referências a, 297-299 **(9.22)**, 341-342 **(10.9)**, 350-351 **(10.14)**
Título abreviado, 29-30 **(2.3)**, 30 (Figura 2.1), 36-37 **(2.8)**, 43-44 **(2.18)**, 51
Título IX (Patsy Mink Equal Opportunity in Education Act), 366-367 (11.5)
Títulos
  coluna, 206 (Tabela 7.1), 207-208 **(7.12)**
  dentro dos trabalhos, 169-172 **(6.17)**
  e organização, 46-47 **(2.26)**

em exemplo de trabalho, 51-57, 62-64
empilhados, 206 (Tabela 7.1), 207-209 **(7.12)**
níveis de, 46-48 **(2.27)**, 48 (Figura 2.4), 47-48 (Tabela 2.3), 49 (Figura 2.5)
número de, 47-48 **(2.27)**
recuo para, 45-46 **(2.24)**, 201 **(7.12)**
tabela, 205 **(7.8)**, 206 (Tabela 7.1), 207-209 **(7.12)**
título abreviado, 29-30 **(2.3)**, 31 (Figura 2.1), 36-37 **(2.8)**, 43-44 **(2.18)**, 51
Títulos de nível 1, 47 **(2.27)**, 47-48 **(2.27)**, 47-48 (Tabela 2.3), 49 (Figura 2.5), 53-55, 62-64
Títulos de nível 2, 47 **(2.27)** 47-48 **(2.27)** 48 (Figura 2.4), 47-48 (Tabela 2.3), 49 (Figura 2.5), 51-57, 62, 63, 65
Títulos de nível 3, 47 **(2.27)**, 47-48 **(2.27)**, 47-48 (Tabela 2.3), 49 (Figura 2.5), 56, 57
Títulos de nível 4, 47-48 (Tabela 2.3), 49 (Figura 2.5)
Títulos de nível 5, 47-48 (Tabela 2.3), 49 (Figura 2.5)
Títulos e cargos profissionais, 168-169 **(6.15)**
Tom, 115-117 **(4.7)**
Trabalho arquivado
  citando, 263-264 **(8.5)**
  exemplo de referência para, 349-350 **(10.13)**
  referências a, 295-296 **(9.16)**, 301-303 **(9.30)**
"Torres Strait Islanders", 146-147 **(5.7)**
Trabalho em produção, 321-322 **(10.1)**
Trabalho reproduzido
  citações de, 282-283 **(8.34)**
  citações para, 270-271 **(8.15)**
  diretrizes para materiais de reprodução, 387-389 **(12.14)**
  referências a, 306-307 **(9.40)**, 321-323 **(10.1)**, 330-331 **(10.3)**
  tabelas ou figuras como, 204-205 **(7.7)**
Trabalho republicado
  artigos republicados como capítulos de livros, 19-20 **(1.16)**
  citações para, 270-271 **(8.15)**
  referências a, 306-307 **(9.41)**, 321-322 **(10.1)**, 326-327 **(10.2)**, 328-329 **(10.2)**, 330-331 **(10.3)**, 331-332 **(10.3)**, 347-349 **(10.13)**
Trabalho traduzido
  citações para, 270-271 **(8.15)**
  exemplos de referência, 321-322 **(10.1)**, 326-327 **(10.2)**, 328-329 **(10.2)**, 330-331 **(10.3)**, 346-347 **(10.12)**
  referências a, 306-307 **(9.39)**
Trabalho transliterado, 306 **(9.38)**, 326-327 **(10.2)**
Trabalhos, 29-67. *Ver também* Trabalhos ou tarefas estudantis; Artigos profissionais
  elementos de. *Ver* Elementos do trabalho
  extensão de, 45-46 **(2.25)**
  formato de, 42-46 **(2.16–2.25)**
  metas para, 76 **(3.4)**

número de títulos em, 47-48 **(2.27)**
organização de, 46-49 **(2.26–2.28)**
Trabalhos. *Ver tipos específicos*
Trabalhos, exemplos, 50-67
   de estudantes, 32 (Figura 2.2), 61-67
   nota do autor, 37 (Figura 2.3)
   página de título, 30 (Figura 2.1), 32 (Figura 2.2)
   profissionais, 30 (Figura 2.1), 50-60
   títulos, 48 (Figura 2.4)
Trabalhos audiovisuais
   citação direta de, 279-280 **(8.28)**
   exemplos de referência, 345-348 **(10.12)**
   reeditado, 270-271 **(8.15)**, 306-307 **(9.41)**
Trabalhos de áudio, referências a, 347-350 **(10.13)**
Trabalhos de reflexão, 9-10 **(1.10)**
Trabalhos não publicados
   direitos autorais sobre, 25-26 **(1.24)**
   elemento data em referência a, 295-296 **(9.14)**
   exemplos de referência, 337-338 **(10.6)**, 338-341 **(10.8)**
Trabalhos ou tarefas estudantis
   amostra, 61-67
   bibliografias comentadas, 8-9 **(1.10)**, 312 **(9.51)**, 313 (Figura 9.3)
   diretrizes para, 8-10 **(1.10)**
   elementos necessários de, 29-30 **(2.2)**
   página de título, 29-31 **(2.3)**, 32 (Figura 2.2)
Trabalhos publicados informalmente, 295-296 **(9.14)**, 338-340 **(10.8)**, 340-341 **(10.8)**
Trabalhos reeditados, 270-271 **(8.15)**, 306-307 **(9.41)**
Trabalhos textuais
   citação direta de, sem números de página, 278-280 **(8.28)**
   citações com menções a outros, 281-282 **(8.32)**, 282 (Figura 8.7)
   clássicos, 279-280 **(8.28)**, 306-308 **(9.42)**, 328-329 **(10.2)**
   com o mesmo autor e mesma data, 51, 58, 272-233 **(8.19)**, 309-310 **(9.47)**
   de circulação limitada, referências a, 302-303 **(9.30)**
   de múltiplos volumes, 297-298 **(9.20)**
   em outro idioma, 306 **(9.38)**
   literatura clássica, 306-308 **(9.42)**, 328-330 **(10.2)**
   múltiplos, citações para, 51, 52, 55-57, 268-270 **(8.12)**
   pelos primeiros autores com o mesmo sobrenome, 272-274 **(8.20)**, 310-311 **(9.48)**
   religiosos, 3306-308 **(9.42)**
   reproduzidos, 270-271 **(8.15)**, 306-307 **(9.40)**
   republicados ou reeditados, 270-271 **(8.15)**, 306-307 **(9.41)**
   sem autor ou autor desconhecido, 269-271 **(8.14)**, 310-311 **(9.49)**
   sem autores, 269-271 **(8.14)**, 294-295 **(9.12)**

sem datas, 266-267 **(9.17)**
sem fontes, 305-306 **(9.37)**
sem títulos, 297-299 **(9.22)**
títulos dentro, 169-172 **(6.17)**
traduzidos, 270-271 **(8.15)**, 3306-307 **(9.39)**
versão arquivada de, 263-264 **(8.5)**, 295-296 **(9.16)**
Trabalhos visuais, referências a, 349-351 **(10.14)**
Tradições Orais dos Povos Indígenas, 265-267 **(8.9)**
Tradutor, reconhecendo, 3306-307 **(9.39)**
Transfobia, 141-142 **(5.5)**
Transformações de dados, 79-80 (Tabela 3.1), 96-97 (Tabela 3.2), 100-101 **(3.14)**, 107-108 (Tabela 3.3)
Transgênero,
   discussão do termo, 140-143 **(5.5)**
   mudanças de nome relacionadas a ser, 272-274 **(8.20)**, 310-311 **(9.48)**
Transições, continuidade e fluxo em, 111-112 **(4.2)**
Transnegatividade, 141-142 **(5.5)**
Transparência
   e periódicos predatórios, 378-379 **(12.4)**
   normas de apresentação para melhorar, 71, 72 **(3.1)**, 96-97 (Tabela 3.2), 99-100 **(3.14)**
Transtornos, 168-169 **(6.16)**, 169-170 **(6.16)**
Tratados, referências a, 372 **(11.10)**
"Tratamento usual", 84-85 **(3.6)**
Tratamentos, nome de, 168-169 **(6.16)**
Travessão, 53, 159-160 **(6.6)**, 275-276 **(8.25)**, 299-300 **(9.25)**
Tribunal estadual de primeira instância, 362-363 **(11.4)**
Tribunal estadual de recursos, 362-363 **(11.4)**, 365 **(11.4)**
Tweets, 351-353 **(10.15)**
Twitter, referências ao, 351-353 **(10.15)**

U

Unidades de medida, abreviaturas de, 177-179 **(6.27)**, 178-179 (Tabela 6.4), 211-212 **(7.15)**
Unidades de medida compostas, 179-180 **(6.27)**
United States Code (U.S.C.), 360-361 (Tabela 11.2), 365 **(11.5)**, 366 **(11.5)**, 366-367 **(11.5)**
United States Reports, 360-361 (Tabela 11.2), 362-363 **(11.4)**
URL curto
   em exemplo de trabalho, 66
   exemplos de referência, 323-324 **(10.1)**, 324-327 **(10.2)**, 336-337 **(10.5)**, 338-339 **(10.7)**, 347-348 **(10.12)**, 350-351 **(10.14)**, 352-354 **(10.15)**
   referências a, 305 **(9.36)**
URLs (localizadores uniformes de recursos)
   curtos. *Ver* URL curto
   em referências APA em geral, 287-288 **(9.3)**
   em referências jurídicas, 362 **(11.4)**
   formato de, 304-305 **(9.35)**

inclusão de, 303-305 **(9.34)**
para fontes de sala de aula e intranet, 264-265 **(8.8)**, 273-274 **(8.22)**
quebras de linha em, 44-45 **(2.23)**
USC *Ver* United States Code (U.S.C.)
Uso, 117-128 **(4.12–4.24)**
   de pronomes, 120–125 **(4.16–4.21)**, 142-143 **(5.5)**
   de verbos, 117-121 **(4.12–4.15)**
   e construção de frase, 124-126 **(4.22–4.24)**
Uso de letra inicial maiúscula, 165-174 **(6.13–6.21)**
   conceitos, 168-170 **(6.16)**
   de termos relacionados a povos indígenas, 266-267 **(8.9)**
   doenças, 168-169 **(6.16)**, 169-170 **(6.16)**
   em imagens de figuras, 233-234 **(7.26)**
   hipóteses, 168-170 **(6.16)**
   leis, 169-170 **(6.16)**
   modelos, 168-170 **(6.16)**
   no início da frase, 165-168 **(6.13)**
   nome do autor, 292-293 **(9.9)**, 349-350 **(10.13)**
   nomes comerciais, 165-169 **(6.14)**
   nomes de condições ou grupos, 172-173 **(6.20)**
   nomes de fatores, variáveis e efeitos, 172-174 **(6.21)**
   nomes próprios, 165-169 **(6.14)**
   para abreviaturas de unidades de medida, 179-180 **(6.27)**
   princípios, 168-170 **(6.16)**
   procedimentos estatísticos, 168-170 **(6.16)**
   substantivos seguidos por numerais ou letras, 171-173 **(6.19)**
   teorias, 168-170 **(6.16)**
   terapias, 168-169 **(6.16)**, 169-170 **(6.16)**
   termos raciais e étnicos, 144-146 **(5.7)**
   títulos de testes e medidas, 171-173 **(6.18)**
   títulos de trabalhos e cabeçalhos em trabalhos, 169-172 **(6.17)**
   títulos e cargos profissionais, 168-169 **(6.14)**
   transtornos, 168-169 **(6.16)**, 169-170 **(6.16)**
   tratamentos, 168-169 **(6.16)**, 169-170 **(6.16)**
Uso razoável, 390-392 **(12.17)**

V

Validade, 107-108 (Tabela 3.3)
Valores de *t*, 186-187 **(6.43)**
Valores decimais, nas tabelas, 208-209 **(7.13)**
Variância de gênero, 141-142 **(5.5)**

Variáveis
   descrições de, 215 **(7.21)**, 229 (Tabela 7.22)
   nomes de, 172-173 **(6.21)**
   propriedades de, 214-215 **(7.21)**, 217 (Tabela 7.3)
Verbos, 117-121 **(4.12–4.15)**
   concordância entre sujeito e verbo, 119-121 **(4.15)**
   humor e, 119-120 **(4.14)**
   para voz ativa e passiva, 118-119 **(4.13)**
Verbosidade, 114-115 **(4.5)**, 133
Verificação gramatical, 129 **(4.30)**
Verificações complementares, pesquisa qualitativa, 97-98 (Tabela 3.2), 101-103 **(3.14)**
Versão, títulos incluindo, 340-342 **(10.9)**, 341-344 **(10.10)**
Versão publicada do trabalho, citando, 362 **(8.5)**
Vias de administração, 180-181 **(6.30)**
Vídeos
   exemplos de referência, 345-348 **(10.12)**
   Instagram, 353-354 **(10.15)**
   streaming, 347-348 **(10.12)**
   YouTube, 66, 279-280 **(8.28)**, 346-348 **(10.12)**
Viés, 133
Vinhetas, atribuição de direitos autorais para, 388-390 **(12.15)**
Vírgula, 156-158 **(6.3)**, 174-175 **(6.22)**, 185-186 **(6.38)**
Vírgula Oxford (vírgula Harvard, vírgula serial), 156-157 **(6.3)**, 195-197 **(6.49)**
Vírgula serial, 156-157 **(6.3)**, 195-196 **(6.49)**
Voz, 118-119 **(4.13)**
Voz ativa, 72-74 **(3.3)**, 118-119 **(4.13)**
Voz passiva, 118-119 **(4.13)**

W

"We" (nós) editorial, 120-121 **(4.17)**
Webinars, 344-345, 347-348 **(10.12)**
Webisodes, 346-347 **(10.12)**
"Which", 123-125 **(4.21)**
"While", 124-125 **(4.22)**
"White", 145-146 **(5.7)**
"Who", 121-124 **(4.19)**, 123-124 **(4.20)**
"Whom", 123-124 **(4.20)**
Wikipedia, 332-333 **(10.3)**
"Would", 119-120 **(4.14)**

Y

YouTube, 66, 279-280 **(8.28)**, 347-348 **(10.12)**